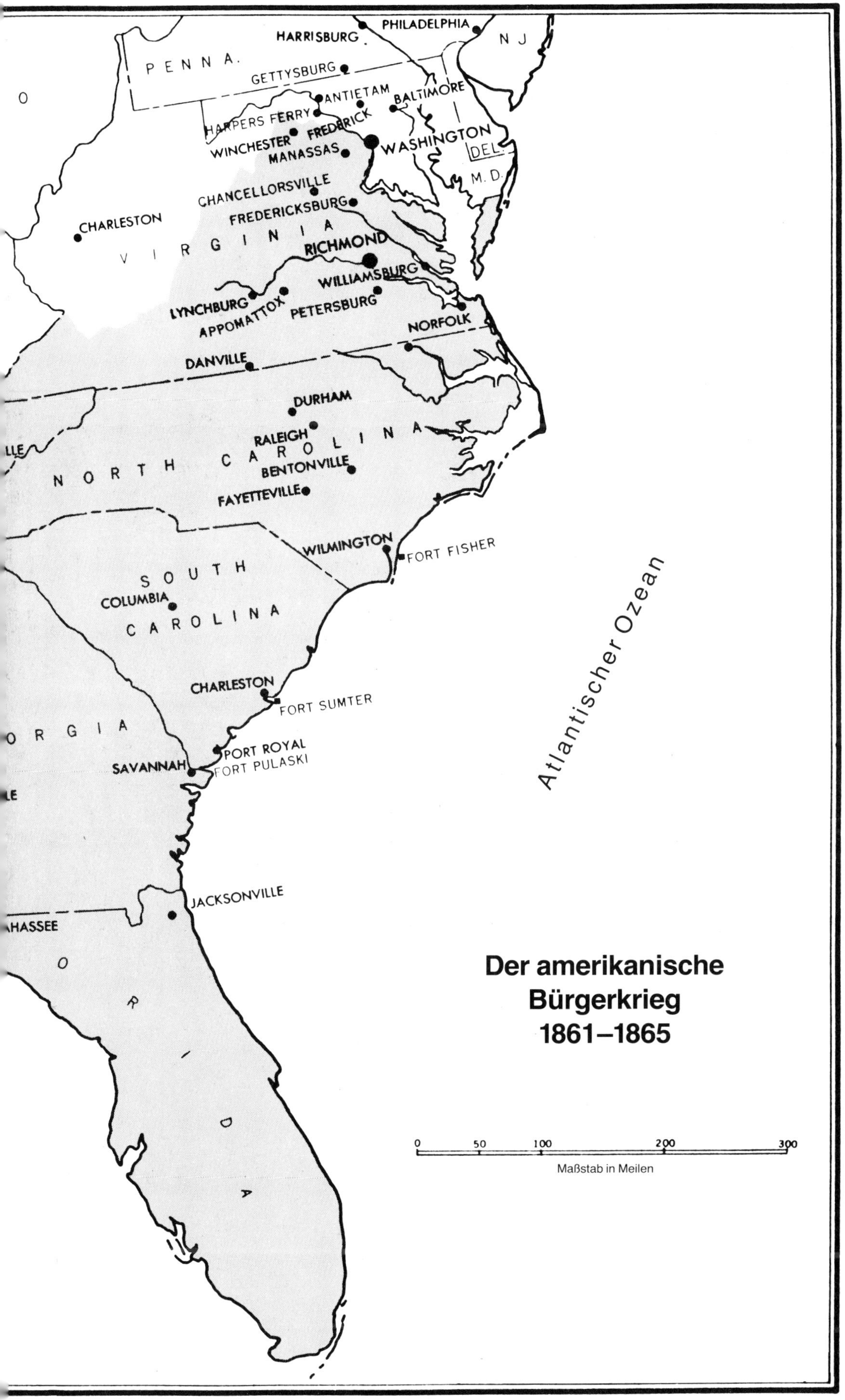

Der amerikanische Bürgerkrieg 1861–1865

Boger · Der US-Bürgerkrieg 1861–1865

Jan Boger

Der US-Bürgerkrieg 1861/1865

Soldaten · Waffen · Ausrüstung

Motorbuch Verlag Stuttgart

Umschlaggestaltung: Siegfried Horn

ISBN 3-613-01013-5

1. Auflage 1984

Eine Abteilung des Buch- und Verlagshauses Paul Pietsch GmbH & Co. KG

Satz und Druck: Druckhaus Schwaben GmbH, 7000 Heilbronn.
Bindung: Großbuchbinderei E. Riethmüller, 7000 Stuttgart.
Printed in Germany.

Inhalt

Einleitung

Am 4. November 1865 wurde die letzte Dienstfahne der Konföderierten Staaten von Amerika für immer eingerollt. Monate, nachdem General Lee bei Appomatox die Kapitulationsurkunde seiner Armee unterzeichnet hatte, strich das letzte Kriegsschiff der Südstaaten seine ›stars and bars‹-Fahne im Hafen von Liverpool. Englische Marineoffiziere gingen an Bord der ›Shenandoah‹, eines 1160 Tonnen Kaperschiffes, das noch im Juni des Jahres eine nordamerikanische Walfangflotte in der Beringstraße des Arktischen Ozeans aufgebracht und acht Schiffe verbrannt hatte. Der Krieg zwischen den Nord- und Südstaaten war endgültig zu seinem Ende gekommen.

Oder doch nicht? Fährt man heute durch Virginia, so sind die Spuren jenes gewaltigen Bruderkrieges der USA noch immer zu spüren, die Schlachtfelder sind nationale Erinnerungsstätten und wohlkonservierte Freiluftmuseen geworden, die jedes Jahr Hunderttausende von Urlaubern anziehen. Blau- und graugekleidete junge Männer marschieren Jahr für Jahr auf den Feldwegen von Antietam, durch die Wälder um Richmond oder durch die Straßen von Fredericksburg und sprechen von den Ereignissen, den Generälen und Soldaten, als wäre es erst gestern gewesen. Und in mancher Kleinstadt von Georgia ist der US-General Sherman und sein Marsch der verbrannten Erde ›von Atlanta zur See‹ bis heute nicht vergessen. Alte Männer spucken aus, wenn sie den Namen Sherman erwähnen und fluchen auf den Norden, auf die in Washington, die Reichen, die Yankees . . .

Und beim Schwarzpulverschießen in Schwäbisch Hall (›good old Germany‹) kann man an jedem ersten Septemberwochenende Südstaaten-Sympathisanten in originalgetreuen Uniformen treffen, die genaue Auskunft über die Entstehung und den Leidensweg von konföderierten Regimentern, wie der 21. Georgia, den ›Palmetto Sharpshooters‹ oder ›Barksdales Mississippians‹, geben können – zwar mit fränkischem Dialekt, aber genauer, als es mancher ›echte‹ Südstaatler vermöchte. Der amerikanische Bürgerkrieg von 1861–65 vermag es bis zum heutigen Tage, das Interesse und die Phantasie anzuregen, und das weit über die Grenzen der Vereinigten Staaten hinaus: Die Mehrzahl der Schwarzpulverschützen schießt weltweit mit Waffen, wie sie auf den Schlachtfeldern von Gettysburg, Chickamauga oder Richmond benutzt wurden. Tausende von jungen und älteren Enthusiasten sind in Vereinen und Clubs, welche an die Tradition der Bürgerkriegsarmeen anknüpfen, und jedes Jahr finden Dutzende von ›Reenactments‹, unblutig nachgestellte Schlachten, an den alten Austragungsorten statt – als lebendiger Geschichtsunterricht, als Reminiszenz an die ›gute, alte Zeit‹, aus Spaß am Theaterspielen, an Pulverqualm und Uniformen. Dahinter steckt mehr als ›verrückte Spinnerei‹, wie unliebsame Beobachter vorschnell urteilen. Natürlich ist das Anziehen einer Bürgerkriegsuniform, das Schießen mit einer Vorderlader-Muskete, mit einem Sharps-Karabiner oder einem italienischen Colt-Nachbau immer ein bißchen Flucht aus der Wirklichkeit: Rückzug aus einer hektischen, streßkranken Gesellschaft, deren Formen, Werte und Vorstellungen an allen Ecken bröckeln und oft nur noch Fassade sind. Also Flucht in eine Zeit, die überschaubarer, ruhiger, romantischer und vielleicht menschengerechter war? Vielleicht, man kann es so sehen und beurteilen. Aber ist ein solches ›Eintauchen‹ in eine andere Epoche, ein solches Interesse zu *verurteilen*? Angesichts einer übertechnisierten Gesellschaft, die zur Gestaltung einer immer größer werdenden Freizeit nur noch Fernsehen, Video-Spiele oder ähnlichen Konsum propagiert, sind Menschen zu beneiden, die ihr Interesse einem so vielschichtigen Gebiet wie dem des amerikanischen Bürgerkriegs zuwenden. Dies ist ein Hobby, eine Art ›zweiter Lebensinhalt‹, der sich nicht in bloßem Konsum erschöpfen kann, der immer wieder neue Ebenen eröffnen wird. Die Uniformkunde, das Waffensammeln, das Schwarzpulverschießen sind dabei nur Schritte auf einem Weg, der zu einer besseren Kenntnis einer früheren Epoche, ihrer Menschen und Leitmotive führt und einen damit letztlich mit sich selbst, mit der eigenen Geschichte und Vor-Geschichte konfrontiert.

Das vorliegende Buch ist kein Buch über den Amerikanischen Bürgerkrieg, über seine Schlachten und Generäle. Davon gibt es genug. – Dieses Buch spricht über den Soldaten in grauer und blauer Uniform, über seine Waffen, seine Ausrüstung, sein Leben. Es soll das Interesse, das durch Schwarzpulverschießen und Waffensammeln bei dem einen oder anderen an dieser Zeit geweckt ist, vertiefen, soll Einblicke und Denkanstöße vermitteln. Schlachtabläufe und historisch bekannte Figuren sind nur am Rande erwähnt. Das Hauptinteresse ist auf ›Johnny Reb‹ und ›Billy Yank‹, den einfachen Teilnehmer des Konflikts, gerichtet. Seine Muskete, ›mit Minnie-Ball und Bajonett‹ entschied den Konflikt. Seine Ausrüstung, sein Leben und die Art der Kriegsführung sind Hauptgegenstand der nachfolgenden Beschreibungen. Gleichzeitig soll das Verständnis um die Einmaligkeit dieses Krieges, um seine Bedeutung für die Entwicklung der Waffentechnik gefördert werden. Der Bürgerkrieg war eine Art Wendepunkt – einmal war er der letzte der großen Konfliktaustragungen, die nach den Regeln von Friedrich dem Großen und Napoleon gekämpft wurden, vielleicht der letzte der ›romantischen‹ Kriege, wenn es diese je gegeben hat. Zum andern war er der erste der modernen, technisch und produktionsmäßig bedingten Materialkriege, in denen Nachrichtenverbindungen und Eisenbahnlinien ihr Debüt gaben. Vor Richmond zeichneten sich schon die Stellungskämpfe des ersten Weltkrieges ab, Torpedos und gepanzerte Kriegsschiffe bestimmten die Seekriegsführung, das erste Unterseeboot führte einen erfolgreichen Angriff. Bei den persönlichen Waffen brach die Ära der Hinterlader und Repetierer an – in einem Krieg wurden drei Generationen von Waffensystemen parallel zueinander benutzt: Während die Mehrzahl der Truppen mit gezogenen Minié-Vorderladern ausgerüstet waren, zeigte sich bereits die Überlegenheit der Hinterlader, die ihrerseits nur einen kurzen Schritt auf dem Weg zum Repetierer mit Metallpatronen darstellten.

Für den Waffen- und Militariasammler bietet der Bürgerkrieg ein schier unerschöpfliches Gebiet zum Sammeln – allein die Kavalleriekarabiner-Typen sind ein Gebiet für sich, das einen Liebhaber ins Armenhaus treiben kann. Wem der Geldbeutel keine größeren Sprünge gestattet, der kann sich Schritt für Schritt eine umfangreiche Geschoßsammlung anschaffen. Auch die Literatur ist vielfältig – aber zumeist englisch publiziert und bleibt daher den meisten deutschsprachigen Interessenten wenig zugänglich. Dieses Buch soll daher als Einführung dienen, Interesse wecken und vertiefen. Es stellt nicht den Anspruch an Vollständigkeit oder Originalität – angesichts der meterlangen Bücherregale über den Bürgerkrieg wäre ein solcher Versuch vermessen. Es soll als Anregung, als Nachschlagewerk, als Wegweiser dienen. Dem Verfasser war es primär wichtig, sein Interessensgebiet, seine Begeisterung für diese Epoche und ihre Menschen mit anderen zu teilen. Man muß nicht unbedingt US-Waffen sammeln, um dieses Buch zu lesen, vieles von dem, was hier die Geschichte des amerikanischen Kontinents entschied, wurde für die europäische Kriegführung und für die hiesige Waffentechnik wegweisend. Von daher wird auch die europäische und deutsche Entwicklung auf diesen Gebieten erklärlicher.

Letztlich war der amerikanische Bürgerkrieg auch ein europäischer Konflikt: In London und Paris rangen Agenten beider Seiten um die Gunst und Unterstützung der Regierungen. Zehntausende von ausgemusterten preußischen, englischen und österreichischen Waffen wurden von Nord und Süd aufgekauft und eingesetzt. Hunderttausende von Europäern, Einwanderer und Abenteurer kämpften auf beiden Seiten, unter ihnen rund 200 000 Deutsche.

Danksagung

Das vorliegende Buch wäre ohne die hilfreiche und selbstlose Mitarbeit vieler Freunde nicht möglich gewesen. Sie stellten Waffen zur Verfügung, gaben Tips und teilten dem Autor ihre eigenen Kenntnisse und Erfahrungen mit. Besonderer Dank gebührt Gus Fisher aus Fredericksburg/Va., und dem Kurator des West Point Museums; Robert Fisch; den Mitarbeitern des U.S. National Park Service; der Library of Congreß und den National Archives; sowie den Bibliothekaren des Berliner John-F.-Kennedy-Instituts für Amerikanistik. Frank Rackley besorgte in Kalifornien Materialien, und H. J. Grap, Berlin, stellte neben zahlreichen Originalstücken seine Bibliothek und sein Wissen zur Verfügung. Für ähnliche Mithilfe ist der Autor auch H. J. Elsner zu Dank verpflichtet.

Dieses Buch entstand auch auf ganz besonderem Wunsch und ständigem Betreiben von Klaus Wudewitz, der sich bei der Durchsicht des Manuskripts verdient machte. Es wäre aber nicht möglich gewesen ohne das Einverständnis und Wohlwollen von Verlagsleiter Wolfgang Schilling, der nach langem Hoffen diesem Projekt und damit einem Herzenswunsch sein ›okay‹ gab. Ihm gebührt ganz besonderer Dank dafür.

Zur Nomenklatur

Die Übertragung der englischen Begriffe ist oft sehr schwierig und muß unvollständig bleiben, weil die besonderen zeitgenössischen amerikanischen Bezeichnungen kein Gegenstück in der deutschen Sprache haben. Um auch den nicht-englischsprachigen Leser etwas mit den damals üblichen Namen der Waffen und der besonderen Ausdrucksweise (z. B. ›repeating pistol‹ für Revolver) vertraut zu machen, ist stellenweise die amerikanische Nomenklatur übernommen worden. Zur Vermeidung ständiger Wiederholungen wechselten bei den Maßangaben auch ›inch‹, Zoll und Zentimeter.

Die Spaltung einer Nation

»Freie Männer von Tennessee!

Der Yankee-Krieg wird jetzt für ›Schönheit und Beute‹ geführt. Sie haben uns von sich getrieben und sagen jetzt, daß sie UNSEREN HANDEL haben müssen und haben werden. Um ihre gemieteten und brutalen Soldaten aufzureizen, versprechen sie ihnen unsere Ländereien, und sagen ihnen, unsere Frauen sind schön – und daß Schönheit die Belohnung der Tapferkeit ist . . .«

Rekrutierungsplakat, 17. Mai 1861, Südstaaten

Die Beschießung von Fort Sumter, Süd-Carolina, am 12. April 1861 war die erste militärische Auseinandersetzung eines Konflikts, dessen Entwicklung bereits seit Jahren auf eine offene Auseinandersetzung hingesteuert hatte. Das Bombardement im Hafen von Charleston, das weitgehend unblutig blieb, war nur die Lunte an einem Pulverfaß von Gegensätzen und Emotionen, die sich zwischen dem vorwiegend agrarischen, konservativen Süden und dem industriell und zukunftsorientierten Norden aufgestaut hatten.

Die Frage der Sklaverei war dabei nur ein Streitpunkt, der aber angetan war, Gefühle und Befürchtungen auf beiden Seiten hervorzurufen. Innen- wie außenpolitisch aber war die Frage der Sklaverei hervorragend zum Propagandakrieg geeignet, obwohl es auch ohne Bürgerkrieg zu einem Ende dieser abscheulichen und menschenunwürdigen Einrichtung gekommen wäre: Bereits 1860 war abzusehen, daß die Tage der Sklavenhaltung im aristokratischen Süden gezählt waren. Über kurz oder lang wäre es in den nächsten zehn bis fünfzehn Jahren zu einer graduellen Abschaffung der Sklaverei gekommen, die aus sozialer Sicht förderlicher gewesen wäre als die plötzliche Sklavenbefreiung am Ende des Bürgerkrieges mit ihrer Massenverelendung, dem Fortbestehen von Vorurteilen und der Entwurzelung großer Bevölkerungsgruppen. Aber der industrielle Fortschritt verlangte nach billigen Arbeitskräften, nach neuen Absatzmärkten, nach Ausdehnung und Wachstumsraten. Der Bürgerkrieg war auch und nicht zuletzt Konflikt zwischen einer alten, traditionalistischen Gesellschaft im Süden und einer neuen, kapitalistischen Idee im Norden, deren Werte vom ›Big Business‹, von Produktionssteigerung, Industrialisierung und wirtschaftlicher Expansion bestimmt waren.

Am Ende stand der Zusammenbruch einer Gesellschaftsordnung im Süden, wirtschaftliche Zerrüttung und Armut, während die USA an die Erschließung ihres Kontinents mit neu freigewordener Energie gingen und die Neuenglandstaaten zum Zentrum eines sich schließlich weltweit ausbreitenden Modells der modernen Industrie- und Konsumgesellschaft wurden. Am Ende standen auch die nordamerikanischen Großstädte mit ihren Fabrikzentren und Slums – mit Recht fragten bereits 1861 die Apologeten der Sklaverei, was denn so viel menschlicher und demokratischer an dem Schicksal der amerikanischen Neger in den Slums und lichtlosen Fabriken des Nordens wäre. Die Mehrzahl der Soldaten im Süden besaßen keine Sklaven, sie waren einfache Bauern, Handwerker, Bürger und gehörten nicht der zahlenmäßig kleinen Klasse der Pflanzer-Aristokratie an. Nicht wenige ihrer Generäle und Führer standen der Sklavenhaltung kritisch oder als erklärte Gegner gegenüber. Viele Nordstaatler hatten ähnlich starke Vorurteile und rassistische Ressentiments gegenüber ihren farbigen Mitmenschen wie im Süden; während des Krieges zeigte die Behandlung der schwarzen Freiwilligenregimenter, wie wenig das Ideal der Gleichberechtigung die Motivation der Kriegsteilnehmer in der Union war.

Trotz allem war es die Frage der Abschaffung der Sklaverei – Abolitionismus – die als treibende Kraft Norden und Süden entzweite. Beecher-Stowes Roman »Onkel Toms Hütte« traf mit seinen emotionsgeladenen Schilderungen einen empfindsamen Nerv in jener von der Romantik geprägten Epoche. Er wurde zum Bestseller und prägte die Einstellungen weiter Kreise im Norden gegen die gesellschaftliche Ordnung der Staaten südlich der ›Mason-Dixon-Linie‹* . Der Feldzug gegen die Sklaverei wurde von den Kanzeln gepredigt, war Tagesgespräch in Salons und Gegenstand von wiederkehrenden Leitartikeln – lange vor 1860. Bereits in den Jahren 1844–45 hatten sich die Methodistische und die Baptistische Kirche über die Sklavenfrage gespalten, andere Institutionen, die als Bindungen zwischen den Staaten existierten, folgten. Im zunehmenden Maße wurden in den fünfziger Jahren Zeitungen und Journale aus dem

* Charles Mason und Jeremiah Dixon hatten in den Jahren 1763 bis 1767 die Grenzlinie zwischen den Staaten Maryland und Pennsylvania vermessen, im allgemeinen Sprachgebrauch galt diese Linie als Demarkation zwischen den freien Nordstaaten und den Sklavenhalter-Staaten.

Rekrutierungsbüro in New York City. Den Freiwilligen – und ihren Werbern – werden Prämien versprochen, ein Faktor, der zum Betrug verleitete. Männer ließen sich anwerben, kassierten das Prämiengeld und desertierten nach kurzer Zeit, um sich anderweitig wieder zu melden. Mitunter wechselten diese ›bounty-jumpers‹ auch die Frontseiten.

Norden boykottiert, eine Zensur der einzelnen Bundesstaaten kontrollierte die Einfuhr von Literatur, die zur Sklavenbefreiung aufrief. Abraham Lincoln hatte sich bereits 1858 während des Wahlkampfes zum Senator von Illinois als Abolitionist profiliert, mit seiner Nominierung zum Präsidentschaftskandidaten der Republikanischen Partei und seiner Wahl gelangte für den Süden ein radikaler Bekämpfer der Sklaverei in das höchste Regierungsamt. Diese Einschätzung Lincolns war falsch, er selbst war eher gemäßigt und beabsichtigte nicht, radikal in die gesellschaftlichen Verhältnisse des Südens einzugreifen. Der weiteren Ausbreitung der Sklaverei, namentlich in den neuerschlossenen Gebieten im Westen der USA, sollte Einhalt geboten werden. Schrittweise sollte es zur Auflösung der Sklaverei kommen.

Der Sieg der republikanischen Partei in den Wahlen von 1860 wurde zum Signal für die Sezession, den Austritt der Südstaaten aus einer Union, in der sie die Rechte und Selbstbestimmung ihrer Heimat nicht mehr gewahrt sahen. Für den durchschnittlichen Bürger der Carolinas, von Virginia, Alabama oder Georgia war der Abolitionismus nur ein weiteres Werkzeug des Nordens in der Unterjochung des ohnehin wirtschaftlich abhängigen Südens. In der emotionsgeladenen Atmosphäre vor Ausbruch des Bürgerkrieges spielten reale und irreale Ängste eine große Rolle und begünstigten die Entstehung eines eigenständigen Nationalismus. Die Mehrzahl der Universitäten lag im Norden. Schul- und Lehrbücher, Weizen, Maschinen, Werkzeuge und andere Güter mußten importiert werden. Die Landwirtschaft der Südstaaten konzentrierte sich hauptsächlich auf den Anbau von Baumwolle und Tabak und war exportabhängig. Ein starkes Gefühl der Ausbeutung durch die Yankee-Fabrikanten, Spediteure und Schiffahrtsgesellschaften herrschte im Süden vor.

Vorherrschend war auch die Angst vor einem Sklavenaufstand. Nat Turners Versuche einer Sklavenrebellion in den dreißiger Jahren hatte vielen Weißen – auch solchen, die keine Sklaven hielten – die Furcht vor einem ›Brechen der Dämme‹ beigebracht. Der missionarisch vorangetriebene Abolitionismus, das fanatische Auftreten mancher Wahlkampfredner, der Ton der Leitartikel und die Senti-

Das Spritzenhaus von Harpers Ferry. Hier verschanzte sich John Brown mit seinen Verschwörern. Im Vordergrund eine 24-Pfünder-Haubitze mit Bronzerohr, Modell 1841.

mentalitäten von Beecher-Stowes Buch klangen in südlichen Ohren wie der Aufruf zum Aufstand, zu Mord und Plünderung. Die vereinzelten Versuche einiger Idealisten, entlaufenen Sklaven zur Flucht in den Norden zu verhelfen, waren in den Augen der Südstaatler Beweise für eine aktive Untergrundarbeit der Yankees. In manchen Landstrichen, wo auf einen Weißen fünf oder mehr Schwarze kamen, wirkten sich diese Befürchtungen in den Jahren 1859–1860 zur Hysterie aus. Selbsthilfe-Komitees der weißen Farmer wurden gegründet, bewaffnete Streifen zogen nachts von Farm zu Farm, Milizen wurden aufgestellt, Waffen angekauft.

In diese ohnehin gespannte Atmosphäre brach die Nachricht von John Browns Überfall auf das Bundesarsenal in Harpers Ferry wie ein Kanonenschuß: Mit einigen Gefolgsleuten hatte John Brown, ein Puritaner, Mystiker und radikaler Gegner der Sklaverei, bereits in Kansas an schweren Zusammenstößen zwischen Gegnern und Anhängern der Sklaverei teilgenommen. Im Oktober 1859 schmuggelte dieser Fanatiker mit Hilfe seiner vier Söhne und einem Dutzend Anhänger mehrere Kisten mit Waffen in ein Farmhaus in Virginia und überfiel am 16. Oktober den kleinen Ort am Zusammenfluß von Shenandoah und Potomac. Hier befand sich die wichtigste Einrichtung der amerikanischen Rüstungsindustrie – die Waffenfabrik und das Arsenal von Harpers Ferry, Eigentum der Bundesregierung. Hier befand sich auch die private Waffenfabrik von John Hall, die unter Regierungsaufsicht seit 1819 den Hall-Hinterlader anfertigte. Browns Plan sah einen Aufstand von Sklaven vor, die er mit den Waffen aus dem Bundesarsenal ausrüsten wollte. Zusätzlich hatte er 1500 Piken in sein naheliegendes Versteck gebracht. Der Aufstand fand nicht statt: Brown und seine mit Revolvern und Sharps M 1853-Karabinern gut bewaffnete Anhängerschaft konnten zwar die Aufsichtspersonen des Arsenals überraschen und einige Sklaven ›befreien‹, mußten sich aber angesichts der zusammengezogenen örtlichen Miliz und Bundestruppen zurückziehen. Mit einigen Geiseln verschanzte sich Brown im Feuerwehrhaus des Arsenals und leistete bis zum Morgen des 18. Oktobers erbitterten Widerstand. Eine Gruppe Marineinfanteristen unter Befehl eines Oberst Robert E. Lee und eines Leutnants J.E.B.

Stuart stürmte schließlich das Spritzenhaus und nahm Brown und seine Mittäter gefangen.
John Brown und vier seiner Mittäter wurden am 2. Dezember hingerichtet; auch nach heutigem Verständnis waren sie eher Terroristen denn Freiheitskämpfer. Bereits in Kansas waren ihrem von religiösem Eifer getragenem Fanatismus mehrere Menschen zum Opfer gefallen. Der Überfall von Harpers Ferry sollte den Anfang einer Sklavenrevolte darstellen, die nach Browns Vorstellungen als Guerillakrieg in den Bergen Virginias wie ein Steppenfeuer um sich greifen sollte. Im Süden unterstrich Browns dilettantischer Versuch bereits vorhandene Befürchtungen vor einer Yankee-Verschwörung zur Sklavenbefreiung. Auch die unverhohlene Sympathie, welche dem des Mordes, der Verschwörung und des bewaffneten Aufruhrs Angeklagten im Norden entgegengebracht wurde, bestärkte diese Ängste der Sklavenhaltergesellschaft. Nicht wenige Leitartikel oder Kanzelpredigten erklärten sich zwar nicht mit den Methoden, so doch den Intentionen Browns solidarisch. Browns Anschlag wirkte im Norden und Süden als Katalysator, der den Prozeß des Auseinanderdriftens der Union beschleunigte. In diesem Sinn waren die Schüsse von Harpers Ferry das erste Gefecht des nachfolgenden Krieges, denen – tragische Ironie der Geschichte – als erstes einer jener Negersklaven zum Opfer fiel, die John Brown vorgab, befreien zu wollen. Das Lied von John Brown, dessen »Körper in seinem Grab vermodert«, aber dessen »Seele weitermarschiert«, wurde zu einem der beliebtesten Marschlieder der Unionstruppen. Der religiöse Fanatiker Brown, ein Geiselnehmer und Mörder, wurde zum Volkshelden verklärt. . .
Treibende Kraft der Sezession war South-Carolina. Die Nachrichten von der Wahl Lincolns am 7. November 1860 brachte die Massen in die Straßen der alten Hafenstadt Charleston. Der Ruf nach Austritt aus der Union wurde laut. Am 20. Dezember trat die gesetzgebende Versammlung des Staates zusammen und erklärte den Bund mit der Union für aufgelöst. Die Besatzung der Hafenfestung Fort Sumter, Regierungstruppen unter dem Befehl von Major Robert Anderson, befanden sich – wie andere loyale Festungstruppen im Süden – in einem Zustand der de-facto-Belagerung. Anfang Januar entschied das Kriegsministerium, Fort Sumter durch die Entsendung von 250 Rekruten, Nahrung und Munition zu verstärken. Aber die ›Star of the West‹, die von New York aus in See stach, wurde von den Charlestoner Küstenbatterien unter Feuer genommen und mußte unverrichteter Sache zurückfahren. Diese ersten Kanonenschüsse in der Nacht vom 8. Januar 1861 kamen einer Kriegserklärung gleich. Der Weg in den Bürgerkrieg war eingeschlagen.
Am 9. 1. folgte Mississippi dem Beispiel South-Carolinas und trat aus der Union aus. Am nächsten Tag unternahm Alabama diesen Schritt, am 19. Georgia. Eine Woche später schloß sich der fünfte Staat des ›tiefen Südens‹ an, Louisiana, Teil jenes geographischen Streifens von Sklavenhalterstaaten, die man in der zeitgenössischen Sprache auch als ›black belt‹, als schwarzer Gürtel, bezeichnet hatte. Im Februar schloß sich der flächenmäßig größte Staat, Texas, an. Bis zum 8. Mai hatten Virginia, Arkansas, North Carolina und Tennessee ihre Loyalität zur Bundesregierung in Washington aufgekündigt. Anfang Februar kamen die Delegierten dieser Staaten zur Bildung einer provisorischen Regierung zusammen, erließen eine vorläufige Verfassung und wählten am 9. des Monats Jefferson Davis zum Präsidenten der ›Konföderierten Staaten von Amerika‹. Der Bruch quer durch die amerikanische Nation war vollzogen. Kentucky, Maryland, Delaware und Missouri, die als Staaten mit Sklaverei-Gesetzen als potentielle Verbündete der Konföderation galten, blieben in der Union oder wurden mit Gewalt vom Übertritt abgehalten. Lincoln erklärte den Ausnahmezustand und erließ am 11. April die Order zur Aufstellung von 75 000 Freiwilligen, um den ›Aufstand‹ im Süden niederzuschlagen. Die Freiwilligenkontingente sollten aus den Bundesstaaten für drei Monate zur Fahne einrücken, um der Rebellion ein Ende zu machen. Der Aufruf selbst stellte den Schlußstrich um die letzten Bemühungen dar, einen offenen Konflikt zu vermeiden. Die Beschießung von Fort Sumter wurde wenige Stunden später eröffnet, um 4.30 Uhr gab General Beauregard den Feuerbefehl, am 13. April ergab sich das Fort.
In der Begeisterung der ersten Kriegstage nach den Schüssen auf Fort Sumter konnte sich niemand vorstellen, daß die vier schwersten und blutigsten Jahre vor der amerikanischen Nation lagen – kein anderer Krieg, die beiden Weltkriege eingeschlossen, forderte einen so hohen Blutzoll und brachte diese verheerende Verwüstung über weite Teile des amerikanischen Landes: Der Unabhängigkeitskrieg oder der Krieg gegen Mexiko, die dem Bürgerkrieg vorangegangen waren, stellten Konfliktaustragungen im Sinne der europäischen Kabinettskriege dar – begrenzt, lokal und mit geringem personellen Aufwand im Vergleich zu den Konflikten im europäischen Raum. Die nachfolgenden Kriege, welche die USA führten, waren überseeische Unternehmungen, bei denen kein Angriff die amerikanischen Städte oder die Zivilbevölkerung bedrohte. Der interne Konflikt von 1861–1865 war anders: Die Schätzungen über die Gesamtverluste auf beiden Seiten liegen zwischen 618 000 und 710 000 Toten. Die Zahl der Verwundeten erreichte Millionenhöhe und konnte kaum statistisch genau erfaßt werden. Am Ende des Krieges waren nicht nur ganze Landstriche ausgeplündert und verwüstet, auch die Metropolen des Südens, wie z. B. Richmond oder Atlanta, waren Ruinenhaufen.
In jenen ersten Apriltagen dachte noch niemand daran, daß sich der Krieg über Jahre hinziehen und hunderttausende Opfer fordern würde – und jene Persönlichkeiten, die auf beiden Seiten der Lawine Einhalt gebieten wollten und vor einer militärischen Auseinandersetzung warnten, wurden überschrien und verspottet.

Die Gegner

Der Norden, die *Union*, umfaßte 22 Staaten mit rund 22 Millionen Einwohnern; bei Kriegsausbruch spaltete sich der westliche Teil Virginias, die Landstriche jenseits der Allegheny- und Appalachian-Bergketten, von der Staatsregierung in Richmond ab und hielt zur Union. West Virginia wurde während des Krieges als selbständiger Staat das 23. Mitglied der Union. In Maryland tendierten die Sympathien der Bevölkerung eindeutig zum Süden. In der Hauptstadt Baltimore wurden Truppen auf ihrem Weg nach Washington von der aufgebrachten Menge angegriffen und beschossen. Um eine Isolierung der Bundeshauptstadt zu verhindern, ließ Präsident Lincoln den Ausnahmezustand verhängen und diejenigen Politiker und Persönlichkeiten des öffentlichen Lebens festsetzen, die sich für einen Beitritt Marylands zur Konföderation ausgesprochen hatten. Ähnlich prekär war die Lage in den Grenzstaaten Kentucky und Missouri: Teile der Bevölkerung und der politischen Vertretung beider Staaten waren auf Seiten des Südens, aber militärische Maßnahmen verhinderten einen Übertritt dieser Staaten. Delaware mußte aufgrund seiner geographischen Lage inmitten unionstreuer Staaten in der Union verbleiben.

Auf der anderen Seite gab es in Staaten wie Tennessee ganze Distrikte, die in Abstimmungen für den Verbleib in der Union gestimmt hatten und nun mit dem Norden sympathisierten, obwohl ihr Staat Teil der Konföderation war.

Die 11 Staaten der *Konföderation* bestanden aus weniger als 9 Millionen Menschen, von denen nach der Zählung von 1860 über 3 521 000 Sklaven waren, die rund 384 000 Weißen gehörten. Rein rechnerisch war der Süden von Anbeginn des Krieges enorm benachteiligt:

- 75% des Bruttosozialproduktes der USA wurden vor dem Krieg im Norden erzeugt, dort befanden sich auch 65% der landwirtschaftlich genutzten Gebiete und 85% der Fabrikanlagen.
- Die Infrastruktur des Nordens, seine Straßen- und Eisenbahnverbindungen waren besser: Ca. 70% der Eisenbahnstrecken verbanden die Nordstaaten miteinander. An Mineralien, besonders Eisen, Kohle, Kupfer, befanden sich 90% der damals erschlossenen Abbaugebiete im Norden. An Grundnahrungsmittel, vor allem Korn, produzierten die Nordstaaten einen Überfluß, der auch nach Europa exportiert wurde und wichtige Devisenquelle war, während die Konföderation von Anfang an Engpässe durch ihre Monokulturen von Baumwolle, Reis und Tabak hatte.
- Banken, Handels- und Schiffahrtsgesellschaften befanden sich fast ausschließlich im Norden, auch 80% der bei Banken angelegten Finanzbeträge.

Dem konnte der Süden nur sein Hauptausfuhrprodukt Baumwolle entgegensetzen. Von der Monopolsituation, welche die Baumwollstaaten der Konföderation auf dem Weltmarkt hatten, erhoffte sich die Regierung in Richmond die Unterstützung und Anerkennung durch Staaten wie Frankreich und England, dessen Textilindustrien von der Einfuhr amerikanischer Baumwolle abhängig waren. Der Versuch der Konföderation, eine positive Stellungnahme beider Länder durch Zurückhalten von Baumwollieferungen bei Anfang des Krieges zu erwirken, schlug fehl: Gute Ernten in den Vorjahren hatten bewirkt, daß die Warenhäuser in Europa gefüllt waren, eine ›Baumwollnot‹ brach nicht aus, die Textilindustrie konnte weiterproduzieren. Nachdem diese Vorräte erschöpft waren, traten Englands überseeische Kolonien und Handelspartner, wie Ägypten, an die Stelle des Südens.

Mit Kriegsausbruch verhängte der Norden eine Seeblockade gegen die Küstenstädte der Konföderation, welche die Nachschub- und Handelsmöglichkeiten der Südstaaten schwerwiegend behinderte. Der Versuch, diese Blockade zu brechen, und die Nacht- und Nebel-Aktionen schneller Kaper- und Kauffahrtsschiffe, um den überlegenen U.S. Marineverbänden zu entgehen, stellte das wesentliche Merkmal des Seekrieges zwischen Nord und Süd dar, an dem auch die Küsten- und Festungsbatterien der Hafenstädte einen wichtigen Anteil hatten. Für einen großen Teil der kriegswichtigen Güter und Rohstoffe, selbst für den Nachschub an Schuhen und Leder, war die Konföderation auf Einfuhren aus Europa oder den näher gelegenen Inselgruppen der Karibik angewiesen.

Am Vorabend des Krieges bestand die U.S. Armee aus der lächerlichen Streitmacht von 16 367 Offizieren, Unteroffizieren und Mannschaften unter dem Befehl des 75jährigen Winfield Scott. Diese Armee war hauptsächlich in den Gebieten westlich des Missouri stationiert, wo ihre Aufgabe in der Erschließung neuer Territorien, dem Schutz der Wagenzüge nach Westen und der Abwehr möglicher Indianerangriffe bestand. In kleinen Garnisonen weit verstreut, lagen 183 der insgesamt nur 198 Kompanien dieser Armee im Westen – rechnerisch ein Soldat pro 120 Quadratmeilen Territorium! Diese Berufsarmee hatte zwar einen hohen Ausbildungsstand, aber ihre Ausrüstung war zu einem großen Teil antiquiert, ihre Einsatzkonzepte und die taktischen Auffassungen ihrer Generäle und Offiziere entsprachen kaum der Technologie der Zeit. Die U.S. Armee verstand sich als Kader- und Berufsarmee, die theoretisch in Kriegszeiten auf das Miliz- und Freiwilligensystem der Bundesstaaten zurückgreifen konnte: Diese Miliz war auf dem Papier 3 Millionen Mann stark – aber ihre militärischen Erfahrungen beschränkten sich auf sonntägliche Marktplatz-Paraden. Es fehlte an allem – an Offizieren, Unteroffizieren und Ausbildern mit Erfahrung, an Waffen und Ausrüstung. Diese Freiwilligenverbände schlossen an die Tradition der ›minutemen‹ aus den Tagen der Amerikanischen Revolution an. Organisiert auf Kompanie-Ebene, stellten diese Truppen weniger eine militärisch organisierte und gedrillte Einheit als einen gesellschaftlichen Verein dar, mehr Schützenverein als Truppe. Ihre Offiziere wurden gewählt und waren zumeist angesehene oder einflußreiche Persönlichkeiten der jeweiligen Gemeinde. Neben einem starken Lokalpatriotismus, der diese Verbände begründete, stand im Vordergrund das gesellschaftliche Ansehen, das die Mitgliedschaft in einem solchen Verein beinhaltete. Entsprechend reich und unpraktisch waren auch die Uniformen ausgestattet: Eines der berühmtesten Freiwilligenregimenter, das Neunte New Yorker, wurde im Mai 1861 aus dem Milizverband der ›New York Zouaven‹ in die Unionsarmee aufgenommen. Ihre farbenprächtigen, orientalischen Uniformen richteten sich nach einer Modeerscheinung jener Tage, die im Norden und Süden zur Aufstellung vieler Lokalverbände als Zouaven geführt hatte: Die französische Armee, die seit der Amerikanischen Revolution für die amerikanische in vielem als Vorbild diente, war in der ersten Hälfte des 19. Jahrhunderts in einen blutigen Kolonialkrieg in Marokko verwickelt, der u. a. zur Aufstellung von örtlich rekrutierter leichter Infanterie und Kavallerie (›Spahis‹, ›Chasseurs d'Afrique‹) geführt hatte. Das romantische Flair dieser Elite-Truppe und ihre farbenprächtigen Uniformen regten viele amerikanische Militärvereine zur Nachahmung an. Fez, Pumphose und Blouson aber fiel sehr schnell dem harten Militäralltag zum Opfer – während die meisten dieser Truppen bei ihrem Einrücken zur Konföderierten- oder Unionsarmee noch ihre farbenprächtigen Dienst- oder Paradeanzüge trugen, führten die ersten Einsätze und die Gewaltmärsche des Krieges sehr schnell zu einer einfacheren und wesentlich praktischeren Uniformierung.

Bewaffnungsmäßig sah es in den Arsenalen der Bundesregierung und der Staaten verhältnismäßig schlecht aus. Das Kriegsministerium, aus altersgrauen Veteranen der Kriege von 1812 und 1846–48 besetzt, war lange Jahre hindurch einem Dornröschenschlaf verfallen, aus dem es 1861 unsanft geweckt wurde. Obwohl die USA mit der Ausdehnung nach Westen der Armee immer mehr und wichtigere Aufgaben übertrugen, stagnierten die Ausgaben für den Militärbereich und wiesen sogar rückläufige Tendenzen auf. Zwar erhielt die kleine Berufsarmee in den fünfziger Jahren eine neue Ausstattung, aber jene Waffen, die in den Depots zur Ausrüstung der Milizen und Staatsregimenter lagerten, waren veraltet. Ein nicht geringer Teil dieser Gewehre datierte bis zum Krieg gegen England von 1812 zurück und war mit Feuersteinzündung versehen. In den Bundesarsenalen, die zum Zeitpunkt der Sezession in die Gewalt der Südstaaten übergingen, befanden sich lediglich 159 010 Waffen aller Art, oft genug nur einige Kisten ›Brown Bess‹-Musketen, einige Bündel Säbel und Bajonette. Nur ein Bruchteil dieser Waffen gehörte zur Klasse der gezogenen Minié-Gewehre, die zur Standardbewaffnung der aufzustellenden Armee bestimmt war. Zwar befanden sich auch Waffen in den Depots der Staatsregierungen und als Privatbesitz in den Händen der Milizverände, aber zur Ausrüstung der Massenheere reichten diese Bestände kaum aus. Unterschiedliche Zündsysteme, Kaliber, Lauflängen und Seitengewehre erschwerten den Nachschub und die Ausbildung. Auf beiden Seiten der Mason-Dixon-Linie war man daher von Anfang an bemüht, eine gleichförmige, moderne Bewaffnung anzustreben. Der Norden besaß die Rohstoffe und das industrielle Potential dazu, dem Süden fehlte es an allem. Importe mußten die fehlenden Bestände decken. Im April 1861 entschied sich der ex-Gouverneur von Virginia, Henry A. Wise, zu einem drastischen Schritt: Lincolns Aufruf an die Staaten, Kontingente für das von ihm geplante 75 000-Mann-Herr zur »Niederschlagung der Rebellion« an die Bundesregierung abzustellen, erging auch an Virginia. Am 16. April antwortete Gouverneur Letcher unter Bezugnahme auf die Verfassung von 1795, daß »die Miliz von Virginia den Mächten in Washington nicht für einen solchen Zweck oder Verwendung, wie sie es vorhaben, zur Verfügung gestellt wird . . .«. Am Vorabend dieser Erklärung, die Virginias Beitritt zum Süden unterstrich, hatte Wise eine Anzahl Milizoffiziere in sein Haus nach Richmond geladen, um einen Aktionskurs zu bestimmen. Drei Tage später, am Abend des 18. April, war eine kleine Streitmacht auf Geheiß von Wise am Ufer des Potomac gegenüber von Harper's Ferry eingetroffen. Die Besatzung des Bundesarsenals zog sich vor der Übermacht zurück, nachdem Feuer an die Depots und Fabrikanlagen gelegt worden war. Zwar brannten die Einrichtungen ab, aber den energisch vorgehenden Virginiern gelang es, die nur geringfügig beschädigten Maschinen zu retten und zentnerweise Gewehrläufe und Waffenteile aus den Ruinen zu bergen und nach Richmond zu senden, wo sie zum Grundstock einer konföderierten Rüstungsindustrie wurden. Der Angriff auf das Arsenal aber stellte die zweite militärische Aktion des Bürgerkriegs dar, in dem die Milizen wenn nicht ihre militärischen Fähigkeiten, so doch ihre schnelle Mobilisierbarkeit unter Beweis gestellt hatten.

Dieses Milizsystem, das den Grundstock der Bürgerkriegsarmeen bildete, trägt die Züge einer gesellschaftlichen Eigenart jener Zeit, die wesentlich für die Spaltung der amerikanischen Nation war – Lokalpatriotismus. Dieser Begriff, der heute einen negativen Beiklang hat, trifft nicht ganz das Gefühl, das die Teilnehmer auf beiden Seiten in ihrer Haltung zu ihrem Staat und zu den USA motivierte.

Der Regionalismus, das Heimatgefühl, das die Kriegsfreiwilligen von 1861 bewegte, rührte im wesentlichen aus der Lebensweise jener Zeit her. In einer Zeit ohne Fernsehen, Rundfunk oder andere Medien war der politische Horizont der meisten Zeitgenossen notgedrungen begrenzt. Bis auf eine geringe Schicht Privilegierter oder berufsmäßig Reisender war die damalige Bevölkerung der USA bodenständig. Bezugspunkte des täglichen Lebens waren der Landkreis (County), der Marktflecken, die nächstgelegene Kleinstadt und vielleicht noch die Hauptstadt des Staates oder die nächstgelegene Hafenstadt. Aber ein Mann konnte sehr gut die Spanne seines Lebens verbringen, ohne je über die Grenzen seiner näheren Umgebung hinausgekommen zu sein. Der emotionale Bezugspunkt war County und Staat, an den er seine Steuern zahlte, dessen gesetzgebende Versammlung er wählte und dessen Gesetze und Verordnungen ihn direkt betrafen. Männer fühlten sich nicht so sehr als Bürger der Vereinigten Staaten denn als New Yorker,. . . als Angehörige der Staaten von Wisconsin, Texas oder Virginia. Das Milizsystem unterstrich diesen Kirchturm-Nationalismus noch, und selbst nachdem die verschiedenen Verbände in größeren Regimentern aufgegangen waren, schloß sich der Armeenumerierung immer der Name des regionalen Bezugspunktes an: Einheiten waren nicht einfach das 3. Kavallerie-Regiment oder die 15. CSA-Infantrie, sondern wurden nach ihrer Staatszugehörigkeit, hier z. B. Pennsylvania und Virginia, identifiziert. Aufgrund ihrer Herkunft aus Freiwilligen, Nationalgarde oder Miliztruppen gab es neben dieser offiziellen Bezeichnung des Armee-Registers auch noch die früheren Namen. So war die genannte 3rd Pennsylvania Cavalry' gleichzeitig das 60. Freiwilligenregiment – und auch als ›Young's Kentucky Light Cavalry‹ aufgrund ihrer Milizherkunft bekannt. Andere Einheiten trugen oft die Namen ihrer Kommandeure, z. B. ›Barksdale's Mississippians‹ oder ›Berdan's Sharpshooters‹, oder führten die Tradition ihrer Miliz-Waffengattung fort, obwohl sie nach Bewaffnung oder taktischer Verwendung alles andere als ›Charleston Leichte Dragoner‹, ›Husaren‹ oder ›Jäger‹ waren. Da man aber bereits im vorigen Jahrhundert über die Bedeutung des Korpsgeistes für den Gefechtswert einer Truppe wußte, wurde solche Bezeichnung und die dazugehörige Tradition beibehalten und gepflegt. Mitunter hielten sich auch einige Bekleidungsstücke der früheren Milizuniformierung.

Bei der Entscheidung zur Sezession oder zum Verbleib in der Union waren weniger ideologische oder politische Überzeugungen ausschlaggebend, als das Heimatgefühl. Aus Tagebüchern, Briefen und zeitgenössischen Berichten sind diese Gewissensentscheidungen auch heute noch nachvollziehbar: Männer meldeten sich freiwillig, weil sie ihren Heimatstaat angegriffen sahen, weil ihr Begriff von ›Freiheit‹, ›Demokratie‹ oder ›Zivilisation‹ vor allem in Bezug zur Unantastbarkeit staatlicher Rechte auf Selbstbestimmung und Selbstverwaltung lag. Man ging zum Rekrutierungsbüro, weil Freunde, Verwandte und Bekannte des Dorfes, der Kleinstadt oder des Bezirks es gleichfalls für ihre Pflicht hielten, weil Vermont zum Norden gehörte, oder der Angriff auf Fort Sumter nicht nur einen Angriff auf die Zentralregierung, sondern auch einen Angriff auf die Union, auf die Ehre des eigenen Staates darstellte. Besonders problematisch war die Entscheidung für jene Berufsoffiziere und Mannschaften der regulären Armee, die zwischen der Loyalität zu Fahne und Eid und der Verpflichtung zu ihrem Heimatstaat zu wählen hatten.

Hauptmann Pierre G. T. Beauregard, ein Pionieroffizier und Veteran des Mexikanischen Krieges, war kurz vor Kriegsausbruch aufsichtsführender Kommandeur der Militärakademie West Point, New York. Eine Woche nach Amtsantritt hatte er die Akademie verlassen, um seiner Heimat Süd-Carolina zur Verfügung zu stehen. Am 3. März 1861 traf er in Charleston als Brigadegeneral der provisorischen Armee der Konföderation ein, um wenige Wochen später das Feuer auf Fort Sumter zu leiten. Sein Gegner, Major Anderson, war Beauregards früherer Artillerielehrer während seiner Kadettenzeit in West Point gewesen. Robert E. Lee, ein anderer Offizier des Pioniercorps, diente als Oberstleutnant in Texas und wurde im März nach Washington zurückgerufen. Lee war gegen eine Sezession eingestellt und hoffte noch im April, daß es nicht zu einem Krieg zwischen den Staaten kommen würde: Virginia, sein Heimatstaat, war noch nicht aus der Union ausgetreten. Mitte März wurde Lee zum Oberst und Kommandeur des 1. U.S. Kavallerieregiments ernannt, am 18. April wurde ihm das Oberkommando über die U.S. Armee angetragen. Der Angriff auf Harpers Ferry und der Austritt Virginias aus der Union veranlaßten Lee, sein Offizierspatent niederzulegen, weil er sich nicht in der Lage sah, »seine Hand gegen seine Verwandten, seine Kinder und seine Heimat zu erheben«, wie er es in einem Brief an seine Schwester ausdrückte. Robert E. Lee stellte sich der Regierung in Richmond zur Verfügung, wurde General der Armee von Virginia und der militärische Führer der Konföderation. Jefferson Davis, der Präsident der Konföderierten Staaten, gehörte zum West Point-Jahrgang von 1828 und diente als Infanterieoffizier bis 1835, wurde 1845 Kongreßabgeordneter und nahm als Oberst am Mexikanischen Krieg teil. Nach einer Verwundung wurde er U.S. Senator des Staates Mississippi und war von 1853–1857 Kriegsminister unter Präsident Franklin Pierce.

Andere Südstaatler blieben in der Union, wie David G. Farragut, Erster Admiral der U.S. Marine. Mehr als ein Viertel der Offiziere von Armee und Marine aber verließen ihre Posten, um wenige Wochen später ihren früheren Kameraden als Feinde gegenüberzustehen. Der Riß, der die Vereinigten Staaten trennte, ging auch durch Familien:

Vier Schwäger Lincolns gehörten der Konföderierten Armee an; einer von ihnen, Ben Hardin Helm, als General. Kentuckys Senator Crittenden hatte zwei Söhne, die zum Rang eines Generalmajors aufstiegen – je einer in der Konföderation und Union. Der berühmte Südstaaten-Kavalleriegeneral J.E.B. ›Jeb‹ Stuart war der Schwiegersohn des Nordstaatengenerals St. George Cook. Sein Stabschef Major McClellan hatte vier Brüder in blauer Uniform und einen Cousin, der als Kommandeur der Potomac-Armee fungierte. General Pemberton, der die Verteidigung von Vicksburg leitete, hatte zwei Brüder in der U.S. Kavallerie, CSA-General Patrick Cleburne je einen Bruder auf jeder Seite. Nicht nur in den höheren Dienstgraden waren die Loyalitäten gespalten, der Bürgerkrieg war ein echter Bruderkrieg und nicht wenige Familien hatten Söhne auf beiden Seiten. Das bemerkenswerteste Beispiel dieser Art gehört zur Geschichte der Schlacht von Gettysburg: Die Brüder Culp standen sich in verschiedenen Armeen bei dieser wichtigsten Konfrontation des Krieges gegenüber. Einer der geographischen Angelpunkte des dreitägigen Kampfes war ein kleiner Hügel, an dessen Eroberung und Verteidigung beide Brüder teilnahmen: ›Culp's Hill‹ – er gehörte ihrem Vater, einem Einwohner der pennsylvanischen Kleinstadt. Besonders die Bewohner der Grenzstaaten entlang der Mason-Dixon-Linie wurden Opfer der tiefen Spaltung. Missouri verblieb in der Union, aber Tausende seiner Söhne kämpften im Süden – im Feldzug gegen Vicksburg nahmen 22 Unionsregimenter aus diesem Staat teil, denen 17 Missouri-Regimenter gegenüberstanden! Aus Kentucky gingen 35 000 Freiwillige in die Südstaatenarmee, während über 75 000 die blaue Uniform trugen. Vier Enkel des republikanischen Politikers Henry Clay gehörten der konföderierten, drei der Unionsarmee an.

Aber auch im ›tiefen Süden‹ waren die Meinungen über den Austritt aus der Union nicht immer einhellig: In Jones County, Mississippi, stimmten 376 von 400 Stimmberechtigten gegen die Sezession. Unter der Führung von Newton Knight, einem erklärten Unionisten, der nach seiner Einberufung aus der Südstaatenarmee desertiert war, bildete sich in diesem Landkreis eine irreguläre Unionstruppe, die nach Guerilla-Art gegen die CSA-Truppen kämpfte. Nach drei Jahren Krieg hatten sich in verschiedenen Landstrichen ›Friedenskomitees‹, unionstreue Vereine und andere geheime Zirkel gebil-

det, die Deserteuren halfen, nach Art einer Fünften Kolonne Sabotage betrieben und zum Widerstand gegen die Zentralregierung in Richmond aufriefen.
Der Krieg gegen den Süden blieb auch im Norden nicht unumstritten. So wie sich in den Bergregionen und Hügelketten der Südstaaten entlegene Gemeinden, Hinterwäldler und Individualisten nicht vom Kriegsfieber der Städte und dichter besiedelten Landstriche anstecken ließen, gab es auch im Norden der USA aktive Kriegsgegner. Die wiederholten schweren Niederlagen der Unionsarmeen in den ersten Kriegsjahren trugen dazu bei, daß nicht wenige Bürger im Norden die Politik der Zentralregierung in Washington kritisierten. Lincoln hatte versucht, die Rebellion im Süden mit einem schnellen Feldzug gegen Richmond niederzuschlagen. Nahe dem Eisenbahnknotenpunkt von Manassas, am Bull Run(-Bach)*, wurde dieser erste Ansturm auf die Konföderation blutig zurückgeschlagen. Die erste große Schlacht zwischen Nord und Süd war am 21. Juli 1861 zugunsten der Konföderation ausgegangen, Lincolns schnell zusammengestellte Armee aus Staatsmilizen zog sich in panischer Flucht hinter den Potomac zurück. Andere Niederlagen in Missouri und Virginia folgten. Auch McClellans großangelegter Vorstoß auf Richmond im folgenden Jahr scheiterte. Lincoln hatte im Frühjahr 1861 zur Bildung eines Freiwilligenherres von 75 000 Mann für die Dauer von drei Monaten aufgerufen, um die Rebellion zu zerschlagen. McClellans Armee, die im März 1862 mit Schiffen zum südlichen Ende der Virginia-Halbinsel transportiert wurde, um von dort auf die Hauptstadt der Konföderation vorzugehen, zählte fast 130 000 Mann. Die Niederschlagung der Rebellion nahm die Formen eines umfassenden Krieges an, dessen Massenheere sich nicht mehr auf den Zustrom von Freiwilligen verlassen konnten. Die Einführung der Wehrpflicht resultierte in Protesten und führte zu tagelangen Unruhen in New York. Die enormen Verlustziffern trugen zur Kriegsmüdigkeit bei. In Ohio, Illinois und Indiana erfreute sich eine militante Friedensbewegung, die ›Copperheads‹, steigender Beliebtheit. Vertreter der Demokratischen Partei erklärten sich öffentlich für einen Waffenstillstand und für Verhandlungen mit dem Süden – in den Jahren 1862 und 1863 sah sich die Regierung in Washington mit einem wachsenden Widerstand konfrontiert, der in eine bewaffnete Revolte auszubrechen drohte. Erst Verhaftungen und Internierung führender Copperhead-Politiker und der Sieg von Gettysburg bannten diese Gefahr.
Die Gesamtzahl der Kriegsteilnehmer ist schwer festzulegen: Abgänge, Desertionen, Todesfälle und Invalidentum sind Hürden der statistischen Erfassung. Fehlerhafte und fehlende Unterlagen erschweren die genaue Erhebung. Anders als die Nordstaaten, die u. a. auch auf Neueinwanderer zurückgreifen konnten, hatte die Konföderation nur begrenzte personelle Reserven. Während die Armeen beider Seiten im ersten Kriegsjahr noch eine vergleichbare Größe besaßen, wendete sich ab 1862 das Blatt. Washington konnte die Armeen verstärken und Verluste ausgleichen, während die Regierung in Richmond bereits Schwierigkeiten hatte, die durch Schlachten und Seuchen gerissenen Lücken aufzufüllen. Der Norden verfügte nach der Volkszählung von 1860 über ca. 4 010 000 Männer im Alter zwischen fünfzehn und vierzig Jahren, der Süden lediglich über 1 140 000 Einwohner in wehrfähigem Alter. Livermore, ein Nordstaatenoffizier, schätzte die Unionsarmee auf eine Gesamtstärke von 1 556 678 Kriegsteilnehmern im Vergleich zu 1 089 119 Konföderierten. Konföderierte Einschätzungen liegen unterhalb dieser Zahl: Moore von der Universität von Alabama gibt die Gesamtteilnehmerzahl der C.S. Armee mit 850 000 bis 900 000 an, von denen ein Drittel als Wehrpflichtige gezogen wurden. Der personelle Höchststand war im Süden zum Zeitpunkt von Gettysburg mit einem Heer von 261 000 Mann erreicht, während die Union sich bis zur Kapitulation von Appomattox auf eine Heeresstärke von 622 000 steigern konnte.

Die Truppen

Herkunft und soziale Zusammensetzung der Bürgerkriegssoldaten war unterschiedlich und bot ein farbenprächtiges Bild: Besonders im ersten Kriegsjahr dienten z. B. noch viele Söhne gehobener Schichten des Südens als einfache Soldaten neben Städtern, Kleinbauern und Handwerkern. Merkliche physische Qualitätsunterschiede konnte ein Beobachter auch zwischen den Unionsregimentern aus den urbanen Ballungsgebieten des Ostens und den agrarischen Staaten, wie Maine, Vermont, Ohio oder Wisconsin, feststellen. Aus den versteckten Bergtälern der Appalachians kamen Hinterwäldler mit ihren Kentucky-Gewehren, die ihre Unterschrift mit drei Kreuzen besiegelten.
Der Amerikanische Bürgerkrieg war ›a young man's war‹ – ein Krieg der Jungen; zwei Drittel der Unionstruppen waren nicht älter als 21 Jahre, viele wesentlich jünger:
Mehr als dreißig Prozent der Billy Yanks waren nicht älter als siebzehn, zehn Prozent waren sechzehn oder darunter. Etwa 100 000 der Kriegsteilnehmer auf nördlicher Seite waren sogar nur fünfzehn Jahre alt, einige hundert erreichten selbst diese Altersstufe nicht. Sie dienten als Trommler oder Pfeifer. Etwa dreihundert Zehn- bis Zwölfjährige tauchen in den Unterlagen der U.S. Army auf, auch 25 ›Soldaten‹ im Alter von zehn oder darunter! Viele dieser ›boy soldiers‹ nahmen als Kombattanten an den Gefechten teil, wurden verwundet oder getötet wie ihre älteren Kameraden. Der berühmteste Trommlerjunge war John Clem, der als Zehnjähriger 1862 zur 22. Michigan-Infanterie kam. Seine Trommel wurde bei Shiloh zerstört, und bei Chickamauga kämpfte er mit einer abgesägten Muskete und fuhr mit einem Protzenwagen in die Schlacht. Er wurde zweimal verwundet, für Tapferkeit zum Sergeanten befördert und

* Bezeichnungen der Schlachtfelder differieren zwischen Nord und Süd: Bull Run und Manassas (erste Schlacht 21. 7. 81, zweite Schlacht 29.–30. 8. 62); Antietam – Sharpsburg, Fair Oaks – Seven Pines, usw.

Soldaten der 6. Maine Infanterie – dies sind Veteranen, die gerade die Schlacht von Fredericksburg, 13. 12. 1862, überstanden haben.

nach dem Krieg als Leutnant in die reguläre Armee übernommen. Er ging 1916 als Generalmajor in den Ruhestand.
Auch die Offiziere waren jung: Custer wurde mit 21 Brigadegeneral, Judson Kilpatrik mit dem Spitznamen ›Killcavalry‹ war nur 23 Jahre alt. Der jüngste General der Unionstruppen war Galusha Pennypacker mit siebzehn, der jüngste Konföderierte William P. Roberst von der North Carolina-Kavallerie, der mit zwanzig bereits zum Brigadier befördert wurde. Achtzehnjährige Leutnants und Hauptleute waren an der Tagesordnung, aber E. G. Baxter wurde im Alter von vierzehn Jahren im Sommer 1863 Leutnant in der 7. Kentucky-Kavallerie, und die 215 Kadetten des Virginia Military-Institutes, die im Mai 1864 bei Newmarket in Shenadoah Tal eine Batteriestellung von Franz Sigels Unionstruppen im Sturmangriff nahmen, waren zwischen vierzehn und achtzehn! Acht starben und 44 wurden verwundet, die Batterie trotz heftigen Abwehrfeuers mit Kartätschen und ›grape‹ im Bajonettangriff erobert.
Die ethnische Komponente des Bürgerkriegs wird oft zu wenig beachtet: Nicht alle der Teilnehmer waren geborene Amerikaner, die Volkszählung von 1860 wies vier Millionen im Norden und 233 000 im Süden als Neueinwanderer bzw. außerhalb der USA Geborene auf. Das Bewußtsein, einer Volksgruppe aus der alten Heimat anzugehören, spielte 1861 bei der Rekrutierung und in der Tradition der Regimenter eine bedeutende Rolle. Der Einfluß und die Mitwirkung dieser Neuamerikaner machte den Binnenkonflikt zwischen Nord und Süd zu einem international beachteten Krieg. Der Süden war in seiner Zusammensetzung homogener, aber auch hier spielten die ›Foreigners‹ eine Rolle, jedoch nicht in dem Aus-

Ein unbekannter Freiwilliger aus Virginia mit einer M 1822-Steinschloßmuskete.

maß, wie das in der Union der Fall war. Die Zahlen variieren etwas, Benjamin Goulds Statistiken* weisen rund 176 000 Deutsche auf:

Geborene Amerikaner	1 523 267
Britische Amerikaner	53 532
Engländer	45 508
Iren	144 221
Deutsche	176 817
Andere Nationalitäten	48 410
Nicht festgestellt	26 445
Gesamtzahl erfaßter Rekruten	2 018 200

Wilhelm Kaufman, dessen Buch die Leistungen der Deutschen und Deutschstämmigen besonders stark herausstreicht, setzt die Zahlen weit höher an: 216 000 in Deutschland geborene Unionssoldaten, 300 000 Söhne deutscher Einwanderer und weitere 234 000 deutscher Abstammung.**

Die Teilnahme ausländischer Bürger wurde auch deshalb lange Zeit wenig hervorgehoben, weil die Jahre unmittelbar vor Kriegsbeginn von der einwanderungsfeindlichen politischen Bewegung der ›Know-Nothings‹, von Ressentiments gegen osteuropäische Neueinwanderer und religiösen Ablehnungen gekennzeichnet waren. Selbst im Krieg wurde in einigen Zeitungen gegen Deutsche, Polen und andere Minoritäten gehetzt. Skrupellose Politiker und Pressehaie, die einen Grund und Sündenböcke für die Niederlagen der Union in den ersten Kriegsjahren suchten, prangerten die ›Foreigners‹ und besonders deutschstämmige Soldaten und Offiziere an.

Gerade deutsche Neueinwanderer – zu einem großen Teil politische Flüchtlinge der Revolution von 1848, Sozialisten und Liberale – standen fest zur Union. Die deutsche Gemeinde in Missouri, nur 31 000 Menschen, sorgte dafür, daß dieser Grenzstaat nicht an den Süden fiel. Die Turnervereine durchkreuzten mit einem Handstreich den Versuch sezessionistischer Gruppen, St. Louis zu besetzen. Gleich zu Kriegsbeginn strömten Deutsche zu den Fahnen der USA und bildeten ein Regiment in Missouri und das 8. New Yorker Infanterie-Regiment, das lange Zeit unter dem Namen ›German Rifles‹ bekannt war. Das erste Kavallerie-Freiwilligenregiment, die Erste New Yorker oder ›Lincoln‹-Kavallerie, war auf Betreiben deutscher Politiker, besonders Carl Schurz, aufgestellt worden. Insgesamt stellten die deutschen Gemeinden zehn Regimenter in New York, sechs in Missouri, fünf in Pennsylvania, vier in Wisconsin und drei in Illinois. Deutsche waren kompanieweise oder als Einzelgruppen in zahlreichen anderen Regimentern vertreten. So zur Hälfte z. B. in dem berühmten 82. Illinois-Regiment, das auch eine jüdische Kompanie hatte. Einiges statistisches Durcheinander bereitet auch die Tatsache, daß Niederländer, Polen, Österreicher und Schweizer oft als Deutsche gerechnet werden. Polen, von denen zwischen 4000 bis 10 000 am Krieg teilnahmen, tauchen zumeist nur als Russen oder Österreicher auf, wenn sie nicht als Deutsche gerechnet wurden, weil ihre Heimat unter diesen Großmächten aufgeteilt war. Eine polnisch-deutsche Brigade kämpfte im 11. Korps der Potomac-Armee, das fast gänzlich aus Deutschen bestand und an allen wichtigen Kämpfen im Osten mit schweren Verlusten teilnahm. Viele Männer dieser Brigade hatten bereits in den polnischen Aufständen gekämpft. Ihr Kern war das 58. New Yorker Infanterieregiment, die ›Polnische Legion‹, die zuerst rote, viereckige Mützen, die traditionellen Schapka der exilpolnischen Ulaner unter Napoleon, tragen sollte. Schließlich trugen die 58er normale Käppis, aber von schwarzer Farbe, während eine andere polnische Truppe, die 31. New Yorker, mit Schapkas einrückten. Ethnische Besonderheiten kennzeichneten auch die Irischen Regi-

General Franz Sigel (1824–1902). – »I fight mit Sigel« war der Slogan der deutschen Soldaten unter seinem Kommando.

* Gould, B.: »Investigations in the Statistics of American Soldiers«, New York, 1869, S. 27f.

** Nach Kaufman sind etwa 37% der Unionstruppen Deutsche oder deutscher Abstammung gewesen.

menter, deren Symbol, die grüne Fahne mit der Harfe, bei den dreizehn rein irischen Einheiten benutzt wurde. Die berühmte Irische Brigade New Yorks wurde beim Angriff auf Fredericksburg fast völlig aufgerieben. Auch auf der anderen Seite der Front kämpften konföderierte irische Regimenter. Von 1200 Mann kamen nur 280 unverletzt aus der Schlacht zurück. Am Fuß von Marye's Heights lagen die Leichen vor der Steinmauer aufgetürmt, jeder der Brigade hatte sich als Erkennungszeichen einen Zweig des Buchsbaums an die Mütze gesteckt. Der Mut der Iren ist auch auf konföderierter Seite anerkannt worden, Pickett und andere Offiziere lobten die Art, wie sich die Irische Brigade gegen die Steinmauer von Fredericksburg geworfen hatte.

New York entsandte ein französisches Regiment, bekannt als ›Gardes Lafayettes‹, in dessen Reihen auch Deutsche, Spanier und Italiener kämpften. Viele Iren und Skandinavier kämpften in den Reihen der Eisernen Brigade, die aus Wisconsin- und Indiana-Regimentern zusammengesetzt war. Schotten und Iren stellten die Freiwilligen des 1859 aufgestellten New Yorker Milizregiments, das sich als Nr. 79 auf der Heeresrolle nach dem britischen 79. Cameron Highlanders benannte. Die Truppe hatte eine Dudelsackkapelle und für Paraden Schottenröcke. Für den Dienst wurden die engen Tartan-Trews (Hosen) vorgezogen, oder normalblaue Uniformen. Einige der Soldaten aber kämpften auch später noch in Kilt oder Karo-Hosen. Dudelsackmusik konnte auch in Gettysburg gehört werden, wo Reynolds Iron Brigade am ersten Schlachttag nach der Melodie ›The Campbells are Coming‹ vorging, um Bufords Kavallerie zu unterstützen. New York war auch das Rekrutierungsfeld für die wohl buntscheckigste Truppe des Nordens, die ›Garibaldi-Garde, 39th N.Y. Volunteer Infantry‹. Der Oberst, George Utassy, ein Ungar, hatte auf der Krim, in Ungarn und Nordafrika gekämpft. Das Regiment trug den mit Hahnenfedern geschmückten breitkrempigen Hut der italienischen Bersaglieris und hatte je eine italienische, französische und spanische, drei deutsche, drei ungarische und eine schweizer Kompanie. In den Reihen dieses einen Verbandes waren Veteranen aus aller Herren Länder und Kriege: Kosaken, Kroaten, Bayern, algerische Zuaven, englische Deserteure, die bereits den Krimkrieg mitgemacht hatten, indische Sepoys und Teilnehmer der italienischen Aufstände. Schweizer dienten in verschiedenen Regimentern, aber es gab auch einen Schweiz-Deutschen Verband, der die rote Fahne mit dem weißen Kreuz in die Schlacht trug. Ein ganz besonderes Kennzeichen führte das 42. Pennsylvania-Regiment an der Mütze – einen Hirschschwanz. Die Einheit, aus Holzfällern und Waldläufern zusammengesetzt, hatte bald den Beinamen ›bucktails‹ und war für ihre Schießkünste berühmt. Die Freiwilligen brachten zuerst ihre eigenen Gewehre mit, wurden später aber als Scharfschützen auch mit Sharps- und Spencergewehren ausgestattet.

Neueinwanderer waren nicht nur in den Mannschaften, sondern auch in den Generalsrängen vertreten: Unter den Brigadegenerälen waren neun Deutsche, vier Iren, zwei Franzosen, je ein Russe, Pole, Ungar und Spanier. Admiral Dahlgren war schwedischer Abstammung, John Ericson, der Konstrukteur des Panzerschiffs Monitor, gleichfalls. Sechs der Generalmajore waren im Ausland geboren, darunter George Meade, Philip Sheridan und Julius Stahel, der als ungarischer Reiterführer bereits das Tapferkeitskreuz in der dortigen Revolution von 1849 erhalten hatte. Das Schicksal der deutschen Kriegsteilnehmer hat Dietmar Kügler in seinem Buch »Die Deutschen in Amerika«* anschaulich beschrieben. Die beiden berühmtesten Vertreter waren der Brigadegeneral und Politiker Carl Schurz, ein Flüchtling der 1848er Revolution von der Bonner Universität und Franz Sigel, Absolvent deutscher Militärschulen und ehemaliger Offizier, der an der bürgerlichen Revolution jener Märztage teilnahm. Importierte Offiziere sollten nach Meinung der Regierung in Washington den Ausbildungsstand der Unionsarmeen heben, und die Botschafter in Europa waren stets bemüht, deutsche, französische und andere Offiziere anzuwerben. Französische, britische und preußische Adlige folgten dem Ruf, integre Persönlichkeiten genauso wie Abenteurer und Glücksritter. Unter den letzteren rangierte Sir Percy Wyndham, der bereits in der französischen, englischen, österreichischen und italienischen Armee gedient hatte. Zu den ersten gehörten der preußische Offizier Prinz Felix von Salm-Salm, die schwedischen Barone Ludwig von Holstein und Jacob von Cedarstrom, der Österreicher Gustav St. Alb und ein Nachfahre jenes berühmten Steuben, der Baron Otto von Steuben, der bei Spotsylvania fiel. Die Unionsarmeen weisen insgesamt 57 adlige deutsche Offiziere auf.

Kein Adliger, aber ein tapferer Mann und unverdientermaßen unbekannt, war Friedrich Fuger, ein deutscher Feldwebel der 4. New Yorker Artillerie, Batterie A. Während Picketts Angriff bei Gettysburg setzte er mit einem letzten verbliebenen Geschütz den Kampf fort, nachdem alle Offiziere seiner Batterie gefallen waren. Sein Feuer war entscheidend für den Widerstand der Truppen auf der Cemetry Ridge. Er erhielt eine Goldmedaille für Tapferkeit.

Auch im Süden gab es Regimenter, die sich aus Volksgruppen zusammensetzten. Louisiana war ein traditionelles Ansiedlungsgebiet französischer und spanischer Einwanderer, Texas hatte viele deutsche Einwohner, die erst in den letzten Jahren vor dem Krieg dorthin gezogen waren. Etwa ein Fünftel der weißen Texaner war deutschstämmig oder Neueinwanderer; ein großer Teil dieser Menschen lehnte die Sezession ab und floh im Verlauf der Wirren vor politischen Verfolgungen in den Norden. Auch Richmond und Charleston hatten zwischen 23 bis 26 Prozent deutsche Einwohner. Kompanien aus Deutschen, Iren, Franzosen, Polen, Spanier und Mexikanern existierten in fast allen Staatsregimentern. Richmond rüstete eine ›Fremdenlegion‹ aus den Reihen seiner Bewohner aus, die Kompanie A der 18. North Carolina kam aus Wilmington und bestand zu drei Vierteln aus deutschen Neueinwanderern. Charleston hatte irische und deutsche Kompanien, nicht nur Infanterie, sondern auch Kavallerie und Artillerie. Acht Kompanien aus Deutschen und Iren stammten aus Georgia und in Louisiana wurde eine ›Foreign Legion‹ gegründet, die auch je eine Kompanie Belgier und Schweizer hatte. Louisianas ›Europäische Brigade‹ zählte 2500 Franzosen, 800 Spanier, 500 Italiener, 400 Deutsche, Holländer und Skandinavier und 500 Schweizer, Belgier, Engländer und Ost-

* erschienen im Motorbuch Verlag, 1983

europäer. Aus dem gleichen Staat kam die Polnische Brigade, in deren beiden Regimentern auch Deutsche, Iren und amerikanische Matrosen der Mississippi-Flußdampfer und der Küstenschiffahrt dienten.
Fünf Südstaatengeneräle kamen aus Irland, drei aus Frankreich und zwei aus England. Christoph G. Memminger, Finanzminister der Konföderation, war gebürtiger Deutscher, der als Kleinkind nach Charleston gebracht worden war. Robert Bechem, ein anderer Deutscher, erreichte den Rang eines Brigadegenerals. Der berühmteste Deutsche der Konföderation war aber ohne Zweifel Heros von Borcke, Offizier der preußischen Dritten Gardedragoner, ein Hüne von einem Mann und Adjutant von J.E.B. Stuart. Bei Gettysburg verwundet, wurde er von der Regierung in Richmond nach Europa geschickt. Er kämpfte später in den deutschen Einigungskriegen und veröffentlichte 1866 seine zweibändigen Kriegserinnerungen. Ein anderer deutscher Hauptmann, Justus Scheibert, erlebte den Krieg als Beobachter auf konföderierter Seite. Die Barone von Massow und von Barke kamen als ›Importoffiziere‹ aus Preußen; wie sie diente auch der Jude Marcus Baum als Stabsoffizier. Andere berühmte ausländische Aides-de-camp waren Victor von Scheliha im Stab General Buckners und George St. Leger Grenfell bei John Morgan. Grenfell war ein britischer Glücksritter, der bereits beim Sepoy-Aufstand in Indien und auf der Krim gekämpft hatte. Ein Veteran von Waterloo war der Ire Hugh McVey, der als Siebzigjähriger mit der Vierten Kentucky in den Krieg zog und bei Shiloh fiel. Die konföderierten Kriegsanstrengungen wurden auch hinter der Front von Wahlamerikanern unterstützt.
Die Gebrüder Haiman waren deutsche Metallarbeiter, die in Columbus, Georgia, die größte Klingenfabrik des Südens besaßen, in der fünfhundert Arbeiter Säbel, Bajonette und auch Revolver herstellten. Der Schweizer Henry Hotze kämpfte als Infanterist in der Dritten Alabama, wurde dann aber von Jefferson Davis als Propagandist nach London geschickt, wo er französische und britische Presseberichterstattung auf vielfältige Weise beeinflußte. Ein anderer Landsmann von ihm, Henry Wirz, wurde der Kommandant des berüchtigten Kriegsgefangenenlagers Andersonville. Der Ire John William Mallet, Chemieprofessor an der Universität von Alabama, hatte seinen Doktor an der Universität von Göttingen gemacht. Er diente zuerst als Leutnant in einem Alabama-Infanterieregiment und wurde dann einer der wichtigsten Männer im Zeugamtslabor von Macon, wo er an der Herstellung von Pulver beteiligt war.

›Galvanisierte Yankees‹

Im Jahr 1864 wurden in den U.S. Kriegsgefangenenlagern für den Dienst mit der Waffe geworben. Dem Angebot, den Härten und der Monotonie des Lagers zu entkommen, kamen genug konföderierte Soldaten nach, so daß aus ihnen sechs Freiwilligenregimenter (Nr. 1 bis 6) gebildet wurden, die im Westen gegen die Indianer kämpften. Ihr Dienst, so hatte man ihnen versichert, würde nicht gegen die Konföderation sein.
Im Süden wurde auch unter den Kriegsgefangenen geworben. Diese ›galvanized Yankees‹ entstanden auf Anraten eines Deutschen, Conrad Nutzel, der zwei Bataillone formierte, die sich hauptsächlich aus Iren und Deutschen zusammensetzten. Eine dieser Einheiten wurde in Savannah eingesetzt und meuterte, eine andere kämpfte in Tennessee bei Egypt's Station gegen ein Streifkommando des Brigadegenerals Grierson mit großer Tapferkeit.

Indianer

Kurz nachdem die Regierung der Konföderation gegründet war, entsandte sie Albert Pike, um mit den Stämmen jenseits des Mississippi Verträge auszuhandeln. Im November 1861 wurde Pike zum Leiter des Departments der Indianischen Territorien ernannt. Anfang 1862 wurden die ersten Indianer rekrutiert, die hauptsächlich als eine Art Heimwehr ihr Territorium und die westlichen Grenzen der Konföderation gegen Yankee-Streifkorps verteidigen sollten. Anfang 1864 existierten bereits fünf Regimenter und mehrere unabhängige Bataillone, die im Herbst des Jahres zu drei Brigaden zusammengefaßt wurden: Die erste Brigade, kommandiert von Häuptling Stand Watie, bestand aus Cherokees, Chickasaws und Osages, die zweite unter Tandy Walker war aus den Choctaw-Stämmen ausgehoben, und die dritte unter McIntosh aus Creeks und Seminolen. Einige Indianer dienten auch in konföderierten Regimentern, u. a. zwei Kompanien in der 69. North Carolina.
Die Brigaden der Trans-Mississippi-Indianer nahmen an der Schlacht von Pea Ridge im März 1862 teil, wo sie auf ihren Ponies, in Kriegsbemalung und indianischer Kleidung, mit Bögen und Tomahawk erschienen. Der Einsatz der Indianer erfolgte weitgehend nur zur Aufklärung oder als Streifen, aber bei Pea Ridge eroberten Cherokees zusammen mit einem Regiment aus Texas eine Geschützbatterie der Union. Eines der eroberten Geschütze wurde mit Buschwerk überhäuft und angezündet, während die Indianer einen Kriegstanz um diese von ihnen so gefürchtete Waffe vollführten. Das Geschütz war geladen und explodierte nach kurzer Zeit mit tragischen Folgen für die Tänzer. Die konföderierte Regierung behandelte im großen und ganzen die Indianer recht schlecht und belieferte sie nur mit minderwertigen Waffen und fast unbrauchbarer Munition. Sehr bald stellte sich eine erhebliche Enttäuschung unter den Roten ein, sie desertierten in Scharen.
Ähnlich erging es ihnen auf nördlicher Seite: Auch die Union organisierte eine Brigade, die ›Indian Home Guards‹, die sogar im Juli 1863 bei Elk Creek gegen konföderierte Indianer kämpfte. Die Brigade bestand aus drei Regimentern, – zusammengestellt aus Cherokees, Seminolen, Osages, Creeks und Fragmenten anderer Stämme. Delawares und Shawnees dienten in der Kompanie M der 14th Kansas Vol. Cavalry, und einzelne Indianer waren als Freiwillige zu Regimentern wie den Pennsylvania Bucktails gegangen. Indianische Regimenter wurden von Weißen geführt, hatten aber rote Hauptmänner und Leutnante. In der konföderierten Armee gelangte Häuptling Stand Watie sogar bis zum Rang eines Brigadegenerals.

Delaware-Indianer, die als Scouts bei der Armee im Westen dienten.

Negersoldaten

Die Indianer wurden schlecht von ihren jeweiligen Armeeführungen behandelt und galten als unzuverlässig in der Dienstausführung und faul außerhalb des eigentlichen Gefechtsdienstes. Nicht so die farbigen Freiwilligen, welche die Union ab 1862 zu den Waffen rief. Das erste derartig aufgestellte Regiment aus schwarzen Soldaten und weißen Offizieren war die 1. Louisiana Nationalgarde, das zweite und dritte Louisiana Regiment folgte im Oktober und Herbst 1862. Erst in der ersten Jahreshälfte 1863, nach der Lincolnschen Emanzipationserklärung, wurde die Rekrutierung der Neger ernsthaft betrieben. Am Ende des Krieges gab es etwa 200 000 schwarze Soldaten in 166 Regimentern, wovon 7 der Kavallerie, 12 der schweren Artillerie, eins der Feldartillerie und eins den Pionieren angehörten. 97 598 Mann wurden aus den westlichen Territorien und den Sklavenhalterstaaten rekrutiert. Aber nur etwa 60 der Regimenter sahen wirklichen Kampfeinsatz, und einige Truppen bewiesen ihren Wert unter schweren Verlusten und in harten Kämpfen.

Auch im Norden mußten die schwarzen Soldaten von Anfang an unter Diskriminierungen und Mißgunst leiden. Erst 1864 beschloß der Kongreß, den Neger-Truppen die gleiche Besoldung und Ausrüstung wie den weißen Soldaten zu geben. Trotz allem wurden die Truppen vornehmlich nur für Arbeits- und Garnisonsdienste eingesetzt und die Armeeführungen zögerten, sie als vollwertige Kampfkraft zu akzeptieren. Berichte der Truppeninspekteure aber bescheinigen, daß in bezug auf Drill, Sauberkeit und Disziplin schwarze Regimenter oft einen besseren Gesamteindruck als vergleichbare weiße Einheiten hinterließen. Viel war abhängig von den jeweiligen Offizieren und der Achtung, die man diesen Einheiten zukommen ließ. Aber Berichte in den Official Records lassen die Deutung zu, daß ein erheblicher Teil der weißen Offiziere, die sich zu den schwarzen Regimentern gemeldet hatten, von fragwürdiger menschlicher und militärischer Qualität waren.

Der Süden weigerte sich bis zuletzt, Neger außer zu Arbeitsdiensten an die Front zu lassen. Erst kurz vor dem Zusammenbruch beschloß der Kongreß die Aushebung von 300 000 Sklaven als Truppen. Es blieb bei dem Beschluß.

Disziplin

»Ein Soldat ist nicht sein eigener Herr, er hat jedes Recht auf sich selbst aufgegeben. Er hat sein Leben in die Hände seiner Vorgesetzten übereignet; es ist wie bei Schachspielern, die ihre Figuren benutzen; wenn sie eine Möglichkeit sehen, eine für zwei auszutauschen, tun sie es . . .«

Aus dem Brief eines Freiwilligen aus Louisiana, datiert 25. 12. 1862

Die Kriegsbeobachter aus Europa waren sich einig, daß es in den Armeen der beiden Parteien um die individuelle Disziplin schlecht bestellt war. Für die Berufsoffiziere aus Preußen, Frankreich oder Großbritannien, die in dem starren Formalismus ihrer Heimatheere groß geworden waren, erschienen die amerikanischen Freiwilligen als wilde Haufen, die sich wenig um Uniformvorschriften, Vorgesetzte und Drill scherten. Auch die Ausbildung der Offiziere ließ zu wünschen übrig. Die Heere, welche 1861 aus dem Nichts aufgebaut und im vollen Sinne des Wortes aus dem Boden gestampft wurden, hatten wenig Ähnlichkeit mit den exakt ausgerichteten und professionell exerzierenden Regimentern der preußischen, französischen oder britischen Garde. Es waren Volksarmeen, die am ehesten mit dem Landwehraufgebot der napoleonischen Kriege vergleichbar sind. Die überwiegende Mehrzahl der Offiziere und Unteroffiziere hatte wenig oder keine Erfahrungen, sie waren von den Mannschaften gewählt, oder aufgrund ihrer sozialen Position in ihren Dienstrang eingesetzt worden. Auch die Kenntnisse, die einige der Soldaten und Offiziere aus den Milizverbänden mitbrachten, erstreckten sich zumeist nur auf die sonntäglichen Drill- und Exerzierübungen.

Disziplinlosigkeiten traten im täglichen Dienst vor allem häufig gegen Unteroffiziere und Vorgesetzte auf. Der Freiwillige, der im Überschwang patriotischer Gefühle zu den Fahnen geeilt war, fand sich nur schwer mit den Pflichten und Abhängigkeiten des militärischen Alltagslebens mit seinen Unterordnungen, Lager-Arbeiten und monotonen Drillübungen ab. Insubordination war an der Tagesordnung. Unerlaubtes Entfernen von der Truppe war ein anderes, fast alltägliches Delikt, dem nur mit drakonischen Strafmaßnahmen Einhalt geboten werden konnte. Die Monotonie des Lagerlebens stellte vor allem im Winter ein erhebliches Problem dar. Das Zusammenleben von so vielen Männern unterschiedlicher sozialer Herkunft bereitete Spannungen und führte nicht selten zu Prügeleien. Eine Schneeballschlacht zwischen zwei irischen Regimentern aus New York resultierte sogar in einer Verlustrate, die sich mit der eines richtigen Gefechtes messen konnte. Trunkenheit war ein weitverbreitetes Laster jener Zeit, das in der Armee nur dann einen Disziplinverstoß darstellte, wenn es im Dienst vorkam. Die gängigen Strafen jener Zeit stellen nach heutigen Gesichtspunkten drakonische, oft grausame Maßnahmen dar, die nicht selten als schwerer Verstoß gegen die Menschenwürde zu beurteilen sind. Sie sind nur aus den sozialen Umständen jener Zeit und aus den militärischen Verhältnissen zu erklären. Leichte Vergehen, wie der Verlust von Ausrüstung, Unpünktlichkeit usw. wurden mit Geldstrafen belegt, die auch oft zusätzlich zu anderen Strafen verhängt wurden. Als leichte Strafe galt auch die Verbannung in das Wachhaus, eine Art Regimentsgefängnis, oder der Lagerarrest. Unerlaubtes Entfernen, Rauflust, Widerstand gegen Vorgesetzte, Trunkenheit im Dienst und ähnliche Vergehen wurden mit physischen Strafen belegt: Das Tragen eines Baumstammes für Stunden oder Tage, das Stehen auf einem Fuß, oder das ›barrel-shirt‹, bei dem der Soldat nackt, nur mit einem umgehängten Faß durch das Lager geführt wurde. Bei der Infanterie wurden Strafdrill mit Sand- oder steingefüllten Säcken, oder das Anbinden oder Krummschließen für schwerere Fälle verhängt. Beim letzteren, dem ›buck'n gag‹, wurde der Soldat mit zusammengebundenen Beinen und Händen derart verschnürt, daß er mittels eines durch Kniekehlen und über die Ellbogen geführten Stockes keinen Muskel mehr rühren konnte. Gleichzeitig wurde ein Ast oder Bajonett zwischen seine Zähne geschoben und mit einem Strick hinter dem Kopf festgebunden. Soldaten, die so mehrere Stunden verbrachten, konnten oft tagelang nicht richtig gehen oder stehen. Bei der Artillerie bestand eine ähnliche Strafe im Festbinden auf dem Ersatzrad des Munitionswagens, das zur Verschärfung noch so gedreht werden konnte, daß der Soldat mit dem Kopf nach unten hing. Die Kavallerie kannte das Holzpferd, ein Vierkantholz, auf dem der Delinquent rittlings mit zusammengebundenen Beinen sitzen mußte, während er oft ein überdimensionales Holzschwert, einen Baumstamm oder ähnliches auf den Schultern halten mußte. Das Auspeitschen – zu jener Zeit noch legale Strafe in der britischen Marine oder der russischen Armee – wurde im Norden im August 1861 und im Süden im April 1862 durch einen Erlaß des jeweiligen Kongresses untersagt – nicht immer hielten sich Truppenkommandeure an diese Vorschrift.

Verrat, Vergewaltigung, Mord, Desertion waren mit dem Tode strafbar, aber nicht in allen Fällen wurde zu diesem letzten Mittel gegriffen, besonders nicht bei Desertionen. Als nächstschwere Strafe galt das Brandmarken und der Ausstoß aus der Armee, der oft mit dem ›Teeren und Federn‹ oder Kahlscheren des Kopfes verbunden war. Das Brandmarken eines Diebes, Feiglings oder Deserteurs konnte wahlweise auf dessen Wange, Hüfte, Hand oder Stirn erfolgen. Es bestand im Einbrennen (oder Auftragen von nicht-löslicher Tinte) eines Buchstabens, der das jeweilige Verbrechen kennzeichnete: ›C‹ (coward) für Feigheit vor dem Feind, ›T‹ (Thief) für Diebstahl und ›D‹ für Desertion.

Alle diese Strafen sollten vor allem abschreckenden Charakter haben, besonders im Fall der Erschießung vor versammelter Mannschaft, das – den zahlreichen Erwähnungen in Briefen zufolge – einen starken Eindruck hinterließ. In den Streitkräften des Nordens sind Todesstrafen zwar häufig verhängt, aber nur in wenigen Fällen ausgeführt worden. Die offizielle Statistik weist 267 Exekutionen auf, davon drei für Spionage, siebzig für Mord, achtzehn für Vergewaltigung und drei weitere für Vergewaltigung in Tateinheit mit Mord oder Diebstahl. Desertion war ein Übel, das Nord und Süd gleichermaßen plagte und das nicht immer mit dem Tode oder der Brandmarkung bestraft wurde. Kein Wunder, denn der Umfang der Fahnenflucht war beträchtlich.

Die ›London Illustrated Times‹ veröffentlichte in ihrer Ausgabe vom 9. November 1861 dieses Bild mit verschiedenen Strafmethoden der Unionsarmeen.

Die offiziellen Zahlen im Süden weisen 103 400 Fahnenflüchtige auf, aber die Dunkelziffern waren wesentlich größer. In der Union, in der die Notwendigkeit des Krieges und die Verteidigung gegen die Rebellion nicht einen so geschlossenen Zuspruch wie in der Konföderation erfuhren, lag die offiziell ermittelte Rate bei 260 339 Deserteuren, und weiteren 161 286 Männern, die sich der Wehrpflicht durch Flucht entzogen.* Viele Soldaten, die sich für einige Tage unerlaubt von der Truppe entfernt hatten, oder beim Marsch zu einer Schlacht zurückgefallen waren, galten nicht als Deserteure. Nicht als Desertion im legalen Sinne des Wortes galt auch die Rückkehr der Milizregimenter, welche Lincolns erstem Ruf nach Truppen für die Dauer von 90 Tagen gefolgt waren. Viele dieser Soldaten hatten nach Ablauf ihrer Verpflichtung genug vom Krieg und weigerten sich, eine weitere Verpflichtung über »drei Jahre oder die Dauer des Krieges« einzugehen. Die Dienstverpflichtung der Miliz endete kurze Zeit nach der für den Norden so niederschmetternden Niederlage von Manassas/Bull Run. Desertionen häuften sich auch nach der Auflösung von Regimentern, da die Männer in ihrem Selbstverständnis sich nur für den Dienst in ihrer alten Einheit verpflichtet hatten und nicht in eine andere Truppe eingegliedert werden wollten. Die Einführung einer Wehrpflicht, im Sommer 1863 im Norden und im April 1862 im Süden, dämpfte den Enthusiasmus der Kriegsteilnehmer. Der Freiwilligenstatus war geachtet und die in den Dienst Gezwungenen galten als unzuverlässig. Lincoln griff auf die Wehrpflicht zurück, als sein Aufruf vom August 1862 an die Bundesstaaten, 300 000 neue Soldaten auszuheben, nicht mit dem erhofften Erfolg verbunden war. Die Gouverneure sollten, gemäß dem im März 1863 verabschiedeten ›Enrollment Act‹ die fehlenden Truppen mittels Lotterie aus den Milizpflichtigen der Staaten zusammenziehen. In der Folge dieser Wehrpflicht kam es nicht nur zu Unstimmigkeiten bei der Auswahl der Wehrpflichtigen und zum Stellen bezahlter Ersatzmänner, sondern auch zu schweren Tumulten in New York, die nur mit Waffengewalt unter Kontrolle zu bringen waren. Im Norden und Süden herrschte bei der Truppe

* Es war den meisten Flüchtigen relativ einfach, sich vor dem Gesetz zu verstecken. Viele Wehrdienstflüchtlinge gingen in den Westen. Zahlen nach »Official Records, Series III«, Vol. 5, S. 109, 600

auch großer Unmut über jene Personen, die von der Wehrpflicht ausgenommen waren, z. B. die Aufseher von Plantagen und Sklavenbesitzer.

Die Disziplin begann sich auf beiden Seiten erst im Verlauf des Krieges zu verbessern, wobei inkompetente Führungskräfte auf beiden Seiten schrittweise ihrer Posten enthoben wurden. Im Norden war McClellan federführend in der Reorganisation und Disziplinierung der Potomac-Armee. Aber noch lange war spürbar, daß auf beiden Seiten kein Plan für die Ausbildung und Organisation einer Freiwilligenarmee bestanden hatte, als der Krieg begann.

Die Freiwilligenarmee setzte sich aus allen Schichten der amerikanischen Bevölkerung zusammen – einer Bevölkerung, in der persönliche Freiheit und Unabhängigkeit hohe, selbstverständliche Ideale waren. Die zahlenmäßig kleine Berufsarmee der Vorkriegszeit (und die Berufsarmee der Jahre nach Appomatox) bezog ihre Mannschaftsgarde zu einem großen Teil aus den Reihen irischer und deutscher Einwanderer, die von Haus aus an Befehle, Unterordnung und Disziplin gewöhnt waren. Der Korrespondent der Londoner ›Times‹, William H. Russell, eine Pionierfigur auf dem Gebiet der Kriegsberichterstattung, wies auf diesen Umstand hin, als er in seiner Reportage im Sommer 1861 feststellte: »Es ist schwierig, den Amerikanern Disziplin beizubringen . . . das Volk lehnt den Gehorsam aus Prinzip ab; und ich konnte beobachten, daß selbst Kinder, besonders im Norden, weniger lenksam sind . . . als in der alten Heimat, wo das fünfte Gebot noch respektiert wird.«

Hier mußten zwangsläufig schwere Probleme auftauchen, wenn es darum ging, daß Befehle zu befolgen sind, auch wenn sie nicht sofort einsichtig erscheinen. Die heillose Flucht der Unionstruppen nach der Niederlage von Manassas, die erst in den Straßen von Washington zum Stehen kamen, die zahlreichen Insubordinationen gegenüber Vorgesetzten – die in den übelsten Beschimpfungen und in tätlichen Angriffen gipfelten – können nur unter dem Licht dieser tiefliegenden Mentalität der amerikanischen Gesellschaft verstanden werden, die jede zentrale Disziplinierung, jede Autorität um des Ranges willen anzweifelt. Selbst nach der Niederlage vor den Toren Washingtons, als die Truppen der Konföderation ihre Fühler über den Potomac ausstreckten, war die Wachdisziplin der Unionstruppen mehr als zweifelhaft. So berichtet Trobriand von einem Major, der als Wachoffizier einer Brigade mit seiner Patrouille nacheinander die Lager von zwölf Regimentern betrat, ohne von Posten angerufen oder aufgehalten zu werden. Bei den 62. New Yorkern fand er sieben Wachposten in ihre Decken eingerollt beim Schlafen vor. Am Ende betrat er sogar das unbewachte Zelt des Obersten der 19th Indiana Infantry und machte sich mit der Truppenfahne davon!

Angesichts solcher Zustände sind die Erfolge der Partisan Raiders eines Mosby, Imboden oder Quantrill verständlicher, die mehr als einmal schlafende Regimenter überraschten, in die Zentren der Unionslager vordrangen und hohe Offiziere entführten. Solche Zwischenfälle wiederholten sich auch noch gegen Ende des Krieges, trotz der allgemeinen Verbesserung bei den Nordstaatlern und der erheblichen Nervosität, welche die Überfälle und ständigen Attacken der Guerrillas von John S. Mosby und Hanse McNeill verursachten. So erwähnte Generalmajor Sheridan die folgende Begebenheit in einem berühmt gewordenen Bericht* von seinem Feldzug durch das Shenandoah-Tal, der an U.S. Grant mit Datum vom 9. Oktober 1864 gerichtet war:

»Ich wurde bis zu diesem Punkt nicht vom Feind verfolgt, mit Ausnahme einer kleinen Abteilung der Rebellenkavallerie, die sich in einigem Abstand von meiner Nachhut heute zeigte. Ein Kommando von einhundert Mann der Achten Ohio Kavallerie, welche ich an einer Brücke über den North Shenadoah nahe Mount Jackson stationiert hatte, wurde von McNeill mit siebzehn Mann angegriffen; berichte: sie schliefen und die ganze Abteilung wurde zerstreut oder gefangen genommen . . .

Solche Sorglosigkeit vor dem Feind ist natürlich auch auf die Führungsschwäche von Unteroffizieren und Offizieren zurückzuführen. Sorglosigkeit kennzeichnete auch den Umgang mit geladenen Waffen: Eigentlich hatten alle Waffen im Lager ungeladen zu sein, aber die Nähe des Feindes und die Möglichkeit plötzlicher Vorstöße sprach dagegen. Es war auch äußerst umständlich, eine Muskete nach Verlassen der Wache mittels Wurm zu entladen und die bequemeren, weil unterkalibrigen Postenpatronen waren nicht immer vorrätig. Die Folge: geladene Gewehre waren allgegenwärtig, sollten aber im Lager ohne aufgesetzte Zündhütchen getragen werden. Die Vorsichtsmaßregeln gingen sogar so weit, daß in vielen Regimentern die Gewehre erst unmittelbar vor Feindberührung mit Zündhütchen versehen wurden – dann, wenn die Soldaten in Schützenreihen zum Angriff kamen. Wie wichtig ein solches Verhalten war, beweisen Briefe von Soldaten, in denen tägliche Schußwaffenunfälle mit tragischem Ausgang erwähnt werden. Die meisten dieser Schüsse waren ganz einfach das Ergebnis vom Herumspielen mit geladenen Waffen und Unerfahrenheit: Feldposten schossen nachts aus Angst auf Schatten und Tiere, die sich in der Dunkelheit verirrt hatten. Geldstrafen, Lagerarbeiten und Strafexerzieren traf die Schuldigen, wenn man ihrer habhaft werden konnte. So mußte ein Johnny, der in der Nacht einen streunenden Hund erschossen hatte, anderntags zur allgemeinen Erheiterung mit dem toten Hund in den Armen in voller Ausrüstung um das Lager im ›double-quick‹-Tempo marschieren.

Aber auch ganze Abteilungen schossen ihre Waffen aus Übermut, oder um ihrer Anspannung Luft zu machen, ab; C. S. General Bragg verurteilt in seinem offiziellen Bericht die Salven und Einzelschüsse der Truppen, welche von Corinth zum Schlachtfeld von Shiloh marschierten. Dieses Schießen »über die ganze Nacht und bis 7 Uhr am nächsten Morgen, dem 5. April (1862 d. Ü.) durch undisziplinierte Truppen an unserer Front, in Verstoß gegen ausdrückliche Befehle; unter diesen Umständen war wenig oder keine Ruhe für unsere Männer zu erhalten«.*

Waffen und Ausrüstung wurden während des ganzen Krieges auf beiden Seiten sehr vernachlässigt. Das Einschnitzen von Initialen in den Gewehrkolben war gang und gäbe, und zahlreiche Sammler-

* Regis de Trobriand, »Four Years with the Army of the Potomac«, Boston 1889, S. 87f.

** »Official Records, Series I«, Vol. 10, erster Teil, S. 464

Eine amerikanische Zeitung veröffentlichte diesen Ratschlag zum ›sicheren Schlafen mit einem geladenen Gewehr‹. Ein Lederstück sollte zwischen Hammer und Piston geschoben werden.

Disziplin

»Die Angewohnheit des Abschießens von Feuerwaffen oder des mutwilligen Ins-Feuer-Werfen von Patronen ist so häufig geworden, daß es notwendig ist, den folgenden Befehl zu erteilen:
Wenn der Mann, der mutwillig seine Waffe abgefeuert oder Patronen ins Feuer geworfen hat, nicht gefunden werden kann, wird die Kompanie am Tage eine Stunde drillen, nachts eine halbe Stunde unter Waffen stehen. Wenn die Kompanie nicht ausgemacht werden kann, wird das Batallion bestraft, wenn das Batallion nicht festgestellt werden kann, das Regiment.«

Special Order No. 14, datiert 25. Februar 1865, für das 2. Iowa-Kavallerieregiment

waffen zeugen noch heute von diesem Brauch des Bürgerkriegsteilnehmers, der nach heutigen Gesichtspunkten ein schwerer Verstoß in jeder Armee der Welt darstellt. Aber nicht nur die Anfangsbuchstaben, oder der ganze Name, wurde mehr oder weniger kunstvoll in den Schaft geritzt, mitunter findet sich sogar eine Jahreszahl, die Schlachten, an denen der frühere Besitzer teilnahm, oder ähnliches. Zuweilen wurde das metallene Korpsabzeichen oder das Jägerhorn des Käppis auf das Holz genagelt. Aber auch zu anderen Zwecken diente das Gewehr: Sam Watkins erzählt von einem Soldaten seiner Einheit, der im Musketenlauf Branntwein oder Whiskey ›aufbewahrte‹ und von Zeit zu Zeit den Tompon (Mündungspropfen) herauszog und sich zu einem Schlückchen verhalf. Ein bezeichnendes Licht auf die Führungsqualitäten bestimmter Unionsoffiziere wirft auch der Fall eines Freiwilligen-Leutnants, der 1864 für die Vernachlässigung seiner Aufsichtspflicht zur Verantwortung gezogen wurde: Einer seiner Soldaten war auf Vorposten mit einer Muskete angetroffen worden, in deren Lauf der Sand fünf Zentimeter hoch stand! Zu seiner Verteidigung sagte der Leutnant aus, daß es in seinem Regiment nie üblich wäre, die Gewehre der Männer auf Vorpostendienst zu inspizieren.*

Trotz schwerer Strafen scheint das ›Verlieren‹ von Ausrüstung ein Übel gewesen zu sein, dem die Armee nicht beikommen konnte: Tornister, Mäntel, Zeltbahnen und Ersatzkleidung gehörten zu den Dingen, deren sich die Soldaten während eines Marsches, vor einer Schlacht und vor allem bei einem Rückzug entledigten. Die konföderierte Armee profitierte davon, und auch so mancher Farmer am Wege! Nach der Schlacht von Chancellorsville berichtete der Kommandeur einer C.S. Division, daß nun seine Soldaten im Gegensatz zum Ausmarsch den Rückzug bestens ausgerüstet antraten und jeder mit Zeltbahn oder Poncho versehen war. Kein Wunder – die Potomac-Armee hatte bei diesem Treffen nach offiziellen Statistiken 25 Prozent ihrer Tornister verloren, das V. Korps 30%, das XI. und XII. Korps sogar die Hälfte! Recht unbeliebt waren auch die Kreuzriemen über Brust und Schultern, mit denen zu Anfang des Krieges noch viele Miliztruppen ausgestattet waren. Sie behinderten nicht nur in der Bewegung und Atmung, sie boten sich auch als Ziel für den Feind an. Gleichermaßen unbeliebt war auch der Schulterriemen, an dem die Patronentasche getragen wurde. Mitten auf der Brust hatte die U.S. Infanterie ein rundes Messingschild mit dem Adler zu tragen, das in der Sonne glänzte und keinen praktischen Zweck erfüllte – außer schwer zu sein und schön anzusehen. Die Patronentasche hatte aber an ihrer Rückseite zwei Gürtelschlaufen und konnte auch ohne Schulterriemen getragen werden. Also ›verloren‹ viele Soldaten ihre Schulterriemen – wenn auch mancher Regimentskommandeur die Schuldigen zur Rede stellte und ihnen drohte, die Kosten von ihrem Sold abzuziehen. Der Staat Massachusetts spendierte für seine Freiwilligen Kopftücher, die man über das Käppi ziehen und in den Nacken hängen lassen konnte, um den Strahlen der Sonne zu entgehen. Nach ihrem Erfinder General Sir Henry Havelock benannt, sahen diese für den indischen Subkontinent entworfenen ›Havelocks‹ selten eine bestimmungsgerechte Verwendung, sondern dienten den findigen Billy

* Dieses Beispiel wurde von Thomas Wentworth Higginson in einem Artikel über »Regular and Volunteer Officers« in der Zeitschrift ›Atlantic Monthly‹ vom September 1864 erwähnt. Higginson, ein Aristokrat aus Massachusetts und Vorkämpfer für soziale Gerechtigkeit, Pfarrer, wurde im Krieg zum Oberst des ersten Negerregiments, der 1. South Carolina Infanterie ernannt; Autor d. Buches »Army Life in a Black Regiment«, New York 1896.

Yanks als Kaffeesieb und Putzlappen. Auch der hohe ›Hardee‹-Hut mit seinen Messingornamenten war kaum für einen längeren Feldzug im sommerlichen Virginia gedacht und ›verschwand‹, zumal er nach Meinung der Empfänger nur in zwei Größen erhältlich war – zu klein oder zu groß.

Mutwillige Zerstörung von zivilem Eigentum, Plündern und der Diebstahl von allem Eßbaren gehörte auf beiden Seiten der Mason-Dixon-Linie zum Begleitwerk des Krieges und sorgte dafür, daß der Krieg mit wachsender Erbitterung geführt wurde. Zwar wurden Plünderer nach den Militärgesetzen bestraft, besonders, wenn sie sich an dem Eigentum der eigenen Seite vergriffen hatten, aber das Verhältnis der Ertappten zu denen, die ungetraft blieben, förderte das Übel. Bei Shermans ›March to the Sea‹ und Sheridans Zug durch das Shenandoah-Tal wurde das Ausplündern des Landes zur Versorgungsmethode der Armee erklärt, und die Geschichte der Kriegsführung erhielt eine neue Facette. Die Politik der verbrannten Erde brachte ihn eine Stufe näher an die ›totale Kriegsführung‹ des 20. Jahrhunderts. Auf der anderen Seite traten Billy Yank und Johnny Reb mit den Zivilisten auch in eine Art Handelsbeziehung. Genauso, wie es durchaus nicht unüblich war, daß die Feinde sich an ruhigen Frontabschnitten auf Tauschgeschäfte einließen, gehörte der Verkauf von Heeresgut an die Zivilisten – ob zuhause oder im Feindesland – zur Realität des Bürgerkrieges. Dieser Verlust stellte vor allem für die Nordstaaten ein wirtschaftliches und militärgerichtliches Problem dar – die Südstaatler hatten zumeist zu wenig, um es abzugeben. Aber es war im Süden allgemein bekannt, daß man in manchen Gegenden von Virginia oder draußen im Westen für Gold oder harte Währung, d. h. grüne U.S. Dollars, alles, auch Waffen und Munition, kaufen konnte.

Viele Südstaatler sahen in diesem Verhalten der Yankees nur ihre Vorurteile von deren Geldgier und Krämerseelen bestätigt; und als die Unionsarmeen mit immer besseren Waffen ins Feld rückten, wurde – einer zeitgenössischen Anekdote zufolge – ein Südstaatler gefragt, was er den täte, wenn ihm so ein Yankee mit einem dieser sieben- oder sechzehnschüssigen Repetierer gegenüberstände. »Oh, keine Angst«, antwortete der Johnny Reb, »ich würde meine Geldbörse herausziehen und ihn fragen, wieviel er für das Ding haben will!«

Der amerikanische Bürgerkrieg war eine Epoche der starken Kontraste. Ganze Regimenter wurden von religiösem Eifer erfaßt, der wie Wellen über die Armeen ging, sich in Massen-Gottesdiensten, öffentlichen Sündenbekenntnissen und Gelübden zur Enthaltsamkeit, zur Abkehr vom bisherigen Sündenpfad ausdrückte. Glücksspiel gehörte zum Zeitvertreib in der Monotonie des Lagers, gegen das die Priester genauso vehement predigten wie gegen den Alkohol. Ganze Kompanien und Regimenter warfen ihre Karten fort oder gelobten, daß kein Fluch mehr über ihre Lippen käme. Zahlreiche Briefe sprechen von den Bekenntnisfeiern, in denen Männer sich als ›wiedergeborene Christen‹, als neue Menschen erklärten, die Gott wiedergefunden hatten. Bibelvereinigungen und religiöse Gruppierungen verteilten Hunderttausende von Traktaten, Neuen Testamenten und Liederbüchern, manche von ihnen in Sprachen der Einwanderer, wie deutsch, französisch u. a.

Natürlich hatten religiöse Treffen immer dann regen Zulauf, wenn Kämpfe unmittelbar bevorstanden, oder wenn schwere Verluste die Männer erschüttert hatten. Die Südstaaten waren bereits vor dem Krieg viel stärker in den religiösen Formen behaftet als der Norden, und diese Tendenz setzte sich auch im Krieg fort, obwohl auch hier das Zusammenleben der verschiedenen sozialen Schichten, die Lebensverhältnisse und Realitäten des Soldatenalltags sehr schnell zu einem Verlust der guten Sitten und zu »unsittlichem, sündigem Lebenswandel« führten. Erst in der zweiten Kriegshälfte fand eine Rückkehr zu wöchentlichen Gottesdiensten, Bibelstunden und Gebetszusammenkünften in den meisten Regimentern statt. Die Gegenwart des Todes, die Niederlagen und Verluste bestärkten eine Hinwendung zu religiösem Trost. Allgemein galten gedruckte Materialien aller Art als Schmuggelware und ihr Versand in die Südstaaten wurde vom Norden blockiert. Die Amerikanische Bibel-Gesellschaft stellt die einzige Ausnahme dar und schickte Evangelien und Neue Testamente in Größenordnungen von 100 000 Stück und mehr durch die Blockade in den Süden. Religiöse Schriften gehörten auch zu den Gütern, die Blockadebrecher als Spenden von englischen Bibel-Vereinigungen brachten. 1863 setzten auch im Süden Wellen religiöser Bekehrungen in den Lagern der konföderierten Armeen ein. Generäle wie Bragg und Ewell bekannten sich öffentlich zum Wiederfinden des Glaubens, im Frühjahr 1864 taufte der Bischof der Episkopalischen Kirche und Generalmajor der Konföderation, Leonidas Polk, vor versammelter Truppe die Generäle Jonston, Hardee und Hood. Beispiele starken religiösen Glaubens waren auch General ›Stonewall‹ Jackson und Präsident Davis. Im Norden und Süden gab es Truppenkaplane, die ihrem Namen nicht gerecht wurden, aber auch Militärpfarrer, die mit ihren Einheiten in die Schlacht gingen und für Tapferkeit vor dem Feind Auszeichnungen erhielten. Pater William Corby von der Irischen Brigade wurde sogar in einem Monument bei Gettysburg in der Pose des Segnens verewigt.

Die Infanterie

Der Sezessionskrieg war in erster Linie ›a rifleman's war‹ – ein Krieg des Gewehrschützen, in dem die Infanterie der Hauptträger des Kampfgeschehens war. Artillerie und Kavallerie hatten nur unterstützende Rollen, der Fußsoldat mit Gewehr und Bajonett – gegliedert in Kompanien, Regimentern und Brigaden – war der Hauptakteur dieses Krieges, dessen Bewegungen und taktische Einsätze die Schlachten entschied. Er bestimmte den Verlauf des Krieges; sein Marschtempo – zu Fuß und oft genug ohne Schuhe – bildete das Zeitmaß jener vier Jahre.

Gliederung

Die grundsätzliche taktische Einheit, in der sich der Fußsoldat nach seiner Rekrutierung wiederfand, war die Kompanie. Nach den Regeln der U.S. Armee, die auch als Richtlinien für die konföderierten Streitkräfte galten, bestand die Kompanie aus einhundert Mann: ein Hauptmann, ein Oberleutnant, ein Leutnant nebst 97 Soldaten. Die Disziplin und Ausbildung dieser Truppe wurde von einem ›Spieß‹ (First Sergeant) und vier Feldwebeln gesichert, acht Korporäle befehligten die Gruppen (squads). Die Stammrolle sah ferner zwei Musikanten (je ein Trommler und Pfeifer), sowie einen Kutscher für den Troß vor – so daß der Grundstock der Kompanie aus 82 Schützen oder gemeinen Soldaten (privates) bestand. Zehn solcher Kompanien machten ein Regiment aus, dem ein Oberst vorstand, der von einem Oberstleutnant und einem Major unterstützt wurde. Die theoretische Stärke eines amerikanischen Infanterie-Regiments betrug mit dem Regimentsstab, dem u. a. zwei Ärzte, ein Sanitäter und 26 Musiker (die in der Schlacht als Krankenträger aushalfen) angehörten, 1037 Mann. Selten hatte ein Regiment diese Stärke. Die durchschnittliche Kopfzahl der Regimenter auf beiden Seiten betrug zwischen 400–600 Mann. Oft unterschritt ein Regiment durch hohe Verluste sogar die untere Grenze von 200 Soldaten. Im Norden wurden dann solche Einheiten aufgelöst und die verbliebenen Angehörigen zu neuen Regimentern zusammengefaßt. Ein solcher Eingriff erwies sich immer wieder als verheerend auf die Kampfmoral der Betroffenen. Heute wissen wir, daß Tapferkeit und standhafter Widerstand in der Schlacht weniger eine Frage der ideologischen Überzeugung oder des Patriotismus ist, als ein Resultat des Gemeinschaftsgefühls. Ein Soldat macht angesichts der Lebensbedrohung nicht kehrt, weil er seine Kameraden nicht verlassen will, oder weil er vor ihnen nicht als Feigling erscheinen kann. Diese Bindung zur Kompanie und zur nächstgrößeren Einheit wird noch verstärkt, wenn es sich bei den Angehörigen um Männer aus der gleichen Stadt oder Region handelt – wie es beim Ausheben der amerikanischen Miliz- und Freiwilligenregimenter der Fall war. Der Süden erkannte diesen Umstand und versuchte nach Möglichkeit, die ausgebluteten Regimenter durch das Nachführen neuer Rekruten wieder auf Gefechtsstärke zu bringen, wodurch der ›esprit de corps‹ erhalten blieb.

Vier bis sechs Regimenter wurden zu einer Brigade zusammengefaßt, die wiederum Teil einer Division und eines Korps war. In der Südstaaten-Armee wurde der Regionalismus bis zur Brigadeebene fortgesetzt. Die Männer der Regimenter einer Brigade stammten zumeist aus einem Staat und hatten daher eine besondere Loyalität zu ihrem Verband. Da die Staaten in den meisten Fällen auch für die Ausrüstung ihrer Regimenter verantwortlich zeichneten, hatte diese Art ›Kirchturm-Patriotismus‹ durchaus auch materielle Gründe. Die Division beinhaltete neben den zwei bis vier Infanterie-Brigaden auch Artillerie und Kampfunterstützungstruppen, die numerische Kampfstärke aber konnte von Division zu Division erhebliche Unterschiede aufweisen. Als Regel gilt, daß die Einheiten des Südens zahlenmäßig stärker waren als ihre nördlichen Äquivalente. Das Armeekorps besaß normalerweise drei Divisionen, mehrere Korps bildeten eine Armee – die im Norden nach Flüssen (Army of the Potomac, of the Cumberland etc.) und im Süden nach Staaten bezeichnet wurden, z. B. Army of Northern Virginia, of Mississippi, of Tennessee.

Die Tagesstärke einzelner Truppenteile entsprach selten ihrer Stammrolle. Unerlaubtes Entfernen von der Truppe, hohe Raten von Krankmeldungen und Desertionen waren an der Tagesordnung. Die Fußmärsche taten ein übriges. Ein Oberst konnte zufrieden sein, wenn er mit 70% seines Mannschaftsbestandes zur Schlacht antreten konnte. Einige dieser Nachzügler, die wegen Fußbeschwerden oder anderer Gründe zurückgefallen waren, würden noch während des Kampfes eintreffen und sich wieder anschließen. Andere stießen nach der Schlacht zu ihrer Truppe oder wurden ›aufgelesen‹. Auf beiden Seiten desertieren Zehntausende, und nur ein geringer Prozentsatz wurde tatsächlich für dieses schwere Vergehen bestraft.

Taktik und Ausbildung

Die Grundausbildung und taktische Entfaltung der Infanterie-Kompanie auf dem Schlachtfeld wurde auf beiden Seiten der Mason-Dixon-Linie von einem kleinen Handbuch vorgeschrieben, das ein junger Leutnant, W. J. Hardee, Jahre vor Kriegsausbruch zusammengefaßt hatte: »Hardee's Rifle and Light Infantry Tactics.« Es enthielt sämtliche Vorschriften für die Aufstellung von Kompanie und Regiment in Schlacht- und Paradeformation, für den Drill mit Gewehr und Bajonett, die ein Ausbilder zu beherzigen hatte, um aus einem Haufen grüner Rekruten und störrischer Freiwilliger eine exakt marschierende Truppe zu formen, die das Gewehr schultern, präsentieren und in vier Tempi vom Anschlag zum Abfeuern bringen konnte. Der Autor dieses Standardwerks kämpfte für den Süden und hielt den Rang eines Generalmajors.
Die grundsätzliche Aufgabe eines Infanterie-Regiments in der Schlacht bestand im Bilden einer Linie und Vorrücken dieser Front: Die Kompanien nehmen nebeneinander Aufstellung, in einer Linie zu zwei Gliedern, wobei der Abstand zum Nachbarn und zum Hintermann weniger als einen halben Meter betrug! Zwischen den Kompanien blieb ein Abstand von drei oder vier Metern, aber selbst diese Zwischenräume konnten beim Vorgehen schrumpfen. Der Kompanieführer nahm seine Position am rechten Flügel seiner Einheit ein, die anderen Offiziere und Feldwebel hatten fest bezeichnete Plätze hinter der Front. Von dort aus kontrollierten sie die Ausrichtung der Truppe und das Befolgen der Befehle.
Ein oder zwei Kompanien des Regimentes konnten – je nach Gelände – 300–500 Meter vor der Front des Regiments in aufgelöster Form als Plänkler vorgehen, zwei oder mehr Kompanien wurden mitunter als Reserve hinter der Linie zurückgehalten. Ein kampfstarkes Regiment von 600 Mann hatte eine Frontbreite von rund 200 Metern, wenn es sieben Kompanien als Linie ins Gefecht schickte. Die Front einer durchschnittlichen Kompanie von 60–70 Mann betrug bis zu 25 Meter. Erlaubte es das Gelände, so stand in dieser Art Regiment neben Regiment. Beim Angriff ging die Infanterie in ›Wellen‹ gegen den Feind vor, wobei die Regimenter – oft in geschlossener Formation mit allen zehn Kompanien nebeneinander – einen Abstand von 200–300 Meter vom vorgehenden Regiment halten sollten. Das Vorgehen erfolgte im Schritt, damit die Linie erhalten blieb. Das Reglement sah mehrere Schrittgeschwindigkeiten vor:
– ›common time‹: 70 Yards in der Minute mit 90 Schritt
– ›quick time‹: 86 Yards in der Minute mit 110 Schritt
– ›double quick time‹: 109 Yards pro Minute mit 140 Schritt
Je nach taktischen Erfordernissen wurde die Linie durch Kommando zum Halten gebracht und eine Kompaniesalve abgefeuert. Die Theorie sah vor, daß die Feuereröffnung auf eine Entfernung von weniger als 100 Meter erfolgte und der Gegner dann im Laufschritt mit dem Bajonett angegriffen wurde.
Hardee's Tactics enthielt zwar kaum Angaben, wie man einen Rekruten den zielsicheren Schuß lehren konnte, aber schrieb salvenweises Feuern vor – so konnte kompanieweise, nach Gliedern oder Gruppen oder abwechselnd eine Linie geschlossen werden. Die Kompanie konnte befehlsmäßig ihre Musketen nach halbrechts oder halblinks ihrer Front halten und so dem Feuer eine allgemeine Richtung geben. Aber der psychologischen Salvenwirkung wurde mehr als dem gezielten Schuß zugetraut.
Das Ideal jedes Freiwilligen- oder Milizregiments waren die ›regulars‹, jene Berufssoldaten, deren exakte Paradedisziplin und Ausführung des Formationsdrills das Ergebnis jahrelangen Trainings war. »Wie die Regulären« war das Schlagwort im Frühling 1861, als die Nation in Sammellagern und auf Marktplätzen auf die kommenden Schlachten vorbereitet werden sollte. Natürlich fehlte es an geeigneten Ausbildern und Offizieren. Mit Ausnahme der regulären Offiziere der Vorkriegsarmeen war die Rangverteilung von Miliz- und Freiwilligenverbänden unter recht dubiosen Umständen erfolgt. Einfluß und Beliebtheit bestimmten die Wahlen, in denen die Regimenter und Kompanien demokratisch wählten – nicht selten spielte dabei auch ein Faß Bier oder Whiskey eine Rolle, das von einem der Kandidaten gestiftet wurde. Andere Offiziere und Subalterne wurden eingesetzt oder erhielten ihre Positionen aufgrund ihrer gesellschaftlichen Stellung in ihrer Heimatstadt oder des Landkreises. Es gab kein Ausbildungsprogramm, keinen Lehrgang und kaum schriftliches Unterrichtsmaterial, aus dem ein angehender Leutnant, Hauptmann oder Major die Grundzüge des Kriegshandwerks erlernen konnte.
Entsprechend sah es auch um die Truppenbildung aus: Man beschränkte sich auf Drillübungen und ›Griffekloppen‹, die auch die Übungstage der Nationalgarden und Milizen in der Friedenszeit bestimmt hatten.
Schießübungen fanden kaum statt; zum einen fehlte es bei der raschen Aufstellung von neuen Regimentern noch an Waffen und Munition, zum andern gab es kaum geeignete Ausbilder.
Die USA hatten seit dem Feldzug gegen Mexiko eine lange Phase des inneren und äußeren Friedens erfahren. Die militärische Entwicklung stagnierte. Hardees Handbuch bezog sich auf eine Epoche, in der die glattläufige Muskete kaum Treffer über 100 Meter Entfernung erlaubte, in der die geschlossene Formation, das Pelotonfeuer, ein Resultat europäischer Heeresdisziplin war, die sich aus waffentechnischen Bedingungen und den Problemen des Söldnerwesens ergaben. ›Billy Yank‹ und ›Johnny Reb‹ traten 1861 nach taktischen Lehrbüchern an, die vielleicht zur Zeit von Waterloo modern gewesen waren. Noch immer wurde der Angriff mit blanker Waffe, mit dem gefällten Bajonett, als die höchste soldatische Tugend angesehen. Noch immer bedeutete militärische ›Standhaftigkeit unter Feuer‹, daß sich Soldaten aufrecht und Schulter an Schulter im Takt des Trommelschlages über das Gefechtsfeld bewegten, ihre Salven abfeuerten und sich dem feindlichen Feuer aussetzten, ohne Deckungen oder das Gelände auszunutzen. Die In-

Die erste Schlacht von Manassas/Bull Run: Das 71. New Yorker-Freiwilligenregiment eröffnet das Feuer gegen ein konföderiertes Regiment aus Alabama. Der Abstand der Kämpfenden voneinander ist bei diesem Zeitungsbild richtig dargestellt.

fanterie, die bei Manassas, Antietam und Gettysburg geschlossen vorging, war nichts weiter als ein Opfer für die gegnerische Artillerie und für jeden Schützen, der sich mit dem Zielen etwas Mühe gab. Der hohe Blutzoll des Krieges resultierte nicht aus Artilleriegranaten oder der Einführung des Hinterladers bzw. der Repetierwaffe, sondern aus dem Zusammenkommen altmodischer Taktiken und eines einfachen, jedoch wirkungsvollen Vorderladergewehres.

Die Bewaffnung

Kaliber: .58 inch, Minié

Die fünfziger Jahre des 19. Jahrhunderts waren eine Periode des technologischen Umbruchs. Die industrielle Revolution war auf ihrem Höhepunkt, Dampfmaschinen bewegten Schiffe und Eisenbahnen und lieferten den Antrieb für neue Produktionsweisen. Bei der Entwicklung neuer Technologien leisteten die amerikanischen Geschäftsleute in den Ballungszentren der Neuenglandstaaten Pionierarbeit. Auch die Waffenindustrie erlebte einen neuen Aufschwung. Zwei einschneidende Neuerungen veränderten weltweit die Feuerkraft der Infanterie: In den vierziger Jahren wechselten die meisten europäischen Staaten vom Feuersteinschloß zum Perkussionszündungssystem über. Statt der umständlichen Beschickung der Pfanne brauchte der Schütze von nun an nurmehr ein Zündhüt-

Jefferson Davis (1809–1889), Präsident der Konföderierten Staaten von Amerika, Absolvent der West Point Akademie, ehemaliger Offizier der Berufsarmee, Kommandeur eines Freiwilligenregiments im Mexikanischen Krieg und Senator von Mississippi. Von 1853 bis zur Sezession seines Staates im Januar 1861 war Davis als Kriegsminister der USA an der technischen Fortentwicklung von Waffen und Gerät entscheidend beteiligt.

chen auf den Zündpiston setzen. Das neue System, von dem schottischen Pfarrer Forsyth um 1807 erfunden, war einfacher, schneller und zuverlässiger. Die Zündhütchen mit ihrer Füllung von Knallquecksilber waren billiger als Feuersteine, platzsparend und wetterunabhängig. Trotzdem hatte es Jahrzehnte gebraucht, bis der hartnäckige Widerstand und die Vorurteile der konservativen Militärs überwunden waren und der neue Zündmechanismus zur Einführung kam.

Der zweite Durchbruch bestand in der Einführung gezogener Gewehre für alle Truppen. Büchsen (engl. ›rifle‹ vom altdt. ›riffeln‹) wurden bis zur Mitte des 19. Jahrhunderts nur an wenige Elitetruppen oder einzelne Scharfschützen ausgegeben. Der Durchschnittssoldat war mit dem komplizierten Ladevorgang der Pflasterkugel, die in die Züge des Laufes gehämmert wurde, mehr als überfordert. Außerdem verhinderte das zeitraubende Nachladen die von den Generälen geforderte Salvenfolge des Pelotons: Ein preußisches oder englisches Bataillon brachte es auf bis zu drei Salven pro Minute aus seinen glattläufigen Musketen, d. h., die rund 500 Musketen der Einheit konnten ein Feuervolumen von 1200 bis 1500 Schuß vor ihrer Front entfalten! Zwar war die glatte Muskete nicht treffergenau, aber bei den herkömmlichen Gefechtsentfernungen von Leuthen, Austerlitz und Waterloo spielte es keine Rolle, daß man mit der normalen Muskete kaum eine Mannscheibe auf 100 Meter traf.

Die erste Hälfte des Jahrhunderts war von zahlreichen mißglückten Versuchen gekennzeichnet, ein einfach zu ladendes Geschoß (ohne das problematische Schußpflaster) in einen gezogenen Lauf einzupassen. Großbritannien versuchte es mit der zweizügigen Brunswick-Rifle oder mit der vierfach gezogenen Jacobs. Das Lancaster-Gewehr mit seinem ovalen Laufquerschnitt oder das hexagonale Whitworth waren ähnlich erfolglose Schritte in Richtung auf ein gezogenes Standardgewehr. Zwar gingen diese Waffen in Serienfertigung und wurden an die Truppe ausgegeben, aber die Läufe verschmutzten zu schnell. Auf dem Kontinent versuchte man das Problem durch ein unterkalibriges Geschoß zu umgehen, das erst durch die Stöße des Ladestocks in die Züge gedrückt wurde. Das Delvigne-System der französischen Armee hatte eine verkleinerte Pulverkammer am hinteren Laufende, auf deren Schultern eine Rund- oder Spitzkugel aufsaß. Thouvenins ›system â tige‹, die Dornbüchse, hatte dort einen Eisendorn, der das Geschoß über der Pulverladung hielt und als Amboß zum Verbreitern des Spitzgeschosses durch Raumstöße mit dem eisernen Ladestock diente.

Beide Systeme waren zwar noch nicht fehlerlos, aber sie stellten Schritte in die richtige Richtung dar: Die französischen Hauptleute Gustave Delvigne und Claude E. Minié patentierten unabhängig voneinander 1842 und 1848 ein Hohlbodengeschoß von zylindrischer Form. Nach Delvigne sollten allein die Pulvergase das Geschoß in die Züge des Laufes pressen, Minié sah einen kleinen Eisenstöpsel vor, der, durch den Druck der expandierenden Pulvergase getrieben, den Hohlboden ausweitete. Gegen 1850 wurden die ersten Minié-Gewehrmodelle in Belgien, Frankreich und England eingeführt, wobei der Eisenstöpsel zuerst durch ein Holz- oder Tonstück ersetzt wurde. Später erkannte man, daß man ganz ohne dieses Zusatzstück auskommen konnte; bereits 1857 berichtete ein Major Delafield über seine Beobachtungen in Europa an den amerikanischen Kongreß, daß Franzosen, Russen und andere den ›plug‹ als überflüssig erachteten: »Ein offener Hohlboden in Berührung mit der Pulverladung wird durch die Kraft der Explosion nach außen gedrückt, wodurch das Geschoß in den Lauf paßt und die Züge ausfüllt.« Anders als das britische Pritchett-Geschoß waren die Minié-Kugeln, so Delafield, nicht glatt, sondern hatten an der Außenseite drei Fettrillen.

Die ersten Minié-Waffen waren noch so großkalibrig wie ihre Vorgänger, die glattläufigen Musketen; die meisten Staaten erkannten aber sehr bald, daß sie bessere Schußleistungen, größere Weiten und logistische Vorteile hatten, wenn sie ihre .69 und .75-Kaliber auf .54 bis .58 reduzierten.

Die zahlenmäßig sehr kleine U.S. Armee nahm gegen 1840 die europäischen Beispiele auf: Mit dem Modell 1833 Hall-Hinterlader war der erste Perkussionskarabiner eingeführt worden, während gleichzeitig noch Steinschloßgewehre angekauft und als neue Modelle 1840 eingeführt wurden! Aber mit dem Modell 1841, der ›Mississippi Rifle‹ der Harpers Ferry Armory, wurde der endgültige Schritt zum neuen Zündsystem vollzogen. Gleichzeitig wurde die amerikanische Tradition des gezogenen Gewehres fortgesetzt, die mit den Büchsenschützen begonnen hatte. Neben der glatten Muskete wurde mit der U.S. Rifle M 1841 eine Büchse entwickelt, die ein genaueres Schießen mit der gepflasterten Rundkugel aus einem gezogenen Lauf ermöglichte. Diese Waffe wurde an die Freiwilligen der Miliztruppen ausgegeben, und in den Händen eines von dem Kongreßangehörigen Jefferson Davis geführten Regimentes, der 1st Mississippi Volunteers, erlangte die Waffe den Spitznamen ›Mississippi Rifle‹. Die ersten Versuche mit neuen Geschoßformen begannen in der U.S. Armee 1842, jedoch verhinderte der Konflikt mit Mexiko um das Grenzgebiet von Texas eine Neuorientierung. Lediglich die in Staats- und Milizarsenalen befindlichen Steinschloßgewehre wurden zwischen den Jahren 1842 und 1848 überprüft und nach vier Tauglichkeitsstufen kategorisiert. Nach 1812 hergestellte Musketen wurden für eine Aptierung auf Perkussion in Betracht gezogen, ein Siebentel der 700 000 Waffen aber wurde ausgemustert und auf dem zivilen Markt verkauft.

Zur gleichen Zeit lief die Produktion der U.S. Muskete Modell 1842 an, einer glattläufigen Perkussionswaffe, die in den Regierungswerken von Harpers Ferry und Springfield Armory nach neuesten Methoden maschinell produziert wurde. Die Fertigung erreichte eine solche Gleichmäßigkeit, daß die Waffenteile untereinander austauschbar waren. In der maschinellen Waffenfertigung waren die USA derart führend, daß die Maschinen für die neue britische Standardwaffe, das Pattern 1853 Enfield-Gewehr, in den USA entworfen und angefertigt und von Chefkonstrukteur James H. Burton, Harpers Ferry Armory, in ihrer Installation überwacht wurden.

Der West Point-Absolvent Jefferson Davis, der nach dem mexikanischen Krieg in die Politik zurückgekehrt war, wurde 1853 zum Kriegsminister berufen und widmete seine Aufmerksamkeit der Einführung einer neuen Waffengeneration. Unter seiner Aufsicht wurden die Versuche mit den Minié-Geschossen vorangetrieben. 1855 erfolgte die Annahme eines von Burton vervollkommneten Projektiles dieser Art, das nun zur neuen Standardminition der U.S. Streitkräfte werden sollte. Gleichzeitig wurde eine neue Modellserie in Auftrag gegeben, die sich durch Gleichförmigkeit der unterschiedlichen Waffentypen (Kavalleriepistole, Infanteriegewehr und Jägerbüchse) und ein neues Zündersystem auszeichnete. Minister Davis war von dem Zünderband fasziniert, daß der Zahnarzt Dr. Edward Maynard aus Washington, D.C., 1845 patentieren ließ. In einem versiegelten Papierband befand sich in Abständen das Knallquecksilbergemisch in kleinen Mengen. Beim Spannen des Hahnes führte ein Zubringer ein neues Stück des Bandes vor das Piston, so daß der Ladevorgang des Zündhütchen-Aufsetzens entfiel. Im Feldgebrauch bewährte sich die anfänglich so praktisch erscheinende Erfindung des Dr. Maynard nicht. Feuchtigkeit beeinflußte die ›wasserfesten‹ Bänder, Zündversager oder das plötzliche Abbrennen des ganzen Zünderbandes machten die Waffen bei der Truppe unbeliebt.

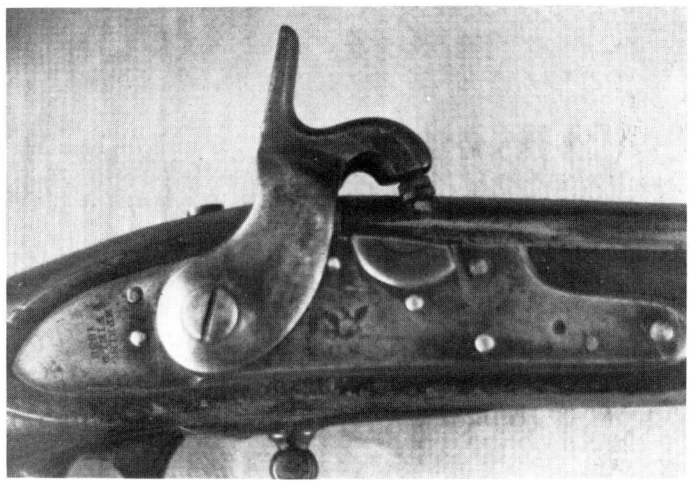

Zwei der drei Methoden, mit denen in den fünfziger und sechziger Jahren Steinschloßmusketen auf die neue Zünderart aptiert wurden: Durch Einsetzen eines Laufstückes mit Pistonsockel (›bolster‹); oder indem einfach das Piston in ein Loch auf dem Lauf eingeschraubt wurde. Die dritte Form bestand im Einschrauben eines runden Zylinderstückes (›drum‹) in das Zündloch. Der Zylinder hatte eine seitliche Bohrung für das Piston.

Das neue Gewehr erhielt die offizielle Bezeichnung ›Rifle Musket‹ wurde aber im zeitgenössischen Sprachgebrauch durchaus weiter Muskete genannt.* In der Form unterschied es sich kaum von den

* Im folgenden werden die englischen Originalbezeichnungen bei fehlenden Übersetzungsmöglichkeiten (z. B. ›Rifle Musket‹) weiter benützt, auch das Wort ›Muskete‹ wird im zeitgenössischen Stil mitunter da benutzt, wo es eine gezogene Waffe bezeichnet.

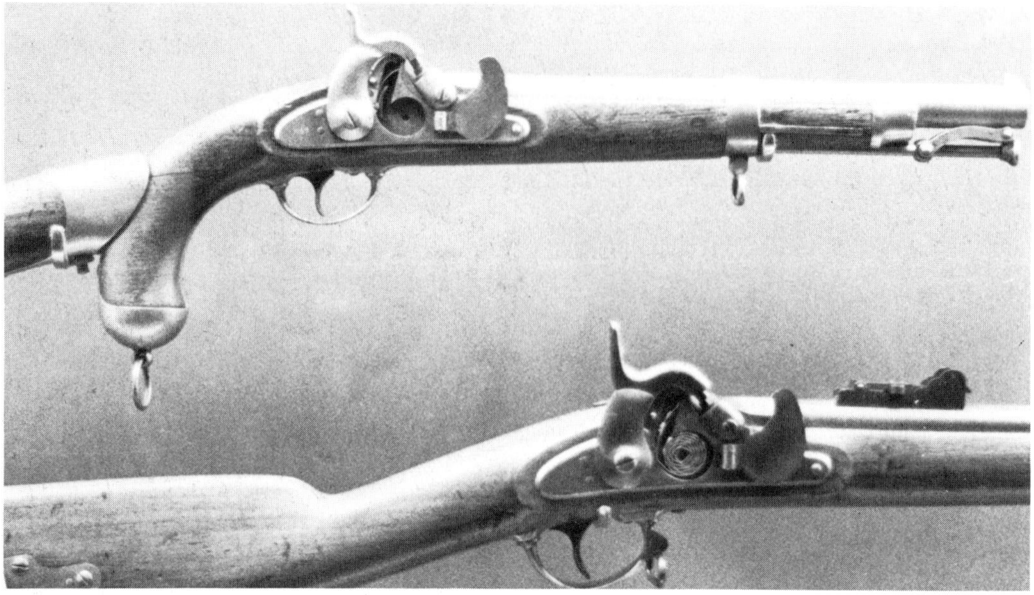

Die Maynard-Zündbänder der Modellreihe 1855 enthielten fünfzig Zündsätze für die Muskete und fünfundzwanzig für die Pistole. Fehlerhafte Produktion führte zur Reihenexplosion im Magazin, Nässe beeinflußte die Zuverlässigkeit der Zünder.

Zweitausend Musketen der Modelle 1835 und 1840 wurden mit diesem von D. S. Nippes, Philadelphiá, geschaffenen Maynardschloß nachträglich modernisiert.

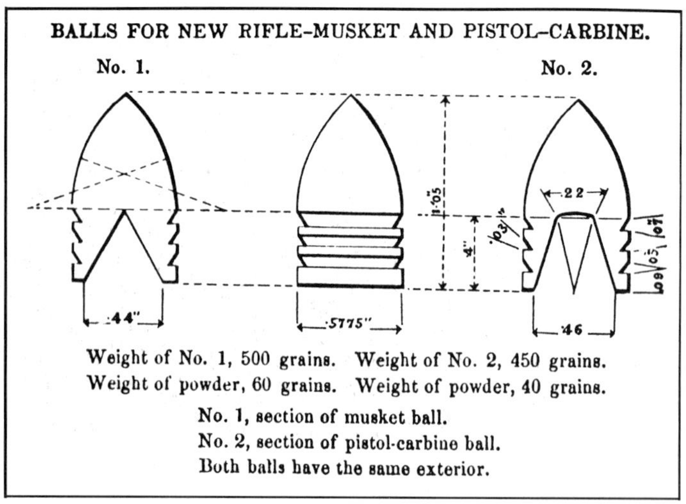

Darstellung der neuen Geschosse in einem Handbuch des U.S. Ordnance Departments aus dem Jahre 1856.

europäischen Vorbildern. Ihre Leistung übertraf bei weitem alles, was man an Treffergenauigkeit von den gepflasterten Rundkugeln her kannte:
Die Minié-Burton-Geschosse für das M 1855-Gewehr wogen 500 grain (32,4 g) und wurden von einer Schwarzpulverladung von 60 grain (3,88 g) zu einer Mündungsgeschwindigkeit von 290–295 m/s getrieben. Der 40 Zoll lange Lauf der M 1855 Rifle-Musket erbrachte einen Streukreis von ca. 25 cm auf einhundert Meter, d. h., jeder Schuß, auf die Brust eines Mannes gezielt, würde in diesem Bereich einschlagen! Fünf von fünfzehn Schüssen trafen im Durchschnitt eine Armee-Zielscheibe von 6 × 6 Fuß auf 400 m. Mit etwas Übung konnte ein Schütze ein massiertes Ziel, etwas eine Kompanie in Kolonnenformation, auf 1000 Meter Entfernung tref-

Originalpatronen und Geschosse aus dem Bürgerkrieg. Oben: eine Patrone Kaliber .58, daneben zwei .69er Ladungen. Unten: ein Karabinergeschoß Kaliber .54, zwei .58er und ein .69-Minié-Burton. Die Papierpatronen waren natürlich anfällig für Feuchtigkeit und brachen mitunter in der Patronentasche auseinander, wenn sie zu lose lagen.

Das Minié-Burton-Geschoß Kaliber .58 war ungleich durchschlagskräftiger als eine Rundkugel. Daß mehrere Männer hintereinander von dem gleichen ›minnie-ball‹ verletzt werden konnten, zeigt diese Darstellung des U.S. National Park Service: Aus 100 m Entfernung abgefeuert, hat ein .58er Geschoß acht Ein-Zoll-Bretter durchschlagen.

Ein Schlachtfeldfund, der die Energie eines Minié-Geschosses auf andere Art verdeutlicht.

fen. Im Vergleich dazu war die Pflasterbüchse M 1841, die auf 100 m durchaus einen gleichwertigen Trefferkreis aufwies, auf Entfernungen über 200 Meter kaum noch einzusetzen.*

In seiner Einfachheit war das Minie-Gewehr kaum zu übertreffen, es war genauso leicht zu laden wie die bisherigen glattläufigen Musketen. Der Schütze biß lediglich die Papierpatrone auf, schüttete das Pulver in den Lauf, setzte das Geschoß mit dem Hohlboden nach unten in die Mündung und rammte es mit dem Ladestock ein. Mit einer solchen Muskete konnten selbst völlige Greenhorns in

* Vgl. Jac Wellers Schießversuche mit Originalwaffen und -ladungen anhand von 58 Bürgerkriegsgewehren, beschrieben in »The American Rifleman«, April/Mai 1954.

kürzester Zeit zu brauchbaren Soldaten ausgebildet werden, die in der Lage waren, in der Minute bis zu drei Schuß treffsicher abzugeben. Das zeitraubende Laden mit dem Pflaster entfiel, die Schußergebnisse waren gleichmäßiger, die Geschoßform war ballistisch günstiger als die der Rundkugel.

Trotzdem gab es im Einsatz immer noch erstaunliche Fehlleistungen. In der Hitze des Gefechts hatten Soldaten ihre Waffen mechanisch immer wieder geladen, obwohl der erste Schuß aufgrund eines Zündversagens oder falschen Ladens nicht aus dem Lauf gefahren war: 37 000 Musketen wurden nach der Schlacht von Gettysburg vom Schlachtfeld eingesammelt, davon waren 24 000 noch geladen – 18 000 mit mehr als einer Ladung, Tausende hatten drei oder mehr Ladungen, ein Gewehr enthielt 23 Patronen!

Solange aber Einheiten ihren kühlen Kopf behielten und ihr Feuer halbwegs gezielt abgaben, war das Minié-Gewehr eine tödliche und taktisch sehr effektive Waffe. Stellungen im Frontalangriff in geschlossener Formation zu nehmen, war angesichts dieser neuen Waffengeneration Selbstmord.

In der Schlacht von Fredericksburg vom 11. bis 13. Dezember 1862 verhinderten Barksdale's Mississippians stundenlang den Übergang von Burnsides Armee über den Rappahannock. In den Häusern der kleinen Stadt verschanzt, nahmen die Konföderierten die Yankee-Pioniere aufs Korn, die den sechs Armeekorps von Burnsides ›Army of the Potomac‹ die Pontonbrücken über den Fluß bauen sollten. Auch das unterstützende Artilleriefeuer aus 147 Kanonen, welche die Stadt in Schutt und Asche legten, konnte die Südstaatler nicht aus ihren Schützenlöchern vertreiben. Auf eine Entfernung von über 300 Yards wirkte ihr Feuer verheerend. Erst der massierte Einsatz von Infanterie, die in Booten über den Fluß setzte, um die Scharfschützen im Nahkampf aus ihren Stellungen zu vertreiben, erlaubte den Bau der Brücken.

Zwei Tage später, am 13., setzte Burnside zum Großangriff gegen General Lees Armee an, die in den Hügelketten um Fredericksburg Stellung bezogen hatte. Bei Marye's Heights, dem Angelpunkt der Schlacht, griff Division auf Division in sechs Wellen eine Steinmauer an, hinter der sich ein tief eingesunkener Feldweg befand – ein natürlicher Schützengraben für die 6000 Konföderierten, die sich dort mit 20 Geschützen verschanzt hatten.

General Longstreet, CSA: *»Vor dem wohlgezielten Feuer von Cobbs Brigade fielen die Bundestruppen wie steter Regen von dem Dachvorsprung eines Hauses . . . Die Toten lagen manchmal drei Reihen tief, und als der Morgen anbrach, bot sich uns ein Anblick des Schlachtfeldes, der das Traurigste war, was ich je gesehen hatte. Der Sturmangriff war verzweifelt und blutig, aber absolut hoffnungslos gewesen.«*

Korpskommandeur Joe Hooker, USA: *». . . das Feuer des Feindes wurde noch heißer. Die Steinmauer war eine Flammenwand, die die Spitze der Kolonne einschloß. Offiziere und Männer fielen so schnell, daß Befehle nicht weitergegeben werden konnten.«*

Soldaten, »die den Elefanten gesehen hatten«, wie die Feuertaufe im zeitgenössischen Sprachgebrauch bezeichnet wurde, berichten in ihren Briefen und Erinnerungen von der furchtbaren Wirkung konzentrierten Minié-Feuers, daß die Luft mit einem Schwarm pfeifender, zischender, heulender Geschosse erfüllt sei. Abteilungen wurden wie von einer Sense umgemäht und der Hagel der Geschosse war oft so dicht wie Regen. Die Wirkung einer geschlossenen Regimentssalve in den Worten General John B. Gordons, CSA: *»Die vorderste Linie war jetzt auf kurze Entfernung heran . . . Meine Gewehre flammten und brüllten in die Gesichter der Unionisten . . . die Wirkung war entsetzlich. Die gesamte Frontlinie ging mit wenigen Ausnahmen in dem vernichtenden Feuerschlag zu Boden.«*

Mit der Zeit und mit zunehmender Schlachterfahrung gewann der gesunde Menschenverstand die Oberhand. Soldaten, die an den Formationsangriffen teilgenommen und überlebt hatten, suchten instinktiv nach besseren Gefechtsformen. Die Südstaatler kämpften, sofern ihnen eine Möglichkeit dazu gegeben wurde, ohnehin nicht in geschlossener Abteilung. Der durchschnittliche Rekrut der Konföderation war ein Landarbeiter oder Farmer, der von Jugend an mit dem Gebrauch des Gewehres von der Jagd her vertraut war. Anders als sein Gegner aus den Städten und Fabriken des Nordens, konnte er schießen und verstand es, das Gelände auszunutzen. Mit Ausnahme der Regimenter aus den Grenzgebieten des Westens war das normale Nordstaatenregiment kaum im zielsicheren Gebrauch der Rifle-Musket unterwiesen worden. Schießübungen fanden nur in Einzelfällen statt und der Schlachtruf vieler US-Offiziere und Unteroffiziere war der ständig zu wiederholende Befehl an die Truppe, niedrig zu halten »Aim low!« – weil unerfahrene Schützen zu Hochschüssen tendierten. Jedoch veränderte sich Form und Qualität der Kriegsführung, je länger der Krieg dauerte. Gehörte es noch zum Ehrenkodex der ersten Kriegsmonate, in geschlossener Formation auf den Befehl zum Angriff zu warten und Artilleriefeuer oder verirrte Gewehrkugeln stoisch zu ertragen, so sahen die Verantwortlichen sehr schnell ein, daß es besser war, die Truppe bei jeder Gelegenheit sich hinlegen zu lassen.

Nach zwei Jahren Krieg schoß man nicht nur auf beiden Seiten fast gleich gut, auch die Taktik hatte sich mehr den neuen Waffen angepaßt. Sobald Truppen eine Position bezogen hatten, begannen sie sich einzugraben oder anderweitig zu verschanzen: Jeder Lattenzaun, jeder Hohlweg wurde ausgenützt. Mit Messern,. Trinkbe-

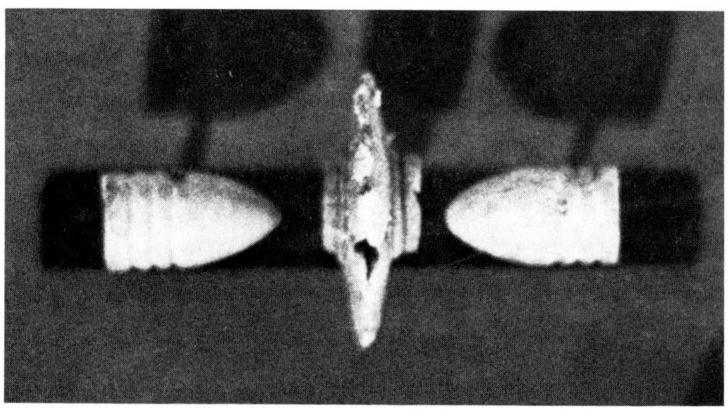

Unglaublich, aber ein wahrer Bodenfund in den Gräben um Petersburg! Es zeigt zwei Geschosse, die sich mitten im Flug trafen.

Auf dem von dem französischen Genremaler Paul Philippoteaux von 1881 bis 1884 gemalten Cyclorama der Gettysburg-Schlacht ist der Angriff von Infanterie-Regimentern korrekt dargestellt.

Campaign for Atlanta, Battle of Peach Tree Creek:

»Während des Nachmittags unternahm der Feind fünf Sturmangriffe gegen unsere Linien und kam manchmal bis zu hundert Fuß (etwa 30 Meter, d. V.) heran, doch ich habe keinen einzigen Johnnie gesehen. Die Rauchwolken von den Musketen beider Seiten und von Winegars Batterie hingen um uns und versteckten alles außer den Mündungsblitzen der gegnerischen Gewehre, die uns ihre Position zeigten. Zu keiner Zeit bis sieben Uhr, als sich der Feind zurückzog, gab es eine vollständige Pause des Schießens. Die Gewehrläufe wurden so heiß, daß wir sie kaum halten konnten, und ich sah viele Waffen, die losgingen, als das Pulver der Patrone in sie geschüttet wurde. Einer der Jungs neben mir hatte die Patrone in den Lauf gesetzt, nachdem er sie abgebissen hatte, und drückte sie mit dem Ladestock nieder, als das Pulver explodierte und Kugel wie Ladestock zusammen rausflogen . . . Bei Peach Tree Creek verschoß ich siebzig Patronen, und einige der Männer sagten, sie hätten hundert verschossen. Am Ende des Kampfes boten wir einen seltsamen Anblick, Rauch und Pulverflecken hatte unsere Gesichter verschmutzt und ließen sie so blau wie Indigo aussehen.«

»Soldiering«, The Civil War Diary of Rice C. Bull, 123rd New York Volunteer Infantry, ed. by K. Jack Bauer, San Rafael, Ca. 1977

chern und Pfannen wurden Schützenlöcher in den Boden gekratzt – Schanzwerkzeug hatte nur die Artillerie bei ihren Wagen. Baumstämme wurde vor die Linie geschafft, Erde und Grasklumpen zwischen die Bretter eines Zaunes gepreßt. Blieb mehr Zeit, so grub man sich tiefer ein, ein Graben entstand, eine Brustwehr mit vorgeschobenen Bastionen, überlappenden Feuerbereichen und Nischen. Hier, in den Kämpfen vor Vicksburg, Petersburg oder Atlanta, kündigte sich bereits der statische Grabenkrieg des Ersten Weltkrieges an.

»Wir luden unsere Musketen und bereiteten unsere Patronentaschen für den Gebrauch vor. Unsere Waffen waren veraltete Steinschloßgewehre, die Munition war in Patronenpapier eingerollt, das Pulver, eine Rundkugel und drei Rehposten enthielt. Wenn wir luden, mußten wir das Papier mit den Zähnen aufreißen, etwas Pulver auf die Pfanne schütten, sie schließen und den Rest des Pulvers in den Lauf entleeren, Papier und Kugel in die Mündung pressen und reinrammen. . .
›Vorwärts, Gentlemen, fertigmachen.‹ ›Da sind sie.‹ Es war noch nicht ausgesprochen, da krachten wir schon in sie hinein mit angeschlagenen Musketen. ›Niedrig zielen, Männer!‹ befahl Captain Smith. Ich versuchte sehr, irgendein lebendes Ding zu sehen, um darauf zu schießen, weil es absurd erschien, nach Schatten zu knallen. Aber immer noch vorgehend und schießend, während wir uns bewegten, sah ich endlich eine Reihe Bälle aus perligem Rauch mit dunkelroten Ausbrüchen von spritzender Schnelligkeit vor einer langen Linie blauer Figuren in unserer Front, und gleichzeitig brach an unsere Ohren ein erstaunlicher Krach, die Serien von Salven folgten mit überraschender Plötzlichkeit . . . Wir bedienten unsere Gewehre, luden und feuerten mit solch nervöser Hast, als ob es von jedem einzelnen abhinge, daß dieser teuflische Lärm verstummen werde. Meine Nerven zitterten, mein Puls ging doppelt so schnell, mein Herz schlug laut, fast schmerzhaft, aber inmitten aller Aufregung nahmen meine Gedanken blitzschnell alle Geräusche, alles zu Sehende und mich selbst klar auf . . . Ich war wütend auf meinen Hintermann, weil meine Augen vom Rauch seiner Muskete brannten, und ich wollte ihn für meine tauben Ohren ohrfeigen . . .
Wir gingen vorwärts, Schritt für Schritt, ladend und feuernd. Und für jeden unserer Schritte vorwärts, taten sie eine rückwärtige Bewegung, ladend und feuernd, als sie langsam zurückgingen . . .

Henry M. Stanley (der spätere Afrikareisende) über seinen ersten Kampf als Soldat der »Dixie Grays«-Kompanie in der Schlacht von Shiloh, in der er gefangengenommen wurde. Aus: The Autobiography of Sir Henry Morton Stanley, Boston–New York, 1909

›Minnie balls‹

Noch heute ist es umstritten, wer nun tatsächlich das konische Hohlbodengeschoß aus Blei erfunden hat, das im Bürgerkrieg eine so furchtbare Ernte hielt: Delvigne oder der Engländer Wilhelm Greener, deren Patente Jahre vor Captain Minié die Grundzüge von dessen Geschoß aufwiesen. Am Schluß aber hielt sich der Name Minié als der des Urhebers jener ›Kugel‹ (engl. ›ball‹), wie der zeitgenössische Sprachgebrauch es trotz seiner zylindrischen Form weiter nannte. Die Soldaten in blau und grau waren der sprachlichen und terminologischen Feinheiten nicht mächtig, für sie waren die durch die Luft wie Hornissen brummenden Geschosse schlicht ›Minnie balls‹.

Die amerikanische Version dieser ›Kugel‹ ging auf die Initiative eines Hauptmann J. H. Burton zurück, Chef-Waffenmeister des Harpers Ferry Arsenal in den fünfziger Jahren. Das von ihm entworfene Standardgeschoß Kaliber .58 hatte bereits keinen Einsatz im Hohlboden mehr. Für die Konversion der alten, glattläufigen Musketen wurde ein Kaliber .69-Geschoß entwickelt, dessen Gewicht 730 grains betrug und das mit einer Pulverladung von 70 grains geladen wurde. Die Herstellung dieser Geschosse erfolgte maschinell, sie wurden nicht mehr gegossen, sondern gepreßt.

Die Maschine, von einem Mann bedient, benutzte gegossene Bleistangen, die 21 Zoll (ca. 53 cm) lang waren und die zu einer Stärke von 11,7 mm für .58er und 14,2 mm für .69er Geschosse gerollt wurden. Die Maschine schnitt dann kleine Stücke von dieser nun 35 Zoll langen Stange ab, die im nächsten Arbeitsgang in einer Form zum endgültigen Minié-Burton-Profil gestanzt wurden. Der Arbeiter schnitt überstehende Reste mit einem Messer ab und prüfte die genaue Geschoßform in einem Maß. Innerhalb eines zehnstündigen Arbeitstages konnte eine solche Maschine in Harpers Ferry bis zu 30 000 Geschosse herstellen! Arbeiterinnen fetteten dann die Miniés und setzten sie in die vorgerollten Papierpatronen ein. Pulver wurde abgefüllt und die Hülse gefaltet.

Natürlich waren die genannten beiden Kalibergrößen 58/100 inch oder 69/100 inch nicht die einzigen im Krieg verwandten Geschosse. Im Gegenteil – die Vielzahl der verschiedenen amerikanischen und importierten ausländischen Waffen resultierte in einer ungeheuren Vielfalt von Geschoßgrößen und Formen, die diese Munition zu einem beliebten Sammelgebiet machen. Eine kleine Auswahl der üblichsten Geschosse gehört eigentlich zu jeder Waffen- oder Militariasammlung dieser Periode. Die normalen .58 und .69-Minnies, die Kugeln der Sharps, Spencer, der Springfield und Enfield belasten den Geldbeutel kaum – Zehntausende haben den Krieg und die nachfolgenden Jahrzehnte in Arsenalen unbeschadet überlebt, Tausende werden jedes Jahr noch auf den Schlachtfeldern gefunden, mit und ohne Hilfe von Metallsuchgeräten und Schaufel. Man kann aber diese Form der Sammlung auch zu einer Wissenschaft werden lassen, denn die Variationsbreite der auf beiden Seiten zum Schuß gekommenen Rund- und Spitzkugeln ist groß. Einige Raritäten sind darunter, die auf dem Sammlermarkt hohe Preise verlangen: Das längliche .45 Whitworth z. B. wurde 1979 bereits mit 30 Dollar gehandelt.

Minié-Geschosse, eine Auswahl.

Obere Reihe v.l.n.r.: .58-›Williams patented bore cleaner bullet‹, Modell 1862; .58-Williams Modell 1864; .58-Williams Modell 1863; vier verschiedene Herstellungen des .58-Standardgeschosses.

2. Reihe: .56-Hinterlader ›ringtail‹‹; .54-Sharps; .54-›short Sharps‹ mit kleinem Hohlboden; .44-Colt Revolver; .44-Bartholow Patent (hatte angeklebte Pulverladung); .70-›prussian‹, zwei .69-Minié-Burton.

3. Reihe: drei Rundkugeln, wahrscheinlich aus Schrapnell- oder Kartätschladung der Artillerie; .577-Enfield-Fertigung C.S.A.; .54 für Mississippi und österr. Gewehre; zangengegossene .58-Minié.

Unten: .577-Richmond Arsenal mit Näpfchen im Hohlboden; .36-Revolver; darunter Originalpatrone englischer Fertigung, .577-Enfield, zwei .58er konföderierte Fertigung.

Ein Problem, das alle Vorderladerwaffen bis zum heutigen Tage haben, waren die Pulverrückstände im Lauf. Nach drei bis fünf Schuß wurde das Nachladen immer schwerer. Die Fettrillen im Geschoß, bzw. die gefetteten Papierpflaster der Enfield-Pritchett-Patrone, sollten das Laden erleichtern und beim Schuß den Lauf ›auswischen‹. Während des Bürgerkriegs erschien das Williams-Patentgeschoß, in dessen Hohlboden eine separate Scheibe aus einer Zinn-Bleilegierung auf einem Zinkpfosten ruhte. Beim Abschuß trieb der Pfosten nach vorn und drückte die gewölbte Scheibe nach außen. Die nun vorstehenden Ränder sollten Züge und Felder des Laufes während des Schusses auskratzen. Verschiedene waffenbedingte Probleme führten zur Produktion von drei unterschiedlichen Williams-Geschossen. Je ein oder zwei Williams-Patronen waren in jeder von den Armee-Arsenalen abgepackten Zehn-Schuß-Packung. Natürlich fertigten Soldaten auch im Felde ihre eigenen Kugeln, wenn es – wie so oft – Probleme mit dem Nachschub gab. Für viele der importierten Musketen wurden die Kugelzangen mitgeliefert und an die Truppen ausgegeben. Recht abenteuerlich aber mutet die Methode an, welche von einigen Johnny Rebs aus Missouri laut eigener Schilderung zur Munitionsherstellung benutzt wurde. Sie benützten Fingerhüte als Gießformen und drückten einen angespitzten Stock in das heiße Blei, um den Hohlboden zu erhalten: »Das ergab dem Geschoß die Form einer Miniékugel, die geradeso unseren Gewehren paßte, und wir konnten damit auf dreihundert Yards durch einen Güterwagen schießen.«

Explosivgeschosse und Giftkugeln

Die Wirkung eines Minié-Geschosses im menschlichen Körper oder auf seine Extremitäten war verheerend, und trotzdem versuchten die Techniker jener Zeit, die Geschoßwirkung noch zu erhöhen. In den fünfziger Jahren tauchten daher immer wieder Explosionsgeschosse auf. In Frankreich und England wurde mit hohlen Minié-Geschossen experimentiert, welche, mit Pulver gefüllt, beim Auftreffen auf das Ziel mittels eines Zündhütchens gezündet wurden. Ein solches Gewehr, Kaliber .69 und entsprechende Geschosse, gefertigt von dem Pariser Büchsenmacher A. Devisme, fand sich bei der Gefangennahme des konföderierten Staatspräsidenten im Gepäck von Jefferson Davis. Devismes Gewehr war für die Großwildjagd konzipiert, aber ähnliche Entwicklungen hatten einen eindeutig militärischen Anwendungsbereich. Die Infanterie sollte mit den Explosivgeschossen feindliche Batterien unter Beschuß nehmen und die Munitionswagen zum Explodieren bringen. Auch bei der Marine erhoffte man sich eine ähnliche Wirkung von den ›musket shells‹, wie sie im zeitgenössischen Sprachgebrauch genannt wurden. Belegt ist die Benutzung der ›Musketen-Granaten‹ durch eine Bemerkung in U.S. Grants Memoiren. Die Verteidiger von Vicksburg am Mississippi schossen solche Explosivgeschosse über die Gräben der Unionstruppen, offensichtlich in der Hoffnung, daß die krepierenden Kugeln mit ihren Splittern einigen Schaden anrichten könnten. Grant verurteilte diese Praxis und wies

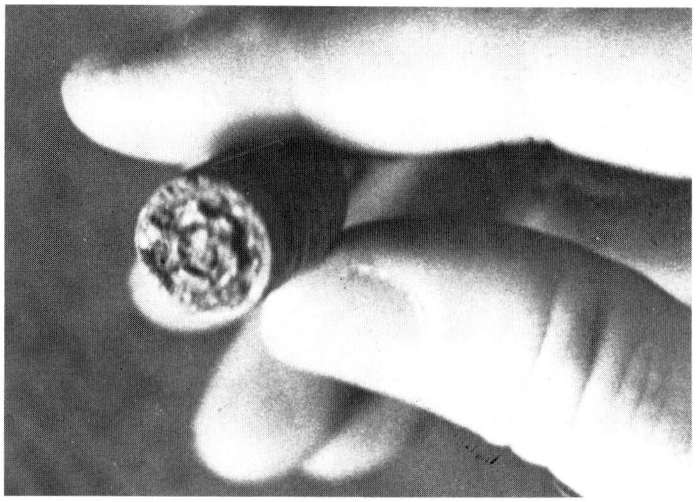

Gardiner Explosivgeschoß. Im Hohlboden ist der Zündkanal zu sehen.

auf den geringen taktischen Wert hin, der in keinem Vergleich zu den Leiden der Getroffenen stand. Aber auch die Nordstaaten ließen Explosivgeschosse herstellen und teilten sie an die Truppe aus. Mit Datum vom 23. November 1863 bekam Samuel Gardiner ein U.S. Patent für ein Hohlgeschoß, dessen Inneres eine kleine Kupferröhre aus Schwarzpulver enthielt. Vom Geschoßboden aus ging eine Verbindung zur Kammer, die mit einem langsam brennenden Pulvergemisch eine Zeitverzögerung von etwa 1,25 Sekunden erreichte. Beim Abschuß wurde dieser Zeitzünder aktiviert und das Geschoß platzte nach etwa 350–500 m Flug. Während des Krieges kaufte das Zeugamt 110 000 Gardiner-Geschosse, aber nur 33 350 wurden offiziell an die Soldaten ausgegeben, wobei zu bemerken ist, daß rund 10 000 beim Rückzug in Virginia zurückgelassen, von den Konföderierten aufgegriffen und verwendet wurden. Einzelstücken zufolge wurde das Gardiner-Prinzip auch im Richmond Arsenal kopiert und als ›.577 Enfield‹ in Zehner-Packungen ausgegeben, wobei die Packschnur das Erkennungszeichen für den explosiven Charakter der Geschosse war. In den Unterlagen des U.S. Medical Departments werden 130 Verwundungen aufgeführt, die auf solche Kugeln zurückgehen. Der Norden ließ Gardiner-Patronen in den Kalibern .54, .58 und .69 herstellen, angekauft wurden nur die Kaliber .58 und .69. Die Geschosse hatten rein äußerlich die normale Minié-Form mit drei Fettrillen, waren aber nicht aus Blei, sondern aus einem Blei-Zinn-Gemisch gegossen. Dieses Material ist weitaus spröder als Blei und ließ den Geschoßkörper in mehrere gezackte Fragmente zerplatzen. Über 12 000 dieser Gardiner-Geschosse wurden bei Gettysburg durch Verbände des III. Korps, vornehmlich die 2nd New Hampshire Volunteer Infantry, mitgeführt. Jeder Mann erhielt 40 Patronen, und die Regimentsannalen berichten von einigen Unfällen. So wurde ein Korporal der C-Kompanie tödlich verletzt, als ein Projektil seine Patronentasche traf und eine Serienexplosion der darin enthaltenen Gardiner-Munition verursachte. Ein anderer Unteroffizier konnte sich nur

durch Geistesgegenwart vor einem ähnlichen Schicksal bewahren. Auch seine Patronentasche begann zu explodieren, nachdem sie getroffen wurde. Er war zwar verletzt, konnte sie aber rechtzeitig fortschleudern. Schlachtfeldfunde in Gettysburg zeigen, daß diese Munition tatsächlich verschossen wurde, die Geschosse aber nicht gänzlich zerplatzten, sondern nur aufrissen. Zumeist brach die Spitze oder vordere Hälfte ab.
Im III. Korps wurden auch die Shaler-Triplett-Geschosse benutzt, die auf ein Patent vom 12. August 1862 zurückgingen. 300 000 dieser Geschosse, ›sectonal bullet‹ genannt, wurden von der U.S. Armee erworben, aber über den Erfolg ist wenig bekannt. In dem Hohlboden des Minié-Geschosses steckten zwei weitere Geschoßteile, die sich beim Verlassen der Mündung voneinander trennen sollten. Nach Meinung des Erfinders machte dieses Geschoß »einen Mann drei anderen ebenbürtig«!
Jeder Krieg bringt Horror-Geschichten von der vermeintlichen Grausamkeit des Feindes und seiner unmenschlichen Kampfesweise hervor. Zumeist erweisen sich diese Berichte gegen Kriegsende als Propaganda-Märchen mit wenig Substanz und werden vergessen. Mitunter aber halten sich diese Legenden. Die Mär von den konföderierten Giftkugeln findet sich noch in der Ausgabe des Antietam-Schlachtfeldführers von 1906. Die ›true history‹ dieser mysteriösen Kugeln:

»Diese waren lang und hatten keine Rillen, und einen Korkpfropfen im Ende, und eine tiefe Höhlung darunter, die eine giftige Schmiere oder Salbe enthielt. Diese Kugeln, so erfuhren wir von einem, der es zu wissen meint, wurden in London, England, gemacht, und anstelle der Spitze vorn in der Patrone hatten diese das Ende zuerst; dies wurde so gemacht, damit sich das Gift in der Wunde verteilen konnte. Es wurden eine große Anzahl davon in Antietam benutzt.«

Der Kenner alter Munitionsarten wird unschwer bemerkt haben, daß es sich bei diesen mysteriösen Geschossen um ganz normale Patronen aus der englischen Fertigung, Kaliber .577, handelt, die vom Süden in großen Mengen importiert wurden. Tatsächlich saß das .577 Minié-Geschoß englischer Herstellung ›verkehrt‹ in der Patrone und hatte keine Rillen für das Geschoßfett. Dies war im Hohlboden, der durch ein Ton- oder Holznäpfchen verschlossen war. Beim Schuß wurde es herausgedrückt. Die umgekehrte Packweise verhinderte, daß Pulver mit dem gefetteten Geschoßboden in Berührung kam. Nicht wenige der Kriegsteilnehmer werden die Geschichte von den konföderierten Giftkugeln gekannt und geglaubt haben, zumal sie solche Munition von Zeit zu Zeit auf dem Schlachtfeld fanden. Giftig waren diese Patronen nicht, aber diese Legende wird das ihre dazu beigetragen haben, die Atmosphäre zwischen den beiden Lagern zu vergiften . . .

Das Gewehr

»Heute hatte ich meine Muskete in Arbeit, sie scheint heut nacht. Ich habe eine der ansehnlichsten Gewehre in der ganzen Kompanie, ein guter Schaft und der Lauf ist so glänzend wie ein Dollar. Nachdem ich mein Gewehr gesäubert habe, habe ich eine Ablage gebaut und es über meiner Koje plaziert . . .«

Aus den »Letters of a Maine Soldier« von Charles Case, 23rd Massachusetts Infantry, Jahrgang 1841 (ed. Norman C. Delaney, 1959)

Der mit der Rifle-Musket ausgerüstete Infanterist war das kriegsentscheidende Element des 19. Jahrhunderts. Der Artillerie und Kavallerie kamen in den meisten Schlachten nur flankierende Rollen zu. Die ungeheuren Verluste des Bürgerkrieges wurden nicht durch Maschinenwaffen, Schrapnellfeuer oder Kampfgase verursacht, sondern durch das simple, gezogene Vorderladergewehr, das die Hauptbewaffnung beider Seiten darstellte.
Die Verluste in der Schlacht von Antietam (Sharpsburg) überstiegen bei weitem die Verlustraten irgendeines anderen Kriegstages in der gesamten amerikanischen Geschichte – 26 134 Tote, Verwundete und Vermißte. Die drei Tage von Gettysburg wiesen eine Gesamtverlustliste von über 51 000 auf. Grants konzentrischer Vormarsch auf Richmond im Mai und Juni 1864 erbrachte für die Nordstaaten über 61 000 Tote und Verwundete, aber nicht die erhoffte Eroberung der konföderierten Hauptstadt.
Nach zeitgenössischen Untersuchungen wurde der Anteil der Verletzten und Toten durch Artilleriefeuer auf maximal 20 Prozent, in vielen Fällen auf nur 5 Prozent geschätzt – und das, obwohl die Kanonen in allen größeren Treffen von Anfang bis Ende tatkräftig beteiligt waren.*
Das Minié-Gewehr war zum Zeitpunkt des Kriegsausbruchs eine relativ neue Waffe, deren fürchterliches Potential noch nicht völlig erkannt war. Das taktische Denken der Offiziere und Heerführer bewegte sich in den Kategorien der napoleonischen Kriegsführung mit ihrer ungenauen Feuerwirkung aus glattläufigen Steinschloßflinten. Die Einführung der gezogenen Perkussionsmuskete vom Kaliber .58 lag erst sechs Jahre zurück. Die kleine Berufsarmee der Vereinigten Staaten, verteilt auf die Garnisonen und Forts im We-

* Eine Fülle von aufschlußreichen Informationen hierzu ist in den Bänden der von 1880–1901 gedruckten Zusammenstellung offizieller Akten zu finden: »The War of the Rebellion, A Compilation of the Official Records of the Union and Confederate Army«, Washington, Goverment Printing Office. Vgl. u. a. O. R., Series I, Volume 21, S. 586ff.

James W. Ripley, Leiter des U.S. Ordnance Departments. Einer seiner Neffen, General Roswell Ripley, kämpfte auf seiten der Konföderation.

sten, hatte weder Gelegenheit noch Veranlassung, die Wirkung des massierten Infanteriefeuers aus den neuen Waffen zu testen. Die Staatsmilizen und Garden waren noch viel weniger in der Lage, Erfahrungen mit dem neuen Gewehr in taktische Veränderungen umzusetzen. Sie ergingen sich in Paradedrill und erfreuten sich bei Schießwettbewerben an der Treffergenauigkeit. Zumeist aber waren sie mit älteren Modellen ausgerüstet. Bei Kriegsausbruch war die Bewaffnung von Nord und Süd ein heilloses Durcheinander, das von antiquierten Steinschloßgewehren bis zu den modernsten Hinterladern reichte. Dieser Wirrwarr, der Ausbildung und Nachschub über Gebühr erschwerte, löste sich auch nicht in den folgenden Jahren auf. Zu der Vielzahl einheimischer Gewehrmodelle kamen nun noch die verschiedensten ausländischen Infanteriewaffen hinzu, die in panikartigen Einkäufen aus Europa importiert wurden. Die Nachfrage war kaum zu decken. Neue Regimenter wurden laufend aufgestellt und verlangte, von der Zentralregierung oder dem Staat Gewehre und Ausrüstung zu erhalten. Jede Schlacht und jedes Gefecht aber führte zum Verlust von Waffenmengen, die ersetzt werden mußten. Das herkömmliche Beschaffungssystem der USA, das auf den Regierungsfabriken von Harpers Ferry und Springfield basierte, reichte dazu nicht aus, zumal die Anlagen von Harpers Ferry bereits in den Anfangstagen vernichtet wurden. Es war die Stunde der Geschäftsleute, der privaten Waffenfabriken und Unternehmer, der Spekulanten und Kriegsgewinnler.
Das Resultat war eine schwer übersichtliche Typenvielfalt, die den amerikanischen Bürgerkrieg für den Sammler so interessant macht. Zahlreiche ausgediente europäische Waffen erlebten hier eine ›zweite Karriere‹, wurden modifiziert oder im Originalzustand an die Truppe ausgegeben.
Neue amerikanische Gewehrmodelle entstanden, Hinterlader und Mehrschüsser wurden entwickelt, Patente für die skurrilsten technischen Umwege tauchten auf. Einige Modelle bewährten sich, viele andere konnten keinen bleibenden Erfolg verzeichnen. Für die Waffentechnik bedeuteten die vier Jahre des amerikanischen Binnenkonflikts einen revolutionären Durchbruch. Die Erfordernisse des Krieges und die Erfahrungen an der Front warfen die Bedenken und Vorurteile der Beamten der Beschaffungsbürokratien über den Haufen. Die konservativen Vorstellungen der Generäle, die sich gegen Hinterladesysteme und Metallpatronen verschlossen hielten, wurden im Feld überstimmt – hier zählte nur noch, was Erfolg brachte.

Hinterlader und Patronenwaffen – verpaßte Chancen, versäumte Möglichkeiten

Mehr als einmal drückten Beobachter ihre Verwunderung über die verpaßten Chancen zum Bürgerkriegsbeginn aus. Wäre die konföderierte Armee bei der ersten Schlacht von Bull Run (oder Manassas, wie die Konföderierten sagten) am 21. Juli 1861 in der Lage gewesen, die Unionstruppen nach ihrer Niederlage zu verfolgen und Washington anzugreifen, wäre der Sezessionskrieg wahrscheinlich bereits an diesem Tag entschieden gewesen. Aber Jefferson Davis beharrte auf seiner defensiven Strategie, die keinen Vorstoß gegen den Norden vorsah.
Auf der anderen Seite: Hätte es das Kriegsministerium der Union besser verstanden, mit den ihm zur Verfügung stehenden Kräften hauszuhalten, die zahlreich zu den Waffen drängenden Freiwilligen gründlicher auszubilden, wäre Bull Run das Ende der Konföderation gewesen. Aber auf beiden Seiten waren die Truppen grün und unerfahren, und wie zumeist in solchen Patt-Situationen lag der Vorteil bei der sich verteidigenden Seite.
Professor Fred A. Shannon hat in seiner Untersuchung auf einen anderen Faktor hingewiesen, bei dem eine frühe Entscheidung des blutigen Konflikts versäumt wurde: Nach den Unterlagen der Official Records hatte die U.S. Regierung Ende des Jahres 1861 bereits 527 804 Mann gemustert, von denen 477 193 ›present for duty‹ gemeldet waren. Hätte die Union zu diesem Zeitpunkt eine brauchbare Hinterlade- oder Mehrladewaffe zum Standardgewehr ihrer Truppen auserkoren, so wäre ein schneller Ausgang des Bürgerkriegs ohne Zweifel sicher gewesen.

Aber die Götter im Kriegsministerium waren gegen diese ›neumodischen Spielereien‹ eingestellt: Bereits in den Jahren 1857 bis 1859 hatte der geniale George W. Morse aus South Carolina eine gasdichte Metallpatrone entworfen und eine Reihe M 1840 Springfield Musketen zu Hinterladern umgerüstet. In Harpers Ferry sollte die Morse Konversionsmuskete ausgiebig getestet und dann in Serie nachgebaut werden, um die neue Standardwaffe der U.S. Infanterie zu werden. Aber das Projekt wurde wegen mangelnder Finanzmittel eingestellt und erst nach dem Bürgerkrieg wieder berücksichtigt, als wesentliche elemente der Idee Morses in die Allin-Konversion der Springfield-Gewehre integriert wurden. Der mangelnde Enthusiasmus im Kriegsministerium reflektierte nur die damals in weiten Kreisen herrschende Antipathie hoher Militärs gegen Hinter- und Mehrlademodelle, deren geistige Mentoren vor allem der Oberkommandierende Winfield Scott und der Chef des Zeugamtes, James W. Ripley, waren.

Ein Artikel in der respektablen New York Tribune vom 2. Juni 1861 drückte diese Ansicht unter Bezugnahme auf das zeitgenössische Beispiel der Schlacht von Solferino aus, in der die Österreicher 272 Pfund Blei für jeden toten Feind benötigt hätten:

»Soldaten feuern schon jetzt im Gefecht zu schnell, und es hieße nur, dieses Übel zu vermehren, wollte man ihnen die Mittel, vier- oder fünfmal so schnell zu schießen, mit den Hinterladegewehren in die Hand geben.«

Ein anderer Bericht in dem angesehenen Journal ›Eclectic Magazine of Foreign Literature, Science and Art‹ vom August 1861, betitelt »Rifled Fire Arms« bezog sich auf das preußische Beispiel, das von Befürwortern der neuen Waffensysteme angeführt wurde:

»Wenn alles, was die Preußen von ihren Nadelgewehren sagen, wahr wäre, hätten sie das beste Gewehr der Welt; aber wir glauben, daß wir mehr in diesem Land darüber gehört hätten, wenn nicht seine Vorteile durch die schweren Nachteile aufgehoben wären.«

General Ripley, der aus seiner Ablehnung der Henry- und Spencer-Repetierer keinen Hehl machte, gab 1861 zu Protokoll, daß außer den genannten Bedenken gegen die Einführung solcher Waffen mehrere Umstände dagegen sprechen würden: Die Spiral-Magazinfeder würde im Dauergebrauch schwach werden. Die Zünder könnten im falschen Moment im Magazin explodieren und die Munitionsverteilung würde durch die Einführung noch komplexer werden. Außerdem seien die neuen Waffen zu teuer!* Die folgenden Ereignisse sollten den Leiter des Ordnance Departments und seine Argumente mehr als lächerlich machen. Nicht nur, daß am Ende durch die Kauf- und Importpolitik des Zeugamtes Zehntausende von veralteten Waffen zu überhöhten Preisen beschafft wurden, nicht nur, daß schließlich das Nachschubwesen unter einem Alptraum an verschiedenen Kalibern und Munitionssorten zu leiden hatte, auch die Gefechtsrealität gab den Befürwortern der neuen Waffen recht: Schwache Magazinfedern konnten genauso leicht ausgetauscht werden wie beschädigte Pistons an Vorderladern; die Häufigkeit der Unfälle mit Repetierern war genauso gering oder geringer wie die mit altersschwachen aptierten Importmusketen, die »so leicht waren, daß ihre Läufe beim schnellen Abfeuern von einem Dutzend Schüsse zerbarsten«, wie es Julian W. Hinkley von der 3. Wisconsin Infanterie zu berichten wußte. Dem Problem der Fehlbedienung konnte ein erfahrener Offizier, der an der Bergung der Musketen vom Gettysburger Schlachtfeld teilgenommen hatte, die dortigen Fälle von doppelt und dreifach geladenen Waffen entgegenhalten. Außerdem, so T.T.S. Laidley in einem vielbeachteten Artikel im ›United States Service Magazine‹ vom Januar 1865, gab es mehrere Beispiele, »in denen ein einzelnes Regiment mit Hinterladern und automatischer Zündkapselsetzung eine ganze Brigade aufgehalten hat, die mit der gewöhnlichen Muskete ausgerüstet war.«

Schließlich wurde nach dem Krieg mit der ›Springfield Trapdoor‹ der Truppe ein Patroneneinzellader in die Hand gegeben, der zwar billig und zuverlässig war, aber taktisch betrachtet immer noch hinter dem Potential des Repetierers zurücklag.

---

* Official Records, Series III, Vo. 1, S. 733–744

Das Standardbajonett der Infanterie war ein Tüllenmodell mit Dreikantklinge und flachem Hohlschliff auf der Oberseite, es wurde links am Gürtel in einer Lederscheide mit Messing- oder Blechbesatz geführt. Erst nach dem Krieg setzte sich die Metallscheide durch, die wesentlich widerstandsfähiger war.

Amerikanische Ordonnanzwaffen

U.S. PERCUSSION MUSKET MODEL 1842

Bereits unter dem Eindruck des drohenden Konfliktausbruchs mit Mexiko wurde mit dem Modell 1842 eine neue Perkussionsmuskete als Standardwaffe der Infanterie eingeführt, die sich – mit Ausnahme des Zündsystems – kaum von ihren steinschloßbewehrten Vorgängern (Modell 1816, Modell 1835/1840) unterschied. Wie diese hatte sie einen glatten, 42 Zoll langen Lauf mit einem Kaliber von 69/100 inch. Der Lauf wurde mit dem Nußbaumschaft durch drei Eisenbänder mit Federbändern gehalten, wobei der Vorderring von

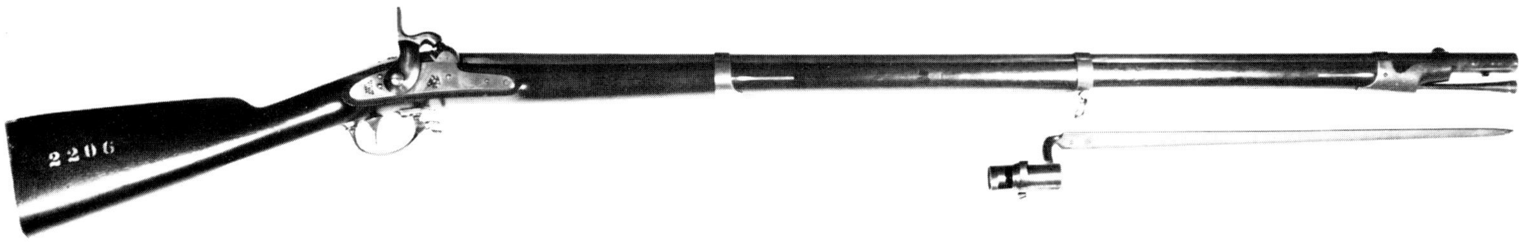

der breiten, doppelten Art mit aufgesetztem Korn ist, wie er auch an den französischen Musketen der gleichen Zeit zu finden ist.
Die Gesamtlänge der Muskete betrug 146,7 cm, das dazugehörige Dreikant-Tüllenbajonett hatte eine Klingenlänge von 18 Zoll (45,7 cm).
Rund 275 000 Gewehre dieses Modells wurden in Harpers Ferry und Springfield gefertigt, wobei die neuen Produktionsmethoden bereits dazu führten, daß alle Waffenteile austauschbar waren. Die Lieferungen erstreckten sich von 1844 bis 1855, zur gleichen Zeit wurden Lizenzaufträge an verschiedene Privatfirmen vergeben, deren Erzeugnisse geringfügig von Regierungswaffen variieren:
– Benjamin Flagg & Co, Millbury, Mass. – Diese Firma lieferte 1852 Maschinen, Werkzeuge und Prüfinstrumente an die Palmetto Armory in Southern Carolina.
– A. H. Waters & Co, Millbury, Mass. – Die M 1842-Musketen von Waters wurden mitunter auch mit Messinggarnitur ausgeliefert.
– Palmetto Armory, Columbia, S.C. – Messinggarnitur, nur 6000 Stück produziert.

Parallel zur Fertigung der Standardmuskete wurden auf der gleichen Modell-Grundlage verkürzte Variationen als Spezialbewaffnung von Teilstreitkräften gefertigt:

a) Modell 1847 Artillerie-Musketon mit einem Lauf von 26 Zoll (66 cm) und zwei Laufbändern aus Eisen, Tüllenbajonett; Herstellung Springfield Armory, 3359 Stück mit Fertigungsdaten zw. 1848–1859.
b) Marinemusketen, wie Artillerie-Ausführung, nur mit engerem Vorderband.
c) M 1847 Pioniermusketon, wie Artillerie, nur mit Daten von 1847, 1848, 1855 und 1856. Merkmal: seitliche doppelte Bajonettwarze für Schwertbajonett, sehr seltene, mitunter als Fälschung anzutreffende Waffe.
d) Kavalleriemusketon mit Messinggarnitur und angelenktem Ladestock. Sattelring auf der linken Seite mit Reitstange von 23,5 cm Länge. Einige Waffen wurden mit gezogenem Lauf und Klappenvisier ausgestattet. Gesamtfertigung rund 6500 Stück, Kennzeichnung: Springfield Armory.
e) Kadetten-Musketen M 1841 und M 1851 (Verwendung des kleineren Musketon-Schlosses, Kaliber .57 und mit nur 40 Zoll langem Lauf (101,5 cm).

Bei Kriegsbeginn rückten in Nord und Süd viele der frisch aufgestellten Regimenter mit diesen Musketen ins Feld, die nicht selten noch mit ›buck and ball‹-Patronen geladen wurden, um die Wirkung des Schusses mit der Rundkugel auf Nahdistanz durch die drei kleineren Rehposten zu verstärken. Die .69-Patrone hatte 100 grain Pulver, die ›buck'n ball‹-Ladung betrug 110 grain. Noch bei Gettysburg trugen viele Verbände solche glattläufigen Musketen, so z. B. das aus deutschen Einwanderern bestehende 27. Pennsylvania Rgt. von Oberst Buschbeck, das 5. und 9. Pennsylvania Reserveregiment, das 155. Pennsylvania Rgt. und die 9. Massachussetts, 12. New Jersey und 145. Pennsylvania Regimenter. Vier der fünf Regimenter der 2. Brigade, 1. Division des II. Armeecorps (W. S. Hancock) waren ausschließlich mit .69 glatten Musketen ausgerüstet, ebenso das 63., 69. und 88. New Yorker und das 116. Penns. Rgt. Das II. Corps war maßgeblich an der Verteidigung der als Schlüsselstellung bekannten Cemetery Ridge beteiligt und wehrte Picketts Frontalangriff ab. Nach Aussage von Oberst Potter von der 12. New Jersey benutzten viele seiner Soldaten die Zeit vor dem Angriff zur Fertigung eigener ›Spezialladungen‹ aus den gelieferten ›buck'n ball‹. Sie rissen die Patronen auf und luden eigene Schrotpatronen, indem sie zehn bis 25 Rehposten zusammenschütteten! Auch auf der konföderierten Seite waren im Sommer 1863 nicht wenige Soldaten mit den .69er Musketen bewaffnet, die zum Zeitpunkt der Teilung der Union zu Tausenden in südlichen Staatsarsenalen gelagert waren.
In Picketts Division aus Virginiern und Henry Heths Nordcaroliner-Regimentern wurden – das zeigen Schlachtfeldfunde – .69 Rundkugelpatronen und ›buck'n ball‹-Ladungen, abgepackt im Richmond Arsenal, verschossen.

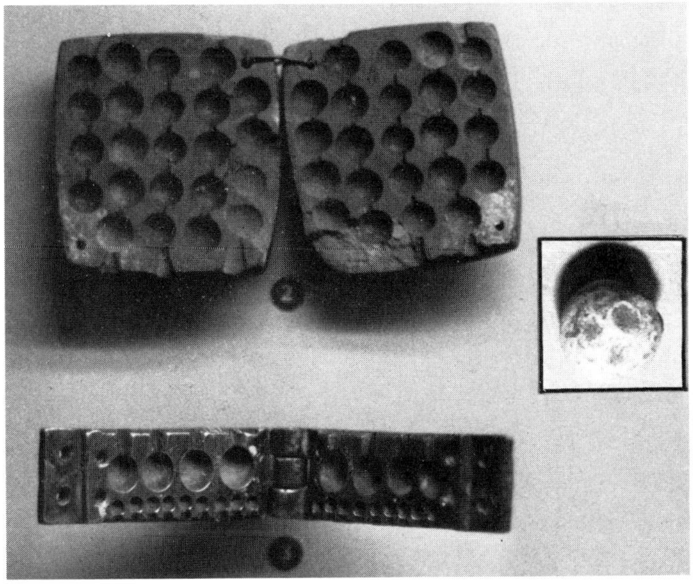

Konföderierte Gußformen zur Herstellung von Rehposten und Schrotkugeln, die von den ›Johnny Rebs‹ im Gepäck mitgeführt wurden. Das eingesetzte Bild einer .69er Kugel zeigt die Eindrücke, welche die drei Rehposten hinterlassen hatten.

In Gettysburg war auch eine weitere Variante der M 1842-Muskete vertreten, die M 1842 Rifled Musket – die gezogene Muskete. Mit den Versuchen zur Einführung der Minié-Geschosse begann man auch nach einem Weg zu suchen, die zahlreichen, fast neuen Musketen in den Arsenalen zu modernisieren. Zwischen 1856 und 1859 wurden in den Harpers Ferry- und Springfield-Arsenalen nachträglich 14 182 Musketen gezogen, zwei Drittel davon mit einem verstellbaren Visier ausgestattet. Das daraus verschossene Standardgeschoß nach Minié-Burton wog 625 grains und wurde von 50 grains Schwarzpulver getrieben. Nach Jac Wellers Versuchen (der ein 730 grain-Geschoß nach Minié mit 70 grain-Ladung benutzte) erreichte eine gezogene M 1842-Muskete auf 100 m einen Streukreis von knapp 35 cm und traf eine 400 m entfernte Mannscheibe mit drei von fünfzehn Schüssen. Die Kompanien der 15. Massachussetts, der 1. Delaware oder der 3. Division des V. Corps (G. Sykes) waren im Verhältnis zu ihren Kameraden nicht allzu schlecht bewaffnet. Das V. Corps hielt zum Teil die wichtige Flanke der Unionsposition von Gettysburg, den als ›Little Round Top‹ bekannten kleinen Hügel im Süden des Schlachtfeldes. Die überwiegende Mehrzahl der aus Pennsylvaniern bestehenden Reserveregimenter der 3. Division waren mit .69 M 1842-Musketen oder Rifled Muskets ausgerüstet.

Zahlreiche glatte Musketen vom Kaliber .69 wurden im Bürgerkrieg eingesetzt, obwohl sie älteren Ursprungs als die hier aufgeführten Modelle 1842 waren: Remington fertigte z. B. von 1855 bis 1858 neue Maynard-Schlösser im Stil des Modell 1855 an, die im Frankford Arsenal von Philadelphia auf rund 20 000 Musketen des Modells 1816 aufgesetzt wurden. Die Läufe dieser Waffen wurden gezogen, mit Klapp-Schiebervisieren versehen und in das Zündloch der ehemaligen Steinschloßwaffen wurde ein runder Sockel (drum) mit Piston eingeschraubt. Hunderttausende anderer alter Musketen wurden einfach mit normalen Perkussionshähnen ausgestattet und erhielten Pistons ein- oder aufgeschraubt. Die 1855 durch Minister Davis geförderte Mode, das separate Aufsetzen von Zündhütchen durch einen Schloßmechanismus zu ersetzen, führte außerdem zu einigen tausend M 1816- und M 1835/1840-Steinschloßgewehren, die mit anderen Zünderarten versehen waren. Dazu gehört die Butterfield-Zündpillen-Schloßplatte, die ähnlich wie später beim Sharps-Hinterlader in einer Röhre Zündplättchen unter Federdruck hielt, oder der Ward Primer-Hammer, der ein Zündband im Kopf des unförmigen Hahnes hatte. Derartige Versuche waren natürlich aufgrund ihrer Kompliziertheit und der Anfälligkeit des Mechanismus im Feldgebrauch wenig erfolgreich.

Einige Fälle sind bekannt, bei denen Freiwillige – vornehmlich im Süden – und Heimwehren an Kämpfen mit Steinschloßmusketen teilnahmen. Bei Bull Run/Manassas stürmten Südstaatler in die erste Bürgerkriegsschlacht mit alten M 1816-Steinschloßflinten, wie z. B. die ›Shenandoah Grays‹, welche später Teil der berühmten Stonewall Brigade wurden. Ähnlich schlecht sah es auf dem westlichen Kriegsschauplatz aus, wo die Soldaten Grants mit belgischen Importen, aptierten Musketen der Modelle 1816 bis 1842 und sogar mit Steinschloßgewehren aus antiquierten Arsenalbeständen versehen waren. Erst mit der Eroberung von Vicksburg im Juli 1863, wodurch die Konföderierten eine wichtige Riegelstellung verloren, besserte sich Grants Bewaffnung. Die kapitulierenden Truppen Pempertons, 31 600 Soldaten, verfügten fast über die doppelte Anzahl von Gewehren in ihren Magazinen. Darunter waren fabrikneue Enfield-Importe, die nun den Soldaten Grants zugutekamen.

U.S. RIFLE MUSKET MODEL 1855

Dies war die erste amerikanische Standardmuskete für das Minié-Burton-Geschoß, ihre Produktion lief 1857 an und 1861 aus. 47 115 Gewehre wurden in der Springfield Armory, Mass., hergestellt, 12 158 in Harpers Ferry, eine Gesamtproduktion von 59 273 Stück. Die bekannte amerikanische Waffenfirma Eli Whitney machte ein hervorragendes Geschäft, indem sie einzelne Waffenteile und Ausschuß aus Regierungsaufträgen aufkaufte und sie mit eigenen Teilen zu Kopien der Regierungsmodelle zusammensetzte. Diese Gewehre entsprachen natürlich nicht den strengen Inspektionsbedingungen der Armee, fanden aber trotzdem Käufer unter den zahlreichen Staatsmilizen und privaten paramilitärischen Schützenvereinen. Ca. 2000 ›Modell 1855‹ verließen so die Whitney Fabrik in New Haven, Connecticut, während der Jahre 1858–1863. Anstelle der üblichen Schloßplattenbeschriftung ›U.S. SPRINGFIELD‹ oder ›U.S. HARPERS FERRY‹ weisen diese Gewehre die Prägung ›E. WHITNEY, N. HAVEN‹ auf. Mit Ausnahme einiger Kleinigkeiten entsprachen Whitneys M 1855 genau den Regierungsmodellen: die Schaftsspitze hat einen Abschluß aus hartem Zinn, die Schloßschraubengegenlager sind aus Messing und entsprechen in der Form den englischen ›Lovell Cups‹.

Die originale Rifle Musket ist ein schönes, schlankes Gewehr, handlicher als die zeitgenössischen europäischen Perkussionsmusketen Frankreichs oder Deutschlands. Die Gesamtlänge betrug 142 cm (56 Zoll) bei einer Lauflänge von 101,6 cm (40 Zoll). Der dunkle Nußbaumholzschaft kontrastiert die Eisenausstattung: Schaftkappe, Abzugsbügel, Laufringe und Lauf wurden nicht brüniert, sondern glänzend poliert gelassen.
Einige Gewehre, die nach 1859 gefertigt wurden, hatten eine brünierte Patchbox im Schaft eingelassen. Bei der überwiegenden Mehrzahl der noch zu findenden Waffen fehlt dieser Teil. Der Lauf hat drei Züge und ist mit einem Rahmen-Treppenvisier versehen, ab 1858 wurde es durch ein kleineres Klappenvisier ersetzt. Ab 1859 wurde der vordere Schaftabschluß aus Messing durch ein Eisenteil ersetzt. Der Lauf ist mit V- und P-Marken versehen, die Schaftkappe auf ihrem Oberteil mit der US-Prägung. Der originale Ladestock hat eine Verbreiterung nahe dem oberen Ende, um vor dem vorderen Schaftring einzurasten. Hervorstechendes Merkmal des M 1855-Gewehres ist der bereits erwähnte ›Maynard tape primer‹, dessen Verschlußklappe mit dem Motiv des amerikanischen Adlers verziert ist.
Das dazugehörige Dreikantbajonett, markiert ›U S‹, hat eine Länge von 45,7 cm und arretiert mit seiner Tülle auf dem Laufkorn.

U.S. RIFLE MODEL 1855
Dieses Gewehr setzte die amerikanische Tradition fort, eine kürzere, leichtere Büchse für die leichte Infanterie bereitzustellen und damit an die historischen Vorläufer, die Riflemen und Freiwilligen des Unabhängigkeitskrieges anzuknüpfen. In Form und Länge ähnelt das Modell 1855 daher auch der ›Mississippi Rifle‹, dem Modell 1841, und ist gleichfalls mit einem Säbelbajonett ausgestattet. Die Rifle M 1855 wurde nur in Harpers Ferry von 1857–1861 in einer Gesamtstückzahl von 7317 gefertigt. Ausstattung und Kennzeichnung war ähnlich der Rifle Musket.
Die Büchse hat eine Gesamtlänge von 125,5 cm bei einer Lauflänge von 83,8 cm (33 Zoll). Der Lauf wird durch zwei Ringe gehalten. Die frühe Produktion bis Anfang 1859 unterschied sich merklich von der folgenden Generation: der Lauf war gebräunt, die Ausstattung in Anlehnung an die ›Mississippi Rifle‹ aus Messing. Diese Büchsen hatten noch ein Rahmen-Treppenvisier mit einer Gradation bis 500 yards. Ab 1859 wurden Laufringe, Patchbox, Schaftabschlüsse aus Eisen gefertigt und glänzend belassen. Der Lauf blieb unbrüniert. Wie bei der Rifle Musket wurde ein einfacheres Klappenvisier mit zwei Blättern ab 1858 eingeführt. Versuchsweise waren die frühen Modelle mit einem aufsetzbaren Fadenkreuz in einem Korntunnel ausgestattet, das mit einer Schraube über dem normalen Korn fixiert wurde.
Der Gebrauch eines Säbelbajonetts (oder Schwertbajonetts) für kurze Schützengewehre oder Jägerbüchsen wurde in den USA vom europäischen Vorbild inspiriert. Die seltsame, geschwungene Klingenform des amerikanischen Säbelbajonetts, das bereits für das Modell 1841 eingeführt und in stärkerer Ausführung auch bei der M 1855 Rifle beibehalten wurde, geht auf Frankreich zurück: seit dem Unabhängigkeitskrieg ist der amerikanische Militärstil weitgehend französisch beeinflußt gewesen. Seit 1830 hatten sich in Frankreich zwei leichte Truppenteile, die ›Chasseurs à Pied‹ und ›Zouaves‹ herausgebildet, welche die Phantasie der Amerikaner anregten. Das Yatagan-Bajonett , das diese französischen Infanteristen mit ihren orientalischen Gewändern führten, stand Pate zu den Säbelbajonetten der M 1842- und M 1855-Büchsen. Es hatte das

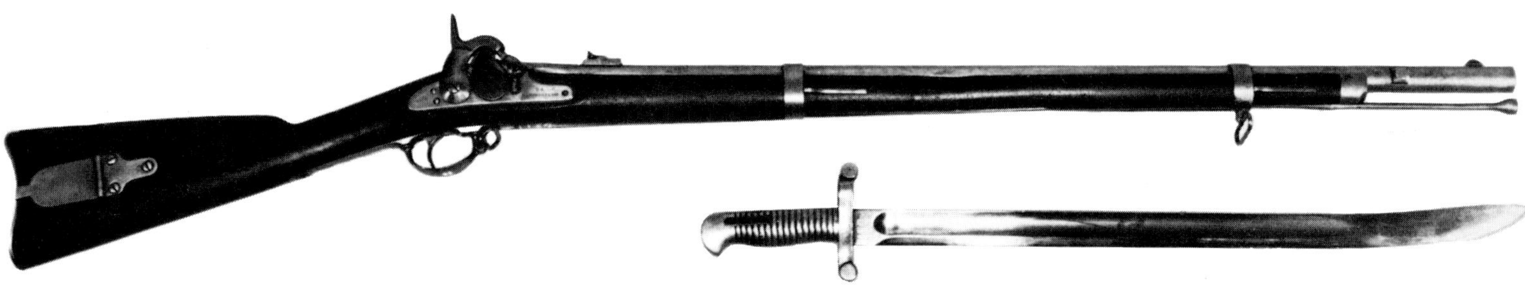

bewußt gewählte martialische ›Etwas‹, das sich auch die Milizkompanien zu geben suchten, die sich als Zouaven einkleideten. Die breite, 55 cm lange Klinge aber besaß keinen größeren Gefechtswert als die Dreikant-Tüllenbajonette der normalen Muskete. Es machte das Gewehr vorderlastig und behinderte beim Bajonettfechten mehr als es nützte – seine moralische Wirkung jedoch war unbestreitbar.

Die M 1855-Büchse, die wegen ihres Säbelbajonetts während des Krieges auch als ›Zouave Rifle‹ bezeichnet wurde, ist heute eine von Sammlern gesuchte, seltene Waffe, deren Wert weit über dem der Rifle Musket liegt. Ein Käufer sollte genau prüfen, ob die ihm angebotene Waffe tatsächlich eine Originalbüchse und nicht etwa ein gekürztes Gewehr ist. Eine genaue Bestimmung des Herstellungsjahres ist zur Verifizierung unabdingbar, um Unstimmigkeiten zu erkennen. Einzelheiten können auf Fälschungen hinweisen. So waren die Schloßplatten der mit Messinggarnitur versehenen Büchsen der Herstellungsjahre 1857–59 zu einem graubraunen Ton buntgehärtet und unter der Schaftklappe war keine ovale Ausfräsung, sondern ein Fach in der Form der Ziffer ›8‹, um das Zusatzvisier aufnehmen zu können.

Ein entsprechender Expertenstreit herrscht z. B. auch über eine kurze Version der M 1855 Rifle Musket mit zwei Laufringen und einer Lauflänge von 33 Zoll. Dieses sogenannte Artilleriemodell ist in einer bestimmten Anzahl aufgetaucht, wobei es sehr anzuzweifeln ist, ob es sich hierbei um eine offizielle Version handelt. Ein Modell 1847-Artilleriemusketon ist in den Jahren 1848–59 in Springfield gefertigt worden, hierbei handelt es sich jedoch um eine glattläufige Perkussionswaffe, Kaliber .69 mit einer Lauflänge von 26 Zoll. Ein entsprechender Regierungsauftrag, auf der Basis der Maynard-gezündeten M 1855-Waffenserie eine Musketonversion herzustellen, ist nie ergangen. Die aufgetauchten M 1855 mit einer Gesamtlänge von 125 cm könnten nachträgliche Aptierungen aus den Kriegsjahren oder neuere Fälschungen sein. Möglich ist auch, daß es sich um zusammengesetzte Gewehre aus übriggebliebenen Produktionsbeständen oder ausgeschlachteten Musketen handelt, wie sie nach 1865 von Surplusfirmen und Händlern angeboten wurden.

Viele ›Bürgerkriegswaffen‹, die heute im Handel angeboten werden, sind keine reinen Originalstücke, sondern aus Ersatzteilen nachträglich, aber modellgetreu zusammengesetzte Waffen. Noch heute bieten Firmen wie Dixie Arms, Union City, Tennessee, originale Ersatzteile aus jener Zeit an. Ein solches Kompositum liegt natürlich im Wert unter einem einschlägigen Originalstück und dem Käufer kann nur große Vorsicht anempfohlen werden.

Eine genaue Bestimmung wird auch durch den Umstand erschwert, daß nicht wenige Waffen während der vier Kriegsjahre ›schlechtere Zeiten gesehen‹ haben, zeitgenössisches (und nicht immer modellgetreue) Reparaturen erfuhren, auf Schlachtfeldern verlorengingen, beschädigt und wieder – oft auf der Gegenseite – in den Dienst gestellt wurden.

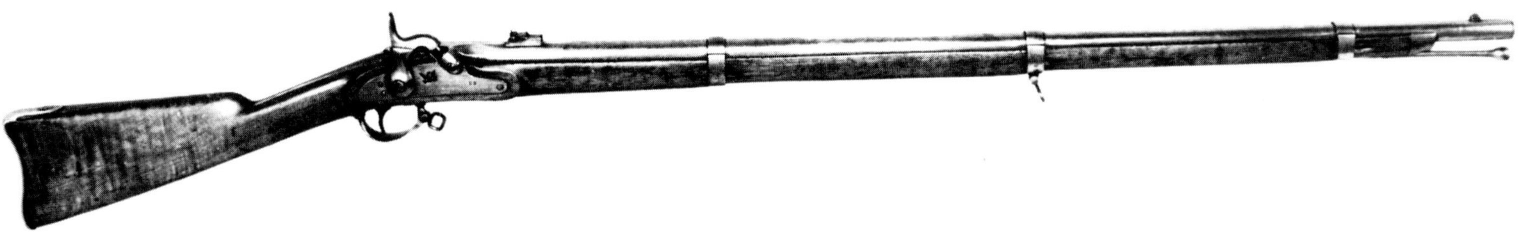

M 1861 Rifle Musket. Die hier gezeigte Waffe aus dem West Point Museum wurde modellgetreu in Suhl, Sachsen, von einem unbekannten Büchsenmacher gebaut. Als einzige Markierung trägt sie die Nummer ›8‹.

U.S. RIFLE MUSKET MODEL 1861

Eine der treibenden Kräfte, die hinter der Annahme des Maynard-Bandzünders standen, war ohne Zweifel Jefferson Davis, der als Kriegsminister von den praktischen Anwendungsmöglichkeiten des Zündbandes überzeugt war. Im Feldgebrauch erwies sich diese Zünderart als unzuverlässig. Das Zündband selbst konnte durch Feuchtigkeit oder Regen unbrauchbar werden, die Schloßplatte aber mit dem Türchen war Gegenstand ständiger Beschwerden. Es öffnete sich mit zunehmenden Gebrauch immer leichter, bis der Klappenmechanismus schließlich jeden Halt verlor. Die Deckel brachen ab, die Zündbänder fielen heraus – noch heute existieren viele M 1855-Waffen, deren Maynard-Deckel abhanden gekommen ist. 1860, wenige Jahre nach Einführung entschied man sich gegen das Bandzünder-System. Der drohende Sezessionskonflikt tat ein übriges, um den Schritt zurück zum Perkussionszündhütchen zu beschleunigen: Waren schon die Berufssoldaten der U.S. Armee mit dem Bandzünder nicht zufrieden, so konnte man von den schlecht ausgebildeten Kriegsfreiwilligen der Milizregimenter noch mehr Probleme mit Maynards Zünderrolle erwarten. Das rasch entworfene und in Auftrag gegebene neue Gewehr war daher nichts weiter als eine vereinfachte Version der M 1855 Rifle Musket.

Das Modell 1861 wurde zum Grundstock der Nordstaatenbewaffnung und zum Maßstab für Lizenzanfertigungen, Nachfolgemodelle und Importe. Rein äußerlich glich es dem Vorgänger in Kaliber, Lauf und Ausstattung. Alle Metallteile wurden unbrüniert gelassen. Der Schloßplatte fehlte die Aussparung für das Maynard-Magazin, auch das Schaftfach auf der rechten Kolbenseite entfiel. Bis Anfang 1863 verließen 265 129 Gewehre das Springfield Arsenal, auf der Schloßplatte mit der Jahreszahl und ›U.S., SPRINGFIELD‹ markiert. Das einfache Klappenvisier der späteren M 1855-Generation wurde beibehalten, und selbst der eigenwillig geformte Hahn, der über den Zubringer des Maynard-Magazins hinausreichen mußte, blieb der neuen Waffe. Man benützte einfach die alten Maschinen weiter. Auch das Bajonett des Vorläufers brauchte nicht geändert zu werden.

Bei der Truppe war ›die Springfield‹ beliebt, und die enthusiastische Beschreibung des Soldaten Case steht stellvertretend für viele Rekruten, die sich mit der acht Pfund schweren Muskete glücklich schätzten. Das glänzende Metall war gefällig und mancher Feldwebel setzte seinen ganzen Stolz daran, die Waffen seiner Truppe bis zum Hochglanz polieren zu lassen.
Im Feld hatte dieser Schönheitseffekt seine Nachteile: Das unbrünierte Metall war für den Rost empfänglicher und mancher Nordstaatler wurde durch die Spiegelung des Lichts auf seinem Lauf verraten. Südstaatenoffiziere haben später darauf hingewiesen, wie oft sie die Positionen der mit Springfield-Gewehren ausgerüsteten Feinde von weitem erkennen konnten, weil die hellen Metallteile der Waffen in der Sonne blitzten. Auch beim Zielen war das Glänzen sehr hinderlich.

REGIERUNGSAUFTRÄGE AN PRIVATFIRMEN

Die regierungseigenen Werkstätten der Springfield Armory waren natürlich nicht in der Lage, die lawinenartige Nachfrage an Gewehren zu decken, die mit den Kanonenschüssen auf Fort Sumter einsetzte. Selbst wenn die Produktionsanlagen von Harpers Ferry zur Verfügung gestanden hätten, wäre die Lage kaum besser gewesen. So aber standen die Lager- und Maschinenhallen in dem kleinen Ort am Potomac in Flammen und die Sezessionisten karrten an Waffenteilen und Maschinen nach Virginia, was sie vor dem Feuer in Sicherheit bringen konnten. Die so gewonnenen Materialien wurden zum Grundstock für die konföderierte Kopie der M 1861 Rifle Musket, die in der Richmond Armory, Virginia bis 1865 gefertigt wurden (s. C.S. Musketen).
Wie in früheren Zeiten konnte man auf die produktionsstarke Privatindustrie zurückgreifen, um der Flut von Freiwilligen Waffen in die Hände zu geben. Die Vergabe von Lizenz- und Regierungsaufträgen war jedoch nicht frei von Schwierigkeiten, Fehlleistungen und Skandalen. Mancher metallverarbeitende Betrieb, der sich vor dem Krieg mit der Herstellung von Maschinen und landwirtschaftlichen Geräten seinen Namen gemacht hatte, mußte vor den strengen Anforderungen der Regierungsinspekteure, welche die Erfüllung der Verträge und die Qualität der Ware überprüften, kapitulieren. Termine wurden nicht eingehalten, gelieferte Gewehre entsprachen nicht der Norm. Kriegsminister Simon Cameron, der mit der Wahl Lincolns das Amt von Jefferson Davis übernommen hatte, war den Ansprüchen und Schwierigkeiten seiner Aufgabe nicht gewachsen. Über die von ihm gezeichneten Lieferaufträge und Stellenbesetzungen in Armee und Verwaltung hing wie ein dunkler Schatten der Verdacht der Korruption. Er wurde Ende 1861 abgelöst und vom Präsidenten zum Botschafter an den Zarenhof nach Moskau geschickt. An seine Stelle trat Edwin M. Stanton, der als eine der ersten Amtshandlungen die Einrichtung einer Untersuchungskommission zur Sichtung des unübersichtlichen Beschaffungswirrwarrs beorderte. Der frühere Kriegsminister, Richter Joseph Holt, der Waffenhändler Robert D. Owen und Major Peter V. Hagner, U.S. Inspektor für Waffenkontrakte und Geschützwesen, arbeiteten sich in den Monaten März bis Juni 1862 durch 104 Fälle von umstrittenen Lieferaufträgen,* sichteten Zahlungsforde-

* W. B. Edwards, »Civil War Guns, Harrisburg«, 1962, hat diese Untersuchungen detailliert beschrieben.

Die Schloßpartie einer in Springfield hergestellten M 1861; deutlich zu erkennen ist das Klappenvisier mit seinen Einstellungen für 100, 300 und 500 Yards.

rungen, genehmigten neue Termine und Gelder. Die Akten reichten von Aufträgen über die Lieferung von wenigen tausend Importwaffen bis zu ganzen Geschützparks, von Säbeln bis zu Hunderttausenden fabrikneuen Springfieldmodelle. Die in Frage stehenden Summen waren acht- bis neunstellig. Stanton und seine Kommission brachten Ordnung in die Mißwirtschaft der bisherigen Beschaffungspraxis und setzten Maßstäbe, die wesentlich dazu beitrugen, daß der Norden seine Materialüberlegenheit auf dem Schlachtfeld zur Geltung bringen konnte.
Insgesamt wurden über 640 000 M 1861-Musketen auf Regierungsvertrag von Privatherstellern ausgeliefert. Zehntausende mehr wurden auf Anordnung der einzelnen Staaten für deren Freiwilligenverbände gefertigt. Die Gesamtproduktion während der Jahre 1861–65 wird auf rund eine Million geschätzt. Alle diese Gewehre entsprachen den von der U.S. Armee gesetzten Normen in Bezug auf Qualität, Maße und Toleranzen. Der Vertragspreis für eine makellose Rifle Musket nach dem M 1861-Muster, die das kritische Auge des Inspektors passiert hatte, betrug 20 US-Dollar. Kleine Fehler, z. B. im Schaftholz, in der Oberflächenverarbeitung usw. brachten eine Verringerung des von Washington gezahlten Preises. Größere Qualitätsunterschiede resultierten in einer Degradierung der betreffenden Waffe nach Klassen: Gewehre der vierten Kategorie z. B. waren in den Augen des Kriegsministers nur noch $ 16.– wert, obwohl sie durchaus noch felddiensttauglich waren.
Diese Lizenzausgaben des M 1861-Musters tragen neben der Jahreszahl der Herstellung (neben oder unter dem Namen, bzw. im hinteren Teil der Schloßplatte) den Namen des Produzenten oder den Fabrikationsort. Da es sich um Lieferungen für die Regierung der Vereinigten Staaten handelte, sind auf allen Schloßplatten außerdem ›U.S.‹ und das Wappentier, der Adler, zu finden.

›BRIDESBURG‹ (oder: ›PHILADELPHIA‹) – Firma Alfred Jenks & Son, Bridesburg und Philadelphia in Pennsylvania, in den Jahren 1861–62 insgesamt 98 464 M 1861 Gewehre, eine der größten Privatlieferungen.

›C. D. SCHUBARTH, PROVIDENCE‹ – Caspar D. Schubarth, Providence, Rhode Island. Schubarth hatte ursprünglich einen Aufrag über 30 000 Stück erlangt, konnte aber lediglich 9500 ausliefern, da es ihm an den notwendigen Produktionsmitteln fehlte. Die Einzelteile der Waffen wurden von anderen Firmen erstellt, z. B. Schlösser von Jenks, Läufe von Aston & Co., und nur in Schubarths Werkstatt zusammengesetzt. Die Schlösser datieren 1862 und 1863.

›EAGLEVILLE‹ – Eagle Manufacturing Company, Mansfield Connecticut. Von dem Auftrag über 25 000 Stück wurden nur 5500 geliefert, Datierung: 1863

›E. ROBINSON‹ – Firma von Edward Robinson, New York. 30 000 Gewehre in der Zeit von 1863–65, 12 000 wurden 1863 ausgeliefert. Robinson war zeitweise mit anderen Geschäftsleuten in der Union Firearms Company liiert, die zwar Aufträge über 65 000 Gewehre erhielt, aber höchsten 300 wirklich geliefert hat.

›JAS. D. MOWRY; NORWICH CONN.‹ – Fa. James D. Mowry in Norwich, Connecticut. Fertigungsjahre 1863–64, Stückzahl: 22 000 von einem Auftrag über 30 000, der von Stantons Kommission reduziert wurde. James Mowry ließ die Gewehre über Nebenverträge herstellen, zuerst über die Eagle Mfg. Co., später von der im gleichen Ort ansässigen Norwich Arms Gesellschaft.

›NEW YORK‹ – Eine geringe Stückzahl (5140 Gewehre) der New Yorker Firma Sarson & Roberts wurde 1862–63 mit dieser Prägung ausgeliefert. Die meisten Teile entstammen der Fertigung von Alfred Jenks & Son, Philadelphia.

›NORWICH‹ – 25 000 Gewehre wurden mit dieser Prägung von der Norwich Armories Company in Norwich, Connecticut, in den Jahren 1863–64 ausgeliefert. Die Gesamtproduktion dieser Firma aber lag weit darüber, wie Verbindungen zur Mowry und zu Schubarth zeigen. Der Geschäftsmann Albert Almy, New York, Präsident der Norwich Armories, war als Bürge, Finanzier und Geschäftsführer in den verschiedensten Waffenfirmen, u. a. auch bei der Eagle Mfg. Co. und bei James D. Mowry beteiligt.

›NORFOLK‹ – 18 000 Gewehre, gefertigt in den Jahren 1862–63 von Welch, Brown und Co., in Norfolk, Connecticut. William W. Welch fertigte Läufe in seiner eigenen Werkstatt an und besorgte die übrigen Teile über Nebenaufträge (Schlösser u. a. von C. H. Williams Co., Philadelphia). Erste Lieferungen wurden noch mit dem vollen Namen Welchs als Firmenzeichen markiert. 1864 wurde die Gesellschaft durch Zusammenschluß mit Plumb Brown und Ralph Brown gegründet.

›PARKERS, SNOW & CO‹ – Die Gesellschaft, in Meriden, Connecticut, ansässig, stellte rund 15 000 Gewehre in der Zeit von 1863–64 her, die Waffen sind mit ›1864‹ datiert. Mit ›1863‹ bezeichnete Musketen sind wahrscheinlich von James Mulholland hergestellt worden, der 1861 einen Auftrag über 50 000 Stück erhielt, am Ende jedoch nur 5502 Waffen lieferte.

›PROVIDENCE TOOL CO, PROVIDENCE, R I‹ – Mit über 70 000 ausgelieferten Gewehren war diese Firma in Rhode Island eine der wichtigsten Quellen für den Nachschub an Infanteriewaffen aus der Privatindustrie. Die Fertigung dauerte vom Dezember 1862 bis zum Mai 1865, die überwiegende Mehrzahl der von Providence Tool Company hergestellten M 1861 gehörten der Qualitätskategorie 1 an. Die Fabrik stellte ihre eigenen Werkslehren und Prüfwerkzeuge her, um der Qualität der Springfield Armories nicht nachzustehen. Nur mit ›PROVIDENCE‹ gezeichnete Waffen sind ebenfalls aus dieser Fabrik und wahrscheinlich im Nebenauftrag für C. D. Schubarth erstellt worden. Providence Tool Company setzte ihre Produktion nach Kriegsende mit den Peabody und Peabody-Martini Hinterladern fort.

›REMINGTON'S, ILION, N.Y.‹ – Eli Remington & Sons in Ilion Gulph, New York, hatte bereits vor dem Krieg Auftragsarbeiten für das Kriegsministerium erfüllt und war auch mit dem Beginn des Sezessionskrieges ›voll im Geschäft‹. Sein Revolver, der ›New Model Remington Army .44‹, stellte die gefährlichste Konkurrenz für Colt dar. Neben zahlreichen anderen Waffen, die Remington für die Armee herstellte, waren auch 40 000 M 1851-Lizenzfertigungen in den Jahren 1864–66.

›SAVAGE R.F.A. Co, MIDDLETOWN, CON.‹ – Die Savage Revolving Fireaems Company, die die Revolversysteme von Edward Savage und Simeon North vermarktete, stellte in den Jahren 1862–64 rund 25 520 M 1861 her.

›S.N. & W.T.C., FOR MASSACHUSETTS‹ – Mehrere tausend Musketen gingen als direkter Staatsauftrag von der Fa. S. Norris & W. T. Clement, Springfield, Mass., in den Jahren 1863–64 direkt an den Staat Massachusetts. Die Vermutung liegt nahe, daß es sich dabei um Waffenteile oder bei der Inspektion ausgemusterte Produkte der Springfield Armories handelte, die von der Firma unter Einbeziehung eigener bzw. aus Nebenaufträgen kommender Schlösser zu gebrauchsfähigen Gewehren zusammengesetzt wurden. Samuel Norris trat im Zusammenhang mit Lieferaufträgen u. a. der Firma James D. Mowrys auf, wo er sich erbot, Nebenaufträge zu übernehmen, um Liefertermine einzuhalten. Nach dem Krieg war er als Waffenlieferant auf internationaler Ebene tätig und handelte mit den Surplusbeständen, die nach 1865 zu Schleuderpreisen erhältlich waren.

›TRENTON‹ – James T. Hodge & A. M. Burt, Trenton Locomotive and Machine Company, Trenton, New Jersey. Nachdem diese Geschäftsleute je einen Auftrag über 50 000 Musketen im Dezember 1861 erhalten hatten, kamen sie in Lieferschwierigkeiten, weil die geplante Fabrikation über Nebenverträge und Zulieferer nicht reibungslos funktionierte. Schließlich gelangten 1863–64 noch 11 495 Musketen zur Auslieferung.

›U.A. CO., NEW YORK‹ – Ähnlich wie viele andere Geschäftsleute, glaubte Robert S. Gallaher, 1861, eine Goldgrube in der Lieferung von Gewehren an die Regierung gefunden zu haben. Die von ihm gegründete Union Arms Company in New York bestand aus kaum mehr als dem Aktienpapier. Die Firma erhielt in den hektischen ersten Kriegsmonaten Lieferaufträge über 65 000 Gewehre, konnte aber in der Zeit ihres Bestehens kaum mehr als 300 tatsächlich gelieferte M 1861 vorweisen. Am Ende erwiesen sich alle Pläne der Aktiengesellschaft, auch der eines Hinterlade-Klappenverschlusses für die Springfield-Gewehre, als eine Seifenblase, die typisch für den Sturm auf die Dollarregen-verheißenden Regierungsaufträge war. Ähnliche Luftschlösser und Schwindelfirmen waren in den Wirren der Jahre 1861 und 1862 an der Tagesordnung. Der U.S. Waffenexperte Norm Flaydermann vermutet, daß die wenigen aufgetauchten Union Arms Co.-Produkte das Resultat eines Nebenvertrages an die Firma Parker, Snow, Brooks & Co. waren.

›Wm MASON, TAUNTON‹ – William Mason, Taunton, Massachusetts. Mason hatte vor dem Krieg Baumwollmaschinen hergestellt und stellte sich angesichts des Konflikts mit dem Süden – und damit des Verlusts seiner Kundschaft – auf Waffen um. Er erhielt im Januar 1862 Verträge über 100 000 Gewehre. Die Kommission bestätigte am Ende jedoch nur einen Vertrag über 30 000, die 1862–64 geliefert wurden.

›Wm MUIR & CO, WINDSOR LOCKS, CT.‹ – Die Firma William Muirs in Connecticut stellte 30 000 Gewehre in den Jahren 1863 und 1864 her. Die Waffen kamen als Ergebnis von Zuliefererverträgen an verschiedene Firmen, u. a. Windsor Lacks von Dinslow & Chase, zustande. Auch an diesem Geschäft waren die Brüder Burt aus Trenton, N. J. und Syracuse, N. Y. als Teilhaber beteiligt.

›WATERTOWN‹ – Charles B. Hoard, Watertown, New York, hatte einen Auftrag über 50 000, den er nicht termingerecht erfüllen konnte. Der Produzent von Dampfmaschinen, der sich bei Kriegsausbruch ähnlich wie Mason seines Absatzmarktes beraubt sah, hatte zwar neue Maschinen zur Herstellung von Musketen und Waffenteilen angekauft, lieferte jedoch am Ende lediglich 12 800 M 1861 in der Zeit vom September 1863 bis August 1865.

›WHITNEYVILLE‹ oder ›E. WHITNEY‹ – Eli Whitney der Ältere (1765–1825) begann seine Karriere als Waffenmagnat mit der Erfindung einer Baumwollmühle im Jahre 1793, die wesentlich zur Entwicklung der Baumwollwirtschaft im Süden der USA beitrug. Fünf Jahre später wandte er sich der Waffentechnik zu und erhielt 1798 einen Regierungsauftrag zur Herstellung von 10 000 Steinschloßmusketen des U.S. Modell 1795 ›Charleville Pattern‹. Seine Firma, die er als privates Arsenal ›Whitneyville Armory‹ bezeichnete, war bahnbrechend auf dem Gebiet der maschinellen Produktion der verschiedensten Militärwaffen. Eli Whitney entwarf neue Apparate und Produktionsmittel, die es auch einfachen, ungelernten Arbeitern ermöglichten, Gewehre und Pistolen anzufertigen. Nach seinem Tod ging die in New Haven ansässigen Fabriken in die Treuhänderschaft zweier Neffen und ab 1842 an seinen Sohn, Eli Whitney Junior, über. Ähnlich wie bei dem bereits erwähnten Modell 1855 begann die Whitneyville Armory bei Kriegsbeginn die Anfertigung von gezogenen Musketen nach dem Muster des Springfieldmodell M 1861 aus überzähligen und ausgesonderten Teilen der staatlichen Manufaktur, eigenen Produkten und Ersatzteilen aus Importen und Zulieferungen.
Im Oktober 1863 erhielt die Firma einen Auftrag über 15 000 M 1861 für die U.S. Armee, die 1863 und 1864 ausgeliefert wurden. Diese Gewehre wurden von Inspektoren abgenommen (Initialen JHG, FCW, HW, W). Zur gleichen Zeit produzierte er für die U.S. Navy die ›Plymouth‹ oder M 1861 U.S. Navy Percussion Rifle‹, welche von Kapitän John A. Dahlgren entworfen wurde. Hierbei handelte es sich um eine gezogene Zweiband-Muskete, Kaliber .69, die dem französischen Jägerkarabiner nachempfunden war. Wie beim europäischen Vorbild war diese Büchse mit einem langen

Rahmenvisier (Gradation bis 1000 Yards) versehen. Der rund 86 cm lange Lauf hatte eine seitliche Bajonettaufpflanzung für ein schweres, bowiemesserähnliches Seitengewehr. Die Hahn- und Schloßform entsprach der Rifle Musket M 1861.
Ferner produzierte Eli Whitney Jr. in den Jahren 1861–1863 insgesamt 14 000 M 1861 Infanteriegewehre für den Staat Connecticut, wobei neben Läufen der Colt Firearms Company auch englische Lieferungen mit sieben Zügen benutzt wurden. Whitney ist auch der Hersteller jener mit einem gothischen ›MANTON‹ gezeichneten M 1861-Gewehre, die in einer Anzahl von ca. 1350 Stück mit dem Namen der bekannten englischen Büchsenmacherfirma versehen und über Zwischenhändler verkauft wurden. Auch bei diesen Musketen wurden neben amerikanischen Teilen britische Importläufe benutzt, was lange Zeit Grund für die Vermutung war, bei den Manton-Exemplaren handele es sich um eine bisher unbekannte englische Lieferung.

›COLT PATTERN‹ ODER ›SPECIAL MODEL 1861‹

Eine Variation des regulären Modells wurde während der Kriegsjahre von drei Firmen mit einer Gesamtstückzahl von über 152 000 ausgeliefert. Dieses Muster ähnelte äußerlich in Form und Maßen dem normalen Gewehr, hatte aber einige ökonomische Variationen: Die Laufringe wurden mit Schrauben anstatt der Federbänder gehalten, die seitliche Reinigungsschraube unter dem Perkussionskonus fehlte – an dieser Stelle war der Wappen-Adler aufgeprägt. Der Ladestock hat keine Verdickung im letzten Drittel, sondern wird in seiner Mortise durch ein Federband gehalten. Wesentliches Erkennungsmerkmal der Colt Pattern-Muskete ist die Form des Hahnes, die deutlich als von der Enfield P 1853 kopiert erkennbar ist. Auch bei der Laufring- und Ladestockhalterung hatte man sich an das wirtschaftlichere englische Verfahren angelehnt.
Diese Version ist außer von Colt (Schloßprägung: ›COLTS Pt F. A. Mfg. Co.‹) von der Amoskeag Manufacturing Co. in Manchester, New Hampshire, geliefert worden. 27 001 Gewehre trugen die Prägung ›AMOSKEAG M Co, MANCHESTER, N. H.‹). Weitere 50 000 wurden 1862–1864 von der Firma Lamson, Goodnow & Yale Co. in Winsor – Vt., hergestellt (›L. G. & Y. WINDSOR – Vt.‹).

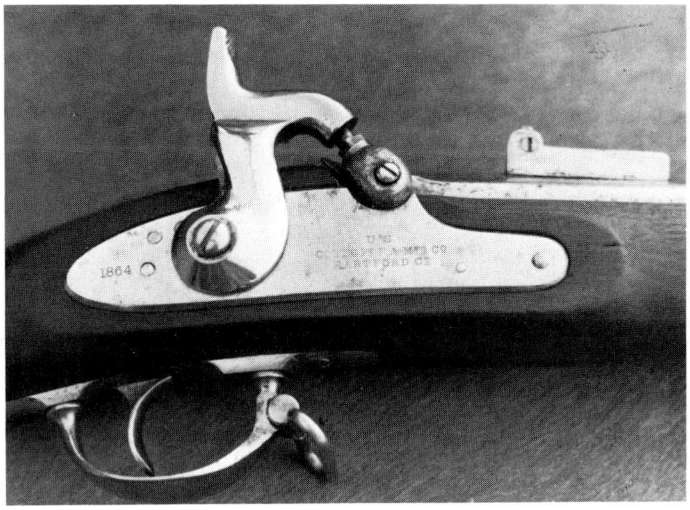

Die Schloßplatte einer 1864 bei Colt hergestellten Rifle Musket des Spezialmodells 1861. Die Hahnform erinnert sehr an die der Enfield-Musketen jener Zeit.

U.S. RIFLE MUSKET M 1863, M 1864

Die im Colt Pattern eingeführten Modelländerungen waren zeit- und geldsparende Kleinigkeiten, die auch bei der fortlaufenden Kriegsproduktion des Springfield Regierungsarsenals integriert werden konnte. Das Modell 1863 war die Folge. Die schraubengehaltenen ovalen Laufringe und die neue Hahnform sind die hervorstechenden Merkmale dieser Waffe, von der 273 265 Exemplare produziert wurden. Im darauffolgenden Jahr führte man die Bandfedern für die Laufringe wieder ein, veränderte etwas die Form des Ladestockkopfes und reduzierte das Klappenvisier auf ein Blatt. Diese letzte amerikanische Vorderladerwaffe wurde noch bis zum Kriegsende mit einer Gesamtzahl von 255 040 hergestellt. Es waren diese Waffen, die nach Kriegsende zur Konversion als Hinterlader herangezogen wurden: Springfields Chefkonstrukteur Erskine S. Allin begann bereits 1865 mit einem einfachen Klappenmechanismus (›trapdoor‹) den Umbau der Vorderladergewehre zu einer patronenladenden Randfeuerwaffe, die ein Jahr später die Basis für die U.S. Standardinfanteriebewaffnung werden sollte.

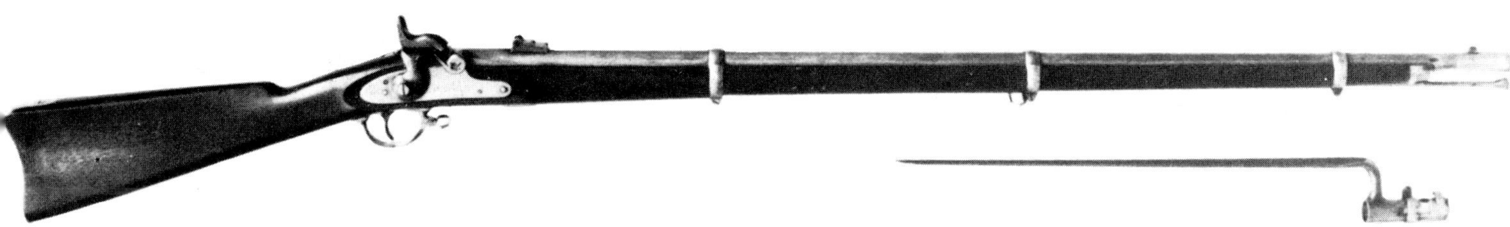

Die klassische Springfieldmuskete war das Modell 1863 und 1864.

U.S. PERCUSSION RIFLE MODEL 1841

Diese Büchse, die als ›Mississippi-Rifle‹ im Mexikanisch-Amerikanischen Krieg Berühmtheit erlangte, wurde als Modell 1841 für die Bewaffnung der leichten Infanterie entworfen. Freiwillige aus den Milizen und Schützenverbänden sollten nach dem Vorbild der ›Minutemen‹ des amerikanischen Unabhängigkeitskampfes in Kriegszeiten die Ränge der kleinen regulären Armee der USA auffüllen. Daher war das Modell 1841 weniger als Waffe für die reguläre Armee, sondern für die Miliztruppen gedacht. Dies erklärt auch das Fehlen eines Bajonetts, da die Büchsenschützen als Plänkler und HARPERS FERRY‹, wo in den Jahren 1846–1855 25 296 Büchsen das Werk verließen. Ob diese Waffe auch in Springfield gefertigt wurde, bleibt umstritten – genaue Unterlagen wurden nicht gefunden. Entsprechend markierte Waffen sind zwar aufgetaucht, und Todd spricht von 3200 im Jahr 1849*, aber die Echtheit solcher Stücke bleibt angezweifelt. Über 50 000 Gewehre jedoch wurden von Privatfirmen in Staats- und Regierungsauftrag hergestellt.

* Todd, Frederick P. u. a. »American Military Equipage, 1851–1872«, New York, 1980, S. 118

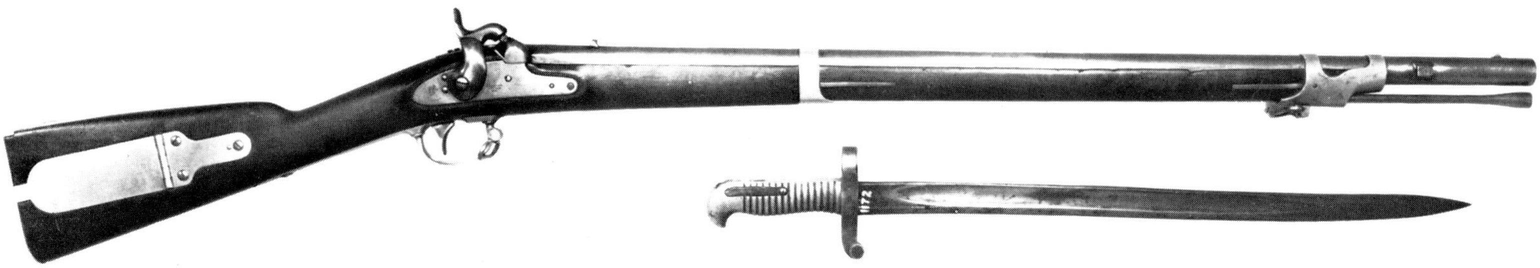

Diese M 1841-Büchse erhielt zwar eine nachträglich angebrachte Warze zum Aufpflanzen des Säbelbajonetts, behielt aber das einfache Standvisier.

Vorhut eingesetzt wurden und nicht als entscheidungsbringende Infanteriekolonne. Aufgrund seines Verwendungszweckes wurde dieses Gewehr größtenteils in den Arsenalen der Staaten aufbewahrt, und man griff in Nord und Süd natürlich sofort auf die Mississippi-Rifle zurück, als es galt, die zu den Fahnen strömenden Freiwilligen zu bewaffnen.

Im Gegensatz zur regulären Muskete M 1842 hatte die Büchse einen 33-Zoll-Lauf (84 cm) mit sieben Zügen und dem kleineren Kaliber .54/100 inch. Die Waffe wurde mit Rundkugel und Pflaster geschossen und erreichte mit ihren Standvisier auf eine Entfernung von 100 Meter einen durchschnittlichen Streukreis von 25 cm. Taktisch einsetzbar war sie mit diesem Projektil bis 200 m, auf 300 m trafen nur noch 25 Prozent der Schüsse eine Mannscheibe von 2 × 4 Fuß. Während des Bürgerkrieges wurden die M 1841 mit Minie-Geschossen Kaliber .54 geschossen, die auch in den österreichischen Importwaffen zur Verwendung kamen. Dergestalt wurde zwar auch nur ein Streukreis von rund 25 cm auf 100 m erzielt, aber Mannscheiben ließen sich mit guter Regelmäßigkeit bis 350 m treffen. Die Büchse war auch äußerlich gefällig, handlich und bei den Soldaten beider Seiten beliebt.

Ab Werk war die Mississippi mit gebräuntem Lauf, buntgehärtetem Schloß und Messinggarnitur versehen. Ein großes Kolbenfach mit poliertem Messingdeckel nahm Werkzeug und Schußpflaster auf. Die Gesamtlänge der Waffe betrug 124 cm, für den Lauf war kein Bajonett vorgesehen. Das Schloß trug den Wappenadler, die Jahreszahl und die Herstellermarke der Regierungsfabrik ›U.S.

›REMINGTON'S HERKIMER N.Y.‹ – Auftrag über 20 000 M 1841 in den Jahren 1846–55. Prägung sonst wie üblich mit Adler, Jahreszahl und U.S.

›ROBBINS KENDALL & LAWRENCE, WINDSOR VT‹ – In den Jahren 1845–1848 lieferte diese Vermonter Firma 10 000 Gewehre aus, nach 1848 entfiel mit dem Ausscheiden des Geschäftspartners Kendall dieser Name aus der Herstellerinschrift der Schloßplatte. Von 1843 bis 1853 wurden weitere 15 000 Büchsen hergestellt.

›TRYON, PHILADa PA‹ – In der Zeit von 1846–48 fertigte George W. Tryon in Philadelphia ca. 5000 Lizenzwaffen an.

›PALMETTO ARMORY S.C., COLUMBIA S.C. 1852‹ – 1853 erfolgte die Lieferung von 1000 Büchsen an den Staat von South Carolina. Der Lauf trägt diese Jahreszahl, das Wahrzeichen des Staates, den ›Palmetto‹-Baum, eine stilisierte Palme und den Herstellernamen ›Wm GLAZE & CO‹. Diese und andere Waffenmodelle sind bereits als gefälschte Palmetto-Versionen aufgetaucht, wobei eine reguläre Muskete oder Büchse nachträglich mit dem Palmenzeichen versehen wurde, um unbedarfte Käufer diese gesuchten Sammlerstücke zu vierstelligen Dollarpreisen anzudrehen. Ähnlich ist vor Tryon-Büchsen zu warnen, die vor einigen Jahren mit der kreisrunden Aufstempelung ›REPUBLIC OF TEXAS‹ mit Stern aufgetaucht sind und selbst Eingang in die berühmte Fuller-Sammlung* gefunden haben. Die Echtheit einer solchen, für Texas vor oder nach dem mexikanischen Krieg hergestellten Waffe ist umstritten und unterliegt berechtigten Zweifeln.

Eli Whitney der Jüngere lieferte zwischen 1842 und 1854 22 500 Lizenzbüchsen im Rahmen von vier verschiedenen Aufträgen. Die Waffen sind mit Jahreszahlen von 1844 bis 1854 datiert; die gleiche Zahl findet sich auf dem Lauf, der (wie die meisten M 1841 Büchsen) mit ›STEEL‹ und ›V P‹ gezeichnet ist. Schloßprägung: ›E WHITNEY, N HAVEN‹.

In den Jahren nach dem mexikanischen Krieg durchliefen die Mississippi-Gewehre zum Teil verschiedene Veränderungen. Die Notwendigkeit eines aufpflanzbaren Seitengewehrs wurde auch für Schützen und leichte Infanterie erkannt. In drei unterschiedlichen Adaptionen wurden eine große Anzahl M 1841 nachträglich verändert: Gegen 1855 wurden 1646 Snell Patentbajonette in Harpers Ferry hergestellt, die entsprechende Abänderung am Gewehr bestand in zwei acht Millimeter tiefen Ausfräsungen an der rechten Mündungsseite des Laufes. Nach 1855 wurden dort etwas mehr als 10 200 Säbelbajonette nach französischem Vorbild gefertigt. Rechts am Lauf wurde ein kurzer Aufpflanzstutzen eingefräst und festgelötet, der Vorderschaft wurde um wenige Zentimenter gekürzt und ein kürzeres Vorderband aufgesetzt.

Nach 1859 ging man zur dritten Form über, wobei ein Dreikant-Tüllenbajonett auf das etwas abgedrehte Mündungsstück des Laufes aufgesetzt wurde. Zur Arretierung wurde entweder das Korn durch ein größeres, als Bajonettwarze dienendes Stahlkorn ersetzt oder ein solches Stahlstück unterhalb des Laufes angelötet.

Mit der Einführung des Minié-Burton Geschosses in die U.S. Streitkräfte war man natürlich interessiert, die in den Arsenalen lagernden Bestände auf diese neue Munition zu aptieren. In den Jahren 1855–60 wurden fast neuntausend Büchsen auf das größere .58-Kaliber aufgebohrt und mit neuen Ladestöcken versehen, die eine große Mulde für die Minié-Geschoßspitze hatten. 1861 unternahm die Fa. Colt im Auftrag des Kriegsministeriums eine ähnliche Adaption bei über 5000 M 1841 auf das Kaliber .58, wobei eine seitliche Aufpflanzvorrichtung angebracht wurde. Diese Waffen erhielten das Klappenvisier der Colt-Gewehre. Die arsenalaptierten M 1841 wurden mit dem neuen Rahmen-Treppenvisier der M 1855 Rifle Musket für das größere Kaliber ausgestattet. Andere M 1841 wurden mit einem klappbaren Rahmenvisier ausgerüstet, das mit einem Visierschieber bis 1000 yards verstellbar war. Diese Adaption brachte der Mississippi die in einigen zeitgenössischen Berichten auftauchende Bezeichnung als ›long range rifle‹.

* Diese Sammlung von Claud und Zenada Fuller wird seit 1954 im Museum des U.S. National Parks von Chickamauga u. Chattanooga gezeigt.

U.S. DOUBLE RIFLE MUSKET M 1863

Eine der eigentümlichsten erfinderischen Umwege in der Waffentechnik wurde von dem New Yorker John P. Lindsay zu einem Zeitpunkt begangen, da Hinterlade- und Repetiergewehre bereits zum alltäglichen Leben gehörten. Lindsay hatte sein Konzept, zwei Ladungen aus einer Kammer abzuschießen, bereits bei Revolvern versucht und mäßigen Erfolg erzielt. Er verbesserte das Patent eines John Walch, dessen Revolver mit zwei Hämmern und zwei Abzügen 12 Schüsse aus sechs Kammern abgab. Lindsays Walch-Revolver hatten nur noch einen Abzug, dafür aber das Kaliber .31 und nur zehn Kammern und wurde von einigen Nordstaatlern auch im Bürgerkrieg benutzt. Welche taktische Wirkung das anämische

Das Doppelhahnschloß der M 1863 Muskete, die sonst in Länge und Ausstattung des üblichen Standardgewehrs entsprach.

Kleinkaliber gehabt hat, sei dahingestellt. Lindsay glaubte das Potential einer zweifach geladenen Musket Rifle zu erkennen und ließ sich seine Erfindung eines leichten Innenschlosses für zwei Hämmer im Oktober 1860 patentieren.

Seine Musket Rifle hatte die äußerliche Form der 1861 Colt Pattern mit der Ausnahme des fehlenden Schloßbleches und des auffälligen Doppelhahnes. Die Waffe wurde regulär über die Mündung geladen, eine Ladung hinter der anderen, wobei das Geschoß der zuerst geladenen Patrone als Dichtung vor der zweiten Ladung sitzen sollte, die zuerst gezündet wurde. In den Worten der Patentschrift: »Das Feuer kann nicht auf die hintere Ladung übergreifen, wenn die Rillen im Geschoß richtig mit Fett gefüllt sind und die Kugeln ›richtig runter gerammt‹ sind.« Zwei separate Zündkanäle und zwei Zündhütchen sollten die korrekt funktionierende Funkenübertragung auf die Ladungen versorgen. Die Waffe hatte das Standardkaliber .58 und der Erfinder betonte, daß »immer die reguläre Springfield Papierpatrone« benutzt werden mußte.

Das Erstaunlichste an diesem Gewehr ist die Tatsache, daß die Götter im Kriegsministerium durchaus von der Idee des Doppelgewehres soweit angetan waren, daß sie einen ersten Auftrag über 1000 Waffen an Lindsay erteilten – und die ›Double Musket‹ zur U.S. Ordonnanzwaffe Modell 1863 machten! Im Feld erwies sich die doppelt zündende Idee des John P. Lindsay als wenig erfolgreich: Lediglich im Herbst 1864, u. a. in der Schlacht bei Peeble's Farm, Virginia (2. 9. 64), benutzte die 16th Michigan Infantry dieses Gewehr – jedoch ohne durchschlagenden Erfolg. Zündversager und Doppelzündungen waren an der Tagesordnung, weil sich unter den hektischen Umständen des Gefechtsfeldes die Lindsay Doppelmuskete nicht mit jener Akribie laden ließ, wie das bei den Schießversuchen der Armee in West Point geschehen war.

Relativ wenige Waffen dieser Art sind erhalten geblieben, und das Lindsay Gewehr gehört zu den gesuchtesten U.S. Gewehren, mit entsprechender Auswirkung auf den eventuellen Preis. Das Gewehr hat als Markierung auf dem Lauf die Inschrift ›LINDSAY PATENT'D OCT. 9. 1860‹, die Inspektorenmarke ›ADK‹ und ›US‹ auf der Schaftkappe.

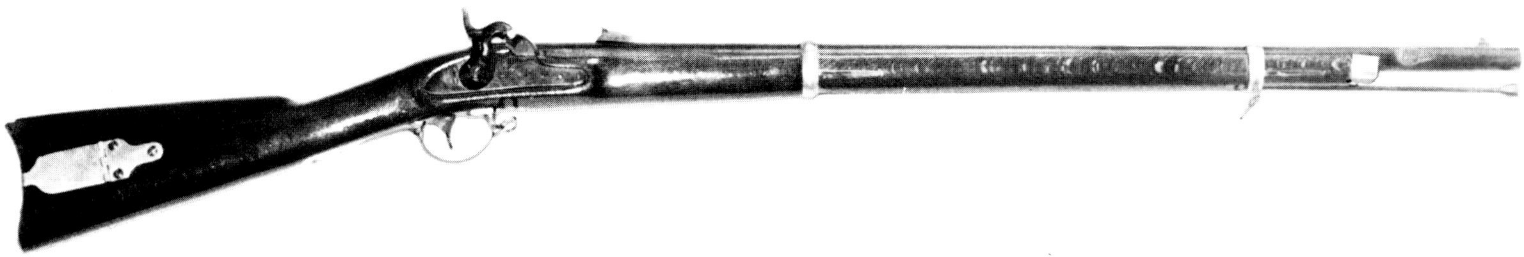

Die ›Remington Zouave‹ ist bei uns hauptsächlich durch die Replika dieses Namens bekannt, die dem Original täuschend ähnlich sieht. Einige der originalen Remington M 1863 sind mit glatten Läufen aufgetaucht: Das Ausreiben der gezogenen Läufe geschah nach dem Krieg in Belgien, um sie als Jagdwaffen verkaufen zu können.

U.S. RIFLE MODEL 1863

Dieses Gewehr, als ›Remington's Zouave Rifle‹ bekannt, war das Endresultat eines besonderen Lieferauftrages General Ripleys an die Firma über 10 000 Büchsen nach dem Vorbild der Harpers Ferry M 1855, datiert vom 30. Juli 1861. Was dem alten Ripley offensichtlich vorschwebte, war ein kurzes Schützengewehr in der Art der M 1841 ›Mississippi‹ mit Bajonett und dem Kaliber .58. Tatsächlich hat Remingtons Gewehr, das als Modell 1863 eingeführt wurde, erstaunliche Ähnlichkeit mit der beliebten Mississippi-Büchse: Messinggarnitur, Kolbenfach, buntgehärtetes Schloß, brünierter Lauf, eine Länge von 124.5 cm und einen Lauf von 33 Zoll. Die Schloßform und der Hahn gleichen der des M 1841 Gewehres.

Die Platte trägt die Prägung ›REMINGTON'S ILION, N.Y.‹ neben ›U.S.‹, der Jahreszahl 1863 und dem Adler. 12 501 Gewehre wurden bis zum Kriegsende ausgeliefert, aber allem Anschein nach nie an die Truppe ausgegeben. Die Büchsen sind nach dem Krieg von Firmen wie Bannerman verkauft worden, wobei eine nicht geringe Stückzahl als Flinten ausgebohrt, gekürzt oder anderweitig verändert wurden. Die noch im Originalzustand erhaltenen M 1863 sind ausnahmslos im Bestzustand und tragen keinerlei Gebrauchsspuren, was die Vermutung erhärtet, daß diese Remingtonprodukte im Krieg nicht zum Einsatz kamen. Nur dem Umstand, daß die Waffe in den sechziger Jahren als italienische Replika auf den Markt kam, ist ihr hoher Bekanntheitsgrad zu verdanken.

Als interessante Eigenheit ist zu vermerken, daß die Remington Rifle M 1863 mit verschiedenen Läufen auftaucht – drei, fünf oder sieben Züge!

GREENE'S 1857 PATENT BREECH-LOADING RIFLE

Spätestens seit 1848 war außerhalb Deutschlands bekannt, daß die Preußen für ihre Armee einen Hinterlader entwickelt hatten, der einen Zylinderverschluß besaß. Wenige Jahre später konnte man das Dreyse-Zündnadelgewehr sogar in New York kaufen, aber der revolutionäre Durchbruch, den dieses System für die Kriegsführung darstellte, blieb den Zeitgenossen verborgen. Die USA besaß mit 2000 Waffen dieser Art bei der Massachusetts Arms Co. in Chicopee Falls in Auftrag gegeben hatte. So war Oberstleutnant Greene kein Unbekannter und sein eigenwilliges Hinterladegewehr wurde auf Versuchsbasis als Ordonnanzwaffe eingeführt. Von den insgesamt 4000 gefertigten Gewehren kaufte die Regierung bei Kriegsausbruch rund 900 an. Hersteller war A. H. Waters Armory, Millbury, Mass.

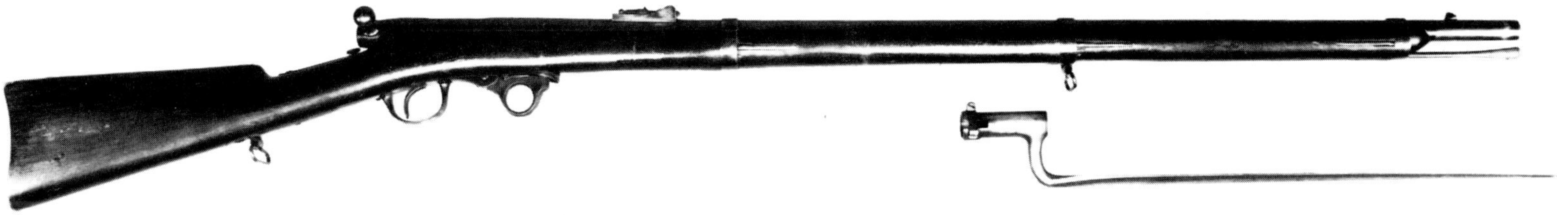

dem Hall-Hinterlader ein mehr schlecht als recht funktionierendes Ordonnanzgewehr, aber die Entscheidungskräfte in Armeeführung und Kriegsministerium waren in der Mehrzahl gegen eine Standardbewaffnung mit Hinterladern eingestellt – zum einen traute man der mechanischen Zuverlässigkeit der angebotenen Systeme nicht, zum andern war man der Überzeugung, daß ein Hinterlader zu hoher Munitionsvergeudung seitens der Truppe führen würde. Der Soldat würde nicht mehr zielen, sondern nur noch in den blauen Dunst schießen – und überhaupt! Schlachten wurden nicht durch das Infanteriefeuer, sondern den Bajonettangriff entschieden, oder?

Vor dem Hintergrund dieser verbreiteten Geisteshaltung war es erstaunlich, daß Oberstleutnant James Durrel Greene mit seinem am 17. November 1857 patentierten Hinterlader überhaupt Gehör fand. Greene hatte bereits 1855 mit einem Hinterladekarabiner Aufsehen erregt, der zwei Jahre später in amerikanischen Armeeversuchen getestet wurde, nachdem eine britische Kommission

In Form, Länge und Montierung glich Greenes Gewehr den Standardperkussionsmusketen seiner Zeit. Der 35 Zoll lange Lauf hatte jedoch nur ein Kaliber von .535 inch und war mit den ovalen Zügen nach dem Vorbild des britischen Büchsenmachers Charles Lancaster, London, versehen. Anstelle des üblichen Seitenschlosses wurde die Ladung mit einem sonst nur bei Sportwaffen üblichen Unterhammer-Mechanismus gezündet, der vor dem Abzugsbügel sitzt. Das Eigentümlichste aber war Greenes Zylinderverschluß. Der seitliche Kammerstengel war seiner Zeit weit voraus und Greene versuchte dem Problem der Gasdichtung mit einem Umweg beizukommen – die Papierpatrone hatte das Geschoß ›hinten‹. Für den ersten Schuß wurde das Gewehr mit einem losen Ovalgeschoß geladen, dann wurde die Patrone eingesetzt und das Zündhütchen plaziert. Beim Schuß sollte das hintere Geschoß, von den Pulvergasen gegen den Stoßboden des Zylinderverschlusses gedrückt, für die Gasabdichtung sorgen. beim Laden der nächsten Patrone wurde dann dieses Geschoß nach vorne geschoben und verschossen!

COLT M 1855 MILITARY RIFLE

Samuel Colt, Revolverhersteller und Geschäftsmann aus Connecticut, war der erste Privatunternehmer, der vom U.S. Zeugamt einen Lieferauftrag über Infanteriegewehre bekam. Am 5. Juli 1861 erging die Bestellung von 25 000 M 1855 für den Preis von $ 20.– je Stück. Während in Hartford die Maschinen aufgebaut und der Produktionsprozeß vorbereitet wurde, schickte Samuel Colt seine Mitarbeiter nach England, um Waffenteile für Milizmusketen und fertige Enfield Pattern 1853 zu Tausenden anzukaufen, die er der U.S. Regierung anbieten konnte. Colt hatte seit Mitte der fünfziger Jahre in Großbritannien Analysen über die maschinelle Serienproduktion der Enfield erstellt und seine eigenen Erfahrungen einfließen lassen. Die dabei gemachten technischen Rückschlüsse ließen ihn neue, zeit- und geldsparende Wege zur Fertigung der Regierungswaffen finden. Colts Modell, 1861 Special Contract, war das Ergebnis dieser Überlegungen, und über 110 000 verließen in den vier Kriegsjahren die Fabrik in Hartford.

> *»Unsere Colt-Gewehre waren recht gute Waffen in geschulten Händen, nur ihre Konstruktion war ein bißchen zu kompliziert, und es war schwer für einen Soldaten im Felde, sie in gutem Zustand zu halten, besonders wenn es regnete.«*
>
> Rudolf Aschmann, Hauptmann, A Kompany,
> 1st U.S. Sharpshooters

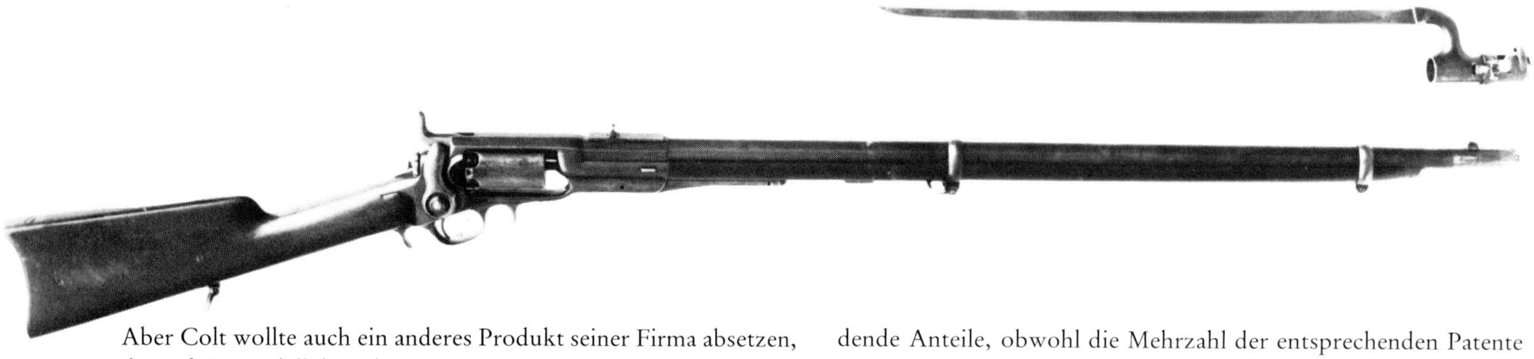

Aber Colt wollte auch ein anderes Produkt seiner Firma absetzen, das auf ein Modell des Jahre 1855 zurückging. Die ersten Revolver nach dem Colt-Prinzip wurden 1831 von Anson Chase herausgegeben, 1836 wurden bereits die ersten Paterson-Revolvergewehre hergestellt. Colt versuchte weiter, sein Revolverprinzip auch auf ein mehrschüssiges Gewehr anzuwenden, mit geringem Erfolg. Zwar wurden seine Revolver im Amerikanisch-Mexikanischen Krieg zu einer wichtigen taktischen Waffe, aber die Armee vertraute den entsprechend gebauten Revolvergewehren nicht. Zu viele Teile, zu störanfällig, zu kompliziert, hießen die gängigen Argumente der Herren im Kriegsministerium, allen voran Zeugamtsleiter General James Ripley, dessen Ablehnung technischer Neuheiten, besonders der Mehr- und Hinterlader, fast krankhaft war. Für Feldversuche und Schießtests wurde vor dem Krieg lediglich eine geringe Anzahl von Waffen seitens der Armee angekauft. Auf dem zivilen Markt aber erfreuten sich die Colt-Produkte steigender Beliebtheit, und auch manche ›Colt Full Stock Sporting Rifle‹ wurde von zahlungskräftigen Farmern und Plantagenbesitzern im Süden erworben. Erst der Krieg verschaffte Colt und seiner als Modell 1855 bezeichneten Militärgewehrversion eine gewisse Anerkennung, auch war das System über die Jahre hinweg verbessert worden. An dieser Verfeinerung des Colt-Prinzips hatte der Chefingenieur und spätere Direktor der Firma* Elisha King Root, entscheidende Anteile, obwohl die Mehrzahl der entsprechenden Patente auf den Namen Samuel Colt liefen.

* nach dem Tode Colts am 10. 1. 1862 übernahm Root die Leitung

Zwar war Ripley immer noch gegen den ›neumodischen Kram‹ eingestellt, von dem er meinte, daß die Soldaten damit nur ihre Munition vergeuden würden, aber die Sachzwänge der Waffenknappheit des ersten Kriegsjahres waren stärker als sein Widerstand. Milizregimenter kauften Colts Revolvergewehre, die in allen möglichen Lauflängen, mit Tüllen- oder Säbelbajonett angeboten wurden. Es gab Musketen oder Büchsen im Kaliber .56 (fünf Kammern) oder .44 (achtschüssig) mit Lauflängen von 21, 24, 27 und 31 Zoll, aber auch ›Zwischengrößen‹ wie 31 3/16 Zoll (79,2 cm), 79,5 cm oder 37,5 Zoll.

In ähnlicher Weise wurden auch Karabiner ohne Vorderschaft in den Kalibern .44 und .36 mit Lauflängen von 18 und 21 Zoll Länge und Artilleriemusketons mit Vorderschaft, zwei Ringen, 24 Zoll Lauf und einem Kaliber von .56 inch herausgegeben. Von den Gewehren wurden insgesamt 9310 Stück, von den Karabinern 4435 in den Jahren 1856 bis 1864 hergestellt. Einige Verbände waren zeitweise vollständig mit Colt-Revolvergewehren ausgestattet.

Obwohl sie eigentlich Sharps-Hinterlader haben wollten, bekamen das erste und zweite Regiment der U.S. Sharpshooters*, die auf

* Der Verfasser hat das Berdan-Corps eingehender in der Motorbuchverlags-Publikation »Jäger und Gejagte, die Geschichte der Scharfschützen« beschrieben.

Schloßpartie des M 1855, hier eine Karabinerversion Kaliber .44 ohne Vorderschaft. Der seitliche Hammer ging auf einen Entwurf Elisha K. Roots zurück. Die Waffen sind daher auch als Colt-Root-Modelle bekannt.

Initiative von Hiram Berdan gegründet wurden, bei ihrem ersten Ausmarsch ins Feld nur Colt M 1855 ›Army Pattern‹ mit einer Lauflänge von 79,5 cm und dem Kaliber .56. Der Stückpreis dieser Waffen betrug $ 45.–, das Doppelte einer Springfield. Die Truppe selbst war damit kaum zufrieden, man hatte ihnen Sharpsgewehre versprochen und sie wollten sie haben. Versuche des Kriegsministeriums, sie mit normalen Infanteriegewehren abzuspeisen, waren bisher am entscheidenden Widerstand der Mannschaften gescheitert, der an Meuterei grenzte. Der Züricher Rudolf Aschmann, der als Zwanzigjähriger in der ›Schweizer‹ Kompanie A des 1. Regimentes war, hat einen anschaulichen Bericht dieser Einheit und ihrer Kämpfe hinterlassen*, u. a. auch die Gewehrfrage angerührt.

* Neu herausgegeben in »Memoirs of a Swiss Officer in the American Civil War«, Heinz K. Meier (ed.), Bern und Frankfurt 1972

Beide Regimenter verweigerten die Annahme der Colt-Waffen, das 2. nahm schließlich die ungeliebten Mehrlader nur entgegen, nachdem ihnen zugesichert wurde, daß man die Colts später gegen Sharps-Waffen umtauschen würde. Das 1. Regiment marschierte aus Washington sogar ohne Waffen ab – mit Ausnahme der schweren Scheibenbüchsen – und entschied sich erst Tage später zur Annahme der Colt Army Pattern:

»In einem Feindesland ohne Waffen zu sein, berührte schließlich unser Ehrgefühl. Unsere Sharpsbüchsen sind noch nicht angekommen, aber wir wurden versichert, daß sie bald in unseren Händen wären. Daher akzeptierten wir, wenn auch widerstrebend, die obengenannten Colt Gewehre. Eines Tages hätte uns der Gegner einen Gruß rüberschicken können, und es wäre unhöflich gewesen, nicht zu antworten.«

**Ein Sharps-Gewehr aus dem West Point Museum.
Wie einige der Waffen der Berdanschützen ist es mit einem Stecherabzug versehen.**

SHARPS PERCUSSION BREECH LOADING RIFLE, CAL. .52

Rudolf Aschmann, gebürtiger Schweizer und Neueinwanderer in den Vereinigten Staaten, gehörte zu den ersten Männern, die sich im Sommer 1861 einer Spezialeinheit anschlossen, die unter dem Namen ›1st U.S. Sharpshooters Rgt.‹ und der Bezeichnung ihres Kommandeurs Hiram Berdan berühmt werden sollte. Die Idee zur Aufstellung einer solchen Truppe war ursprünglich in Schweizer Emigrantenkreisen von einem gewissen Caspar Trepp aus Splügen, Kanton Grisons, entworfen worden, der in New Yorker Zeitungsanzeigen Deutsche und Schweizer zur Bildung eines solchen Korps aufrief. Aber erst Hiram Berdan konnte durch seine Beziehungen und seinen Einfluß das Kriegsministerium in Washington vom Wert einer solchen Scharfschützentruppe aus geübten Männern überzeugen. Er wurde zum Oberst des zu bildenden Regimentes ernannt, Trepp zum Vizekommandeur, nachdem er zuerst Kompaniechef der ersten oder A-Kompanie war, die aus Deutschen und Schweizern bestand. Aschmann, Feldwebel in dieser Kompanie, wurde ihr späterer Hauptmann. Sein wenig bekanntes Tagebuch* gibt ein interessantes Bild dieser aus Schweizern, Deutschen und geborenen Amerikanern zusammengestellten Regimentes, das mit schweren Verlusten am gesamten Krieg teilnahm. Aus Aschmanns Kompanie, die im August 1861 mit 106 Mann begonnen hatte, blieben nach drei Jahren Dienst nur noch zwölf übrig, die nicht zu einer Wiederverpflichtung bewogen werden konnte. Wenige Tage vor der Entlassung verlor er bei den Kämpfen in der Nähe von Petersburg, Va., ein Bein, nachdem ein Geschoß den Oberschenkelknochen zersplittert hatte.

* Zuerst erschienen als »Drei Jahre in der Potomac Armee oder eine Schweizer Schützen-Companie im nordamerikanischen Kriege«, Richterswil, 1865. Der Verfasser richtet sich bei seinen Zitaten nach der kommentierten englischen Neuausgabe »Memoirs of a Swiss Officer in the American Civil War«, Bern u. Frankfurt/M. 1972, ed. v. Heinz K. Meier, da das Original nicht zur Verfügung stand.

Wie alle anderen Berdan-Scharfschützen, so war auch Karl Rudolf Aschmann darauf versessen, den Sharps-Fallblockverschlußlader zu erhalten, der den Soldaten bei ihrer Rekrutierung in die Sondereinheit versprochen wurde. Zuerst aber bekam die Truppe Colt-Gewehre, die sich aufgrund des komplizierten Ladevorganges und des starken Feueraustritts am Trommelspalt keiner großen Beliebtheit bei den Benutzern erfreuten. So berichtet Aschmann, wie seine Kompanie endlich im Mai 1862 die ersehnten Sharps erhält:

»Ende gut, alles gut – die neuen Gewehre stellten all das dar, was wir uns gewünscht hatten. Außer daß sie leicht und schnell in jeder Lage zu laden waren, schossen sie selbst auf große Entfernungen sehr genau. Sie waren leicht zu säubern und in Ordnung zu halten, und mehr als jedes andere Gewehr in der Armee hatten sie das Aussehen einer richtigen Scharfschützenwaffe. Sie ließen in bezug auf Qualität nichts zu wünschen übrig, und bald wurde dieses Gewehr so beliebt im Regiment, daß selbst die Kompanien, die mit Scheiben-

büchsen ausgerüstet waren, diese für die neuen Gewehre eintauschten.«

In einer Epoche, in der die überwiegende Mehrheit der Infanterie noch mit Vorderladern ausgerüstet war, stellte die Sharps-Muskete einen entscheidenden technischen Fortschritt dar und der oben beschriebene Enthusiasmus ist leicht nachvollziehbar. Der eigentliche Beitrag, den die Hinterlade-Erfindung des Christian Sharps zur Bürgerkriegsbewaffnung leistete, lag auf dem Sektor der Kavallerie, und unter diesem Abschnitt ist auch Näheres zur Geschichte des Sharps erläutert. An dieser Stelle soll nur die Infanteriegewehr-Version erwähnt werden, von der die U.S. Regierung lediglich 9350 erwarb.

Die Sharps Rifle Mfg. Co. hatte vom Kriegsministerium eine Art Blanko-Auftrag erhalten, daß alle von der Fabrik produzierten Karabiner übernommen würden. Mit einem Ausstoß von rund 1500 Karabinern pro Monat war die Werkskapazität völlig ausgelastet und relativ wenig Gewehre wurden hergestellt, zumal diese mit einem Kaufpreis von $ 42.50 doppelt so teuer wie die von Oberst Ripley favorisierten Springfield-Musketen waren. Hiram Berdan wollte für seine beiden Regimenter 2000 Gewehre mit Tüllenbajonett – eine Auftragsmenge, die nicht so schnell zu bewältigen war. Unterlagen zeigen, daß bis zum Jahresende 1861 von der U.S. Regierung bei Sharps in Hartford und diversen Händlern lediglich 890 Sharps-Gewehre des Typs ›New Model 1859‹ bezahlt wurden. Eine verschwindend geringe Zahl, verglichen mit den anderen Aufträgen jener Zeit. Eine kleine Anzahl Sharps wurden auch direkt an die Soldaten durch Firmenvertreter oder Händler verkauft, wobei der erwähnte Stückpreis mehr als das Dreifache eines Monatssoldes darstellte. Auch der berühmte Soldat Truman Head, C-Kompanie der Berdanschützen – ›California Joe‹ –, kaufte sich seine Sharps im Juli 1861 privat und sie war mit dem Säbelbajonett ausgestattet. Die 2000 Sharps für das Korps der Berdan-Scharfschützen wurden auftragsgemäß im April und Mai 1862 mit Vierkant-Tüllenbajonetten geliefert. Ihre Seriennummern rangieren zwischen 55 900 und 57 900. Sie haben 30-Zoll-Läufe und sind mit dem Inspektorenzeichen ›JT‹ für John Taylor markiert.*

Insgesamt kaufte die U.S. Regierung 3200 NM 1859 und 6000 NM 1863 (Ausführung mit Tüllenbajonett). Etwa eintausend NM 1859 wurden mit extra langem Lauf gefertigt (36 Zoll) und einige Sharps für das Berdan-Korps und für andere Empfänger hatten einen Stecherabzug. Alle Gewehrausführungen besaßen Eisengarnitur mit Schaftfach. Wie die Karabiner wurden auch einige Sharps-Gewehre nach dem Krieg auf Metallpatronen aptiert, zumeist waren dies NM 1863 späterer Kriegsjahre, so daß die an Berdan gelieferten Exemplare durchaus noch im Originalzustand auftauchen können. Wohin die anderen Sharps-Gewehre während des Bürgerkrieges ausgeliefert wurden, ist nicht so eindeutig wie bei den beiden Regimentern von Berdans Korps. Mindestens eine Kompanie der 1. Iowa Freiwilligen war mit Sharps ausgerüstet und ihre Angehörigen behaupteten, jederzeit in der Lage zu sein, einen Mann auf 800 oder 1000 Yards zu treffen. Einige gingen zur Artillerie, wo sie bei der Geschützbedeckung dienlich sein sollten, oder an die Signaltruppe, deren Außenposten oft zum Ziel von Scharfschützen und Kanonen wurden, während sie ihre Nachrichten mit Lichtsignal und Winker-Flaggen durchgaben. In einigen Connecticut-Staatsregimentern war es üblich, Sharps-Hinterlader für die beiden Kompanien an den Flanken (›A‹ und ›B‹) zu reservieren, während die anderen Kompanien mit Vorderladern ausgestattet waren. Andere Regimenter: 2. New Hampshire, 1st Company Massachusetts Sharpshooters.

Die Gesamtlänge des Sharps-Gewehres betrug knapp 120 cm, das Gewicht 3,96 kg. Die Patrone hatte eine Pulverladung von 60 grains für ein 475 grains-Geschoß und konnte im Karabiner wie in der Muskete verwendet werden. Das Geschoß besaß einen Flachboden, zwei Fettrillen und einen Durchmesser von .540 bis .545 inch. Variationen im Gewicht und in der Geschoßform existieren, da verschiedene Firmen den Regierungsbedarf an Sharps-Patronen deckten. Die Hülse war aus Papier, oder aus Leinen. Tests erbrachten einen Streukreis von 25 cm auf 100 m.

---

* Wiley Sword konnte diese Angaben aufgrund genauer Untersuchung alter Unterlagen erstellen, in American Rifleman, April 1975. »Selecting a Sniper Arm: The Union's Hard Quest«.

›Slug-guns‹, schwere Scheibengewehre mit ›false-muzzle‹-Kugelsetzern und Zielfernrohren wurden am Anfang des Krieges von Scharfschützen eingesetzt. Diese Waffe im Museum von Gettysburg gehörte dem Soldaten Edwin I. Stanclift, 1st Rgt. U.S.S.S. Das Zielfernrohr entstammte der Werkstatt von C.D. Abbey, Chicago, und das Gewehr der Büchsenmacherei von Edwin Wesson. Es hat das Kaliber .45 und ein Gewicht von 22 Pfund.

›Harper's Weekly‹ 1861: Berdanschützen bei einer Vorführung in Washington.

HENRY REPEATING CARTRIDGE RIFLE, CAL. .44 RF

Obwohl der Henry Unterhebel-Repetierer gewöhnlich mit der berittenen Truppe assoziiert wird, soll er in diesem Buch unter den Infanteriegewehren aufgeführt werden. Auch im damaligen Sprachgebrauch war die Henry eine ›Rifle‹ und kein Karabiner. Die einzige Kavallerietruppe, die durchgängig mit Henry-Gewehren ausgerüstet war, ist das ›1st District of Columbia Regiment‹, eine Einheit aus der Stadt Washington, die den größten Teil des Krieges entweder als Vorposten vor der Hauptstadt oder als Provost Guard, d. h. als eine Art Militärpolizei, innerhalb der Stadtgrenzen verbrachte. Die ›trooper‹ waren derartig wenig kavalleristisch ausgebildet, daß sie kaum Sattelzeug und Ausrüstung zusammenstel-

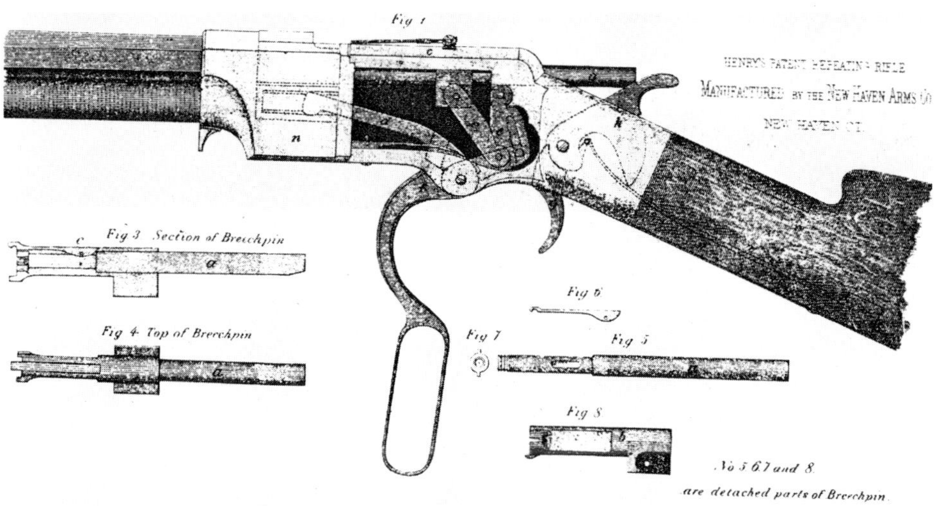

Die Schnittbildzeichnung aus einem alten Waffenkatalog verdeutlicht die Funktionsweise des Henry-Repetierers.

len konnten, als sie zu Wilsons Division für seinen ersten größeren Streifzug abkommandiert wurden: Eine Hälfte des Regiments hatte seine Dienste stets zu Fuß ausgeführt.
Die Union kaufte während des Krieges lediglich 1731 Gewehre dieser Art an, weil Brigadier Ripley – dem seine Zeitgenossen aufgrund seiner antiquierten Anschauungen den Spitznamen ›Ripley van Winkle‹ nach der Sagenfigur gaben – starke Vorbehalte gegen die Waffe anmeldete. Die Hersteller fertigten jedoch von 1860 bis 1866 über 13 000 Gewehre, so daß mit ziemlicher Sicherheit eine Zahl von rund 10 000 Exemplaren angenommen werden kann, die am Bürgerkrieg teilgenommen haben. Mehr als andere Langwaffen wurden Henry-Repetierer von einzelnen Soldaten, Einheiten und Staaten auf eigene Rechnung erworben. Die Regierung lieferte dann nur die Munition: 4 610 400 Patronen wurden von Washington bezahlt, was einen Anhalt für die Benutzung der Henry gibt.
Die Entwicklung des erfolgreichen Repetierers, der die Grundlage der berühmten Winchester bilden sollte, begann 1849 mit dem von Walter Hunt konstruierten ›Volition Repeater‹. Diese Waffe hatte bereits die unter dem Lauf angebrachte Magazinröhre und verschoß eine Patrone, die als ›rocket ball‹ bekannt war: Das Geschoß selbst war hohl und enthielt die Treibladung. Zur gleichen Zeit wurden bei der Firma Robbins & Lawrence in Windsor, Vermont, die Jennings-Gewehre gefertigt, die Röhrenmagazine aufwiesen. Vorarbeiter bei Robbins & Lawrence zu dieser Zeit war der 1821 in New Hampshire geborene Benjamin Tyler Henry, der u. a. auch in der Springfield Armoury tätig gewesen war. 1854 wurde in Norwich, Connecticut, eine neue Fabrik von Horace Smith und Daniel B. Wesson gegründet, der sich Henry anschloß. Smith und Wesson benutzten ein Röhrenmagazin in Verbindung mit einem kleinkalibrigen (.30 und .38) Geschoß, das in seinem Hohlboden eine Pulverfüllung hatte, die durch Schlag aktiviert wurde. Ein ringförmiger Abzugsbügel diente zum Repetieren der Pistole. Im Juli 1855 wurde aus der Firma Smith & Wesson die ›Volcanic Repeating Arms Company‹, in der ein Hemdenfabrikant namens Oliver F. Winchester die Finanzierung übernahm. Wenig später verließen Smith und Wesson die Gesellschaft und begannen ein neues Geschäft mit dem Ziel der Patronen- und Revolverherstellung. Die Fabrik wurde nach New Haven verlagert und konzentrierte sich jetzt auf die Entwicklung des Unterhebelrepetierers, den Smith & Wesson entworfen hatten. Als Basis diente die zu schwache .38 Hohlgeschoß-Munition, deren Zündmischung den Lauf sehr stark in Mitleidenschaft zog. Auch die dafür gebauten Faustfeuerwaffen und Karabiner (die heute gesuchte Sammlerstücke sind) konnten kaum als erfolgreich bezeichnet werden. 1857 stand die Volcanic Gesellschaft vor dem Ruin. Winchester kaufte die Anteile auf, setzte Benjamin T. Henry als Werksleiter ein und ließ die neue Firma unter ›New Haven Arms Co.‹ ins Handelsregister eintragen. Henry erhielt den Auftrag, eine neue Munition und eine brauchbare Waffe zu entwerfen, die sich auf dem Markt absetzen ließe. So entstand innerhalb weniger Monate die .44 Randfeuer, die als ›Henry Flat‹ in die Geschichte einging und mehr als viele andere Erfindungen den technischen Durchbruch der Metallpatrone beschleunigte. Die Kupferhülse des .44er 216 grains-Geschosses enthielt 26 grains Schwarzpulver und erbrachte aus dem 24-Zoll-Lauf der dazugehörigen ›Henry Rifle‹ eine V_O von 440–445 m/s.
Verschossen wurde die neue Metallpatrone in einer modifizierten Version der alten Volcanic-Unterhebelrepetierer. Benjamin T. Henry hatte den Verschluß verbessert, einen doppelten Schlagbolzen eingebaut, der den Zünderrand auf beiden Seiten traf, um die Anzahl von Fehlzündungen zu reduzieren, von denen die ersten Metallpatronen noch geplagt wurden. Kernstück des schlanken, kaum zehn Pfund schweren Gewehres war der massive Verschlußkasten aus Messing, dessen Innenteile durch den als langen, ringförmigen Abzugsbügel ausgestalteten Unterhebel bewegt wurden. Bei der Ladebewegung um 75 Grad, die der Schütze mit der rechten Abzugshand durch eine kurze Handgelenksdrehung ausführen konnte, ohne die Waffe dabei abzusetzen, wurde aus dem Röhrenmagazin unter dem Lauf eine neue Patrone auf einen Ladeblock gehoben, der beim Transportieren die leere Hülse des vorherigen Schusses auswarf. Der Verschluß selbst war als länglicher Bolzen mit integriertem Auswerfer und Schlagstück ausgeformt. Beim Durchladen spannte dieser Bolzen mit seinem hinteren Teil den außenliegenden Hahn des Schlosses – so daß auch hierbei keine separate Tätigkeit des Schützen gefordert war. Damit war das Henry-Gewehr um einiges schneller als sein großer Konkurrent, der Spencer-Repetierer.

Volcanic Navy Pistole, Kaliber .38 mit acht Zoll langem Lauf. Dieser Vorgänger des Henry-Systems wurde auch mit Anschlagschaft und als Karabiner in verschiedenen Lauflängen gebaut, war aber wegen der Munitionsprobleme wenig erfolgreich.

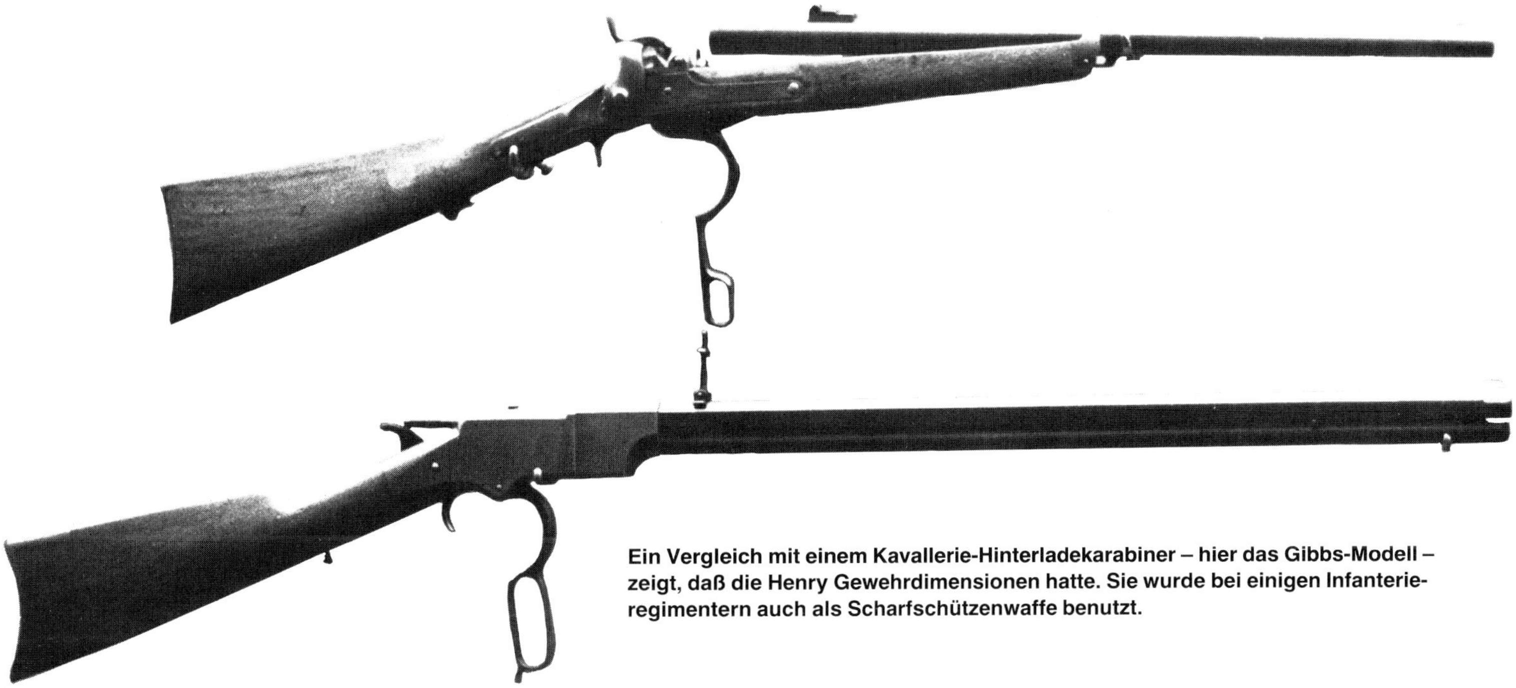

Ein Vergleich mit einem Kavallerie-Hinterladekarabiner – hier das Gibbs-Modell – zeigt, daß die Henry Gewehrdimensionen hatte. Sie wurde bei einigen Infanterieregimentern auch als Scharfschützenwaffe benutzt.

Das unter dem Lauf befindliche Röhrenmagazin wurde von vorn mit fünfzehn Patronen geladen, der Schütze konnte außerdem eine sechzehnte Patrone im Patronenlager der entspannten Waffe führen – mehr als die doppelte Kapazität des Spencers! Henrys Gewehr wurde im Oktober 1860 patentiert, sieben Monate nach dem Repetierer seines Konkurrenten, aber die Serienproduktion des neuen Gewehres aus der New Haven Arms Fabrik verzögerte sich erheblich. Erst im November 1861 wurde die Armee auf die ›Henry-Rifle‹ aufmerksam gemacht, und erste Testschießen wurden Mitte Mai des nächsten Jahres im Washingtoner Navy Yard durchgeführt. Der von Marineleutnant Mitchell unterzeichnete Bericht war alles andere als überschwenglich. Zeugamtsleiter Brigadegeneral James W. Ripley hatte damit genügend Unterstützung für seine Vorurteile gegen den Mehrlader. Als Gründe konnten gegen die Waffe angeführt werden: das Magazin hatte durch seine in der ganzen Länge verlaufende Ladehebel-Öffnung eine konstruktionsmäßige Schwächung – hier konnte Schmutz eindringen und die Patronenzufuhr unterbrechen; die ohne Vorderschaft ungeschützte Röhre konnte im Feldgebrauch leicht verbeult und damit blockiert werden; das Nachladen neuer Patronen durch seitliches Drehen von Laufhülse und Magazinröhrenteil bedingte einen geschwächten Mündungsbereich der Waffe. Und außerdem – die Waffe konnte viel zu schnell geschossen werden, sie sah gar nicht wie ein Militärgewehr aus! Und überhaupt – nicht einmal ein Bajonett ließ sich aufpflanzen!

Was das Heereszeugamt und sein Chef geflissentlich übersahen, war die Tatsache, daß man mit einem ›Schnellfeuergewehr‹, wie es der Henry-Repetierer in einem Zeitalter der Vorderlader war, kaum in die Verlegenheit kam, einen Gegner mit dem Seitengewehr auf den Leib zu rücken. Laut den Regierungsversuchen konnte ein Schütze 120 Schuß in weniger als sechs Minuten (genauer 5:50) abgeben, Ladezeit einbezogen – das heißt ein Schuß pro 2,9 Sekunden! Entsprechend konnte auch eine mit Henrys bewaffnete Truppe Erfolge gegen zahlenmäßig überlegene Kräfte sichern. Die Erste D.C. Kavallerie konnte davon redlich Zeugnis abgeben, genauso wie fünfzehn Mann der Kentucky Volunteers, die im März 1863 während eines Aufklärungsrittes in der Nähe von Owensboro von einer rund 240 Mann starken konföderierten Patrouille überrascht wurden. Ohne Deckung, aber mit Henry-Gewehren und genügend Munition ausgestattet, schlugen die Fünfzehn den Feind in die Flucht.

Hemdenfabrikant Winchester, der sich bis zur Umbenennung der Firma 1866 im Hintergrund hielt, verstand die Werbewirksamkeit solcher Kriegsgeschichten und fügte sie in seinen Verkaufskatalog ein. Die privaten Verkäufe des Repetierers liefen trotz des hohen Preises der Waffe ($ 40.–) gut an. Die New Haven Arms Co. konnte ihre Henrys so schnell absetzen, wie sie hergestellt wurden. Die Produktion von wenigen hundert Gewehren pro Monat konnte kaum die Nachfrage decken. Ein Soldat, der an Shermans Marsch zur See durch Georgia teilnahm, drückte seine Freude über den Ankauf einer Henry in seinem Tagebuch am 11. Mai 1864 so aus:*

»Ich habe gestern ein Henry-Gewehr – ein 16 Schüsser – bekommen . . . ich gab 35 Dollars dafür, alles Geld, daß ich hatte . . . aber ich bin froh, daß ich es kriegen konnte. Sie sind gute Gewehre und ich mag den Gedanken, so viele Schuß in Reserve zu haben . . .«

* aus Oscar C. Winther, ed., »With Sherman to the Sea«, Baton Rouge, 1943, der das Tagebuch von Theodore F. Upson, einem einfachen Soldaten aus Indiana, kommentiert veröffentlicht hat.

Zehn Monate später berichtet er von seinen Erfahrungen im Gefecht, die ein gutes Beispiel für die damals auftretende Meinung zu den Repetierern geben:

»Ich glaube, die Johnnys sind erschüttert, sie haben Angst vor unseren Repetiergewehren. Sie sagen, wir sind nicht fair, daß wir Gewehre haben, die am Sonntag geladen werden und den ganzen Rest der Woche schießen. Ich weiß das, ich fühle mich sehr viel sicherer mit einem Sechzehnschüsser in den Händen, als ich es mit einem einschüssigem Gewehr war.«

Die Henry Repetierer waren vor allem im Westen beliebt, wo sich ganze Verbände auf eigene Kosten mit dieser Waffe eindeckten, so das 97th Indiana Volunteer Infantry Regiment und die Siebente Illinois. Eine Einheit, die im Westen nach dem Vorbild der Berdan Scharfschützen als ›Colonel Birge's Sharpshooters‹ mit schweren Scheibengewehren ausgestattet war, kaufte auf eigene Rechnung Henrys ein, obwohl sie dafür den überhöhten Preis von rund fünfzig Dollar bezahlen mußten, wie ein Kriegsteilnehmer berichtete! Während des Krieges arbeitete die New Haven Arms Gesellschaft mit nicht allzu großer Gewinnmarge, aber der Ruf, den ihre Henry-Gewehre an der Front gewannen, verhalf der Firma zu späterem Ruhm. Anders als die Spencer-Hersteller, überlebte diese Firma unter wechselndem Namen. Im Juli 1865 wurde sie in ›Henry Repeating Arms Co.‹ umbenannt, zwei Jahre später erhielt sie dann den Namen ihres Finanzierers und ging als ›Winchester Repeating Arms Company‹ in die Geschichte ein. Das Nachfolgemodell der M 1860 Henry, die Modell 1866 Winchester, hatte noch den Messingrahmen ihres Vorgängers. Sie und das Folgemodell M 1873 waren die Gewehre, »die den Westen gewannen«.

Die Bewaffnung und Logistik der konföderierten Armeen.

Im Jahr 1862 erließ die Regierung der Konföderierten Staaten von Amerika ein Gesetz,
»daß jeder Mann, der zum Dienst gemustert wird und der sich selbst mit einer Muskete, einer Flinte, Büchse oder Karabiner bewaffnet, die als wirksame Waffe akzeptiert wurde, den Wert derselben bezahlt bekommt, der vom Musterungsoffizier unter den Regeln, wie sie vom Kriegsminister festgelegt werden können, fixiert wird; sofern er bereit ist, jene zu verkaufen, und wenn er es nicht ist, steht ihm $ 1,00 pro Monat zu, für den Gebrauch der genannten erhalten und angenommenen Muskete, Büchse, Flinte oder Karabiner.«

Niemand glaubte im Frühjahr 1861, daß der Konflikt zwischen den Sklavenhalterstaaten und der Union länger als ein paar Wochen dauern würde. Lincolns erster Aufruf an die Staaten sah ein Freiwilligenheer für die Dauer von drei Monaten vor. Um die rebellischen Staaten südlich der Mason-Dixon-Linie zur Räson zu bringen, würde diese Streitmacht von 75 000 grünen Rekruten, unterstützt von den etwa 15 000 verbliebenen Veteranen des stehenden Heeres ausreichen. Eine ähnliche Überheblichkeit herrschte auch in den Plantagen und Städten des Südens. Ein Südstaatler könnte drei, fünf, ja zehn Yankees aufwiegen, und wenn es tatsächlich zur Schlacht kommen würde, sei der Vormarsch auf Washington eine Art Spaziergang. Die wenigen warnenden Stimmen auf beiden Seiten wurden im Rausch des militanten Enthusiasmus überstimmt. Diese Grundstimmung beeinflußte natürlich auch die logistischen Vorbereitungen, die auf beiden Seiten für die bewaffneten Auseinandersetzungen gemacht wurden. Die Konföderation hatte das Glück, mit General Josiah Gorgas einen Zeugamtsleiter einzusetzen, der Weitsichtigkeit und Organisationstalent besaß.

Gorgas wurde 1818 in Pennsylvania geboren, er hatte die Akademie von West Point 1841 absolviert, am Mexikanischen Krieg teilgenommen und war als Zeugamtsoffizier in verschiedenen Arsenalen tätig gewesen, bevor er sich auf eine Informationsreise durch verschiedene europäische Armeen begeben hatte. Bei Ausbruch des Konflikts war Gorgas Leiter des Frankford Arsenal in Philadelphia. Am 2. April 1861 trat er von seinem Posten zurück und nahm den Dienstgrad eines Artilleriemajors der C.S.-Armee an. Der Beweggrund für diesen Nordstaatler, seine Dienste dem Süden zur Verfügung zu stellen, lag außerhalb politischer Erwägungen: Er war mit der Tochter des Gouverneurs von Alabama verheiratet. Gorgas wurde sofort zum Chef des konföderierten Zeugamtes bestellt und im Verlauf seiner späteren Dienstzeit zum Brigadegeneral befördert. Bei Dienstantritt fand er ein fast unübersehbares Chaos vor. Die für einen Krieg zur Verfügung stehenden Bestände an Waffen und Ausrüstung, die Resourcen an Rohmaterialien waren alles andere als ermutigend. Die neugeborene Konföderation war in keiner Weise auf die Notwendigkeit vorbereitet, ihre nationale Existenz mit Waffengewalt durchzusetzen. Die nachfolgenden Angaben sind zum größte Teil aus seinem eigenen Bericht entnommen, den er nach Kriegsende in einer Zeitung veröffentlichte.

Schlachtfeldfund eines einfachen ›Bajonetts‹, wie sie von Schmieden und Büchsenmachern der Konföderation improvisiert wurden, um aus Jagdflinten und Büchsen militärisch nutzbare Infanteriewaffen zu machen. Die Arretierung besteht aus zwei Metallringen, die, über den Lauf der Flinte geschoben, einen Halt geben sollten!

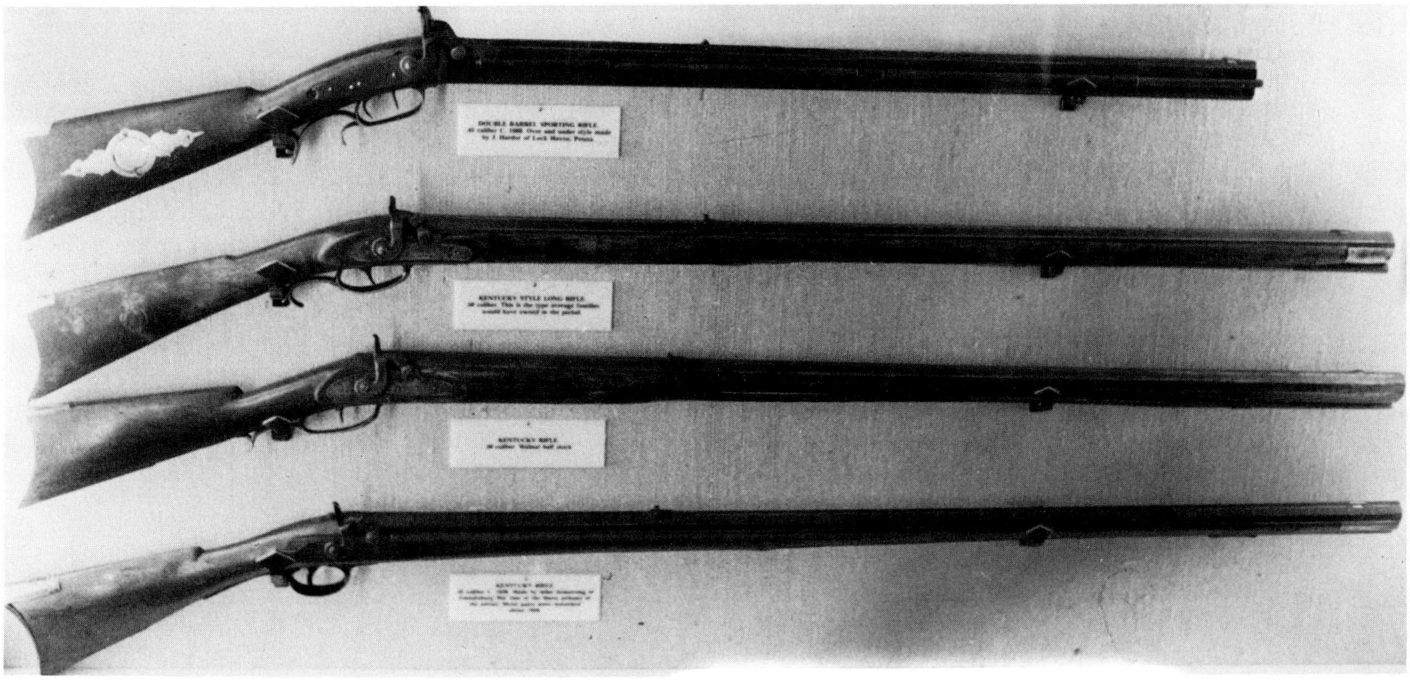

Verschiedene ›Kentucky-Style‹ (richtiger: ›Pennsylvania Long Rifles‹)-Büchsen, wie sie von Konföderierten bei Gettysburg benutzt wurden und nach der Schlacht auf dem Schlachtfeld lagen. Die oberste Waffe ist eine Bockdoppelbüchse Kaliber .45 von Hardor, Lock Haven, Pennsylvania. Die anderen Waffen gehören der einfachen, unverzierten Art an, wie sie jeder Farmer an der Ostküste zum Jagen besaß.

Am 7. Mai 1861 übergab Major Gorgas dem konföderierten Kongreßkomitee für Militärangelegenheiten einen Report über den Zustand in den U.S. Arsenalen, die durch Sezession in die Hände der Südstaaten übergegangen waren: 159 010 Schußwaffen aller Art wurden angefunden, darüber hinaus in jedem Arsenal »einige Kisten Säbel und einige kurze Artillerieschwerter. Einige hundert Holsterpistolen waren hier und da verstreut. Es gab keine Revolver«. In Richmonds Lagerhallen fanden sich etwa sechzigtausend alte Steinschloßmusketen, und die Situation in den sechs erbeuteten Regierungsdepots war wie folgt:

In Richmond, Virginia	ca. 4000 Büchsen	Musketen
Fayetteville Arsenal, N. C.	2000 Büchsen	25 000 Musketen
Charleston Arsenal, S. C.	2000 Büchsen	20 000 Musketen
Augusta Arsenal, Georgia	3000 Büchsen	28 000 Musketen
Mount Vernon Arsenal, Ala.	2000 Büchsen	20 000 Musketen
Baton Rouge, Louisiana	2000 Büchsen	27 000 Musketen

Bei den rund 15 000 Büchsen handelte es sich zumeist um .54 Mississippi-Rifles, die Musketen waren ausschließlich ältere perkussionierte M 1814- bis M 1842-Modelle. Zusätzlich fanden sich in Little Rock, Arkansas, und in Arsenalen in Texas zusammen etwa 25 000 Musketen.
Artillerie war keine vorhanden, außer der, die im Besitz einzelner Staaten oder verschiedener Milizverbände war. Mit der Munition, mit der Herstellung und Verarbeitung von Pulver und Blei war es gleichfalls nicht weit her innerhalb des konföderierten Staatsgebietes. Was an brauchbaren Waffen, an Maschinen und Ausrüstungsgegenständen bei Kriegsbeginn vorhanden war, war weniger im Besitz der Zentralregierung und des konföderierten Zeugamtes, als in Privathänden oder im Besitz der einzelnen Staaten – die eifersüchtig über ihre Rechte und Resourcen wachten.
Es galt vor allen Dingen, die vorhandenen Vorkommen an Salpeter und Blei zu erfassen und ihre Ausbeutung planmäßig voranzutreiben. Einige Arsenale, vor allen Dingen Richmond, Augusta und Charleston, wurden mit der serienmäßigen Produktion von Munition beauftragt. Trotzdem mußte Salpeter und Munition aus dem Ausland eingekauft und durch die Blockade geschleust werden. Die Tredegar Werke in Richmond wurden zur Kanonenschmiede der Nation, nachdem sie in den Jahren zuvor hauptsächlich Eisenbahnen gefertigt hatten. Die Norfolk Marinewerft in Virginia, Lagerort für schwere Festungsartillerie und Schiffsgeschütze, wurde zur wichtigsten Quelle für die im Entstehen begriffene neue Nation. Konföderierte Patrioten entfernten unter den Augen des Unionskommandanten Geschütze und Pulver, noch bevor Virginia offen aus dem Bund der Vereinigten Staaten ausgetreten war.
Ähnlich wie Richmond, Virginia, war New Orleans, Louisiana, ein Zentrum reger industrieller Aktivität, wo u. a. Feldgeschütze hergestellt wurden. Memphis und Nashville in Tennessee oder Atlanta, Ga., waren weitere Produktionsstätten für Artillerie. In ähnlicher Weise wurden überall im Land Werkstätten und Lieferanten für die Ausrüstung der Heere aktiviert, die von der Pferdebürste über Sättel und Zaumzeug bis zu Tornistern und Patronentaschen reichen mußte. Es fehlte an allem in der Konföderation – und die Anfangsschwierigkeiten waren erheblich! Wie im Norden, so waren auch im Süden mehr Freiwillige als Waffen vorhanden und die

Situation nahm katastrophale Züge an. Vor der ersten Schlacht von Manassas/Bull Run mußte die Menge der Munition pro Mann auf durchschnittlich vier Schuß beschränkt werden. Zwar war genügend Pulver, Blei und Papier für die Patronen vorhanden, aber der Nachschub an Zündhütchen war stockend. Schließlich wurde ein Offizier mit zehntausend Golddollar nach New York geschickt, wo er eine Million Kapseln bei einer Handelsfirma einkaufte. Nach anfänglichen Schwierigkeiten wurden diese nach Virginia geschmuggelt, wobei eine Kiste mit 200 000 Stück beim Überqueren des Potomac in den Fluß fiel – aber 800 000 Zünder erreichten die Truppen rechtzeitig vor der Schlacht, vielleicht um den entscheidenden Beitrag zu diesem ersten Sieg des Südens zu leisten.
In ähnlicher Weise wurde vor dem eigentlichen Ausbruch der Kampfhandlungen noch zahlreiche Waffenlieferungen aus dem Norden in den Süden geschafft. Privatleute kauften vor allem Revolver und Karabiner ein; Maynards erstes Karabinermodell gelangte so in den Süden, wo dieser Metallpatronen-Hinterlader in einigen Einheiten Standardwaffe war und so Ordonnanzstatus erhielt!

WAFFENFABRIKEN DES SÜDENS

Obwohl die Hauptlast des konföderierten Waffennachschubs aus Importen gedeckt wurde, blieb Gorgas stets bemüht, die bodenständige Waffenproduktion zu fördern. Der Handstreich gegen das Bundesarsenal von Harpers Ferry stellte einen wichtigen Schritt auf dem Weg zu einer lokalen Waffenproduktion her: Bereits im September 1861 waren die dort entfernten Maschinen in der Richmond Armory wieder in Betrieb. »Hätten wir die notwendige Anzahl von Facharbeitern besessen,« so schrieb Gorgas später, »hätte diese Fabrik leicht 5000 Waffen produzieren können, Tag und Nacht an der Arbeit. Aber wie die Dinge lagen, glaube ich nicht, daß je mehr als 1500 pro Monat fertiggestellt wurden.« Die Industrialisierung des vorwiegend agrarischen Südens war vor dem Krieg auf einige wenige Zentren begrenzt gewesen, folgerichtig war auch die Anzahl entsprechend geschulten Fachpersonals gering. Außerdem ließ es sich das Kriegsministerium nicht nehmen, dringend benötigte Arbeiter zum Dienst als Soldaten einzuziehen. In Richmond und anderen Fabrikzentren waren die Arbeiter gleichzeitig Angehörige der Heimwehr und wurden alarmiert, sobald sich der Feind näherte: Am 3. März 1864 stieß Oberst Ulric Dahlgreen mit einem Kavalleriekommando von 400 Reitern gegen die fast völlig ungeschützte Stadt Richmond vor. Unter den Heimwehrkräften, die sich ihm entgegenwarfen, waren auch die Arbeiter der Armory. Dahlgreen, der Sohn des U.S. Admirals, wurde getötet, seine kleine Streitmacht zurückgeschlagen. Aber unter den Verlusten war auch der beste Laufrichter des Arsenals – sein Ausfall resultierte in einer Produktionsminderung von über 300 Gewehren pro Monat!
Englische Gastarbeiter, die von Caleb Huse in Birmingham angeworben wurden und durch die Blockade in die Konföderation eingereist waren, kehrten wieder in ihre Heimat zurück, weil sie der junge Staatenbund aufgrund seiner mißlichen finanziellen Situation nicht in Goldwährung bezahlen konnte.
Trotz aller Widrigkeiten erreichte Gorgas und das von ihm organisierte Zeugamt Erstaunliches: Arsenale und Depots wurden eingerichtet, um Waffen zu sammeln, zu reparieren und an die neu aufzustellenden Truppen auszugeben. Ein Teil des Maschinenparks von Harpers Ferry ging nach North Carolina, wo im Fayetteville Arsenal die Mississippi Rifle kopiert wurde. In Asheville, N.C. und Tallassee, Florida, wurden kleinere Fabrikanlagen eingerichtet. Über 150 000 Waffen wurden aus den Beutebeständen der Schlachtfelder aufgesammelt, instandgesetzt und befanden sich bis zum Juli 1863 wieder in Truppengebrauch – diesmal im Süden. Im gleichen Zeitraum wurden innerhalb der Konföderation 40 000 Langwaffen hergestellt und über 185 000 importiert.
Die schieren Größenordnungen des Nachschubs zeigt eine Aufstellung des Arsenals von Richmond über die von dort ausgegebenen Waffen und Ausrüstungsteile im Zeitraum vom 1. Juli 1861 bis zum 1. Januar 1865:
»341 Columbiads und Belagerungsgeschütze (diese wurden in den Tredegar Werken hergestellt, aber vom Arsenal ausgegeben), 1306 Feldgeschütze, hauptsächlich in den Tredegar Werken hergestellt oder erbeutet, 1375 Lafetten, 875 Protzen-Wagen, 152 Feldschmieden, 6852 Sets Artilleriegeschirr, 921 441 Stück Feld-, Belagerungs- und Küstengeschützmunition, 1 456 190 Friktionszünder, 1 110 966 Granatzünder, 3985 Raketen, 323 231 Infanteriewaffen (von denen die meisten von den Schlachtfeldern und der Richmond Armory kamen), 34 067 Kavalleriewaffen (wie oben), 44 877 Schwerter und Säbel (von der Armee, Schlachtfeldern und Lieferanten), 375 510 Sets Infanterie- und Kavallerieausrüstung, 180 181 Tornister, 328 977 Feldflaschen und Riemen, 72 413 854 Kleinwaffen-Patronen, 115 087 Gewehr- und Karabinerriemen, 146 901 250 Zündhütchen, 69 418 Kavalleriesättel, 85 139 Zaumzeuge, 75 611 Zügel, 35 464 Satteldecken, 59 624 Paar Sporen, 42 285 Pferdestriegel, 56 903 Mähnenkämme.«
General Gorgas schätzte die Gesamtmenge der von den konföderierten Truppen während des vierjährigen Krieges verbrauchten Munition auf 150 Millionen Patronen, oder 150 000 Stück pro Tag. Diese Menge, die bei einem durchschnittlichen Tagesverbrauch von einer halben Patrone pro Mann (bei einem Schnitt von 300 000 Mann unter Waffen) noch sehr konservativ kalkuliert ist, steht für zehn Millionen Tonnen Blei, die das Heereszeugamt bereitgestellt hatte, wobei mehr als die Hälfte dieser Menge aus dem Einschmelzen von Fensterrahmen, Dachrinnen und Rohren oder durch Sammlungen unter der Bevölkerung kam. Ein nicht geringer Teil des Bleibedarfs wurde auch durch das Einsammeln von Schlachtfeldgeschossen zurückerhalten. In ähnlicher Weise wurde auch die zur Herstellung der Geschütze dringend notwendige Kanonenbronze gewonnen. Bei Kriegsende gab es in den dreizehn Staaten der Konföderation kaum noch eine Kirchenglocke. Schließlich wurde Kupfer so teuer und immer schwerer durch die Blockade zu bringen, daß das Standardfeldgeschütz des Südens, die 12-Pfünder Napoleon, aus Eisen gedreht werden mußte. Insgesamt kann gesagt werden, daß trotz Blockade, die in den letzten Kriegsjahren immer erfolgreicher war, trotz Verlusten auf den Schlachtfeldern, kein Mangel an Waffen und Munition bestand. Obwohl der Nachschub

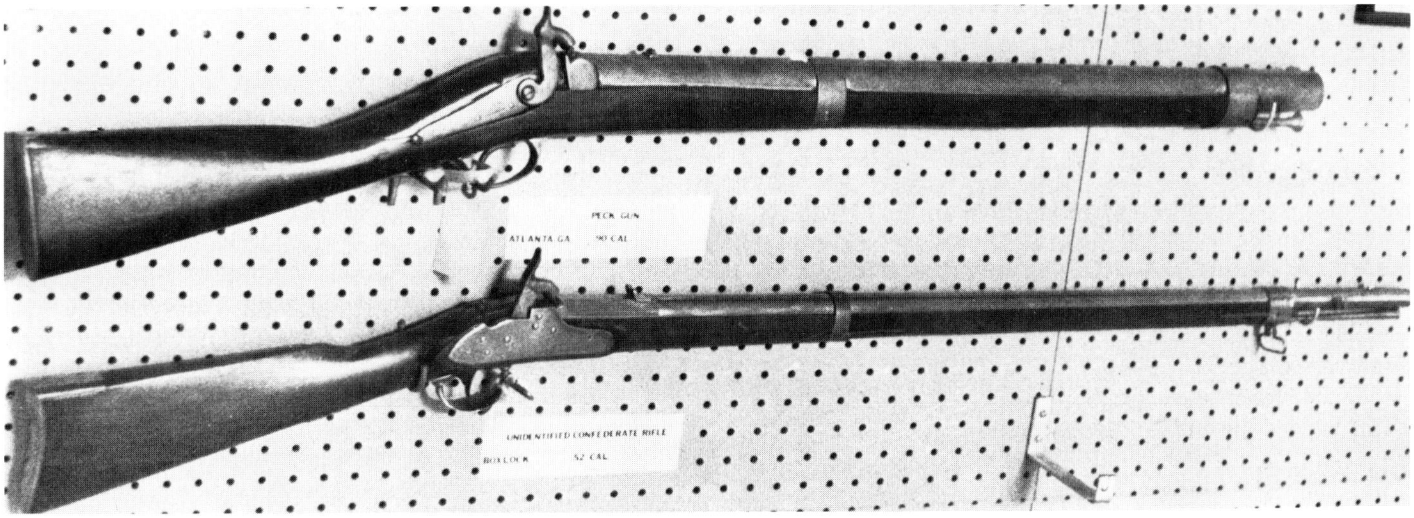

Zwei konföderierte Musketen im Springfield Armoury Museum. Oben das ›Peck‹-Gewehr Kaliber .93, eine Art Wallbüchse, die J. G. Peck, ein Büchsenmacher in Atlanta, schuf. Ein Teil der fünfundzwanzig hergestellten Gewehre war gezogen, ein Teil hatte glatte Läufe. Die Peck-Erzeugnisse sind sehr primitiv in der Bauweise, die schweren Laufringe sind aus alten Messingtöpfen geschnitten. – Darunter hängt eine nicht identifizierte Muskete Kaliber .52 mit Innenschloß, das Ähnlichkeiten mit dem Entwurf der Derringer-Marinepistole aufweist. Die Waffe ist konföderierten Ursprungs, trägt aber keinerlei Markierungen.

nicht immer ohne Stocken ablief, und obwohl es zu bestimmten Zeiten drohte, waren die Südstaatler nie schlecht oder mangelhaft bewaffnet. Keine Schlacht ging wegen fehlender Munition oder geringer Waffenqualität verloren. Gorgas und sein Stab hatten das Unmögliche möglich gemacht.

WAFFEN IN HEIMPRODUKTION

Bei Kriegsmitte, im Juli 1863, schätzte General Gorgas die lokal produzierten Langwaffen auf die beträchtliche Summe von 40 000 ein. Während der Großteil dieser Musketen in Richmond oder Fayetteville gebaut wurden, wäre eine Beschreibung der konföderierten Rüstung lückenhaft, wollte man den interessanten Anteil unterschlagen, den private Büchsenmacher bei der Bewaffnung der Südstaatler hatten.

Viele Landstriche in den konföderierten Staaten waren ausschließlich agrarisch, mit kleinen Marktflecken ohne industrielle Ansiedlungen. Trotzdem – oder gerade deshalb – gab es im Süden eine gewisse Anzahl von Handwerkern, die in der Lage waren, Gewehre und andere Waffen anzufertigen. Allein in North Carolina gab es im 19. Jahrhundert über 300 Büchsenmacher. Jeder zweite oder dritte Schmied war in der Lage, Waffen oder Waffenteile anzufertigen. In landwirschaftlichen Gegenden gehörte die Jagd zum alltäglichen Broterwerb der Farmer und jede Familie hatte ihre Flinte oder Long Rifle, um den mageren Feldertrag durch Wild aufzubessern, das an Feiertagen auf den Tisch kam. Die meisten dieser Gewehre waren in den Schmieden der Nachbarschaft gemacht, oft mit Schlössern, die aus dem Handel kamen. Viele dieser örtlichen Büchsenmacher hatten einen Ruf, der über ihren Landkreis hinausreichte. Phillip Sitton oder Matthew Gillespie aus Henderson County, N.C. sind Beispiele dafür; der Sohn des letzteren, Phillip, fiel im Bürgerkrieg. Jagdflinten und Kentucky Long Rifles dienten während des Sezessionskrieges nicht selten als militärische Waffen, in den Heimwehren und Freiwilligenregimentern rückten Bauernsöhne und Hinterwäldler aus den Appalachians mit ihren Gewehren ein, die oft Erbstücke im Familienbesitz waren.

Dorfschmiede und lokale Büchsenmacher fertigten bei Ausbruch des Konflikts Messer und Bajonette an, die auf Doppelflinten und Kentucky Rifles aufgepflanzt werden konnten, andere aptierten alte Steinschloßmodelle auf Perkussion, und nicht wenige versuchten sich in der Produktion von militärisch aussehenden Musketen.

Kleine Eisenfabriken, die im Ante Bellum-Süden Farmgeräte und Werkzeuge hergestellt hatten, wurden bei Kriegsausbruch in die Rüstungswirtschaft einbezogen. Einige Firmen, die vorher nur Sportgewehre in kleinen Serien angefertigt hatten, bekamen nun Aufträge von den Staatsregierungen zur Produktion von Militärwaffen. Als Anreiz und um überhaupt eine solche Produktion zu ermöglichen, finanzierte die Konföderation bei Auftragsvergabe an Privatfirmen die Auslagen mit der Vorkasse von einem Drittel des Auftragsvolumens. Nicht wenige Firmen und Büchsenmacher, die auf diesem Weg bei ihren Heimatstaaten oder in Richmond um Lieferaufträge und die entsprechenden Finanzierungsmittel antichambrierten, konnten die gewünschte Ware nie erstellen. Andere produzierten in mühevoller Handarbeit nur eine Handvoll Waffen und kapitulierten dann vor den Schwierigkeiten. Auf der anderen Seite gab es kleine Firmen, die erstaunliche Mengen und hervorragende Kopien von U.S. Modellwaffen lieferten.

M. A. Baker besaß vor dem Krieg ein Waffengeschäft in Fayetteville und kopierte die U.S. M 1841 Mississippi Rifle, außerdem aptierte er die gängigen Steinschloßmusketen und reparierte Arsenalwaffen.

James B. Barrett in Wytheville, Virginia erhielt 1862 eine Anzahl Beuteteile aus Harpers Ferry. Er baute diese vor dem Feuer geretteten Bauelemente der Hall-Hinterlader in eine eigentümlich anmutende Vorderladerbüchse und einen entsprechenden Karabiner um – die rund 300 in dieser Weise hergestellten Langwaffen wurden von konföderierten Truppen im Einsatz geführt. Ihr Kaliber betrug .54, die Läufe variierten von 26 bis 34 Zoll Länge.

C. Chapmann in Tennessee, *Clapp, Gates & Co.* in North Carolina, *H. C. Lamb & Co.* oder *Gilliam & Miller*, N.C., fertigten je einige hundert Kopien der Mississippi Rifle an.

Wenig wurde aus den hoffnungsvollen Verträgen, die der Staat von Alabama über Tausende von Musketen und Karabiner abschloß. Aus den Unterlagen der Verwaltung wird die tatsächlich gelieferte Waffenmenge ersichtlich:

- *John D. Gray* und *John M. Gray*, Graysville, Georgia, lieferten 80 Karabiner und 96 Gewehre vom Stil der Mississippi Rifle.
- *C. Kreutner* lieferte 36 M 1841-Kopien; *Greenwood & Gray*, Columbus, Georgia, lieferten an den Staat von Alabama 253 Büchsen und 73 Karabiner für $ 18 335.–. Ihre Gesamtproduktion in den Jahren 1862–1864 betrug rund 2000 Waffen aller Modelle. Eine größere Anzahl ihrer Mississippi-Kopien tauchen auch mit Schlössern von *J. P. Murray*, Columbus, auf.
- *Suter & Lessier* brachten nur 50 Büchsen ein.
- Erfolgreicher war *Davis & Bozeman* in Coosa County, die für ihren Heimatstaat nicht nur Arsenalwaffen reparierten, sondern auch 882 Mississippi-Kopien und 89 kürzere Versionen, als Karabiner bezeichnet, anfertigten. Die Läufe stammten augenscheinlich aus Columbus, Georgia, wo es ein Staatsarsenal gab. Sie sind identisch mit denen der Mississippi Rifles der Firma *Dickson, Nelson & Co.* aus Dawson, Georgia, von denen 645 an Alabama geliefert wurden. Auch *D. C. Hodgkins & Sons* aus Macon, Ga., bezogen aus dieser Quelle Läufe für ihre Karabiner. Die Firma Hodgkins kopierte den U.S. M 1855-Karabiner und aptierte Steinschloßgewehre aus den Arsenalbeständen Georgias. Mit der geplanten Einrichtung der Bundesfabrik im Ort wurde die Familienfirma Zulieferer für das Heereszeugamt.

Der Staat Texas, der in der zweiten Kriegshälfte von der Zentralregierung in Richmond abgeschnitten war, ließ seine eigenen Waffen produzieren, um die eigenen Resourcen auszuschöpfen. Ein Auftrag über 5000 Gewehre im Stil der U.S. Modell 1841-Büchse zum Stückpreis von $ 35.– erging an die im Mai 1862 gegründete Gesellschaft von *Short, Biscoe & Co.* in Tyler, die sich auch als *›Tyler Ordnance Works‹* bezeichnete. Bis zum Kriegsende verließen etwas weniger als 2300 Waffen die Fabrik, etwa hundert ›Austrian Rifle‹-Modelle und 1009 ›Texas Rifles‹ – so benannt nach der Prägung der Schloßplatten. Außerdem wurden 508 ›Enfield‹-Gewehre gefertigt. Sowohl die österreichischen wie die Enfield-Modelle wurden wahrscheinlich mit alten Läufen dieser Länder gemacht. Kaliber rangieren von .54 bis .58.

RICHMOND ARMORY RIFLED MUSKED, CAL. .58

Nicht alles, was in Harpers Ferry in der Nacht vom 18. April 1861 in den brennenden Fabrik- und Lagerhallen war, wurde tatsächlich ein Raub der Flammen. Der von Ex-Gouverneur Henry Wise initiierte Angriff auf das Arsenal der Bundesregierung sollte sich als seltener Glücksfall für den Staat von Virginia und die spätere Rüstungswirtschaft der Konföderation erweisen. Bereits am nächsten Tag, während aus den Ruinen noch die Flammen züngelten und eine riesige Rauchwolke über der kleinen Stadt hing, wurden die ersten Waffenteile und Maschinen nach Richmond abtransportiert. Zur Beute dieses ersten Kriegszuges der Virginia-Miliz gehörten auch Zehntausende abgelagerter Gewehrschäfte, fertige Schloßplatten der Modell 1855-Produktion, Gewehrläufe, vorgefertigte Hähne, Laufringe, mehrere tausend Musketen in unfertigen oder noch nicht inspiziertem Zustand, Schmiedeteile und Prägeformen. Bis zum Juni des Jahres schlachteten die Sezessionisten die vorhandenen Teile vor Ort aus. Während sie gleichzeitig Maschinen abbauten und wegschafften, wurden in den noch stehenden Räumlichkeiten der Harpers Ferry Armory verkohlte M 1855-Schäfte durch neue ersetzt und Tausende von Musketen fertiggestellt. Danach wurde auch diese Produktion in den Süden verlegt. General McClellans Streitkräfte begannen im Juni 1861 ihren Vorstoß entlang der Baltimore & Ohio Railroad. Konföderierte Streitkräfte, die sich aus Sezessionisten formiert hatten, wurden zurückgedrängt und schließlich am 3. Juni bei Phillipi in einer Serie kleiner Scharmützel besiegt. Dieser erste Schlagabtausch bestärkte die Unionisten in West Virginia so sehr, daß sie die Regierung in Richmond für abgesetzt erklärten und später als eigener Staat in die Union ein-

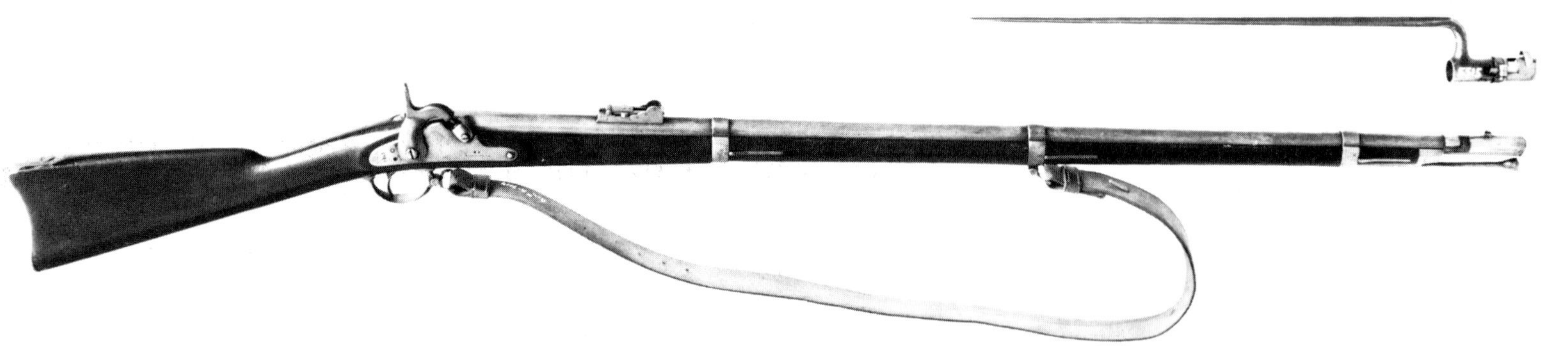

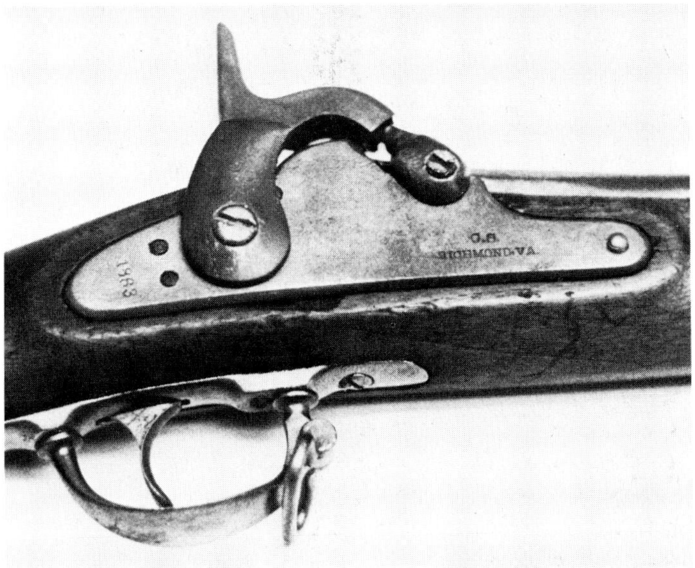

Das Schloß einer 1863 hergestellten Richmond Armory-Waffe. Die Höhe der ›Buckels‹ variiert. Frühere Erzeugnisse hatten einen noch höheren Rücken auf der Schloßplatte, der die untere Wölbung des Hahns paßgenau ausfüllte.

traten. McClellans Vormarsch bedrohte die Südstaatenverbände in Harpers Ferry, so daß sich diese Marylander und Virginer Mitte des Monats aus der Fabrikstadt am Potomac zurückzogen.
Richmond besaß seit 1801 eine eigene Waffenmanufaktur, die vornehmlich Steinschloßmusketen im Stil des noch französischem Muster ausgelegten U.S. Modells 1795 und Kavalleriepistolen anfertigte. 1820 stellten diese Werke ihre Produktion ein, 1859 nahm der Gouverneur von Virginia Verhandlungen mit Samuel Colt über die Einrichtung einer Maschinenfabrik zur Fertigung von Perkussionsmusketen auf, die aber Opfer der steigenden Spannungen zwischen Nord und Süd wurden. Pläne, die Wiedereinrichtung einer staatlichen Waffenfabrik mit Maschinen der Tredegar Eisenwerke zu verwirklichen, nahmen 1860 konkrete Formen an. In diesem Jahr kehrte auch Oberst James Henry Burton aus England zurück. Als erstes Stadium wurden in dieser Manufaktur Steinschloßwaffen auf Perkussion aptiert. Im November 1861 berichtete der für die Staatsmiliz verantwortliche Zeugamtsoffizier Dimmick, daß die Richmond Armory »10 000 U.S. Steinschloß(musketen) ausgegeben hat, die sie vor Jahren von der Bundesregierung erhalten hat. Diese haben keine besondere Markierung, nach der sie als Eigentum dieses Staates erkannt werden können . . . Virginia hat 10 000 Perkussionsmusketen, Vereinigte Staaten, und 50 000 Virginia Steinschloßmusketen ausgegeben, die letzteren können klar durch den Stempel ›Virginia‹ auf dem Schloß erkannt werden . . .« Nach dem Bericht Dimmicks wurden zu diesem Zeitpunkt ›Virginia Manufactury‹-Musketen, die in Richmond in den Jahren 1812–1831 gefertigt wurden, von der Truppe zur Aptierung auf Perkussion zurückgenommen.
Im Juli 1861 lief die Fertigung gezogener Perkussionswaffen in der Richmond Armory an. Die Werkzeuge, Lehren und Prägeformen dazu stammten aus Harpers Ferry. Zu den aus Harpers-Ferry-Teilen zusammengesetzten M 1855-Musketen, die einige hundert Stück umfassen und mit dem Maynard-Zünderschloß ausgestattet sind, kam nun ein neuer Typ: Die C.S. Richmond-Muskete.
Die Muskete ähnelt in Form, Länge, Kaliber und Ausführung dem U.S. Modell 1855 bzw. 1861. Die Läufe tragen auch die Prüfstempel ›VP‹ und die Adlermarkierung von Harpers Ferry. Lediglich die Schloßplatte ist anders. Da die Prägeform der M 1855 weiterbenutzt wurde, hat die Platte die buckelartige Ausformung des Maynard Bandzünders, ohne daß sie als Fach entsprechend ausgefräst wurde. Als Inspektormarke ist mitunter ›JB‹ für James Burton zu finden. Schloßplatten mit der Jahreszahl 1861 tragen zumeist die Aufschrift ›RICHMOND, VA.‹. Nachdem die Fabrik 1862 vom Staatsbesitz in die Verwaltung durch die Konföderationsregierung übernommen wurde, wurde das Schloß zusätzlich mit ›C.S.‹ geprägt. C.S. Richmond-Musketen können Schaftkappen oder andere Teile aufweisen, die mit ›U.S.‹ gestempelt sind, diese Teile stammen aus der Harpers Ferry Beute. Frühe Musketen haben noch ein eisernes Schaftfach, späteren Ausführungen fehlt dieses. Kurze Läufe, die in Harpers Ferry erbeutet wurden, erlaubten die Fertigung von Zwei-Band-Büchsen nach dem Vorbild der U.S. Model 1855 Rifle. Später wurden auch über 2000 Musketons mit 30 Zoll langen Läufen und einfachem Standvisier gemacht. Die Produktion wurde in Richmond bis zum Januar 1865 fortgesetzt. Insgesamt wurden über 15 000 Musketen, Kurzgewehre und Büchsen gefer-

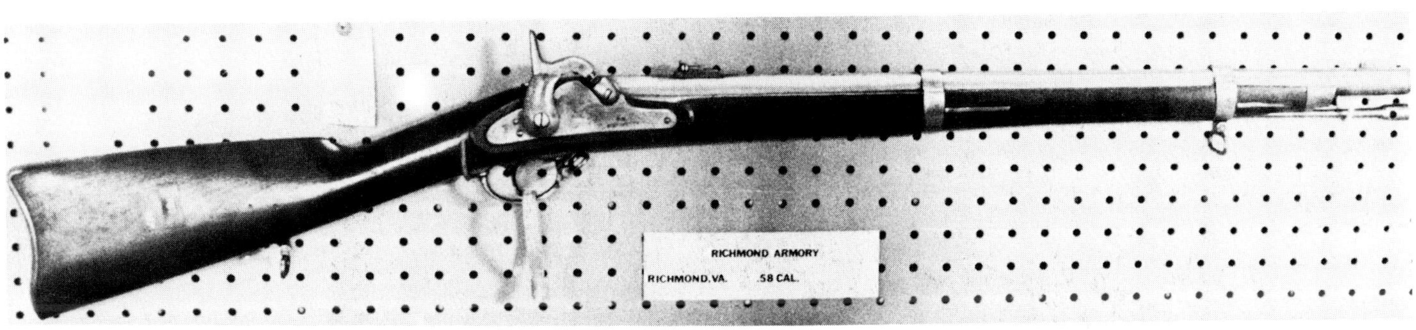

In Richmond hergestellter Musketon oder Kavalleriekarabiner mit einer Lauflänge von 25,5 Zoll.

tigt. Das Kaliber der Waffen betrug .58/100 inch, der Lauf war mit drei Zügen wie die U.S. M 1855 gezogen, aber einige Musketons wurden mit aufgebohrtem Lauf und Kalibern von .60 bis .62 Zoll gefunden und augenscheinlich waren sie in dieser Weise hergestellt. Der Wert einer originalen C.S.-Muskete oder eines Musketons liegt heute zwischen DM 5000,– bis 10 000,–, aber Sammler sollten vorsichtig sein. Bannerman und andere Händler hatten in der Nachkriegszeit eine Anzahl Richmond-Schloßplatten vorrätig, und manche ›gewöhnliche‹ M 1855 und M 1861 wurde von gewiegten Betrügern ›aptiert‹.

Gezogene Dreibandmusketen nach dem Richmonder Muster wurden auch von Eli Whitney in seiner Fabrik in New Haven, Connecticut, aus übriggebliebenen Teilen der M 1855-Kontraktproduktion zusammengesetzt. Bei Kriegsausbruch lieferte Whitney diese mit ›E. WHITHEY‹ ohne Jahreszahl markierten .58 Minié-Waffen an einige Staatsmilizen. Mehrere tausend solcher Dreiband-Ausführungen sind bekannt, ähnlich auch Zweibandversionen mit einer Form, die an die englischen Pattern 1858 Short Rifle erinnert. Obwohl es nicht ausgeschlossen ist, daß der geschäftstüchtige Yankee seine Ausschußware auch einigen Milizvereinen im Süden aufschwatzen konnte, sind solcher Art markierte Waffen nicht unbedingt konföderierte Exemplare. Ein Nachweis darüber steht noch aus. Anders dagegen die von E. Whitney zwischen 1842 und 1854 hergestellten Kontraktmodelle 1841 der Mississippi Rifle, von denen sehr viele in den Arsenalen der Südstaaten gelagert waren. Hierbei kann es sich um echte C.S.-Ordonnanzwaffen handeln.

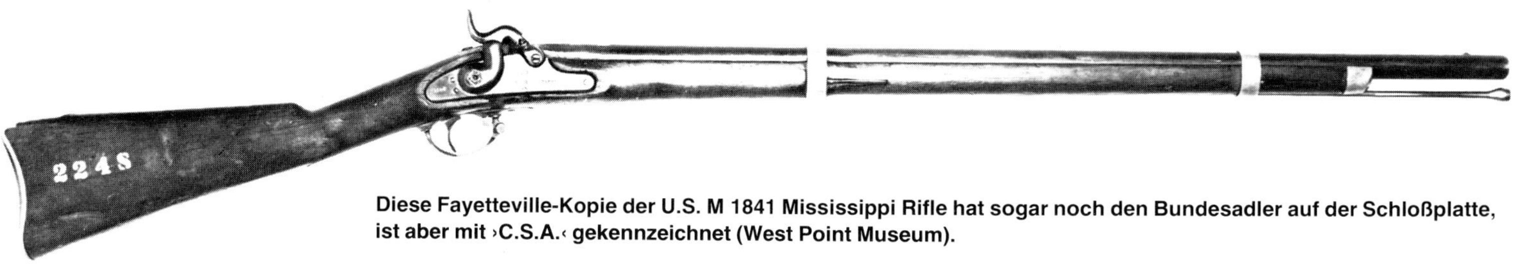

Diese Fayetteville-Kopie der U.S. M 1841 Mississippi Rifle hat sogar noch den Bundesadler auf der Schloßplatte, ist aber mit ›C.S.A.‹ gekennzeichnet (West Point Museum).

FAYETTEVILLE ARMORY

Die Zentralregierung und das Heereszeugamt waren daran interessiert, eine Rüstungsproduktion aufzubauen, die ›tiefer‹ im Staatsgebiet der Konföderation lag als das nur wenige Stunden von der Front entfernte Richmond. Das Bundesarsenal in Fayetteville, North Carolina, bot sich an. Das Heereszeugamt wollte die in Harpers Ferry erbeuteten Maschinen und Werkzeuge sofort nach North Carolina verlagern, aber der Gouverneur von Richmond und dessen Vorgänger Wise pochten auf die Eigenständigkeit der einzelnen Staaten. Die Milizsoldaten von Virginia hatten Harpers Ferry erobert, die Beute hatte demzufolge auch dem Staat von Virginia zugute zu kommen! Schließlich einigte man sich auf einen Kompromiß. Die Teile und Werkzeuge für die Fertigung der M 1855-Muskete blieben in Richmond, die Fayetteville Armory wurde für die Herstellung der Mississippi Rifle ausgestattet. 1861 lief die Produktion im Juni an. Die ersten Waffen waren aus Beuteteilen von Harpers Ferry zusammengesetzt und stellten eine seltene Mischung aus Stilelementen des U.S. M 1841 und U.S. M 1855 dar. Diese .58-Büchsen hatten den Schaft und Lauf des M 1855 einschließlich der Patchbox, aber Laufringe, Abzugsbügel und alle anderen Garniturteile aus Messing. Die Schloßplatte hatte den hohen Buckel der C.S. Richmond-Musketen. Außer ›US‹-Prägungen auf einigen Teilen hatten diese ersten Büchsen keine Markierungen. Der Schaft erhielt die Inspektorprägung ›JB‹. Einige dieser Waffen sind auch mit ausgefrästen Maynard-Schloßplatten aufgetaucht, die aber nie einen Deckel oder Zuführer-Bohrung besaßen. Auch hierbei handelt es sich um Beuteteile, die im Herbst 1861 in aller Eile zu trotzdem recht brauchbaren Langwaffen zusammengebaut wurden. Mitte 1862 wurden die in Fayetteville zusammengesetzten Büchsen mit dem Namen des Herstellerortes, einem Adler und ›CSA‹ markiert. Zu dieser Zeit waren die Harpers Ferry-Bestände an Schloßplatten und Läufe aufgebraucht und man begann nun mit einer eigenen Produktion. Ein S-förmiger, sehr flach erscheinender Hammer und eine reguläre Schloßplatte sind das Kennzeichen dieser Standardproduktion, die bis zum März 1862 eine Gesamtzahl von ca. 10 000 Gewehren ergab. Die Waffen waren bis 1862 für ein Säbelbajonett mit Messinggriff nach Vorbild des Yatagan-Typs und später für ein Dreikant-Tüllenbajonett ausgerüstet. Mit der Anfertigung eigener Schäfte entfiel auch die in den frühen Modellen benutzte Patchbox im Kolben. Einige Waffen wurden mit einer eisernen Standkimme, die Mehrzahl aber mit einem dreiteiligen Klappenvisier ähnlich des Springfield Musters ausgestattet.

In Fayetteville wurden außerdem Steinschloßwaffen aptiert, u. a. auch die Hall Hinterlademodelle von 1819, ferner einige hundert Pistolenkarabiner des Modells 1855 aus Beuteteilen zusammengesetzt – auch diese Waffen haben die seltsame ›Schloßplatte mit Bukkel‹.

Wie in anderen Staatsarsenalen, z. B. Milledgeville, Georgia, oder Columbia, S.C., wurden in Fayetteville auch Beutegewehre instandgesetzt, Arsenalwaffen repariert und Ersatzteile gefertigt. Gleichzeitig diente die Armory als Arsenal für die Heimwehr und Staatsmiliz. Im März 1865 drohte Fayetteville dem Vormarsch General Shermans zum Opfer zu fallen. Die Fabrikation wurde eingestellt, der Maschinenpark verpackt und in den Chatham Landkreis transportiert. Dort wurden die Werkzeuge innerhalb weniger Wochen von den Nordstaatlern ›eingeholt‹.

PALMETTO ARMORY, SOUTH CAROLINA

Die Einrichtung der Palmetto Waffenfabrik geht auf die Krise von 1850 zurück, als wegen der Aufnahme Kaliforniens bereits eine Sezession der Südstaaten drohte. Kalifornien wurde schließlich als ›Free State‹, d. h. Nicht-Sklavenhalterstaat, in die Union aufgenommen und die Sklaverei im District of Columbia, dem Territorium Washingtons, abgeschafft, aber als Kompromiß ein Flüchtlingsgesetz eingeführt, das die Rückführung eines entflohenen Negers zu seinem Besitzer auch in den Nordstaaten festlegte.

William Glaze und sein Partner Boatwright hatten 1850 die eisenverarbeitende Fabrik gegründet. Im April 1851 wurde der Staat Süd Carolina Vertragspartner mit William Glaze und einem Benjamin Flagg, der den Maschinenpark beisteuerte. Die Werkzeuge und Teile kamen von der Firma A. E. Waters, Milbury, Mass. Zwischen 1852 und 1853 wurden einige ausend Musketen des U.S. Modell 1842 und eintausend M 1841 Mississippi Rifles im Auftrag des Gouverneurs hergestellt. Während des Krieges diente die Palmetto Armory nur als Munitions- und Versuchswerkstätte. Palmetto Musketen und Büchsen wurden im Bürgerkrieg benutzt und sind heute seltene und gesuchte Sammlerstücke – wobei auch hierbei einiges gefälscht wurde! Die Fabrik selbst ist im Februar 1865 von Shermans Truppen erobert und zerstört worden.

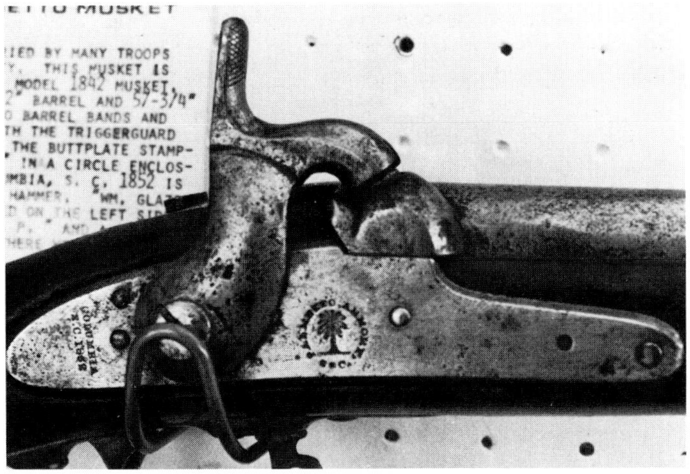

Die Schloßplatte einer Palmetto-Muskete M 1842 mit dem Palmensymbol anstelle des Adlerwappens.

ASHEVILLE ARMORY, NORTH CAROLINA

Die Mississippi Rifle wurde im Kaliber .58 auch von der Asheville Armory kopiert. Diese Waffenfabrik entstand 1862 in der gleichnamigen Stadt auf Privatinitiative einer Gruppe Bürger und Büchsenmacher: Clayton, Whitson und Oberst Pulliam. Der technische Leiter der Fabrik hatte seine Erfahrungen vorher in Harpers Ferry gewonnen, woher auch Waffenteile und Werkzeuge via Richmond gekommen waren. Die von der Firma hergestellte Waffe entsprach weitgehend dem Vorbild der U.S. Model 1841 Rifle, hatte Messinggarnitur, besaß aber kein Schaftfach. Auch der Hahn und die unmarkierte Schloßplatte gleichen der Originalwaffe. Rund 300 Waffen dieser Art wurden hergestellt.

Im November 1862 ließen Produktionsschwierigkeiten die Regierung eingreifen und die Firma übernehmen. Im Herbst 1863 wurde die Fertigung ganz eingestellt, die Maschinen wurden in die Palmetto Armory transportiert.

STATE MILITARY WORKS, GREENVILLE, SOUTH CAROLINA

Es fehlte dem Süden nicht an Intelligenz und Erfindungsreichtum. Dies beweist u. a. George W. Morse, der bereits vor Kriegsausbruch Hinterladesysteme für Metallpatronen in Form eines Klappenverschlusses patentieren ließ. Zwischen 1854 und 1856 wurden 655 M 1816-Musketen in Springfield und Harpers Ferry versuchsweise auf das Morse-Patent umgebaut, wobei eine Zentralfeuer-Metallpatrone im Kaliber .69 zu Feldversuchen hergestellt wurde. Bei Beginn des Krieges versuchte Morse, seine Ideen in bezug auf einen Hinterladekarabiner in Texas ›an den Mann zu bringen‹, aber entsprechende Vertragsverhandlungen mit der Staatsregierung wurden nie abgeschlossen.

George Woodward Morse wurde dann Leiter der Nashville Armo-

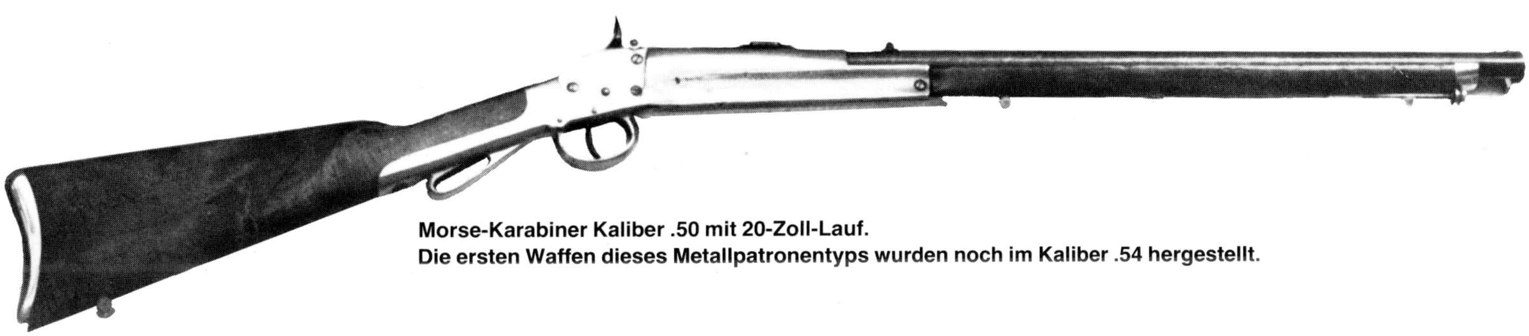

Morse-Karabiner Kaliber .50 mit 20-Zoll-Lauf.
Die ersten Waffen dieses Metallpatronentyps wurden noch im Kaliber .54 hergestellt.

Morse-Muskete mit dem vom Erbauer ihm entwickelten Innenschloß.

ry in Tennessee und realisierte einen von ihm entwickelten Patronenkarabiner, der auf seine Versuchsmuster mit den M 1816-Musketen aufbaute. Das Verschlußgehäuse und viele Teile wurden aus Messing gefertigt, weil dieses Material sich einfacher verarbeiten ließ als Stahl oder Eisen. Erste Prototypen wurden bei Marshall & Co. in Atlanta in Auftrag gegeben, später ging man in den Staatswerken in Greenville in Serie. Während der Produktion wurden noch Veränderungen eingeführt, so daß schließlich drei Modelle entstanden. Die Gesamtmenge der fertiggestellten Morse-Karabiner belief sich auf weniger als 1000 Stück.

Ab Mitte 1863 bis zum Herbst 1864 ließ Morse in Greenville alte Musketen- und Büchsenläufe unter Verwendung vorhandener Schrottwaffenteile mit seinem neuen Innenschloß zusammenbauen. Karabiner und Musketen mit verschiedenen Kalibern von .54 bis .71 und Lauflängen von 24 bis 42 Zoll sind mit diesem eigentümlichen, aber sehr guten Schloß ausgestattet. Der Hauptgedanke dieses Rückschlosses lag in dem geringen Platz, der im Schaft beansprucht wurde. Das ›Morse Inside Lock‹ konnte daher ohne große Umstände mit Läufen der verschiedensten Kaliber und Durchmesser kombiniert werden. Es ersparte auch mehrere Arbeitsgänge beim Ausfräsen der Schloßmortise. Die derart gebauten Waffen trugen auf dem Abzugsbügel Herstellungsjahr (1863 oder 1864), den Namen ›MORSE'S LOCK‹, Seriennummer und ›STATE WORKS, GREENVILLE, S.C.‹. Diese Gewehre, ob gezogen oder mit glattem Lauf, sind sehr selten und heute nur noch in Museen anzutreffen.

J. P. MURRAY-KARABINER

Unter den italienischen Repliken, die für die Vorderladerschützen in Europa und Amerika gefertigt werden, befindet sich auch ein Exemplar, das als ›J. P. Murray Artillerie-Karabiner Modell 1863‹ angeboten wird. Obwohl es sich bei dem Original um einen Waffentyp handelt, der nur in sehr geringen Stückzahlen existiert und kaum für den hiesigen Sammler erreichbar ist, sollte man vielleicht doch die nähere Geschichte dieser Kurzgewehre erläutern:

John P. Murray war der Chefbüchsenmacher der Firma Greenwood & Gray in Columbus, Georgia. Vorher hatte er als privater Büchsenmacher Reparaturen und Aptierungen für die Staatsarsenale Georgias durchgeführt. Im Januar kauften Eldrige S. Greenwood und William C. Gray eine Metallfabrik von Abraham H. DeWitt, die bisher Blankwaffen hergestellt hatte und Säbel für die Südstaatenkavallerie nach dem Muster des U.S. Modells 1840 kopiert hatte. Murray wurde der technische Leiter dieser neuen Firma, die jetzt unter dem Namen ›Greenwood & Gray‹ im Auftrag des Staates Büchsen, Karabiner und Säbelbajonette herstellte. Das Vorbild für diese Herstellung war – wie allgemein im Süden üblich – die Mississippi Rifle. Entgegen Behauptungen, die hierzulande in Anzeigen aufgetaucht sind, wurden bei Murray-Waffen keine Teile der Harpers-Ferry-Beute verwendet, sondern die Waffen wurden nach Vorbildern in Columbus kopiert und Läufe, Schäfte und alle Teile am Ort angefertigt. Die Gesamtproduktion der .58-Waffen betrug weniger als 2000 Stück, obwohl in der besten Zeit der zweijährigen Existenz von Greenwood & Gray bis zu 150 Menschen in der Fabrik arbeiteten. Ein Anhaltspunkt für das Verhältnis von Karabinern zu Büchsen in der Produktion ist eine Archivunterlage,

Die Murray Musketon-Replika in einem Reenactment der Armee von Northern Virginia. Der Karabiner oder Musketon-Nachbau eignet sich hervorragend zur Darstellung von Artillerie- oder Kavallerieeinheiten. Seine äußere Form ist mit der Messinggarnitur und den Maßen genau dem Original nachgebaut. Auch die einfache Visierung entspricht dem Vorbild. (Foto: Phil Spangenberger, Guns & Ammo)

die den Ankauf von 262 Mississippi Rifles und 73 Karabinern im Zeitraum vom 1. Oktober 1863 bis zum November 1864 durch das Zeugamt Alabamas bescheinigt. Andere Greenwood & Gray- bzw. Murray-Produkte sind wahrscheinlich direkt an die Milizen von Georgia aufgegeben worden. In Columbus gab es neben anderen Waffenherstellern auch ein konföderiertes Zeugamtsdepot, in dem Arsenalwaffen repariert, Schlachtfeldfunde wiederhergerichtet und neu hergestellte Waffen inspiziert und abgenommen wurden.
Neben der Aufschrift ›J. P. MURRAY, COLUMBUS, GA‹ tragen die Greenwood & Gray-Waffen daher zumeist den Prüfstempel des C.S.-Zeugamtsoffiziers von Columbus, Major F. C. Humphrey (›F.C.H.‹), auf dem Lauf. Andere Waffen haben ›ALA‹ für Alabama und die Jahreszahl der Abnahme, zumeist 1864, eingraviert. Erhaltene Originalwaffen weisen eine hohe Qualität der Metall- und Schaftteile auf. Die Firma fertigte neben der Kopie der Mississippi Rifle (Lauflänge 75,5 cm) zwei kurze Versionen. Der Kavalleriekarabiner hat zwei einfache Laufbänder, die mit Federbändern gehalten werden, und eine Lauflänge von genau 60 cm. Eine zweite Karabinerversion – heute üblicherweise als Artilleriemusketon bezeichnet, obwohl es keinen Beleg dafür gibt – hatte einen 61 cm langen Lauf und ein doppeltes Vorderband in der Art der Mississippi Rifle. Alle Waffen sind mit einfachem Standvisier und Messinggarnitur versehen. Die unterschiedlichen Lauflängen der Kurzgewehr-Versionen werden von Fachleuten auf den Umstand zurückgeführt, daß man längere Gewehrläufe, die im Mündungsbereich schadhaft waren, auf Karabinerlängen gestutzt hat. Waffen, die den Alabama-Abnahmestempel auf dem Lauf tragen, haben unmarkierte Schlösser. Einige Büchsen sind mit Lauflängen bis zu 33 Zoll (83,8 cm) aufgetaucht, gewisse Variationen in Kleinteilen sind bekannt, wie z. B. die abgerundete oder flache Seitenform des Pistonssockels.
Der Wert einer guterhaltenen Greenwood & Gray-Waffe liegt heute bereits im Bereich über DM 5000,– und damit jenseits der erschwinglichen Kaufgrenze von 90% aller Sammler. Dies lag auch der Entscheidung der amerikanischen Firma Navy Arms unter ihrem Leiter Val Forgett zugrunde, den Musketon zu kopieren: Die in Italien hergestellte Kopie baut natürlich auf Teile der ›Zouave‹-Fertigung auf und verwendet die gleichen Laufringe wie bei der ›Mississippi‹-Replika. Man muß aber der Firma Antonio Zoli zugutehalten, daß sie sich besonders bei der Schaftform große Mühe gegeben und den langen Kolbenhals sowie die flache Schulterausformung des Originals richtig nachgebaut hat. Leider blieb aber dem Murray-Karabiner die Adlerprägung der Zouave- und Mississippi auf der Schloßplatte – das hätte man sich sparen können!

Waffenimporte und Kaufaktionen

Auf beiden Seiten der Mason-Dixon-Linie waren in Arsenalen und Staatsfabriken nicht genügend Waffen für den Konflikt vorhanden. Die langsam anlaufende Produktion von Lizenzausgaben der Ordonnanzmodelle, der Ankauf von Musketen und Karabinern von privaten Waffenherstellern blieb Stückwerk. An Freiwilligen fehlte es nicht, aber die Kompanien und Regimenter, die sich unter den Fahnen ihrer Staaten sammelten, drillten vorerst mit Holzgewehren, Besenstielen und Zaunlatten.
Jede Schlacht stellte einen Aderlaß in Waffen und Ausrüstung dar, der schwer zu ersetzen war. Mehr als zwei Drittel der Regimenter, die aus Washington ausgezogen waren, um am Eisenbahnknotenpunkt von Manassas der Rebellion ein kurzes, heftiges Ende zu bereiten, warfen ihre Musketen, Bajonette und anderen Ausstattungsteile weg, als sie in kopfloser Flucht geschlagen vom Schlachtfeld rannten. Die Konföderierten waren für diesen unerwarteten Nachschubsegen dankbar; einige Beschreibungen von Teilnehmern an den ersten Kampfhandlungen verbergen kaum die Weihnachtsstimmung, die bei den Beutezügen in Nachschublagern und Troßfahrzeugen aufkam. Der Bürgerkrieg hätte keine sechs Monate gedauert, wenn nicht die Waffen der alten Welt, Europas überfüllte Depots, zur Verfügung gestanden hätten. Vor allem der Konföderation wäre ein frühzeitiges Ende beschieden gewesen, hätten nicht ihre Agenten mit Umsicht und Fachwissen die knappen finanziellen Resourcen der Südstaaten beim Ankauf europäischer Minié-Gewehre, Geschütze und Zubehör treuhänderisch verwaltet.
Die Verwendung europäischer Waffen macht den Amerikanischen Bürgerkrieg auch für hiesige Sammler so interessant und verschafft der Beschäftigung mit diesem Konflikt und seinen Relikten sein reichhaltiges Spektrum. Bis vor wenigen Jahren waren die Importwaffen für amerikanische Sammler noch völlig uninteressant, die amerikanischen Standardwaffen und Ordonnanzmodelle waren in genügend großer Zahl vorhanden, um die Sammelleidenschaft der Bürgerkriegsinteressierten abzudecken. Heute sind die Preise ungleich höher gestiegen, und wer einen eng bemessenen Geldbeutel hat, dem erscheinen die ehedem verachteten Importgewehre in einem anderen Licht. Für den Sammler europäischer Militärmodelle bildet der amerikanische Binnenkonflikt eine neuerschlossene ›Fortsetzung‹ der eigenen Waffengeschichte. Zwischen 1850 und 1870 erlebte die europäische Waffentechnik schnell aufeinanderfolgende Systemerneuerungen. Zur gleichen Zeit, als in Preußen das Dreysische Zündnadelgewehr die Perkussionsvorderlader zum alten Eisen degradierte, wechselte Österreich vom Augustin-Console-Zünder zur normalen Piston-Perkussionierung um, und die Dornbüchsen waren kaum gealtert, als schon die Minié-Expansionsgeschosse eine neue Wende darstellten. Da bis Mitte der sechziger Jahre die großen Konflikte die alte Welt verschont gelassen hatten, lagerten in den Depots europäischer Staaten eine Unzahl kaum gebrauchter Gewehrtypen, die zum Verkauf bereitstanden. Fünf Jahre später, in der Hektik der deutschen Einigungskriege, hätten die amerikanischen Aufkäufer längst nicht diese offenen Oh-

ren für ihr Anliegen und solche günstigen Schleuderpreise vorgefunden wie 1861. So aber war die Gelegenheit gut und der Krieg in den USA brachte den europäischen Regierungen eine willkommene Finanzquelle für das eigene Wettrüsten. Englische, belgische und österreichische Waffenfabrikanten gelangten fast über Nacht zu unerwartetem Wohlstand.
Nicht jedes europäische Waffenmodell, das heute in einem amerikanischen Laden erstanden wird, ist tatsächlich ein Veteran von 1861–65. Vor voreiligen Rückschlüssen dieser Art sei gewarnt. Nicht jedes Gewehr mit rostüberzogenem Lauf und den scharf geprägten Buchstaben ›CSA‹ im Schaft war bei Petersburg oder Chikkamauga dabei, auch wenn der Händler behauptet, es würde in stillen Momenten die Zugluft in seinem Laden »I wish I were in Dixie« auf der Mündung pfeifen. Viele Bürgerkriegsbegeisterte bekamen von gewitzten Verkäufern beiderseits des Atlantiks »original echte CS-Musketen« aufgeschwatzt, die sich als cleverer Zusammenbau überschüssiger Waffenteile aus den Lagerhallen Lüttichs herausstellten. Das Argument, man wisse ja, die Südstaatler hätten alles gekauft und benutzt, was ›Bum‹ machte, entbehrt der historischen Grundlage. Entgegen landläufiger Meinungen waren die Waffenhändler der Südstaaten bei der Beschaffung ihrer Musketen weitaus sorgfältiger und qualitätsbewußter, als ihre ›Kollegen von der anderen Feldpostnummer‹. Der Norden verfügte über den besseren finanziellen Rückhalt und gab sein Geld leichtfertiger aus. Einige skrupellose Handelsgesellschaften kauften auf eigene Rechnung in Belgien und Deutschland alles ein, was musketenähnliche Formen hatte, in der nicht immer unberechtigten Hoffnung, diese zweifelhaften Rohre wenn nicht an die U.S. Regierung, dann doch an einen Bundesstaat oder Privatmann bringen zu können, der seinem Patriotismus mit der Ausrüstung einer Milizkompanie unterstreichen wollte. Agenten der Vereinigten Staaten und der Konföderation gaben sich in europäischen Hauptstädten mitunter die Klinke in die Hand. Die Konkurrenz um Qualitätslieferungen war groß, fünfzigtausend Minié-Gewehre zur richtigen Zeit am richtigen Ort konnten über Sieg und Niederlage in einem Feldzug entscheiden. Tausende von Musketen wurden von Unionsabgesandten nur deshalb aufgekauft, um sie nicht in die Hände des Südens fallen zu lassen. Die Lektüre der Rechenschaftsberichte und Briefe der Beauftragten beider Seiten lesen sich noch heute wie ein spannender Agentenroman, und William Edward hat diesem Thema in seinem Buch einige interessante, aber auch recht verwirrende Kapitel gewidmet.
Ein Jahr nach Kriegsbeginn, im Sommer 1862, hatte der Norden bereits über 10 Millionen Dollar für Importgewehre und -karabiner ausgegeben: Nur 116 740 Gewehre waren vom Enfieldmuster, das als gleichwertig mit den Springfield-Musketen angesehen wurde. 48 108 französische Ordonnanzwaffen, 170 255 österreichische Modelle älterer Baujahre, 111 549 Musketen aus Preußen, 57 194 aus Belgien gehörten zum Gegenwert dieser staatlichen Summe. Über 200 000 Waffen werden in den offiziellen Berichten zwar als fremde Importware aufgeführt, aber nicht genau nach Typ oder Herkunftsland identifiziert.* Während der annähernd gleichen Zeit hatte der für die Konföderation arbeitende Agent Caleb Huse allein über 100 000 englische Gewehre, zumeist Enfield Pattern 1853, erworben.

»HARTE YANKEE-DOLLARS ...«

Ein Augenzeuge des Bürgerkrieges, der Comte de Paris, Stabsoffizier General McClellans, beschrieb die Situation in der Nordstaatenarmee später in einem Geschichtswerk mit krassen Worten:
»Während des ersten Kriegsjahres gelang es dem Zeugamt, die verschiedenen Armeen im Felde mit 1 276 686 tragbaren Feuerwaffen (Musketen, Karabiner und Pistolen) auszustatten, nicht gerechnet, was noch in den Arsenalen verblieb, außerdem 1926 Feld- und Belagerungsgeschütze, 1200 Geschütze für Befestigungen und 214 Millionen Patronen für Handfeuerwaffen und Kanonen. Aber es mußte in Europa um Waffen anfragen ... und dieser Nachschub war vom Schlimmsten. Agenten ohne jederlei Erfahrung oder Berechtigung, und manchmal ohne Skrupel, kauften in allen Teilen Europas für die Bundesregierung alle Musketen, deren sie habhaft werden konnten, ein – ohne Rücksicht auf Qualität oder Preis. Die englischen und belgischen Fabriken konnten ihren Bedarf nicht schnell genug decken, da kauften sie aus den kleinen deutschen Ländern alle die altertümlichen Waffen, die diese Staaten froh waren für einen Preis loszuwerden, der sie in die Lage versetzte, sie durch Zündnadelgewehre zu ersetzen. Kurz, der Abfall Europas ging in die Hände der amerikanischen Freiwilligen über.
Ein Teil der Musketen war für den Dienst untauglich; die wenigen, die gebrauchsfähig waren, mußten für die Soldaten jeder Kompanie bereitgehalten werden, die auf Wache gingen. Die Kaliber waren völlig durcheinander; konische Kugeln wurden für die großen deutschen, glattläufigen Musketen ausgegeben, während die alte amerikanische Patrone mit einer Kugel und vier Rehposten denen gegeben wurde, die das große Glück hatten, ein Minié-Gewehr bekommen zu haben. Die defekte Bewaffnung der Infanterie wäre Grund genug gewesen, den Feldzug um einige Monate zu verzögern. Um das zu beheben, sah man sich genötigt, die Musketen erst nach Kalibern in die Regimenter einzuteilen und dann die Wertlosesten nach und nach wegzuwerfen.«
Die Verhältnisse waren nicht ganz so schlimm, wie sie der französische Graf in seiner verständlichen Wut des Troupiers über die Verwaltungsbeamten darzustellen versucht war. Aber sie waren in der Panik der ersten Kriegsmonate verworren genug: Kriegsminister Simon Cameron hatte bei diesem Bereich der Waffenbeschaffung, wie auch bei anderen, die Übersicht verloren. Einzelne Bundesstaaten traten als Käufer auf, obskure Handelsfirmen boten sich an, neueste Gewehrtypen in jeder beliebigen Menge heranzuschaffen, Privatleute wollten Milizeinheiten auf eigene Kosten ausrüsten. Unter anderem kauften die USA-Botschafter in London und Brüssel erste Ladungen in Übereinkunft mit dem umstrittenen Oberst Fremont, der für seine Truppen auf dem westlichen Kriegsschauplatz ohne Rückfrage mit dem Kriegsministerium Waffen aller Art

* nach Fred Albert Shannon »The Organization an Administration of the Union Army 1861–1865«, 2 Bände, Cleveland 1928, hier: Vol. I, S. 118

bestellte, auch wenn die dafür verlangten Preise überzogen waren. Um Ordnung in dieses Durcheinander zu bringen, wurde Ende Juli 1861 Oberst George L. Schuyler als Einkäufer mit Exklusivrechten und einem Zwei-Millionen-Dollar-Kredit versehen nach London geschickt. Was das amerikanische Zeugamt für dieses Geld sehen wollte, waren Minié-Gewehre des Enfield-Musters von 1853, deren Produktion in der Royal Small Arms Factory mit amerikanischen Maschinen und technischem Know-How angelaufen war. Aber der englische Markt war im Sommer 1861 weitgehend mit Lieferungen für einige private Importeure des Nordens und für den Südstaatler Caleb Huse gesättigt. Selbst in Birmigham, wo Schuyler noch einen Vertrag für P 1853 zu erreichen hoffte, lief ihm Huse am Ende den Rang ab, weil er bereit war, höher zu bieten und schneller als sein Konkurrent zahlen konnte. Schuyler wich auf das europäische Festland aus, wo er in Frankreich und Sachsen obskure Musketen ankaufte, die angeblich mit den Enfieldgewehren gleichwertig sein sollten. In der Mehrzahl handelte es sich hierbei um thouvenische Dornsysteme und französische .69 Minié-Jägergewehre. Erst in Wien konnte der Oberst Rifle-Muskets ankaufen, die in Form und Preis im Verhältnis zu den heimischen Springfield-Gewehren standen: die Lorenz M 1854, von denen auf einen Schlag über 70 000 zum Preis von $ 15,10 bestellt wurden. Daheim in Washington, D.C., war man über Schuylers Käufe, die zudem den ihm gewährten Kredit erheblich überzogen, nicht sehr zufrieden. Der neue Mann im Kriegsministerium, Stanton, ersetzte ihn durch den vierunddreißigjährigen Marcellus Hartley, Mitinhaber einer New Yorker Waffenhandelsgesellschaft, der kaufmännisch und technisch erfahren war und langjährige Geschäftskontakte in Europa hatte.

Anders als Schuyler sollte Hartley nicht als offizieller Vertreter der U.S. Regierung, sondern als Einkäufer für seine New Yorker Firma auftreten, um in Preisverhandlungen eine günstigere Ausgangsposition zu haben. Nach den negativen Erfahrungen mit früheren Lieferungen erhielt Hartley die Auflage, alle Gewehre durch sachverständige Inspektoren auf Zustand und Alter überprüfen zu lassen, bevor sie in Kisten verpackt nach Amerika verschifft wurden. Oberst Schuyler war in mehr als einem Fall von geschäftstüchtigen Lieferanten getäuscht worden, die ihm gut erhaltene Arsenalbestände vorgeführt hatten, nur um dann unter der ersten Lage guter Gewehre defekte und minderwertige Exemplare unterzuschieben. Da die Waffen erst Monate später bei der Truppe aus den Versandkisten ausgepackt wurden, ließen sich solche Geschäftspraktiken kaum reklamieren.

Das Zeugamt war in erster Linie an Enfield P 1853-Gewehren interessiert, deren maschinell gefertigte Komponenten austauschbar waren. Waren Waffen dieser Art, wie sie bei der London Armoury Co. nach Regierungsvorschriften gefertigt wurden, nicht erhältlich, so sollte Hartley auf die nächstbeste Klasse zurückfallen: die im Manufakturstil ›handgemachten‹ Enfields englischer Büchsenmachersyndikate. Preußische, belgische, französische und österreichische Musketen für Minié-Geschosse konnten als drittklassiger Ersatz aufgekauft werden. Ende Juli 1862 traf Hartley in London ein und begann sofort mit seiner Kauftätigkeit, wobei er sich örtlicher Agenten, früherer Geschäftskontakte und der amerikanischen Botschafter zur Unterstützung bediente. Die nächsten fünf Monate waren von einer rastlosen Odysee durch Europas Hauptstädte angefüllt. Er inspizierte zahllose Arsenalhallen, gab Aufträge für Aptierungen und Ersatzteile. Gleichzeitig sammelte er Informationen über die Waffenkäufe der Südstaaten und versuchte sie – wo möglich – durch Überbieten zu vereiteln.

Obwohl die preußischen Perkussionsvorderlader ein zu großes Kaliber und für amerikanische Flügelzündhütchen zu breite Pistons hatte, entschloß er sich z. B. im Herbst 1862 zum Kauf von 30 000 Waffen, die Mehrzahl M 1839, um diese Quelle der Konföderation auszutrocknen – 80 000 preußische Gewehre waren im Frühjahr und Sommer des Jahres von seinem Gegenspieler Huse erworben worden.

Im Dezember schloß Marcellus Hartley seine Tätigkeit für die U.S. Regierung ab. Er allein hatte in weniger als einem halben Jahr 204 848 Langwaffen aufgekauft, wovon 110 140 Zwei- und Dreibandmusketen des Enfield-Musters waren – eine Meisterleistung an kaufmännischem Geschick und Organisation.

BUSINESS AS USUAL . . . – GESCHÄFTSMÄNNER UND SPEKULANTEN

Bereits im vorigen Jahrhundert war die Stadt New York Zentrum eines ausgedehnten Handels, der sich nicht nur auf die Grenzen der Vereinigten Staaten beschränkte. New York war der Umschlagplatz für die Versendung amerikanischer Industriegüter und den Import europäischer Handelswaren. Ein zweites Handels- und Industriezentrum dieser Art war die nur wenige Eisenbahnstunden weiter südlich gelegene Stadt Philadelphia.

In den kritischen Monaten nach Ausbruch des Konflikts erkannten einige Privatfirmen dieser Städte die sich bietende Möglichkeit, mit dem explosionsartig angewachsenen Waffenbedarf ein schnelles, einträgliches Geschäft zu machen.

Einige dieser Firmen, wie Schuyler, Hartley & Co. oder Herman(n) Boker & Co. in New York, waren seit Jahren im Waffengeschäft erfahren. Sie unterhielten Verkaufsräume in der City und hatten in den Vorkriegsjahren Milizvereine, College-Garden und die nach Westen ziehenden Auswanderer mit guten Gewehren ausgerüstet. Andere witterten die Chance, ohne viel Arbeit zu Wohlstand zu kommen, und sprangen auf den Zug auf, der sich im Herbst 1861 mit rasanter Geschwindigkeit bewegte. Voraussetzung für das Geschäft waren Kontakte in Europa, Beziehungen zu den dortigen Waffenhandelsfirmen in Großbritannien und Belgien und ein gewisses finanzielles Grundkapital. Dies ließ sich auch über Bankkredite erhalten, die man bekam, wenn man einen Regierungsauftrag über die Lieferung von Waffen vorweisen konnte. Allem Anschein nach waren solche Aufträge in der Regierungszeit Minister Camerons leicht zu bekommen. Eine der Hauptaufgaben der Kommission Holt, Owen und Hagners im Frühsommer 1862 war es, die Kontrolle über zahlreiche Lieferverträge von Importwaffen zu erlangen, die im Vorjahre so freigiebig ausgeteilt wurden und nun nicht fristgerecht oder mit Waffen von unzureichender

Scharfschützen der Potomac-Armee in den Gräben vor Petersburg beim Duell mit den ›Kameraden von der anderen Feldpostnummer‹.

Qualität abgewickelt werden sollten. Schlüsselfigur in diesen Verhandlungen war ein Hauptmann Silas Crispin von der New Yorker Abteilung des U.S. Heereszeugamts (engl.: Ordonnance Department), der die ins Land hereinkommenden Waffen vor der Übernahme in die Regierungsarsenale überprüfen mußte. Seine Aussagen in den Berichten an die vorgesetzte Dienststelle sind eine aufschlußreiche Fundgrube über die Art und Anzahl europäischer Waffen in den Nordstaaten-Armeen.

Einige der wichtigsten Waffenhändler seien hier genannt: Schuyler (nicht identisch mit Oberst Schuyler!), Hartley & Graham, N.Y., wirkten durch Marcellus Harleys Einkaufstätigkeit für das Heereszeugamt fast als halbamtliche Institution und vertrieben u. a. Enfieldgewehre an die U.S. Regierung und verschiedene Bundesstaaten. Horstman, Brothers & Co., Philadelphia, war eine etablierte Handelsfirma, die sich neben anderer militärischer Ausrüstung vor allem auf Blankwaffen spezialisiert hatte und wie Tiffany & Company vom Broadway, New York, Säbel für Kavallerie und Infanterieoffiziere vornehmlich aus Deutschland (Solingen!) importierte. Herman Boker & Co., New York, lieferte auch 28 000 Importsäbel für die Kavallerie des Nordens, aber seine Bedeutung als Waffenquelle lag eindeutig auf dem Schußwaffensektor.

Boker hatte Geschäftspartner in Birmingham und Lüttich, außerdem Kontakte in Deutschland und Österreich, die ihn mit Informationen über zum Verkauf anstehende Arsenalbestände auf dem laufenden hielten. Im September 1861 erlangte er einen Lieferauftrag über 100 000 gezogene Musketen, der später noch um weitere 50 000 aufgestockt wurde. Boker erbot sich, neuwertige Waffen zu einem Stückpreis von $ 18,– zu liefern, womit er preislich um zehn Prozent unterhalb des Kontraktpreises für die M 1861 U.S. Rifle Musket blieb. Der Vertrag hätte der Firma rund 2,7 Millionen Dollar eingebracht, aber die Lieferungen fielen hinter den qualitätsmäßigen Erwartungen weit zurück. Neben guten M 1854 Lorenz-Musketen bestanden die Boker-Importe aus bayrischen, sächsischen und älteren österreichischen Modellen, die aptiert waren, teilweise glatte oder notdürftig nachgezogene Musketenläufe der unterschiedlichsten Kaliber hatten. Schließlich einigte man sich auf ein reduziertes Preisgefälle, das nach zwanzig Qualitätsklassen von $ 5,13 bis $ 16,40 rangierte. In diesem Rahmen erwarb die U.S. Regierung in der Zeit vom Herbst 1861 bis zum Spätsommer 1862 insgesamt 188 054 Langwaffen unterschiedlicher Art und Güte für eine Summe von $ 2 413 407,04.

Österreichische Waffen wurden auch von den Firmen George Ramsdell, N.Y., Charles A. Buckley, N.Y., und George Hoydekker verkauft. Zehntausende preußische M 1809 gingen von Josiah Heddon und John Hoey, New York, an nordamerikanische Truppen in Kentucky, nachdem ihre Pistons für die schmaleren ameri-

kanischen Flügelzündhütchen umgearbeitet wurden.
Andere Firmen waren: Silas Dingee & Co. – österreichische Waffen; Tomes, Son & Melvain – englische Pattern 1853; Moore, Naylor & Co. – P 1853 und P 1858 Musketons; Samson & Roberts, Guiterman Bros., A. Moller & Company und Kruse, Drexel & Schmidt.
Für den Süden waren u. a. Nelson Clements aus Texas, Courtney & Tennant in Charleston, South Carolina und die Londoner Handelsgesellschaft S. Isaaks, Campbell & Company rege am privatgeschäftlichen Nachschub von Waffen beteiligt. Der Einfluß dieser nichtstaatlichen Organe an der Bewaffnung der Kontrahenten ist nicht zu unterschätzen, wie besonders die Auftragszahlen Bokers zeigen.

MIT STAATSANLEIHEN UND BAUMWOLLE

Die U.S. Regierung verfügte über eine gesunde Währung, ein ausgebautes Bankensystem, Finanzreserven und Industriepotential. Die ›Rebellen‹ hatten nichts außer ihrem Idealismus und Baumwolle, und es war eine der erstaunlichsten Leistungen der Regierung in Richmond, daß sie mit so wenig so lange aushielt. Die Finanzierung der Konföderation und des Kriegszustandes, in dem sich dieses Staatswesen während seiner kurzen Lebensdauer permanent befand, lief über Staatsanleihen und Pfandobligationen, die an der Londoner Börse zu erstaunlich guten Kursen gehandelt wurden. Als Sicherheit konnte die Föderation auf ihr Monopol in der Baumwollproduktion verweisen, und es war diesem Umstand zu verdanken, daß die notwendigen Waren in Europa bezahlt werden konnten. Am Ende, in den schicksalhaften Tagen von Appomatox, mußte dieses Kartenhaus natürlich in sich zusammenfallen. Drei miteinander verbundene Bankhäuser waren das Vehikel der konföderierten Finanzierung in Übersee: Frazer, Trenholm & Co. mit Sitz in Liverpool, Trenholm Brothers, New York und John Frazer & Co. in Charleston. Der südcarolinische Geschäftsmann George A. Trenholm, der seine Erfahrungen im Außenhandel mit Baumwolle gewonnen hatte, war der Seniorpartner in der Firma John Frazer & Co. und damit mit den beiden anderen Häusern gleichfalls verbunden. Zu Beginn des Krieges als Blockadebrecher aktiv, wurde er im Juli 1864 Finanzminister der Konföderation. Nach Appomatox mußten alle drei Firmen den Bankrott erklären. Über Nacht wurden die konföderierten Anleihen und die in immer größeren Mengen gedruckten Banknoten wertlos.
Wie im Norden geschah die Waffeneinfuhr des Südens auf verschiedenen parallelen Ebenen: Josiah Gorgas ernannte den einunddreißigjährigen Caleb Huse im April 1861 zum Hauptmann der C.S. Armee, Heereszeugamt, und schickte ihn mit dem ersten Auftrag über 12 000 Gewehre und einige Geschütze nach England. Der spätere Major Huse wurde zum Hauptagenten der Regierung, aber er war nicht der einzige – wenn auch der wichtigste – Mann, der sich um die Bewaffnung der neugeborenen Nation kümmerte. Neben privaten Händlern und Spekulanten waren auch Abgesandte der einzelnen Südstaaten in Europa mit dem Auftrag, Waffen für ihre Staatsregimenter und Milizen zu besorgen. Der frühere U.S. Minister in Belgien, General Elisha Y. Fair, war für Alabama aktiv, Oberst John L. Peyton für North Carolina, Hauptmann James D. Bulloch für die Marine, um nur einige zu nennen. Die Gouverneure der Carolinas, von Georgia und Louisiana waren besonders aktiv bemüht, für ›ihre Regimenter‹ Gewehre und Ausrüstung in ausreichendem Maße und besonders guter Qualität zu erhalten. Huse wurde in London von Major Edward Anderson unterstützt, der zwar im Auftrag des Zeugamtes nach Europa gekommen war, aber nebenher auch noch für den Gouverneur Brown Gewehre für Georgia besorgte, wenn sich die Gelegenheit erbot.
Caleb Huse war sich offensichtlich der begrenzten wirtschaftlichen Möglichkeiten der Konföderation bewußt und blieb während seiner Tätigkeit in Europa bemüht, die beste Ware zu behalten. Ein wesentlicher Bestandteil seiner Lieferungen bestand aus P 1853 Rifle Muskets der London Armory Co., die seit Kriegsbeginn einen großen Teil – in manchen Jahren alles – der Jahresproduktion an die Konföderation lieferte. Gleichzeitig aber bemühte er sich um gleichwertige gezogene Musketen auf dem Kontinent und erreichte in Wien auf einen Schlag den Kauf von 100 000 Gewehren des Lorenz-Modells und zehn Batterien zu sechs Feldgeschützen, mit Zubehör und Munition. Ein Teil dieser österreichischen Waffen waren kürzere Jägergewehre und Karabiner, die Huse zur Benutzung als Kavalleriebewaffnung mit 30 000 Sattelschuhen austeilen wollte, die er in Wien angeboten bekommen hatte. Belgien war die dritte Quelle für konföderierte Waffen. Die unterschiedlichen Hersteller und Händler, die in Lüttich ansässig waren, stellten nicht nur eigene Gewehre her, die genaue Kopien der modernen französischen oder englischen Muster waren, sondern kauften auch ausgemusterte Musketen aller Art aus europäischen Arsenalen auf, die für gewöhnlich als Handelsware für Afrika und den Orient bestimmt waren. Der Norden hatte eine beträchtliche Menge dieser Ausschußware erhalten, und auch im Süden sind diese Waffen aufgetaucht. Dazu gehörten hastig auf Perkussion aptierte Musketen der zwanziger Jahre englischen, französischen und deutschen Ursprungs. Glattläufige belgische Musketen und ehemals gezogene, nun aber ausgebohrte Exemplare. Aber allen Anzeichen nach vermied es Huse nach Möglichkeit, zweitklassige Ware anzukaufen, und der Prozentsatz minderwertigen Materials im Süden war wesentlich geringer als der in den ersten Jahren der Unionsarmee.
Caleb Huse war äußerst aktiv, und der Großteil der in die Konföderation gelieferten Waffen ging auf seine Rechnung. Nach anfänglichen Direktimporten umging die Regierung in Richmond die Gefahr, ihre teuer erworbenen Nachschubgüter durch die U.S. Navy auf hoher See abfangen zu lassen und erwarb auf den Bermudas die Nutzungsrechte einiger Warenhäuser. Britische Frachtschiffe transportierten Waffen und andere Waren in diese englische Kolonie, so daß die konföderierten Blockadebrecher lediglich die kurze Strecke zwischen den Inselgruppen und den Häfen der Südstaaten überwinden mußten. Die Summe der von der C.S. Regierung gekauften Waffen ist umso beträchtlicher, wenn man die politischen und wirtschaftlichen Schwierigkeiten der umkämpften Nation bedenkt. Mehr als einmal versuchten die U.S. Botschafter, ihren Ein-

fluß in den jeweils betreffenden Ländern geltend zu machen, um Waffenlieferungen an die Konföderation im letzten Moment zu verhindern. Nach offiziellen Angaben in den Berichten des Zeugamtes wurden im Auftrag der Regierung an Langwaffen erworben:*

im 1. Rechnungsjahr, bis zum 5. 12. 1862	131 129
im 2. Rechnungsjahr, 30. 9. 1862–30. 9. 1863	113 504
im 3. Rechnungsjahr, 1. 10. 1863–30. 9. 1864	136 832

Die Gesamtzahl der Regierungs-, Staats- und Privatimporte (letzere ca. 75 000 Langwaffen und Handfeuerwaffen in unbekanntem Ausmaß) wird auf über 600 000 geschätzt. Caleb Huses finanzielle Verpflichtungen für die von ihm georderten Mengen erreichten selbst für damalige Zeiten astronomische Summen. Bereits Ende 1862 hatte er Wechsel über $ 5 000 000,– ausgeschrieben. Die Scheine, von ihm unterschrieben, waren auf entsprechende Mengen Baumwolle ausgezeichnet und von der Regierung der Konföderierten Staaten von Amerika als Hilfszahlungsmittel ausgestellt. Jeder Schein war mit der Bestätigung des Regierungsbeauftragten in Großbritannien, James Murray Mason, gegengezeichnet und wurde als Wertpapier an der Pariser und Londoner Börse gehandelt. Es waren diese am Ende wertlosen Schuldverschreibungen, welche den konföderierten Freiwilligen die dringend notwendigen Gewehre besorgten und das englische Pattern 1853 oder das österreichische Lorenz-Modell 1854 zum Standardgewehr der C.S. Armeen werden ließen.

* »Official Records, Vol. IV«, Band 2, S. 382 u. 956, Band 3, S. 955

DIE BLOCKADE

General Winfield Scott, Jahrgang 1786, war bereits 1841 Generalkommandeur der Streitkräfte der Vereinigten Staaten geworden. Ein Virginier bei Geburt, blieb er der Union bei Ausbruch des Sezessionskrieges treu. Scott war 75 Jahre alt, krank, seine Ansichten über Waffentechnik, Taktik und Verwaltung der Streitkräfte waren antiquiert – aber im Frühjahr 1861 war er einer der wenigen Politiker oder Militärs, die einen langen Konflikt mit den Sklavenhalterstaaten voraussahen. Im November des ersten Kriegsjahres wurde er von General McClellan abgelöst, der als erstes die lange vernachlässigte Organisation und Versorgung der Potomac-Armee reformierte. Scotts Warnungen vor einem langen und blutigen Krieg wurden überhört, aber die nachfolgenden Ereignisse sollten ihm Recht geben.

Beim Ausbruch der Kampfhandlungen entwarf Winfield Scott einen strategischen Plan, der eine totale Isolierung und wirtschaftliche Einkesselung der rebellischen Staaten vorsah. Anstatt eine Entscheidung eines schnellen Sieges durch einen Vorstoß auf die Hauptstadt der Konföderation zu suchen, sollten die Streitkräfte dazu benützt werden, entlang des Mississippi eine Trennlinie durch den Süden zu halten, die das Zentrum der Sezession von seinen Ressourcen im Westen abschneiden konnte. Gleichzeitig hatte die U.S. Navy die Häfen und Küsten des Südens zu blockieren, um jeden Nachschub und die wirtschaftlichen Außenverbindungen der Baumwollstaaten mit Europa zu blockieren. Dergestalt wie von einer Schlange eingeschnürt, würde die Bevölkerung des Südens sehr bald ihren Enthusiasmus für einen bewaffneten Konflikt mit dem Norden verlieren: Warenknappheit würde sich im Süden ausbreiten, die Plantagenbesitzer könnten ihre Baumwollerträge nicht mehr absetzen, Unruhe und Unwillen würde die Führung der Sezessionsstaaten unterminieren. Die unionstreuen Elemente in den politisch einflußreichen Kreisen des Südens könnten sich wieder Gehör verschaffen und schließlich die Regierung in Richmond dazu bringen, einen Kompromiß mit dem Norden auszuhandeln. Statt eines langen blutigen Krieges würden Verhandlungen die Einheit der Nation wiederherstellen, ein Kompromiß – wie der von 1850, als es um den neuen Staat Kalifornien bereits soweit zum Streit gekommen war, daß ein Krieg zwischen Befürwortern und Gegnern der Sklavenhalterwirtschaft drohte – wäre immer noch besser als ein offener Krieg, dessen Verluste und Haß eine jahrzehntelange, schwärende Wunde zwischen den Bundesstaaten aufreißen würde.

Der Blockadeplan des alten Generals wurde als ›Scotts Anaconda‹ ausgelacht, seine Ansichten über die bevorstehenden Auseinandersetzungen und deren weitreichende Folgen als die verworrenen Gedanken eines müden, senilen Veteranen abgetan.

Die spätere Kriegsführung der Union trug trotz Scotts Pensionierung wesentliche Züge seines Plans. Auf dem westlichen Kriegsschauplatz wurde im April 1862 New Orleans und das Mündungsgebiet des Mississippi erobert. Vorstöße zu Land und auf dem Fluß gegen Vicksburg folgten. Grants Feldzug 1863 schob einen Riegel zwischen die westlichen Staaten der Konföderation und dem Zentrum des rebellischen Südens. Arkansas, Texas und Lousiana wurden abgeschnitten und gingen der Konföderation als wichtige Lieferanten von Lebensmitteln und Rohstoffen verloren. Im Osten unternahm die Marine ihre Blockade der Küstenstädte und Häfen. Bei Kriegsbeginn bestand die U.S. Navy lediglich aus 69 Schiffen aller Klassen, die zudem auf den Weltmeeren zerstreut und zum größten Teil veraltet waren. Traditionsgemäß war der Anteil von Südstaatlern in dieser Teilstreitmacht sehr groß. Mit der Sezession verließen 321 Marineoffiziere die U.S. Navy – 350 andere Südstaatler aber blieben auf ihren Posten. Die Versuche einer dermaßen schwachen Marine, über 5600 km Küste zu überwachen, mußten ergebnislos sein. Folgerichtig stellte die Blockade in den ersten beiden Kriegsjahren keine wirkliche Behinderung des Südens dar. Erst in der zweiten Kriegshälfte zeigte das dynamische Flottenbauprogramm des Nordens seine Ergebnisse. Immer mehr Schiffe konnten aufgebracht werden. Kamen 1861 noch neun von zehn Schiffen durch die Blockade und wurde im folgenden Jahr nur jeder achte Blockadebrecher von der U.S. Marine gefaßt, so zeigen die folgenden Jahre den Fortschritt der schließlich aufgerüsteten Nordstaatenflotte. 1863 wurde bereits jedes vierte Schiff* beim Durchbruch

* Professor Frank L. Owsley in seinem Werk über die Außenhandelspolitik der CSA, »King Cotton Diplomacy«, die auf dem Baumwollmonopol des Südens beruhte. Die Hoffnung, daß eine Baumwollknappheit in Europa schließlich zu einer Anerkennung der Konföderation durch England und Frankreich führen würde, erwies sich als Trugschluß.

aufgebracht und in den letzten Monaten des Krieges jedes zweite! Diese Statistik sagt wenig über die Größe der jeweiligen Lieferungen aus, die den Süden trotzdem erreichten, aber eine genaue Untersuchung der Importe zeigt, daß Scotts Anaconda-Plan am Ende doch einen wesentlichen Anteil zu der Schwächung der konföderierten Kriegsanstrengungen beigetragen hat.
Die Geschichte der Blockadebrecher stellt einen abenteuerlichen Teil des Bürgerkrieges dar, dessen Behandlung leider den Rahmen des vorliegenden Buches sprengen würde. Aber einige Fakten werfen ein aufschlußreiches Licht auf die Importabhängigkeit des Südens. Die Regierung importierte zur Versorgung ihrer Truppen z. B. zwischen dem November 1863 und dem Dezember 1864 allein 8 632 000 Pfund Fleisch. Im gleichen Rechnungsjahr wurde eine halbe Million Pfund Kaffee durch die Blockade geschleust. Für die Kriegswirtschaft mußten Rohstoffe wie Eisen, Kupfer, Zinn, ja selbst Leder und Lederprodukte wie Schuhe und Patronentaschen aus dem Ausland angekauft werden. Neben Schiffen, die auf Rechnung der Regierung in Richmond, für das Kriegsministerium oder seine Unterabteilungen fuhren, gab es natürlich Blockadebrecher der einzelnen Südstaaten. Aber der Hauptteil der über sechshundert Boote, die sich an dem risikoreichen Handel mit der umkämpften Konföderation beteiligten, waren in Privatbesitz. Englische und schottische Schiffseigner beteiligten sich an dem profitablen Geschäft. Zwei Schiffsladungen, durch die Blockade gebracht und zu inflationärem Preis auf den Märkten des Südens verkauft, entschädigten bereits den Schiffseigner für den Verlust seines Bootes, wenn es beim dritten Durchbruchversuch in die Hände der U.S. Marine fallen sollte! Auf ihrem Rückweg brachten die Blockadebrecher Baumwolle von den Plantagen mit, die in Europa zu einem Fünffachen des Vorkriegspreises verkauft werden konnte.
Nicht alle Blockadebrecher brachten kriegswichtige Güter. Viele der britischen Spekulanten und Kriegsgewinnler importierten Luxusgüter, für die oft ein Reingewinn über 100 Prozent gemacht werden konnte. So war der Frachtraum mancher Clipper nicht mit Musketen, Pulver oder Geschützrohren, sondern mit Parfüms, französischem Champagner, feinem Tuch und Spitzen, sogar mit Korsetts gefüllt, für die südliche Ladies hohe Summen zahlten.
Direkt und indirekt wirkte sich die Blockade ab 1863 auf die Wirtschaft der Konföderation und die Versorgung der Truppen aus. Sie war wesentlich an der inflationären Geldentwicklung beteiligt, die die Zahlungsfähigkeit der Südstaaten aushöhlte, und verhinderte eine ausreichende Verschiffung von Baumwolle in der zweiten Kriegshälfte, mit der Richmond harte Devisen zur Unterstützung des konföderierten Dollars eingehandelt hätte.

Enfield, ein Name bürgt für Qualität

Wenn die Springfield-Modelle 1861, 1863 und 1864 die klassische Bewaffnung der Nordstaatensoldaten waren, so gebührt einem englischem Gewehr dieser Titel für den Süden. Das britische Gewehrmodell 1853, entwickelt für die Minié-Patrone, war dank der raschen und cleveren Kauftätigkeit des konföderierten Zeugamtes und seines Agenten Caleb Huse das Standardgewehr der Johnny Rebs. Aber auch im Norden führte fast jedes zweite Regiment Enfield-Gewehre dieses Musters. Mehr als eine halbe Million wurde vom Norden eingeführt, mehr als 400 000 englische Gewehre wurden vom Süden eingekauft – die überwiegende Mehrzahl, mehr als 80 Prozent, entsprachen dem Muster von 1853, der britischen ›Muskete für Linienregimenter‹, bzw. dessen gekürzte Versionen M 1856 und M 1858. Ein Umstand begünstigte die englische Vorderladerwaffe in den Augen der amerikanischen Militärs auf beiden Seiten des Bürgerkrieges:
Das britische Standardkaliber betrug .577-Zoll, d. h. drei tausend-

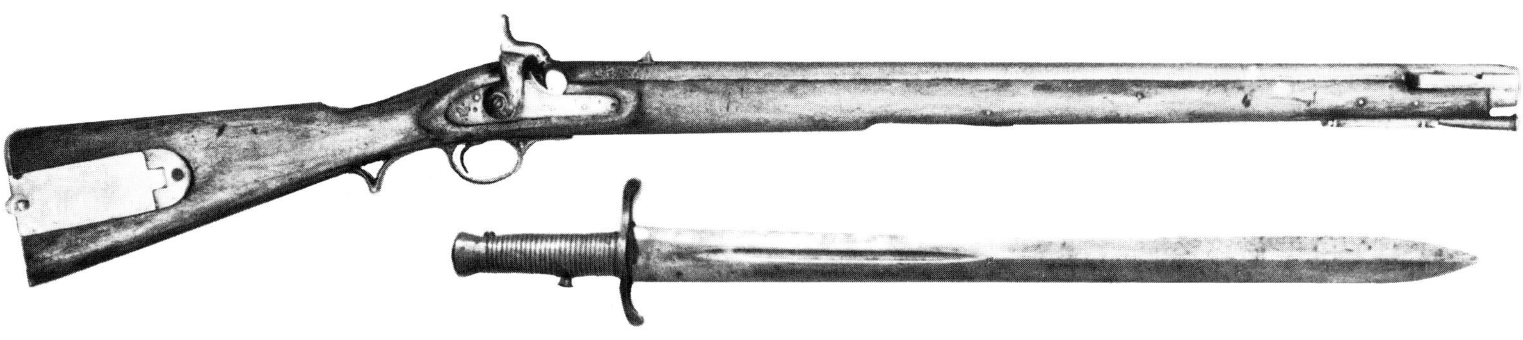

Einige tausend Exemplare dieser Brunswick Rifle, 2. Modell (1847) wurden für die Truppen im westlichen Teil der Konföderation importiert. Die gezogene, nur 117 cm lange Waffe hat das Kaliber .704. Der Lauf besitzt zwei Züge und wird mit einer ovalen Kugel oder mit einem Spitzgeschoß geladen, das zwei Führungsstutzen hat, die beim Laden in die Züge eingepaßt werden müssen. Als Seitengewehr dient ein zweischneidiges, gerades Schwertbajonett mit 56 cm langer Klinge. Die Brunswick war nicht erfolgreich, weil sich Pulverrückstände nach wenigen Schüssen so stark in den Zügen ablagerten, daß sie nur noch mit großer Kraftanwendung geladen werden konnte.

Nord und Süd erwarben einige tausend britische Musketen des veralteten Pattern 1839 und 1842, glattläufig, großkalibrige (.75) und schwere Perkussionswaffen, die in Leistungsfähigkeit auf der gleichen Ebene lagen wie die aptierten ›Brown-Bess‹-Musketen, mit denen einige Freiwilligenkompanien 1861 ins Feld zogen.

stel inch weniger als das amerikanische Standardkaliber von 1855, ein so geringer Unterschied, daß er im Felddienst kaum zur Geltung kam. Die U.S. Patrone Kaliber .58 konnte zur Not in die englischen .577-Läufe geladen werden; nur wenn diese durch mehrfaches Schießen bereits erheblich mit Pulverrückständen verschmutzt waren, wurde das Nachladen mit dem etwas größeren U.S. Geschoß problematisch. In Gewicht, Größe und Form entsprach das Pattern 1853 den zeitgenössischen amerikanischen Standardwaffen, in Treffergenauigkeit übertraf es sogar die Springfield. Ab 1858 erhielten die drei Züge des 39 Zoll langen Laufes eine unterschiedliche Stärke – die Zugtiefe betrug nahe der Schwanzschraube 0,015 Zoll, an der Mündung aber nur noch 0,005 Zoll. Das Geschoß wurde also während des Durchlaufens fester in die Züge gepreßt und erfuhr eine präzisere Führung. Dieses System hatten die Franzosen zufällig beim nachträglichen Ziehen alter Flintenläufe entwickelt. Sie hatten um die Wandstärke des Laufes im Mündungsbereich gefürchtet und die Züge einfach flacher werden lassen.

Das Ergebnis war eine hervorragend schießende Waffe. Auf 100 m weist die Enfield-Muskete einen besseren Trefferkreis als ihre amerikanischen Gegenstücke auf: 19,5 cm zu 29,5 cm (M 1855) und 26 cm (M 1863)! Von 15 Schüssen trafen auf 400 Yards 13 aus der Enfield gegenüber 4 aus der M 1855 und 7 aus der Springfield M 1863. Es war also kein Wunder, daß die amerikanischen Generäle für ihre Truppen britische Enfields haben wollten, wenn sie schon keine Springfields in ausreichender Zahl bekommen konnten. Dabei war die Bezeichnung ›Enfield‹ für die in Amerika geführten britischen .577-Langwaffen genaugenommen falsch! Die ›Enfields‹ waren nicht in der Royal Small Arms Factory (RSAF) der mittelenglischen Stadt Enfield gemacht!

Großbritannien hatte nach Waterloo mit dem Ende der napoleonischen Kriege eine fast dreißigjährige Periode militärischer Stagnation erfahren, in der waffentechnische Neuerungen nur sehr langsam für den praktischen Dienstgebrauch umgesetzt wurden. Auf die Marine als Schutz der Nation vertrauend, konnte sich die englische Regierung nach 1815 eine erhebliche Reduktion der Landstreitkräfte leisten. Militärische Neuerungen wurden nur schleppend eingeführt, sie waren immer eine verspätete Reaktion auf die zielstrebig vorangetriebene Rüstungspolitik des Nachbarstaates und potentiellen Kriegsgegners Frankreich. Neuerungen im Schützenwesen wurden weniger von der Armee als von den Mitte des Jahrhunderts auf Freiwilligenbasis entstandenen Milizvereinen gefördert. Im stehenden Heer hatte Britannien zwar eine Tradition von Jäger- und Büchsenformationen, die ›Rifle Brigade‹, aber deren Neubewaffnung beschränkte sich auf die Einführung der Brunswick-Büchse im Jahre 1838. Damit übernahm England für seine Büchsenschützen eine Waffe, die auf eine Idee des Braunschweiger

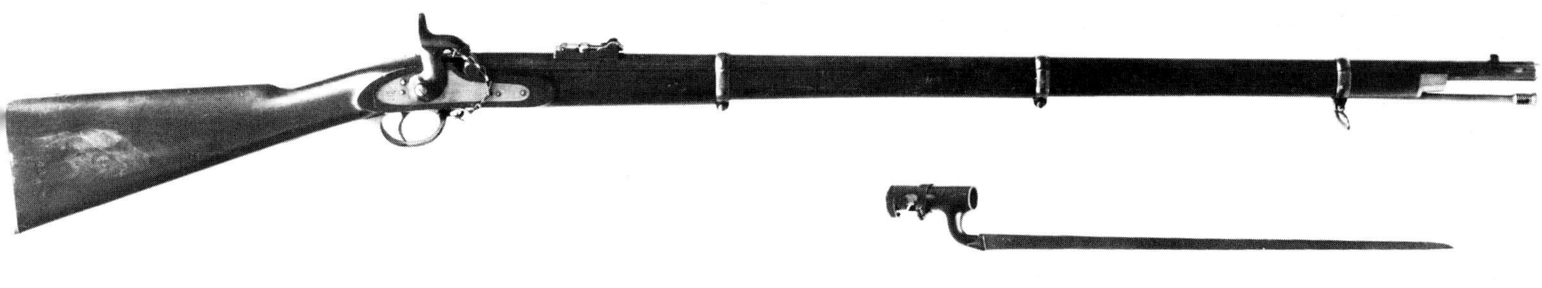

Eine 1862 datierte, von der LAC hergestellten Rifle Musket P 1853 der dritten Modellausführung. Das Schloß ist mit Krone und ›VR‹ gekennzeichnet, der Schaft mit dem LAC-Stempel und der Jahreszahl geprägt. Zum Gewehr gehört das Dreikant-Tüllenbajonett mit Arretierungsring und einer Gesamtlänge von 56 cm, das in einer Lederscheide getragen wurde. (West Point Museum)

Hauptmann Carl Bernard von 1832 zurückging. Der Lauf war mit zwei Zügen versehen, in die eine Rundkugel im gürtelartiger Verbreiterung eingepaßt war. Der Brunswick war wenig Erfolg beschieden, der großkalibrige Lauf (.704 inch) verschmutzte nach wenigen Schüssen so stark, daß der Soldat das Ovalgeschoß nur noch mit äußerster Mühe – und viel Fett – in den Lauf rammen konnte. Die ballistischen Leistungen fielen selbst hinter die der Pflasterbüchse zurück, die vom Brunswick-System ersetzt werden sollte. Die reguläre Infanterie, mit Ausnahme einiger Spezialeinheiten und weniger Sergeanten pro Regiment, blieb mit der glattläufigen Muskete ausgerüstet, deren perkussionierte Ausführungen der Modelljahre 1838–1842 sich kaum von der ›Brown Bess‹ der napoleonischen Kriege unterschieden.

Erst die ›Kaffir-Kriege‹ (1846–1852) mit den Eingeborenen der Kapkolonie demonstrierten der britischen Armee die dringende Notwendigkeit eines neuen Gewehrsystems mit größerer Treffsicherheit. Nach den Erfahrungen im südlichen Afrika benötigte das Heer im Durchschnitt 3200 Musketenschüsse, um einen der Buschneger zu töten. Eine Untersuchungskommission der Royal Engineers wurde mit einer Analyse des Infanteriefeuers beauftragt und kam zu dem nicht sehr erstaunlichen Ergebnis, daß die herkömmliche Perkussionsmuskete der britischen Streitkräfte auf eine Entfernung von über 150 Yards wenig Erfolg versprach, die Rollkugel vom Kaliber .75 Zoll ins Ziel zu bringen: »*. . . auf 150 Yards konnte ein Ziel doppelt so hoch und breit wie ein Mann, mit sehr vorsichtigem Schießen dreimal von vier Schüssen getroffen werden. Jenseits dieser Distanz waren die Resultate – obwohl die Muskete von einer Auflage geschossen und jede Vorsichtsmaßregel beachtet wurde, um ruhige Lage und Erfolg zu garantieren – nil (sic!). Nichts konnte daraus gelernt werden, außer daß die Scheibe nie getroffen und die Kugeln nie gefunden werden konnten.*«

Das Komitee brachte den Stein ins Rollen und binnen kurzer Zeit entschied sich die britische Armee, dem Beispiel der Franzosen zu folgen und eine gezogene Muskete für das Minié-Geschoß einzuführen. Das Endresultat dieser Entwicklung war die ›Pattern 1851 Rifle Musket‹. So bezeichnet, weil durch das Zusatzwort ›Muskete‹ dem Umstand Ausdruck gegeben wurde, daß die neue gezogene Waffe die reguläre Infanteriegewehr-Länge besaß und keine Sonderwaffe für die Büchsenschützen der Rifle-Brigade war. Außerdem meinte der greise Oberbefehlshaber, der Herzog von Wellington, daß bei der Benennung des neuen Gewehrs als Büchse alle Truppen am Ende die als Auszeichnung verstandenen grünen Jakken der Rifle-Brigade haben wollten. Der Begriff Rifle Musket stand und wurde wahrscheinlich von den Amerikanern so übernommen.

Die Pattern 1951 war alles andere als ein Erfolg; als Ergebnis einer gemischten Kommission der Teilstreitkräfte unter Einschluß von Offizieren der East India Company, war sie das sprichwörtliche zum Kamel gewordene Kommissionspferd. Äußerlich behielt die Waffe die Form der Pattern 1842-Muskete und hatte die Kalibergröße der Brunswick, .702 inch. Das bis zu 900 Yards reichende Klappenvisier mit Schieber war eine Kopie der französischen Minié-Visiere. Es überschätzte aber etwas das ballistische Potential des mit dem Gewehr entworfenen englischen Projektils, dessen Gewicht 680 grains betrug und dessen Hohlboden mit einem eisernen Becher zur Expansion versehen war. Weil der Eisenbecher mitunter das Geschoß durchschlug und das Blei im Lauf stecken blieb, wurde er später durch einen Ton- bzw. Holzkörper ersetzt, als man die Form der britischen Standardgeschosse veränderte. Die Pattern 1851 Rifle Musket blieb bis 1855 in Produktion, aber lediglich 35 000 Stück wurden hergestellt. Den ersten Untersuchungen zur Einführung eines neuen Gewehres folgten weitere Testschießen, in denen einheimische Entwicklungen ausländischen Produkten gegenübergestellt wurden. Gleichzeitig liefen die Testberichte der Truppenversuche mit der P/51 ein, die aufzeigten, daß mit diesem Minié-Gewehr noch erheblicher Raum zu Verbesserungen blieb.

Im Dezember 1852 fiel im Rahmen der Gewehrtests ein neues Geschoß auf, daß der Londoner Büchsenmacher Pritchett auf der Basis von Entwürfen William Metfords verwirklicht hatte. Das .577-Projektil hatte eine Geschoßlänge von .960 Zoll und einen Hohlboden, der ohne einen Expansionsbecher auskam. Das Geschoßgewicht entsprach den Heeresforderungen nach einem Projektil von 480 grains. Im Frühjahr 1854 hatte sich nach zahlreichen Versuchen und Testbeschüssen die Form der neuen Standardbewaffnung des britischen Soldaten herausgebildet. Die Pattern 1853 Rifle Musket, wie sie von der neu eingerichteten Staasfabrik in Enfield entworfen wurde, war geboren. Zweiter Sieger im engen Konkurrenzkampf war das Lancaster-Modell, das wenige Monate später für die Bewaffnung von Pioniertruppen akzeptiert wurde.

Die Annahme des Pattern 1853-Gewehres fiel zeitlich mit dem Krimkrieg zusammen, so daß sich die britische Armee genötigt sah, ihre Truppen während des Konflikts von den bisherigen Flinten auf die Rifle Musket umzurüsten. Die dabei entstehenden Lieferengpässe führten zu Lizenzaufträgen in das belgische und amerikanische Ausland und der Ausweitung von einheimischen Produktionskapazitäten des Privatsektors. Bereits 1854 war eine Zeugamtskommission durch die Vereinigten Staaten gereist und hatte Testwaffen erworben und sich über die hochmoderne maschinelle Massenproduktion der Waffenfirmen in den Neuenglandstaaten informiert. Im Februar 1855 konnte die Firma Robbins & Lawrence in Windsor, Vermont einen Auftrag des britischen Heereszeugamtes über die Lieferung von 25 000 Pattern 1853 erlangen. 16 000 Exemplare wurden bis zum Juni 1858 ausgeliefert, der Überschuß auf dem amerikanischen Markt verkauft. Die gleiche Firma verkaufte ihre Werkzeugmaschinen nach Enfield, wo die dortige Staatsfabrik nach neuesten Gesichtspunkten ausgeweitet wurde. Die Folge war, daß keine weiteren Aufträge an Robbins & Lawrence gingen, weil das Gewehr in Enfield und Lüttich zu besseren Konditionen gefertigt werden konnte. Die Vermonter Fabrik erfuhr Liquiditätsprobleme und schloß bald darauf ihre Tore. Einige ihrer mit ›WINDSOR‹ gekennzeichneten P/53, 2. Modell, tauchten zu Beginn des Sezessionskrieges im staatlichen Arsenal von Richmond, V., auf.

Von der langen Ausführung des Pattern 1853, der ›Dreiband-Muskete‹, wurden vier verschiedene Modellausfertigungen erstellt, die sich lediglich auf Kleinigkeiten wie der Form der Laufbänder, des

Ladestocks und Veränderungen am Hahn beziehen. Mit dem dritten Modell wurde ab 1858 die ›progressive Zugtiefe‹ eingeführt, das vierte Modell hatte die versenkten Schraubenköpfe der Baddeley Patentlaufbänder. Dagegen kennzeichnet das zweite Modell die einteiligen Laufbänder, die durch Schaftfedern an ihrem Platz gehalten werden.
Die von der RSAF in Enfield produzierten Gewehre entsprachen in Qualität und Ausführung den strengen Grundsätzen amerikanischer Regierungsfabrikation. Wie die Springfields waren die Enfields in allen Teilen lehrengetreu und austauschbar, aber weder Nord noch Süd konnten während des Konflikts Enfieldprodukte kaufen. Die königliche Kleinwaffenfabrik war völlig mit den Armee-Aufträgen ihres eigenen Landes ausgelastet. Ausgemusterte P/53 der ersten Modellgenerationen gingen zur Überarbeitung in die Werkshallen von Pimlico und wurden an die Freiwilligen der Milizverbände ausgeteilt. Von 1858 bis 1864 wurden in Enfield insgesamt über 323 000 Gewehre und Karabiner des Musters von 1853 und seiner Nachfolgemodelle gefertigt. Keine dieser Waffen, deren Schloßplatte neben der Krone, der Jahreszahl und dem britischen Zeichen für Staatseigentum, dem Breitpfeilstempel, die Prägung ›ENFIELD‹ tragen, ging während der Zeit von 1861–1865 nach Amerika. Die amerikanischen ›Enfields‹ kamen aus anderen Quellen.
Die britische Privatindustrie für Waffen war in Birmingham und London konzentriert. Im Londoner Vorort Bermondsey war die ›London Armoury Company‹ ansässig, deren Produktion nach amerikanischem Vorbild auf maschinelle Serienfertigung ausgerichtet war. Wie die Enfield-Produkte waren die Waffen der LAC in ihren Teilen austauschbar und gleichförmig.
Die Büchsenmacher und Schäfter in London und Birmingham waren zwar in der Lage, die britischen Armeewaffen in Lizenz in Handarbeit zu fertigen – und hatten dies in den Notzeiten des Krimkrieges getan – aber ihre Produkte entsprachen nicht mehr dem hohen Standard an Konformität und Austauschbarkeit, mit dem das hereinbrechende Maschinenzeitalter das Todesurteil über die alten Handwerkerzünfte sprechen sollte.*
Der Krimkrieg und die Nachfrage an Minié-Gewehren, die er hervorrief, hatten in Birmingham zu einem Zusammenschluß von Waffenherstellern und Gewerbetreibenden geführt, der ›Birmingham Small Arms Trade Association‹. Dieses B.S.A. Syndikat hatte innerhalb von 15 Monaten dem Zeugamt 156 000 Langwaffen gefertigt, als der Konflikt mit Rußland eine schnelle Aufrüstung des britischen Heeres diktiert hatte. Jetzt, im Sommer 1861, standen diese Produktionskapazitäten den Kontrahenten des nordamerikanischen Konflikts zur Verfügung – solange sie zu zahlen bereit waren. Ähnlich verhielt es sich mit dem Lütticher Waffenhandel und zu einem geringeren Teil mit Londoner Büchsenmachern, die bereits Erfahrungen in der Serienproduktion von Pattern 1853 Rifle Muskets hatten.

* Der interessierte Leser sei auf den Artikel von H. J. Stammel im ›DWJ‹ Nr. 4/1974 verwiesen, der u. a. das Protokoll einer Befragung von Samuel Colt zur Maschinenfertigung von Waffen vor einer engl. Parlamentskommission wiedergibt.

Kennzeichnungen
Die Pattern 1853 Rifle Muskets und entsprechenden Nachfolgemodelle, die ab 1861 für den amerikanischen Kriegsschauplatz produziert wurden, trugen die verschiedensten Markierungen – nur nicht den Regierungspfeil der Original-Enfield-Waffen. Die Läufe sind mit den typschen belgischen oder englischen Beschußstempeln versehen, die mit Krone, VR, BCP und Zeptern ausgestattet sind; ›ELG‹ mit Stern im ovalen Kreis war das Zeichen der Lütticher Beschußprobe.
Die Schloßplatte wurde von dem Londoner Maschinenkomplex mit ›LONDON ARMOURY‹ oder ›L.A.Co.‹ unter der Jahreszahl geprägt. Waffen verschiedener Büchsenmacher trugen den jeweiligen Namen auf der Schloßplatte, z. B. ›BARNETT‹, darunter ›LONDON‹. Die Trade Association des mittelenglischen Birmingham benutzte das traditionelle ›TOWER‹ unter der Jahreszahl, alle hatten die englische Krone mit hinteren Plattenteil. Belgische Waffen trugen oft nur die Jahreszahl, mitunter aber auch ›LIEGE‹. Schaft und Lauf können darüber hinaus noch den Namen der Hersteller aufweisen.

Typen:

PATTERN 1853 RIFLE MUSKET, CAL .577
Die ›lange Enfield‹ war ohne Zweifel das Gros unter den englischen Importgewehren auf beiden Seiten. Sie entsprach in ihrer Gesamtlänge von 55 Zoll den Springfield-Musketen. Die Lauflänge beträgt 99,05 cm (39 Zoll) und hat die progressive Zugführung der drei Züge mit einem Drall von einer Umdrehung auf 198 cm. Die Mehrzahl der in Amerika eingesetzten Waffen war vom dritten Modell mit abgerundeten Schraubenköpfen an der Messinggarnitur und hervorstehenden Schraubenenden an den eisernen Laufbändern. Der Lauf ist gebräunt, das Schloß glänzend poliert oder dunkelbraun feuergehärtet. Die maximale Visierschußweite liegt bei 900 oder 1000 Yards, ab dem vierten Modell regelmäßig mit 1000 Yards-Visier. Zur Dreiband-Muskete gehört ein Tüllenbajonett mit Dreikantklinge von 43 cm Länge. Mit dem aufgepflanzten Bajonett war die P/53 fast 184 cm lang!

PATTERN 1856 /1858/ 1860 SHORT RIFLE
Obwohl fast 80 Prozent der für Nord und Süd eingeführten englischen Waffen dem normalen Dreibandmodell entsprachen, war eine bedeutende Anzahl anderer Ausführungen vertreten. Die Typenvielfalt ist hier verwirrend. Die Short Rifle oder Zweiband-Muskete wurde im Januar 1856 zuerst für die Schützenregimenter und die Sergeanten der Linienregimenter eingeführt. Bei einer Lauflänge von 33 Zoll beträgt die Gesamtlänge 124 cm. Die Lauflänge dieses Kurzgewehres reicht völlig aus, um dem Minié-Geschoß eine treffergenaue Führung zu geben. Der Grund für die reguläre Länge der Infanterie-Ausführung ist weniger im Ballistischen zu

Diese Short Rifle Pattern 1861 wurde von der B.S.A. an die Union geliefert. Diese letzte Variante erhielt die P 1861-Bezeichnung wegen ihres mit versenkter Schraube ausgestatteten ›Baddeley‹-Laufbandes, sonst gleicht das Gewehr dem Muster 1860.

suchen als in der taktischen Verwendung der Rifle Musket als Stoßwaffe mit dem Bajonett und bei der Abwehr von Kavallerie. Die Zweibandmuskete war ausdrücklich ein Schützengewehr für den Spezialisten und besaß eine Visiereinstellung von max. 1100 Yards. Die Kürze der Waffe stand im Einvernehmen mit der vorherrschenden militärischen Mode, die für Jäger- und Büchsenschützen ein kurzes, stutzenähnliches Gewehr vorsah. Die französischen ›Chasseurs de Vincennes‹, die in dieser Hinsicht den Ton angaben, beeinflußten auch das P/56. Um den taktischen Nachteil der Lauflänge auszugleichen, gehörte auf ein Schützen-Kurzgewehr ein Säbel- oder Schwertbajonett. Die geschwungene Yataganklinge des P/56-Schwertbajonetts war eine direkte Anlehnung an das französische Vorbild.

1858 wurde von der britischen Marine die ›Naval Rifle‹ eingeführt, die dem P/56 bis auf die Riemenaufhängung äußerlich gleicht. Bei der Short Rifle war der Riemenhalter in den Kolben eingeschraubt, die ›Navy Enfield‹ hat ihn am Abzugsbügel. Die Marineausführung hat einen Lauf mit fünf progressiven Zügen, dessen Drall eine Umdrehung auf 122 cm hat. Dieser Lauf wurde beim Pattern 1860 Short Rifle auch für die Schützenregimenter übernommen. Eine seltenere Variante ist das Pattern 1858-Kurzgewehr, dessen Bajonettarretierung auf dem oberen Laufband ist, wobei der Schaft bis kurz vor die Mündung, ca. 3 cm, vorgezogen ist.

Über achttausend dieser Kurzgewehre wurden von der U.S. Regierung angekauft, Tausende andere von den Staaten in Nord und Süd. Eine berühmte zeitgenössische Bürgerkriegsaufnahme zeigt die Kompanie E der 22. New Yorker Staatsmiliz mit geschulterten Zweiband-Musketen und aufgepflanztem Säbelbajonett. Im Süden war die kürzere Enfieldversion noch beliebter und wurde zum Gegenstand einheimischer Nachbauten.

PATTERN 1853 / 1858 ARTILLERY CARBINE

Der wesentliche Unterschied zwischen dem ersten und zweiten Modell des Artilleriekarabiners war die Einführung der progressiven Zugführung von 1858, die Veränderung des Ladestockkopfes analog zum Gewehrmodell und die zusätzliche Einrichtung einer Federhalterung für den Ladestock. Der Musketon wurde in Belgien und England gefertigt. Gesamtlänge 102 cm (40 Zoll), Lauf 61 cm, ausgestattet mit einem kleinen Klappenvisier mit drei Kimmenblätter für 100, 200, 300 Yards. Auch dieser Karabiner hatte eine seitliche Arretierung für das Yatagan-Bajonett, dessen Klingenlänge 57,5 cm bei insgesamt 71 cm beträgt. Der Griff aus Eisen ist mit gepreßtem Leder belegt, in wenigen Fällen sind die Griffschalen auch aus Holz. Die Scheide ist aus schwarzem Leder mit Eisenmontierung.

Der Enfield Musketon wurde in verhältnismäßig geringen Stückzahlen über New Yorker Handelsfirmen in den Norden exportiert, während die Konföderation erhebliche Mengen ankaufte. Im Süden waren diese kurzen Versionen – zusammen mit dem Pattern 1853-Kavalleriekarabinern – die Hauptbewaffnung der berittenen Streitkräfte. Vor allen Dingen Forrests Kavalleriekorps in der Armee von Tennessee benutzte vorwiegend diese britischen Importwaffen – so gut, daß die gegen sie ankämpfende Unionskavallerie in Washington um ›gleichwertige‹ Bewaffnung bat, obwohl sie mit Hinterladern ausgestattet waren! In den Beständen der Südstaaten-Kavallerie tauchten auch die Artilleriemusketons auf, die bis zum Anfang 1862 im Auftrag der Konföderation bei der Londoner Büchsenmacherfamilie Barnett hergestellt wurden. Im Gegensatz zu anderen P/53 oder P/58 fehlen bei den Barnett-Musketons die seitliche Aufpflanzvorrichtung für das Schwertbajonett. Barnett fertigte auch Dreiband-Musketen und Kurzgewehre des Pattern 1856, teilweise mit fischhautverschnittenem Schaft als Scharfschützengewehre.

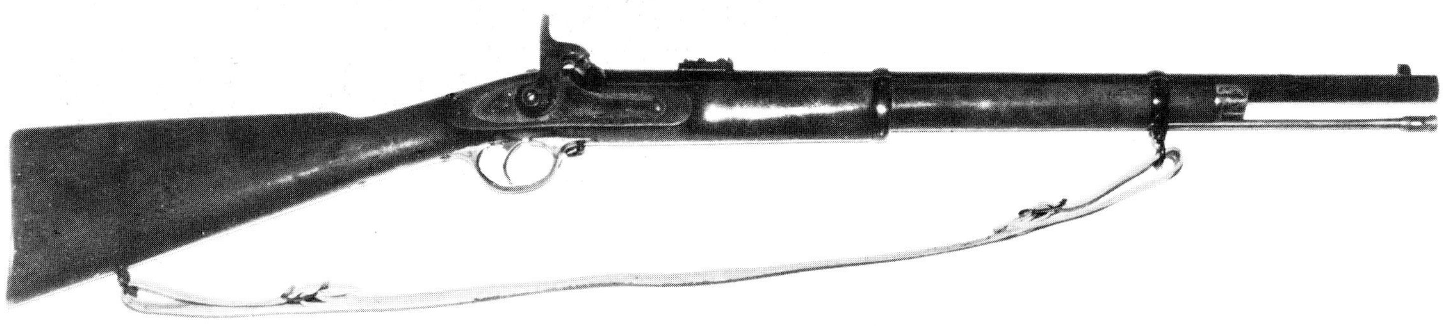

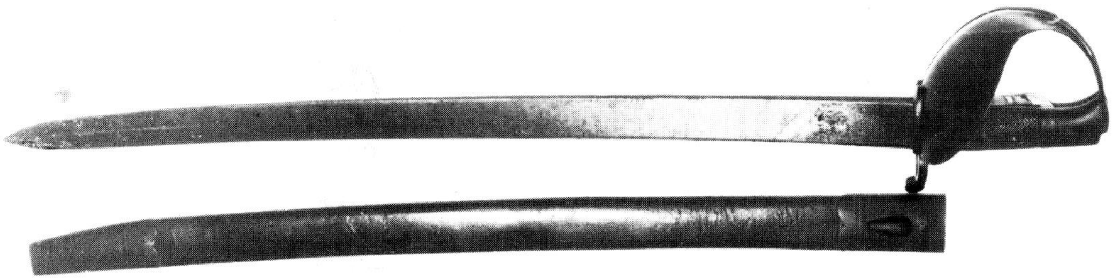

Für den Dienst der Marineinfanterie führte Großbritannien 1859 das Entersäbel-Bajonett ein, das auf die Short Rifle- und Artillery Carbine-Versionen aufpflanzbar war. Der Import von 1000 dieser 82 cm langen, schweren Klingenwaffen in die Konföderation ist belegt. Weitere Exemplare sind von New Yorker Handelsfirmen für die Marine eingeführt worden.

Die Enfield-Gewehre hatten im Süden den Status einer regulären Ordonnanzwaffe, und es ist selbstverständlich, daß man versucht war, diesen Gewehrtyp im Land selbst zu produzieren, um von den Importen unabhängiger zu werden. Neben Enfield-Waffen britischer Herkunft, die Londoner und Birminghamer Schlösser mit Namen berühmter Büchsenmacher tragen (z. B. Wilkinson, Potts & Hunt, Barnett usw.) finden sich auch belgische Produkte, z. B. die Enfield Short Rifle-Typen mit den Schloßprägungen ›FALISSE & TRAPMANN A LIEGE‹. Sehr viel seltener aber sind in der Konföderation hergestellte Enfield-Kopien.
In den 13 Staaten der Konföderation gab es eine Anzahl Büchsenmacher, die durchaus in der Lage waren, Militärwaffen zu produzieren – und das serienmäßig. In amerikanischen Waffensammlungen sind solche Kopien der zeitgenössischen amerikanischen Ordonnanzwaffen zu finden. Aber die Enfield-Kopien der ›M‹-Serie werfen ein anderes Bild auf die potentiellen Kapazitäten des Südens. Die Autoren Richard T. Hill und William E. Anthony* haben eine Anzahl ›M‹-Gewehre geprüft – so benannt nach der Schloßplattensignatur, bei der ein Adler ein Wappenschild mit diesem Buchstaben hält. Die Läufe tragen zum Teil englische Beschußproben, das Zeichen ETL. Die Waffen sind eindeutige Kopien der englischen Dreiband-Muskete, jedoch von zweifelhafter Qualität in der Fertigung der Einzelteile wie Bänder und Garnitur. Zu Beginn des Konflikts führte die Konföderation auch Waffenteile aus England und Belgien ein, um die lokale Produktion anzukurbeln. Gleichzeitig wurden einige Büchsenmacher zur Einreise in die Südstaaten bewogen, um dort Enfields zu bauen.
Walter Watson, der in Fayetteville, North Carolina, lebte und arbeitete, hat seinen Stempel auf einigen der ›M‹-Musketen hinterlassen. Seine Signatur findet sich auch auf der Innenseite eines Schlosses bei einem Exemplar dieser mysteriösen Waffen, deren Herkunft nicht ganz geklärt ist. Fest steht, daß Einzelteile in die Südstaaten importiert wurden, und daß man versuchte, eine eigenständige Fabrikation aufzubauen. Die Briten Ferdinand und Francis Cook, zwei Brüder, besaßen in der Waffenfirma ›Cook & Brothers, New Orleans‹ die größte private Herstellung innerhalb des konföderierten Staatsgebietes. Im April 1862 mußten sie ihre Werkstätten aus der Stadt evakuieren, weil die Unionstruppen vor den Toren standen. Einige Enfield-Kopien mit der Firmeninschrift ›COOK & BROTHER, NO‹ sind aufgetaucht, aber die Mehrzahl der heute erhalten gebliebenen Südstaaten-Enfields wurden nach der Flucht produziert.

* Hill/Anthony: »Confederate Longarms and Pistols, A Pictorial Study«, Charlotte, N.C., 1978, präsentiert eine Fülle von optischen Details konföderierter Waffen.

COOK & BROTHER, ATHENS, GEORGIA

Noch im April 1862, drei Wochen vor der Flucht aus New Orleans, hatten die Gebrüder Cook einen Vertrag über 30 000 Enfield Rifle Muskets mit Säbelbajonetten vom Heereszeugamt erhalten. Im Frühjahr 1863 wurde die Produktion in Georgia wiederaufgenommen, die Herstellungskapazität lag zwischen 300 bis 600 Waffen pro Monat. Gefertigt wurden vier Waffentypen, die alle sehr dem Enfield-Vorbild glichen: Dreiband-Muskete, Short Rifle und zwei Karabinerversionen mit und ohne angelegten Ladestock, resp. mit 21 und 24 Zoll langen Läufen. Alle Waffen hatten vollständige Messinggarnituren einschließlich der Laufbänder und einfache Standkimmen statt der verstellbaren Enfield-Visierungen. Die Läufe wurden gebräunt und waren nach Damastart aus gedrehtem Eisen hergestellt. Die Schloßplatte hatte hinter dem Hammer als Kennzeichen aller Cook & Brother-Waffen eine kleine konföderierte Fahne eingeprägt.

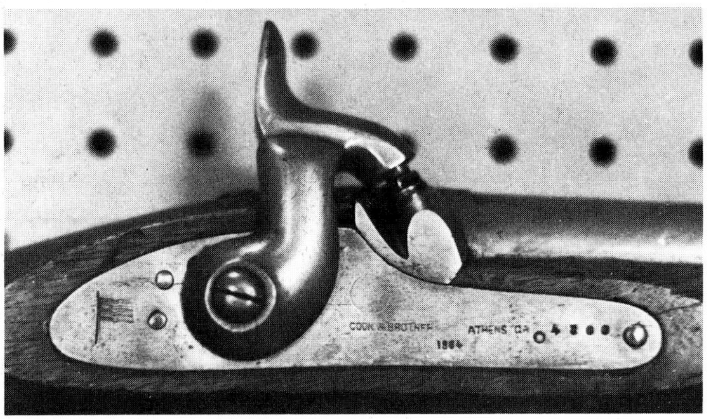

Die Schloßplatte eines in Athens produzierten Cook & Brother-Musketons zeigt die hohe Qualität der Fertigung, die selbst im Jahr 1864 beibehalten wurde.

Insgesamt wurden etwa 3000–4000 Waffen in New Orleans hergestellt, aber nur vom Musketon- und Zweibandmodell. Die Dreiband-Musketen sind bisher lediglich mit der Athener Adresse aufgetaucht. Einige wenige mit New Orleans markierten Zweiband-Versionen sind mit verstellbarem Visier (bis 1000 Yards, Visierform nach Enfield-Vorbild) und Messing-Patchbox produziert worden.
In Georgia sind insgesamt ca. 7000 Exemplare von allen Waffentypen hergestellt worden, wobei die Brüder noch einmal eine Short-Rifle-Variante mit verstellbarem Visier, aber ohne Patchbox fertigten. Im Gegensatz zum englischen Original sind die Cook & Brother-Waffen vom Kaliber .58. Ihre Läufe tragen als Inspektormarke ›F.W.C.‹ in einem ovalen Ring auf dem Schaft, die Initialen von Ferdinand William Cook. Die Läufe sind mit ›PROVED‹ abgestempelt.

Die Herstellung der konföderierten Enfields fand im Herbst 1864 ihr Ende. Atlanta war gefallen, Sherman führte auf seinem Marsch zur See die totale Kriegsführung vor. Seine schnell dahinmarschierenden Veteranen ließen einen kahlen Streifen Land hinter sich zurück, in dem die Baumwollmaschinen verbrannt, die Farmen ausgeplündert waren. Die Fabrikarbeiter der Fa. Cook & Brother wurden unter der Führung ihrer beiden Direktoren in ein Heimwehr-Bataillon der Georgia Staatsmiliz zusammengefaßt und in die Schlacht geworfen. Ferdinand Cook fiel am 11. Dezember in South Carolina, sein Bruder Francis verkaufte nach Kriegsende die Fabrikanlagen.
Der Cook & Brother-Musketon mit 24 Zoll langem Lauf ist unter der Regie von Navy Arms als Replika wiedererstanden. Das Original wird heute, wenn überhaupt verkäuflich, unter Sammlern je nach Zustand zwischen $ 1500 bis $ 3000,– gehandelt!

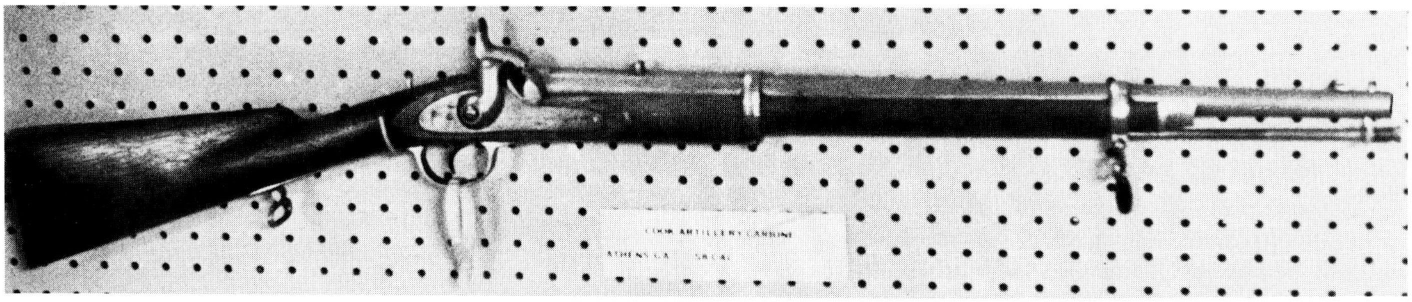

Artillerie-Musketon von Cook & Brother in der Springfield Armory Collection .24-Zoll-Lauf, Kaliber .58, für Tüllenbajonett eingerichtet.

ENFIELDS MADE IN C.S.A.

Die konföderierten Pläne, Enfield-Gewehre herzustellen, hatten auch eine Episode, die direkt unter der Regie des Heereszeugamtes lief. Oberst James H. Burton, vormals Master Armorer in Harpers Ferry, danach im Dienst der Royal Small Arms Factory von 1855 bis 1860 Oberaufseher für die Installation und Inbetriebnahme der neuen Werkzeugmaschinen, war kurz vor Ausbruch des Konflikts nach Virginia zurückgekehrt, um eine leitende Position bei den Tredegar Eisenwerken anzugeben. Diese Firma sollte für die Richmond Armory-Maschinen zur Waffenherstellung anfertigen. Bei Ausbruch des Krieges wurde Burton als Oberst der Direktor für alle Regierungsarsenale der Konföderation. 1863 benützte Burton seine Erfahrungen und Beziehungen aus seiner früheren Tätigkeit in Großbritannien und erwarb von der Firma Greenwold & Batley, Leeds, einen vollständigen Maschinenpark für die Herstellung der Pattern 1853 Rifle Musket, der in der Lage gewesen wäre, rund 10 000 Gewehre pro Monat auszustoßen. In Macon, Georgia, wurden die Werkshallen für die neue Staatsfabrik gebaut, während die Maschinen sorgfältig verpackt zu den Bermudas verschifft wurden. Von dort sollten sie im bekannten Nachtverfahren durch die Blokkade geschleust werden. Am 2. September 1864 fiel Atlanta, damit waren auch die Tag des südlicher gelegenen Macon gezählt. Vom 12. bis 15. November wurde Atlanta zerstört und niedergebrannt, am 16. morgens begann Sherman seinen Marsch durch Georgia mit 60 000 Mann. Wenige Tage später fiel Macon, und mit der Stadt gingen die Pläne für eine konföderierte Serienproduktion der Enfield verloren.

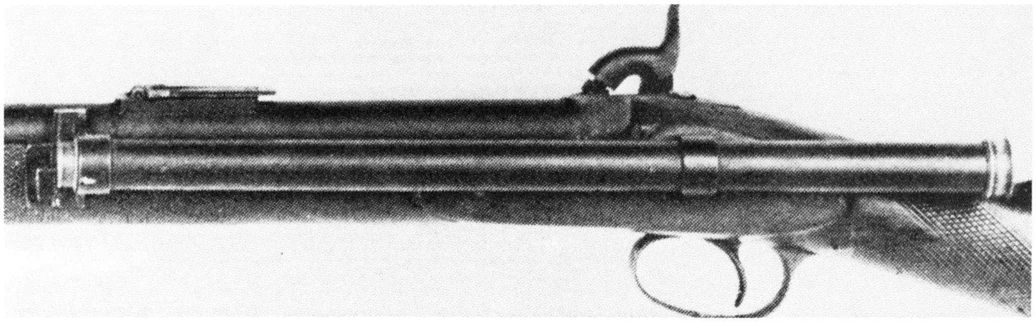

Seitliche Zielfernrohrmontierung an einer Whitworth Volunteer Rifle.

WHITWORTH UND VOLUNTEER RIFLES

In den englischen Testversuchen der fünfziger Jahre trat neben dem Lancaster-System auch der hexagonale Lauf des Ingenieurs Joseph Whitworth an, dessen kleinkalibrige .451-Geschosse »in bezug auf Treffergenauigkeit auf 1100 Yards fast ebenbürtig der Enfield auf 500 Yards waren«, wie es ein zeitgenössischer Beobachter ausdrückte.

Die Whitworth-Gewehre wurden zwar zu zahlreichen Testversuchen herangezogen und sein Patent der Laufführung von privaten Büchsenmachern angewendet, aber die Waffe wurde nicht als militärisches Infanteriegewehr eingeführt. Die in England größer werdende Volunteer- und Schützenbewegung aber griff Whitworths genau schießende Gewehre begierig auf. Zahlreiche Volunteer-Büchsen kamen während des Bürgerkrieges nach Amerika, die meisten von ihnen waren einfach besser gearbeitete Enfield-Standardausführungen, aber eine kleinere Anzahl Whitworth Rifles mit 33 Zoll Läufen wurde von den Konföderierten als Scharfschützenwaffen eingesetzt: 12 Stück wurden Anfang 1863 importiert und sechs an die Armee von Nordvirginien ausgegeben, je zwei für die besten Schützen jedes Armeekorps. Die sechs anderen gingen zum westlichen Kriegsschauplatz und wurden bei Chickamauga eingesetzt. Cleburne's Sharpshooters hatten 20 Gewehre dieser Art und zehn Kerr-Büchsen, eine vom Büchsenmacher Kerr für die London Armoury Company hergestellte .44-Scheibenbüchse mit 37 Zoll langem Lauf, von der Huse bei Kriegsbeginn 20 erworben hatte. Die Kompanie F der 8. North Carolina Infanterie hatte 20 Whitworth, und zwei Scharfschützen von Gordons Brigade benutzten diese Waffen in den Kämpfen um Fort Steadman.*

Einige der Whitworth waren mit Zielfernrohren ausgestattet, die seitlich vom Lauf angebracht wurden und sehr weit über den Kolbenhals vorbeireichten – diese Gewehre wurden nicht wie üblich angeschlagen, sondern in einer Rückenlage geschossen, die bei den sportlichen Weitschußwettbewerben der fünfziger Jahre sehr beliebt war.

Über die Verteilung der durch die Blockade geschmuggelten Whitworth-Gewehre berichtet Sam Watkins von der H-Kompanie des 1. Tennessee-Regiments, daß die Waffen in seiner Armee nach einem Wettschießen als Preise ausgeteilt wurden. Der beste Schütze des Regiments sollte eine Whitworth bekommen und fortan als ›Sharpshooter‹ von Lagerarbeiten und Wachdiensten befreit sein.

»Alle Generäle und Offiziere kamen, um uns schießen zu sehen. Das Ziel wurde fünfhundert Yards weit auf einem Hügel aufgestellt und jeder von uns hatte drei Schuß. Jeder abgegebene Schuß traf die Tafel, aber ein Mann kam etwas näher an die Mitte als alle anderen und die Whitworth wurde ihm gegeben. Als wir uns gerade umdrehten, um ins Lager zurückzugehen, sprang ein Kaninchen auf und rannte so schnell wie es konnte; während alle Jungs brüllten und juchzten, legte Jimmy Webster sein Gewehr an und zog ab, er schoß dem Kaninchen den Kopf hinter den Ohren mit dem Minie Ball ganz ab. Es war etwa zweihundertfünfzig Yards weit weg. Es

* Albough/Simmons: »Confederate Arms«, Harrisburg, Pa. 1957

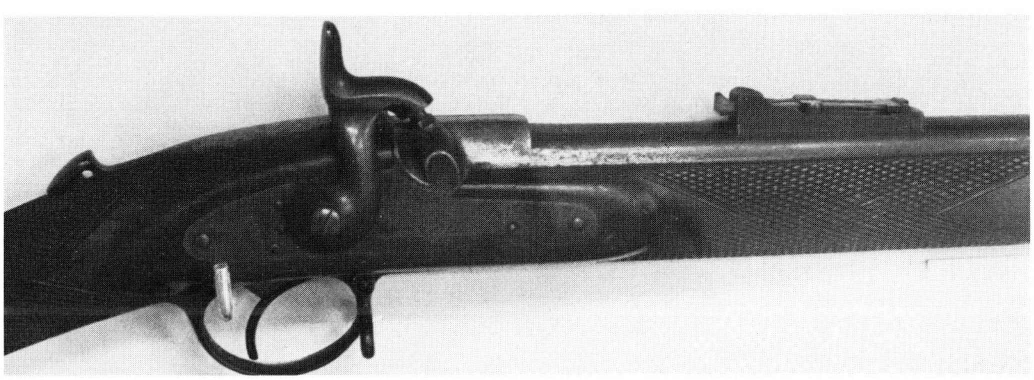

Eine Volunteer-Ausführung mit dem Westley-Richards ›monkey-tail‹-Hinterladesystem (s. Kavalleriekapitel). Einige dieser mit Fischhaut verschnittenen Schäftung versehenen Scheibenwaffen wurden an Scharfschützen der Konföderation ausgeteilt.

mag ein Zufallstreffer gewesen sein, aber General Leonidas Polk lachte herzlich über den Zwischenfall... und bemerkte: ›Ich wünschte, ich hätte ein weiteres Gewehr zu vergeben, ich würde es dem jungen Mann geben, der den Kaninchenkopf abgeschossen hat.‹«

Nach dem Vorbild der Berdanschützen im Norden richtete der konföderierte Kongreß mit einer Entschließung vom Frühling 1862 ein Scharfschützenregiment ein. Einzelne Regimenter oder Divisionen gründeten im Kriegsverlauf Schützentrupps, um die besten Schützen in ›Sharpshooter-Corps‹ zusammenzuziehen: General ›Pat‹ Cleburne, C.S.A., hatte in seiner Division einen Schützenzug von 46 Mann, die mit Whitworth und Kerr, aber auch mit Volunteergewehren des normalen Sportkalibers .45 bewaffnet waren. Als Verfügungstruppe und Reserve eingesetzt, brachten diese Schützen unter Hauptmann A. B. Schell vom 2. Tennessee Regiment den Unionssoldaten das Fürchten bei – besonders wenn es sich um Kanoniere handelte, die ein bevorzugtes Ziel der Scharfschützen waren. Beide Seiten berichten von Abschüssen auf Entfernung von über 1000 Yards. Das Erste South Carolina Infanterieregiment organisierte offiziell im April 1864 ein Scharfschützenbatallion; Spezialwaffen fehlten, aber bei guter Ausbildung – und die Männer übten sich im Enfernungsschätzen und Scheibenschießen – waren hervorragende Leistungen auch mit den Enfield Zwei- und Dreibandversionen zu erreichen.

Insgesamt existierten in der ganzen Konföderation wahrscheinlich nicht mehr als 80 bis 100 Whitworth- und Kerr-Gewehre, aber ihr Ruf und ihre psychologische Wirkung übertraf alle Erwartungen und wurde dem hohen Preis gerecht. Für eine Whitworth mit Zielfernrohr bezahlte Richmond 1863 rund eintausend US-Dollar und bekam dafür noch 1000 Schuß Munition dazu. Zu den Opfern gehörten auch hochgestellte Offiziere. Wenigstens drei Generäle fielen den konföderierten Scharfschützen zum Opfer: Lytle bei Chickamauga, Sedgwick bei Chancellorsville und Reynolds bei Gettysburg.

›Österreichische Enfields‹

Die amerikanische Faszination mit den englischen Enfield-Gewehren wurde auch auf andere europäische Minié-Waffen übertragen. In simpler Vereinfachung des tatsächlichen Sachverhaltes wies das Kriegsministerium seine Repräsentanten an, ›preußische‹, ›österreichische‹, ›sächsische‹ und ›belgische Enfields‹ anzukaufen. Der hinter dieser Diktion stehende Gedanke – ausländische Gewehre in der Qualität der Pattern 1853 – ist klar, aber die ungenaue Definition ließ den Aufkäufern und Anbietern viel Spielraum. Nur wenige europäische Gewehrmodelle entsprachen in Ausführung und Typ tatsächlich dem formvollendeten englischen Standardmodell und vieles, was der U.S. Regierung an Musketen in den Jahren 1861–63 zum Kauf angeboten wurde, fiel weit hinter den genannten Qualitätsstandard zurück. Jedoch, die eigenwillige Enfield-Benennung blieb und fand Eingang in die offiziellen Berichte der Heeresverwaltung.

Unter den Importwaffen stehen an zweiter Stelle hinter den britischen Produkten die österreichischen Gewehre. Für Nord und Süd wurden die Wiener Arsenale und Fabrikanten zur wichtigsten Anlaufstelle nach London und Lüttich. Die Donaumonarchie verfügte nicht nur über eine leistungsfähige Rüstungsindustrie, ihr Heer war auch mit einer gezogenen Muskete ausgerüstet, deren Form der britischen oder amerikanischen Qualität kaum nachstand: das Lorenzsche Modell 1854 im Kaliber 13,9 mm, das von dem Werksführer der staatlichen Wiener Waffenschmiede Josef Lorenz Anfang der fünfziger Jahre entwickelt wurde. Anders als beim Minié-Expansionsgeschoß sollte sich das Lorenz-Geschoß beim Schuß zusammenstauchen und dergestalt in die Züge gedrückt werden. Das Kompessionsgeschoß sah zwar ähnlich wie das Minié-Geschoß aus, aber es fehlte der Hohlboden. Stattdessen waren im unteren Teil die Rillen so tief ausgearbeitet, daß bei der Explosion der Treibladung ein Zusammendrücken zum Geschoßkopf hin erfolgen würde. Natürlich konnte man in diesen Lauf auch ein normales Minié-Geschoß laden, es würde sich den Zügen in der gewohnten Weise anpassen. In der Konföderation erkannte man das Potential dieser Gewehre rechtzeitig und griff begierig zu, sobald man die Möglichkeit zum Ankauf hatte. Viele Soldaten der Südstaaten-Regimenter waren mit der Mississippi-Rifle im Kaliber .54/100 inch (13,7 mm) ausgerüstet, für die in den Munitionswerken Richmonds eine Patrone mit Minié-Burton-Geschoß serienmäßig hergestellt wurde. Diese Patrone paßte hervorragend in die 13,9 mm-Läufe der Modell 1854-Waffen – auch das Lorenz-Kompressionsgeschoß hatte einen Durchmesser von 13,7 mm.

Im Norden überwog der Umstand, daß die Lorenzgewehre in genügend großer Anzahl vorrätig waren; über das kleinere Kaliber war man weniger erfreut. In der U.S. Armee wurde eine Standardisierung der Munition angestrebt, und mit den Einführungen von 1855 hatte man noch vorhandene Mississippi-Büchsen auf das nun zum Standard gewordene .58 Minié-Burton-Geschoß aufgebohrt. Handelsfirmen und Importeure, die sich Regierungsaufträge erhofften, ließen daher die österreichischen Musketen auf das amerikanische Standardkaliber aufbohren – mit zweifelhaftem Ergebnis, denn die Unterlagen des U. S. Zeugamtes führen M 1854-Gewehre mit Kalibern von .54 bis .59 Zoll auf.

Angesichts der ausrüstungstechnischen Engpässe ließ sich der Wunsch der U.S. Armee nach völliger Munitionsgleichheit während des Krieges kaum verwirklichen. Zwar versuchte man, die Truppen mehr und mehr mit neuen Springfield oder Enfield auszurüsten und die unterschiedlichen Importwaffen aus dem Gebrauch zu ziehen, aber die Vierteljahresberichte der Heeresverwaltung, die in den Nationalarchiven erhalten geblieben sind, zeigen, daß viele Regimenter mit österreichischen M 1854 ausgestattet waren. Im Sommer 1863, auf dem Höhepunkt des Krieges, führten von den 242 Infanterieregimentern in der Potomac-Armee Generalmajor Meades noch 26 teilweise oder ganz österreichische Gewehre. Die Kaliber variierten, der überwiegende Teil der M 1854 hatte den kleineren 13,9 mm-Laufdurchmesser und mußte mit Patronen Kaliber .54 geladen werden. Lediglich sechs Einheiten waren mit aufgebohrten .577- und .58-Gewehren ausgerüstet. Einige Kompanien der 6. und 11. New Jersey, der 63. und 73. Pennsylvania hatten in ihren Beständen das Kaliber .577 und .58; die 27. Indiana und die 153. Pennsylvania Infanterie waren sogar ausschließlich mit .58 M 1854-Gewehren bewaffnet.

Die Lorenzgewehre wurden auf beiden Seiten des Bürgerkrieges in vier Modellvariationen benutzt:

- *Modell 1854/I* (österr. Bez.: ›Kaiserlich-königliches Infanterie-Feuergewehr‹) – Gesamtlänge 134 cm, Lauflänge 94,5 cm, vier Züge; achtkantiger Lauf, der nach rund 25 cm abgerundet ist. Feststehends Bockvisier für 300 Schritt (225 m bzw. 245 Yards), Eisengarnitur, Nußbaumholzschaft. Das österreichische Tüllenbajonett hat einen ›schrägen‹ Schlitz zur Aufpflanzung auf das Korn, die 46,5 cm lange Gratklinge ist vierkantig und wird in einer lederverkleideten Holzscheide mit Eisenbesatz versorgt.
- *Modell 1854/II,* wie die erste Modellausführung, nur mit einem Klappenvisier. Die Standkimme diente zum Schießen auf 300 Schritt, die drei Kimmen der Klappe reichten bis 900 Schritt.
- *Modell 1854, k.k. Jägerstutzen* (in der engl. Literatur als ›Jaeger‹ oder ›Yaeger‹ bez.) – Gesamtlänge 109,5 cm, 71 cm langer, achtkantiger Lauf, der mit dem vorderen Schaftende zur Aufnahme des Tüllenbajonetts abgerundet ist. Eigentümliches Kreisbogenvisier mit Feststellschraube für das Schießen von 300–1000 Schritt, Nußbaumschaft, Eisengarnitur, Klingenlänge des Haubajonetts 65,5 cm, Holzscheide mit Lederbezug und Eisenbeschlägen. In Österreich wurde diese Waffe in den Jägereinheiten geführt, dessen dritte Glieder mit einer Variante des Stutzens ausgestattet waren. Der ›Dornstutzen‹ hatte einen Distanzdorn in der Schwanzschraube, der das Geschoß von der Ladung abhielt, um eine gleichmäßige Zündung der Treibladung zu gewährleisten. Sein Visier reichte bis 1200 Schritt. Beide Typen des Jägerstutzens wurden nach Amerika importiert. Boker verkaufte allein 29 850 an die U.S. Armee, diese Waffen hatten bereits den nachträglich angebrachten Ladestock.
- *Modell 1854 k.k. Extrakorpsgewehr* (engl. ›musketoon‹) – Länge 105 cm. Dieses Kurzgewehr wurde in geringer Stückzahl im Bürgerkrieg benutzt. Es war eine verkürzte Ausführung des Infanteriegewehres, bei der ein Laufring weggelassen wurde. Die Waffe hat ein kleines Klappenvisier mit drei Stellungen und war mit dem normalen Tüllenbajonett versehen. Diese Version war besonders wegen der Ähnlichkeit zum Enfield-Musketon beliebt und wurde im Süden auch als Kavalleriebewaffnung geführt.

Ein Lorenzmodell 1854, II. Ausführung, dessen Visierklappe verlorenging, ein häufiges Manko dieser Gewehre, deren Visiere nur in einem Schwalbenschwanz eingeschoben waren und sich schnell lockerten. Das Tüllenbajonett dieser Waffe war durch eine Querrippe auf der Klinge vierkantig und hatte eine lederverkleidete, eisenmontierte Holzscheide.

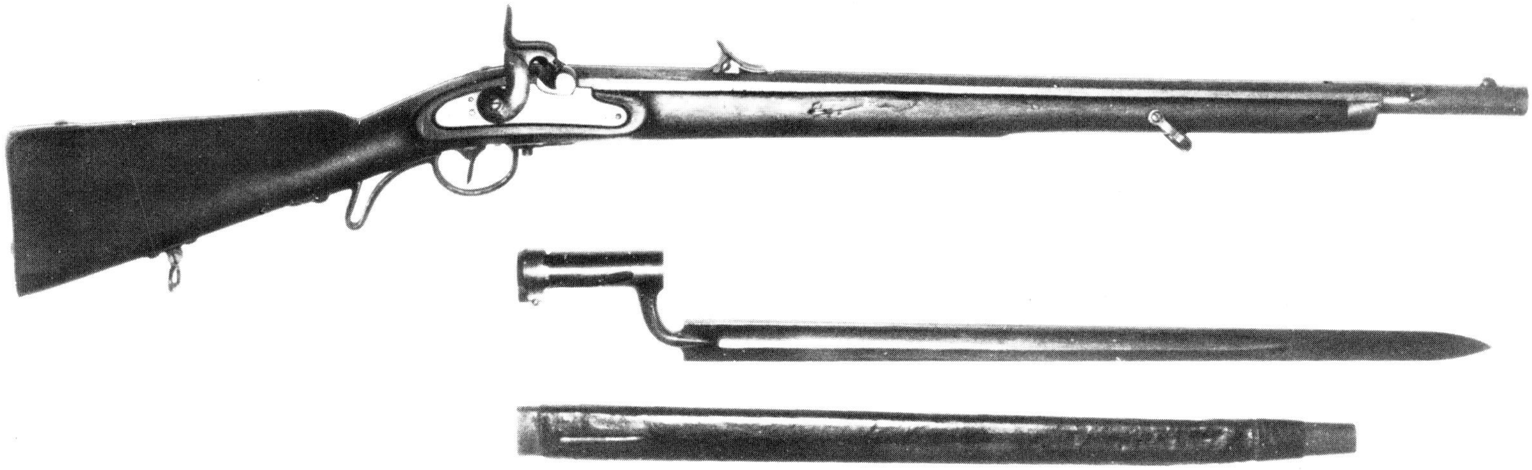

Der Jägerstutzen mit seinem Haubajonett. Die Jahresmarkierung der sonst nur mit einem kleinen Adlersymbol gezeichneten Schloßplatten weist drei Ziffern (z. B. ›852‹) für das Jahr auf.

Die Maschinenproduktion war in Österreich in den fünfziger Jahren weit vorangeschritten. Die Modellreihe 1854 wurde auf austauschbarer Basis gebaut, mit einer Schloßgröße, die lediglich mit dem kleinen Adlerzeichen der K.u.K. Monarchie und der Jahreszahl der Fertigung (nur die letzten drei Ziffern, z. B. ›859‹ für 1859) gekennzeichnet ist. Die Läufe wurden seitlich mit Herstellernamen (Ferd Frühwirth, Pierko in Wien usw.) versehen.
Zu den über dreihunderttausend österreichischen Waffen, die zwischen 1861 und 1865 den Atlantik überquerten, gehörten auch viele Exemplare älteren Musters. Besonders in den ersten Monaten nach Kriegsausbruch wurden Zehntausende ausgedienter österreichischer Augustin-Console-Musketen im Norden ›an den Mann gebracht‹. Mitte der dreißiger Jahre hatte das österreichische Heer auf dem Weg zur Perkussionszündung mit Flügelzündhütchen diesen ›Umweg‹* über das eigenwillige Zündröhrchen eingeschlagen. Nicht nur herkömmliche Feuersteingewehre wurden mit diesem System aptiert, auch die neue Generation von Musketen, Pistolen und Karabinern der vierziger Jahre erhielt dieses Zünderschloß. Keine zehn Jahre später entschied man sich zur neuerlichen Umrüstung auf die überall in Europa üblichen Kapselzündhütchen. Eine beschränkte Anzahl der Augustin-Console-Schlösser wurde mit Pistons aptiert, ein größerer Teil jedoch fiel der Ausmusterung anheim, als in den fünfziger Jahren die neue Geschoßführung nach Lorenz zur Grundlage einer besseren Infanteriebewaffnung wurde.
Der Konflikt in den fernen USA kam für Wien gerade zur rechten Zeit, um die ungewollten Waffen loszuwerden:
Große Mengen alter, ausgesonderter Musketen waren von der österreichischen Regierung bereits an die belgischen Waffenhandelsgesellschaften abgegeben worden, die diese Ware in überseeschen Kolonien abzusetzen hofften. Einige dieser Firmen aptierten diese Waffen: Läufe wurden gezogen, die Augustin-Console-Schlösser für Zündhütchen umgestaltet. Andere wurden wieder auf Steinschloß-Zündung zurückverändert, weil man sie so besser in Afrika und Südamerika den Einheimischen verkaufen konnte. Mit dem Beginn des amerikanischen Konflikts griffen amerikanische Spekulanten und etablierte New Yorker Handelsfirmen diese Bestände willig auf. Herman Boker & Company bot dem Kriegsministerium im September 1861 die sofortige Lieferung von 100 000 ›gezogenen Musketen‹ in angeblich neuwertigem Zustand, vorab ließ er bereits Zehntausende österreichische Augustin-Console-Waffen auf Zündhütchenzündung in Belgien umbauen. Dazu gehörten ge-

Bodenfund aus Gettysburg: Dieser auf Perkussion aptierte Lauf einer ehemals österreichischen Muskete 1842 explodierte beim Gebrauch: Falsche oder doppelte Ladung oder Materialschwäche kann der Grund gewesen sein. Vorfälle wie diese bestärkten die ›Johnny Rebs‹ und ›Billy Yanks‹ in ihrer schlechten Meinung von den Importwaffen.

* So Hans-Dieter Götz in seiner detaillierten Zusammenstellung über »Militärgewehre und Pistolen der deutschen Staaten, 1800–1870«, erschienen beim Motorbuch Verlag, Stuttgart

Gezogene Kammerbüchse M 1849, die ursprünglich für die Schützen des österreichischen Flotillencorps geschaffen wurde. Kaliber .71. Über 20 000 wurden allein durch die Handelsfirmen Bulkleys und Ramsdell nach Amerika gebracht. Länge 122,5 cm, Haubajonett. Nachträglich auf Perkussion aptiert, vormals Augustin-Console-Zünderschloß.

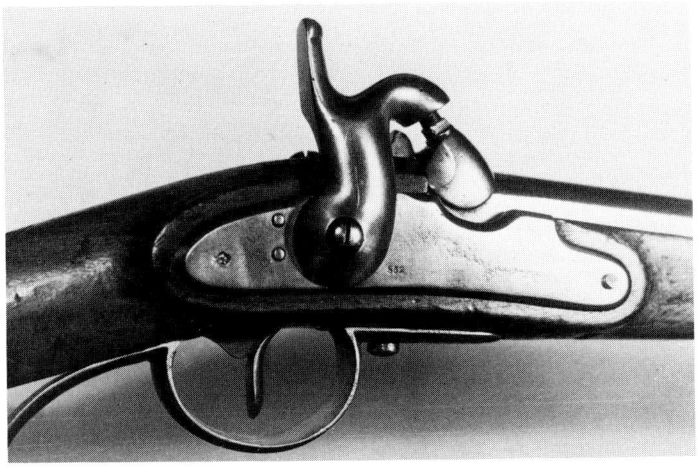

Jahrelang wurde die hier gezeigte Perkussionsaptierung der österreichischen Augustin-Console-Schlösser für eine amerikanische Arbeit gehalten. Der Autor verdankt eine Richtigstellung Dr. Ulisse Gobbi, Italien: »In den Unabhängigkeitskämpfen Oberitaliens von 1848/49 erbeuteten piemontesische Truppen Zehntausende österreichische Karabiner und Gewehre und aptierten sie auf Perkussion. 1859 gelang den Österreichern die Rückeroberung dieser Waffenbestände, die dann ab 1861 nach Amerika verkauft wurden. Die österreichische Perkussionierung erfolgte durch seitliches Anbringen eines Pistonsockels, der amerikanische bestand im Eindrehen eines Pistons in die Laufoberseite.

zogene Jägerkarabiner, Kammerbüchsen, alte Infanteriemusketen der Modellserien 1838, 1840 und 1842, teilweise mit glatten oder mit nachträglich gezogenen Läufen.

Die Firma Boker war nicht der einzige Importeur österreichischer Waffen. Mit Unterstützung des U.S. Boschafters in Belgien, Henry Sanford, erwarb John C. Fremont, Generalkommandeur des Armeedepartments im Westen, Zehntausende von Karabinern und Musketen für die von ihm aufzustellenden Truppen. Der Großteil dieser Lieferungen aus belgischen Arsenalen hatte noch Augustin-Console-Schlösser, die in Cincinatti, Ohio, aptiert wurden. Mit den ersten Einkäufen Oberst Schuylers in Belgien und Österreich gelangten einige tausend Karabiner und Jägerstutzen in die USA, außerdem auch M 1842-Musketen. Zwar wurden von der Zeugamtsverwaltung auch die Zünderröhrchen für die Augustin-Console-Schlösser in beträchtlichen Mengen erworben, aber allem Anschein nach selten im Feld verwendet. Die überwiegende Mehrzahl der nach Amerika importierten Österreicher wurden vor Eintreffen oder im Land für Flügelzündhütchen aptiert.

Natürlich trafen die österreichischen Altbestände in Amerika mitunter auf wenig Gegenliebe. Der Zeugamtsoffizier, der in New York die eintreffenden Importgewehre inspizierte, meldete seinen Protest an. Ein Südstaatler, der eine M 1842-Muskete zugeteilt bekam, urteilte, daß es »sicherlich das unbeholfenste Gewehr sei, das Sterbliche je benützt hätten, mit einem schweren Eichenschaft* ausgestattet und genügend Beschlägen aus Eisen und Messing, um eine Haubitze auszurüsten«.

---

* Gemeint ist der helle Buchenholzschaft, mit dem die österr. M 1842 versehen war!

Belgische, deutsche und französische Waffen

»Meine Einheit war mit veralteten belgischen Gewehren bewaffnet, wahrscheinlich die antiquiertesten und wertlosesten Waffen, die je in die Hände eines modernen Soldaten gegeben wurden. Aber sie waren alles, was unsere Regierung hatte.«

Arthur P. Ford, »Life in the Confederate Army, New York, 1905

der Läufe auf 18 mm vergrößert worden. Mit dem Modell 1853 wurde eine neue Muskete Kaliber 17,8 mm mit progressiven Zügen eingeführt, während einige der Mle 1842 mit Dorn auf das Thouvenische System à tige umgeändert wurden. In den amerikanischen Importen fand sich von jedem etwas und die Zeugamtsoffiziere hatten ihre Not mit der korrekten Klassifizierung der Waffen, einer

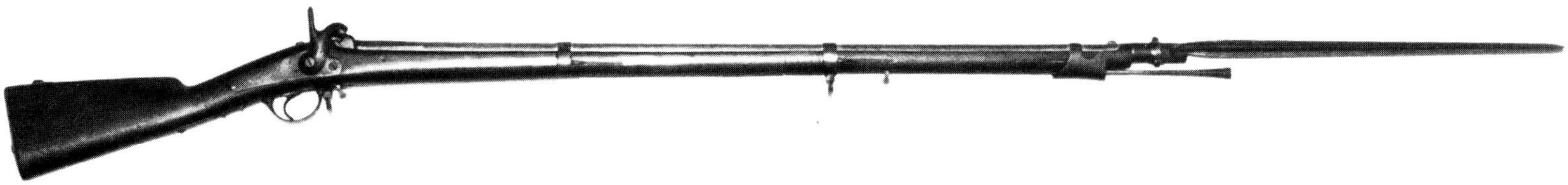

Ein französisches Infanteriegewehr Modell 1853, wie es auch in Belgien als glattläufige und gezogene Muskete kopiert wurde. Die großkalibrigen Waffen erweckten wenig Vertrauen bei ihren amerikanischen Benutzern, zudem waren sie schwer und unhandlich. Einige wurden nachträglich mit verstellbaren Visieren ausgestattet.

Fords vernichtendes Urteil über die belgischen Importgewehre findet sich in seinen Erinnerungen, die als »Persönliche Erfahrungen eines einfachen Soldaten in der Konföderierten Armee« natürlich auch die Meinung vieler seiner Kameraden widerspiegeln. Nach Fords Aussagen konnten diese belgischen Büchsen(!) »kaum eine Kugel auf 200 Yards verschießen, und auch auf kürzere Entfernung war ihre Trefferlage unzuverlässig«. Solche Bemerkung erscheint zuerst übertrieben, aber wenn man bedenkt, daß es sich bei den belgischen Musketen um Waffen mit einem einfachen Standvisier gröbster Art handelte und auch die Toleranzen im Lauf von Waffe zu Waffe variierten und kaum genau dem regulären Kaliber .69 entsprachen, wird es verständlich, wie Ford und seine Kameraden zu ihrer Verachtung gelangten.

Diese minderwertigen Waffen waren das Ergebnis der fast kopflos zu nennenden Einkaufstätigkeit amerikanischer Botschafter und Zeugamtsbeauftragter in den ersten Kriegsmonaten. Europäische Waffenhändler und Militärdepots versuchten diesen zwar willigen, aber wenig kenntnisreichen Patrioten aus Nord und Süd alte Lagerbestände aufschwatzen, unter denen es Mengen unmoderner Steinschloßmusketen, nachträglich aptierter und gezogener Modelle gab. Nicht selten gelang dies – besonders die Belgier hatten in ihren Depots Tausende ausgemusterter französischer Musketen der Modellreihen 1822/1822T/1842 und ihre entsprechenden Lütticher Kopien mit einem Kaliber von 18 mm (.71). Einige dieser Arsenalwaffen waren noch im Originalzustand, d. h. mit glatten Flintenläufen versehen, Kaliber 17,5 mm, andere waren in den Standardisierungsversuchen der fünfziger Jahre zuerst auf das neue Flintenkaliber 17,8 mm aufgebohrt, später durch das nachträgliche Ziehen Einteilung in Kalibergrößen und der entsprechenden Ausgabe an die Truppe, damit wenigstens Kompanien Waffen der gleichen Kalibergröße bekamen. Zudem glichen sich diese Musketen äußerlich weitgehend. Alle waren mit drei Bändern und Eisengarnitur versehen, hatten Standvisiere, Tüllenbajonette und Läuflängen zwischen 1,029 und 1,083 m. Die älteren 1822 und 1822T kennzeichneten sich durch Seitenschlösser, die späteren Versionen durch Rückschlösser. Schließlich gab es noch die Standardmuskete Minié Mle 1857.

Parallel dazu gab es eine Typenvielfalt von Musketons und Jägerbüchsen, den Carabine à tiege Mle 1846, den Carabine de Chasseurs Mle 1853, Gendarmeriegewehre und Reiterwaffen, die auch in den nach New York oder Charleston verschifften Kisten waren. Erschwert wurde die Auswahl durch den Umstand, daß in belgischen Depots Lütticher Kopien der französischen Modelle (teilweise mit ausgebohrten Läufen für den Kolonialexport), aber auch belgische Ordonnanzstücke angekauft wurden, die Nachahmungen der französischen Entwicklungen waren. Belgien hatte ab 1841 alte Modelle 1777 auf Perkussion aptiert und gleichzeitig eine Perkussionsmuskete mit glattem Lauf, Kaliber 17,5 mm, eingeführt. Die Jäger wurden mit einer Büchse nach dem System Deloigne-Poncharra ab 1843 bewaffnet, der die Thouveninsche Dornbüchse Mle 1848 folgte. 1853 wurden dann die Mle 1841 auf Minié umgerüstet. Die französischen und belgischen Jägerwaffen der fünfziger Jahre waren natürlich in den USA wegen ihrer Yatagan-Bajonette und der Zouaventradition gesucht, aber verglichen mit den Enfield-Zweibandausführungen waren diese über 9 Pfund schweren Stutzen mit ihren großen, über .69 variierenden Kalibern minderwer-

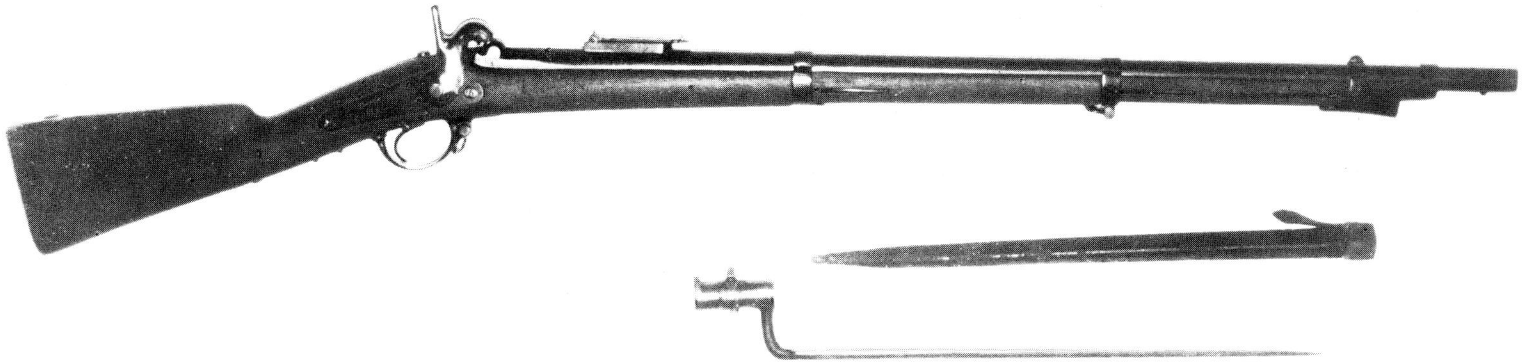

Französisches Modell 1842, das nachträglich gezogen und mit verstellbarem Rahmenvisier versehen wurde. Das Dreikantbajonett hat eine Klingenlänge von 45 cm, das als Dragonerbewaffnung entworfene Gewehr eine Gesamtlänge von 124 cm und ein Kaliber von .71. Diese Waffen wurden in Amerika als ›Chasseur Rifles‹ oder ›Vincennes‹-Modelle bezeichnet.

tig. Selbst die modernste französische Jägerwaffe, der Carabine de Vincennes Mle 1859, die für die Minié-Geschoßform eigens eingeführt wurde, fiel hinter den modernen englischen und amerikanischen Waffen zurück.
Boker importierte allein 25 000 Kurzgewehre, zumeist Mle 1842-Versionen, die er verkaufen konnte, weil die französischen Jägerwaffen in den USA einen etwas unverdient guten Ruf hatten. Diese Reputation ging auf die fünfziger Jahre zurück, da französische Modelle zu Schießversuchen bei der Entwicklung eigener Minié-Waffen in der amerikanischen Armee herangezogen wurden. Außerdem hing ihnen das romantische Flair der französischen Elitetruppen, der Chasseurs und Zouaven, an, die zu Beginn des amerikanischen Konflikts die Phantasie der Nordamerikaner angeregt hatten. Ballistisch aber waren die Geschosse dieser Waffen, die von .69 bis .70, bei aufgefrischten Läufen sogar bis .71 reichten, dem .58 Minié-Burton oder .577-Enfield weit unterlegen.
Während die französischen Waffen mit den staatlichen Manufakturnamen St. Etienne, Mutzig, de Tulle oder Charleville (›royale‹ vor 1848, ›nationale‹ von 1848–1852 und ›imperiale‹ nach 1852) abgezeichnet sind, tragen die belgischen Kopien und Ordonnanzwaffen natürlich Herstellernamen ›a Liege‹ und das ›ELG‹ auf dem Lauf. Die Handelsfirmen John Pondir, Philadelphia, Schuyler, John Hoey und andere kauften Zehntausende belgische Musketen und Kurzgewehre, zumeist Kopien französischer Modelle, an und konnten sie an Staatsmilizen und die U.S. Regierung abgeben. Viele dieser Waffen waren mit Tüllen- oder Schwertbajonette ausgestattet, die aus Solinger Werkstätten stammten und Namen wie Schnitzler & Kirschbaum (›S&K‹) trugen.

AUS DEUTSCHEN LANDEN . . .

Einige tausend sächsischer und bayrischer Musketen der Modelle 1842 und 1850 wurden in den Anfangsmonaten des Krieges in den deutschen Ländern angekauft. Ins Gewicht fiel hierbei nur das letzte der beiden Modelltypen, sächsische gezogene Musketen im Kaliber 14,63 mm, die dem amerikanischen Kaliber .58 nahekamen. 27 000 Gewehre dieser Art, in zwei Lauflängen (94 und 102,5 cm) wurden von George Schuyler angekauft und vom U.S. Zeugamt als gut befunden. Der überwiegende Teil dieser mit vier Zügen versehenen Infanteriegewehre war in Belgien, bei P. J. Malherbe & Cie., gefertigt worden.
Wesentlich interessanter, auch für Sammler deutscher Ordonnanzwaffen, ist die Karriere, die preußische Vorderladergewehre in Amerika machten. Große Mengen preußischer Vorderladerwaffen waren wegen der Umrüstung auf das Dreyse-Zündnadelgewehr erhältlich. Sowohl Marcellus Hartley als auch Caleb Huse sahen die

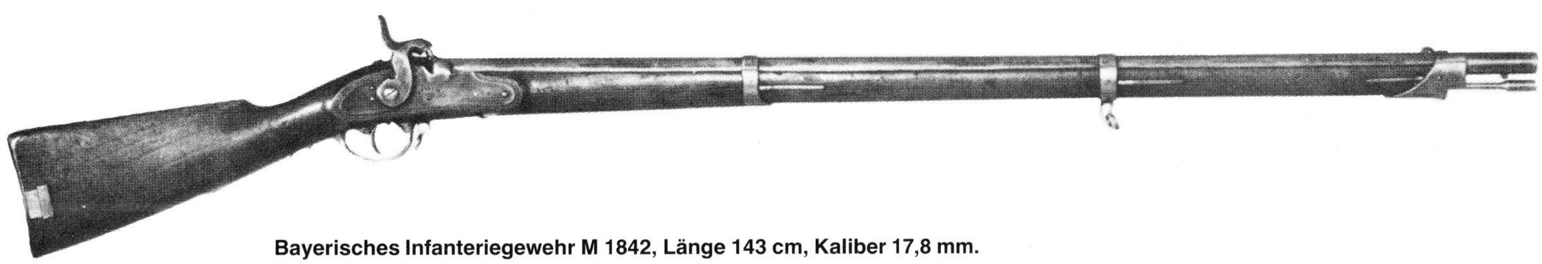

Bayerisches Infanteriegewehr M 1842, Länge 143 cm, Kaliber 17,8 mm.

Preußisches M 1809 Suhler Fertigung, auf Perkussion ab 1839 abgeändert (Infanteriegewehr U/M) und bei Einführung des Minié-Geschosses 1855/56 noch einmal aptiert.

preiswerte Chance, die sich in den Arsenalen der preußischen Provinzen bot. Die deutschen Vorderladergewehre der Modelle 1809, 1839 und 1839/55 kosteten durchschnittlich sieben Dollar – weniger als die Hälfte dessen, was George Schuyler für die 27 000 sächsischen Gewehre bezahlt hatte. Der Nachteil der preußischen Waffen lag in ihrem Kaliber und in der Größe ihrer Pistons, die nicht für die amerikanischen Zündhütchen geschaffen waren. Der überwiegende Teil der Waffen hatte nie einen Krieg gesehen und war in fast fabrikneuem Zustand.

Preußen hatte ab 1837 die seit 1809 im Dienst befindlichen Scharnhost'schen Steinschloßgewehre auf das neue Zündhütchen aptieren lassen. Mit dem Modell 1839 wurde eine neue, glatte Perkussionsmuskete eingeführt, deren Kaliber 18,04 mm etwas kleiner als das des Vorgängers (18,57 mm) war. In den Jahren 1855 und 1856 wurde ein großer Teil der M 1839-Musketen nachträglich mit fünf Zügen und einem Rahmen-Klappenvisier versehen, um eine neue Minié-Patrone mit einem Geschoßdurchmesser von 17,78 mm zu verschießen. Nach Götz* wurden insgesamt 220 000 M 1839 und 80 000 gute M 1809 umgerüstet, und es waren diese Waffen, die im Herbst 1862 zum Verkauf anstanden. Durch die Aptierung fiel das größtmögliche Kaliber der umgeänderten Musketen in den Bereich von 18,7 mm, obwohl Hartley in seinen Berichten nach Washington von einem Kaliber von .72/100 inch spricht. Das preußische Minié-Geschoß, daß aus diesen Waffen verfeuert wurde, hatte ein Gewicht von 705 grains und einen Durchmesser von 17,78 mm, das ist .70. Weil es sehr stark ausgehöhlt war, konnte es sich auch Läufen mit großen Toleranzen anpassen. Das amerikanische Standardgeschoß .69 dagegen wog 730 grains, hatte einen Durchmesser von 17,39 mm (.685) und wurde mit einer Ladung von 70 grains geschossen, während die Preußen 79 grains benutzten.

Hartley, bezugnehmend auf diese Werte, kaufte im Oktober 30 000 M 1839/55 an; Boker, Heddon & Hoey, Sarson & Roberts und einige andere Importeure bestritten den Rest der über 100 000 preußischen Musketen, die in den Jahren 1861–65 nach Amerika kamen. Viele davon waren aus den nichtaptierten Restbeständen der Arsenale und konnten mit der .69er Rundkugel recht und schlecht geschossen werden. Aber auch von den gezogenen Gewehren war vom Ballistischen her nicht allzuviel zu erwarten. Die amerikanischen .69-Standardgeschosse hatten nicht den tiefen

* Hans Peter Götz, »Militärgewehre und Pistolen der deutschen Staaten, 1800–1870«, Motorbuch Verlag, S. 250

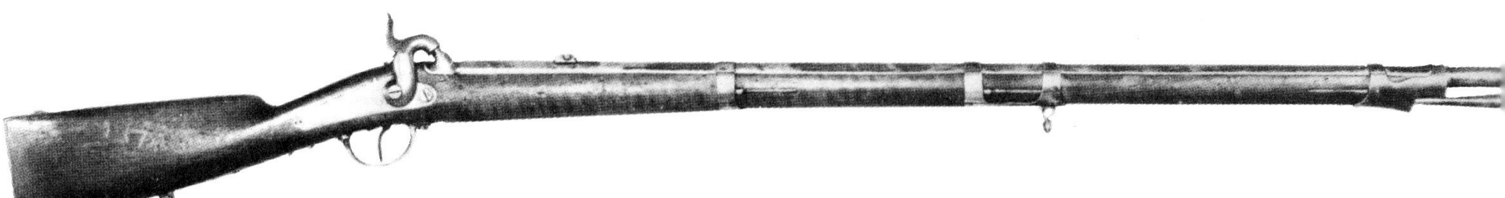

Sächsisches Schützengewehr M 1850, Länge 142 cm.

Hohlboden der preußischen Munition und expandierten daher nicht so gut. Zwar ließen sich die M 1839/55 problemlos mit der .69er Munition laden und schießen, aber die Trefferlage war entsprechend. Frankford Arsenal und andere Munitionsfabriken der USA stellten daher verbesserte .69 Minié-Geschosse mit tiefen Hohlböden, einem Gewicht von 625 grains und einer Ladung von 50 grains her, um den Lauftoleranzen zu entsprechen und das Schießen mit den großkalibrigen Waffen angenehmer zu gestalten.
Die amerikanischen Soldaten in Nord und Süd teilten das Los ihrer preußischen Kameraden, die bereits bei der Einführung des umgeänderten Gewehrmodells 1839/55 über den erheblichen Rückschlag der Waffe gelästert hatten.
Unter den Schlachtfeldfunden an Geschossen tauchen aber immer wieder Minié-Geschosse von 17 und 18 mm auf, die größer als das herkömmliche amerikanische .69-Geschoß sind. Sie werden als Preußen identifiziert, und aus Unterlagen der Konföderation ist ersichtlich, daß dort serienmäßig Projektile mit Größen von .70 bis .72 inch hergestellt wurden.
Beliebt waren die preußischen Musketen nicht – außer bei denjenigen Truppenteilen aus New Jersey oder New York, die aus deutschen Einwanderern zusammengestellt waren. – Sie waren groß, schwer und unhandlich im Vergleich zu den Springfield- oder Enfield-Typen. General Ulysses Grant sprach für viele, wenn er vor einem Kongreßausschuß berichtete, daß die Soldaten damit beim Schießen die Augen schlössen, sich breitbeinig gegen den erwarteten Rückstoß abstemmten, die Waffen krampfhaft festhielten und beim Abdrücken eine unsichere Zielhaltung hätten. Von den Yankee-Soldaten wurden die belgischen und preußischen Gewehre oft als ›pumpkin-slingers‹, als Kürbisschleudern, bezeichnet.
Nach dem Krieg wurden viele der Surplus-Musketen preußischer Herkunft auf dem freien Waffenmarkt abgesetzt. Die Schrott- und Waffenhandelsfirmen bohrten die Läufe aus, verkürzten die Vorderschäfte und boten diese Flinten dann als ›Jagdgewehre‹ oder ›foragers‹ an. Heute tauchen dieserart verunstaltete M 1839 und M 1839/55 wieder auf, auf den Schlössern ist oft noch genau das ›Saarn‹, ›Danzig‹, ›Neisse‹ oder auch ›Potsdam‹ zu erkennen.

»Die Stärke der Kavallerie liegt in ihren Sporen und Säbeln«

Aus McClellans »Regulations and Instructions for the Field Service of the United States Cavalry in Time of War«, Philadelphia 1861

Zeitgenössische Darstellung aus den Anfangsmonaten des Sezessionskrieges: Eine Ordonnanz der Unionskavallerie wird auf einem Melderitt im nördlichen Virginia von konföderierten Partisan Rangers überfallen.

Die Kavallerie: »Mit Sporen und Säbeln«

Die U.S. Armee hatte vor dem Ausbruch des Sezessionskrieges fünf reguläre Kavallerieverbände in ihren Reihen: Zwei Kavallerieregimenter, das 1st und 2nd, zwei Dragonerregimenter und ein Regiment ›Mounted Rifles‹ (berittener Schützen). Im Mai 1861 wurde noch ein drittes Kavallerieregiment aufgestellt. Im August 1861 wurde aus diesen Einheiten ein geschlossenes Kavalleriekorps mit neuen Regimentsbezeichnungen. Fortan waren die Dragoner als 1. und 2., die Mounted Rifles als 3. und die drei übrigen Abteilungen als 4. bis 6. Kavallerieregiment bekannt. Ähnlich wie bei der Infanterie wurden diese regulären Truppen geschlossen beibehalten, um im Einsatz eine Art Reserve von erfahrenen, regulären Verbänden zu haben. Mehr wäre gewonnen gewesen, hätte man die Regulären auf die sich nun überall bildenden Freiwilligenregimenter als Ausbildungspersonal aufgeteilt – aber in den Kreisen von Armee und Kriegsministerium existierten tiefverwurzelte Vorurteile gegen diese Freiwilligen und Milizsoldaten. Man wollte für alle Fälle auf reguläre Truppen zurückgreifen können. Zudem glaubte man bei Anfang des Krieges weder an eine zeitliche noch räumliche Ausdehnung des Konflikts. Die Rebellion des Südens würde in wenigen Wochen ihr Ende gefunden haben, der Hauptaustragungsplatz des Konflikts war Virginia, und in dessen hügeligen, waldbewachsenen Landstrichen mit seinen zahlreichen Flüssen sah man wenig Einsatzmöglichkeiten für eine geschlossene Kavallerietruppe.

Sporen eines Kavallerieoffiziers der Union. Die Standardausführung war kleiner, aber große Stükke waren ›in Mode‹.

Sowohl im Norden als auch im Süden wurden daher die ersten Angebote, Kavallerieregimenter aufzustellen, abgelehnt. Erst mit der Ausdehnung des Krieges nach der Schlacht von Bull Run/First Manassas zeigte sich die Notwendigkeit stärker, selbständig operierender berittener Verbände, deren Aufgaben mehr umfaßten als das traditionelle Vorhut-Reiten, Erkunden und Sichern für die Infanteriekolonnen. 1864, auf der Höhe des Krieges, sollte die U.S. Kavallerie rund 160 000 Reiter (engl. ›trooper‹) in ihren Stammrollen aufweisen – etwa zehnmal soviel Mann wie die gesamte U.S. Army bei Ausbruch des Sezessionskrieges in ihren Reihen hatte! Zu den sechs regulären Regimentern waren 227 neue ›regiments of volunteers‹ bzw. unabhängige Bataillone gekommen. Der Süden stellte dem 127 Regimenter und 47 unabhängige Bataillone Kavallerie, außerdem acht Regimenter und ein Bataillon ›Partisan Rangers‹ entgegen.*

War schon der Krieg in den Augen der Freiwilligen der ersten Monate romantisch verklärt, so entfachte der Begriff ›Kavallerie‹ die Phantasie der Zeitgenossen um so mehr. Die fünfziger und sechziger Jahre des 19. Jahrhunderts waren eine romantisierende Epoche, in der verklärende Erzählungen des mittelalterlichen Rittertums, wie die des Walter Scott, eine breite Leserschaft fanden. Militärisches Denken wurde bestimmt durch die Erinnerung an die napoleonischen Kriege, an die Kavallerieattacken der Engländer und Franzosen bei Waterloo, an Blüchers schneidige Husaren oder die Figur des französischen Reiterführers Marschall Murat. Die Aufgabe der Kavallerie war der Angriff mit der blanken Waffe, die massierte Reiterattacke mit blitzenden Säbeln, deren Wucht – zeitgenössisch als ›choc‹ umschrieben – den Gegner, ob Infantrie, Kaval-

* Thomas L. Livermoore: »Numbers and Losses in the Civil War in America, 1861–65«, Bloomington, Indiana, 1957

lerie oder Geschützstellung, überrennen und auseinanderjagen würde.
Kavallerie, das war Glorie und Ruhm, schneller Galopp, kurze und hitzige Gefechte, in denen der einzelne Soldat im Kampf Mann-gegen-Mann seine Tapferkeit beweisen konnte. Kavallerie, das waren rassige Pferde, glänzende Schwerter, Federbüsche am weitkrempigen Hut und schlanke, hochschäftige Stiefel.
Die Kavallerie hob sich von den anderen Waffengattungen ab, sie war die Elite, der Berittene – wie einst der Ritter – ein nicht nur durch das Pferd in eine höhere Klasse gehöriger Mensch – ein Kavalier. Kavallerie, so ein Reiteroffizier Napoleons, gibt dem Krieg, »der sonst nur eine vulgäre Schlägerei wäre, die stilvolle Note«.
Wenn auch die Wirklichkeit anders aussah, so waren dies doch die Vorstellungen, welche bei Kriegsausbruch die Freiwilligen in großen Mengen in die neu aufzustellenden Kavallerieregimenter trieben, wobei der Süden hier von Anfang an im Vorteil war. In den großen Plantagen und Farmen gab es eine Tradition der Pferdezucht und Reitkunst, die einfach zur Bildung der oberen Schicht gehörte. Die Konföderation konnte bei Kriegsbeginn auf ein erhebliches Potential von ausgebildeten Reitern und guten Pferden zurückgreifen, dem die Städte, Fabriken und kleinen Farmen des Nordens nichts Gleichwertiges entgegenzusetzen hatten. Die konföderierte Kavallerie war ihrem Gegner in den ersten zwei Kriegsjahren an reiterischem Können, taktischem Einsatz und gefechtsmäßigem Zusammenhalt überlegen. Außerdem brachte der Süden ausgezeichnete Reiterführer hervor, die es verstanden, die zahlenmäßig schwächeren und schlechter ausgerüsteten Verbände in festgefügte, unabhängig agierende Kavallerieformationen zusammenzuschweißen, die dort massiv zuschlugen, wo der Feind am schwächsten war. Die überfallartigen Feldzüge J.E.B. Stuarts, Nathan Bedford Forrests oder Joseph Wheelers waren und sind Meisterwerke ihrer Art. Andere Kavallerieoffiziere des Südens, wie Wade Hampton, Fitzhugh Lee, John D. Imboden oder die ›Raider‹ John S. Mosby und John H. Morgan sorgten dafür, daß die Unionstruppen sich auch tief im Hinterland der eigenen Front nie ganz sicher fühlten. Wo die konföderierte Armee mit dem wenigen, was sie an Kavallerie hatte, ›klotzte‹, ›kleckerte‹ die Union: Die Yankee-Reiterei wurde in kleinere Detachments aufgeteilt, die sich in ständigem Wach- und Vorpostendienst ermüdete. Ihr Auftrag bestand am Anfang im Bilden von Vor- und Nachhut für die Infanterie, als Reserveformation in der Schlacht und als Feldpolizei – so sehr, daß die Unionsinfanterie ihre eigene Kavallerie mit dem Spottruf bedachte »Wer hat je einen toten Kavalleristen gesehen?«.
Aber auch im Norden begriff man nach den Verlusten und Niederlagen der ersten Kriegsjahre den Wert der berittenen Truppe. Unter Hooker und Sheridan wurde die Kavallerie neuorganisiert und geschlossen eingesetzt. Nach einigen Schlachten zeichneten sich in den Reihen der Nordstaatler befähigte Reiterführer aus. Auf Divi-

Das klassische Bild eines Unionskavalleristen der Potomac-Armee zeigt die Veränderungen, welche die Nordstaatenreiter in der zweiten Kriegshälfte erfuhren: Verschwunden sind überflüssige Ausrüstung und dekorative Uniformteile. Der Veteran, der hier in vorschriftsmäßiger Haltung neben seinem Tier steht, trägt die einfache, kurze Jacke, einen breitkrempigen Hut anstatt des hohen und steifen Parademodells. Abgelegt wurden auch die Epauletten und Trägerriemen zum Hüftgurt.

sionsebene zählten dazu Offiziere wie Benjamin Grierson, David Gregg und James H. Wilson, George A. Custer und Judson Kilpatrick. Hervorragend, aber in seiner Qualität weitgehend unbekannt, war John Buford, dessen Einsatz bei Gettysburg diese Schlacht beeinflußte und vielleicht den Krieg entschied.*

Die Wende in der Entwicklung der Unionsreiterei zeigte sich deutlich in diesem Sommer 1863 während Lees Einmarsch nach Pennsylvanien, der in der Drei-Tage-Schlacht von Gettysburg gipfelte: In diesem Feldzug beweist sich die Nordstaatenkavallerie ihrem konföderierten Gegner als ebenbürtig. Zur gleichen Zeit beginnt sich auch der Niedergang der konföderierten Reiterei abzuzeichnen. Zwei Jahre härtesten Kriegseinsatzes haben die Resourcen der Konföderation strapaziert. Der Nachschub an gutem Einsatz – sowohl was Pferde als auch Mannschaften anbelangt – wird immer schwieriger. Die Lücken, welche durch Verluste entstanden sind, können nicht mehr mit gleichwertigem Material aufgefüllt werden. Jetzt tragen auch die bessere Bewaffnung und Ausrüstung sowie die Monate harter Ausbildung Früchte, die aus Bauernjungen von Maine, Vermont und New York richtige ›horse soldiers‹ macht.

Remonte

Wie in anderen Bereichen der Versorgung und Ausrüstung der Kriegsfreiwilligen von 1861, so war auch die Beschaffung des ›vierbeinigen Transportmaterials‹ ein Bereich, in dem Chaos und Korruption wütete.

Spekulanten, die Pferde und Maultiere im Westen zu Schleuderpreisen aufkauften, um sie dann für überhöhte Summen den Inspekteuren der Staatsgouverneure oder der U.S. Armee anzubieten, gab es zu Hunderten. Das Geschäft war so profitabel, daß jeder, der irgendwie über entsprechende Beziehungen verfügte, sich auf das Pferdegeschäft warf. Einige dieser Geschäftsleute wurden über Nacht reich, andere fanden neue Wege, sich an diesem großen Kuchen zu bereichern. Kavalleriepferde wurden von der Armee mit $ 119,– bezahlt, aber die Zugpferde der Artillerie waren mit 150 Dollar Kaufpreis entsprechend teurer. Also tauchten Tiere, die von einem Gutachter als Reittiere gebrandmarkt wurden, kurze Zeit später als Artilleriepferde wieder auf. Das Brandzeichen wurde von entsprechenden ›Künstlern‹ verändert und der entsprechende Besitzer war beim Verkauf automatisch um 31 Dollar reicher! Der vom Repräsentantenhaus des Kongresses eingesetzte Van Wyck-Untersuchungsausschuß kam im Oktober 1861 zu dem Ergebnis, daß der U.S. Regierung allein bei einem Fall von Remontekäufen in St. Louis ein Schaden von über $ 40 000,– entstanden war. Von 411 Kavalleriepferden waren nur 76 in dienstfähigem Zustand. Der Rest war zu klein, unter oder über dem Alterslimit der Vorschrift,

* Zur Geschichte der U.S. Kavallerie sei hier besonders das im Motorbuch Verlag erschienene Buch Dietmar Küglers »Die U.S. Kavallerie, Legende und Wirklichkeit einer militärischen Eliteeinheit« empfohlen.

Pferde

Aus einem Bericht des Quartiermeisters Rufus Ingall über den Bestand und Futterbedarf der Potomac-Armee mit Datum vom 3. Mai 1864 die folgenden Zahlen:

Kavallerie	16 311 Pferde
Artillerie	5 158 Pferde
Offiziere	4 107 Pferde

Troß: 3476 Wagen und 591 Ambulanzen mit 4076 Pferden und 20 184 Maultieren

Futterbedarf täglich: 477 Tonnen

hatte Schäden an Kniegelenken, Knochen und Rücken oder war auf einem oder sogar auf zwei Augen blind! Diese Pferde waren mit elf Dollar über dem vorschriftsmäßigen Preis von $ 119,– eingekauft worden. Der entsprechende Offizier und stellvertretende Quartiermeister in St. Louis, Major Justus McKinstry war nachweislich in unlautere Geschäfte mit Lieferanten verwickelt.

Erst langsam begann das Kriegsministerium die Beschaffung der Pferde zu kontrollieren. Bei der Reorganisation der Potomac-Armee ging McClellan erste Schritte mit der Einrichtung von Depots. Nach dem zweiten Kriegsjahr begann auch das bessere Remontesystem der U.S. Kavallerie seinen Einfluß zu nehmen. Der Verschleiß an Pferden während des Bürgerkriegs war enorm – nicht nur die berittene Truppe brauchte Pferde, auch der umfangreiche Troß jeder Infanteriedivision, die Artillerie und die Stäbe brauchten Reit- und Zugtiere. Während die Unionskavallerie in den ersten beiden Jahren kaum mehr als 60 000 Berittene ins Feld führen konnte, betrug die Gesamtbeschaffung für diese Waffengattung über 284 000 Tiere, weil Krankheiten, Verwundungen und schlechte (weil unerfahrene) Tierpflege für hohe Ausfallquoten sorgten. Nach konservativen Schätzungen waren insgesamt über eine Million Pferde während des Krieges auf beiden Seiten im Einsatz.

Anfang 1863 entschloß man sich in Washington, der bisherigen ungeordneten Zuführung von Pferden an die aufzustellenden Regimenter ein Ende zu machen. Das Durcheinander hatte u. a. dazu geführt, daß im Oktober 1862 nur 800 Reiter zur Verfügung standen, um J.E.B. Stuart hinterherzujagen, der wieder einmal mit seinem Kavalleriekorps nach Pennsylvanien eingefallen war und Eisenbahnschienen aufriß, Nachschubdepots verbrannte und Wagenzüge überfiel. Das Kriegsministerium erhielt fortan eine oberste Verwaltungsabteilung, das ›Cavalry Bureau‹, dem die sechs nun einzurichtenden Depots unterstanden. In diesen Depots wurden die angehenden Reiter gedrillt und in Umgang und Pflege ihrer Regierungspferde ausgebildet. Die Depots dienten gleichzeitig als Umschlagplätze für die Remonte. Von ihnen reisten Offiziere in den Westen und Norden des Landes, um neue Pferde zu kaufen, und von den Depots erhielten die Regimenter im Felde den Ersatz für ihre Ausfälle. In allen Depots befanden sich Veterinärstationen, in denen kranke oder verletzte Pferde versorgt und bis zur Diensttauglichkeit gepflegt wurden. Etwa die Hälfte der kranken und geschundenen Tiere, die von den Regimentern an die Depots zurückgesandt wurden, konnten wieder dem Dienst zugeführt werden. Ein Paradebeispiel war ›Baldy‹, das Pferd General Meades, das zwei Verletzungen in der Schlacht von Bull Run/Manassas erhielt, bei Antietam so schwer verletzt wurde, daß es wie tot dalag und nach seiner Wiederherstellung noch einmal bei Gettysburg verwundet wurde. Trotzdem überlebte es seinen Herrn um zehn Jahre.

Hufschäden und durchgerittene Rücken waren die Hauptursache für Ausfälle, die oft knietief aufgeweichten Schlammwege Virginias, die Kälte und der ständige Regen der Feldzüge von Fredericksburg und Chancellorsville im Winter 1862–63 taten ein übriges. Die Tiere waren während der Kampfhandlungen allen Wetterunbilden ohne Schutz ausgesetzt, bekamen unregelmäßig und unausgewogene Fourage und erhielten kaum die notwendige Pflege. Erst mit den Jahren zunehmender Feldzugerfahrung begannen Offiziere und Mannschaften, die Bedürfnisse und Möglichkeiten der Pferde zu verstehen. Soldaten, die ihre Tiere vernachlässigten, wurden drakonisch bestraft; die ersten Stellen von Wundscheuern resultierten nicht etwa im Austausch des Tieres, sondern der Schuldige wurde verurteilt, beim weiteren Marsch sein Pferd nur noch zu führen und im Staub seiner Kolonne hinterherzugehen.

Die Depots trugen durch Ausbildung und Versorgung ihren Teil dazu bei, daß die U.S. Kavallerie in der zweiten Kriegshälfte zu einem schlagkräftigen Instrument der Heeresführung wurde und das dem Staat das teure ›Pferdefleisch‹ erhalten blieb. Im Schnitt bezahlte die Regierung für ein gutes Pferd zwischen 150–160 Dollar, und es stellte damit ein recht kostspieliges Stück Heeresgut dar. Rollende Schmiedewagen gehörten daher auch zur Ausstattung jeder Kavallerie-, Artillerie- und Nachschubeinheit, um die Pferde auch im Feld beschlagen zu können.

Der Süden hatte bei Beginn des Krieges einen Heimvorteil. Staaten wie Virginia und Kentucky waren für ihre hervorragenden Gestüte bekannt, die meisten Plantagenbesitzer hatten Ställe voll bester Reittiere, die nun den Kavallerieregimentern zugute kamen. Der Südstaatenreiter stellte sein eigenes Pferd, wenn er sich zum Dienst bei der Kavallerie einschrieb. Für den Gebrauch zahlte die Regierung eine Art Tageslohn. Bei Regimentsantritt wurde der Wert des Tieres geschätzt, und wurdes es durch Kriegseinwirkung untauglich, erhielt der Besitzer diesen Gegenwert in Geld. Starb es an na-

Der Sezessionskrieg war der erste Konflikt, bei dem Eisenbahnen eine strategische Rolle für Nachschub und Truppentransport spielten. Beide Seiten versuchten mit Streifkorps und berittenen Kommandos im Rücken des Gegners, Eisenbahndepots, Schienenstränge und Überführungen zu zerstören.

Shermans Reiter beim Aufreißen von Schienen während des Marsches von Atlanta zur See: Die Schwellen wurden zu riesigen Feuerhaufen zusammengeschichtet, über die dann die Schienen gelegt wurden. Rotglühend verbogen die Reiter dann die Schienen um den nächsten Baum als ›Shermans Krawatten‹, damit die Eisenstränge nicht wieder zur Reparatur der Strecke benutzt werden konnten.

türlichen Ursachen oder wurde es vom Feind erbeutet, sah sich die Regierung als nicht regreßpflichtig. In jedem Fall aber hatte der Kavallerist sich inenrhalb kurzer Zeit selbst mit einem neuen Pferd zu versorgen – sonst drohte ihm die Überstellung zur Infanterie! Um ein verlorengegangenes Pferd zu ersetzen, standen dem Kavalleristen ›Johnny Reb‹ dreißig Tage Urlaub zu, in denen er nach Hause reisen und ein neues Tier erwerben konnte. Ein solches Remontesystem entsprach natürlich der sehr legeren Grundhaltung, welche die konföderierte Reiterei auszeichnete, und sie entledigte die Verwaltung in Richmond von einer Sorge. Aber auf der anderen Seite waren die Nachteile groß. Die Tagesstärken der Verbände variierten ständig, weil Männer ohne Pferde sofort ihr Anrecht auf Urlaub wahrnahmen. Zuweilen kam es vor, daß Reiter ihre Tiere verkauften oder ›verloren‹, um sich dieses Privilegs erfreuen zu können. Offiziere beklagten diese ständig hohe Zahl von Beurlaubten und Abwesenden, und ein Grund für die ständigen Überfälle auf Unionsvorposten war in dem Wunsch zu suchen, eine ständige Reserve an Pferden zu erbeuten. Jahrelang wurden die Unionsregimenter, die in West Virginia, entlang den Eisenbahnlinien und um Washington in kleinen Detachments auf Wache standen, von nadelstichartigen Überfällen geplagt. Für die reguläre Südstaatenkavallerie wie für die Partisan Rangers war es ein Sport, Feldlager und Außenposten zu überfallen, Kuriere und kleine Patrouillen abzufangen – nur um in den Besitz der Pferde zu gelangen. Die Intensität dieses Kleinkrieges war sehr stark und band zahlenmäßig große Verbände von Unionskavallerie, die anderweitig fehlten. Die Verlustraten dieser Außenposten lagen im Schnitt bei ein oder zwei Mann pro Tag pro Regiment und ließen auch nicht im Winter nach, – die konföderierte Kavallerie und besonders die unabhängigen Guerillas unter Mosby, Imboden oder ›Hanse‹ McNeill schienen keine Ruhe im Winterlager zu kennen.

Die Partisan Rangers, wie die unabhängige Guerilla-Reiterei bezeichnet wurde, übte ohnehin eine ungeheure Anziehungskraft auf die regulären Südstaatensoldaten aus, und mancher Soldat verließ sein Regiment unerlaubt, um bei Mosby einen leichteren, wenn auch abenteuerlichen und gefährlicheren Dienst zu finden. Um die Disziplin war es in der Südstaatenkavallerie schwierig bestellt. Bereits die Vorkriegsmilizvereine der Kavallerie waren weniger militärische Verbindungen mit hierarchischer Ordnung denn gesellschaftliche Clubs von gleichgestellten Gentlemen. Da die Rekruten der Kavallerie aus den besten Familien der Konföderation kamen, fehlte es an der notwendigen Unterordnung und dem Befehlsgehorsam, der in einem kriegsführenden Verband unabdingbar bleibt.

Abwesenheit von der Truppe ohne Erlaubnis war an der Tagesordnung, Remonteurlaub wurde nach Belieben genommen und ausgedehnt, jeder Kavallerist war sein eigener Herr, und Offiziere hatten es anfangs sehr schwer, sich durchzusetzen. Das Elitebewußtsein der Herrenreiter verbot natürlich auch die notwendigen Lagerarbeiten, und so standen Unordnung und mangelnde hygienische Verhältnisse in Kavalleriecamps denen der ›niederen‹ Fußtruppen oder den ›gemeinen Yankees‹ in nichts nach. Andererseits hatte die graue Reiterei einen ›esprit de corps‹, einen Angriffsenthusiasmus und ein unwiderstehliches Selbstbewußtsein ihrer eigenen Überlegenheit, das in manchem Reitergefecht das Blatt zu ihren Gunsten wendete.

Organisation

Die regulären Kavallerieregimenter waren vor dem Krieg in fünf Schwadronen zu je zwei Trupps (engl. troop) oder Kompanien gegliedert; bei Kriegsbeginn wurden die Regimenter um je zwei Trupps aufgestockt, auch die Freiwilligenverbände übernahmen diese Zwölfer-Einteilung. Im Zuge des Krieges fiel die Untergliederung nach Schwadronen weg; wurden Trupps vom Regiment abgekoppelt, um separat zum Einsatz zu kommen, so wurden je vier Trupps zu einem Bataillon geformt. Ansonsten blieb das Regiment die wesentliche Einheit. Theoretisch bestand der Trupp aus einem Hauptmann, zwei Leutnants und einem Ersten Leutnant für 100 Mann. Dieses Äquivalent der Infanteriekompanie gestaltete sich aber im Laufe des Krieges zahlenmäßig flexibler. Ab 1863 fiel der zweite Subalternoffizier weg, die Stammrollenstärke konnte von 80 bis 100 Mann variieren, obwohl eine Verfügung die reguläre Stärke der Kavalleriekompanie im Juli 1862 auf 112 Mann festgelegt hatte – auch der konföderierte Kongreß hatte in diesem Jahr eine Verstärkung der Kompanie von 60 auf 80 Mann angeordnet. Aber die tatsächlichen Verhältnisse im Feld blieben weit entfernt von den Erwägungen der Schreibstubenverwaltung. Ausfälle im Gefecht, aber noch viel mehr Krankheiten und Seuchen – die allgegenwärtigen Geißeln des Lagerlebens – ließen die Regimenter dahinschwinden. Einheiten wie die 6. Pennsylvania, die den Krieg so stolz als ›Rush's Lancers‹ begonnen hatte, bestanden 1864 bei der Schlacht von Five Forks nur noch aus weniger als fünfzig Mann!

Da die Regimenter in ihrer Aufstellung weniger vom Kriegsministerium und dessen Kavallerieverwaltung als von ihren Heimatstaaten abhingen, war die Verstärkung geschwächter Verbände von Staat zu Staat, d. h. von Regiment zu Regiment, unterschiedlich. Einige Staaten stellten immer neue Kavallerieverbände auf, während ihre Veteranenregimenter der Vorjahre kaum noch Schwadronsstärke hatten. Andere rekrutierten neue Freiwillige und führten sie den Regimentern zur Auffrischung zu. Die zahlenmäßige Stärke dieses ›Nachschubs‹ war natürlich unterschiedlich, aber Rekruten, die in erfahrenen Regimentern eingegliedert und von den ›alten Hasen‹ angelernt wurden, waren wesentlich brauchbarer als völlig neu aufgestellte Truppen. Bei Five Forks flüchteten 600 Mann der noch grünen 20. Pennsylvania Hals über Kopf mit ihren Offizieren und dem Oberst an der Spitze, während ein Veteranenregiment, das nur 45 Karabiner ins Feld führen konnte, an der gleichen Stelle seine Positionen hielt. Nach Meinung Grants war ein neues Regiment vielleicht zu Fuß zu gebrauchen, aber aufgesessen kaum seine Fourage wert!

Theoretisch verfügte jede Kompanie neben den Offizieren über einen First Sergeant, einen Versorgungsfeldwebel, einen Quartiermeister, fünf Sergeanten, acht Korporäle, zwei Troßfahrer, zwei Schmiede, einen Sattler, einen Fuhrmann und zwei Musiker.

Das Regiment führte ein Oberst, mit einem Oberstleutnant als Stellvertreter und drei Majoren für die Bataillone. Zum Stab gehörten neben dem Adjutanten zwei Ärzte, ein Quartiermeister, ein Versorgungsoffizier, eine Reihe Unteroffiziere, ein Oberschmied, ein Sattler-Feldwebel und zwei Sanitäter.

Die Südstaatenkavallerie war ähnlich aufgebaut, das Regiment bestand aus zehn Kompanien zu je 60 bis 80 Mann. In beiden Armeen wurden Regimenter in Brigaden zusammengefaßt, vier bis sechs pro U.S. Brigade, mit zwei oder drei Brigaden pro Division. In der konföderierten Armee hatten die Brigaden je nach Stärke zwei bis sechs Regimenter und eine Kavalleriedivision konnte bis zu sechs Brigaden beinhalten und entsprechend kampfstärker als eine U.S. Division sein.

Zum Kavallerieverband gehörten berittene Artillerieabteilungen, ein eigener Troß mit Munition und Zelten. Die Yankee-Kavalleristen schliefen in den runden, kegelförmigen Sibleyzelten, deren Erfinder in konföderierten Diensten Generalsrang erlangte. Das Zelt, das von Henry A. Sibley 1858 patentiert wurde, war zwölf Fuß hoch und 18 Fuß im Querschnitt. Es nahm zwischen zwölf und zwanzig Mann auf, je nachdem, wieweit zusammengerückt wurde. Auf dem Marsch nahm eine Kavallerieeinheit ungleich mehr Platz als eine gleichgroße Infanterietruppe ein. Der Trupp ritt normalerweise in ›column of fours‹, d. h. je vier Mann im Glied nebeneinander, mit einem Abstand von etwa einem Meter zwischen den Reihen. Ein Trupp streckte sich so rund einhundert Meter lang. General Sheridans Kavalleriekorps, bestehend aus drei Divisionen und sechs Batterien, streckte sich über 13 Meilen aus, als er im Mai 1864 unabhängig von der Armee Grants operierte. Bei Yellow Tavern traf Sheridans Korps mit der Kavallerie Stuarts am 11. Mai zusammen, wobei J.E.B. Stuart tödlich verwundet und die Konföderierten in die Flucht geschlagen wurden.

Kavallerie konnte, wenn sie gut geführt und versorgt wurde, erstaunliche Marschleistungen erreichen. 35 Meilen pro Tag galten als Durchschnitt, wobei zu bemerken ist, daß 18 Meilen pro Tag mit dem vollen Marschgepäck von 50 Pfund bei der Infanterie bereits als sehr gut galt. Während des Krieges führten einzelne Reiterführer mit ihren Divisionen für damalige Zeiten Rekordleistungen durch. 1862 stieß Stuart bei seinem Überfall auf Chambersburg 80 Meilen in 27 Stunden vor, und auf Morgans großem Ritt, der heute noch als legendäre Tat gefeiert wird, saßen die Männer pro Tag bis zu 21 Stunden im Sattel und schafften einmal 90 Meilen in 35 Stunden. Bei einigen Feldzügen erreichten Unionstruppen ähnliche Leistungen. Wilson und Kautz zerstörten meilenweise Eisenbahnlinien im Rücken des Feindes und legten in zehn Tagen 300 Meilen zurück.

Zur Organisation der konföderierten Kavallerie muß ein Detail abschließend erwähnt werden, das wie kein anderes den Niedergang der Südstaatenreiterei zeigt. In der zweiten Kriegshälfte nahm die Zahl der Regimenter ständig zu, welche nicht mehr genug Pferde zur Ausstattung ihrer Mannschaften hatten. Der Mangel an Tieren führte zur Umwandlung von Kavallerieregimentern in Infanterie – zwar behielten diese Einheiten ihre Bezeichnung bei, aber sie wurden als ›dismounted‹ geführt und waren in bezug auf Bewaffnung, Ausstattung und Einsatz nichts anderes als Fußsoldaten. Eine solche Umwandlung traf natürlich die Angehörigen der Regimenter entsprechend hart, Desertionen waren oft die Folge.

Bei Yellow Tavern treffen im Mai 1864 Nord- und Südstaatenreiterei zu dem letzten großen Kavalleriegefecht zusammen. Im Zuge dieses Kampfes wird J.E.B. Stuart durch eine .44er Revolverkugel tödlich verwundet, abgefeuert aus einem Colt-Revolver des Unionsreiters John A. Huff, eines ehemaligen Berdan-Scharfschützen. Der 48jährige Veteran hatte sich nach zwei Jahren in Berdans Korps bei der 5. Michigan Kavallerie eingeschrieben, in dessen Kompanie E er diente. 17 Tage nach seinem Schuß auf Stuart wird er selbst tödlich verwundet.

Die Bewaffnung

Der Säbel

In der traditionellen Meinung der damaligen Kavallerieoffiziere war die Klinge die vornehmlichste Waffe des berittenen Soldaten; der Rückgriff auf die Feuerwaffe in der Schlacht kennzeichnete nur einen schlechten Ausbildungsstand der Truppe. Der Angriff mit der blanken Waffe in geschlossener Formation, der ›choc‹, war die Taktik der Reiterei par excellence, eine mit gezogenem Säbel gerittene Attacke die höchste Stunde in den Regimentsannalen. Zwar wies die Geschichte der U.S. Kavallerie vor dem Bürgerkrieg nur wenige derartige Ereignisse auf, aber die amerikanischen Militärtheoretiker der Epoche übernahmen bereitwillig und gutgläubig die europäischen Lehrmeinungen. Dies geschah, obwohl der Säbel – bis auf eine einzige Attacke der 1. U.S. Kavallerie gegen Cheyenne im Juli 1857 – gerade in den Indianerkämpfen mit »einfach eine Plage, sie klimpern abscheulich und haben keinen irdischen Nutzen«

William F. Scott, »Story of a Cavalry Regiment«, New York 1893, berichtet über die Ausstattung seines Kavallerieregiments:

»Der grüne Kavallerist, voll ausgerüstet für den Felddienst, war ein schreckliches und wundervolles Objekt. Auf seinem Schlachtroß sitzend, in der Mitte aller Ausstaffierung und Verzierung des Krieges, ein bewegliches Arsenal und militärisches Depot, muß er die Überraschung, wenn nicht Furcht, in die Herzen seiner Feinde getragen haben . . . er trug einen großen Säbel mit metallener Scheide von vier Fuß Länge, ein österreichisches Gewehr oder einen schweren Revolver, eine Patronentasche, eine Tasche für Zündhütchen, eine Feldflasche, einen Brotbeutel, der die Rationen enthielt, einen blechernen Kaffeebecher und solche anderen Vorrichtungen und Fallen, wie sie ihm als schön oder brauchbar empfohlen waren . . .

. . . Wenn er zu Fuß war, bewegte er sich mit großem Klappern und Klirren seiner Waffen und Ausrüstung und war so durch die vielen Riemen, die seinen Körper durchkreuzten, beengt, daß jede schnelle Bewegung absurd unmöglich war . . . sein Pferd trug, am Sattel befestigt, ein Paar dicker Lederholster mit Pistolen, ein Paar Satteltaschen mit der Extra-Kleidung des Reiters, Toilettenartikel und Kleinigkeiten, einen Futtersack, vielleicht mit Korn gefüllt, ein eiserner Picket-Pfahl mit einer langen Leine oder Seil, um das Pferd anzubinden, ein schweres Lederhalfter, gewöhnlich zwei Hufeisen mit extra Nägeln, einen Striegel und Bürste, einen Satz Werkzeuge und Materialien für die Pflege der Waffen, eine Gummi-Decke oder Poncho, ein Paar wollene Decken, eine Jacke, eine Mütze oder einen Hut und solcherart andere Utensilien und Artikel zur Dekoration oder Kleidung, wie es dem Besitzer zu behalten gefiel.

. . . Wenn der Reiter im Sattel war, mit seinem ganzen Magazin begurtet, war es leicht vorzustellen, wie er vor jedem gewöhnlichen Angriff geschützt war. Sein Besitz stand vor und hinter ihm wie Festungen, und das über die Schulter Gehängte schützte sehr gut seine Flanken. Dem Uneingeweihten war es ein Wunder, wie der Reiter in den Sattel kam; wie er zur notwendigen Höhe aufsteigen und dann in den Sitz niedersinken konnte, war ein Problem. Die wenig ehrerbietige Infanterie sagte, daß dies mit Hilfe einer Winde geschah, oder durch das Klettern auf einen hohen Zaun oder in die Gabel eines Baumes . . .

Es wurde eine besondere Kunst, die Last des Pferdes zu verringern, und die besten Soldaten waren jene, deren Pferde so leicht bepackt waren, daß der Karabiner der größte Teil der Last war. Wenn es ein Wunder des ersten Feldzuges war, wie ein Kavallerist auf sein Pferd kam oder es bewegte, nachdem es voll ausgerüstet war, war es später das Wunder, wie ein Mann mit so geringer Ausrüstung leben konnte.«

beurteilt wurde.* Entsprechend war auch das als ›Mounted Rifles‹ bezeichnete reguläre Regiment der Vorkriegsarmee nur mit Colt-Revolvern und Perkussionsgewehren ausgerüstet worden.

Nichtsdestoweniger: Die neu formierten Kavallerieregimenter sollten und mußten mit Säbeln ausgerüstet werden – dies war ihr Standeszeichen, und ihre Dienstvorschrift sah den Angriff mit der blanken Waffe vor. Aber wie bei allen anderen Utensilien, so herrschte bei Kriegsbeginn in Nord und Süd auch hier ein erheblicher Mangel. Die Union verfügte in den ihr verbliebenen Arsenalen über insgesamt 16 933 Säbel aller Art, viele von ihnen antiquierte Museumsstücke aus der Zeit des Krieges 1812. Im Süden war die gähnende Leere in den übernommenen Bundesdepots noch schlimmer – lediglich 1215 Säbel waren hier aufzufinden und der Bedarf mußte nun aus dem Besitz von Milizkompanien, aus Privathand, einer schnell eingerichteten Heimproduktion und dem Import gedeckt werden.

Die enttäuschten Gesichter bei den Freiwilligen, die im Herbst 1861 zu den Fahnen der Unionskavallerie eilten, waren entsprechend – es fehlte an allem, an zugerittenen Pferden, an Sätteln, an Säbeln und Schußwaffen. In den meisten Regimentern dauerte er Monate, bis die ersehnten Waffen überhaupt eintrafen, und einige Regimenter auf dem westlichen Kriegsschauplatz zogen sogar ganz ohne Waffen ins Feld, wie General Grant nach Washington im November 1861 melden mußte. Die Regimentsgeschichten und persönlichen Erinnerungen sind voll von sarkastischen Bemerkungen über diese ersten Dienstmonate, in den die stolzen Reiter anstatt mit blitzenden Säbeln mit Zaunlatten, Ästen und Holzsäbeln übten und mit Äxten oder Knüppeln auf Wache ziehen – wie es das 1. New Yorker und das 1. Vermonter Kavallerieregiment mittelalterlichen Rittern gleich taten.

Nach und nach trafen Kontingente an Blankwaffen bei der Truppe ein, nicht immer genug, um alle zu bewaffnen, aber doch so, daß zumindest einige Kompanien oder die ersten und zweiten Glieder mit gezogener Waffe paradieren konnten. Die Nachfrage blieb bis Mitte 1863 größer als die Liefermöglichkeiten der Unionsregierung: innerhalb der ersten sechs Monate wurden über 55 000 Kavalleristen in den Dienst gestellt, eine Zahl, die bei weitem das Aufkommen an Blankwaffen in den Arsenalen übertraf. Erst im September erhielt Oberst Schuyler in Paris die Anweisung von Kriegsminister Cameron, Säbel einzukaufen. 20 000 Stück des M 1822 leichte Kavallerie für je $ 3,45 konnten dort erworben werden. Dieses französische Modell entsprach in Form und Aussehen den beiden U.S. Standardsäbelmodellen – die ihrerseits lediglich eine Kopie des französischen Modells gewesen waren.

Die U.S. Kavallerie hatte in der Ausstattungsreform von 1832–1835 mit dem *Modell 1833* ein leichtes Säbelmuster nach englischem Vorbild für Dragonermannschaften und -offiziere erhalten, das

* So jedenfalls der Autor Albett G. Brackett in seiner »History of the United States Cavalry«, die 1867 in New York erschien.

nicht den Anforderungen im Feld Genüge tat. Diese Waffe, von der Firma Ames nach dem britischen Säbelmodell 1822 ›Light Cavalry‹ gefertigt, hatte eine 85 cm lange, leicht geschwungene Klinge mit Stechrücken und ein einfaches Messinggefäß mit zwei dünnen Terzbügeln. Die Gesamtlänge der Waffe betrug 99,5 cm. Bereits sieben Jahre später war dieses Säbelmuster durch ein neues nach (Handgelenkbrecher) tituliert wurde. Die neue Waffe hatte eine Gesamtlänge von über 44 Zoll (105 cm) mit einer Klinge von 91 cm und war mit einer massiven Metallscheide versehen. Der M 1840 war eine reine Gebrauchswaffe, mehr zum Hieb als zum Stoß geeignet, obwohl die Klinge weniger gekrümmt war als bei dem Nachfolgemodell. Zwischen 1860 und 1862 trat ein leichteres Mu-

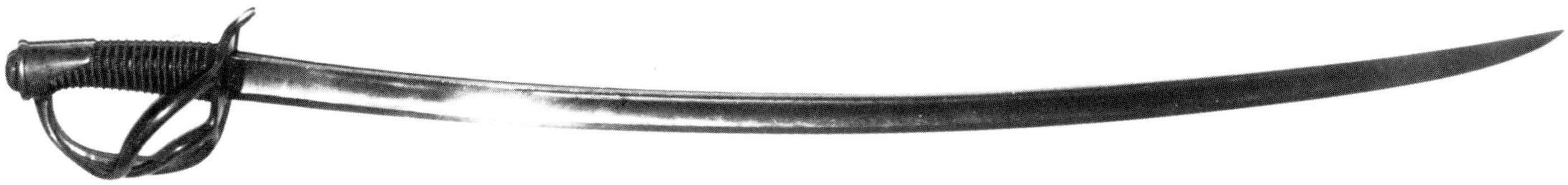

Der M 1840-Dragonersäbel war das klassische Vorkriegsmodell nach französischem Vorbild. Hersteller, Herstellungsdatum und Inspektor sind bei diesen Waffen auf der Fehlschärfe nahe dem Korb eingeschlagen, nicht auf dem Klingenrücken graviert wie bei den französischen Blankwaffen.

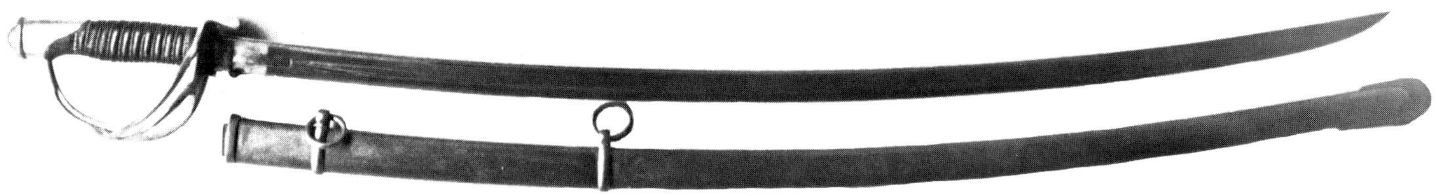

Der ›Leichte Kavalleriesäbel‹ M 1860 wurde 1856 entworfen und zum ersten Mal 1857 von der Fa. Ames in Chicopee produziert. Andere Hersteller waren u. a. Emerson & Silver, Trenton, N.J.; C. Roby & Co., West Chelmsford, Mass.; Tiffany & Co., New York. Die lappenartige Ausformung des Bügelgefäßes ist oft von den Reitern umgebogen worden. Dies diente angeblich der besseren Handhabung des Griffes und war dank des weichen Messingmaterials nicht schwierig zu bewerkstelligen.

Ein anderer M 1860 aus Nordstaatenfertigung, der von Oberst J.T.L. Preston, einem Stabsoffizier von Stonewall Jackson, getragen wurde. Preston gehörte zu den Gründungsmitgliedern des Virginia-Military-Institute, der Militärakademie Virginias, in welcher Jackson vor dem Krieg Dozent war. Typisch für die Form des M 1860 ist die Wölbung der Griffhülse. Spangenstärke und Ausformung des Bügelgefäßes variierte etwas von Hersteller zu Hersteller.

dem französischen Vorbild des leichten Kavalleriesäbels Mle 1822 ersetzt worden. Das *Modell 1840* ›dragoon saber‹ wurde für alle Mannschaften und Offiziere der U.S. Dragonerregimenter bestimmt. Mit der Aufstellung zweier weiterer regulärer *Kavallerie*-regimenter 1855 erhielten auch diese das neue Modell, das bei der Truppe aufgrund seiner wuchtigen Form als ›Old Wristbreaker‹ ster des M 1840 in den Dienst, das in der Fachliteratur wahlweise als M 1860 oder M 1861 bezeichnet wird. Die offizielle Benennung hieß ›Light Cavalry Saber‹. Wie sein Vorgänger verfügte er über eine Klinge mit Hohlschliff ›à la Montmorency‹, aber nur 77 cm lang und einer Klingenbreite von nur einem Zoll am Gefäß. Die Gesamtlänge betrug nur 89 cm, auch der Griff war etwas schlanker.

Der Säbel des U.S. Kavalleriegenerals Phil Sheridan folgt in der Gefäßform dem Modell 1833, hat allerdings einen beiderseitigen Hohlbahnschliff wie die Standardkavalleriesäbel.

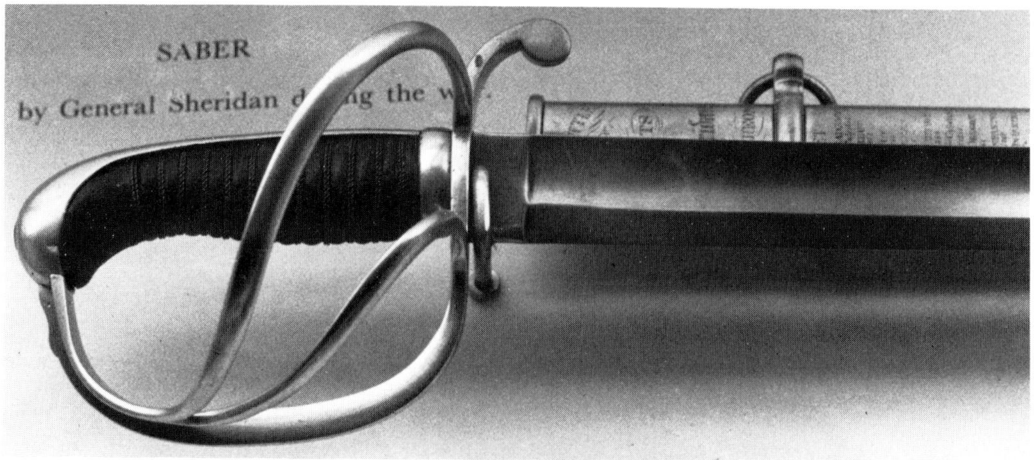

Die Waffen der Offiziere unterschieden sich nur in den Verzierungen am Gefäßkorb, sofern es sich um ein vom Träger selbst erworbenes Stück handelte. Gleichzeitig mit diesen regulären Mustern war bei der U.S. Kavallerie auch der ursprünglich nur für die berittene Artillerie vorgesehene *M 1840* Säbel in Gebrauch. Auch dieses Säbelmuster war nach französischem Vorbild entstanden und glich dem ›Fahrkanoniersäbel‹ Mle 1829 in Form und Größe: Seine Gesamtlänge in der Scheide betrug 98 cm. Aus Mangel an geeigneten Waffen griffen viele Reiter auf dieses Modell mit seiner stark gekrümmten Klinge (Pfeilhöhe: 55 mm!) und seiner geringen Länge von 81 cm zurück.

Blankwaffen dieser Art wurden von Privathändlern wie ›Tiffany & Co., New York‹ an die U.S. Regierung zu hohen Preisen ($ 8,50 für den M 1860) geliefert, als die Engstellen das Ministerium zwangen, auf private Importeure zurückzugreifen. Viele dieser Klingen wurden in Deutschland (Solingen) und Frankreich hergestellt und erst in den USA mit Gefäßen versehen, andere wurden von Exportfirmen nach amerikanischen Mustern gefertigt und dienstfertig an die New Yorker Firma geliefert. Vor diesem Hintergrund wird es verständlich, daß Schuyler nach seinen Einkäufen in Frankreich auch auf Arsenalwaffen in Preußen zurückgriff, die nicht dem Muster der U.S. Vorschriften entsprachen, aber billig waren. Tausende von preußischen ›Blüchersäbeln‹, das Modell 1811, und einige hundert M 1852 kamen so in amerikanischen Besitz und wurden bei der Kavallerie, vornehmlich aber bei der berittenen Artillerie, geführt, wie zeitgenössische Fotos belegen. Im Gegensatz zu den Wucherpreisen amerikanischer Händler kostete ein M 1811 die U.S. Regierung in Preußen nur $ 3,96 das Stück. Trotzdem konnte das Angebot kaum die Nachfrage befriedigen, die schieren Summen an benötigten Blankwaffen für neue Rekruten oder um Verluste zu ersetzen, blieben fünfstellig. Noch 1864 gab die U.S. Armee über 90 000 Säbel bei einem Mannschaftsstand von 160 000 Reiter aus – nicht wenige der Waffen, die da ersetzt werden mußten, befanden sich nun in den Händen der Konföderierten, für die der Gegner immer noch das sicherste Nachschubdepot war. Diese Mengen konnten nicht allein aus Importen gedeckt werden, und die Regierung sah sich veranlaßt, Lieferverträge mit einer Reihe von Herstellern abzuschließen. Ähnliche Verträge unterhielten auch verschiedene Bundesstaaten, um ihre Milizregimenter auszustatten. Viele der Firmen, die diesen sprunghaft steigenden Bedarf deckten, waren erfahrene Waffenlieferanten, wie z. B. die Firmen Horstmann & Brothers, Philadelphia, oder James T. Ames, Chicopee, Mass. Andere sprangen nur auf den schnell dahinfahrenden Zug auf und fertigten für eine relativ kurze Zeit Klingen oder ganze Waffen, die kaum den Erfordernissen als Übungswaffe, geschweige denn den Belastungen im täglichen Dienst standhielten. Zahlreiche Beschwerden tauchen in persönlichen Erinnerungswerken und Regimentsgeschichten auf. Klingen verbogen sich oder brachen beim Training, Lötstellen an den Scheiden lösten sich oder die Angelnietung war schlecht ausgeführt, was zu einem Lockern der Klinge im Griff führte.

Was auf der Yankeeseite nur ein Übergangsstadium war und sich in dem Maße verbesserte, wie die Administration der Nordstaaten sich in den Jahren 1862–63 auf den Krieg und seine Anforderungen einstellte, blieb auf der konföderierten Seite ein Provisorium. Caleb

Eine von Haiman & Brother hergestellte M 1840-Kopie, die sich vor allem durch die andere Form des Klingenhohlschliffes vom Original unterscheidet.

›Pflugscharen zu Schwertern‹ – ein Produkt der ›Nashville Pflugfabrik‹, dessen Gefäß mit ›CSA‹ durchbrochen ist.

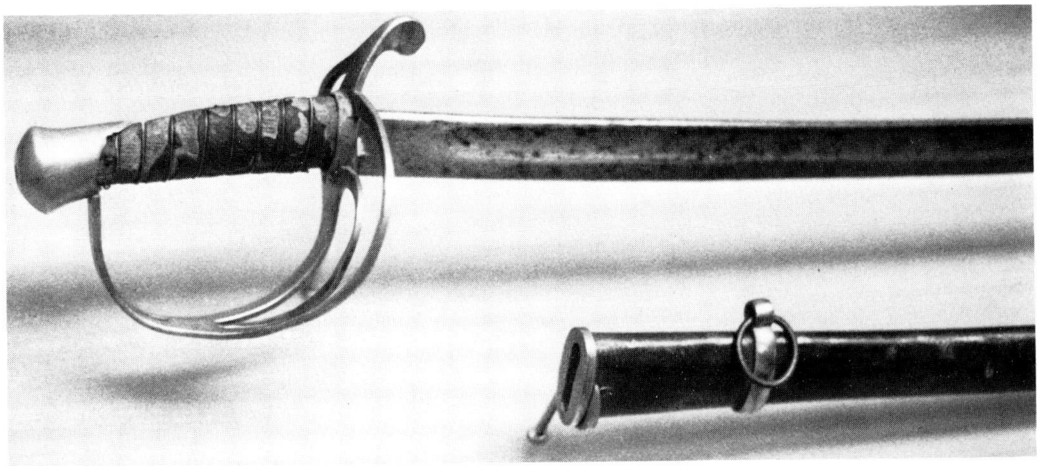

Zwei konföderierte Säbel unbekannter Herkunft.

Huse versuchte den großen Bedarf an Blankwaffen durch Einkäufe in Europa zu decken, was aber angesichts der dringenderen Notwendigkeit, brauchbare Infanteriewaffen zu erwerben, zwangsläufig als zweitrangig fungieren mußte. Eine Anzahl britischer und französischer Säbel fand durch Huse den Weg durch die Blockade, aber der überwiegende Teil der Südstaatenkavallerie bezog seinen ›kalten Stahl‹ wenn nicht aus erbeuteten Unionsbeständen, so doch aus der heimatlichen Industrie.

Ähnlich wie bei den ›Bowiemessern‹ der Infanterie überwog bei den Herstellern oft der Lokalpatriotismus den Sachverstand. Viele der Säbel, die zu Kriegsbeginn den ausziehenden Reitern mitgegeben wurden, waren von recht zweifelhafter Qualität. Dorfschmieden und kleine Metallfabriken hatten die erstaunlichsten Kampfgeräte produziert, die heute leider nur in Einzelstücken erhalten geblieben sind, weil sie die Träger zumeist als nutzlos wegwarfen. Die Kavalleriekompanien, die der Plantagenbesitzer Wade Hampton auf eigene Rechnung als Teil seiner ›Legion‹ aufstellte und bewaffnete, erhielten von einer Firma in Columbia lange, gerade Schwerter mit kreuzförmiger Parierstange, sehr ›Kreuzfahrer-ähnlich‹, mit denen man – so eine Beschreibung – »den Schädel eines gepanzerten Ritters mit Helm und allem dran hätte spalten können«.*

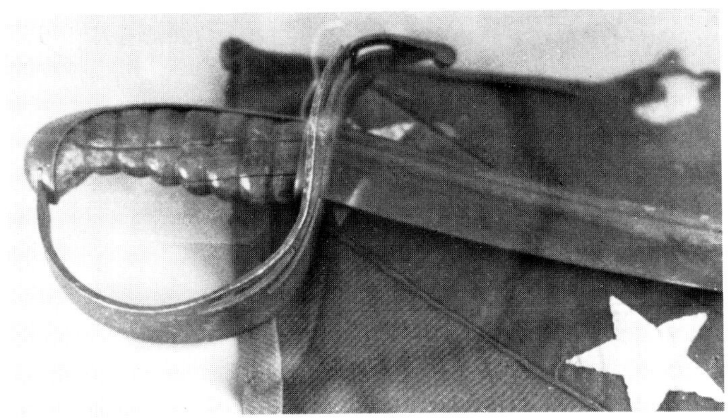

Andere Schwerter waren nichts weiter als drei Fuß lange Bowiemesser.

In Columbia, S.C., wurden sehr brauchbare Säbel gefertigt, die eine (etwas grobe) Kopie des U.S. M 1840 darstellten. Die größte Herstellung an Blankwaffen aller Art lag in Columbus, Georgia:

* So Richard D. Steuart nach zeitgen. Berichten in seinem Aufsatz »Confederate Swords«, in ›Confederate Veteran‹, XXXIV, Nashville, 1917.

Haiman & Brother stellten Kavallerie- und Infanteriesäbel (letzterer für Offiziere) in sehr guter Qualität und in verschiedenen Ausführungen her. Sehr gute Säbel nach dem M 1840-Vorbild wurden auch von der Fa. Riggins & Cooks in Athens, Georgia, vertrieben, die offensichtlich aus importierten Teilen dort zusammengesetzt und mit dem Stempel ›R & C‹ versehen wurden. Die wohl interessantesten – und auf dem Sammlermarkt mit über $ 2000,– teuersten Stücke – stammen von einer Fabrik in Nashville, Tenn., die vor dem Krieg Pflugscharen und landwirtschaftliches Gerät hergestellt hatte. Die ›Nashville Plow Works‹ wandelten bei Ausbruch der Sezession den biblischen Satz von den Pflugscharen und Schwertern um und stellten schwere, breite Kavalleriesäbel mit einer Gesamtlänge von 110 cm mit Scheide her. Die Waffen sind mit dem Namen der Firma und ›CSA‹ abgestempelt, das Gefäß eine weitgehende Nachahmung des britischen M 1822 Light Cavalry.

Einzelne Hersteller im Süden, wie Louis Bissonnet aus Mobile, Alabama, fertigten hervorragende Offizierswaffen und ausgezeichnete Gebrauchsstücke, die einen Vergleich mit den Produkten von Horstmann oder Tiffany im Norden nicht zu scheuen brauchten. Andere, wie Froelich und Estvan in Wilmington, N.C., waren so schlecht, daß die von ihnen an die Kavallerie des Staates North Carolina gelieferten Blankwaffen von den Männern weggeworfen wurden, weil sie sich als absolut unbrauchbar erwiesen hatten. Zwischen diesen Extremen lag der Großteil der im Süden benutzten Säbel – brauchbar, aber schlechter ausbalanciert und mit einem merklich gröberen Finish versehen. Ein gutes Beispiel für die in der Konföderation eilig hergestellten Säbel sind die Serienprodukte der C.S. Armory in Kenansville, N.C., deren Kopien des M 1840 diesem in Größe und Form zwar glichen, jedoch in Einzelheiten, wie der Form der Griffkappe, abwichen. Anstatt der sauber ausgeformten und mit einer Wulst versehenen ›halben‹ Griffkappe des Originalmusters besitzen diese Säbel einfach zylinderförmige, längliche Abschlüsse; anstelle des Griffleders oder der Fischhaut wurde das Griffholz lediglich mit einem Stück Öltuch (mit Öl und Pigmenten imprägniertes Segeltuch) bedeckt.
Waren nun einmal die Säbel an die Truppe ausgegeben – und einige Regimenter im Süden erhielten nie welche –, so mußte damit geübt werden. Die Dienstvorschrift sah den Säbel als Primärwaffe der Reiterei an, und entsprechend weisen die Regimentsgeschichten der U.S. Kavallerie auf die zahlreichen Stunden hin, die mit dem Säbeldrill zugebracht wurden, während bei nur zwei Einheiten, der 4. Illinois und der 3. Pennsylvania Cavalry, je offiziell Schießübungen mit Revolver und Karabiner abgehalten wurden!
Die Ausbildung eines Kavalleristen war ungleich schwieriger als die des Fußsoldaten, wie viele enthusiastische, wenn auch wenig sachkundige Freiwilligen-Offiziere beiderseits der Mason-Dixon-Linie erkennen mußten. In der Regel war es so, daß die angehenden Führer erst einmal selbst die Grundkenntnisse des berittenen Krieges erlernen mußten, um sie dann wiederum an ihre Trupps und Schwadronen weiterzugeben. Bei einigen Regimentern konnte man kaum von Training sprechen, oft wurden Einheiten ein, zwei Wochen nach Erhalt von Pferd und Waffen ins Feld geschickt und mußten die notwendigen Kenntnisse vor Ort erwerben. Das Zusammenkommen der verschiedenen Faktoren, wie grüne Rekruten, kaum zugerittene junge Pferde, neue Ausrüstung und unerfahrenem Führungspersonal mußte zwangsläufig zu erheblichen Komplikationen – wenn nicht zum Chaos – führen.
Bezeichnend und vielleicht typisch ist die selbstironische Beschreibung, welche Thomas S. Cogley in seiner »Geschichte der Siebenten Indiana Kavallerie-Freiwilligen« von der ersten Parade des Regiments zu Ehren des Gouverneurs des Staates Indiana gibt. Als der Regimentskommandeur die Trupps vor dem Ehrengast aufgereiht hat und mit gezogenen Säbeln salutieren läßt, ist das Ergebnis wenig militärisch. Die Pferde waren erst vor wenigen Tagen bei der Truppe eingetroffen und noch nie im Formationsdrill benutzt worden:
»Die Säbel verursachten beim Ziehen ein starkes Rasseln und Klappern und wurden über die Pferdeköpfe geschwenkt. Der Anblick und Lärm erschreckte sie, es war mehr als sie aushalten mochten. Einige bäumten sich auf oder stiegen auf der Vorderhand hoch, ihre Reiter abwerfend, andere gingen über den Platz durch, ihre Reiter ohne Hut, sich mit beiden Händen krampfhaft festhaltend. Die Bilder, die sich darboten, standen kaum in Übereinkunft mit dem, was man Reitkunst nannte. In einem Augenblick war das gesamte Regiment über die Umgebung verteilt.«

Fast genauso erging es dem 10. New Yorker Kavallerieregiment, dessen Hauptmann und Historiker von dem ersten Abmarsch ins Feld berichtet und ein lebendiges Bild von der Ausrüstung zeichnet, welche die Kavalleristen in der Unerfahrenheit der ersten Kriegsmonate mit sich schleppen wollten:

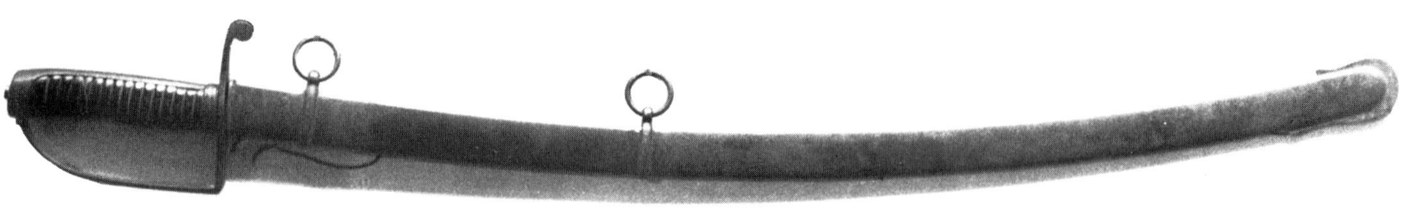

General Josep E. Johnston, C.S.A., führte neben seinem Colt-Revolver einen Säbel, der bereits von seinem Vater während des Unabhängigkeitskrieges getragen wurde. Viele Südstaatler hatten solche Blankwaffen, die auf die Konflikte von 1812 und sogar 1776–83 zurückdatierten.

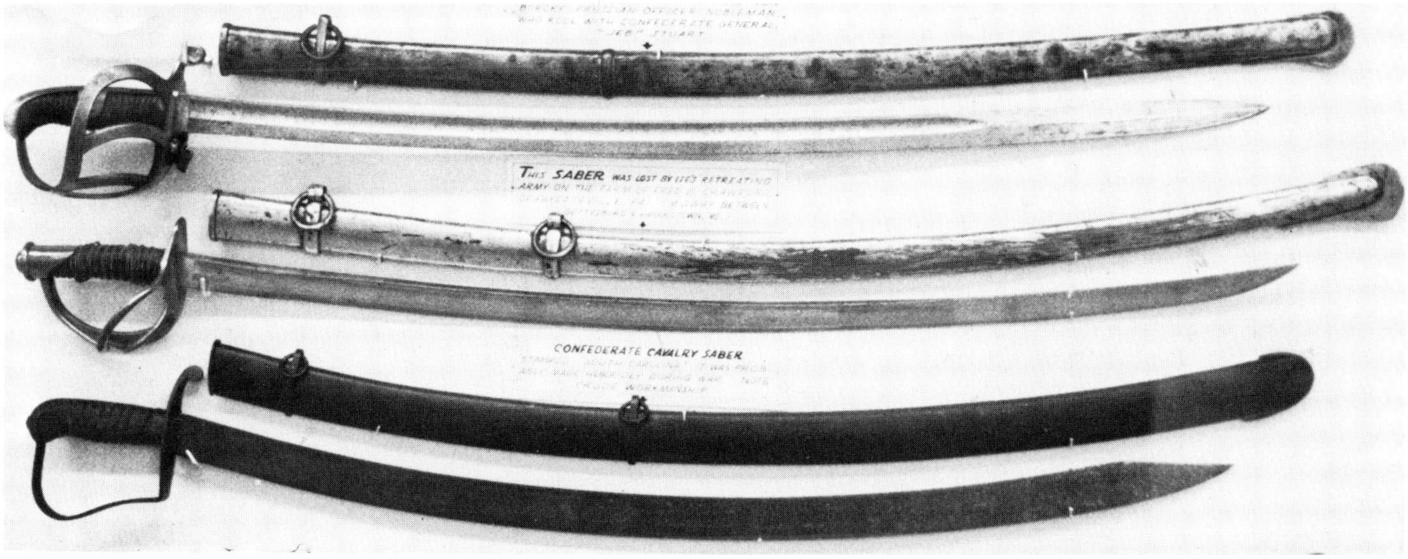

Drei Säbel, die von der konföderierten Armee beim Rückzug nach der Schlacht von Gettysburg zurückblieben: Ein preußischer M 1852, der angeblich von dem deutschen Adjutanten Stuarts, Heros von Borcke, getragen wurde; ein M 1840 und ein mit ›SOUTH CAROLINA‹ gestempeltes Modell, wie es bereits zur Zeit der Amerikanischen Revolution gefertigt wurde.

»Der Leser muß sich in Erinnerung rufen, daß meine Kompanie nur sechs Wochen vorher in den Dienst gemustert wurde und daß sie ihre Pferde weniger als einen Monat vor diesem Marsch erhalten hatte; und wir außerdem alles, was auf der Liste stand, ausgegeben bekamen – Zaumzeug, Weideleinen und Pfosten . . . Viele Männer hatten extra Decken, schöne große Steppdecken von einer stolzen Mutter oder unverheirateten Tante (die gute Seele) erhalten; Säbel und Gürtel, zusammen mit den Riemen für die Schulter, Karabiner und Schultergurt, die Taschen voll mit Patronen, Futtersäcke, extra Beutel für Hafer, Brotbeutel, Feldflaschen, Sporen . . . Mähnenkämme, Bürsten, Poncho, Zeltbahnen, Überröcke, Pfannen, Becher, Kaffeekannen usw. Meine Kompanie hatte aber kaum die Zeit, sich richtig durchzufinden, da wurde schon das Signal ›marschbereit‹ gegeben, das ›Stiefel und Sättel‹ erklang. Ein solches Klappern, Klingeln, Reißen, Scharren und Fluchen habe ich nie zuvor gehört. Grüne Pferde – einige von ihnen sind nie vorher geritten worden – drehten sich hin und her, gerieten aneinander, sprangen hoch oder standen wie trainierte Zirkuspferde. Einige der Jungs hatten vorn auf dem Sattel einen Haufen und hinten einen zweiten, so hoch und schwer, daß es zwei Mann bedurfte, um ein Pferd zu satteln, und zwei Mann, um den Burschen auf seinen Platz zu heben . . . Einige der Jungs hatten nicht mehr geritten, seit sie auf ihrem Holzpferd herumgallopiert waren, und sie klammerten ihre Beine zusammen, wobei sie, ohne es zu wollen, die Sporen in die Seiten ihrer Pferde trieben. Decken rutschten unter den Sätteln hervor und hingen an einer Ecke herunter, Sättel glitten zurück, bis sie auf dem Steiß der Pferde saßen, andere rutschten und hingen an der Unterseite der Tiere, Pferde rannten und schlugen aus, Pfannen und Töpfe flogen durch die Luft.«

Nicht anders war es auch mit den Säbelübungen, die für die Masse der jungen Rekruten und ihre Offiziere unbekanntes Terrain war. Die verschiedenen Hiebe und Paraden wurden – ähnlich wie die Anschlag- und Ladeübungen mit dem Gewehr – in Tempi und nach Nummern geübt, aber wer wußte schon, daß man alle diese Übungen erst zu Fuß auf dem Appellplatz einstudierte, bevor man sich auf ein Pferd setzte? Nicht wenige Tiere und einige der Reiter wurden in diesen ersten Phasen von der eigenen Klinge verletzt. Glücklich die Regimenter, wie das 1. New Yorker, das 4. Missouri und 3. Ohio, die in ihren Reihen deutsche Einwanderer hatten, welche in ihrer Heimat Kavalleristen gewesen waren und so als Lehrmeister dienen konnten. Andere Einheiten mußten sich Lehrer mieten, wie das 2. Iowa, dem ein deutscher Kavallerist mit Namen Graupner für je $ 2,50 pro Mann und $ 5,– pro Offizier Fechtstunden gab. Den Säbel vom Pferderücken aus effektiv einzusetzen, bedurfte es mehr als nur das Einstudieren einzelner Fechtübungen. Der Reiter, der hoffen wollte, einen berittenen oder zu Fuß kämpfenden Feind mit der blanken Waffe zu Leibe zu rücken, mußte auch ein guter Reiter sein, ein geübtes Pferd und ein Gefühl für das ›timing‹ haben, um den Schlag in dem Moment auszuführen, da sich der Gegner in Reichweite befand und eine Blöße gab. Und auch dann war es zweifelhaft, ob sein Schlag zu dem gewünschten Erfolg führen würde: In einem Gefecht Kavallerie gegen Kavallerie gegen Ende des Krieges, am 1. April 1865, wurde der konföderierte General Nathan Bedford Forrest von Hauptmann Taylor von der 17th Indiana Mounted Infantry durch einen Säbelhieb verletzt. Forrest konnte seinen Angreifer mit einem Revolverschuß töten und bemerkte später, daß er sein Leben nur dem Umstand verdankte, daß Taylor einen Hieb ausführte, statt mit dem Säbel zuzustechen.

Der durchschnittliche amerikanische Kavallerist benutzte seine Blankwaffe mehr zum Hieb als zum Stich, und entgegen der heutigen weitverbreiteten Meinung war ein solcher Säbelhieb nicht die tödliche, Extremitätenabtrennende Katastrophe, als die sie in Filmen und Romanen dargestellt wird. Der Reiter selbst war durch verhältnismäßig dicke Wollkleidung geschützt. Schulterriemen, Epauletten (sofern getragen), ja selbst der Hut oder die Bummer's Cap boten Schutz vor einem Säbelhieb, der in der Mehrzahl aller Fälle von einer *ungeschärften* Klinge stammte. Ein Schlag gegen den Kopf oder das Gesicht, gegen die ungeschützte Hand oder die schwächeren Knochen des Unterarmes konnte einen Angreifer ernsthaft verletzen, aber eine Prellung, selbst ein Rippenbruch wurde damals nicht als eine schwere Verletzung angesehen. Gefährlicher wurde es erst, wenn die werksmäßig stumpfen Klingen in der Truppe geschliffen wurden.

Von vielen Bürgerkriegsoffizieren wurden geschärfte Säbel als ein Greuel und nicht im Einklang ›mit den Regeln zivilisierter Kriegsführung‹ erachtet. Ein Gerücht, daß sich in der Nordstaatenkavallerie hartnäckig hielt, verhieß jedem Unionsreiter, der mit geschliffener Klinge in Gefangenschaft geriet, die standrechtliche Hinrichtung seitens der Konföderierten. Nur eine Minderheit der Kommandeure beider Seiten betrachtete das Schleifen der Blankwaffen als Notwendigkeit und hoffte, daß die Kavalleristen mehr Vertrauen als bisher in ihre Bewaffnung erhielten, wenn sie mit scharfen Klingen blankzögen. General Hatch, Kommandeur der U.S. Kavallerie während der Shenandoah-Kampagne 1862, beorderte seine Truppe, ihre Säbel an den Schleifsteinen zu schärfen, die von den Bauernhöfen des fruchtbaren Tales eingesammelt wurden; ähnlich verfuhr auch Generalmajor Stanley als Kavalleriekommandeur der Cumberlandarmee.

Ohne Zweifel schärften auch einige Kavalleristen ihre Klingen selbst und ohne Befehl – ob das dabei entstandene Produkt tatsächlich eine bessere und im Gefecht gefährlichere Waffe wurde, sei dahingestellt. Der geschärfte Säbel war zweifelsfrei in der Lage, schwere, tiefe Wunden zu schlagen, und Augenzeugen des Schlachtfeldes von Brandy Station berichteten, daß die meisten der Toten in diesem Reitergefecht Hieb- oder Stichwunden aufwiesen. Aber die Bauernjungs von Iowa oder South Carolina werden ihre Klingen wahrscheinlich in der Art gewetzt (›gedengelt‹) haben, wie sie es von ihren heimatlichen Sensen und Schafscheren gewohnt waren – ein Vorgang, der auch in den europäischen Armeen des 18. und 19. Jahrhunderts immer wieder zu Diensterlassen und Verboten geführt hat. Die so bearbeiteten Klingen waren eher schartig als scharf. Die überwiegende Mehrzahl der erhalten gebliebenen Bürgerkriegssäbel weist jedenfalls keine Schleifspuren auf.

Qualitätswaffen dieser Art wurden in London verkauft und wurden auf Bestellung für wohlhabende Offiziere und Kapitäne in klassischer englischer Schmiedequalität gefertigt. Einige dieser Eigentumsstücke fanden ihren Weg durch die Blockade.

Combat zu Pferd

Die Gefechtsrealität des Bürgerkrieges hatte viele Gesichter, und die meisten entsprachen kaum den romantischen Vorstellungen, die sich die jungen Kriegsfreiwilligen des Sommer 1861 gemacht hatten. Aber anders als in späteren Kriegen war es ein Krieg, in dem Generäle und hohe Offiziere genauso wie der einfache Soldat direkt dem Feuer ausgesetzt waren. Die Reiterführer beider Seiten waren oft genug nicht nur für ihr taktisches Geschick, sondern auch für ihren persönlichen Mut im Gefecht und ihre Reitkunst berühmt. In einem Zeitalter, da sich ein Mann des gehobenen Standes nicht durch die Marke seines Autos auszeichnete, sondern durch die Art, wie er zu Pferde saß, war ›horsemanship‹ eine geschätzte und beachtete Tugend. J.E.B. Stuart oder Turner Ashby waren für ihr reiterliches Geschick bekannt; die Episoden von Verfolgungsritten, übersprungenen Hecken und Zäunen, die man sich über einige solcher Offiziere erzählte, gerieten ins Legendenhafte. Jeb Stuart entging mehrmals nur um Haaresbreite der Gefangennahme auf seinen Raids und Aufklärungsritten und konnte sich am 30. Juni 1863 bei Hanover nur durch einen riskanten Sprung über einen tiefen Graben retten, wobei sein Pferd laut Augenzeugenberichten eine Weite von 25 Fuß (7,6 m) fehlerlos übersprang, während er »aufrecht und fest im Sattel« saß. Der meteorhafte Aufstieg des Kavallerieoffiziers George Armstrong Custers war hauptsächlich auf seinen Mut und sein reiterliches Geschick zurückzuführen. Der dreiundzwanzigjährige Hauptmann erregte die Aufmerksamkeit seiner Vorgesetzten eine Woche nach Brandy Station. Custer überbrachte Brigadier Kilpatrick just in jenem Moment eine Meldung vom Korpskommandeur Pleasonton, als dieser gerade ein Regiment Virginia-Kavallerie bei Ashby's Gap angriff. Als Kilpatricks Brigade zur Säbelattacke anritt, setzte sich Hauptmann Custer unaufgefordert an die Spitze und galoppierte mit gezückter Klinge im Alleingang direkt in das Lager des konföderierten Außenpostens hinein, nur um wenig später unbeschadet und mit glänzenden Augen zur eigenen Truppe zurückzustoßen. Für dieses Bravourstück wurde Custer kurz darauf mit dem Rang des Brevet Brigadegenerals ausgezeichnet. Er erhielt die 2. (Michigan-)Brigade der Dritten Division unter Judson Kilpatrick. Auch bei Gettysburg, zwei Wochen darauf, wurde er für einen Angriffsritt belobigt, den er mit dem 1. Michigan-Kavallerieregiment und dem Ruf »Come on you wolverines!« (»Los, ihr Wolverines«*) gegen die angaloppierende konföderierte Brigade von Fitzhugh Lee ausführte. Was selten bei einer Attacke vorkam; hier bei Gettysburg prallten tatsächlich zwei gegnerische Reitereien im vollen Galopp aufeinander, wobei die Kollision so plötzlich und gewaltig war, daß den Angaben von Captain William Miller von der Dritten Pennsylvania zufolge »viele der Pferde sich Hals über Kopf überschlugen und ihre Reiter unter sich begruben«. Nach dem Kampf wurden Soldaten beider Seiten gefunden, die sich noch im Tode ineinander verkrallt hatten, oder gleichzeitig von des Anderen Säbel durchbohrt waren.

Aber Combat auf dem Pferderücken konnte auch andere Formen annehmen, wie eine weitere Episode zeigt, die sich kurze Zeit vor der schicksalsschweren Begegnung von Gettysburg zugetragen hat – und die in ihrer Art den romantischen Vorstellungen von Ehrbegriffen jener Zeit entsprang. Brigadegeneral Wade Hampton, Stuarts Stellvertreter, befand sich seiner Truppe weit voraus allein auf einem Aufklärungsritt, als er fünf Meilen nordwestlich von Gettysburg auf einen Reiter der 6. Michigan, Frank Pearson, stieß, der ihn von einem Baumstumpf aus mit seinem Karabiner unter Beschuß nahm. Der erste Schuß, aus einem Burnside abgegeben, verfehlte Hampton nur knapp und dieser beantwortete sofort den Angriff mit seinem Revolver. Obwohl die Entfernung nur wenig unter hundert Meter lag, schlug Hamptons erste Kugel in den Baumstumpf ein, auf dem sein Angreifer so selbstsicher postiert war. Dessen zweiter Schuß verfehlte den Konföderierten wieder, aber Pearson signalisierte nun, daß er eine Ladehemmung hatte. Hampton gestattete ritterlich einen kurzen Waffenstillstand, in dem der Unionskavallerist seine abgeschossene und verklemmte Hülse entfernen und erneut laden konnte. Wieder schossen beide gleichzeitig; HamptonsKugel zerschmetterte Pearsons Unterarm, während dessen Projektil nur in Brusthöhe durch eine Falte des Überrockes flog. Ein Kamerad des Michiganer hatte das Duell ausgenutzt, um sich unbemerkt an Hampton heranzumachen. Er führte nun einen Säbelhieb gegen den Kopf des Generals aus, der schwerwiegendere Folgen gehabt hätte, wenn nicht eine instinktmäßige Ausweichbewegung und der breitkrempige Filzhut des Konföderierten die Klinge nur hätte streifen lassen. Blutüberströmt verfolgte Hampton seinen Angreifer, aber sein Revolver versagte den Dienst – vielleicht, weil die Zündhütchen heruntergefallen waren, ein damals übliches Mißgeschick. Der Nordstaatler konnte entkommen und Hampton ritt zu den Seinen zurück. Tags darauf nahm Hampton mit verbundenem Kopf an der Attacke gegen Custer teil. Im Melee, wo er sein zweischneidiges, ritterähnliches Schwert schwang, erhielt er einen zweiten Säbelhieb von hinten, der die alte Wunde aufriß. Beim Rückzug, im Sprung über einen Feldzaun, traf ihn ein Projektil in die Seite und machte ihn für mehrere Wochen dienstuntauglich. Damit war er seit Kriegsbeginn zum vierten Male verwundet worden. Hampton überlebte den Krieg, wurde 1876 Gouverneur seines Heimatstaates South Carolina und 1898 U.S. Senator. Er starb 1902 im Alter von 84 Jahren.*

Nicht so ritterlich und wohlgeordnet ging es in dem Reitergefecht von Brandy Station am 9. Juni 1863 zu, das seinen Höhepunkt in dem Ringen von Nord- und Südstaatenreitern um die Anhöhe von Fleetwood Heights hatte, wo Regiment auf Regiment immer wieder zur Säbelattacke und zum Gegenangriff ritt, bis sich Greggs und Bufords zwei Divisionen mit den Regimentern Stuarts und Hamptons zu einem einzigen gigantischen Melee verflochten hatten, das sich in Tausende von Einzelduellen auflöste. Wie es im Innern dieses gewaltigen Durcheinanders aussah, berichtet Leutnant Henry C. Meyer von Greggs Stab, der einen konföderierten Offizier mit seinem Revolver aufs Korn nahm, als er sah, wie dieser einen Reiter der 1. Maryland aus dem Sattel säbelte:

*»Ich versuchte, ihn zu erschießen, aber die Kugel aus meinem Revolver verfehlte ihn und traf sein Pferd. Das wirkte sich nicht sofort aus . . . weil ich nur noch eine Ladung in meinem Revolver hatte, mußte ich den Offizier herankommen lassen, um nach mir zu schlagen, um meiner Sache sicher zu sein. Als ich den Revolver anschlug, zündete er nicht, und sobald er wieder fest im Sattel saß, schlug er nach mir. Ich hatte mich jedoch auf den Hals meines Pferdes fallen gelassen und nur die Spitze seines Säbels schnitt in mein Schlüsselbein, aber die Wucht des Hiebes schnitt einen Zwei-Liter-Eimer, den ich mir am Morgen zum Kaffeekochen geborgt hatte, fast in zwei Teile.«***

Meyers Angreifer brach nun mit seinem verwundeten Pferd zusammen, und sofort sah sich der Leutnant vier weiteren Kameraden des konföderierten Offiziers gegenüber, denen er sich durch einen gewagten Sprung über eine Einzäumung entzog – nur um vom Besitzer des Topfwracks an seinem Sattel später Vorhaltungen zu hören.

---

* ›Wolverines‹ ist ein Spitzname für die Bewohner des Staates Michigan und die amerikanische Bezeichnung für Vielfraß.

* Diese Schilderung folgt der Biographie Gen. Wade Hamptons von Manly W. Wellman »Gigant in Gray«, New York, 1949, S. 115ff.

** Zit. n. den autobiographischen Erinnerungen Meyers: »Civil War Experiences under Bayard, Gregg, Kilpatrick and Custer«, New York, 1911

Infanterie gegen Kavallerie:

Über den Einsatz der Kavallerie und ihrer Wirksamkeit herrschen nicht nur heute sehr viele romantische und irregeleitete Vorstellungen. Die taktische Effektivität der Reiterei wurde auch damals schon falsch eingeschätzt. Bereits bei Waterloo hatten Wellingtons Soldaten gezeigt, daß eine entschlossene Infanterie, die ihren kühlen Kopf behielt, nichts von der herandonnernden Phalanx der damals als beste Kavallerie der Welt bekannten Kürassiere zu fürchten hatte. Auch im Bürgerkrieg konnte der berittene Soldat kaum etwas gegen seinen zu Fuß daherkommenden Feind ausrichten, sofern dieser sich nicht einschüchtern ließ. In der Schlacht von Resaca, Ga., im Mai 1864 wurde das 1. Tennessee Regiment von Unionskavallerie angegriffen und wehrte sich mit der Bildung eines Karrees. Diese Formation hatte bereits bei Waterloo Erfolg gezeigt, war aber sehr selten im Sezessionskrieg zu sehen gewesen. Sam Watkins gibt eine plastische Schilderung, die viele Illusionen über die Herrlichkeit der Kavallerie-Attacke korrigiert:

»Wir überquerten die Eisenbahnlinie. Hallo! Eine Kavallerie-Attacke kommt aus den Reihen der Unionstruppen. Na, dann werden wir jetzt mal erleben, wie die Yankee-Kavallerie kämpft. Wir haben keine Unterstützung, was ist los? Werden wir gefangengenommen? Sie donnern uns entgegen. Ihre plattfüßigen Dragoner schütteln und stoßen die Erde. Sie sind überall um uns – wir sind umzingelt. ›Das Karree formieren, Züge links und rechts, schwenkt, kehrt! Knien und feuern!‹ Auf einmal sind wir in einem Viereck. Die Yankees haben so etwas noch nie gesehen. Es war etwas Neues. Sie griffen uns direkt an. Oberst Field, auf seiner grauen Mähre in der Mitte des Karrees, gibt das Kommando: ›Erste Linie, knien und das Bajonett gegen die Kavallerie, präsentiert! Die erste Reihe kniet nieder, stützt die Kolben gegen die Knie. ›Hintere Linie, nach eigenem Ermessen Feuer eröffnen, weiterschießen!‹ – Nun, all das passierte in weniger Zeit, als ich es hier zum Niederschreiben brauche. Sie griffen uns direkt an und glaubten ohne Zweifel, daß sie uns richtig niederreiten und mit den Pferdehufen zu Tode trampeln könnten. Sie versuchten ihre Pferde mit Sporen und Peitschen über uns rüberzutreiben, aber die Pferde waren schlauer. Wir schütteten ein tödliches Feuer geradewegs in ihre Gesichter, und bald wanden sich Mensch und Tier im Todeskampf; Offziere schrien mit lauter Stimme ›Ergebt eucht, ergebt euch!!‹, aber wir hatten viel zu viel Spaß, um an so etwas zu denken. Wir haben sie dutzendweise getötet, und sie konnten nicht auf uns schießen; wenn sie es taten, hielten sie zu hoch oder verfehlten ganz. Ihre Reihen brachen bald auf und gerieten durcheinander, sie machten schließlich kehrt, brachen aus und rannten in alle Richtungen davon – so schnell ihre Pferde sie tragen konnten.«

Schußwaffen und Kavallerie: »Advance Carbine!«

War die ›arme blanche‹ die klassische Kavalleriewaffe, mit der die berittene Truppe im Galoppangriff die Entscheidung herbeiführen sollte, so bestand auf beiden Seiten der Mason-Dixon-Linie wenig Einigkeit über den Gebrauch der Schußwaffe im Gefecht. Ein Grund für den taktischen Meinungsstreit, der im Bürgerkrieg zu einer recht individualistischen Auslegung der Aufgaben und Kampfführung von berittenen Kräften in den verschiedenen Truppenteilen führte, lag in dem Umstand, daß die Kavallerie der USA von jeher vernachlässigt gewesen war. Die gesamte stehende Armee der Nation hatte vor dem Bürgerkrieg eine Art Dornröschen-Dasein geführt, von den übrigen Entwicklungen der Gesellschaft isoliert, ein lästiger Posten in den Haushaltsdebatten und ein Gegenstand des demokratischen Argwohns, der in der Armee immer eine Bedrohung der Freiheit sah.

Ein weiterer Nachteil der Kavallerie lag in ihren Kosten. 1837 hatte die Aufstellung der 2. Dragoner dem Steuerzahler runde 300 000 Dollar gekostet. 1861 lagen die Kosten eines Reiterregiments mit 900–1000 Mann, ebensoviel Pferden, Sätteln und Zubehör bei mehr als einer halben Million – willkommener Anlaß für Scott und Ripley, den Forderungen der Bundesstaaten nach Aufstellung von Kavallerietruppen Widerstand entgegenzusetzen. Bei der Entwicklung der amerikanischen Kavallerietechnik war man mangels Masse jahrzehntelang auf europäische Beispiele angewiesen:

Philip Kearnys »System of Cavalry Tactics« aus dem Jahr 1841 ging auf eine Schulungsreise des jungen Leutnants zurück. Mit zwei Kollegen besuchte er 1839 die Kavallerieschule der französischen Armee in Saumur und nahm am Algerischen Feldzug von 1840 teil. Der andere amerikanische Fachmann für Reiterei, George Brinton McClellan, Jahrgang 1826, wurde von Jefferson Davis während des Krimkrieges als Leiter einer Militärbeobachtergruppe nach Europa geschickt, wo er in Rußland und Österreich Erfahrungen sammelte. 1855 war das Jahr der Einführung der zwei Kavallerieregimenter durch den damaligen Kriegsminister Jefferson Davis, die als Versuchseinheiten für die Kavallerieentwicklung dienen sollten. Dies führte u. a. auch zur Entwicklung des McClellan-Sattels von 1856 bis 1859. Hauptmann McClellan versuchte noch andere europäische Muster in die U.S. Armee einzuführen. Seiner Idee, die Indianer nach Art der Kosaken als leichte Kavallerie in den Dienst zu stellen, wurde sogar im Bürgerkrieg ansatzweise entsprochen – die 1st Texas Cavalry der Unionstruppen war aus Komantschen-Krie-

Die Unionsarmeen vergeudeten lange Zeit die Schlagkraft ihrer Kavallerie, indem sie die Reiter als Begleitschutz für Troß und Stäbe, als Vorposten und Wachtruppe einsetzte. Das Bild zeigt einen Vortrab in den Wäldern Virginias, der mit schußbereiten Karabinern anhält: »Da vorn sind Johnnies, so wahr, wie du geboren bist!«

»Advance Carbine«

Zwei Tempi

1. Beim Kommando ›Advance‹ nimm den Karabiner mit der rechten Hand an der Schmalstelle des Kolbens.
2. Beim Kommando ›Carbine‹ hebe die Mündung an, setze den Kolben auf die Hüfte, das Schloß nach vorn, die Mündung auf Augenhöhe und gegenüber der rechten Schulter.

Aus »Manual of Arms for the Sharps Rifle, Colt Revolver and Swords, 1861«, »Dienstanweisung über den Waffengebrauch bei der Kavallerie für die Ausbildung von Freiwilligen«. Ed.: Captain R. W. Johnson, USA.

Abfeuern des Karabiners

Die Abteilung in der Position des Advance Carbine, befiehlt der Ausbilder:

»Fertig«

Ein Tempi

1. Beim Kommando ›Fertig‹ wird der Karabiner in die linke Hand fallengelassen wie bei ›Laden‹ in dem ersten Tempi, gespannt und zurückgeführt zur Position von ›Advance Carbine‹.

»Zielen«

Ein Tempi

1. Hebe den Karabiner mit der rechten Hand, wobei der Kolben gegen die rechte Schulter gebracht wird, unterstütze den Karabiner mit Daumen und erstem Finger, die übrigen Finger um die Zügel geschlossen, ohne sie zu lockern, und ziele wie in Nr. XXIII.

»Feuer«

Ein Tempi

(Wie beschrieben in Nr. XXVI.)

gern unter Führung weißer Offiziere rekrutiert, aber von zweifelhaften Erfolgen. Sie nahmen an Davidsons Vorstoß gegen die Mobile & Ohio Eisenbahn zum Jahresende 1864 teil, fungierten als Aufklärer und Streifpatrouillen, die die 4000 Mann starke Streitmacht mit Lebensmitteln versorgten. Allerdings war die 1. Texas für den steten Abgang durch Desertionen bekannt, wobei die Indianer verständlicherweise Pferde und Ausrüstung mitnahmen.
Die U.S. Kavallerie wurde nach europäischem Vorbild geschult, die Attacke im Galopp mit blanker Waffe wurde zum Credo nach napoleonischem Vorbild, obwohl die Möglichkeiten der fünf verstreuten Reiterregimenter auf Vorposten im Westen zu einem solchen massierten Sturmangriff gering waren.
Was Kavallerie sonst konnte oder nicht vermochte, blieb Gegenstand erregter Diskussionen, als der Krieg zwischen den Staaten begann. Zu welchem Zweck die Reiter über Pistolen und Karabiner verfügten und welche Wirkung ein berittener Angriff mit der Schußwaffe hatte, blieb strittig. Praktische Erfahrungen hatte man mit dieser taktischen Einsatzvariante kaum. Hinzu kam, daß die meisten erfahrenen Kavalleristen der alten Vorkriegsarmee Südstaatler waren und folgerichtig Kommissionen im Süden annahmen, als es zur Teilung des Landes kam.
In Europa hatte die Reiterei der Napoleonischen Kriege die Schußwaffe hauptsächlich zum Alarmgeben, in Vorpostengefechten und nur manchmal bei Scharmützeln benutzt. Primärwaffe war der Pallasch oder Säbel gewesen. Kavallerie war entweder leichte Truppengattung, Plänkler und Vorposten, wie die Husaren Europas, die zur Not einmal flüchtende, aufgelöste Infanterie niedersäbeln konnte – oder sie war gepanzerte Schlachtenkavallerie, Kürassiere, deren Angriffswucht feindliche Linien durchbrechen und auflösen konnte.
Wohin in diesen Konzepten die amerikanische Kavallerie hineinpassen sollte, war 1861 unklar und die Gefechtsfeldverwendung entwickelte sich auf der Basis von ›trial and error‹ experimentell, bis sie zu den klassischen Erfolgen eines Forrest, Wilson oder Buford gelangte. Rückschläge waren in der Art und Weise dieser Entwicklung integriert und müssen in der ersten Kriegshälfte als selbstverständlich hingenommen werden. Andererseits hielt diese von wenigen Traditionen und Regeln gehemmte Evolution aufstrebenden Genies wie Mosby oder Custer den Steigbügel der Möglichkeit, Geschichte zu machen. Und die ›boy generals‹ sollten Kavalleriegeschichte schreiben!
Schießübungen mit Revolver oder Karabiner mußten in den meisten neu aufgestellten Reiterverbänden an dem Umstand scheitern, daß es keine oder zuwenig Waffen gab. In den Official Records findet sich u. a. ein Brief General Grants an seinen Vorgesetzten Henry W. Halleck vom November 1861, in dem Grant von acht Kompanien Kavallerie berichtet, die überhaupt keine Waffen hätten. Das ihm unterstellte 2. Ohio Regiment dagegen mußte sich Waffen von einer Nachbareinheit ausborgen, um den ersten Aufklärungsritt zu unternehmen. Bei anderen Verbänden fehlte es an Munition, einige Regimentskommandeure richteten Bittbriefe direkt an Colonel Ripley, um Patronen für Schießübungen oder wenigstens Platzpatronen zu bekommen, damit die Pferde an den Lärm des Schießens gewöhnt werden konnten. Nur wenige Einheiten führten tatsächlich irgendeine Art von Schießtraining mit Karabiner oder Faustfeuerwaffe durch. Die allgemeine Ansicht war, daß die Bauernjungs vom Jagen her mit Feuerwaffen vertraut waren. Aber es erwies sich sehr schnell, daß nur ein geringer Teil der neuen Unionssoldaten je eine andere Waffe als ein Spielzeuggewehr in den Händen gehalten hatte: »Der durchschnittliche Freiwillige aus Maine«, so äußerte sich General Charles H. Smith, ex-Oberst des 1. Maine Kavallerieregiments nach dem Krieg, »war weniger mit dem Gebrauch der Schußwaffe vertraut als mit dem Umgang von Theodoliten und Ferngläsern. Mit dem Revolver in der Hand schoß er eher seinem Pferd die Ohren ab oder tötete seinen Nebenmann, als das er den Feind getroffen hätte, so nahe der auch war.«
Folgerichtig gingen die Pferde mit ihren Reitern durch, wenn sie bei Übungen oder Paraden zum ersten Mal einen Schuß hörten. Entsprechend lang dauerte es auch, bis eine Einheit im wirklichen Sinne felddiensttauglich und die Reiter mit dem Tier unter ihnen vertraut waren.
Am Ende des Jahre 1861 waren 82 Kavallerieregimenter aufgestellt und befanden sich im Stadium mehr oder weniger guter Ausbildung und Ausrüstung. In den meisten Fällen wurden diese Regimenter

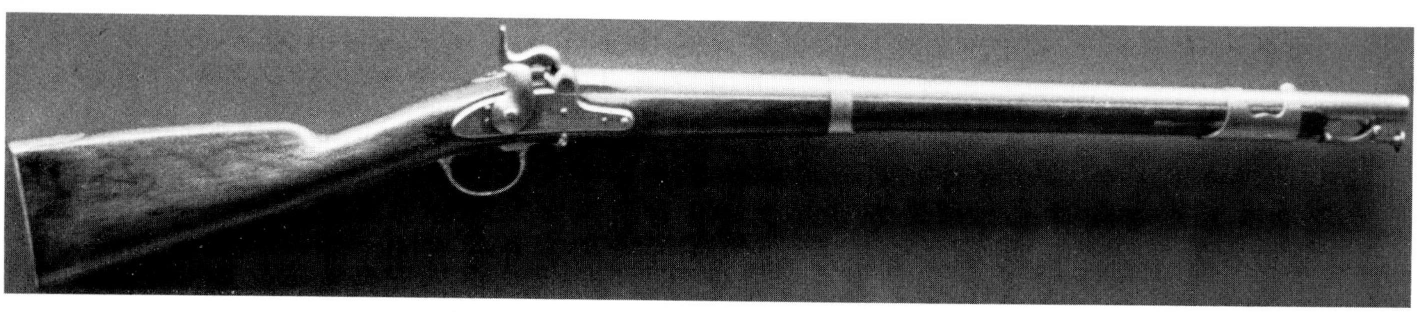

U.S. Kavalleriemusketon Modell 1847. Etwa 5800 bis 6700 dieser glattläufigen Waffen vom Kaliber .69 wurden bis 1859 gefertigt. Einige Tausend fast identischer Artillerie- und Sappeurmusketons (ohne angelenkten Ladestock, aber mit Bajonettvorrichtung) wurden zur gleichen Zeit in der Springfield Armory produziert. 1855 wurde zusätzlich der gezogene Vorderladerkarabiner M 1855 eingeführt, der bereits für die Minié-Burton-Munition eingerichtet war. Beide Waffen, bei den Dragoner-Regimentern benutzt, sind Beispiele für die geringe Bedeutung, die der Feuerkraft der berittenen Truppe zugemessen wurde.

Jedes Regiment der Armee hatte zwei Fahnen: Truppen- und Nationalfahne; im Gegensatz zur Infanterie und Artillerie führte die Kavallerie keine recht- oder viereckigen Ausführungen, sondern Standarten (›guidon‹). Dieses Stück wurde von der 15. Virginia-Kavallerie in einem Scharmützel bei Fredericksburg einer Einheit der Potomac-Armee abgenommen.

als ganzes oder in Kompanien so früh wie möglich an die Front geworfen. Der Feind stand weniger als 25 Meilen vor Washington, D.C., und Kavallerievorposten, ›Vedetten‹, sollten die Hauptstadt abschirmen. Im Westen wurden berittene Kräfte gebraucht, um den konföderierten Vorstößen zu begegnen und den eigenen Nachschub zu sichern. Straßen und Eisenbahnlinien waren ständigen Angriffen selbständig operierenden Streifkorps ausgesetzt. Eines der Argumente, das General Scott bei seiner massiven Ablehnung der Aufstellung neuer Kavallerieregimenter aus Freiwilligen angeführt hatte, war Zeit. Die europäischen Armeen brauchten Jahre, um aus einem Rekruten einen brauchbaren Reitersoldaten zu machen und ein junges Pferd so zuzureiten und auszubilden, daß es mit dem Reiter eine taktische Einheit bildete. Der Krieg aber würde nach Meinung der meisten vorbei sein, bevor die neu aufzustellenden Regimenter überhaupt ihre Ausbildung beendet hätten. Zwar war dieses Argument nicht unberechtigt, aber Kavallerie war dringend notwendig, wie sich bei Manassas zeigte. Die militärischen Realitäten überstimmten schließlich die Bedenken des Kriegsministeriums.

Natürlich war das, was von Unionsseite im Herbst und Winter 1861 an die Front geschickt wurde, nicht mit der europäischen Kavallerie zu vergleichen. Sechs Monate Ausbildung wäre das Minimum gewesen, aber die meisten der neuen Truppen sahen sich schon nach wenigen Wochen, oft nur Tagen, im Sattel bereits auf Vorposten in den Wäldern Virginias. Das 1. New York (Lincoln) Kavallerieregiment war von dem Deutschamerikaner Carl Schurz initiiert und nach anfänglichen Schwierigkeiten aus Deutschen, Amerikanern, Bürgern von New York und Freiwilligen aus Philadelphia zusammengestellt worden. Die Kompanien aus Philadelphia erreichten am 22. Juli 1861, drei Tage nach ihrer Musterung, Washington, wo sie Pferde, Uniformen und Ausrüstung erhielten. Bereits am 7. des nächsten Monats waren sie an der Front in Virginia und hatten kaum zehn Tage später ihr erstes Feuergefecht zu bestehen. Die Sechste New York war weniger als zwei Wochen nach ihrer Komplettierung mit Pferden im aktiven Dienst und einige Kompanien des 22. Pennsylvania Kav.-Rgt. bekamen innerhalb von zehn Tagen nach ihrer Musterung Pferde, Waffen und Ausrüstung sowie einen Frontabschnitt in Virginia, in dem sie ihre Vedetten und Aufklärungsritte durchzuführen hatten! Andere Einheiten im Westen waren bereits auf Vorpostendienst, bevor sie ausreichend Waffen erhalten hatten: die Siebente Kansas befand sich bereits in Abwehrkämpfen gegen konföderierte Guerillas im westlichen Missouri, bevor ihre Reiter ordentlich eingeschworen und als Regiment gemustert waren.

Der aufgelöste Vedetten- und Konvoidienst, mit dem die Nordstaaten ihre Kavallerie in den ersten Kriegsjahren beschäftigte, hatte natürlich den Vorteil, daß die Soldaten im praktischen Dienst das lernten, was an Frankreichs Kavallerieschulen und Preußens Kasernenhöfen theoretisch gedrillt wurde. Natürlich fehlten die Feinheiten und Evolutionen traditioneller Reiterausbildung, und viele anfängliche Verluste und Fehlleistungen wären vermeidbar gewesen, aber es bildete sich notgedrungen eine Gefechtstaktik heraus, die eher den Gegebenheiten der modernen Waffentechnik entsprach, als die nach napoleonischen Idealen gedrillte Kürassierattacke europäischer Heere. Die sich dabei formenden Eigenheiten der amerikanischen Kavallerieverwendung sind unter dem Aspekt des geringen Ausbildungsstand von Reiter und Pferd zu beurteilen; sie machten im Rahmen des Möglichen das Beste aus dem Vorhandenen! Und vorhanden war wenig:

Wie die Infanterie, so litt auch die berittene Truppe in den ersten Kriegsjahren unter extremen Beschaffungsproblemen an adäquaten Waffen. Die Kompanien der bereits erwähnten 22. Pennsylvania bekamen für ihre Vedetten- und Patrouillenritte lediglich »alte Reiterpistolen, die von Steinschloß auf Perkussionszündhütchen umgeändert worden waren, und es war fast genauso gefährlich, hinter ihnen wie vor ihnen zu sein, wenn sie abgefeuert wurden.«*

In ähnlicher Weise ließen sich auch die Soldaten der Dritten Indiana und Vierten Iowa vernehmen, die mit glattläufigen Vorderladerpistolen ›aus dem Mexikanischen Krieg‹ bewaffnet wurden und als Zugabe österreichische Büchsen erhielten. Manche Einheiten, wie das 1. Maine Regiment, erhielten Revolver und Säbel erst vier, fünf Monate nach ihrer Musterung und dienten in der Zwischenzeit mit Holzschwertern, Knüppeln und belgischen Infanteriemusketen! William F. Scott berichtet in seiner Geschichte der 4. Iowa Veteran Volunteers (»Story of a Cavalry Regiment«, New York, 1893), daß noch im März 1863 die »klobigen österreichischen Büchsen, mit denen das Regiment zuerst ausgerüstet wurde, in den Händen jener Männer waren, die nicht die Kühnheit oder den Scharfsinn hatten, sie zu verlieren«! Scott bemerkte über die obskuren Revolver, welche die Einheit zusammen mit zwei anderen Regimentern bekam, daß »sie mehr Angst im Regiment als unter den Feinden erweckten. Die Schüsse waren sehr unsicher, ihre Mechanik versagte oft und sie hatten die bösartige Eigenschaft, zum falschen Moment loszugehen«.

Taktische Konzepte scheiterten auch an der Tatsache, daß selten ein Regiment in den ersten Kriegsmonaten durchgängig gleich bewaffnet war. Einige Kompanien hatten nur Säbel und Pistolen, andere nur Karabiner oder Vorderladermusketen. Innerhalb einer Einheit gab es oft drei, vier verschiedene Waffenmodelle mit genauso viel Munitionssorten. In einigen Regimentern gab es ›Säbel-Bataillone‹ und ›Dragoner-Kompanien‹, in einigen Kompanien gab es lediglich eine Handvoll Karabinerschützen, die bei Angriffen auf die Flanken oder in das zweite Glied verbannt wurden. Die letztere Gefechtsweise wurde u. a. von den Ersten Vermontern bei Mount Jackson im Shenandoah-Tal im Frühling 1862 benutzt, als das Kavallerieregiment eine Säbelattacke gegen Ashbys konföderierte Reiter ritt und sie zwei Meilen verfolgte. Andere Verbände konnten im Verlauf des Krieges keine Säbelattacken reiten, weil es ihnen an den Blankwaffen fehlte und sie, wie das 9. Illinois oder das 2. Michigan Regiment, eigentlich berittene Infanterie waren. Außerdem fehlte es vielen Regimentern, die im Zuge der Kampfhandlungen auf 150 bis 200 Mann zusammengeschmolzen waren, an der zahlenmäßigen Masse, die einen geschlossenen Angriffsritt zu dem unwiderstehlichen ›Choc‹ machte, von dem Theoretiker und Generäle träumten.

Wie oder wann Schußwaffen bei einem berittenen Gefecht zu gebrauchen waren, war Gegenstand unterschiedlicher Auffassungen. Europäische Vorschriften sahen die Benutzung der Pistolen in der Attacke beim Heranreiten vor, wobei ›l'arme blanche‹ beim Zusammenprall dem erschütterten Feind den Rest geben sollte. Während des Bürgerkrieges griffen Regimenter in mehreren Treffen hineinander an, bei denen das erste Glied seine Revolver abschoß und die nachfolgenden Reihen mit dem Säbel dreinschlugen. Mitunter waren die Schußwaffen auch an den Flanken konzentriert.

Ohne Zweifel gab es Gefechte, wie bei Shelbyville und Unionville, Tennessee, wo die blanke Waffe die Entscheidung herbeiführte. Justus Scheibert, Hauptmann der preußischen Armee und kritischer Beobachter der Unionskavallerie, war der Meinung, daß die Amerikaner nicht verstünden, den Säbel richtig zu gebrauchen. Bei Brandy Station, am 9. Juni 1863, kam es während des Feldzuges von Gettysburg zur größten Kavallerieschlacht des Bürgerkrieges, bei der die Unionsreiter zum ersten Mal den sonst überlegenen Konförderierten gegenüber ihren Mann standen und ihr Selbstwertgefühl gewannen (so McClellan). Bei Brandy Station wurde in Scheiberts Worten »der Säbel nicht geschont«, wie es die Verwundeten zeigten, aber in der Begegnung zwischen J. E. B. Stuarts Kavalleriekorps und der Unionskavallerie unter dem Ex-Dragoneroffizier Brigadegeneral Alfred Pleasanton hatten Schußwaffen einen wesentlichen Anteil:

Stuarts Korps zählte mit einer Infanteriebrigade zur Unterstützung über 11 000 Mann, während Pleasenton etwa tausend Mann weniger ins Feld bringen konnte. Beide Seiten hatten Artillerie zur Unterstützung; Stuarts Infanterie griff im rechten Moment zur Unterstützung seiner Verteidigungsstellung ein. ›Jeb‹ Stuart hatte sein Korps bei der kleinen Eisenbahnstation für eine Parade vor General Lee zusammengezogen, die am Vortag der Schlacht stattfand, so daß der Angriff der Nordstaatler für ihn völlig überraschend kam. Die Intensität der Kampfhandlungen war entsprechend, denn Stuart versuchte einer Einkesselung auszuweichen. Der nahegelegene Flecken Fleetwood wechselte mehrmals den Besitzer. Die Erste New Jersey sammelte sich während des Tages zu sechs Regimentsattacken, das 6. U.S. (Reguläre) und das 6. Pennsylvania Kavallerieregiment kämpften hintereinander zwölf Stunden lang und attackierten u. a. Stuarts Artillerie in einem Hagel von »Granaten, Schrapnells und schließlich Kartätschen«, so ein konföderierter Augenzeuge. Beide Regimenter waren Teil von John Bufords Kommando, der nördlich von Brandy Station die Konföderierten auf St. James Church zurückgetrieben hatte und sich hier ein anhaltendes Feuergefecht mit mehreren Regimentern lieferte. Weiter südlich bei Fleetwood Hill, wo das Erste Maine und mehrere New Yorker Regimenter kämpften, hatte sich die Schlacht zu einem Reitergefecht der traditionellen Art entwickelt, in dem Regimenter ge-

* So der Regimentshistoriker in leichter, aber verzeihlicher Übertreibung, Samuel C. Farrar: »The 22. Pennsylvania Cavalry and the Ringgold Battalion«, Pittsburg, 1911

Der Ort der ersten Schlacht, Bull Run oder Manassas, genannt nach dem naheliegenden Eisenbahnknotenpunkt vor den Toren Washingtons. Das einzeln stehende Steingebäude der Familie Mathew war während der Kämpfe eine Verwundetensammelstelle, es wurde im März 1862 von einem Gehilfen des berühmten Fotografen Brady abgelichtet.

Die Erinnerung an den amerikanischen Sezessionskrieg wird bis heute wachgehalten . . .

Mathew's Haus heute. Wie damals stehen auf dem Hang die typischen Lattenzäune der Neuenglandfarmer, die in vielen Schlachten als Behelfsverhaue und mit Grassoden ausgestopft als Brustwehren und Deckungen dienten.

Das Shenandoah-Tal, die Kornkammer Virginias, stellte einen Dreh- und Angelpunkt der Kämpfe um Richmond dar. Der Blick geht hier von den Blue Ridge Mountains zum Gebirgszug der Appalachians hinüber. Beide Bergregionen sowie das zwischenliegende Tal um den Shenandoah-Fluß sind in weiten Teilen Naturschutzzonen.

. . . Bereist man die Stätten jenes vierjährigen Ringens, so scheint sich wenig verändert zu haben. Allerorten kann man Gruppen des National Park Service in originalgetreuen Uniformen beobachten . . .

Anders als die Unionssoldaten von der Ostküste wurden die Regimenter aus dem Westen, wie diese Einheit aus Michigan, von den Konföderierten als ernstzunehmende, hart kämpfende Gegner eingeschätzt. Typisch für die ›Westerners‹ waren die breitkrempigen Hüte

Antietam 1979, ein Zug Südstaatler in dem typischen Durcheinander von Uniformresten und Zivilkleidung während eines Reenactments.

Ein konföderierter 12-Pfünder kurz nach dem Abschuß. Pulverrauch hüllt die Bedienung völlig ein, das Rohr wird für die nächste Ladung ausgewischt.

Billy Yank heute – ein Angestellter des National Park Service, der Bundesbehörde, der die Erhaltung der Schlachtfelder und historischen Stätten obliegt.

Faksimilie eines Rekrutierungsaufrufes – gesehen in Schwäbisch Hall beim 15. Internationalen Vorderladertreffen.

Gettysburg, der entscheidende dritte Tag: Ein Zehnpfünder 3-inch Ordnance-Geschütz auf der Cemetry Ridge deutet auf das große Denkmal, das den Ausgangspunkt für Picketts verhängnisvollen Sturmangriff markiert. Über dieses offene Feld vorgehend, versuchten die Konföderierten die Entscheidung zu erzwingen. Der Steinwall im Vordergrund war die Brustwehr der Unionsinfanterie und stellt die ›Hochwassermarke der Konföderation‹ dar.

Eine seltene Momentaufnahme aus dem Bürgerkrieg, die eine Gruppe der Potomac-Armee beim Kaffee zeigt. Ausrüstung, Kleidung und die eingebeulten ›Bummer-caps‹ deuten darauf hin, daß es sich bei dieser Truppe um feldzugerfahrene Veteranen handelt.

. . . die den Besuchern jene vergangene Epoche, ihr Alltagsleben und die Auswirkungen des großen Konflikts durch das ›Living History‹-Programm – vorgeführte Geschichte – nahebringen . . .

Zwei Konföderierte und ein Unionssoldat im Straßenbild der historischen Stadt Fredericksburg, Virginia, Mitglieder eines Bürgerkriegsclubs, die am amerikanischen Volkstrauertag, dem ›Veteran's Day‹, an die Toten jenes Bruderzwistes von 1861–65 erinnern.

Petersburg, Va.: Eine Gruppe von Studenten, die den Sommer über als Teil des ›Living History‹-Programms arbeitet, führt den Touristen die Ladeübungen nach den Originaldrillvorschriften vor.

Zeitgenössische Darstellung des Unionsangriffes an der Kelly-Furt des Rappahanock am 7. November 1863 durch Verbände des III. Korps. Berdan's Scharfschützen waren hier als Plänkler eingeteilt. Der colorierte Stich zeigt sehr gut die zwei Fahnen, die jedes Regiment führte – die Unionsfarben und das zumeist mit dem Staatsemblem versehene Feldzeichen des Regiments.

Anders als die Reenactments heute waren die Schlachten des Bürgerkrieges ›for real‹ und forderten einen grausamen Blutzoll. Hier zwei konföderierte Gefallene von Ewell's Korps an einer hastig errichteten Brustwehr aus Zaunlatten.

Freiburg/Breisgau: Der ›U.S. Cavalry-Historical Club of Germany‹ unter Hauptmann Dietz auf dem Council der Westernvereine, dem alljährlichen Pfingsttreffen, beim Exerzieren. Wie kaum eine andere Gruppe in der Bundesrepublik bemüht sich dieser Verein um eine originalgetreue Wiedergabe von Uniformen, Erscheinungsbild und Ausrüstung der Unionsreiterei der Jahre 1861–1865.

. . . mit Pulverdampf und Geschützdonner nach. Sammlertreffen, Museen und die kleinen Geschäfte abseits der großen Autobahnen bieten für den Interessierten eine Fülle von Möglichkeiten und Informationen. Hier kann man Geschichte nacherleben – und die Konföderation erfreut sich bester Gesundheit

Darstellung eines Unionsfeldlagers während des Peninsular-Feldzuges vor Richmond. Die Zelte der Soldaten sind von Zweighütten überdeckt, die als Sonnenschutz dienten und genau dem historischen Vorbild entsprechen, wie die zeitgenössische Aufnahme (links) von einem Hahnenkampf aus der A. Gardner-Sammlung zeigt.

Das Innere einer Behelfsunterkunft. In solchen Kreuzungen aus Blockhütten und Zelten lebten die Soldaten beider Seiten monatelang während der Stellungskämpfe um Richmond und Petersburg. Je nach Neigung richteten sich Johnny Reb und Billy Yank mit Bettgestellen und Kaminen mehr oder weniger häuslich ein.

Fort Harrison beherrschte die südlichen Verteidigungslinien von Richmond und kontrollierte die Verbindungsstraße nach Petersburg. Grants Truppen eroberten diese Grabenstellung in einem Überraschungsangriff am 29. September 1864. Im Rahmen des Sommerprogramms der Bundesparkbehörde wurden Teile der alten Erdbefestigungen wiederhergestellt. Schützengräben führen hier zu einem Mannschaftsbunker, ›bombproof‹ genannt. Im Vordergrund ein Coehorn-Mörser.

Ständige Artillerieduelle und Vorpostengefechte kennzeichneten die Stellungskämpfe um Richmond und Petersburg, die ein Vorausgriff auf die Grabenkämpfe des I. Weltkriegs darstellen. »Es war die Hölle selbst«, schrieb einer der Teilnehmer, »und es ist wie ein Wunder für mich, daß so viele von uns überlebten.«

Stilecht als Unionssoldat eingekleidet, erklärt ein Parkwächter den Besuchern den Frontverlauf vor Richmond. Das Geschütz ist ein 3-Zöller, mit gezogenem Bronzerohr der konföderierten Gießerei Quinby & Robinson aus Memphis, Tennessee.

Rechts unten: Ein konföderierter Artillerist mit dem ›Wurm‹, der zum Ausziehen von Ladungen und Kartuschresten diente.

Der Standardsattel der U.S. Kavallerie, der M 1859, wurde ohne große Veränderungen bis zum Ende der Reiterei in den ersten Jahren des II. Weltkrieges geführt. Er wurde 1856 von George B. McClellan nach Vorbildern aus Österreich und Preußen entworfen. Die flachen, fast runden Satteltaschen waren denen der französischen Chasseurs d'Afrique nachempfunden. Die Steigbügel waren aus Holz, der Sattel mit Rohhaut überdeckt, das sich viele Benutzer nachpolstern ließen.

Dem Interessierten öffnet der Bürgerkrieg ein weites Sammelgebiet. Hier einige Beispiele: Das ›Pattern 1856 sword bayonet‹. Dieses Exemplar wurde in Solingen gefertigt. Darüber liegt eine U.S. Kandare M 1863, ein Schlachtfeldfund. Auf dem Haversack (eine Reproduktion) außerdem: Originale konföderierte Banknoten verschiedener Staaten; das ovale US-Emblem der Patronentasche und das Adleremblem des Schulterriemens; ein ›sergeant's tool‹-Kombinationswerkzeug für das Enfield-Gewehr und eine Patronentasche M 1855 mit einem Sporen vom Schlachtfeld bei Fredericksburg.

Die ›Bloody Lane‹, ein eingesunkener Farmweg, der um die Mittagszeit des 17. Septembers 1862 zum Angelpunkt der Schlacht von Antietam wurde. Drei Stunden lang standen hier die konföderierten Regimenter unter D. H. Hill den Divisionen von French und Richardson im Nahkampf gegenüber. Über 4000 Verluste kosteten diese Angriffe und am Ende war der Hohlweg voller Leichen.

Die ›Bloody Lane‹ ist heute Teil des historischen Parks.

Harpers Ferry, am Zusammenfluß von Shenandoah und Potomac, war die Stätte des Überfalls von John Brown und der ersten Vorstöße der Sezessionisten. Die ausgebrannten Lagerhallen des U.S. Arsenals sind links unten im Bild zu erkennen. Heute ist der kleine Ort unweit von Washington, D.C., ein historischer Park, dessen Gebäude stilgerecht restauriert wurden.

Wo alles anfing

Wenige Kilometer weiter wird General Lee bei Appomattox Court House in die Enge getrieben und unterzeichnet im Hause der McLeans die Kapitulationsurkunde.

Wo es endete

Die Chaussee von Appomattox Court House, über die die Reste der Armee von Nordvirginia ihre letzte Parade zum Waffenstrecken durch ein Spalier von Unionstruppen antrat. McLeans Haus ist links im Bild.

Bei Sayler's Creek leisten die letzten konföderierten Regimenter einen letzten erbitterten Widerstand – wie in einem Reenactment des National Park Service 1978 dargestellt. – Von der Hauptmacht abgeschnitten, muß sich das Korps des Generals Ewell schließlich ergeben.

geneinander anpreschten, Säbelhiebe ausgetauscht und Schüsse aus nächster Nähe abgefeutert wurden. Ein Melee, in dessen Staub Freund und Feind unkenntlich wurden, Kompanien und Regimenter aufgelöst und ohne Kontakt oder zentrale Leitung in Einzelkämpfen von Mann gegen Mann verwickelt waren. Eine der letzten klassischen Kavallerieschlachten, die gegen Abend unentschieden ausging. Stuarts Stabsoffizier Blackford beobachtete am nächsten Tag: ». . . wir ritten über das Feld, und die meisten der Toten trugen Wunden des Säbels, durch Hieb oder Stich . . .«

Aber die Tage der ›arme blanche‹ waren gezählt. Bereits im folgenden Feldzug dominierte auch bei der Kavallerie die Schußwaffe. Wenige Tage später war es zu interessanten Treffen zwischen den aufklärenden Unionsregimentern und der Südstaatenkavallerie gekommen, deren Aufgabe in der Flankendeckung der Armee Lees lag, die zu diesem Zeitpunkt im Shenandoah Tal zum Vorstoß nach Pennsylvania konzentriert war. So kam es in der Umgebung von Middleburg zu schweren Gefechten am 19. Juni, als Irvin Greggs Brigade auf konföderierte Vorposten stieß. Die Vierte Pennsylvania trieb die Vedetten durch den Ort zurück, während ihr die drei anderen Regimenter der Brigade folgten. Eine Meile weiter stießen sie auf die Hauptmacht, die Fünfte Virginia und Dritte North Carolina, die sich mit zwei Geschützen rechts und links der Straße postiert hatten. Die Erste Maine und Zehnte New York griff sofort mit gezogenen Säbeln an, konnte aber nichts gegen die abgesessenen Konföderierten ausrichten, die sich unter scharfem Karabinerfeuer in der Deckung eines Wäldchens schrittweise zurückzogen und Greggs 1500-Mann-Brigade auf die Hauptmacht Stuarts zurücklockten. Die hatte sich hinter dem Wald am Rande eines offenen Feldes festgesetzt und hoffte, Gregg zu einer Attacke gegen ihre Mündungen zu verleiten. Schließlich war keiner der Kontrahenten in der Lage, sich angesichts der offenen Feuerzone und der Karabiner der Gegenseite vorzuwagen.

Nathan Bedford Forrest, 1821–1877, ein Geschäftsmann und Plantagenbesitzer aus Tennessee, einer der größten Generäle der Konföderation und ein überragender Kavallerist, dessen Korps mit Enfield-Zweibandmusketen und Musketons zumeist abgesessen kämpfte. Nach dem Krieg wurde er zu einer der führenden Persönlichkeiten im Ku-Klux-Clan.

Ein entsprechender berittener Angriff mit dem Karabiner war von zweifelhafter Wirkung, obwohl er Bestandteil der Ausbildungsvorschrift war. Wie Teilnehmer der Reitergefechte richtig bemerkten, brauchte man dazu eigentlich drei Hände, zwei für das Laden und Schießen der Langwaffe und wenigstens eine Hand für die Kontrolle des Pferdes. Zwar gab es Befürworter der Säbelattacke, wie Custer und McClellan im Norden und Stuart im Süden, aber der überwiegende Teil der Reiterführer gab der Schußwaffe den Vorzug. Für John Mosby, dessen Partisan Rangers einen wirkungsvollen Überraschungs- und Guerillakrieg in Virginia führten, gehörte der Säbel ins Museum. Nathan Bedford Forrests Kavallerie kämpfte zumeist abgesessen und brachte mit ihrem massierten Karabinerfeuer aus Vorderladermusketons manchen Unionsoffizier zum Verzweifeln, dessen Kavalleristen mit Hinterladern und Repetierern ausgerüstet waren. John Buford, einer der wenig bekannten Unionsoffiziere von Format, bewies bereits im August 1862 bei Thoroughfare Gap den Wert des Hinterladers. Bufords Brigade hatte ihre Pferde in Aufklärungs- und Wachdiensten verbraucht, ihr Kommandeur machte aus der Not die Tugend und erhob den abgesessenen Kampf zum Prinzip: Die Kavallerie als schnelle, mobile Infanterie mit technisch überlegener Feuerkraft. Für Buford war das Pferd nicht Kampf-, sondern Transportmittel, »ein großes fettes Pferd . . . mit genauso wenig Platz auf dem modernen Schlachtfeld wie ein großer fetter Elefant«. Im Sommerfeldzug, der in der zweiten Schlacht von Bull Run/Manassas mündete, hielt Bufords Brigade sechs Stunden gegen das gesamte Korps von Longstreet aus – weniger als 3000 Karabiner gegen 17 Infanterieregimenter, 500 Kavalleristen und eine Batterie, fast 25 000 Mann!

Ein Jahr später hält die erste Division unter General Buford von Pleasontons Kavalleriekorps am Morgen des 1. Juli eine Hügelkette nahe dem Seminargebäude von Gettysburg und bindet den konföderierten Vormarsch, bis Meades Armee herankommt. Er leitet so die entscheidende Schlacht des Bürgerkrieges ein und schafft den Unionstruppen den notwendigen Zeitvorsprung, sich auf ihrer Verteidigungslinie an der Hügelkette zwischen Friedhof und Little Round Top festzusetzen. Die Division Heth von Lees Armee, die an diesem Morgen Bufords Kavalleristen überrennen will, ist innerhalb von 23 Minuten auf den halben Personalbestand dezimiert. In Bufords 1. und 2. Brigade haben vier Regimenter (8. Illinois, 6., 8.

So sah ein Werbezeichner der Spencer-Fabrik den Einsatz ihrer Repetierwaffen: Ein Unionskavallerist schießt eigenhändig eine Gruppe marodierender Johnnies zusammen, während sich sein Pferd vertrauensvoll an ihn schmiegt und im Hintergrund eine Frau die mutige Tat ihres Retters beobachtet.

und 9. New York) Sharps-Karabiner, die Zwölfte Illinois ist mit Burnside, die 17. Pennsylvania mit Merrill, die Dritte Indiana und Dritte West Virginia mit Gallager ausgerüstet. Seine Reservebrigade, bestehend aus dem 6. Pennsylvania Volunteer Rgt. und den 1., 2., 5. und 6. U.S. (Regular) Cavalry Regimentern, ist vollständig mit Sharps-Karabinern versehen. Die anderen Divisionen von Pleasontons Korps sind ähnlich mit Sharps und Burnside-Hinterlader bewaffnet, zwei Regimenter haben sogar die Spencer-Repetierer – das Fünfte und Sechste Michigan.

Im Herbst 1863 begann sich die taktische Wende abzuzeichnen – mehr und mehr wurden Kavalleristen abgesessen ins Gefecht geschickt, um Angriffe abzuwehren und selbst infanteristisch vorzugehen. Verschiedene Beispiele des vorangegangenen Sommers hatten Schule gemacht. Forrest hatte bereits im Vorjahr in Tennessee seine Kavallerie mehrmals absitzen lassen und mit Karabinerfeuer den Widerstand selbst zahlenmäßig und waffentechnisch überlegener Unionskavallerie gebrochen. ›Jeb‹ Stuart, Anhänger der romantisch verbrämten Reiterattacke, war sich nicht zu schade, seine Kavalleristen in Schützenlinie zu Fuß kämpfen zu lassen, wenn es die taktische Notwendigkeit gebot – in der ersten Phase der Schlacht von Brandy Station bildeten seine Männer eine fast drei Meilen lange Schützenlinie, bis der Troß in Sicherheit und die Pferde gesattelt und gefechtsbereit waren. Erst mit dem Eintreffen der Brigaden Greggs an der Hügelkette von Fleetwood nahm die Schlacht ihren Charakter als Treffen zwischen Reiterregimentern an. Aber bereits wenige Wochen später, bei Gettyburg, zeichnete sich die Überlegenheit der abgesessenen Feuerlinie ab: Bufords Brigaden hatten am Morgen des 1. Kampftages zwei Stunden lang überlegende Infanteriekräfte aufgehalten. Es war vornehmlich die 1. Brigade von Oberst William Gamble, deren vier Regimenter weniger als 1200 Karabiner ins Feld führen konnten, die den Hauptstoß der Konföderierten abfing. Einige Tage vorher hatte Gamble einige Kisten Spender-Repetierer erhalten und sie an die flankierenden Kompanien verteilt. Am dritten, dem entscheidenden Tag von Gettysburg, kam es an der rechten Flanke erneut zu Gefechten zwischen den Kavallerieverbänden Stuarts und Pleasentons. Die Südstaatenkavallerie war erst am 2. Juli in Gettysburg eingetroffen, denn Stuart hatte durch seinen weiträumigen Streifzug die Armee General Lees ohne ihre ›Augen‹ gelassen. Seine Abwesenheit am 30. Juni und 1. Juli ließen Lee in die schicksalsschwere Begegnung mit Meades Hauptmacht ohne ausreichende Aufklärung über die gegnerischen Kräfte und ihre Stellungen hineingehen. Jetzt, am dritten Tag, versuchte Stuart die rechte Flanke der Unionsarmee zu umgehen, während Picketts Virginia-Infanterie zum Sturmangriff

auf das Zentrum am Friedhofshügel ansetzte.
Stuart ließ Jenkins Brigade, die mit weitreichenden Enfield Musketen bewaffnet war, in aufgelöster Schützenreihe vorgehen. Abteilungen von zwei weiteren Brigaden unterstützten Chambliss, der die Vorposten der Dritten Pennsylvania und Ersten Maryland-Kavallerie zurücktrieb. Der Unionskommandeur vor Ort, Brigadegeneral David Gregg, ließ die Erste New Jersey mit ihren Burnside-Karabinern an den Flanken der anderen beiden Regimentern aufmarschieren und abgesessen Stellung beziehen. Zu diesem Zeitpunkt ging den Gewehrschützen der Brigade Jenkins bereits die Munition aus, da sie im Schnitt nur noch mit zehn Patronen pro Mann versehen waren. Außerdem kamen sie jetzt unter das gezielte Feuer zweier Batterien der Kavalleriedivision Greggs. Stuart warf jetzt vier Regimenter zu einer Reiterattacke nach vorn, deren Ziel die Schützenkette der Nordstaatler war. Nachdem sie die abgesessenen Kräfte der ersten Brigade Greggs zurückgeworfen hatten und auch die 7. Michigan Kavallerie zurücktrieben, gerieten sie vor die Mündungen der Spencer-Gewehre der Fünften Michigan und der Sharps-Karabiner einiger Kompanien des 3. Pennsylvania-Regimentes. George Armstrong Custer, aus dessen Michigan-Brigade das 5. Regiment stammte, sagte später, daß die Reiter dieser Truppe hervorragend die vorhandene Deckung von Zäunen und Steinmauern ausnutzten, um die wiederholten Anritte der Konföderierten abzuwehren. Zu einem großen Teil, so Custer, war der Erfolg der Fünften darauf zurückzuführen, daß die Einheit mit Spencer-Repetierern bewaffnet war, die nach seiner Einschätzung die beste Kavalleriewaffe war. Zur Unterstützung ließ Gregg in diesem Moment Custer mit der ersten Michigan angreifen, eine Attacke, die Custer entsprechend seiner Vorliebe mit der blanken Waffe reiten ließ, er selbst an der Spitze. Die Attacke trieb den Gegner zurück und entschied das Treffen, obwohl Custer fast ein Viertel seiner Einheit opfern mußte, um die zählenmäßig weit überlegenen Südstaatler zum Rückzug zu zwingen. Zwar wurden auch später noch Reiterangriffe mit der blanken Waffe ausgeführt, aber der Sommer 1863 hatte eine merkliche Veränderung gebracht. Der Karabiner begann die Begegnungen zwischen Nord und Süd zu dominieren, und die Kavalleristen begannen sich an den Gedanken zu gewöhnen, den vierten Mann jedes Gliedes mit den Pferden nach hinten zu schicken, während sie zu Fuß angriffen – eine Kampfesweise, die auch die Pferde schonte.
Diese Wende wurde von den ›troopers‹ nicht so gern gesehen. Den Kämpfen zu Fuß fehlte das elegante Flair, in den hohen Reitstiefeln war es zudem nicht leicht, über Stock und Stein zu stolpern. Und nicht jedes Regiment hatte den Stolz einiger ›Mounted Rifles‹-Verbände des westlichen Kriegsschauplatzes, die sich als besondere Truppengattung betrachteten und die gelben Biesen und Aufschläge von ihren Uniformen abtrennten.
Aber der Angriff zu Fuß war für Männer in schweren Stiefeln, die sich an den Pferderücken gewöhnt hatten, beschwerlich. Als erstes fielen die Säbel weg, die nicht mehr am Gürtel des Reiters, sondern am Sattel befestigt wurden. Die abgesessenen Gefechte nahmen an Häufigkeit zu. Zuerst waren nur die ›Scharfschützen‹ beider Seiten in Sektionen oder Schwadronen organisiert worden, jetzt saßen ganze Regimenter ab, um mit der aufgelösten Schützenlinie und schnellem Karabinerfeuer die Attacke der in Reserve gehaltenen Kräfte vorzubereiten. Mitunter blieb auch je eine Kompanie an den Flanken zur Sicherung auf den Pferden, aber in den Kämpfen des Spätherbstes 1863 in den Wäldern Virginias nahmen die infanteristischen Aktionen an Größe zu. Bei Brandy Station kam es zu einem zweiten Treffen, bei dem Custer den Durchbruch seiner Brigade noch einmal mit dem Säbel führen konnte, aber große Teile

›Little Phil‹, Philip Henry Sheridan, 1831–1888, West Point Absolvent des Jahrgangs 1853, war ein Infanterieoffizier, der bis zum Frühjahr 1862 administrative Aufgaben in St. Louis erfüllt hatte. Obwohl er Pferde nicht mochte, gewann er seine ersten Lorbeeren als Kommandeur einer Kavalleriebrigade. Als Führer von Infanteriedivisionen zeichnete er sich in der Armee des Ohio und 1863 in der Cumberland-Armee aus. Im April 1864 machte ihn Grant zum Kommandeur des Kavalleriekorps der Potomac-Armee. Sheridan war ein General, unter dem die Reiterei im Osten ihr volles Potential als selbständig operierende Waffengattung entfalten konnte. Als Kommandeur der ›Mittleren Militärdivision‹ führte er einen Feldzug im Shenandoah-Tal und brach dort bis zum März 1865 den Widerstand der konföderierten Verteidiger. Ähnlich wie Sherman verfolgte er dabei eine Politik der verbrannten Erde, mit der er dem Süden jegliche Möglichkeit nahm, sich dieser strategischen Schlüsselregion zu bedienen.

Unionskavallerie ›moving in fours‹ beim Ausritt zu einem Streifzug gegen Richmond 1864 – deutlich ist die Art und Weise zu erkennen, wie der Säbel am Sattel getragen wurde.

dieses Gefechtes wurden vom Karabiner und von Regimentern, die abgesessen den Feuerkampf eröffneten, bestimmt. Einen Monat später sah sich die erste Brigade der 2. Kavalleriedivision Creggs nahe New Hope Church einer ganzen konföderierten Infanteriedivision gegenüber, die General Stuart gegen die ihn verfolgenden Kräfte eingesetzt hatte. Der neue Brigadekommandeur, Oberst John P. Taylor, ließ absitzen und vier Regimenter zu Fuß angreifen, während sie »Salven aus ihren Karabinern abfeuerten«, wie es in Greggs Bericht später hieß. Es war der erste Unionsangriff einer ganzen Brigade, und er zeitigte den gewünschten Erfolg. Das schnelle Feuer der Sharps- und Burnside-Hinterlader demoralisierte den Gegner und trieb ihn in die Flucht. Der fünfstündige Kampf ließ die Unionisten völlig erschöpft zurück – »so müde wie nur abgesessene Kavalleristen mit ihren schweren Stiefeln und weichen Beinmuskeln sein konnten«, klagte später der Geschichtsschreiber der Dritten Pennsylvenia.

Aber die neue Taktik, die »hart für die Reiter, aber gut für die Pferde war«, wie es ein anderer Beobachter ausdrückte, hatte ihre eindeutigen Vorteile. Sie erlaubte dem Armeeführer den Einsatz einer schnellen, feuerstarken Truppe an Brennpunkten des Geschehens. Die Kavallerie kam ausgeruhter und schneller an ihrem Einsatzort an, ihre Hinterlader und Repetierer waren jedem Infanteriegewehr überlegen. War der Feind einmal zur Flucht gezwungen, so konnten die Reiter ihre ›Number Fours‹ heranholen und mit den Pferden die Verfolgung aufnehmen.

Zwar wurden noch bei einzelnen Treffen die Säbel gekreuzt, und bei Yellow Tavern (11. 5. 1864) oder Five Forks (30. 3.–1. 4. 1865) kam es noch zu großen Reitergefechten, aber die amerikanische Eigenart taktischer Kavallerieverwendung war 1863 zum Durchbruch gekommen und sollte sich in den folgenden Kriegsjahren behaupten. Sie läutete damit das Ende der schlachtenentscheidenen Rolle der Kavallerieattacke im Angesicht einer technischen Entwicklung ein, die wenige Jahrzehnte später die Kavallerie zum Paraderelikt werden ließ.

Waffen für die Armee im Westen; General Frémont, der Hall-North Karabiner und ein Skandal, der keiner war.

Die amerikanische Armee gehört zu den wenigen der Welt, die bereits in der Steinschloß-Ära den Versuch unternahmen, einen brauchbaren Hinterlader einzuführen. Einzelne Schritte in dieser Richtung wurden sonst nur in den skandinavischen Ländern und in Großbritannien mit dem glücklosen Ferguson-Gewehr unternommen. Die noch jungen Vereinigten Staaten griffen – unbeschwert von überkommenen Vorbehalten anderer Militärnationen – mit dem *Modell 1819* die Idee des 1778 geborenen Büchsenmachers John Hancock Hall auf. Dieser hatte bereits 1811 ein Patent für einen Kammerverschluß erhalten, der im wesentlichen in einem Block bestand, der gleichzeitig Schloßteile, Abzug und Brennkammer enthielt und derartig in einem gabelförmigen Rahmenstück saß, daß er nach Entriegelung vorn um rund 20 Grad hochklappte und mit Pulver und Kugel geladen werden konnte. Anders als die Ferguson-Büchse war Halls Steinschloßmuskete vom Kaliber .52 nicht absolut gasdicht und hatte entsprechende Abzugsrillen im Verschlußrahmen, um die sich stauenden Gase entweichen zu lassen. Das Hall-Modell 1819 war als Bewaffnung für Schützenkompanien gedacht, was sich u. a. in dem eigenwillig geformten Abzugsbügel ausdrückt, der den geschwungenen Ausführungen der Pennsylvania- oder ›Kentucky‹-Büchsen nachempfunden war. Halls Muskete hatte 16 Züge, aber die letzten anderthalb Zoll des Laufes an der Mündung sind ausgeschliffen um die Waffe im Notfall als Vorderlader benützen zu können. Mit dem Hall-Gewehr begann in Harpers Ferry die Entwicklung des lehren- und maschinengerechten Waffenbaus in der staatseigenen Werkstätte, die später zum Meilenstein industrieller Rüstungsfabrikation werden sollte. Schon in den zwanziger Jahren waren die in Harpers Ferry gebauten Waffen so gleichmäßig, daß ihre Teile untereinander ausgetauscht werden konnten. Außer in der U.S. Armory wurde das Modell 1819 auch bei Simeon North in Middletown, Connecticut, in Lizenz gebaut. Dort entstanden in den Jahren 1830–36 etwa 5700 Gewehre, in Harpers Ferry wurden bis 1840 19 680 Stück in drei Produktionsserien gefertigt. In den Kämpfen gegen die Seminolen in Florida und im Krieg gegen Mexiko wurden die Hall-Gewehre mit Erfolg neben regulären Vorderladermusketen benutzt.

Auch die Einführung der Perkussionierung ließ das Hall-Kammerladungsprinzip nicht zum ›alten Eisen‹ werden. Mit dem *Modell 1833* wurde bei Simeon North die erste reguläre und ordonnanzmäßig eingeführte Perkussionswaffe der U.S. Armee gebaut – ein glattläufiger Hall-Karabiner mit einem unter dem Lauf angebrachten Stichbajonett, das ein integrierter Bestandteil der Waffe war. Im Gegensatz zu dem 82,5 cm langen Lauf der M 1819-Muskete hatte dieser Karabiner nur einen 66,5 cm langen Lauf, der mit dem Schaft durch zwei Eisenbänder verbunden war. Von dem Modell 1833 wurden bei North 7163 Stück gebaut, dem 6501 Exemplare einer als Modell 1840 bezeichneten, modifizierten Version folgten. Bei dieser Ausführung wurde der Haken des Kammerverschlusses umgeformt, um dem Reiter nicht im Wege zu sein.

In Harpers Ferry wurde der erste Perkussionskarabiner in den Jahren 1837–1840 als *M 1836* in einer Stückzahl von 2020 gebaut. Diese Waffe war für die Dragoner gedacht und hatte im Gegensatz zu den Hall-North Karabinern ein Kaliber von .64 Zoll, das der Kugel der Infanteriemuskete entsprach. Die Lauflänge betrug 23 Zoll und wurde beim nächsten Modell, dem *M 1842,* um zwei Zoll kürzer gehalten. Dieser Karabiner hat einen Flintenlauf Kaliber .52 und einen umgeformten ›fish-tail‹-Kammerhebel wie die North-Karabiner. Mit den 1001 Karabinern dieses Typs lief in Harpers Ferry die Hall-Fertigung aus. Simeon North versuchte noch einmal, den Kammerhebel des Hall-Karabiners zu verbessern und verlegte ihn beim *Modell 1843* an die rechte Rahmenseite. Diese bis 1853 von North in einer Anzahl von 11 000 Stück gefertigten Karabiner hat-

Das Steinschloß der Hall ist integraler Bestandteil des Kammerstückes, in dem Abzugsmechanismus und Patronenlager untergebracht sind. Es kann nach Entfernen einer Schraube entnommen und wie eine Pistole abgefeuert werden – was man aber mit der vollen Gewehrladung tunlichst vermeiden sollte!

Das North-Patent bezieht sich auf den Kammerhebel, mit dem der Karabiner geöffnet wird. In der geschlossenen Form wird der längliche Hebel von einem kleinen Haken an der rechten Rahmenseite arretiert.

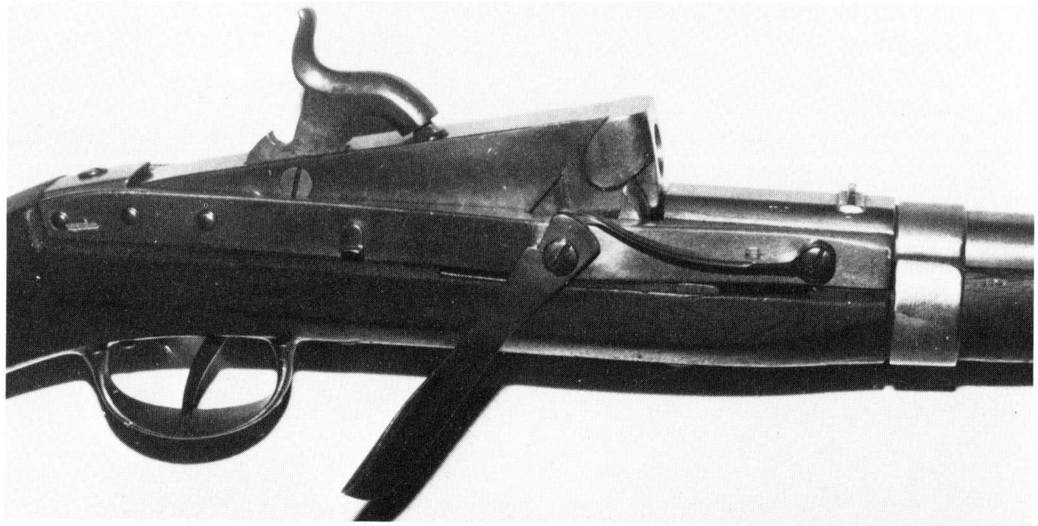

ten ab 1848 verstärkte Stahlläufe, die mit ›Steel‹ markiert waren und auf dem Verschlußstück ›U.S. S. North MIDLtn CONN‹ und die Jahreszahl der Herstellung tragen. Es waren diese letzten Hall-North Karabiner, die im Bürgerkrieg eine besondere Rolle spielen sollten.

Ohne Zweifel wurden besonders in der ersten Phase des Bürgerkrieges Hall- und Hall-North-Gewehre und -Karabiner auf beiden Seiten benutzt, auch wenn es sich dabei um Steinschloßtypen handelte. In einigen Arsenalen des Südens sind diese M 1819 eingelagert gewesen und folgerichtig an die Truppen ausgegeben worden, bevor es nach Virginia ging. Aber Anfang 1861 galt der Hall selbst in seiner perkussionierten Version als hoffnungslos veraltet. Das U.S. Ordnance Department hatte Mitte der fünfziger Jahre die letzten Hall-North der Kavallerie in die Arsenale verbannt und die Truppe experimentierte mit Sharps- und Terry-Hinterladern, dem gezogenen Vorderlader-Karabiner M 1855 oder dem Pistolen-Karabiner M 1855.

Die nun folgende ›Skandalgeschichte‹ ist in diesem Jahrhundert Gegenstand zahlreicher Veröffentlichungen gewesen, die alle in großer Polemik verstaubte Argumente aus der bunt gemischten Kiste der Kapitalismuskritik benutzten, um die ›Kaufleute des Todes‹, die ›Raubritter‹ und ›Kriegsgewinnler‹ unter den amerikanischen Kapitalisten zu brandmarken. Die Affäre um die Hall-Karabiner, die in angeblich unbrauchbarem Zustand für gutes Geld an die Regierung verschachert wurden, nachdem sie für Schleuderpreise kurz zuvor als Surplus aus regierungseigenen Arsenalen aufgekauft worden sind, war bereits zu Bürgerkriegszeiten Gegenstand so mancher Zeitungskolumne über die Kriegsgewinnler und beendete die Karriere des so erfolgreichen Generals George Frémont.

Wenn es einen wahren Schuldigen in dieser Affäre gegeben hat, dann war es der Leiter des U.S. Ordnance Departments, Oberst James W. Ripley, der am 3. August 1861 zum Brigadegeneral befördert werden sollte und bis zum 15. September 1863 auf seinem Posten die Modernisierung der Heeresbewaffnung mit alterstarrem Vorbehalten behinderte. Erst dann wurde er abgelöst.

Im Mai 1861, einen Monat nach der Bombardierung Fort Sumters, als sich die Zeichen in Nord und Süd der Union auf Sturm zu stellen begannen, erging an Oberst Ripley ein Ersuchen um Ankauf von 5000 Hall-North M 1843-Karabinern, die in einem New Yorker Arsenal lagerten. Ripley und der potentielle Käufer, ein gewisser Arthur M. Eastman, wurden schnell handelseinig. Der Preis, für den Ripley die als ausgemusterte Arsenalbestände geltenden Waffen abzugeben bereit war, betrug $ 3,50. Diese Verkaufserlaubnis wurde am 1. Juni von Kriegsminister Simon Cameron gegengezeichnet, so daß der Geschäftsmann Eastman nur noch $ 17 500,– auftreiben mußte. Dazu verhalf ihm der Washingtoner Kaufmann Simon Stevens, der mit ihm einen Kaufvertrag über die Abnahme von 5000 Karabinern zum Stückpreis von $ 12,50 unterzeichnete. Dritter im Bunde war der Bankier Morgan, der Stevens einen Vorschuß von $ 20 000,– als Anzahlung an Eastman finanzierte, nachdem dieser mit einem Käufer für die Karabiner bürgen konnte. Simon Stevens hatte bereits einen potentiellen Käufer für die Waffen in General Frémont gefunden, der die Hall-North in nachträglich gezogenem Zustand zum Preis von $ 22,– das Stück zu übernehmen bereit war.

John Charles Frémont, Jahrgang 1813, war eine der umstrittensten Persönlichkeiten der Bürgerkriegszeit. Als Leutnant der Topographischen Abteilung hatte er in den Jahren 1838 bis 1845 Pionierarbeit bei der Erschließung des Westens geleistet, Pässe über die Rokky Mountains erforscht und 1846 Kalifornien für die Vereinigten Staaten gesichert. Seine politischen Ambitionen als von den Siedlern gewählter Gouverneur des neuen Staates und republikanischer Präsidentschaftskandidat von 1856 schlugen fehl. Er behielt aber im Westen die Unterstützung einflußreicher politischer Kreise, u. a. der deutschen Emigrantengemeinden und der radikalen Fraktion innerhalb der republikanischen Partei, die sich für eine sofortige Abschaffung der Sklaverei einsetzte. Als sich in den Sommermonaten nach Fort Sumter die Kriegswolken über der Union zusammenzogen, wurde John C. Frémont vom Präsidenten zum Generalmajor, United States Volunteers, ernannt und erhielt das Kommando über das, was man in Washington als ›Western Department‹ bezeichnete – den westlichen Kriegsschauplatz, der alles zwischen dem Mississippi und den Rockies, einschließlich der Staaten Illinois, Missouri und des noch neutralen Kentucky, umfaßte. Frémont war gerade von einer Reise durch Europa zurückgekehrt, als er am 3. Juli seine Bestallung mit den Worten Lincolns erhielt: »Gehen sie nach ihrem eigenen Gutdünken vor und tun sie das Beste, was sie vermögen.« In Frémonts Hände wurde das Schicksal des westlichen Teils der Vereinigten Staaten gelegt, denn würden Mississippi, Missouri und Kentucky für die Konföderation gewonnen, war das Aber trotz allem war die Situation in Missouri bedrohlich. Die dünne Linie der Unionsstreitkräfte hatte starke konföderierte Truppenteile vor sich und in ihrem Rücken einheimische Sezessionisten, die sich zu Heimwehren und Guerrilla-Gruppen zusammenfanden. Von sechs Regimentern, die in Cairo standen, waren lediglich 600 Mann bewaffnet und dienstfähig, der Rest krank, ohne Ausrüstung und Sold, demoralisiert und bereit, nach Ablauf ihrer Verpflichtung von 90 Tagen nach Hause zu gehen. Es gab keine Uniformen, keine Waffen, keine Decken, keine Zelte – nichts. Ripley in Washington winkte ab, als Frémont ihn um Waffen anging –

Eins von Fremonts Skandalgewehren, ein Hall-North-Karabiner M 1843, 1851 gebaut, der nachträglich gezogen wurde: Die Waffe hat sechs Züge und einen Mündungsdurchmesser von .55 Zoll. Die Kammer wurde im oberen Drittel auf .615 aufgerieben. Ursprünglich hatte der Hall-North einen glatten Lauf vom Kaliber .52 und konnte nun mit Geschossen Kaliber .54 oder .56 geladen werden – je nachdem, wie stark der Lauf ausgerieben war. Man hatte bei der Aptierung offensichtlich nicht allzu genau gearbeitet.

Schicksal der Teilung des Landes so gut wie besiegelt. Die Konföderation hatte die Bedeutung dieser strategischen Schlüssel begriffen und in Missouri ihre Anhänger mobilisiert. Cairo, ein kleiner Ort am Zusammenfluß von Mississippi und Ohio, wurde von einer Zehntausend-Mann-Armee bedroht, fünfzigtausend Konföderierte standen zum Einmarsch in Tennessee, Arkansas und Mississippi bereit, während die Regierung in Washington alle Hände voll zu tun hatte, ihre Hauptstadt angesichts der feindlichen Kräfte in Virginia zu schützen.

Frémont hatte zwar eine kriegswichtige Aufgabe erhalten, aber zur Bewältigung standen weder Armeen noch Mittel bereit. Die Union hatte auf diesem westlichen Kriegsschauplatz knapp 23 000 Soldaten, von denen ein Drittel nur für 90 Tage verpflichtet waren und vor dem Heimweg standen. Mit der Kommando-Übernahme wurde Frémont der Empfänger wiederholter Telegramme der ihm unterstellten Generäle Pope, Hurlbut und Lyon, die ihn dringend um Waffen für ihre Truppen baten. In St. Louis, Hauptstadt und wichtigster Schlüsselpunkt des Western Department, hatte nur ein handstreichartiger Überfall der unionstreuen Bevölkerungsteile im letzten Moment verhindern können, daß die Sezessionisten unter Führung des Gouverneurs Hand an das Bundesarsenal in dieser Stadt legen konnten. General Lyon hatte kurzerhand eine Streitmacht aus einem Bataillon regulärer U.S. Infanterie und vier Regimentern Freiwilliger – zumeist Angehörige der exildeutschen Turnerbünde der Stadt unter General Franz Sigel – gebildet und am 10. Mai die konföderierte Heimwehr in ihrem Camp Jackson verhaftet. alles, was das Zeugamt auftreiben konnte, ging an die Potomac-Armee, die als letztes Bollwerk vor der Hauptstadt stand.

In dieses Durcheinander stieß Frémont mit dem ihm eigenen Elan hinein. Für ihn war Krieg noch eine romantische, ›glorreiche‹ Sache. Hitzig, idealistisch und mit einer Portion Egozentrik versehen, plante er einen Vormarsch entlang des Mississippis gegen New Orleans, der den Krieg im Handumdrehen ruhmvoll beenden konnte – ›glorreich‹ wurde sein Schlagwort. Frémont hatte keinen Sinn für den Verwaltungskram, für Vorschriftenbürokratie und Beschaffungshierarchie, die für den Aufbau einer Armee in den Augen regulärer amerikanischer Offiziere so unerläßlich waren – aber sein Name allein vermochte es, Zehntausende deutscher Einwanderer innerhalb weniger Wochen zu den Fahnen zu rufen. Seine Ansprachen begeisterten die Freiwilligenregimenter aus Wisconsin, Ohio, Illinois und Indiana, die ohne ausgebildete Offiziere, ohne Decken und Waffen in Lagern ohne Zelte kampiert hatten, und sein unorthodoxer Führungsstil begeisterte die Emigranten und Farmerjungs im gleichen Maße, wie er die regulären Offiziere aus dem Osten als ›unamerikanisch‹ abstieß. Mit der Regierung in Washington überwarf er sich, als er am 30. August das Kriegsrecht für das rebellische Missouri ausrufen und gleichzeitig alle Sklaven als befreit erklären ließ. Frémont mag in militärischen Dingen inkompetent gewesen sein, wie es seine zahlreichen Gegner behaupteten, aber er hatte verstanden, daß man dem mystischen, bodenständigen Patriotismus der Sezessionisten nur eine andere idealistische Forderung entgegenstellen konnte, um die unionistischen Teile der Bevöllerung zu motivieren. Frémonts Sklavenemanzipation kam für Lincoln zu früh – der Präsident gab seine Erklärung erst am 22. September 1862 mit Wirkung vom 1. 1. 63 ab – und stand im Widerspruch zur kompromißbereiten Politik Washingtons, aber sie war im Westen das geeignete Mittel, um die vielen Unentschiedenen und Gleichgütligen aufzurütteln. Frémont, trotz aller Fehler und Inkompetenz, verstand, daß man eine Idee nur mit einer Idee bekämpfen konnte.

Idealisten und Abenteurer eilten nach St. Louis, um sich unter das Kommando des ›Pfadfinders‹ zu stellen, wie Frémont aufgrund seiner Scout- und Topographenzeit genannt wurde. Sein Hauptquartier war ein Babylon europäischer Sprachen – ungarische, französische und deutsche Emigranten gehörten zu seinem Stab, angetan mit den Goldborten, Biesen und Federbüschen, die so sehr zur Soldatenpracht der alten Heimat gehört hatten – und bei den einheimischen, amerikanischen Offizieren nur Kritik und ein verächtliches Lächeln hervorriefen.

Aber Frémonts Appelle ließen die Verstärkungen nach Missouri kommen, welche das Western Department so dringend brauchte. Innerhalb weniger Monate hatte er eine Armee von über 40 000 Mann auf die Beine gestellt – mit nichts, denn die Kassen in St. Louis waren leer und der Kredit der Regierung in Washington galt wenig. Daß bei seinen Beschaffungsanstrengungen Mißwirtschaft und Korruption eine große Rolle spielten, ist angesichts der Hast, des Wirrwarrs und der äußeren Umstände seines Kommandos nur zu erklärlich. Frémont selber hat sich an den Ankäufen für seine Armee nie bereichert, aber er versäumte es, die Einkäufer und Inspektoren seines Departments der genauen Kontrolle seiner Dienstaufsicht zu unterstellen.

Viele der Vorwürfe gegen ihn – besonders was die Waffen betraf – waren bei näherer Betrachtung haltlos und selbst die Untersuchungen des Van Wyck-Kongreßausschusses der Zustände in Missouri lassen die Vermutung aufkommen, daß man hier in Frémont nur einen Prügelknaben gesucht und gefunden hatte, den man nun anprangern konnte. Die gleichen Zustände, wie sie bei den Beschaffungen im Western Department vorherrschten, existierten auch im Osten der Union.

Frémont brauchte für seine Armee wenigstens zwanzigtausend Musketen, seiner Kavallerie fehlten Karabiner, Pistolen und Säbel, und angesichts der Sicherheitsprobleme in Missouri war die Aufstellung von Reitertruppen vordringlich, um die großen Zwischenräume der auseinandergezogenen Unionsstellungen zu patrouillieren, Guerrilla-Angriffen vorzubeugen und Aufklärung über Standort und Stärke der Südstaatentruppen zu geben. Bereits während seiner Europareise hatte Frémont mit Hilfe der amerikanischen Botschafter in Paris und Brüssel erste Waffeneinkäufe getätigt, weil er die Zeit voraussah, in der die bedrängte Union jedes Gewehr brauchen würde. Auf seinem Weg nach Missouri machte Frémont im Juli in New York Halt und versuchte die dringend notwendigen Waffen zu erwerben, welche ihm Ripley und das Kriegsministerium außerstande waren zu besorgen. Die Waffen, die seine Truppen im Westen in diesem Zeitpunkt hatten, waren alles andere als zufriedenstellend. Julian W. Hinkley, Soldat in der 3rd Wisconsin Volunteer Infantry, urteilte in seinen Erinnerungen recht negativ über die nachträglich gezogenen und perkussionierten U.S. Steinschloßmodelle, die alten Läufe waren »so dünn, daß sie nach dem schnellen Abfeuern von einem Dutzend Schuß zerbarsten«. Und ein Chronist aus Iowa meinte, daß es »eine politische Meisterleistung« gewesen wäre, wenn man den Konföderierten die Möglichkeit zum Diebstahl des gesamten Musketenbestandes gegeben hätte, denn die Waffen waren »ungleich viel gefährlicher für Freund als Feind und haben weiter zurückgestoßen, als sie schossen«. Das 24. Iowa Infanterieregiment, daß sich fast ausschließlich aus religiösen Eiferern und Anti-Alkoholikern zusammensetzte, war als das ›Enthaltsamkeitsregiment‹ bekannt. Passenderweise übte diese Einheit in den ersten zwei Monaten nur mit Holzgewehren und Holzschwertern, weil keine richtigen Waffen in Iowa aufzutreiben waren! Die alten aptierten Steinschloßmusketen der M 1816- und M 1840-Serien, die diesen Freiwilligen angeboten wurden, waren erst im Dezember 1860 aus den Regierungsarsenalen als unbrauchbar ausgemustert und für $ 2,50 verkauft worden. Gute Waffen waren im Juli 1861 kaum für Geld noch gute Worte zu erwerben. Einige Bundesstaaten boten dem Sharps-Hersteller $ 50,– für seine Hinterlader, aber dieser beschränkte sich lieber auf die Lieferungen an die U.S. Regierung. Angesichts dieser Situation war es verständlich, daß Frémont in New York zugriff, wenn er brauchbares Schießgerät kaufen konnte. Als ihm von einem Händler eine Handvoll neuer Enfields zum Preis von $ 26,50 angeboten wurde, bezahlte er ohne zu zögern, obwohl dieser Preis etwas zu teuer war. Für eine geringe Menge Colt-Root-Gewehre und -Karabiner zahlte er zwischen $ 60,– und $ 65,–, für Army-Revolver $ 35,–, zehn bis

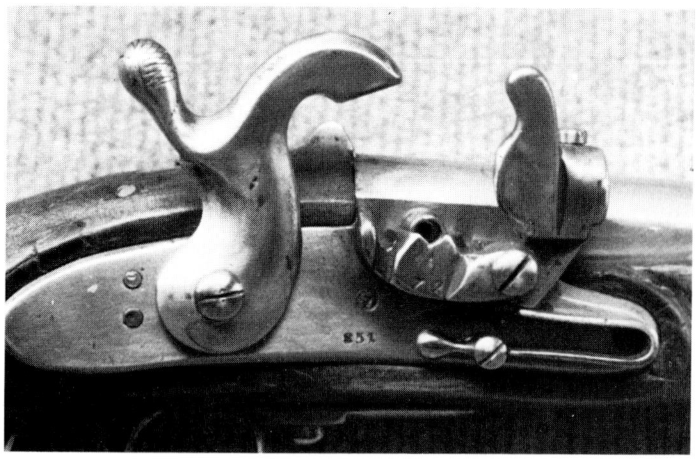

Das Augustin-Consol-Zünderschloß wurde in den USA zumeist durch einen technisch leicht zu bewerkstelligenden Eingriff aptiert. Tausende von Musketen wurden aber auch unverändert an die Truppe ausgegeben – Washington hatte in seinen Arsenalen importierte Patronen und Zünderröhrchen österreichischer Art. Das Röhrchen mit der Zündermischung wurde auf die kleine Pfanne geschoben und der Deckel mit dem integrierten Schlagstück geschlossen. Der Hahn versetzt einer großen Auftrefffläche den entscheidenden Schlag. Dieses Schloß war zwar umständlicher als die normale Pistonausführung, aber auch unempfindlicher gegen Feuchtigkeit und Regen.

zwanzig Dollar über dem Vorkriegspreis. Was war ein durch Kriegshysterie überhöhter Preis von wenigen Dollar im Vergleich zu der Tatsache, daß die Truppen im Westen mit Besenstielen und Zaunlatten bewaffnet waren und Missouri für die Union verlorenzugehen drohte? Frémont trieb 1250 importierte Säbel für acht Dollar das Stück auf, der gleiche Lieferant bot ihm rund zweitausend österreichische Musketen in neuem Zustand für zehn Dollar an. Frémont zahlte und organisierte über einen Bekannten, daß die von ihm auf dem offenen Markt gekauften Gewehre statt als nor-

Alle diese Waffenkäufe wurden nach Frémonts Ablösung im Oktober 1861 von den Zeitungen der Ostküstenstaaten als Beispiele für die Korruption im Befehlsbereich des exzentrischen Generals hervorgezerrt. Frémont hätte völlig unbrauchbare und schrottreife Gewehre zu überhöhten Preisen erworben, wobei seine Lieferaufträge keinerlei Legitimation besessen hätten. Als Paradebeispiel für diese Skandalgeschichten, mit denen die Zeitungen eine ›Saure-Gurken-Zeit‹ im Herbst und Winter überbrückten, wurde der Fall der Hall-North Karabiner genannt, die zu ihren besten Zeiten die

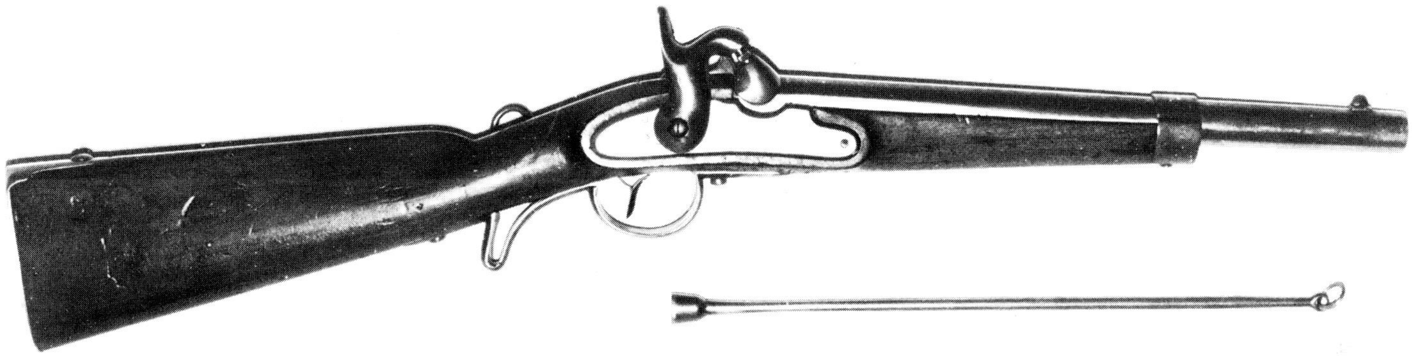

Der österreichische Kammerkarabiner M 1842 Kaliber 18,1 mm war das kürzeste Reitergewehr des Sezessionskrieges und nur auf Entfernungen bis 100–150 m zu gebrauchen. Ursprünglich für das Delvignesche Stauchgeschoß geschaffen, wurde der Karabiner in den USA mit Pflasterrundkugeln oder Minié-Geschossen Kaliber .75 geladen. Die hier gezeigte Pistonaptierung ist piemontesischer Art. Der Ladestock wurde separat an einem Halsriemen geführt.

males Frachtgut per Expreß mit Passagierzügen nach St. Louis mitgegeben wurden. Die New Yorker Importeure Kruse, Drexel & Schmidt konnten ihm 25 000 Augustin-Consol-Musketen der Modelle 1840 und 1842 anbieten, die Hälfte neu, die andere gebraucht. Diese Waffen konnten mit den U.S. Geschossen vom Kaliber .69 geladen werden. Der Preis war moderat: $ 7,–. Frémont kaufte und ließ die Gewehre in St. Louis und Cincinatti aptieren: 15 000 wurden mit dem Augustin-Consol-Zünder ausgegeben, 10 000 auf Perkussionszündung umgebaut – Tausende wurden im Bundesarsenal der Hauptstadt Missouri nachträglich gezogen, so schnell, wie es mit der einen vorhandenen Maschine ging. Bei einem Aptierungspreis von $ 4,50 hatte Frémont so verhältnismäßig billig brauchbare Gewehre für einen Gesamtpreis von $ 11,50 erworben – zu einer Zeit, da die U.S. Regierung schlechtere europäische Gebrauchtwaffen für über $ 15,– dankbar ankaufte.
Für die Kavallerie konnte er die österreichischen Karabiner ergattern, die Schuyler in einer Gesamtzahl von 10 051 Stück für etwas mehr als 66 000 Dollar gekauft hatte. Auch diese wurden – soweit sie nicht bereits früher aptiert und mit Ladestockhalterungen versehen waren – in Cincinatti, Ohio mit Hähnen und Pistons versehen. Es waren zwar nur Vorderlader mit extrem kurzen, wenn auch gezogenen Läufen, aber wenigstens konnten die Kavalleristen im Westen bewaffnet auf Wache ziehen.

U.S. Regierung beim Hersteller nur 17,50 gekostet hatten, dann aber für wenige Dollar ausrangiert wurden, nur um nun durch Frémont für zweiundzwanzig Dollar zurückgekauft zu werden. Mit an dem ›deal‹ beteiligt war inzwischen neben dem Bankier Morgan und den Geschäftsleuten Stevens und Eastman das Bankhaus Ketchum, das Morgan in der Finanzierung unterstützt hatte. Die Zeitungen witterten Morgenluft und waren nur zu bereit, mit Anklagen über Kriegsgewinnlertum und Bestechung ins Feld zu ziehen. Frémonts Fall kam vor die Kommission von Holt und Owen, welche die Rechtmäßigkeit und Höhe der Zahlungsforderungen aus den Hall-North-Karabinerlieferungen festsetzen sollten.
Die betreffenden fünftausend Waffen waren im August 1861 von Stevens an die New Yorker Werkstatt von William W. Marston, einem Handfeuerwaffenhersteller, abgegeben worden, um die Läufe nachzuziehen und Kammer wie Lauf auf das Standardkaliber .58 anzupassen. Eintausend Stück wurden von der Taunton Locomotive Works bearbeitet. Das Aptieren der Waffen war eine der Voraussetzungen für die Abnahme durch Frémont gewesen und rechtfertigte den Preis von 22 Dollar, einen Dollar über den im Zeugamtshandbuch festgelegten Marktwert der Kammerlader. In der zweiten Augusthälfte gingen die ersten 2500 Karabiner nach St. Louis auf die Reise, Ende September waren die gesamten 5000 Hall-North mitsamt Zubehör an die Truppe ausgeteilt. Der Ver-

käufer hatte seinen Teil des Vertrages erfüllt, der Käufer – General Frémont – hatte den Empfang quittiert, nun sollte Washington bezahlen – und dies fiel in den Zeitraum, da Stanton alle Verträge seines Vorgängers im Amt des Kriegsministers überprüfen ließ. Natürlich fiel die Diskrepanz zwischen dem Verkaufswert der Karabiner und ihrem Ankaufswert wenige Monate später auf. Ripley wurde befragt, zumal der Verkauf dieser Waffen im Gegensatz zu stehenden Anordnungen des Zeugamtes stand. Er zog sich aus der Affäre, indem er behauptete, die betreffenden Karabiner wären »praktisch wertlos« und ließen sich auch nicht durch irgendeine Aptierung verbessern – und er war ein »Gentleman von großer Erfahrung und unerbittlich in der Durchführung seines öffentlichen Amtes«, bestätigte das Van Wyck-Kommittee seine Aussage.* Die

* So in dem 2700-Seiten-Bericht »Government Contracts« der ›House Reports‹, des 37. Kongresses, Teil I, S. 40 f.

Ein Bürgerkriegskavallerist mit Hall-Karabiner, nach einem U.S. Signal-Corps-Foto eines Konföderierten der Armee von Northern Virginia gezeichnet.

Bezahlung der Lieferung blieb aufgrund dieser und der Holt-Owen Untersuchung ein juristischer Streitfall, der erst 1866 geregelt wurde. Stevens erhielt sein Geld, plus Zinsen. Frémonts Berechtigung, die Waffen zu kaufen, wurde bestätigt, da er als General eine Armee aufzustellen und zu bewaffnen hatte – und das Kriegsministerium dazu nicht in der Lage war. Der gültige Marktwert der Karabiner im Sommer 1861 wurde mit $ 22,– festgesetzt, und nicht mit den 12,50, die Owen und Holt zu bestätigen bereit gewesen wären. Nichtdestoweniger blieb die Mär von der Hall-Karabiner-Affäre über die Jahrzehnte erhalten. Frémonts Karriere wurde davon beschattet. Lincoln hatte ihn im Herbst 1861 abrufen lassen, weil er den Konföderierten immer noch keine Schlacht geliefert hatte – ein kapitales Versagen in den Augen des Präsidenten, dessen Ein- und Absetzung von führenden Militärs während des ganzen Krieges überaus wechselhaft war und kein gutes Licht auf seine Menschenkenntnis oder militärische Einschätzung wirft. Frémonts weiteres Schicksal als General war glücklos. Im März 1862 wurde er Kommandeur des neugeschaffenen ›Mountain Department‹ und kämpfte mit wenig Erfolg gegen Stonewall Jackson in dessen Feldzug im Shenandoah Tal. Im Juni wurde er abgelöst und mit keiner neuen Aufgabe betreut. Nach dem Krieg stieg er ins Eisenbahngeschäft ein und wurde Gouverneur von Arizona. Aber die Hall-Affäre wurde immer wieder hervorgeholt und Gegenstand mancher sachunkundiger Polemik bis in unser Jahrhundert. Einige Kommunisten benutzten den Stoff für ihre Anprangerung des amerikanischen Kapitalismus in den dreißiger Jahren in einer Reihe von Pamphleten und noch 1965 taucht die Geschichte in einer zweibändigen Untersuchung von Professor F. A. Shannon* auf, die sonst sehr gut recheriert ist, sich aber bei dem Hall-Skandal nur auf die zeitgenössische Presseberichterstattung gestützt hatte. Manche Legenden haben ein langes Leben . . .

Und wenn es noch einer Ehrenrettung des General Frémont bedurft hätte, so fand sich diese im Feld. Noch im Sommer des folgenden Jahres hatten die Truppen im Westen kaum andere Waffen vom Kriegsministerium erhalten als die, welche ihnen Frémont besorgt hatte. Nicht zuletzt wegen der Zeitungsartikel hatten die Soldaten starke Vorbehalte gegen die österreichischen Waffen, aber benutzt wurden sie trotzdem, und mit nicht wenig Erfolg. Die Hall-North waren zwar nicht so elegant wie ein Sharps oder so modern wie ein Spencer, aber sie wurden den Vorderlader-Alternativen eindeutig vorgezogen. William F. Scott** berichtet, daß die Vierte Iowa zur Hälfte mit österreichischen Vorderladern ausgestattet war, der Rest hatte Hall-North-Karabiner, und die damit bewaffneten Männer sahen sich bald als eine Art Feuerwehr innerhalb des Kavallerieregiments. Sie wurden immer dorthin geschickt, wo der Kampf am heißesten war. Ohne Zweifel waren die zwischen 1848–1851 hergestellten und nun gezogenen Hall-North nicht die »wertlosen« und auszurangierenden Waffen, als die sie Ripley deklariert hatte.

* In seinem Werk »The Organization and Administration of the Union Army«, 2 Bände, Gloucester, Mass., 1965.

** Scott, »The Story of a Cavalry Regiment«, New York, 1893. Sehr ausführlich hat im übrigen Martin Behrens im ›DWJ‹ 8/77 die verschiedenen Phasen des Hall-North-Karabinerverkaufs beschrieben.

Eine Unzahl verschiedener Modelle

Vielleicht stammte die Ablehnung der Hinterlader durch Heereszeugmeister Ripley von der Tatsache her, daß in den Jahren vor dem Bürgerkrieg und nach Ausbruch des Konflikts von Dutzenden Erfindern bestürmt wurde, die ihm alle *das* kriegsentscheidende Verschlußsystem, die Wunderwaffe schlechthin, präsentieren wollten. Es war eine der Begleiterscheinungen des aufstrebenden Industriezeitalters, daß Marktschreier und Quacksalber sich zur gleichen Zeit mit genialen Erfindern in den Vorzimmern der Ämter und Patentbüros drängelten und daß kaum ein Monat verging, in dem nicht wieder irgendjemand eine sensationelle technische Neuerung ankündigte. Der Großteil dieser technischen Errungenschaften erwiesen sich bei näherem Hinsehen als kuriose Seifenblase. Für einen älteren Herren, wie es James Wolfe Ripley vom Jahrgang 1794 war, mußte dieser technische Rummel abstoßend wirken. Er hielt sich lieber an die bewährten und erprobten Springfield Rifle Muskets, die ihm schon modern genug erschienen.

Ein kurzer Überblick der vor und während des Bürgerkrieges zu Tage tretenden Hinterladermodelle zeigt, daß über sechzig verschiedene Entwürfe zur Auswahl standen, wovon der größte Teil sogar Prototypstatus, einige bereits Serienreife erlangt hatten. Die U.S. Armee hatte als eine der ersten Armeen der Welt mit dem Hall-Gewehr einen Hinterlader eingeführt, der sich aber nicht durchsetzen konnte, da sein Verschlußblock das Problem der Gasabdichtung nicht bewältigen konnte. Tatsächlich wurde er vom Heereszeugamt so gering geschätzt, daß Ripley im Sommer 1861 Tausende dieser Waffen aussondern und auf dem New Yorker Markt für den Schrottpreis von $ 3,50 verkaufen ließ. Aber mit Ausnahme einiger weniger Versuchsmodelle befanden sich in den Arsenalen der U.S. Regierung keine Hinter- oder Mehrlader. Diejenigen Waffenmodelle, welche die Armee in den Jahren vor 1861 in kleinen Mengen gekauft hatte, waren nur für Schießtests und Feldversuche gedacht. Es ist daher um so erstaunlicher, daß in der kurzen Zeit von vier Kriegsjahren eine Vielzahl der verschiedensten Typen und Systeme ihren Weg in die Hände der Kombattanten fanden. Ein Kavalleriewaffensammler kann ohne größere Schwierigkeiten – finanzielle Resourcen vorausgesetzt – heute 30 bis 40 Karabiner dieser Periode erwerben. Allerdings hat nur ein Drittel dieser Waffensysteme tatsächlich einen nennenswerten Beitrag in der Waffengeschichte dieses Konflikts gebracht. Einige Modelle – wie z. B. der Ball-Repetierer – wurden zwar noch während des Bürgerkrieges patentiert und bestellt, aber erst nach Ende der Kampfhandlungen ausgeliefert. Auch Remingtons ›Split-Breech‹, der Vorläufer des erfolgreichen Rolling Block-Systems, wurde in zwei Kalibern (.46 und .50 Randfeuer) 1864–65 in einer Größenordnung von 20 000 Stück an die Regierung verkauft; diese trafen aber zu spät ein, um noch an den Kampfhandlungen beteiligt gewesen zu sein. Ungenutzt und arsenalgepflegt wurden sie fünf Jahre später an Frankreich verkauft, um gegen die preußischen Zündnadelgewehre anzutreten.

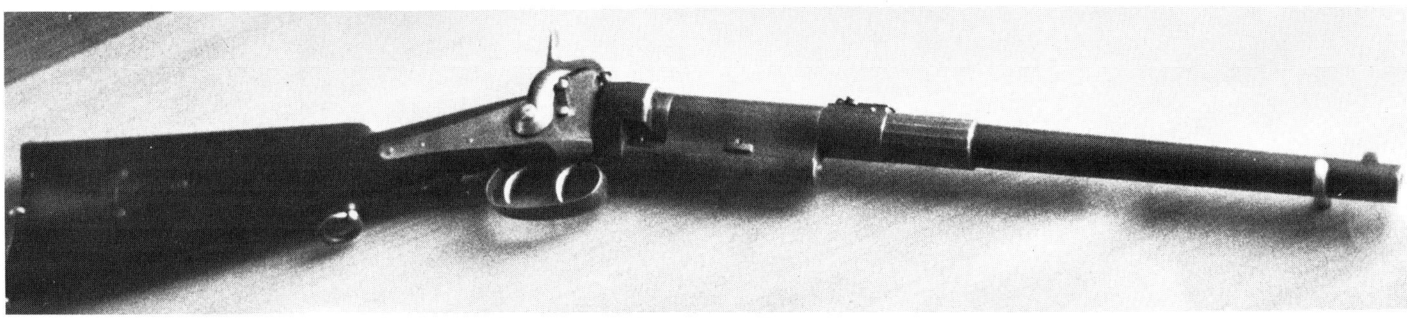

Greene-Karabiner aus der englischen Serie – mit 18-Zoll- statt 22-Zoll-Lauf. Der vordere Abzug diente zur Entriegelung des rechtsseitig abklappbaren Laufes beim Laden.

Andere Waffenentwicklungen kamen einfach zu früh. Angesichts der mitunter seltsam anmutenden Konstruktionen der Kriegsjahre ist es heute unverständlich, warum so gute Systeme wie das des Perry-Karabiners keinen Eindruck auf die Beschaffungsbehörden machen konnten. Die Antwort liegt im ›schlechten Timing‹. Alonzo D. Perry aus Newark, New Jersey, hatte seinen einfachen Drehblock-Verschluß bereits am 16. Januar 1855 patentieren lassen. Er wies gewisse Ähnlichkeiten mit dem ein Jahr später erscheinenden Burnside-Verschluß auf, benutzte allerdings eine herkömmliche Papier- oder Leinenpatrone mit einem .54 Geschoß. Im Schaft war ein Röhrenmagazin für 50 Zündhütchen untergebracht, die bei der Ladebewegung auf den Piston gesetzt wurden. Nur 200 Stück wurden 1855 von der Armee für Tests gekauft, und insgesamt sind wahrscheinlich nur einige hundert Perry-Karabiner hergestellt worden. Als der Krieg sechs Jahre später ausbrach, war der einfache und geniale Hinterlader der Vergessenheit anheim gefallen.

Ähnlich erging es dem an anderer Stelle bereits erwähnten Greene .54 Hinterlader, dessen gasdichtes Prinzip in der drehbaren Lagerung des Laufes lag. Der Schütze brauchte nur den vorderen Abzug drücken, den Lauf etwas nach links drehen und damit zu entriegeln, um ihn dann nach vorn zu schieben und zum Laden nach rechts zu klappen. Oberstleutnant James Durrell Greene ließ sich dieses System am 27. Juni 1854 patentieren und die Waffe bei der Massachusetts Arms Company, Chicopee Falls, in Serie herstellen. Der 88 cm lange Karabiner sollte in der amerikanischen Armee nie Erfolg haben. Fast die gesamte Fertigung von über 2000 Stück erfolgte im Auftrag der britischen Regierung, die diese Waffe in den Jahren 1855 bis 1857 ankaufte. Lediglich 170 der ca. 300 für den U.S. Markt hergestellten längeren Versionen (Lauflänge 22 statt 18 Zoll, Gesamtlänge 98,4 cm) wurden für die Truppenversuche des Jahres 1857 vom U.S. Zeugamt angekauft. Am Bürgerkrieg nahmen diese Waffen höchstens als einzelne Privatstücke, nicht aber als reguläre Dienstbewaffnung teil.

Ohnehin war die Bewaffnung der Unionskavallerie en logistischer Alptraum, der jedem Nachschuboffizier zu totaler Glatzköpfigkeit verhelfen konnte – wenn er erst einmal mit dem Haareausraufen im Anfall der Verzweiflung begonnen hätte! In den vier Kriegsjahren kaufte das Heereszeugamt genau 407 734 Karabiner an. Darin vertreten sind 19 verschiedene Hinterlade- oder Repetiermuster, nebst verschiedenen importierten Vorderladerkarabinern und Musketons. Trotz einiger Versuche des Zeugamtes und der urspünglichen Vorbehalte General Ripleys war die Munition für die Kavallerie alles andere als uniform. Für die Repetierer gab es verschiedene Patronenhülsen, kaum drei Karabinermuster hatten die gleiche Geschoßgröße; selbst die Munitionsbezeichnungen waren mehr irreführend, als daß sie eine genaue Angabe über den Durchmesser des Projektils gegeben hätten. Als Beispiel sei hier nur der Burnside-Karabiner genannt, dessen Kaliber als .54 angegeben wurde, obwohl eine Abmessung des Geschoßdurchmessers .565 erbringt. Der Nachschub wurde vor allem durch den Umstand erschwert, daß es in den ersten Kriegsjahren kaum ein Regiment, geschweige denn eine Brigade oder eine Division gab, das mit Waffen des gleichen Typs oder der gleiche Munition durchgängig ausgestattet war. Selbst die regulären berittenen Regimenter Nr. 1–6, die eine Art Elite darstellen sollten, waren mit verschiedenen Karabinermustern versehen und erhielten erst 1864 Spencer-Repetierer. Die Dritte U.S. Kavallerie, vormals Regiment of Mounted Rifles, hatte Sharps und Burnside sowie eine Anzahl Starr- und Smith-Karabiner; die Vierte U.S. Kavallerie, vormals 1st Cavalry Regiment, war wie die anderen regulären Regimenter zum Großteil mit Sharps ausgestattet, aber vier Kompanien hatten Colt's Revolving Rifle, Kaliber .56, die sie 1863 gegen Burnside und Smith austauschten. Mit dieser Mischbewaffnung schätzten sich die Reiter der genannten sechs regulären Regimenter noch glücklich, denn sie hatten wenigstens ihren vollen Bestand an Karabinern, Revolvern und Säbeln – wenn auch bei den letzten Colt Army und Navy und Remington Army in den Kalibern .36 und .44 variierten und der alte M 1840-Dragonersäbel neben dem M 1860 Light Cavalry existierte. Aber gemessen an einigen Miliz- und Freiwilligenverbänden, die 1861 und 1862 ganz ohne Waffen oder nur mit Vorderlader-Pistolen und Musketen an die Front ritten, waren die ›regulars‹ hervorragend ausgerüstet!

Das Denkmal eines Unionsregiments auf dem Schlachtfeld von Gettysburg zeigt einen Reiter im Moment des Nachladens seines Sharps-Karabiners. Die Kavallerie, wie sie Schlachten zumeist kämpfte: zu Fuß, die Pferde von abgeordnerten Pferdehaltern (je einer pro vier Mann) in Sicherheit gebracht.

Das ausrüstungstechnische Wirrwarr in der Kavalleriebewaffnung wurde vor allem durch den Umstand begünstigt, daß die Einzelstaaten der Union hier mehr Freiraum hatten als bei der Ausstattung der Infanterie. Bei der Fußtruppe wurde der Maßstab durch die Springfield M 1861 Rifle Musket gesetzt; bis zum Kriegsende aber blieb die ideale Kavalleriewaffe umstritten. So konnte der Staat Kentucky noch im Januar 1865 fünftausend Exemplare des Triplett & Scott Mehrladers bestellen, dessen Auslieferung an die Truppe aber durch die Einstellung der Feindseligkeiten verhindert wurde. Die Waffe bedeutete technisch unerprobtes Neuland, zum feldmäßigen Einsatz kam der seltsame Repetierer auch später nicht. Er wurde bis zum nächsten Jahrhundert in Regierungsarsenalen eingemottet und dann auf dem privaten Markt verschleudert.

Die Glorreichen Sieben

Bei einer Auflistung der Bürgerkriegskarabiner steht jeder Autor vor der Frage, nach welchen Kriterien er die Reihenfolge der verschiedenen Waffenmodelle zusammenstellen soll. Nach Systemen? Nach Alter oder in alphabetischer Reihenfolge, Kalibergröße oder Patronenart? Im vorliegenden Fall wurde nach Bedeutung verfahren, gemessen an der Zahl der produzierten und zur Anwendung gekommenen Exemplare. Die ›Drei Großen‹ dieser Epoche waren ohne Zweifel Sharps, Spencer und Henry – ihre Bedeutung reicht

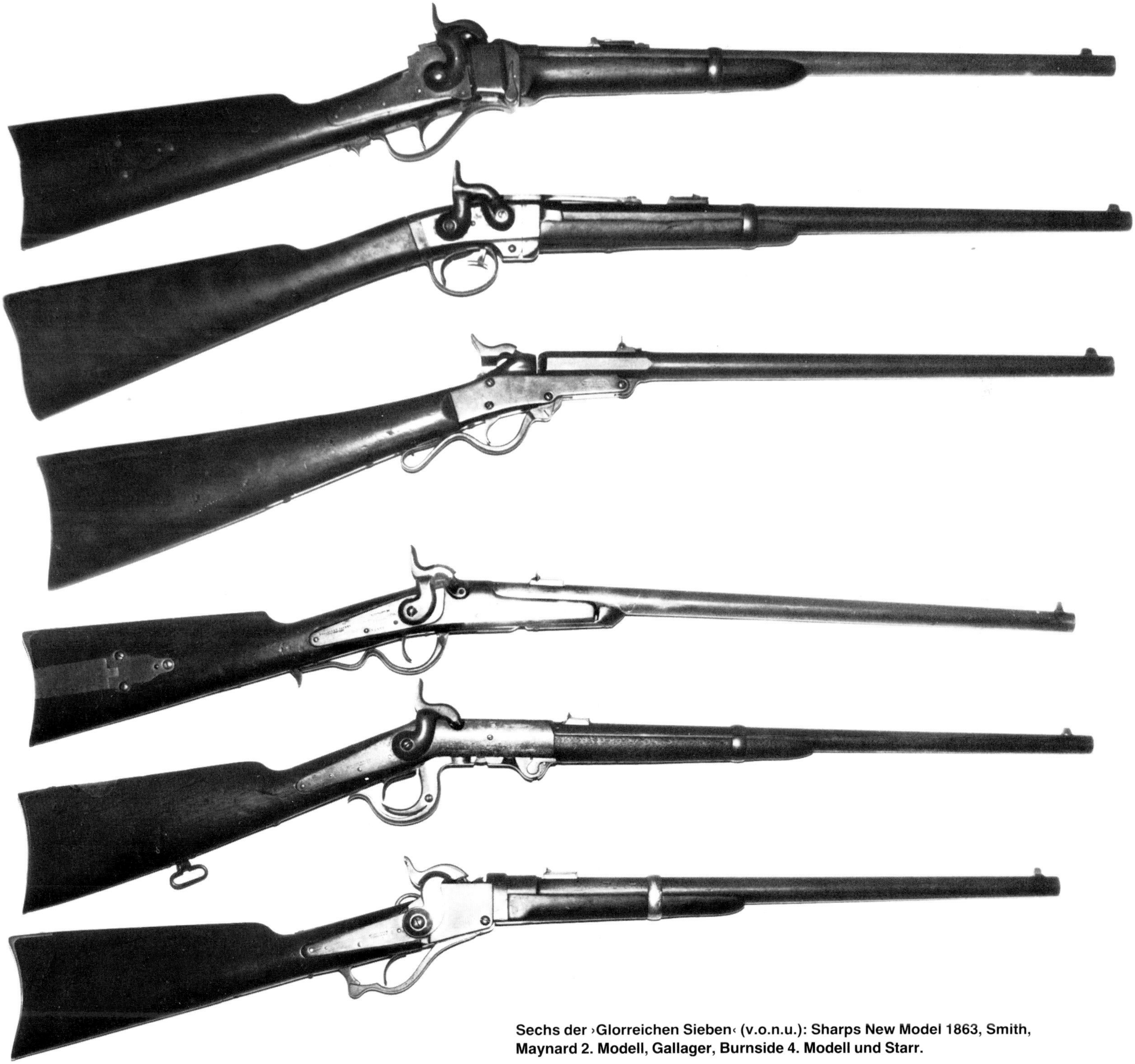

Sechs der ›Glorreichen Sieben‹ (v.o.n.u.): Sharps New Model 1863, Smith, Maynard 2. Modell, Gallager, Burnside 4. Modell und Starr.

Spencer M 1863, erst 1863 in den Krieg eingesetzt, zählt nicht destoweniger zu den legendären ›Sieben‹ und wurde noch in Stückzahlen von über 50 000 von der Unionskavallerie besorgt.

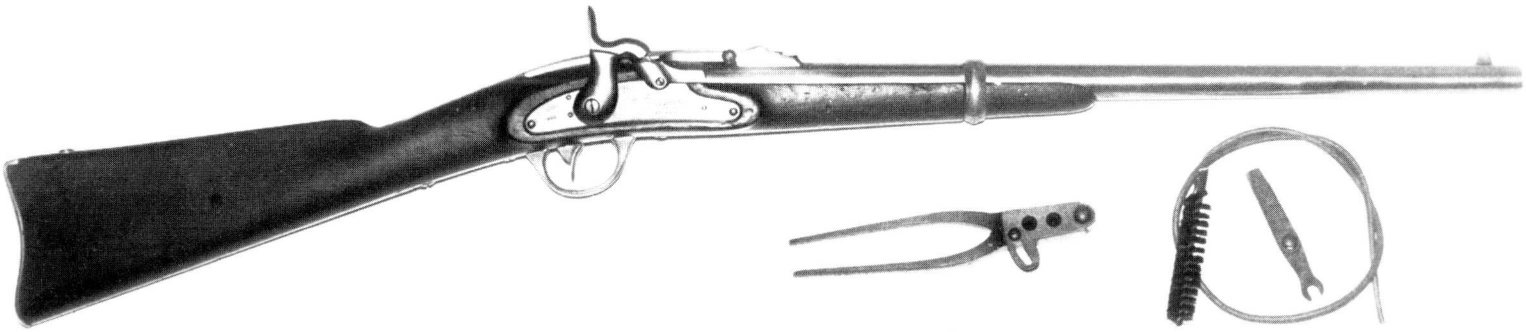

Der ›Nachrücker‹ unter den Einzelladern, der Merrill, erreichte nur Produktionsziffern von knapp 15 000 Stück und ist hier mit Karabinerzubehör gezeigt: Maynard-Kugelzange, ein Werkzeugschlüssel und eine Sharps-Laufbürste mit Lederriemen.

über die unmittelbare Periode des Bürgerkriegs hinaus. Ihr Eindruck in der amerikanischen Geschichte setzt sich in der Erschließung des Westens und den Indianerkämpfen fort. Aber die Bedeutung des Henry-Repetierers liegt nicht so sehr in seiner Quantität oder im Kavalleriesektor, sondern eher als Großvater des weltberühmten Winchester-Systems. Wie bereits erwähnt, war er in der berittenen Truppe nur recht wenig vertreten – wenn uns auch die Hollywood-Filme etwas anderes weismachen wollen.

Für die Unionskavallerie wurden in vier Kriegsjahren über 400 000 Karabiner angeschafft, davon nur drei Typen in Stückzahlen von über fünfzigtausend: Spencer, der erst ab 1863 in den Kriegsverlauf eintrat, Sharps und Burnside. Vier weitere Modelle – Smith, Gallager, Starr und Maynard – erreichten Produktionsziffern von zwanzig- bis dreißigtausend.

Zusammen mit den ›Drei Ersten‹ deckten diese sieben Karabiner drei Viertel der gesamten Unionsbewaffnung ab und bestritten damit auch die Hauptlast der Kampfhandlungen. Bei diesen sieben Hinterladern kann man daher mit Recht von erfolgreichen Systemen sprechen, wenn auch die eine oder andere Truppe an dieser oder jener Waffe etwas auszusetzen hatte: Während Dutzende von Kavallerieregimentern sich darum rissen, Spencer-Repetierer zu bekommen, ›maulten‹ einige Kompanien in Wilsons Division im August 1864, als sie ihre Burnsides gegen Spencer ausgetauscht bekamen – die Spencer wären viel schwerer als die schlanken Burnsides! Und die 1. Massachusetts beschwerte sich über ihren Smith-Hinterlader, daß er kaum »als gute Waffe« bezeichnet werden konnte – wahrscheinlich weil die Mehrzahl der Soldaten und die anderen Regimenter der Brigade vorwiegend mit Sharps und Burnsides versehen waren. Der einzige bekannte Nachteil der Smith-Hinterlader bestand in der Möglichkeit, daß die Kautschukpatronen bei sehr heißgeschossenen Waffen an der Kammerwand festklebten und dann etwas das Ausziehen verzögerten. Aber Ladehemmungen konnte es auch bei anderen Waffen geben – wie ein Beispiel mit den Spencerpatronen zeigen soll.

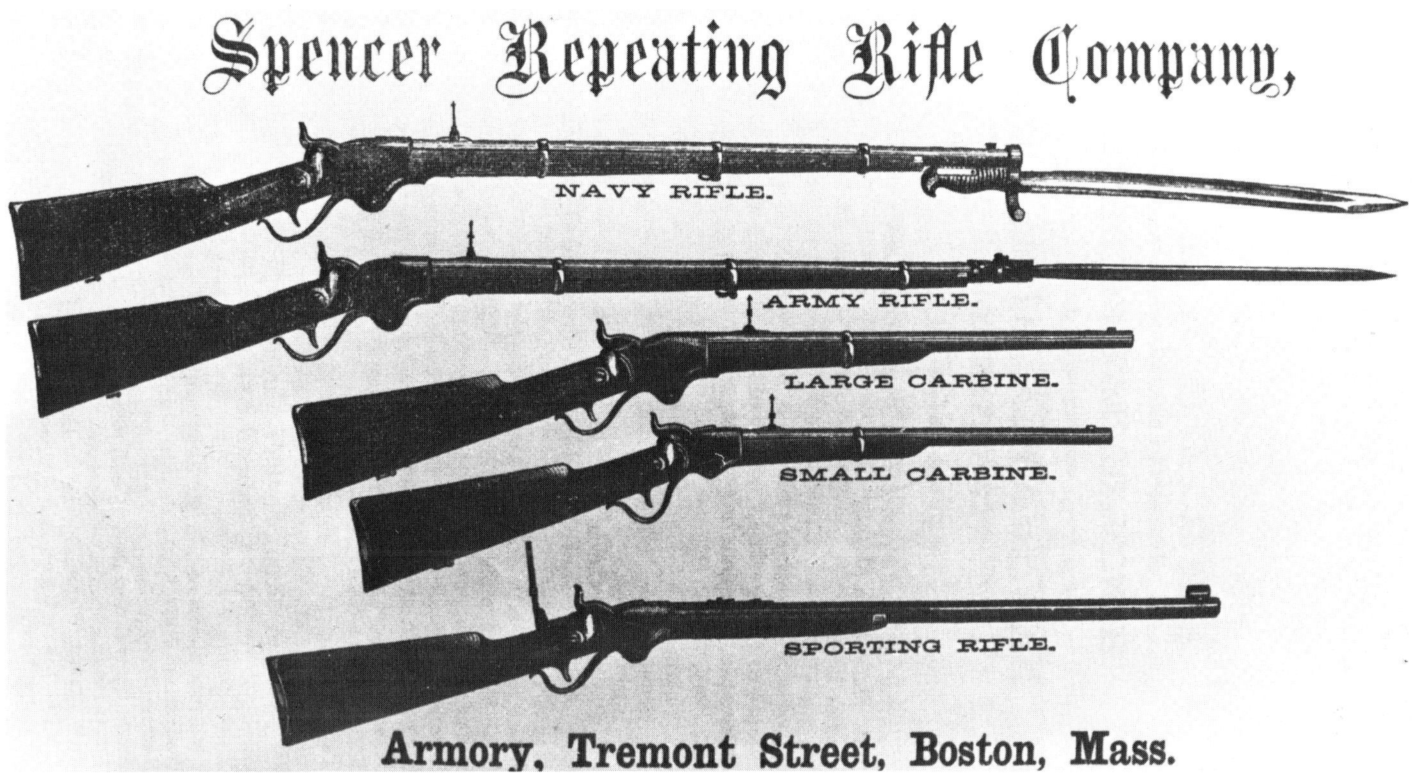

Ein Katalogbild von 1866, mit dem die Spencer Repetiergewehr-Gesellschaft ihre Waffen vorstellte. Armee- und Marineversion der Gewehrausführung, das Kavalleriekarabinermodell und zwei kleinkalibrige Nachkriegsversionen.

SPENCER REPEATING CARBINE (RIFLE) CAL. .56

> *»Wir waren stolz auf unsere Spencer Karabiner, sie waren für uns wie eine Tapferkeitsmedaille . . .«*
> Sgt. James Larson, 4th U.S. Cavalry

Kein Kavalleriekarabiner fand während des Bürgerkriegs ein so einhellig begeistertes Publikum wie der siebenschüssige Repetierer des bei Kriegsausbruch achtundzwanzigjährigen Christopher M. Spencer aus Manchester, Connecticut. Die einzigen, die nicht über den Spencer erfreut waren, blieben die Johnny Rebs, die sich seinem verheerenden Feuer ausgesetzt sahen. Frank H. Bailey von der Vierten Michigan aus Custers Brigade, die in der zweiten Kriegshälfte durchgängig mit Spencer-Karabinern bewaffnet war, schrieb im März 1864 an seine Eltern, daß einige der Konföderierten sich nur ergeben hätten, um einmal einen Blick auf die gefürchteten Repetierer zu werfen: *»Die Rebs, die wir auf unserem Aufklärungsritt bei Rossville gefangennahmen, sagten aus, daß sie sich fürchteten, unserer Brigade gegenüberzustehen, weil wir die ganze Zeit am Schießen sind. Als sie unsere Waffen sahen, sagten sie ›kein Wunder, die Euren schießen so schnell, wenn unsereins solche Kanonen hätte, würden wir länger kämpfen . . .‹«*

Spencer (1833–1922) ließ seinen Patronen-Mehrlader im März 1860 patentieren, Kernstück der Waffe war ein rotierender Verschlußblock, der über den Abzugsbügel bewegt wurde und ein Röhrenmagazin, das von der Kolbenplatte quer durch den Schaft lief und von hinten gefüllt wurde. Innerhalb kürzester Zeit hatte der 27jährige eine Produktionsstätte für seine neue Waffe in Boston eingerichtet und die ersten Prototypen und Sportmodelle des Repetierers entwickelt. Bereits im Juni 1861 konnte er die Waffe einer Testkommission der U.S. Marine vorführen. Hauptmann John A. Dahlgren, Zeugamtsoffizier der Navy, der selbst eine Büchse für die kleine Flotte entworfen und ein Geschütz entwickelt hatte, war vom Potential des neuen Repetiergewehres beeindruckt. Ein erster Auftrag über 700 Gewehre erging an Christopher Spencer. Im November des gleichen Jahres wurde das Gewehr im Kaliber .56 einer Kommission der Potomac-Armee General McClellans vorgestellt, die unter der Leitung von Hauptmann Alfred Pleasonton, dem späteren Kavalleriegeneral, das Henry- und Spencergewehr prüfte. Verglichen mit den Henry-Repetierern hatte Spencers Waffe zwar eine geringere Magazinkapazität, aber sie war aufgrund ihrer verdeckten Magazinröhre besser gegen Beschädigungen und nachfolgende Ladehemmungen geschützt. Außerdem konnte man die Waffe zur Not auf dem Pferd mit einer Hand bedienen. Das Resultat der Testergebnisse war ein Regierungsauftrag über 10 000 Spencer-Gewehre mit Tüllenbajonett.

Nach anfänglichen Schwierigkeiten verließen im Dezember 1862 die ersten Gewehre die Fabrik: Siebenhundert Navy-Modelle, die entgegen den Armeeversionen mit einem Säbelbajonett versehen waren. Der Lauf hatte eine Länge von 30 Zoll und war durch drei Eisenbänder mit dem Vorderschaft verbunden, der Schaft war ohne Vorrichtung für die Aufnahme eines Putzstockes. Der Preis dieser Waffe mit dem serienmäßigen Zubehör betrug 40 Dollar, das Doppelte einer Springfield Muskete.

Die kürzeren Karabiner hatten einen wesentlich schwierigeren Start. Wie bereits erwähnt, war das Kriegsministerium den neuen Repetierwaffen und Hinterladern nicht gut gesonnen. Im Dezember 1861 hatte Ripley einen Tätigkeitsbericht eingereicht, der sich entschieden gegen den Ankauf von Henry- oder Spencer-Karabinern wandte. Zu diesem Zeitpunkt waren Aufträge in einer Größenordnung von zweieinviertel Millionen Dollar für rund 73 000 Hinterlader verschiedener Modelle verteilt worden, womit Ripley den Unionsbedarf an Kavalleriewaffen gedeckt sah. Auch die erste Jahreshälfte 1862 brachte keinen wesentlichen Durchbruch. Zwar wurden bis zum Juni 757 000 Gewehre angekauft, aber nur 8271 davon waren moderne Hinterlader.*

Viele Karabiner gelangten auf Umwegen zur Truppe. Spencer und sein Verkaufsgenie Warren Fisher begaben sich auf Verkaufsreise zu Kavallerieregimentern am Potomac und auf dem westlichen Kriegsschauplatz. Soldaten und Offiziere kauften die Repetierer privat; manche Regimenter wurden von ihren Heimatstaaten ausgestattet, andere entschieden, die Waffe auf eigene Kosten zu erwerben. Ein Beispiel dafür war die ›Lightning (Blitz-)Brigade‹ des Oberst John T. Wilder, die aus der 98th und 123rd Mounted Infantry des Staates Illinois und der 17th und 72nd Mounted Infantry aus Indiana bestand. Diese 1. Brigade der 2. Division in Brigadegeneral James H. Wilsons Armeekorps aus drei Kavalleriedivisionen sollte an dem berühmten Streifzug durch Alabama teilnehmen, der vom 22. März bis zum 20. April 1865 in das Zentrum des konföderierten Nachschubs, die Stadt Selma, führte, Forrests Kavalleriekorps mehrfach in die Flucht schlug und schließlich über Columbus, Georgia, in Macon endete. Diese Truppen, die in Macon von Lees Kapitulation bei Appomatox Court House hörten, nahmen am 10. Mai bei Irwinsville den flüchtenden Präsidenten der Konföderation, Jefferson Davis, in Gefangenschaft.

Wilder hatte im Frühjahr 1863 für seine neu aufgestellte Brigade berittener Infanterie zuerst um Henry-Repetierer angefragt, die sich die Truppe von ihrem eigenen Sold kaufen wollte. Da die Firma nicht in der Lage war, die Waffen fristgerecht zu liefern, ging der Auftrag über 2000 Gewehre an Christopher Spencer. Bis zum Mai hielten die 2000 Soldaten der Brigade ihre Spencer zusammen mit Tüllenbajonette und Zubehör in den Händen. Die Bezahlung für die Waffen ließ John T. Wilder über die Bank seiner Heimatstadt laufen, die mit einem Kredit für den Oberst zur Hand war, da die Reiter bei einem Monatssold von $ 13,– die volle Summe für die Waffen nicht in einem Zug aufbringen konnten.

Wilder revanchierte sich bei Spencers Firma für die prompte Lieferung und den ihm gewährten Vorzugspreis mit einem Dankbrief, der den Einsatz der Spencer-Repetierer in den höchsten Tönen rühmte. Spencer ließ diesen und andere Briefe in seinen Werbekatalogen abdrucken und benützte sie, um weitere Karabiner abzusetzen. Wilder setzte seine berittenen Schützen hervorragend ein, ihre Feuerkraft bewies sich mehr als einmal während des Sommerfeldzuges in Tennessee. Am 24. Juni schlug ein Regiment der Lightning Brigade bei Hoover's Gap fünf Regimenter der Konföderierten zurück und bei Chickamauga dezimierte Wilsons Truppe am 19. September das Korps des Generals James ›Pete‹ Longstreet.

Aber der Mann, der dem Spencer-Karabiner zum Durchbruch verhelfen sollte, war nicht Wilder, dessen Schützen das Gewehr mit 30 Zoll-Lauf führten, sondern der 1837 geborene James Harrison Wilson, eines der ›boy wonders‹ des Bürgerkrieges. Wilson war 1860 als sechster in einer Klasse von 41 Kadetten von der West Point Akademie abgegangen und hatte zuerst als Topographie-Leutnant gedient. Fünf Jahre später war er Generalmajor!

Ende des Jahres 1863 war Wilson als Brigadegeneral im Stab Grants tätig. Im Januar wurde er nach Washington gerufen und zum Chef

* »Official Records, III«, Vol. 1, S. 733f., 855

Ein Modell 1865-Karabiner, der nach dem Krieg über Belgien (ELG-Stempel) an Frankreich verkauft wurde.

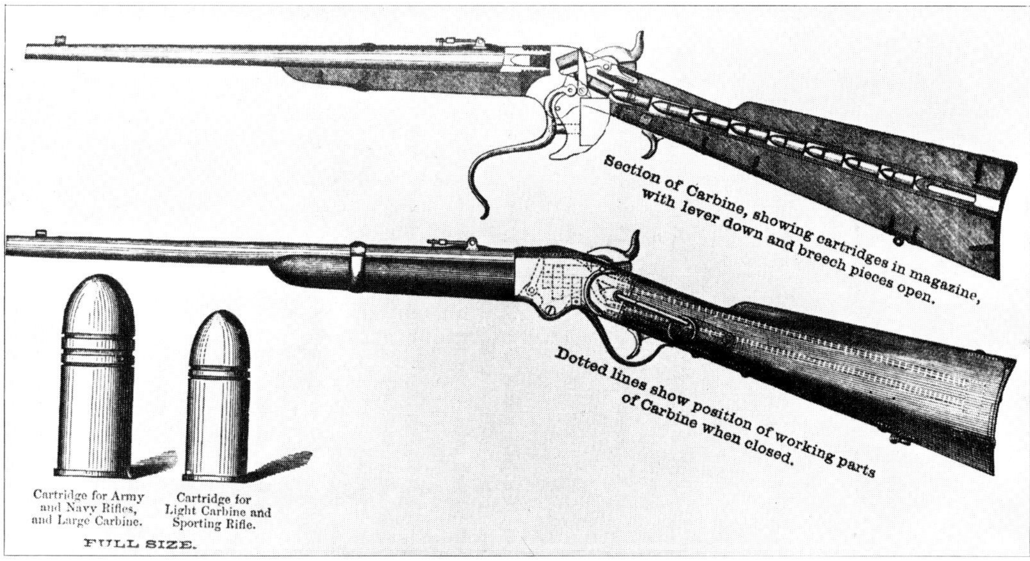

Zeitgenössische Darstellung der Repetierfunktion des Karabiners – die Anzahl der Patronen in der Waffe ist werbewirksam übertrieben!

des Kavalleriebüros im Kriegsministerium gemacht, das er reformieren und endlich zu einer funktionierenden Verwaltungseinheit verändern sollte, um die Nordstaatenreiterei zu größerer Effektivität zu bringen. Binnen kurzer Zeit hatte Wilson die Mißwirtschaft mit den Remonte-Pferden durch einige exemplarische Prozesse gegen Pferdehändler in den Griff bekommen. In der Frage der Bewaffnung hatte der ›boy general‹ eine einhellige Meinung, die auf seine Erfahrungen auf dem westlichen Kriegsschauplatz begründet waren. Selbstvertrauen und Angriffsgeist konnte in den Nordstaatenreitern nur dann erweckt werden, wenn sie sich den pferdegewohnten Johnny Rebs überlegen fühlen konnten. Diese Überlegenheit resultierte vor allem aus einer besseren Bewaffnung. Wilson hatte in der Armee Grants erlebt, wie Einheiten, die auf ihre Spencer vertrauten, zahlenmäßig überlegene Angreifer abschlugen und ein Gefühl der Unbesiegbarkeit bekamen. Gegen den Widerstand der älteren und konservativen Militärs forderte Wilson nun Spencer-Karabiner für jede Kavallerieeinheit an. Regimenter, die mit älteren Hinterladern versehen waren, sollten diese gegen neue Spencer austauschen. Natürlich konnte die Bostoner Fabrik diese plötzlich sprunghaft gestiegene Nachfrage nach ihren Karabinern nicht decken.. Nicht alle Verbände, die Spencer haben wollten, bekamen sie auch rechtzeitig vor Kriegsende. Aber Wilson setzte Präzedenzfälle, die den Wert des Repetierers bewiesen. Im April verließ er das Kavalleriebüro und wurde Kommandeur der 3. Division im Kavalleriekorps der Potomac-Armee, das jetzt von Phil Sheridan befehligt wurde. Das Korps befand sich im Frühjahr 1864 in einem traurigen Zustand. Einige Brigaden hatten kaum fünfzig Prozent einsatzfähige Pferde, der Bestand an Faustfeuerwaffen und Karabinern war minderwertig, Kleidung und Ausrüstung durch die vorangegangenen Feldzüge verschlissen.*

Um die Regimenter der Korps für den Sommerfeldzug zu regenerieren, mußte sie aus dem Vorpostendienst der Potomac-Armee herausgezogen und neu ausgestattet werden, die Pferde brauchten Ruhepausen und frisches Weidefutter.

Als erstes bekamen Regimenter, die mit »wertlosen und unzuverlässigen« Joselyn- und Smith-Hinterladern bewaffnet waren, neue Spencer-Karabiner!

Die Blakeslee-Schnellader-Tasche: Eine 1864 von einem Kavallerieoffizier patentierte Schultertasche, in der sechs, später zehn Blechröhren mit je sieben Spencerpatronen saßen, die mit einem Schwung in das Schaftmagazin eingeführt werden konnten.

* So der Inspektionsbericht eines Hauptmann F. C. Newhall in »Official Records«, XXXIII, S. 891f.

Ähnlich verfuhr Wilson immer, wenn er ein neues Kommando erhielt, bei dem sich Truppenteile mit anderen Bewaffnungen befanden, zuletzt im Frühjahr 1865, als er mit drei Divisionen seinen Streifzug durch Alabama ausführte. Unter seinem Kommando standen zwar vier Divisionen, aber der Mangel an Pferden verlangte, daß mehrere Regimenter zurückgelassen werden mußten. Diese Einheiten mußten ihre Spencer an jene Truppenteile abgeben, die an der Expedition gegen Selma teilnahmen! Wilson drückte seine Vorliebe für den Repetierer in einem Brief an Brigadegeneral Alexander B. Dyer aus, der ab September 1864 Chef des Heereszeugamts geworden war:

»Es gibt keinen Zweifel, daß der Spencer-Karabiner die beste Schußwaffe ist, die bisher in die Hände der Soldaten gelangt ist. Unsere besten Offiziere schätzen, daß ein Mann, damit bewaffnet, drei Männer mit anderen Waffen aufwiegt, was Wirtschaftlichkeit und maximale Wirkung, physisch und moralisch, betrifft. Ich habe niemals etwas ähnliches gesehen wie das Vertrauen, das in die Regimenter und Brigaden inspiriert wird, die ihn haben . . .«

Die psychologische Wirkung des Spencer-Repetierers in einer Zeit, da sich die Hauptmacht der Armeen noch mit Vorderladern bewaffnet sah, ist schwer zu überschätzen. In einer Minute konnte ein Spencer-Schütze mehr als vierzehn Schuß abgeben, in der gleichen Zeit, in der ein Mann mit einer Springfield oder Enfield kaum drei Schuß oder ein Sharps-Gewehr maximal sechs bis neun Schuß abfeuern konnte – je nachdem, ob es mit der Lawrence-Zündpillenautomatik oder mit separaten Zündhütchen schoß. Um die Nachladegeschwindigkeit der Spencer zu erhöhen, wurde die Blakeslee Patent Box Ende 1864 eingeführt. Diese längliche Munitionstasche aus Leder enthielt erst sechs, dann zehn Röhren mit je sieben Spencerpatronen und wurde auf dem Rücken getragen.

Der Spencer-Karabiner, wie er von der U.S. Kavallerie während des Krieges benutzt wurde, hat ein Gewicht von 3,7 kg und eine Länge knapp 99 cm. Der 22 Zoll (55,9 cm) lange Lauf hat sechs Züge und ist mit dem Lawrence-Patent-Rahmenvisier versehen. Der Lauf ist gebläut, der Verschlußkasten und die Schloßplatte hatte aufgrund der Feuerhärtung der Oberfläche die marmorierte Verfärbung, die eine typische Modeerscheinung der Bürgerkriegsära war. Auf der Oberseite des Verschlusses ist vor der Auswurföffnung die Prägung ›SPENCER REPEATING RIFLE CO. BOSTON, MASS. PAT'D MARCH 6, 1860‹ in drei Linien untereinander. Rund 50 000 dieser Waffen wurden in Boston hergestellt, die Waffennummern rangieren von 11 000 bis 61 000.

1865 wurde ein neues Modell eingeführt, von dem bis zum nächsten Jahr in Boston 23 000 gefertigt wurden. Diese mit M 1865 auf dem Lauf gekennzeichnete Version hatte einen um zwei Zoll kürzeren Lauf mit sechs Zügen und dem Kaliber .50. Parallel dazu gab die Firma Christopher Spencer einen Lizenzauftrag an die Burnside Rifle Company in Providence, Rhode Island, über die Fertigung von Spencer-Karabinern in dieser Modellform. 1865 wurden 34 000 in Rhode Island gefertigt, wovon 30 502 von der U.S. Regierung angekauft wurden. Die Lizenzversion ist identisch mit dem Modell 1865 mit der Ausnahme, daß der Lauf nur drei Züge hat. Ungefähr die Hälfte der M 1865-Produktion beider Fabriken wurde mit dem ›Stapler magazine cut-off‹ versehen, einem Verschlußhebel, der es erlaubte, die Zuführung des Magazins zu blockieren und den Spencer als Einzellader zu verwenden. Die M 1865 wurden zu spät ausgeliefert, um noch zum Kriegseinsatz zu kommen. Die Vertragsmodelle der Burnside-Fabrik tragen neben der Aufschrift des Spencer-Patents die Prägung ›MANUF'D AS PROV. R.I. BY BURNSIDE RIFLE CO. MODEL 1865‹. Nach dem Krieg wurden 1867–68 noch einmal kleine Serien von Spencer-Karabinern und -Gewehren aufgelegt, die mit einer von Christopher Spencer verbesserten Magazinsperre ausgestattet waren; diese mit M 1867 oder ab 1868 mit ›NM‹ für New Model gekennzeichneten Waffen rangieren in den Waffennummern von 91 000 bis 108 000. Ca. 12 000 Gewehre und 5500 Karabiner wurden so hergestellt, die aber nicht mit den Bürgerkriegsversionen verwechselt werden können.

Außerdem veränderte die Springfield Armoury 1871 etwa 1100 Karabiner in Gewehre, indem sie mit 32,5-Zoll-Läufen, langen Vorderschäften und zwei Laufbändern versehen wurden. Diese Waffen hatten das neue Standardkaliber .50. In ähnlicher Weise waren etwa 11 000 Karabiner vorher mit Einsetzläufen auf die neue Patrone aptiert worden.

Insgesamt wurden über das Heereszeugamt während des Krieges bis einschließlich dem Ende des Rechnungsjahres 1866 an Karabinern 94 196 Stück und 12 471 Armeegewehre erworben. Dazu kamen fast 60 Millionen Patronen, was einem Gesamtwert von über 4,28 Millionen Dollar entspricht. Dies beinhaltet nicht Privatkäufe und die von der Marine erworbenen Waffen. Auch die Konföderierten hatten einige tausend Spencer-Repetierer in ihren Beutebeständen, konnten sie aber wegen der fehlenden Patronen nicht verwenden. Kupfer war im Gebiet der Südstaaten ein teurer Rohstoff, der vor allem zur Produktion von Zündhütchen gebraucht wurde. Ein späterer Versuch, eine Patronenfabrikation anlaufen zu lassen, wurde durch das Kriegsende zunichte gemacht.

Munition

Kaliber- und Patronenbezeichnungen der Spencer-Gewehre und -Karabiner stellen eine Ursache für viele Irrtümer und Fehlbezeichnungen dar. Die erste Lieferbestellung des Zeugamtes lautete auf Kaliber .58, die Patrone selbst lief bei der Armee unter der Bezeichnung ›No. 56‹, wobei sich die 56/100-Zoll auf den Durchmesser der Hülse bezog. Die korrekte Bezeichnung für die Modelle der Bürgerkriegszeit lautete sowohl bei Gewehr wie auch Karabiner .56–.56. Die Patrone war gradlinig vom Hülsenboden bis zum oberen Rand, der Durchmesser des Projektils schwankt von Hersteller zu Hersteller zwischen .53 und .555 Zoll, das Geschoßgewicht von 350 bis 435 grains, das Gewicht der Pulverladung von 34 bis 45 grains. Das oft als Laufdurchmesser angegebene Kaliber .52 war in Wirklichkeit etwas größer.

Ab dem Herbst 1864 produzierten Springfield Armoury und einige private Hersteller eine Patrone .56–.50 mit 350 grs.-Geschoß und 45 grs.-Pulverladung. Diese Munition war für das neue Modell 1865 gedacht und hatte eine sich stark verjüngende Hülse. Diese Munition kam aber nicht vor Kriegsende an die Truppe. Die Bür-

gerkriegsmunition, in Pappschachteln zu fünf Ladungen à sieben Patronen, war die .56–.56. Das Patent für diese Patrone mit Kupferhülse, für deren Formung allein acht Arbeitsgänge nötig waren, wurde von der Fa. Smith & Wesson mit dem Datum vom 17. April 1860 gehalten. Die ›No. 56‹ ließ sich in der Nachkriegsgeneration der Spencer M 1865 nicht verfeuern und konnte zu fatalen Ladehemmungen führen.
Nach dem Krieg wurde die .56–.50-Patrone für das Modell 1865 Spencer zur Standardpatrone erklärt. Sie ist ein Produkt der Springfield Armoury aus dem Jahr 1864 und durch eine Verengung des Hülsenkörpers im zweiten Drittel zu erkennen. Christopher Spencer entwarf eine alternative Hülse für die Regierungswaffen, die keine so radikale Abstufung der Hülse aufwies, .56–.52 genannt wurde und in den Kalibern – .50 Waffen – verwendet werden konnte.
Die Munition stellte den eigentlichen Schwachpunkt des Spencer-Systems dar. Wenn es zu Ladehemmungen kam, dann nur durch Fehler in der Munition. In diesen Anfängen der Metallpatrone waren Zündversager in den Randfeuer-Versionen noch an der Tagesordnung. Ein solches Problem ließ sich einfach durch Auswerfen des Versagers beheben; problematischer waren Hülsenreißer, bei denen ein Teil der gerissenen leeren Hülse das Zuführen einer neuen Patrone blockierte. Auch das kam im Gefecht, wenn auch nicht sehr häufig, vor. Am seltsamsten aber ist ein Fall, der sich im Spätherbst 1864 im Shenandoah Tal ereignete. Die 2. und 3. Kavalleriedivision befand sich auf einem Aufklärungsritt unter Befehl von Alfred T. Torbert, der in ständigem Regen und sehr starker Kälte vollzogen wurde. Am 22. November kam es zu einem Zusammenstoß mit konföderierter Kavallerie, von dem Roger Hannaford von der Zweiten Ohio später in seinem Tagebuch (Reminiscenses, The Cincinnati Historical Society) zu berichten wußte: »*. . . unsere Spencers benahmen sich nicht gut, der Talg auf den Patronen war so hart wie Lehm, außerdem waren sie alle etwas feucht vom Regen . . . so daß die Hälfte nicht explodierten . . .*«

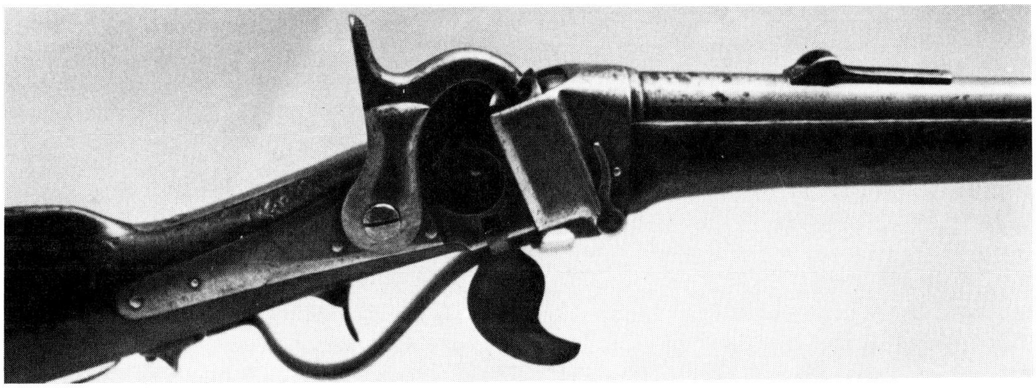

Der Modell 1855 Sharps-Karabiner mit Maynard-Zünder, eine Variante des M 1852 ›slanting breech‹ oder John-Brown-Modells, war der erste Sharps, der versuchsmäßig offiziell bei der U.S. Kavallerie eingeführt wurde.

SHARPS PERCUSSION BREECH-LOADING CARBINE, Cal. .52

Als Christian Sharps am 12. September 1848 das U.S. Patent No. 5763 für sein Grundmodell eines vertikalen Verschlußblockes an einem Hinterladegewehr erhielt, war er 37 Jahre alt und kein Neuling im Waffenbau. Seine Lehrlings- und Gesellenzeit als Maschinenschlosser hatte Sharps in der staatseigenen Waffenfabrik von Harpers Ferry unter der Anleitung von John Hall abgeleistet, dessen Steinschloß-Hinterlademodell eines der ersten, wirklich erfolgreichen Kammerladungsgewehre war, die sich als Standardbewaffnung in einem Krieg bewähren konnten.
Während die traditionell gesinnten Militärs noch an ihren Vorstellungen vom massierten Einsatz von Vorderladern festhielten, begriffen Sharps und andere mit ihm, daß die Zukunft dem Hinterlader gehören würde. Das für den Durchbruch notwendige Verschlußsystem aber mußte einfacher und billiger herzustellen sein als die herkömmlichen Muster dieser Art, wie sie von Fergusson, Hall oder Colt vorgeschlagen wurden. Das Hauptproblem, das bei einem erfolgreichen Hinterlader überwunden werden mußte, war der gasdichte Abschluß des Verschlusses. Christian Sharps hielt seinen über den Abzugsbügel nach unten zu öffnenden Verschlußblock für die Lösung. Seine ersten Gewehr- und Karabinermodelle entstanden in Zusammenarbeit mit der Firma Nippes Armory in Philadelphia, die als Lizenzhersteller für Armeemusketen nicht nur über Erfahrungen, sondern auch über Beziehungen verfügte. Die Nippes-Produkte entsprachen aber nicht den Erwartungen, die Sharps in die Firma und ihre Herstellungsmethoden gesetzt hatte. Bereits nach einem Jahr beendete er die Zusammenarbeit mit Nippes Armoury, weil deren Hinterlader aufgrund ungenauer Fertigungstoleranzen zuviel Gasaustritt am Verschlußblock aufwiesen. 1851 begann Sharps, mit der Vermonter Maschinenfabrik Robbins & Lawrence Co. zusammenzuarbeiten. Robbins & Lawrence hatten Pionierarbeit auf dem Gebiet der präzisen Serienproduktion der Armeemuskete Modell 1841 geleistet, deren Teile so gleichmäßig in

Serie hergestellt wurden, daß sie beliebig austauschbar waren. Sharps erhielt einen Beratervertrag bei Robbins & Lawrence und Tantiemen in der Höhe von einem Dollar pro verkauftem Gewehr. Im Oktober 1851 entstand in Hartford, Connecticut, die ›Sharps Rifle Manufacturing Company‹ in enger geographischer Nachbarschaft zu den Colt-Werken. Zu diesem Zeitpunkt hatte der Sharps-Hinterlader bereits eine wichtige Hürde genommen. Im November 1850 hatte eine Waffenkommission der Armee dem Gewehrmuster bescheinigt, daß es »besser als jene andere am Verschluß zu ladende Waffe« war. Lediglich der Gasaustritt, dem Sharps mit einem Platinumring beizukommen hoffte, wirkte sich noch nachteilig aus. Bei längerem Gebrauch führten die zwischen Rahmen und Verschlußblock eindringenden heißen Explosionsgase eine derartige Korrosion des Frontteils des Blockes herbei, daß die Waffe zunehmend undichter wurde.

Insgesamt wurden bis zum Ende des Jahres 1852 rund 2000 Sharps-Gewehre und -Karabiner hergestellt, deren hervorstechendstes Merkmal das geschlossene ›box lock‹ – Kastenschloß – ist, dessen Hammer nicht wie bei den späteren Modellen außen liegt. Die Mehrzahl dieser ersten Sharps sind mit Maynard-Streifenlader ausgestattet und haben ein Kaliber von .52 (inch). Ein geringerer Teil wurde als Sportgewehr mit Oktagonläufen im Kaliber .36 und .44 ausgeliefert, einige Prototypen sogar als Schrotflinte!

1852 löste Sharps das Problem der Gasabdichtung mit einer zweiten Frontscheibe für den Verschluß. Innerhalb der sich konisch nach hinten verbreiternden Gaskammer des Blockes saß ein Ring, der sich durch die ausdehnenden Explosionsgase nach vorn pressen sollte, um den geringen Abstand zwischen Laufende und Verschlußblock abzudichten. Der obere Teil dieser Frontscheibe war scharf ausgefräst, damit er beim Schließen des Verschlusses den hinteren Teil der Papierpatrone abschnitt. Die derart ausgestatteten Waffen, deren Hauptmerkmal der schräge Ansatz des Verschlusses ist, wurden als Modell 1852 ab dem Frühjahr 1853 gefertigt. Ihre Seriennummern rangieren zwischen 2050 und 7500. Mit dem Modell 1852 erhielten die Sharps-Gewehre und -Karabiner auch ihre typischen äußeren Erkennungsmerkmale. Während die vorhergehenden Ausführungen noch einen geschlossenen Systemkasten (›box lock‹) mit eingesetztem Hahn hatten, waren die Waffen ab dem Modell 1852 durch einen außenliegenden Hahn und der auf beiden Schloßseiten sichtbaren vierkantigen Ausformung zu erkennen, in dem der Verschlußblock nach oben und unten glitt. Das Modell 1852 wird aufgrund der schrägen Anordnung des Blockrahmens als ›slanting breech‹ (i. e. ›schiefes Schloß‹)-Modell bezeichnet. Erst ab dem Modell 1859 wurde dieser Blockrahmen dahingehend verändert, daß er nun senkrecht im Schloßkasten sitzt und so das mit der Sharps-Hinterladerwaffe zumeist assoziierte Erscheinungsbild liefert.

Die Vorkriegsmodelle der Sharps-Waffen bilden ein recht verworrenes Bild, das den rastlosen Geist des Erfinders widerspiegelt: Christian Sharps versuchte ständig, seinen Fallblockverschluß noch besser zu machen. Ähnlich war er von der Vervollkommnung des Zündsystems besessen. Eine Zeitlang wurde mit einer runden Scheibe experimentiert, die in Aussparungen Zündhütchen hielt.

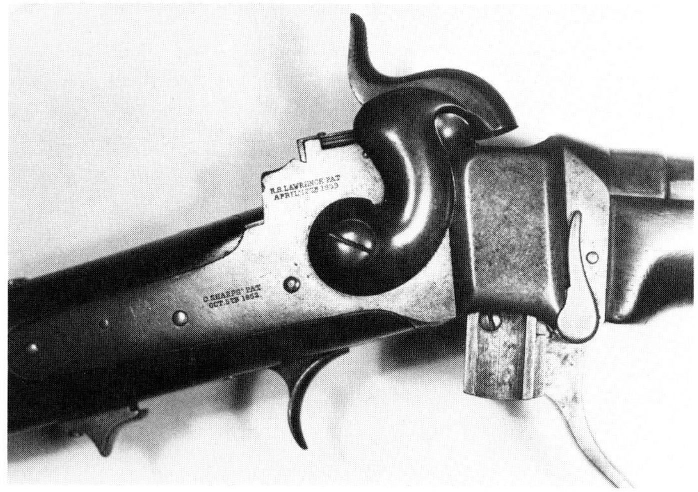

Ein Sharps NM 1863-Karabiner mit geöffnetem Verschluß, hinter dem Hammer ist deutlich der Lawrence-Patentzünderaufsatz zu sehen. Die Zündpillen kamen in kleinen Metallröhrchen und wurden von oben in das Magazin eingeführt.

Ab dem Modell 1850 wurde der Maynard Tape-Primer verwendet. Seine Herstellerfirma ließ 1859 das Lawrence Zündpillen-System patentieren, das auf dem von ihm 1852 aufgebauten ›Pillen-Spender‹ basierte. Die Verbesserung des vom Firmenchef Richard S. Lawrence patentierten ›Pellet-Primer‹ bestand in einem kleinen Hebel, mit dem die automatische Zuführung der Zündpillen unterbrochen werden konnte, so daß ein Schütze mit normalen Flügelzündhütchen schießen konnte, während er die Zündpillen für einen Notfall in Reserve hielt.

Die Militärkarriere der Sharps-Hinterlader begann 1854, als 200 Exemplare des Modells 1852 zu Truppenversuchen angeschafft wurden. Im April 1855 folgte ein zweiter Lieferauftrag über 400 Karabiner. Diese als M 1855 bezeichneten Karabiner waren mit Maynards Bandzünder versehen – wohl um dem Kriegsminister Jefferson Davis zu gefallen, dessen Besessenheit mit dieser Zünderart sich in der Waffenserie M 1855 widerspiegelt.

Die M 1855 waren für die Elitetruppe der U.S. Kavallerie, das 1. und 2. Dragonerregiment, gedacht, die allem Anschein nach diese

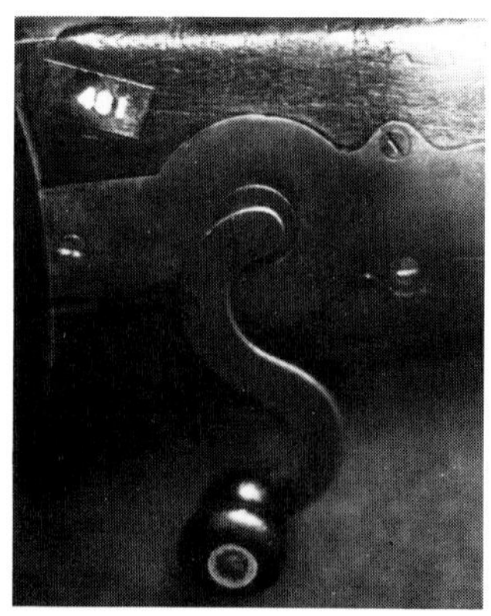

Versuchsweise wurde während des Krieges eine Serie Sharps-Karabiner mit einer im Schaft eingelassenen Kaffeemühle an die Truppe ausgegeben: Hersteller dieses Kuriosums war die Firma McMurphy in New Jersey. Verschiedene Versionen wurden offensichtlich aus Arsenalen an McMurphy geliefert: Echte ›Kaffeemühlensharps‹ der Modelle 1853, 1859 und 1863 sind bekannt. Vor Fälschungen wird gewarnt.

Etwa 13 000 Stück dieses Randfeuer-Metallpatronenkarabiners im Kaliber .52 wurden von Christian Sharps in der neuen Firma ›Sharps & Hankins‹ in Philadelphia gefertigt: Die Marine erwarb 6686, die Armee 1467.

Waffen noch bei Kriegsanfang hatten, nachdem sie diese Sharps-Ausführung in Indianerkämpfen im Westen erfolgreich angewendet hatten. Im gleichen Jahr wurden etwa 250 Marinegewehre mit Säbelbajonett, einem 28-Zoll-Lauf, aber mit halbem Karabiner-Vorschaft zu Truppenversuchen angekauft. Der erste große Regierungsauftrag aber kam in diesem Jahr aus England: 6000 Karabiner im Kaliber .577 mit 18- und 21-Zoll-Läufen.

So war die ›Sharps Rifle Mfg. Co.‹ bei Kriegsbeginn gut eingeführt und allem Anschein nach von den Vorurteilen Ripleys ausgenommen, denn erste Regierungsaufträge zur Lieferung von Kavalleriekarabinern erfolgten noch vor der ersten Schlacht des Krieges, und bis Mitte September waren bereits 8800 Sharps Modell 1859 ausgeliefert. Zehntausende andere sollten folgen – die Regierung, einzelne Einheiten und Staaten, Offiziere und einfache Soldaten kauften, was die Fabrik zu produzieren in der Lage war. Der Preis für die erstklassige Waffe mit Zubehör betrug $ 30,–; zweitklassige Exemplare, die ohne Schaftfach gefertigt wurden oder bei der Inspektion in eine niedrigere Qualitätskategorie geraten waren, beliefen sich zwischen $ 22,– bis 28,25.

Die U.S. Regierung kaufte bis zum Ende des Krieges genau 80 512 Karabiner der Versionen ›New Model‹ 1859, 1863 und 1865 an. Tausende von Waffen aber wurden außerhalb des regulären Dienstweges erworben – so auch 1600 NM 1859, die noch im Februar 1861 in die Südstaaten gingen, wo der Hinterlader den Rang einer offiziellen Ordonnanzwaffe hatte – auch dank der größeren Beutebestände. Der Sharps war im Süden so beliebt, daß das konföderierte Zeugamt sogar versuchte, die Waffe zu kopieren.

Die drei im Bürgerkrieg gelieferten Karabinermodelle hatten alle den 22-Zoll-Lauf mit sechs Zügen vom Kaliber .52, das von Lawrence 1859 patentierte Rahmenschiebervisier mit Einteilungen bis 800 Yards und eine Gesamtlänge von 39,13 inch (99,4 cm). Die Seriennummern lagen zwischen 30 000 und 150 000, wobei ab 100 000 die Nummerierung bei ›1‹ wieder einsetzte und mit einem ›C‹ die Hunderttausend markiert wurde. Gewisse Variationen unterscheiden die drei ›New Model‹ und Abweichungen traten auf:

- *New Model 1859:* Die ersten dreitausend Stück wurden mit Messingausstattung für Patchbox, Schaftkappe und Laufring geliefert. Die restlichen 30 000 hatten die übliche Eisengarnitur. Der Unterschied zum Vorkriegsmodell 1859 lag in der Einführung des neu patentierten Gasverschlußringes. Rund 50 000 sind von diesem Modell und dem New Model insgesamt gefertigt worden.
- *New Model 1863:* Diese Bezeichnung wurde etwa im Bereich der Seriennummer 75 000 eingeführt, nachdem sich der alte Stempel ›NEW MODEL 1859‹ abgenutzt hatte. Wesentliche Veränderungen gab es keine bei diesem ›neuen‹ Modell. Eine etwas größere Reinigungsschraube im Verschlußblock ist der einzig erkennbare Unterschied. Ca. 40 000 mit und 25 000 ohne Patchbox wurden hiervon hergestellt. Seriennummern bis etwa 140 000.
- *New Model 1865:* Der letzte, gegen Kriegsende ausgelieferte Auftrag ohne Patchbox. Seine Nummern rangieren bis 145 000, weil nur 5000 ausgeliefert wurden.

Viele dieser Waffen (31 098 Karabiner und 1086 Gewehre) wurden nach dem Krieg ordonnanzmäßig auf die Patronen .52-70 Randfeuer und Zentralfeuer .52-70 oder .50-70 aptiert. Die Änderungen erfolgten ab 1867.

Obwohl der Sharps der beliebteste Hinterlader des Bürgerkrieges schlechthin war, und die Firma mit zahlreichen Lobbriefen in ihren Katalogen aufwarten konnte, war die Waffe nicht ganz unproblematisch: Beim Abschneiden des hinteren Randes der Papierpatrone ging Pulver verloren, was mitunter die Treffergenauigkeit beeinflußte. Eine absolute Gasdichtung wurde nicht erreicht, besonders bei viel gebrauchten und entsprechend abgenutzten Waffen ist der Gasaustritt nach hinten deutlich spürbar. Beim Laden und Entladen konnte Pulver in die Aushöhlung des vorderen Verschlußrahmens gelangen und sich später dann entzünden, was mitunter zum Ausbrechen des Vorderschaftes an dieser Stelle führte.

Die Sharps Waffenfabrik in Hartford, Connecticut, die so wesentlich zu den Kriegsanstrengungen der Union beigetragen hatte, verdiente an den Regierungskarabinern über 2,2 Millionen Dollar, was auf einen Durchschnittspreis von $ 27,48 hinauslief. Von all diesem Geld sah der Erfinder Christian Sharps verhältnismäßig wenig – er hatte sich von Robbins & Lawrence getrennt und eine eigene Waf-

fenproduktion begonnen. Bei seinem Tod im Jahre 1874 war er kein reicher Mann – im Gegensatz zu vielen anderen Kriegsgewinnlern dieser Epoche. Seine 1854 gegründete Firma ›Christian Sharps & Co.‹ wurde mit seinem Tod liquidiert.
Die Papierpatrone, mit der die Sharps-Karabiner geladen wurden, hatte eine Gesamtlänge von 48–54 mm Länge. Geschosse und Papiermaterial variierten von Hersteller zu Hersteller. Die Firma Fay, Potter & Tolman in Boston produzierte sogar Leinenpatronen für diese Waffe. Beim Schuß verbrannte das Material mit mehr oder weniger starkem Rückstand. Originalgeschosse liegen im Durchmesser zwischen .540 bis .545 und im Gewicht zwischen 430 grains bis 475 grains. Auch die Pulverladung wechselte: Originalpatronen mit 45 grains sind bekannt, genauso wie 65 grains-Ladungen! Das konföderierte Zeugamt schrieb 60 grains vor, und entsprechend waren Patronen aus südlicher Fertigung geladen. Die durchschnittliche Trefferleistung der fabrikmäßig geladenen Patronen auf 300 Yards lag laut zeitgenössischen Karabinertests bei einem Streukreis von 60 cm für eine Zehn-Schuß-Serie.

Über 16 Millionen fabrikmäßiger Patronen wurden während des Krieges von der Unionsarmee für einen Durchschnittspreis von $ 21,30 pro Tausend-Schuß-Kiste gekauft.
Den Sharps-Karabiner gibt es heute für ein Vielfaches seines damaligen Preises als mehr oder weniger genaue Replika von italienischen und amerikanischen Herstellern – und er ist nach wie vor der Bürgerkriegskarabiner par excellence! Shiloh Arms stellt sogar die Dreiband-Musketen-Ausführung her, allerdings für einen Preis, der dem eines Originalkarabiners leider schon nahe kommt. Die gleiche Firma produzierte ab 1976 auch eine Kopie des konföderierten Sharps-Karabiners, der nach dem Vorbild der von S. C. Robinson in Richmond gefertigten ›Bürgerkriegsraubkopie‹ bis hin zur nachgeprägten Schloßaufschrift mit der Virginia-Adresse exakt reproduziert wurde. Die von der New Yorker Firma hergestellten Waffen halten sich so genau an das Vorbild, daß viele Teile mit dem Original ausgetauscht werden können – vor eventuellen Fälschungsversuchen skrupelloser Händler sei der Sammler also gewarnt!

BURNSIDE PERCUSSION BREECH LOADING CARBINE, CAL. .54

Ambrose Everett Burnside, Jahrgang 1824, hatte als Achtzehnter einer Klasse von 38 Kadetten 1847 die Militärakademie absolviert und am Mexikanisch-Amerikanischen Krieg teilgenommen. Sechs Jahre später quittierte er den Dienst, um sich als Geschäftsmann der Vermarktung des von ihm erdachten Hinterladers zu widmen. 1855 organisierte er mit Charles Jackson die Bristol Firearms Company mit Sitz in dem gleichnamigen Städtchen des nordamerikanischen Bundesstaates Rhode Island. Am 25. März des darauffolgenden Jahres meldete er das Patent für seinen Hinterlader an, der mit einer Patrone aus gewickelter Metallfolie geladen wurde, die beim Abschuß für einen gasdichten Abschluß zwischen Lauf und Verschlußkammer sorgte.
Burnsides Karabiner war von der Idee des Hall-Verschlusses inspiriert, soviel läßt sich bei einem kurzen optischen Vergleich beider Systeme sofort erkennen. Burnsides Patent aber sah eine kleinere, elegante Waffe vor, deren Verschlußblock mit dem als Unterhebel funktionierenden Abzugsbügel geöffnet wurde. Block und Abzugsbügel hingen an einem Scharnier an der Waffenunterseite und klappten so nach unten weg, daß die Patrone mit dem Ende zuerst in die Verschlußkammer geladen werden konnte. Beim Schließen führte der Verschlußblock den vorderen Teil der Patrone mit dem Geschoß dann in den Lauf ein. Beim Abschuß drückte sich der Hülsenmund auseinander und verhütete, daß Explosionsgase durch den Spalt zwischen Lauf und Block autraten. Gezündet wurde die Patrone durch ein normales Zündhütchen oder, bei einigen frühen Versuchsausführungen der Vorkriegszeit, durch ein Zündband. Einige hundert dieses ersten Modells, das noch über einen kleinen Hebel zur Entriegelung des Verschlußblockes verfügte, wurden zwischen 1856 und dem Herbst 1858 an die U.S. Armee zu Versuchszwecken verkauft, aber größere Regierungsaufträge blieben aus.
Burnside verlor sehr schnell das Interesse an seinem neuen Unternehmen, als der erhoffte Verkaufserfolg ausblieb. Er überließ sei-

Zum Laden geöffneter Burnside-Karabiner, eine leere Hülse befindet sich in der Kammer. Der Lauf hat fünf Züge, das Klappenvisier Kimmen für 100, 300 und 500 Yards Entfernung.

nen Geschäftspartnern und Gläubigern die Rechte an seinem Waffenpatent und wandte sich dem Eisenbahngeschäft zu. 1861, kurz vor Ausbruch des Krieges, war er zum Schatzmeister der Illinois Central Railroad avanciert. Sein früherer Geschäftspartner Jackson hatte zwischenzeitlich Burnsides ursprüngliche Idee verbessern lassen. In den Abzugsbügel wurde ein Hebel integriert, patentiert auf den Namen G. P. Foster mit dem Datum vom 10. April 1860, der den Verschluß entriegelte. Die Firma selbst wurde von Bristol in den Industrieort Providence, Rhode Island, verlegt und operierte jetzt unter dem Namen ›Burnside Rifle Co.‹.
Den verkaufstechnischen Erfolg verdankte die Firma einer Kette glücklicher Umstände. Gerade rechtzeitig zu Kriegsbeginn hatte die neue Burnside Rifle Company die Vorbereitungen zur Serienproduktion des verbesserten Hinterladers abgeschlossen und konnte mit einer schnellen Abwicklung von Aufträgen des Heereszeugamtes aufwarten. Wichtiger aber war die Tatsache, daß Ambrose E. Burnside sich während seiner Jahre in Rhode Island um die Miliz des Staates verdient gemacht und den Rang eines Generalmajors der R. I. Miliz erlangt hatte. Der Gouverneur dieses Staates, William B. Sprague, war mehr als in der damaligen Zeit üblich an der Entwicklung seiner Miliz interessiert und zog schließlich mit dem 2. Regiment of Rhode Island Volunteers in den Krieg. Burnside war Oberst der Ersten R. I. Freiwilligen und wurde nach der Schlacht von Bull Run zum Brigadegeneral ernannt. Beide Männer setzten sich bei Ripley für die Verwendung des Burnside Hinterladers ein. Im Juli 1861 erfolgte die erste Anforderung über 800 Karabiner, mit der Gouverneur Sprague eine von ihm aufzustellende Reitertruppe zu bewaffnen gedachte. Andere Aufträge folgten, u. a. auch vom Gouverneur des Staates Indiana über 1000 Karabiner und schließlich über 3500 Musketen mit dem Burnside-System (die aber nie gefertigt wurden).
Der Burnside-Karabiner der zweiten Generation, wie er von der Fabrik in Providence zuerst gefertigt wurde, hatte noch keinen Vorderschaft, dieser kam erst im Frühjahr 1862 mit einigen weiteren Verbesserungen beim dritten Modell hinzu. Von der vorangehenden zweiten Version wurden wahrscheinlich nicht mehr als 1500 Stück gemacht, die Seriennummern des 3. Modells beginnen bei 1500. Während der laufenden Fertigung wurden weitere Veränderungen vorgenommen, im Herbst 1862 ging das vierte Modell in Serie, das nun die wesentlichste Verbesserung des Burnside-Systems aufwies, den abkippenden Verschlußblock. Eine zweite Achse dafür, daß der eigentliche Block mit seiner Patronenkammer nach oben abklappte. Statt wie bisher einen 80°-Winkel zu beschreiben, fällt die Verschlußbasis mit ihrer Verbindung zum ersten Scharnier nur ein Drittel dieses Weges, dann tritt das zweite Scharnier in Aktion. Der Verschlußblock klappt nun soweit ab, daß er fast senkrecht im Systemkasten steht. Die leere Patronenhülse ist nun wesentlich einfach zu entfernen als beim zweiten Modell, bei dem der Soldat mit Zeigefinger und Daumen tief in den Systemkasten greifen mußte, um die Hülse an ihrem oberen Rand aus der konischen Kammer zu entfernen. Der neuen Verschlußblock-Konstruktion lag die Erfahrung aus der Praxis zugute. Das Entfernen der heißen Hülse war ohnehin nicht allzu angenehm, bei mehreren Schüssen erwärmte sich auch der hintere Teil der Waffe und konnte für Brandblasen an den Fingern sorgen. Beim Entwurf des Verschlußblockes war sich der Erfinder bereits des Auswurfproblems der verbrauchten Hülse bewußt gewesen. Die konisch zum Zündloch verlaufende Kammerform kam dem Entnehmen der durch den Abschuß ausgeweiteten Metallpatrone entgegen. Zusätzlich ist der hintere Teil des Verschlußblockes federnd gelagert, so daß er die Hülse leicht herausschiebt und ›Klemmer‹ verhindern hilft. Auch sonst zeigt die Konstruktion der Waffe viel Umsicht. Bei heruntergelassenem Hahn läßt sich der Verschlußblock nicht öffnen, der vordere Teil des Abzugs blockiert den Hebel im Abzugsbügel. Spä-

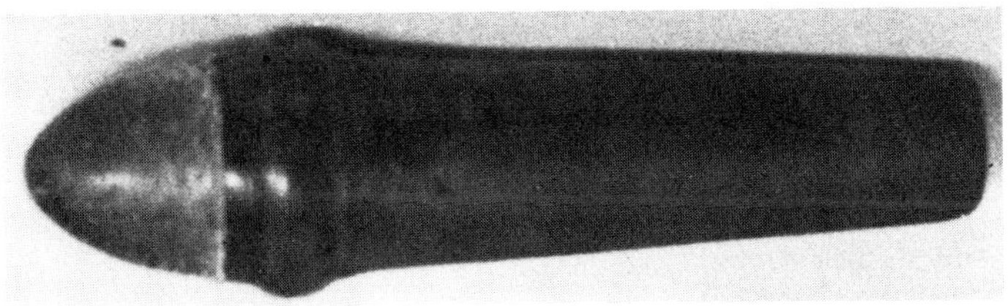

Burnside-Patrone Kaliber .54. Die Pulverladung der von George P. Foster im April 1860 patentierten Messinghülse betrug 45 grains.

Burnside-Patronentasche für zwanzig Patronen. Im Holzeinsatz sind zwei Burnside und weitere Spencerpatronen zu sehen. Die gleiche Tasche aus schwarzem Sattelleder diente mit anderen Holzeinsätzen (bis zu 24 Patronen) für andere Karabiner. Doppelter Deckel und Vordertasche für Werkzeug. Mit zwei Schlaufen wurde diese Tasche am Gürtel befestigt. In Satteltaschen und am Mann führte jeder Reiter einhundert Karabiner- und vierzig Revolverpatronen mit sich.

ter wurde noch eine Schraube in der rechten Gehäuseseite eingefügt, die den Verschlußblock des vierten Modells in seiner Abkippbewegung leitet, indem sie in eine Ausfräsung dieses Teils eingreift. Auch die früheren Patronen aus gerollter Metallfolie wurden durch wiederladbare, widerstandsfähige Messinghülsen ersetzt.

Der Burnside-Karabiner der vierten Generation war das eigentliche Serienmodell, nur wenige Tausend des zweiten und dritten Modells wurden hergestellt, aber über 50 000 des vierten und letzten Modells! Insgesamt setzte die Firma während des Krieges 55 567 Karabiner an die U.S. Regierung ab, außerdem fast 22 Millionen Patronen. Der Preis der Waffe plus des üblichen Zubehörs lag bei dreißig Dollar. Zu jeder Waffe gehörten ein Ersatzpiston, Pistonschlüssel, Schraubenzieher und Laufreinigungsbürste, pro zehn Waffen wurde eine Federklemme und Kugelzange mitgegeben.

Die Gesamtlänge des Karabiners beträgt 99,5 cm, die des Laufes 21 Zoll (53,3 cm), das Gewicht liegt bei 3,2 kg oder etwas mehr als sieben Pounds (lbs = 0,453 gr). Bei der Truppe war der Burnside-Karabiner sehr beliebt und an militärischer Bedeutung rangiert er gleich hinter dem Spencer und Sharps. Das System war einfach und zuverlässig. Ladehemmungen konnten nur auftreten, wenn sich eine der Schrauben des Verschlußblockes soweit gelockert hatte, daß sie gegen das Gehäuse drückte und das Öffnen und Schließen erschwerte. Ab Werk wurde die Waffe mit gutem Nußbaumholzschaft, gebläutem Lauf und der Verschlußkasten mit feuergehärteter Oberfläche geliefert.

Der Erfinder dieser Waffe führte im ersten Halbjahr 1862 mit einer besonders ausgebildeten Infanteriedivision und einem Marinegeschwader unter Admiral Goldsborough eine amphibische Operation gegen die Küste North Carolinas durch, die erfolgreich war und ihm die Beförderung zum Generalmajor einbrachte. Burnside lehnte zweimal das Kommando über die Potomac-Armee ab, nahm beim dritten Angebot aber an und wurde nach der blutigen Niederlage bei Fredericksburg durch ›Fighting‹ Joe Hooker abgelöst. Am weiteren Kriegsverlauf als Abschnitts- und Korpskommandeur beteiligt, blieben die Leistungen Burnsides wechselhaft. Nach dem Krieg kehrte er zum Eisenbahngeschäft zurück und war im Aufsichtsrat verschiedener Gesellschaften erfolgreich. 1866 wurde er zum Gouverneur von Rhode Island gewählt und bis zu seinem Tod 1881 zweimal in diesem Amt bestätigt. Burnsides Name verewigte sich auch in der Geschichte mit der Bezeichnung ›sideburns‹ für einen buschigen Backenbart, als General war er in den Worten Grants »allgemein beliebt und respektiert. Er war jedoch nicht für das Kommando einer Armee befähigt. Niemand wußte das besser als er selbst.«.

Sein Karabiner fand auch in den Indianerkämpfen der Nachkriegszeit Verwendung und wurde für den Privatmarkt als Sportgewehr umgebaut. Die mit dem Hinterladersystem verbundene Messingpatrone stellt einen interessanten Abschnitt in der Entwicklung der Metallpatrone dar, wenn sie auch durch ihre separate Zündung und ihre Form eine technische Sackgasse war.

SMITH PERCUSSION BREECH LOADING CARBINE, CAL. .50

In der quantitativen Bedeutung der Unionskarabiner steht der von Gilbert Smith in den Jahren 1856 und 1857 patentierte Hinterlader an vierter Stelle: 30 062 Stück wurden nach offiziellen Unterlagen von der U.S. Regierung angekauft, dazu kamen 13 861 500 Patronen. Der Wert dieser Gesamtbeschaffung liegt bei über 1,12 Millionen Dollar. Wahrscheinlich ist, daß einige hundert, wenn nicht tausend Karabiner außerhalb dieses Beschaffungsprogramms auf den Markt gekommen sind. Viele Firmen lieferten ihre Erzeugnisse direkt an einzelne Verbände oder Soldaten, die sich von ihrem Sold die Waffe ihrer Wahl kaufen wollten. Bei der Menge von fast 14 Millionen Patronen muß weiterhin bedacht werden, daß die im Smith-Karabiner benutzte ›Hülse‹ wiederladbar war. Da zur Waffe Kugelzangen an die Truppe ausgegeben wurden, war eine solche Wiederverwendung abgeschossener Hülsen durchaus möglich.

Der Vorteil des von Smith erfundenen Karabiners lag in seiner Einfachheit: Ein kleiner Messingdrücker vor dem Abzug löste die Verriegelung auf der Rahmenoberseite und der vordere Teil des Karabiners – Lauf, Vorderschaft, und der Vorderteil des Verschlußkastens – klappte rechtwinklig herunter. Während der Schütze den Karabiner so mit der rechten Hand unter dem Arm eingeklemmt hielt, brauchte er mit der Linken nur noch die Patrone in die offenliegende und leicht zugängliche Ladekammer zu schieben und den Lauf wieder hochklappen. Zur Zündung diente ein normales Flügelzündhütchen, das auf das Piston gesetzt wurde. Das scharnierartige Aufklappen des Karabiners, der an seiner Mittelachse durch die Herausnahme einer Schraube in zwei Teile zerlegt werden konnte, erlaubte eine schnelle und einfache Reinigung nach dem Schießen – ein Umstand, der von den Bürgerkriegssoldaten sehr geschätzt wurde. Und – er war gasdicht, was man nicht von allen Waffen dieser Zeit sagen konnte! Ein geübter Soldat konnte mit dieser Waffe in der Minute gut und gern ein Dutzend Schuß abgeben, das Herausziehen der leeren Hülse war einfach und problemlos.

Smith Entwurf sah für den Hinterlader eine Spezialpatrone aus dikkem Kautschuk vor, eine Röhre, die auf der einen Seite mit dem Geschoß (Durchmesser .52 bis .527!) verschlossen war und am anderen Ende ein kleines Loch im Zentrum für den Feuerstrahl des Zündhütchens hatte. Die Patronen wurden in einer Pappschachtel zu zehn Stück mit zwölf Zündhütchen geliefert. Die Schachtel trug neben dem damals üblichen Firmennamen (Poultney & Trimble, Baltimore, Md.) und der Bezeichnung von Patrone und Waffe auch die Patentdaten vom 30. Juni 1857 und 14. September 1858. Die Pulverladung betrug 50 grains.

Während des Krieges ließ sich Thomas Poultney eine von Hauptmann Silas Crispin (vom Zeugamtsbüro New York) entworfene Patrone patentieren, die anstelle der Kautschukröhre eine dünnere Hülse aus Metallfolie und Papier vorsah. Die dafür vorgesehenen Karabiner hatten eine etwas enger gehaltene Ladekammer. Beide Patronen steckten im geladenen Zustand etwa ein Drittel aus dem

Smith zum Laden geöffnet mit Originalpatrone: In der Meinung seiner Benutzer war der Wert dieses Hinterladers umstritten: Die 17. Pennsylvania, 1. New Jersey und 6. Ohio Kavallerie führte diese Waffe. In der Meinung der Offiziere des 1. Connecticut Regiments war der Smith »gänzlich unzuverlässig und wertlos«. Auch die 1. Massachusetts hielt den Smith für »keine gute Waffe« und sonderte ihn ab 1863 aus. Der Smith hat wie der Sharps ein Rahmenvisier mit Schieber für Entfernungen bis 500 Yards.

vorderen Rahmenteil heraus und paßten so in die Aussparung des hinteren Verschlußblockes. Dieser Abstand erleichterte ein Herausziehen der leeren Hülse nach dem Schuß. Nach Kriegsende wurde der Smith-Karabiner noch – und mit wenig Erfolg – für Metallpatronen mit einem eigenen Zünderrand aptiert, um an den Armeeversuchen der Jahre 1865 und 1866 teilzunehmen.
Gilbert Smith war nur Erfinder, kein Geschäftsmann wie Colt oder andere in diesem Metier. Die wirtschaftliche Auswertung dieses Karabiners fiel daher der Firma Poultney & Trimble aus Baltimore zu, die als Waffenimporteure, Lizenz- und Kommissionshändler im Waffengeschäft einen entsprechenden Namen hatten. Im Sommer 1861 bot Thomas Poultney dem U.S. Ordnance Department Smith-Karabiner zum Preis von $ 35,– an, eine Summe, die dem Zeugamtschef Ripley zu hoch war. Schließlich einigte man sich auf den Preis von 32,50 pro Waffe für eine erste Lieferung von zehntausend Stück. Weitere Aufträge sollten folgen. Da bei der Inspektion durch die Zeugamtsbeamten aufgefundene geringfügige Fehler in der Serienqualität sofort zu einer herabgesetzten Klassifizierung der Waffen und zu einem geringeren Preis führten, ist dieser Stückpreis als die oberste Grenze anzusehen. Insgesamt ergibt sich für die über 30 000 an die Regierung gelieferten Smith Hinterlader ein Durchschnittspreis von 24,80 Dollar.
Poultney & Trimble ließen die Waffen in Lizenz in dem Industriezentrum Chicopee Falls in Massachusetts herstellen. In der Nähe von Springfield gelegen, existierten hier dank der vorhandenen Wasserkraft des Flußgefälles eine Anzahl von Fabriken und Firmen, die sich in der Metallverarbeitung und der Fertigung von Waffen und Waffenteilen spezialisiert hatten. Poultney & Trimble ließen die Smith bei drei Firmen fertigen. Neben der Patentaufschrift erscheint daher die Springfielder American Machine Works (›MANUFACTURED BY AM'N M'CH'N SPRINGFIELD MASS‹) auf der linken Rahmenseite. Hier kann sich aber auch der Herstellername des Massachusetts Arms Company (›. . . BY MASS ARMS CO. CHICOPEE FALLS‹) oder die Firma ›AMERICAN ARMS CO.‹ des gleichen Herstellerortes finden. Auf den meisten Smith-Karabinern aber findet sich der Firmenname des Vertragshändlers und seinen Firmensitz Baltimore.
Der Karabiner selbst entsprach in Form und Länge der damals üblichen Dimensionen: Der mit drei Zügen versehene Lauf hat eine Länge von 55 cm, die Gesamtlänge der Waffe beträgt 99 cm oder 39 Zoll. Das Gewicht liegt bei 3,4 kg.

GALLAGER PERCUSSION BREECH-LOADING CARBINE, CAL. .50

Modell 1860: Mahlon J. Gallager aus Savannah, Georgia, ließ sich am 17. Juli 1860 das U.S. Patent 29 157 für einen Hinterlader erteilen, dessen System auf einem unterhebelverriegelten Kipplaufverschluß in Verbindung mit einer festen Messinghülse beruhte. Der Lauf bewegt sich beim Öffnen des Verschlusses durch den als Abzugsbügel geformten Unterhebel erst vorwärts, um die Patrone völlig vom Verschlußrahmen freizubekommen. So wurde ein Abbrecher der Hülse oder eine Verformung vermieden. Erst nach zwei Zentimetern kippt dann der Lauf nach unten ab, damit die Hülse aus der Kammer gezogen werden kann. Die Waffe hätte durchaus der Grundstock zur Ausrüstung der konföderierten Reiterei werden können, wenn der Südstaatler Gallager im Sommer 1860 jemanden im Süden gefunden hätte, der für diese Waffe Interesse und eine Fertigungsstätte gehabt hätte. So aber fiel der Entwurf – der einige Ideen des wenige Monate früher patentierten Maynard-Verschlusses aufgriff und verbesserte – der Philadelphier Firma Richardson & Overman auf. Die Yankees erwarben die Rechte zu Herstellung und Vertrieb des Systems.
George J. Richardson und sein Partner William W. Overman gerieten mit der Vorbereitung zur Serienproduktion direkt in den Kriegsanfang hinein und konnten die ersten Lieferaufträge nicht fristgerecht erfüllen. Die ersten Gallager-Karabiner trafen auch erst im Januar 1862 bei der Abnahmebehörde des Frankford Arsenals in Philadelphia ein. Dies rief die Kontrollkommission von Holt und Owen auf den Plan, die den Vertrag über die Lieferbedingungen überprüften, ihn dann aber freigaben, nachdem sie sich vergewissert hatten, daß Richardson & Overman durchaus in der Lage waren zu liefern.
Das Schicksal des Gallager-Karabiners hing von dem stellvertretenden Kriegsminister Thomas A. Scott ab, der wenig von Ripleys Einwendungen gegen die neumodischen Hinterladesysteme hielt und an anderer Stelle bemerkt haben soll, daß »die Regierung überhaupt keine Gewehre erhielte, wenn es von General Ripley abhängen würde!«. Scott selber intervenierte für das Produkt von

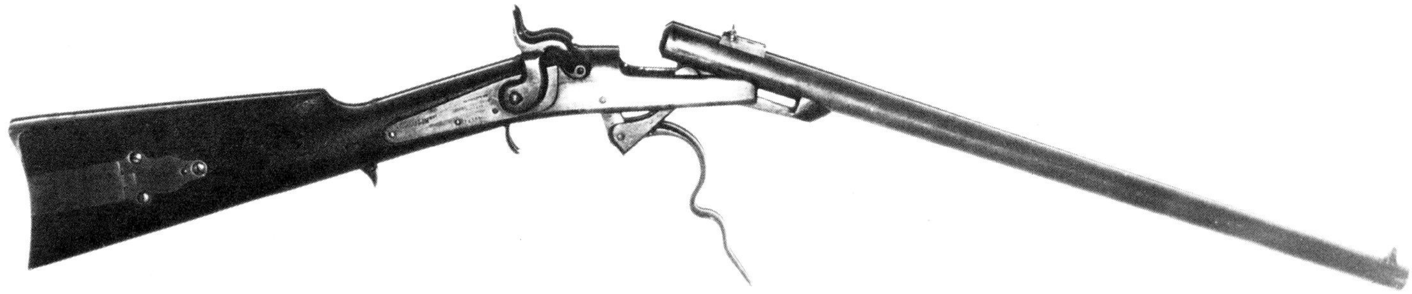

Gallager zum Laden geöffnet.

Richardson & Overman, der zusammen mit Zubehör und je 40 wiederladbaren Messinghülsen pro Karabiner $ 32,50 kosten sollte. Der Gallager wurde ab Werk mit einer festen Hülse geliefert, die der Soldat im Feld mittels einem beigegebenen Werkzeug und einer Kugelzange selbst laden konnte. Diese Hülse ging auf eine Entwicklung von Samuel Jackson zurück. Das Geschoß – offiziell als .50 bezeichnet – maß .535 und hatte drei Fettrillen und einen Hohlboden. Das Geschoßgewicht betrug 400 grains, die Pulverladung 50 grains. Die wiederladbaren Hülsen waren natürlich nur ein Notbehelf, auf dem man den Nachschub einer Kavallerieeinheit nicht beruhen lassen konnte. Aus diesem Grund wurden von der Regierung Hunderttausende ›Poultney's Metallic Cartridges‹ für den Gallager angekauft. Eine dünne Messingfolie bildete mit Papier verstärkt die Hülse. Wie beim Smith-Karabiner erfolgte die Zündung des Pulvers durch ein Loch im Hülsenboden, das nur geringfügig mit Talg und einer dünnen Papierschicht verschlossen war.

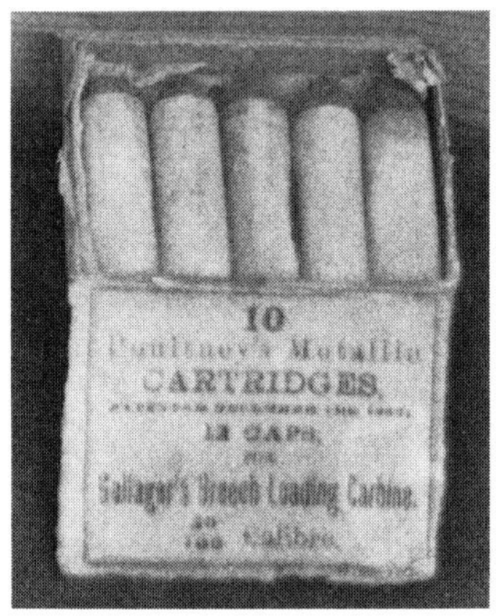

Zehnerpackung von Original-Gallagerpatronen ›Poultney's Metallic Cartridges‹ mit 12 Zündhütchen.

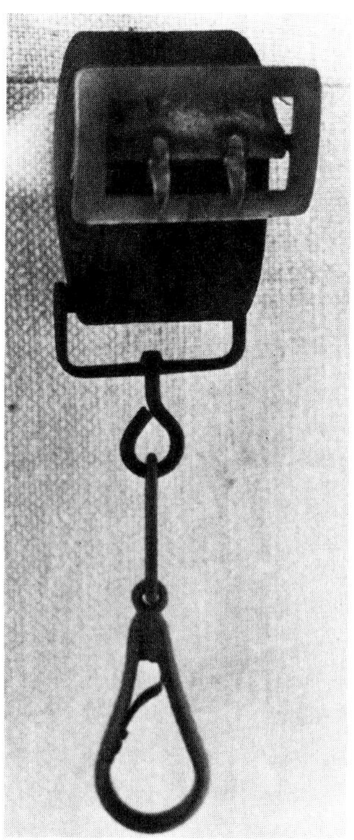

Im Feld wurde der Karabiner am entsprechenden Haken des Schulterriemens geführt. Der Lauf steckte in einem kleinen Sattelring, der vorn an einer Sattelöse oder am großen seitlichen Ring der Bauchgurtung befestigt wurde. Folglich schlenkerte der Kolben hin und her, schlug gegen Ellenbogen und Hüfte. Die linke Laufseite von vorschriftsmäßig geführten Karabinern weist zumeist Narben vom Roßschweiß, die linke Schaftseite Eindrücke des Karabinerhakens auf.

Gegen Ende des Krieges wurde mit dem Modell 1865 versucht, den Gallager-Karabiner für die Spencer Randfeuerpatrone .56-52 anzupassen. Fünftausend dieser Waffen wurden noch bestellt, aber das Kriegsende verhinderte eine Auslieferung an die Truppe. Von der normalen M 1860-Ausführung erwarb die U.S. Regierung 17 782 Stück. Einige Staaten kauften kleinere Bestände. Bewaffnet waren damit einige Regimenter auf den westlichen Kriegsschauplätzen, z. B. die 3. West Virginia Kavallerie, einige Ohio-Regimenter und die 13. Tennessee, wobei die Dritte West Virginia und die Dritte Indiana die Gallager-Karabiner in der Schlacht von Gettysburg führten, in der sie als Teil von Bufords erster Division eingesetzt waren. Das Gewicht des Karabiners beträgt trotz fehlenden Vorderschaftes 3,25 kg. Gesamtlänge 99 cm, Lauf 22,25 Zoll (56,5 cm), sechs Züge; Nußbaumschaft. Sehr nah an das beschriebene Original hält sich die Erma-Replika, die Anfang der siebziger Jahre in Zusammenarbeit mit der Erlanger Wischo KG und Herrn Heinrich Dietz entstanden ist. Die deutsche Kopie dieser Waffe ist so gut, daß z. B. die deutschen Ladehülsen ohne Schwierigkeiten im Originalgewehr übernommen werden können. Technisch korrekt ist die Bezeichnung der Replika als Kaliber .54, während die Heeresnomenklatur auf Calibre 50/100 inch lautete.

STARR PERCUSSION BREECH LOADING CARBINE, CAL. .54

Ebenezer T. Starr war Sohn des Büchsenmachers Nathan Starr Jr., dessen Großvater Nathan bereits in Middletown, Connecticut in den dreißiger Jahren eine Waffenfabrik hatte und die U.S. Steinschloßmuskete des Modells 1816 in Lizenz fertigte. Enkel Ebenezer Townsend – nun in Yonkers, New York, ansässig – setzte die Familientradition fort. Seine Patente und Konzepte zeigen, daß er ein äußerst begabter Waffenkonstrukteur war, dessen Produkte sich mit den Besten seiner Zeit messen konnten. Starrs erste Entwürfe konzentrierten sich auf die Entwicklung von Faustfeuerwaffen, aber bereits im September 1858 wurde ihm das U.S. Patent Nummer 21.523 für ein Hinterlademechanismus erteilt, dessen Anwendungsbereich eindeutig auf die Verwendung als Kavalleriekarabiner abzielte.

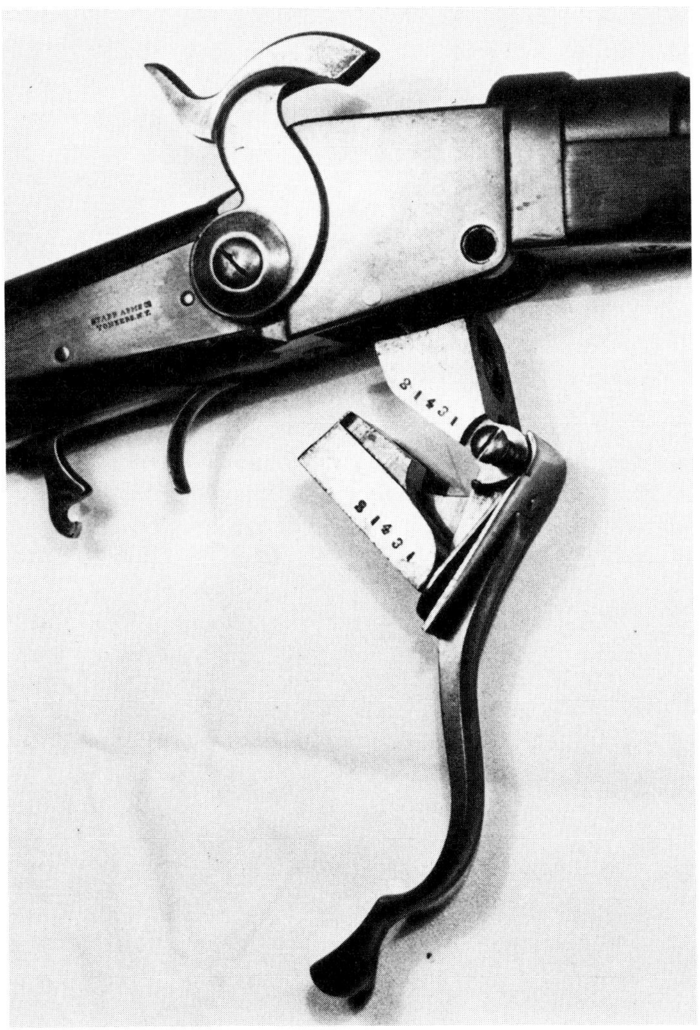

Starr-Verschluß, zur besseren Anschaulichkeit aus der Waffe entnommen. Die beiden Keilstücke des Verschlußblockes sind in ihrer Stellung zueinander zu sehen, auch das unterteilte ringförmige Mundstück des Verschlußkopfes.

Starr hatte die erfolgreichen Perkussionsverschlüsse seiner Zeit analysiert und war ohne Zweifel zu dem Schluß gekommen, daß das System des Christian Sharps die größte Zukunft hatte – wenn man nur einige Schwachpunkte des Fallblockverschlusses korrigieren würde! An die Stelle des Fallblockes, der die Patrone beim Schließen aufschnitt, Pulver verschüttete und keinen absoluten Gasabschluß garantieren konnte, setzte Ebenezer T. Starr seinen zweiteiligen Kippblockverschluß, dessen hinteres Element wie ein Keil wirkte: Wie bei ähnlichen Waffen dieser Epoche wurde der Abzugsbügel zum Unterhebel des Verschlusses. Beim Öffnen klappte der eigentliche Verschlußblock, der die Laufkammer von hinten mittels einer ringartigen Einfräsung umschloß, um etwa 40° zurück. Beim Schließen wurde er von dem keilförmigen, zweiten Teil nach vorn geklappt und gegen den Kammermund gepreßt. Gezündet wurde die Leinenpatrone der Waffe durch ein separates Zündhütchen über einen Pistonkanal, der genau im Zentrum des Verschlußblockes austrat.

Dieser zweigeteilte, mit der Hebelwirkung der Physik arbeitende Block war das Kernstück von Starrs genialem Karabiner. Er konnte auch dann die Patrone in die Kammer pressen, wenn durch Schmauchreste oder andere Rückstände das manuelle Einführen erschwert war. Gleichzeitig sorgte dieser Verschluß dafür, daß die Patrone in ihrer ganzen Länge in der Kammer saß und damit das Geschoß im richtigen Abstand in den Lauf kam – erst eine solche korrekte Plazierung jeder eingeführten Patrone sorgt für eine gleichbleibende Trefferqualität von Schuß zu Schuß. Kein Pulver ging beim Öffnen der Patrone verloren.

Der Wert dieser Entwicklung war für Fachleute erkennbar. Noch bevor sich Starr ein Patent für seinen Entwurf geben ließ, erschien er zum Testschießen in Washington, D.C. Am 19. Januar 1858 führte er seine Waffe vor den Zeugamtsoffizieren der Marine im Washingtoner Navy Yard vor. Nach 100 Schuß funktionierte der Verschluß immer noch anstandslos, die Treffergebnisse auf dem 600 Yards entfernten Ziel waren hervorragend, so daß Commodore Dahlgren und sein Kollege Kapitän J. Ingraham in ihrem Bericht weiterführende Versuche an Bord einiger Schiffe empfahlen. Zwei Tage später folgte ein Testschießen im Stadtarsenal vor Vertretern des Heereszeugamtes. Der leitende Offizier, ein Major William H. Bell, legte seiner Behörde später einen Bericht vor, in dem stand, daß der Karabiner besonders gut funktionierte und solche Treffergenauigkeit in diesem Arsenal vorher noch nicht gesehen wurde.

Aber erst der große Binnenkonflikt der Union konnte ›Eben‹ Starr zum Absatz seines Karabiners verhelfen. Zwischenzeitlich hatte er mit einigen finanzstarken New Yorker Bürgern die Starr Arms Company gegründet, um die wirtschaftliche Verwertung seiner Handfeuerwaffen- und Karabinerpatente zu ermöglichen. Die Gesellschaft hatte eine Produktionsstätte in Binghampton, N.Y., für den Starr-Revolver, in der im Sommer 1861 225 Arbeiter an modernsten Maschinen beschäftigt waren. Mit Kriegsbeginn sahen die New Yorker Gesellschafter die Möglichkeiten für große Regierungsaufträge und richteten in Yonkers eine Fabrik für die Fertigung von Langwaffen ein. Die Firma war dem Zeugamt bereits durch die pünktliche Lieferung von Revolvern vertraut und hatte so keine Schwierigkeiten, einen Auftrag für ihren Hinterladekarabiner zu erlangen, zumal sie auf die positiven Testergebnisse von 1858 verweisen konnte. Im November 1861 erfolgte der erste Regierungsauftrag über 10 000 Karabiner mit Zubehör, deren Auslieferung im Februar des folgenden Jahres beginnen sollte. Der Stückpreis von $ 29,– lag sogar unter dem vergleichbarer anderer Karabiner! Starr Arms Company erhielt einen Monat später auch einen Auftrag über 50 000 Springfield-Lizenzmusketen, der aber nie realisiert wurde und der Entscheidungsgewalt der Untersuchungskommission des Kriegsministers zum Opfer fiel.

Ein Ergebnis der Verhandlungen mit der Kommission war auch die Veränderung des Regierungsauftrages über die Karabiner. Wie viele andere Fabrikanten war die Starr Arms Co. nicht in der Lage gewesen, den plötzlichen Anforderungen an Waffenmengen und Lieferterminen der hektischen ersten Kriegsmonate zu entsprechen. Die ersten 600 Karabiner wurden erst im Juli 1863 zum reduzierten Preis von $ 25,– ausgeliefert. Trotzdem wurde im September des Jahres der erste Liefervertrag über 10 000 Stück in einen neuen Auftrag über 20 000 Karabiner verändert. Die Qualität der Starr-Karabiner hatte überzeugt.

Insgesamt wurden von der U.S. Regierung während des Krieges mit dem Modellkarabiner zusammen 20 061 Perkussionshinterlader zum Preis von $ 23,50 pro Stück (die ersten 601 Exemplare für anderthalb Dollar mehr) gekauft. Hinzu kamen über 6,86 Millionen Patronen zum Preis von je $ 24,50 pro Tausender-Kiste.

Starr konnte sehr bald mit Empfehlungsschreiben von Kavallerieregimentern wie der Ersten Arkansas oder Fünften Kansas aufwarten, die seine Karabiner im Westen benutzten. Um nicht den Anschluß an die sich abzeichnende neue Waffenentwicklung zu verpassen, bot er dem Kriegsministerium eine für die Spencer-Patrone .56–.52 aptierte Version an. Der erste Auftrag für diesen Karabiner im Februar 1865 wurde im April noch einmal aufgestockt, so daß schließlich bis zum Mai 1865 fünftausend Patronenkarabiner Kaliber .52 plus ein Musterexemplar ausgeliefert wurden – zu spät für die Kriegshandlungen. Der Stückpreis für die aptierte Version, die sich durch einen flacheren Hahn auszeichnete, der die Spencer Randfeuerpatrone zündete, war $ 20,–. Das Kriegsende bedeutete auch das langsame Ende für die Starr Arms Co., die wie so viele Unternehmer des Waffengeschäfts die plötzlich eintretende Flaute des Marktes wirtschaftlich nicht überdauerten. Die Testergebnisse der Armeeversuche von 1865 und 1866 waren zwar für den Starr-Patronenkarabiner gut ausgefallen, aber angesichts der ungeheuren Surplus-Mengen bestand kein Grund für neue Lieferaufträge.

Damit war auch das Ende einer langen Waffenherstellerdynastie gegeben, die sich bis 1798 zurückverfolgen ließ. Die Familie hatte für die U.S. Regierung nicht nur Lizenzmusketen, sondern auch Säbel, Artillerie-Faschinenmesser, Piken und Enterwaffen gefertigt. Der letzte Starr, zweiter Sohn von Nathan Starr Jr., schlug die Brücke von der alten Schmiedekunst in das industrielle Maschinenzeitalter.

Der Karabiner entspricht weitgehend der Form ähnlicher Modelle dieser Periode, er ist nur weniger stark abgewinkelt geschäftet als z. B. der Smith oder Burnside. Anders als die meisten Kriegsprodukte benutzt er Messing für Schaftkappe und Laufring und hat an der linken Waffenseite nur eine Öse für den Karabinerring statt der herkömmlichen ›Reitstange‹.

Gesamtlänge 95,5 cm, Lauflänge 21 Zoll, fünf Züge. Aufschrift ›STARR ARMS CO. YONKERS, N.Y.‹ auf dem Lauf und Platte des Rückschlosses. An der Verschlußmulde ›STARR'S PATENT – SEPT. 14TH, 1858‹.

Die aus brennbarem Material gefertigte Leinenpatrone für das Perkussionsmodell hatte eine Hülsenlänge von 35,5 mm bei einer Gesamtlänge von 49,8 mm. Das Geschoß ohne Hohlboden wog 444 grains und hatte einen Durchmesser von .555 inch. Die Pulverladung betrug 62 grains. Äußerlich ist die Patrone der .52 Sharps sehr ähnlich. Die Munitionspackung trug die Aufschrift ›STARR'S RIFLE‹, obwohl nie ein Gewehr dieser Art existierte.

MAYNARD PERCUSSION BREECH LOADING CARBINE, CAL. .50

Zahnarzt Edward Maynards Interesse an der Waffentechnik beschränkte sich nicht nur auf die Erfindung des nach ihm benannten Zündbandes. Dr. Maynard, Inhaber eines Lehrstuhles für Zahnmedizin, fühlte sich auch berufen, die Waffentechnik durch die Erfindung eines Hinterladers zu bereichern, der einen wesentlichen Schritt in der Entwicklung der Patronenwaffe darstellt. Das erste Patent in dieser Richtung wurde ihm 1851, das zweite 1856 erteilt, das dritte folgte drei Jahre später und verbesserte den ursprünglichen Gedanken eines Kipplaufes. Das dritte Patent vom 6. Dezember 1859 beschreibt so genau den Maynard-Hinterlader, erstes Modell, daß mit Recht vermutet werden kann, der zum Patent eingereichten Zeichnung habe bereits der fertige Karabiner im Original beigelegen. Die vorangegangenen acht Jahre sahen eine schrittweise Verbesserung des ursprünglichen Gedankens und die ersten Versuche, die entworfene Patronenwaffe verkaufsmäßig umzusetzen. Zur Verwertung der Patente wurde die Maynard Arms Company mit Sitz in Washington, D.C., gegründet, aber schließlich wurden die Waffen bei der Massachusetts Arms Co. in Chicopee Falls gefertigt. Diese Firma entstand 1849 als Zusammenschluß führender Geschäftsleute in der Waffenindustrie dieses metallverarbeitenden Industriegebiets – eine Firmengründung, die vor allem als Antwort auf die wirtschaftliche Expansion Samuel Colts gedacht war. Eine Reihe damals bekannter und später berühmter Namen war zur einen oder anderen Zeit mit der Gesellschaft verbunden: Nathan Peabody Ames, Heereslieferant für Schuß- und Blankwaffen, Daniel B. Wesson, Horace Smith (die späteren Gründer von Smith & Wesson), Thomas Warner – früherer Master Armourer der Springfielder Regierungsfabrik – oder Joshua Stevens, der als Werksleiter des Massachusetts Arms Company in den fünfziger Jahren tätig war und ab 1864 seine eigene Fabrik gründete, die später mit Deringer und Sportwaffen berühmt werden sollte.

1857 begann diese Firma mit der Produktion des ersten Modells

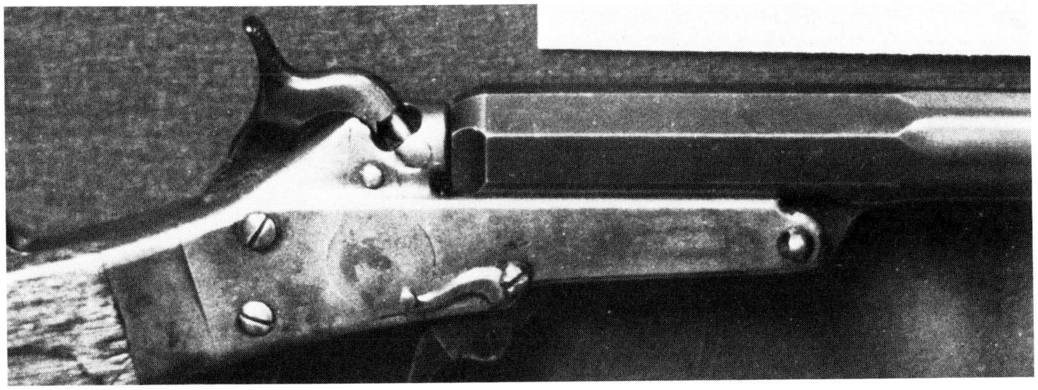

Das erste Modell des Maynard-Karabiners mit Dioptervisier auf dem Kolbenhals und Maynard-Zünder.

von Maynards Hinterlader, der natürlich eine Vorrichtung zur Aufnahme des Zünderbandes hatte. 400 Stück wurden zu Versuchszwecken von der U.S. Armee im gleichen Jahr angekauft. Von diesem ersten Erfolg bestätigt, begann die Firma nun, die Waffe in den verschiedensten Ausführungen für den privaten Markt herzustellen. Verschiedene Lauflängen sind bekannt, auch Gewehrvariationen. Zwei Kaliber standen dem Käufer zur Auswahl, .35 und .50, der sich auch verschiedene Läufe mit einer Basiswaffe anschaffen konnte, um gleichzeitig ein Scheibengewehr und eine Jagd- wie Verteidigungswaffe in einem zu haben. Die militärische Version hatte einen 20-Zoll-Lauf und eine Gesamtlänge von knapp 94 cm. Hervorstechendes Merkmal des ersten Modells war die stark abgerundete Schaftkappe mit der eisernen Patchbox, die zur Aufnahme weiterer Zündbänder diente. Hunderte dieser Ausführungen wurden in der Vorkriegszeit auf dem privaten Markt vertrieben. 1860, während der Spannungen im Vorfeld der Sezession, wurden u. a. eintausend Stück von der Staatsregierung Georgias geordert. In ähnlicher Weise müssen Hunderte anderer Maynard-Karabiner und Sportgewehre den Weg in den Süden gefunden haben, denn das vom Zeugamt der konföderierten Armee herausgegebene ›Field Manual for the Use of Officers on Ordnance Duty‹ führte den Maynard in den Kalibern .35 und .50 als offizielle Ordonnanzwaffe der Armee auf. Die weiteren Angaben weisen darauf hin, daß es sich dabei um das erste Modell mit Bandzünder handelte, nicht etwa um aus Nordstaatenbeständen erbeutete Zweitversionen M 1860. Im Süden war u. a. die ›Cobb's Legion‹ der konföderierten Kongreßabgeordneten Thomas R. R. Cobb damit ausgerüstet, die von dem einflußreichen Juristen in Georgia aufgestellt wurde.

Bei Kriegsausbruch konnte die Massachusetts Arms Co. mit dem zweiten Modell aufwarten, das sich durch eine einfachere Ausstattung des Schaftes, dem Fehlen des Bandzünders und einen Stift auszeichnete, der den Unterhebel/Abzugsbügel arretierte. Von dieser Ausführung kaufte die U.S. Regierung bis zum Ende des Krieges 20 202 Stück an, die alle das nominelle Kaliber .50 besaßen. Im Schnitt kosteten diese Karabiner die Regierung in Washington knapp $ 24,– und waren damit im Vergleich zu Sharps und anderen Modellen recht billig.

Maynards Karabinerentwicklung zeichnete sich durch eine extrem einfache Bauweise aus, die auf Verschlußblock oder Gehäuse ver-

Das 2. Modell, Kaliber .50, der Spalt zwischen Lauf und Stoßboden ist deutlich zu sehen. Zwei Aussparungen an den Seiten sollen ein besseres Ausziehen der Hülse gewährleisten, indem mehr Raum für Finger und Daumen gegeben wird.

Eine Maynard-Patrone mit dem großen Bodenrand neben der .44 Rimfire Henry.

zichtete. Der Unterhebel kippt den Lauf beim Öffnen um knapp 20° nach oben, so daß die Patrone eingeführt oder entnommen werden kann. Die Gasdruckabdichtung wird durch die Messinghülse mit ihrem starken Bodenrand erwirkt, der vom Lauf gegen den offenen Stoßboden des Schloßgehäuses gedrückt wird. Bei geschlossener, entladender Waffe ist daher an dieser Stelle ein etwa 1 mm breiter Spalt, der durch den Hülsenrand ausgefüllt wird. Gezündet wird der Maynard durch ein Perkussionszündhütchen (oder beim ersten Modell durch das Band) über eine Öffnung im Boden der Hülse. Ein Auszieher fehlt. Dafür sind die beiden Seiten des Laufendes mit großen Fingermulden versehen, die ein Ergreifen des Hülsenrandes erleichtern sollen.
Aufgrund der einfachen Fertigung, des innenliegenden, im Gehäuse integrierten Schlosses und des leichten Gewichts von 2,75 kg wurde der Maynard von vielen Soldaten zu Anfang nicht ganz ernst genommen. Ihm fehlte das martialische Aussehen der anderen Karabiner, die massive Schäftung – schnell erhielt der Karabiner den Ruf einer ›pop-gun‹ eines Spielzeuggewehres. Wer aber dieses Gewehrchen im Gefecht erlebte, tat gut daran, seine Wirkung nicht zu unterschätzen. Leistungsmäßig stand der Maynard keinem anderen Einzellader nach. Bei Gebrauch des Bandzünders ließen sich mit etwas Geschicklichkeit gut und gern fünfzehn Schuß in der Minute abfeuern. Bei separat aufzusetzenden Zündhütchen verringerte sich diese Feuergeschwindigkeit um drei bis vier Schuß. Auch die Patrone hatte es in sich!
Die kleinere Patrone des ersten Modells, nominell als Kaliber .35 bezeichnet (das konföderierte Handbuch sagte .36), hatte ein .375 konisches Geschoß, die Ausführung im Kaliber .50 benutzte ein Geschoß im Bereich um .52 mit einer Ladung von 50 grains. Von dieser Patrone erwarb die U.S. Armee während der Kriegsjahre insgesamt 2 157 000 zum Gesamtpreis von $ 72 205,50. Dies sagt aber wenig über den tatsächlichen Gebrauch des Karabiners aus, da die Hülsen wiederladbar waren. Im Süden wurden Maynard-Patronen in beiden Kalibergrößen vom Savannah Arsenal gefertigt.

Genug Karabiner für eine Handvoll Regimenter: Merrill, Joslyn, Cosmopolitan

MERRILL PERCUSSION BREECH LOADING, CARBINE, CAL. .54

James H. Merrill aus Baltimore, Maryland, gehört zu jenen Waffenbauern, denen trotz erheblichen Einsatzes der große Durchbruch versagt blieb. Bereits im Juli 1855 hatte er in Verbindung mit den Brüdern Philip und Lewin Thomas und dem Financier Latrobe 170 Hinterlade-Karabiner im Kaliber .58 mit Maynard-Zünder zu Schießversuchen an die U.S. Armee verkaufen können. Die Waffen waren von Samuel Remington in Ilion, N.Y., gefertigt worden und wurden an zwei Kompanien des neu aufgestellten 1. U.S. Kavallerieregiments ausgegeben. Merrill ließ sich 1858 seinen Hinterladeverschluß patentieren und gründete mit den Gebrüdern Thomas eine Fabrik zur Herstellung von Gewehren und Karabinern. Kernstück der Idee Merrills war ein länglicher Hebel, der am Kolbenhals in einem Scharnier lagerte und am Visierfuß einrastete. Beim Öffnen zog dieser Hebel über eine Art Kniegelenk einen Kolben aus der Laufkammer, dessen Ende – einem Stöpsel gleich – mit Kupfer verstärkt war und unter dem Druck der Explosion die Gasdichtung nach hinten besorgen sollte. Beim Abschuß drücken die Gase gegen einen mit dünnem Stahlrand versehenen Kupferpropfen; durch die etwas ausgehöhlte Form der Stirnseite des Kolbens erfolgte eine Ausdehnung und Abdichtung der Laufkammer durch den Stahlrand. Kompliziert? Auf den ersten Blick erscheint diese Form der Gasabdichtung heute recht zweifelhaft und umständlich, aber sie hatte ihre Verdienste und wurde in ähnlicher Weise auch vom Westley-Richards ›monkey-tail‹-Verschlußsystem benutzt. Zudem erlaubte Merrills Erfindung den Umbau herkömmlicher Vorderlader durch Ausfräsen des Schaftbereiches an der Schwanzschraube und am Kolbenhals, wo dann die längliche Aufnahmehülse des Merrill-Systems eingesetzt werden konnte.
Ganz ursprünglich war die Idee des James H. Merrill auch nicht. Bereits zwei Jahrzehnte vorher hatte William Jenks aus Columbia,

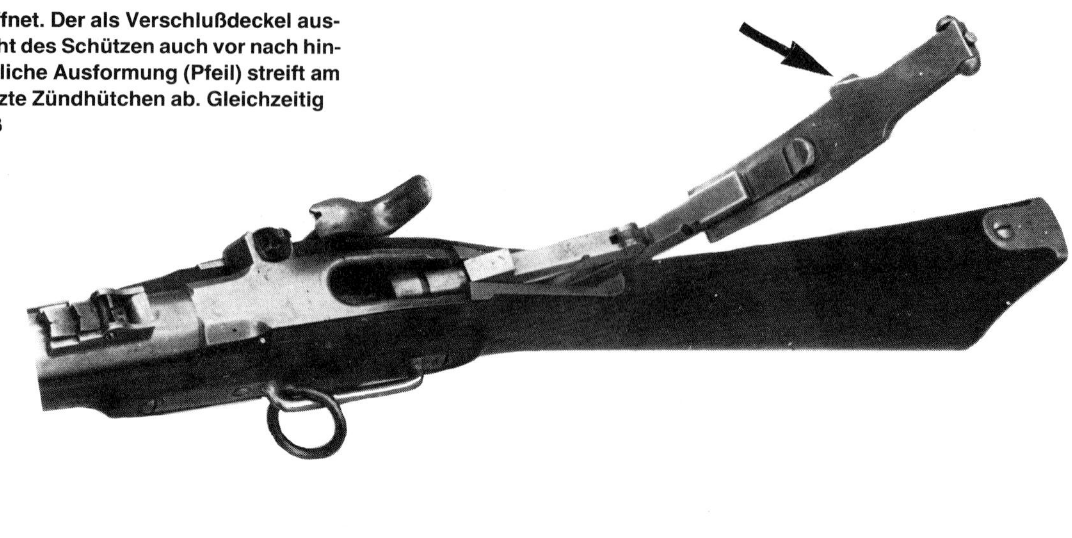

Merrill Karabiner, zum Laden geöffnet. Der als Verschlußdeckel ausgeformte Hebel schützt das Gesicht des Schützen auch vor nach hinten austretenden Gasen. Eine seitliche Ausformung (Pfeil) streift am Piston vorbei und zieht das benutzte Zündhütchen ab. Gleichzeitig verhindert diese Ausformung, daß es zu einem Auslösen des Schusses kommt, bevor der Verschluß verriegelt ist: Beim Vorschnellen drückt der Hahn automatisch den Verschlußdeckel in seine Rast am Visierfuß. Die Visierblätter sind für die Entfernungen von 100, 300 und 500 Yards.

Die Ähnlichkeit mit dem Merrill ist bei diesem Jenks ›Maultier-Ohr‹-Karabiner der Navy aus dem Jahr 1841 angesichts der Verschlußform offensichtlich.

South Carolina, für die Marine ein Hinterladegewehr mit ähnlichem Zugang zur Laufkammer und einem seltsam anmutenden seitlichen Hahn (›mule-ear‹) entwickelt, der im Mai 1838 patentiert und mit rund 6250 Stück in den Jahren 1841–1846 hergestellt wurde. Merrills System war nur robuster und einfacher zu laden, da es auf den Gebrauch einer Papierpatrone abgestellt war, während die Jenks-Musketons und Gewehre noch mit separatem Pulver und Blei geladen wurden. Etwa 300 Jenks Navy-Karabiner wurden in der Werkstatt Merrills 1858 auf sein System aptiert und mit einem normalen Perkussionshahn versehen.

Im Herbst 1861 begann das Kriegsministerium, einige hundert Karabiner zu beordern, die ihnen von der Fa. Merrill, Thomas & Co. einige Monate vorher zusammen mit aptierten Minié-Gewehren und anderen Entwürfen vorgestellt worden waren. Weitere Aufträge folgten. Der Preis pro Karabiner war $ 30,–, incl. Zubehör wie Patronentasche, Riemen und Zündhütchen-Tasche (cap-boxes). Die Papierpatronen kosteten $ 18,– pro Tausender-Packung.

Anders als viele seiner Zeitgenossen konnte Merrill sofort liefern. Die ersten 600 Karabiner trafen bereits im November bei der Truppe ein und es war wahrscheinlich dieser Umstand, daß verschiedene Infanterie- und Kavallerieverbände diese Waffe ankauften oder von ihren vorgesetzten Dienststellen erbaten. Gute Werbung und Beziehungen zu einigen Offizieren hatte dazu geführt, daß z. B. das berühmte und zum Teil aus Deutschen bestehende ›Lincoln‹ Kavallerieregiment (1. New Yorker) diesen Karabiner zu Gesicht bekam, ihn testen und seine Anschaffung dem Kommandeur der Kavallerie der Potomac-Armee, General Stoneman, empfehlen konnte. Auch die 17. Pennsylvania-Kavallerie und einige andere Regimenter erhielten schließlich Merrills, so daß General Stoneman in einem Brief an den Hersteller im März 1863 feststellen konnte: *». . . ich halte ihn für eine der besten Waffen, die man den Männern in die Hand geben kann. Die, die ihn benutzen, würden ihn gegen keinen anderen Karabiner tauschen, der bisher im Gebrauch ist.«*

Die U.S. Regierung bezahlte schließlich 14 495 Karabiner und 770 Merrill-Gewehre, die mit 33-Zoll-Läufen und zwei Laufbändern ausgestattet waren und ein Säbelbajonett besaßen. Außerdem aber kauften ganze Einheiten diesen Hinterlader auf eigene Rechnung, wie z. B. das 21. Indiana Infanterie-Regiment, das sich die $ 45,– in Raten vom Monatssold abziehen ließ. Der Regimentskommandeur McMillan berichtete später voller Stolz: *»Meine Jungs haben 50 Prozent mehr Schüsse abgefeuert als die, die Enfield- oder österreichische Waffen hatten.«*

Zwei Ausführungen des Karabiners sind bekannt: Mit und ohne Messingpatchbox. Die Gesamtlänge beträgt 94 cm, die des Laufes (3 Züge) 56 cm; Gewicht 2,8 kg. Die Schloßplatte trägt die Aufschrift ›J. H. MERRILL, BALTO. PAT. JULY 1858, APL 9 MAY 21-28-61‹, die Jahreszahl und beim zweiten Modell den Bundesadler. Die Papierpatrone war am Geschoß festgeklebt und hatte eine Länge von 38 mm. Der Geschoßdurchmesser beträgt .550 bei einem Gewicht von 400 grains und einer Ladung von 40 bis 50 grains. Während fabrikgeladene Patronen der Firma nur 40 grains enthielten und die Paketaufschrift ›Cal. 56-100 Grs. 40‹ trugen, sah die sonst sehr sparsame konföderierte Armee für die gleiche Waffe 50 grains Pulver vor. Wie Tests von H. J. Grap (s. DWJ 2/80) gezeigt haben, brachten stärkere Pulverladungen über 40 grains eine bessere Abdichtung – hierin ist wohl der Grund für die Variation in der Pulvermenge zu sehen.

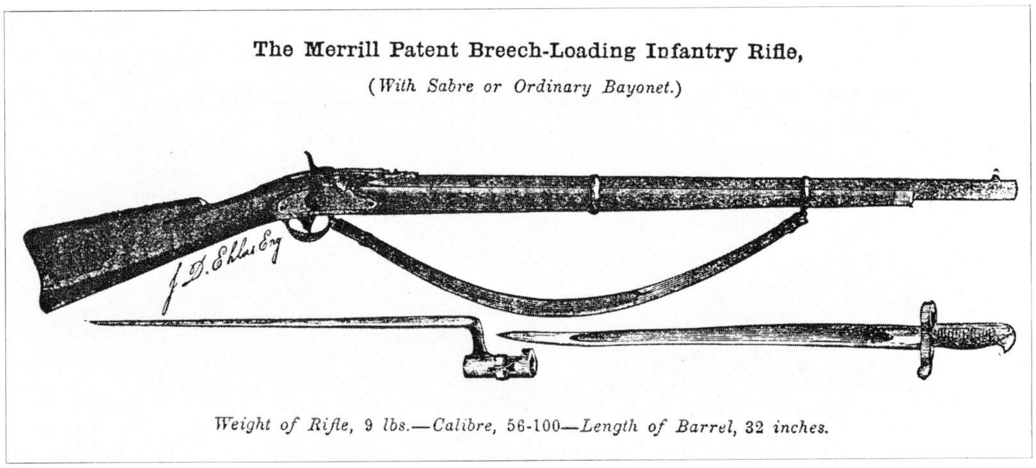

Das Merrill-Gewehr. Abbildung aus einem Werkskatalog von 1864.

JOSLYN CARTRIDGE CARBINE, CAL. .52

Benjamin F. Joslyn war ein weiterer jener ›Connecticut-Yankees‹, deren unternehmerische Qualitäten und technischer Erfindungsgeist die Industrialisierung der USA vorantrieb. Seine Karriere als Waffenfabrikant begann 1855, als ein von ihm patentierter Hinterlader, der gewisse Ähnlichkeiten mit dem Merrill-Verschluß aufwies, von der alteingesessenen Firma A. H. Waters in Milbury, Mass., gefertigt wurde. Lediglich 850 Stück wurden davon als Karabiner Kaliber .54 vom Kriegsministerium gekauft.

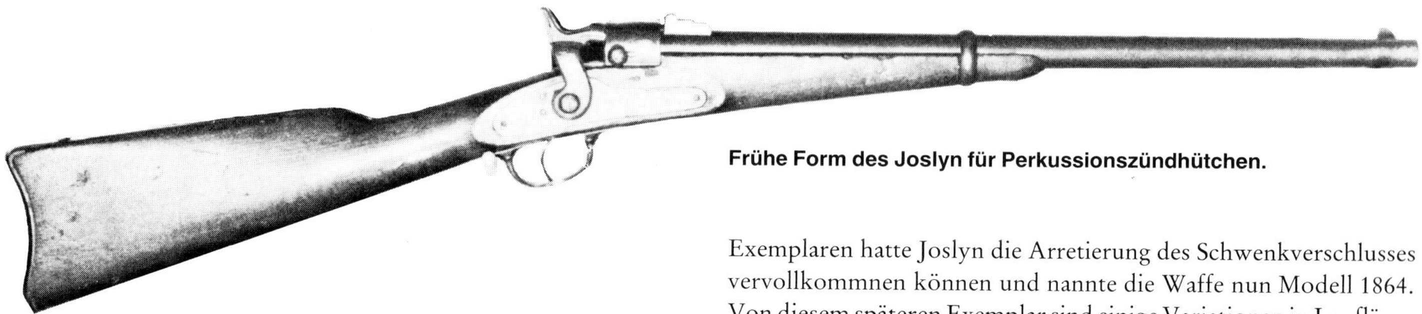

Frühe Form des Joslyn für Perkussionszündhütchen.

Im Herbst 1861 ließ Joslyn ein neues Hinterlademodell patentieren, das für eine Metallpatrone eingerichtet war. Ein halbrunder, hülsenartiger Verschlußblock war scharnierartig mit dem Lauf verbunden und wurde zum Laden nach links geschwenkt. Die Zündung der Randfeuerpatrone erfolgte über ein normales Seitenschloß, dessen Hahn auf einen Schlagbolzen traf. Die äußere Form des Karabiners entsprach den damals üblichen Dimensionen, der Lauf hatte eine Länge von 22 Zoll, drei Züge und war für die Patrone .56–.52 eingerichtet. Die Produktion dieser Waffe, die als Modell 1862 bezeichnet wird, begann bereits im Herbst 1861. Die ersten Serien waren noch für eine perforierte Hülse eingerichtet, die separat über ein Perkussionszündhütchen abgefeuert wurde. Diese Karabiner sind heute gesuchte Seltenheiten.

Joslyn, dessen neugegründete Fabrik in Stonington, Connecticut, auch einen ›Army‹-Perkussionsrevolver mit Seitenhammer anfertigte, begann die quantitative Auslieferung seines Karabiners erst 1863, wobei durch kleine Veränderungen im Blockverschluß, die Arretierung, Hahnform und Aufhängung betrafen, die Entwicklung der Serienproduktion verzögert wurde.

Insgesamt kaufte die Regierung bis zum Februar 1865 nur 11 261 Karabiner an, wobei die meisten dieser Waffen für die Randfeuerpatrone Spencers eingerichtet waren. Nach den ersten viertausend Exemplaren hatte Joslyn die Arretierung des Schwenkverschlusses vervollkommnen können und nannte die Waffe nun Modell 1864. Von diesem späteren Exemplar sind einige Variationen in Lauflänge und kleineren Kalibern (.50 und .44) bekannt geworden.

Die von der Regierung angekaufte Waffenmenge entspricht in etwa der Gesamtmenge der in Stonington gefertigten Karabiner, die im Truppendienst nicht sehr erfolgreich waren. In einem Inspektionsbericht über die Kavalleriedivisionen Sheridans im Januar 1864 berichtete ein Hauptmann F. C. Newhall auch über die Bewaffnung der einzelnen Regimenter. Die 19. New Yorker waren demzufolge mit Joslyn-Karabinern ausgerüstet, die Newhall als »unzuverlässig und wertlos« bezeichnete. Ein Austausch gegen Spencer-Repetierer wurde empfohlen.

Joslyns Patent wurde Anfang 1865 in der Springfield Armoury zur versuchsweisen Aptierung von Musketen benutzt. Rund 3000 dieser Waffen, Kaliber .56–.50 Spencer, wurden hergestellt, aber zu Kriegszeiten nicht mehr an die Truppe ausgeliefert.

Patronenausführung

COSMOPOLITAN (GWYN & CAMPBELL) PERCUSSION BREECH LOADING CARBINE, CAL. .52

Die äußerlich wohl am seltsamsten anmutende Waffenkonstruktion ist das Produkt von Edward Gwyn und Abner C. Campbell, Inhaber der ›Cosmopolitan Arms Company‹ in Hamilton, Ohio. Der Fallblockverschlußlader wurde ursprünglich von Büchsenmacher Henry Gross aus Tiffin, Ohio, am 30. August 1859 patentiert; das Patent wurde dann von Edward Gwyn erworben, der die Waffe auch in England im Juni 1859 patentrechtlich schützen ließ. Erste Ausführungen sind im Juni 1860 von Heer und Marine getestet worden, wobei es sich hierbei um Gewehre mit einer Lauflänge von 31 Zoll gehandelt haben muß. Bevor die Cosmopolitan Arms Company an die Produktion von Karabinern heranging, hatte sie mehrmals versucht, ihr Hinterladesystem in Gewehrform zu vermarkten. Wahrscheinlich wurden weniger als 1500 Gewehre hergestellt. Aber bereits im Winter 1861 erfolgte der erste Auftrag an die Firma über 1140 Karabiner, die als Bewaffnung der von Gouverneur Yates aufgestellten ›Governor's Legion‹ von Illinois gedacht waren, eines der ersten bei Kriegsausbruch aufgestellten Freiwilligen-Kavallerieregimenter. Der Preis betrug mit Zubehör $ 27,–. Im Sommer 1862 wurden diese Waffen ausgeliefert. Weitere Aufträge folgten 1863 und 1864. Die Gesamtmenge der von Washington bezahlten Waffen betrug am Ende 9342 Stück – genügend Waffen, um etwa acht bis zehn Regimenter auszurüsten.

Wie viele Hinterlademodelle der Periode funktionierte auch der Gwyn & Campbell über den als Unterhebel gestalteten Abzugsbügel. Ein massiver Verschlußblock wurde von Fugen im Gehäuse so geführt, daß er beim Herunterpressen des Bügels zuerst zurück glitt und dann nach unten abkippte. Dadurch wurde die Laufkammer frei, in die nun eine Leinenpatrone mit Papierboden (später auch Papierpatronenhülse) eingeführt werden konnte. Die Zündung erfolgte über ein Perkussionsschloß. Der eigenwillig geformte Unterhebel gab dem Karabiner einige Spitznamen ›Affenschwanz‹ oder ›Weinranke‹. Variationen in der Hahnform, in der Ausformung des Unterhebels und im Kaliber – die durch die zeitmäßig weit auseinanderliegenden Lieferaufträge und produktionsmäßigen Verbesserungen bedingt waren – lassen vier Versionen erkennen. Einige dieser Waffen wurden auch im Kaliber .50 hergestellt. Die Beschriftung variiert: Vorkriegsmodelle wurden mit ›COSMOPOLITAN ARMS CO‹, Herstellungsort und ›GROSS PATENT 1859‹, spätere Exemplare mit ›GWYN & CAMPBELL PATENT 1862, HAMILTON.O‹ und ›UNION RIFLE‹ beschriftet.

Die Patrone mit einer Gesamtlänge von etwa 40,5 mm hatte eine Pulverladung von 40 grains bei einem Geschoßgewicht von 390 grs. Der Durchmesser des Flachbodenprojektils betrug .525 inch.

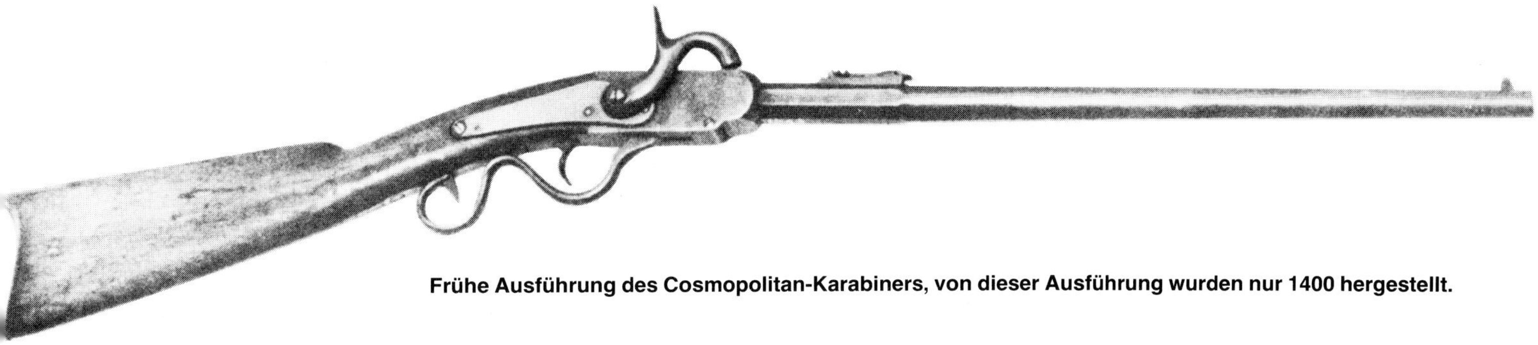

Frühe Ausführung des Cosmopolitan-Karabiners, von dieser Ausführung wurden nur 1400 hergestellt.

UNTER FERNER LIEFEN . . .

In dem Bewaffnungswirrwarr der Unionskavallerie tauchen eine Reihe Hinterlader auf, von denen die Regierung in Washington nur wenigen hundert, in einigen Fällen einige tausend ankaufen ließ. Der Grund für die Bevorzugung des einen Systems vor dem anderen ist nicht unbedingt für die Qualität der betreffenden Waffe aussagefähig. Der Hinterlader des Edward *Lindner* stand dem anderer Erfinder um nichts nach. Seine Leistungsfähigkeit zeigt sich u. a. in der Tatsache, daß verschiedene europäische Staaten (auch Bayern) sich das Lindner-Prinzip und seine späteren Verbesserungen zu eigen machten. Aber Lindner hatte nicht die Lobby in Washington, die ein Ambrose E. Burnside besaß – nur 892 seiner von Amoskeag Mfg. Co. in New Hampshire hergestellten Karabiner wurden angekauft, ein späterer Auftrag über 6000 Stück wurde schließlich annulliert. Mißliche Umstände verhinderten den Erfolg des von Lucius H. *Gibbs* 1856 patentierten und der Armee 1858 vorgestellten Kipplaufkarabiners. 10 000 dieser Waffen, deren System eine große Ähnlichkeit mit dem des Gallager aufweist, sollten laut Regierungsauftrag vom Juni 1862 geliefert werden. Aber nur etwas mehr als 1000 Karabiner wurden tatsächlich gebaut, denn die New Yorker Fabrik ging während der großen Juli-Unruhen in Flammen auf. Es gibt auch keinen vernünftigen Grund, warum der von C. H. *Ballard* entworfene Fallblockverschluß für Metallpatronen so wenig Resonanz im Bürgerkrieg hatte. Selbst Ripley mußte zugeben, daß es sich hierbei um »den besten Hinterlader-Karabiner, der mir je zu Versuchen präsentiert wurde« handelte. Aber nur 1509 Kara-

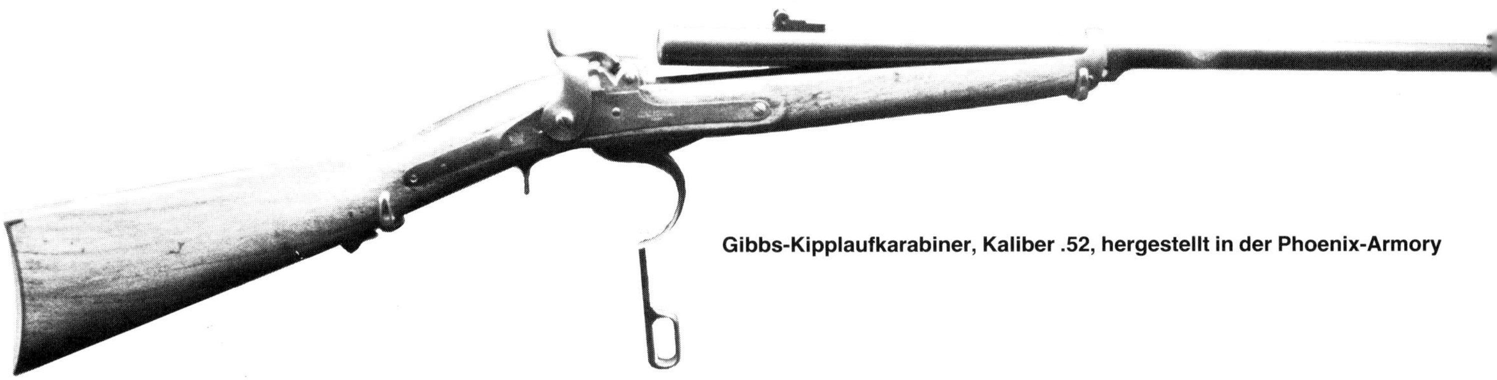

Gibbs-Kipplaufkarabiner, Kaliber .52, hergestellt in der Phoenix-Armory

biner im Kaliber .44 Rimfire wurden angekauft. Einige hundert Ballards für eine Metallpatrone .54 wurden privat abgesetzt, mehrere Staaten erwarben Ballard-Hinterlader mit 30-Zoll-Lauf und langer Dreiband-Vorderschäftung. Kentucky allein bestellte 1864 fünfzehntausend Musketen, aber es ist zweifelhaft, ob diese Anzahl ausgeliefert wurden, bevor der Krieg zu Ende ging.
Zukunftsträchtig war auch der *Warner*-Kippblockverschluß, von dem rund 4000 Karabiner von Warners Fabrik in Springfield und den Greene Rifle Works in Worcester, Massachusetts, an die U.S. Armee verkauft wurden. Die Waffe hatte ein massives Verschlußgehäuse aus Messing mit integriertem innenliegendemn Hahnschloß, war für eine Messingpatrone .50 Randfeuer ausgestattet und hatte einen separaten Auszieher, der durch einen Hebel am Vorderschaft betätigt wurde. Der Verschlußblock war rechtsseitig

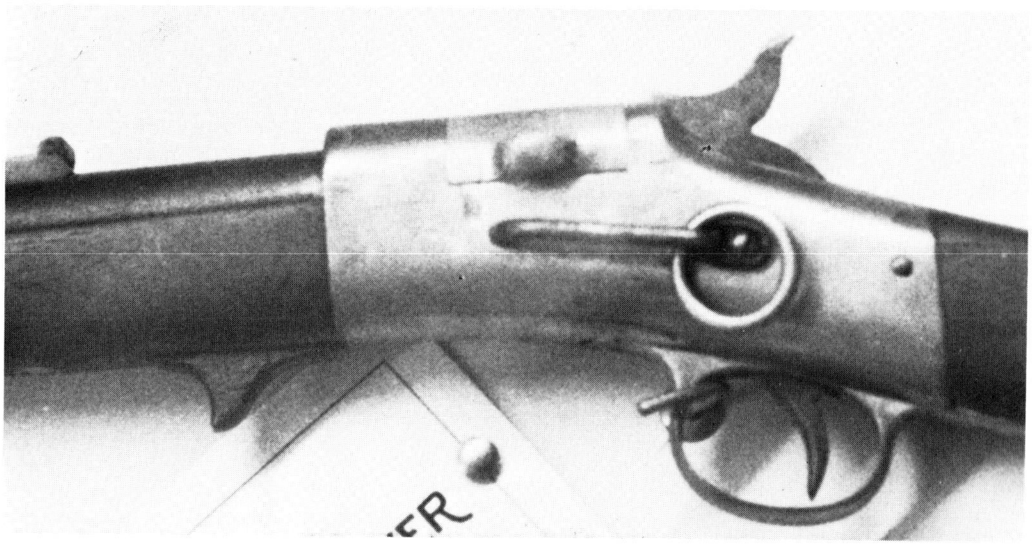

Der Warner-Karabiner, Kaliber .50 Randfeuer-Metallpatrone; das Konzept dieser Waffe war wesentlich besser als der 1866 eingeführte englische Snider-Verschluß, mit dem es gewisse Ähnlichkeiten aufweist.

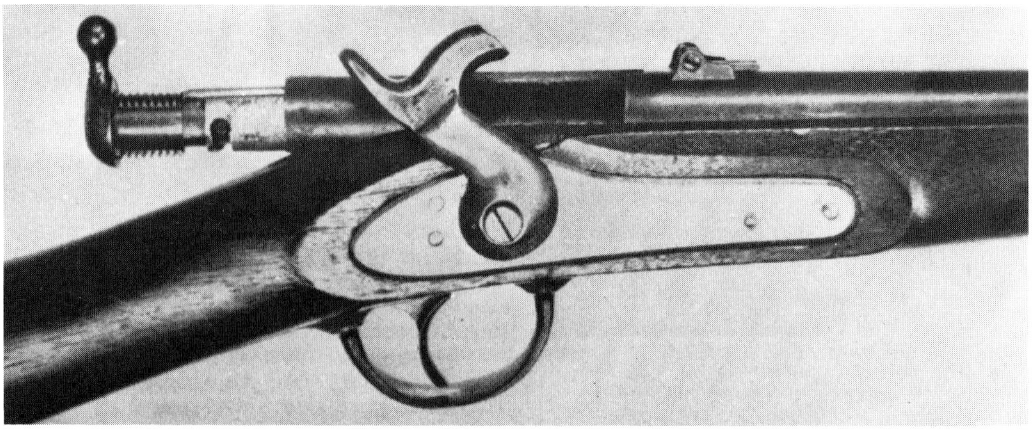

Nur 1001 dieser Palmer-Hinterlader für Metallpatronen .50 Randfeuer wurden gefertigt, dann kam das Kriegsende. Der Kammerverschlußhebel war seiner Zeit weit voraus.

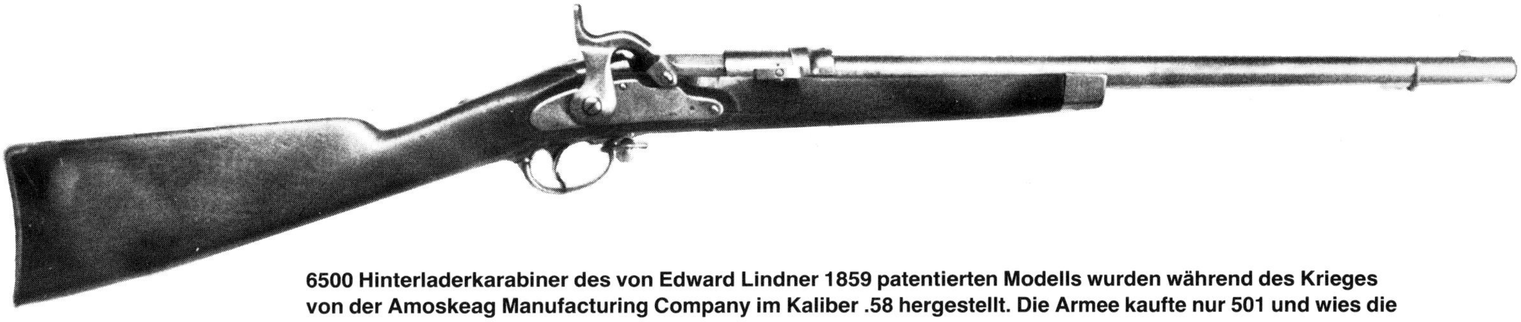

6500 Hinterladerkarabiner des von Edward Lindner 1859 patentierten Modells wurden während des Krieges von der Amoskeag Manufacturing Company im Kaliber .58 hergestellt. Die Armee kaufte nur 501 und wies die weiteren 6000 zurück, welche 1870 an Frankreich exportiert wurden. Lindner wurde in Europa durch seine in Bayern und Österreich verwirklichten Hinterlader berühmt.

aufgehängt und nahm die später beim Tabatiere- und Snider-Verschluß benutzte Form vorweg. Einige Waffen, wie z. B. der seitlich wegkippende Lee-Patronenkarabiner .44 Randfeuer oder Frank Wessons Kipplauf-Karabiner, fanden nie offizielle Anerkennung in Washington, sondern wurden nur über den direkten Weg an einige Miliztruppen und privat an Offiziere und Soldaten verkauft, die sich den Preis für diese Hinterlader mühsam von ihrem geringen Monatssold absparten.
Aber Hinterlader waren gefragt, und mancher ›trooper‹ gab lieber zwei oder drei Monatslöhnungen von je $ 13,– her, als daß er mit den von der Regierung importierten Vorderladern ins Feld zog. Für Offiziere waren die Auslagen wesentlich leichter zu tragen: Ein 2nd Lieutenant der Union bekam $ 105,50 pro Monat, ein Hauptmann $ 169,–. Im Vergleich dazu waren die Löhnungen der Unteroffiziersränge, die zwischen $ 16,– und 25,– lagen, recht spärlich. Auf konföderierter Seite sah es ähnlich aus: Ein Gemeiner erhielt bis zum Juni 1864 $ 11,– pro Monat, danach wurde der Sold aller Ränge um $ 7,– angehoben, was aber bei der rasenden Geldentwertung des C.S. Dollars gegenüber dem ›greenback‹, der Unionswährung, nur noch ein Tropfen auf den heißen Stein war.

Konföderierte Karabiner

Anders als die Unionskavallerie verfügte die konföderierte Reiterei in ihrer Mehrzahl nicht über Hinterlader – es sei denn, sie hatten sie vom Gegner erbeutet. Standardbewaffnung blieb der Vorderladerkarabiner oder das Musketon, wie sie in geringen Stückzahlen in einigen Fabriken im Süden hergestellt oder in größeren Mengen importiert wurden.
Zu den Importwaffen gehörten in kleiner Stückzahl auch *Westley Richards* ›monkey-tail‹-Hinterlader, die Entwicklung eines englischen Büchsenmachers, der sich mit seinen Entwürfen von 1858 bis 1866 um die britischen Heeresaufträge bewarb. Zentraler Gedanke seines Hinterladers, der ähnlich dem Merrill geladen wurde, war ein gefetteter Filzpropfen am unteren Ende der Papierpatrone, die durch die Explosionsgase ausgebreitet, den Verschluß abdichtete. Beim Einführen der nächsten Patrone wurde der Filzpropfen in den Lauf geschoben und reinigte beim Durchschießen die Züge. Die Zündung erfolgte durch ein normales Seitenschloß. Ähnlich verfuhr auch der *Calisher & Terry*-Karabiner, der über eine seitliche Öffnung der Laufkammer verfügte. Ein berühmter Benutzer des ›Terry‹ war ›Jeb‹ Stuart, dessen Kavallerie eine kleine Anzahl dieser beiden Hinterlader erhalten hatte.
Das Handbuch des C.S. Heereszeugamts stellte in seiner Ausgabe vom Jahr 1862 fest, daß zwar verschiedene Waffen bei der Reiterei benützt werden, aber offiziell noch keine Entscheidung über den offiziellen Ordonnanzstatus eines Modells gefällt worden ist. Dies kaschierte hervorragend die eigentliche Tatsache, daß die Kavallerie bei der Austeilung von Waffen recht stiefmütterlich behandelt

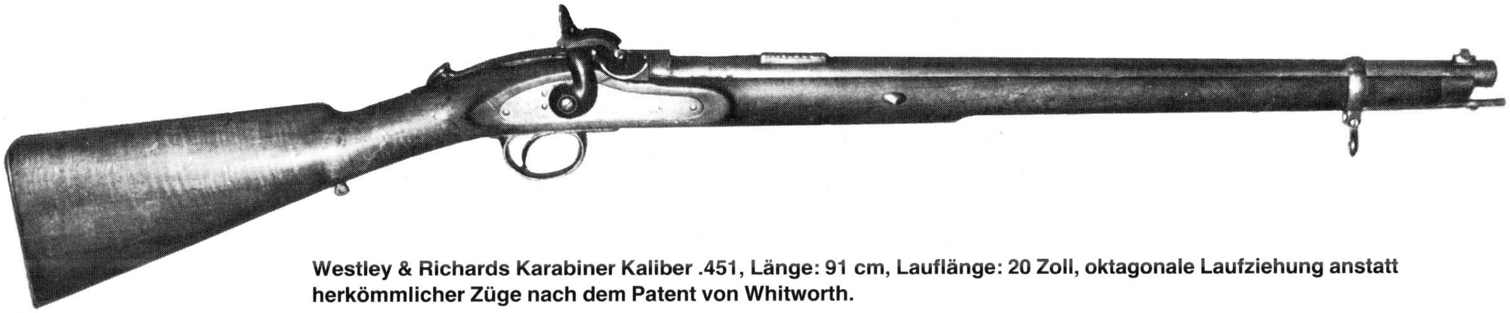

Westley & Richards Karabiner Kaliber .451, Länge: 91 cm, Lauflänge: 20 Zoll, oktagonale Laufziehung anstatt herkömmlicher Züge nach dem Patent von Whitworth.

Ein Blick von oben auf den geöffneten Verschluß des ›monkeytail‹-Karabiners.

wurde – die Regierung in Richmond hatte keine entsprechenden Karabinerposten, noch genaue Vorstellungen über den Bedarf der Truppe. Wer nichts von daheim mitgebracht hatte, half sich mit dem, was er an Musketen von den Arsenalen bekommen konnte – oder mit dem, was von der Unionsreiterei zu erbeuten war.

Zu Kriegsanfang machten Stuarts Kavalleristen aus einem Notbehelf eine Tugend. Auf den Plantagen und Farmen des Südens gab es Doppelflinten in reichlicher Auswahl. Diese wurden auf eine Lauflänge von fünfzehn bis zwanzig Zoll, manchmal sogar noch kürzer, abgesägt und mit Rehposten geladen. Im Nahkampf hatten diese ›Karabiner‹ eine nicht zu unterschätzende reale und wahrscheinlich noch größere psychologische Wirkung. Südstaaten-Kavalleristen, die mit einer solchen Doppelflinte ausgestattet waren, fühlten sich jedenfalls nicht ›unterbewaffnet‹.

Die Verzeichnisse des C.S. Zeugamtes listeten für die Kavallerie folgende Waffen auf:

– U.S. Karabiner und Gewehre Hall und Hall-North, M 1840, 1842 und 1843, obwohl mit ziemlicher Sicherheit anhand von Schlachtfeldfunden festgestellt werden kann, daß auch frühere Steinschloßversionen des Hall noch im Gebrauch waren. Kaliber .52

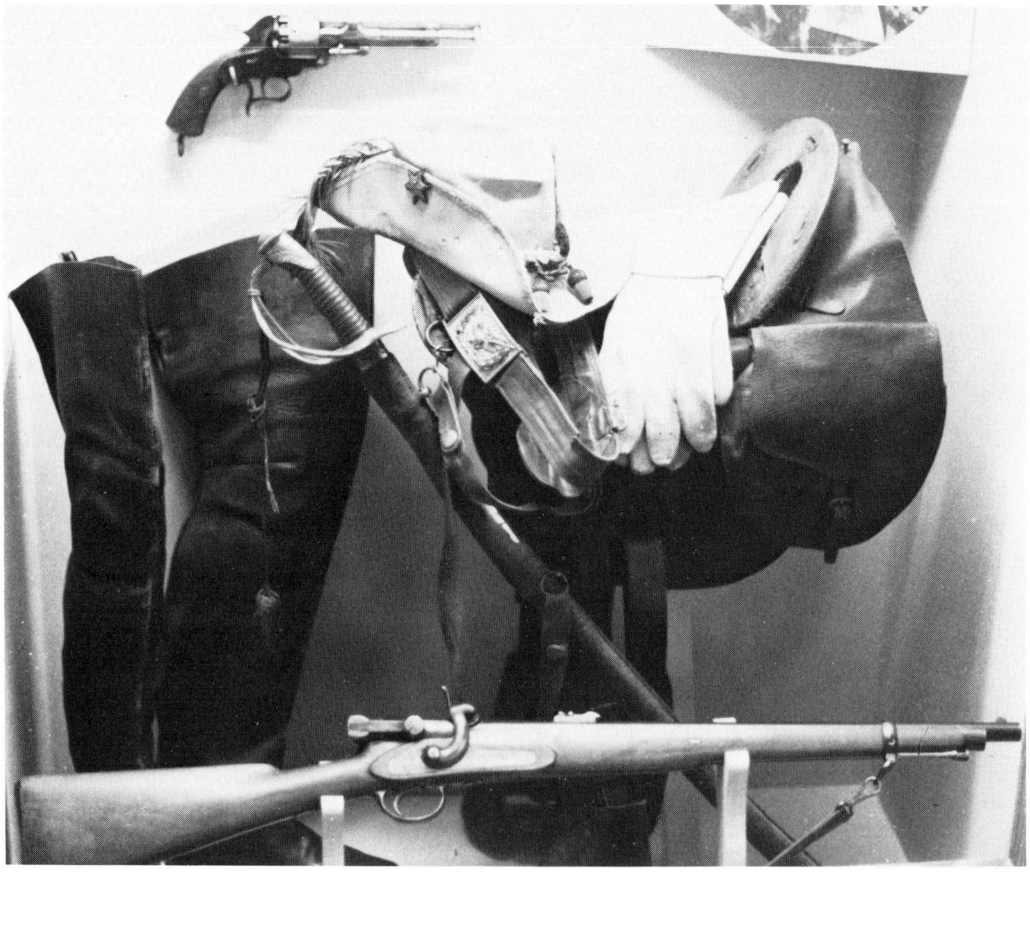

McClellansattel, Säbel und Karabiner nebst anderen Ausrüstungsgegenständen des CSA-Reiterführers ›Jeb‹ Stuart

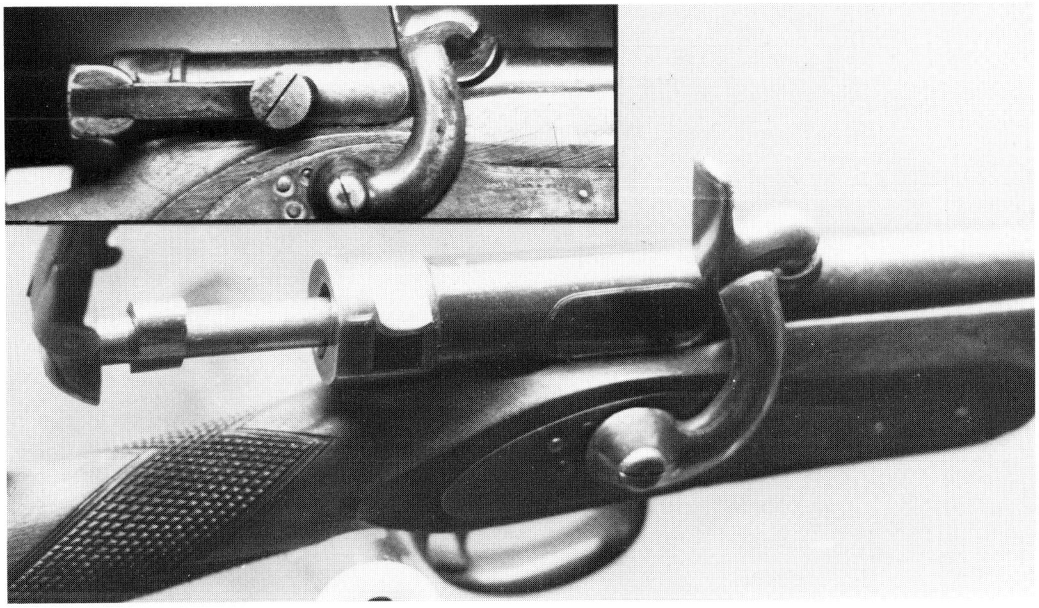

Calisher & Terry-Karabiner, Kaliber .568, Lauf mit drei Zügen und einer Länge von 49,8 cm. Bild zeigt die Waffe verriegelt (oben) und mit geöffnetem Verschluß.

- Sharps Modell 1859, Kaliber .52
- Burnside, Kaliber .54
- Maynard, erste Ausführung mit Bandzünder, Kaliber .35 und .50
- Enfield Pattern 1858 Karabiner und Musketons. Karabiner mit Reitstange und Lauflängen von 21 Zoll sind von der LAC oder anderen Herstellern (Barnett, London) gefertigt und an die Konföderation verkauft worden. Caleb Huse erwarb auch eine Anzahl lederner Sattelschuhe zum Führen dieser Waffen. Kaliber .577
- Richmond Karabiner, Lauflänge 25 Zoll, Gesamtlänge 40,5 Zoll (103 cm) Kaliber .58. Typisches Merkmal: drei Riemenbügel. Zwischen 2000 bis 3000 dieser Waffen mit der ›buckligen‹ Schloßplatte sind in Virginia gefertigt worden.
- Cook Artillerie-Musketon und Karabiner, .58, Gesamtlängen 40 Zoll und 36,5 Zoll. Mit dieser Waffe in Karabinerlänge war u. a. die 11th Georgia Cav. ausgerüstet.
- Tallassee Karabiner, Kaliber .58, Länge 40,5 Zoll, Lauf 25 Zoll, angelenkter Ladestock. Eine Offizierskommission der Kavallerie Stuarts wählte dieses Muster, das dem Enfield Musketon nachempfunden war, während des Krieges zur Ordonnanzwaffe der Kavallerie. Aber offensichtlich erfolgte die Serienproduktion der mit Messinggarnitur versehenen Waffe zu spät, um an die Truppe ausgeliefert zu werden. Die Fabrik saß in der Nähe Montgomerys in Alabama und erhielt im Sommer 1863 Maschinen der ehemaligen Robinson Werke aus Richmond. Nur 500 Karabiner wurden hergestellt.

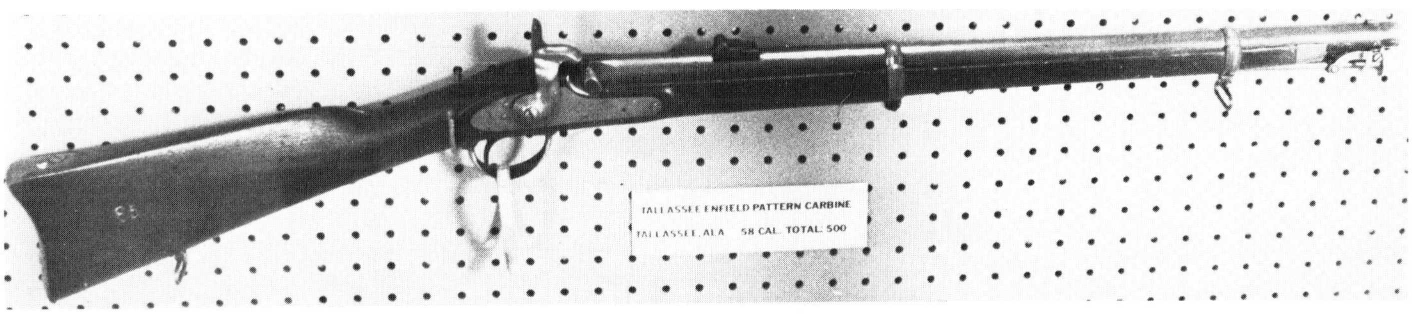

Tallasee-Karabiner, ein nach englischem Vorbild in der Konföderation hergestelltes Kavallerie-Kurzgewehr von hoher Produktionsqualität.

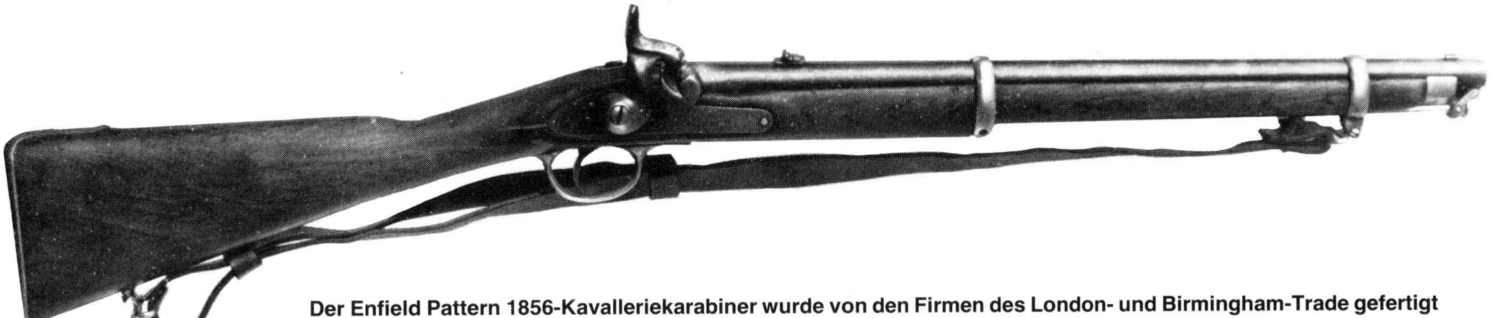

Der Enfield Pattern 1856-Kavalleriekarabiner wurde von den Firmen des London- und Birmingham-Trade gefertigt und in die Südstaaten exportiert. Der gezogene Lauf, Kaliber .577, hat eine Länge von 21 Zoll, die Gesamtlänge der Waffe beträgt 94 cm. Wenige Hundert dieser Karabiner wurden in der Kavallerie der Konföderation benutzt.

Der von der Firma D.C. Hodgkins in Macon, Georgia, hergestellte Karabiner, Kaliber .58, ist eine genaue Kopie des gezogenen U.S. Karabiners M 1855 der Springfield Armoury. Auch diese Waffen sind mit ›P‹ und ›CS‹ abgestempelt.

Einige im Süden entstandene Karabiner waren Kopien von U.S. Ordonnanzwaffen der Vorkriegszeit, die mit erbeuteten Teilen zusammengestellt wurden, so die Barrett-Karabiner aus Hall-Teilen der Harpers Ferry-Beute und der Karabiner von D.C. Hodgkins & Sons aus Macon, Georgia, der dem U.S. Springfield M 1855-Karabiner entsprach, von dem bis 1861 nur etwas mehr als eintausend Exemplare in den Regierungsfabriken hergestellt worden waren.
Interessanter aber sind die wenigen Hinterlader, die aus konföderierter Fertigung erhalten sind. Nach General Gorgas wurden in Richmond zwölf Patente für Hinterladeverschlüsse erteilt. Wer allerdings der Erfinder des Klappverschlusses war, der in dem ›Maynard-‹ oder ›Perry-Messingrahmenkarabiner‹ Verwendung fand, ist unbekannt. Anzeichen sprechen dafür, daß die Waffe im Kaliber .54 in der Tallassee-Fabrik gemacht wurde. Nur wenige hundert dieses Modells und des folgenden sind gemacht worden. Für eine Papierpatrone Kaliber .54 war auch der ›Rising Breech‹-Hinterlader, bei dem der Abzugsbügel den Verschluß senkrecht nach oben aus dem Gehäuse anhob, so daß die Patrone mit dem Boden zuerst in den Block eingeführt werden konnte. Beide Waffen sind offenbar von dem Hall- oder Perry-Prinzip inspiriert worden und von sehr guter Fertigungsqualität.
Von zweifelhafter Qualität war der von Jere H. *Tarpley* im Februar 1863 patentierte Klappenverschluß, bei dem ein Verschlußblock

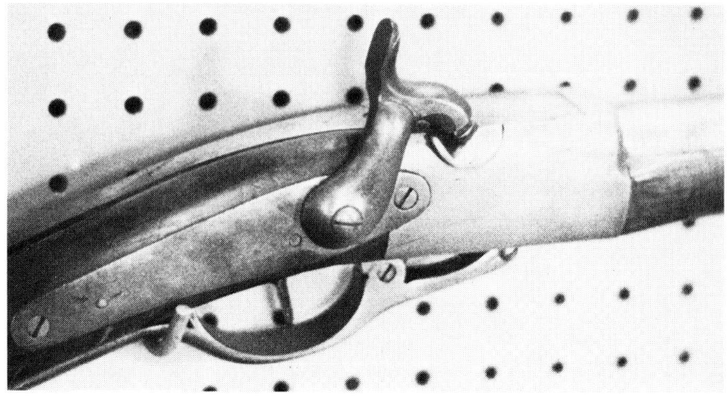

Der Herstellungsort dieser ›Rising-Breech‹-Hinterlader ist unbekannt, die Läufe könnten aus der Sumner Armory oder von D.C. Hodgkins stammen. Abnahmestempel ›P‹ und ›CS‹ finden sich als einzige Markierung auf diesen Waffen.

seitwärts in einem massiven Messingrahmen scharnierartig saß. Die Zündung der mit Papierpatronen Kaliber .52 geladenen Karabiner erfolgte durch ein Perkussionsschloß, dessen Mechanismus im Rahmen eingepaßt war.
Die Fabrikation war in Greensboro, North Carolina, angesiedelt und entstand als Zusammenschluß von Tarpley mit der Büchsen-

Zwei Tarpley-Karabinerverschlüsse: Einige Hundert dieser von Jere H. Tarpley am 14. 2. 1863 patentierten Hinterlader wurden bis 1864 gebaut. Der Rahmen ist aus Messing, der eingesetzte Klappenverschluß mit seitlicher Verriegelung wurde mit Papierpatronen geladen, die eine Gasdichtung nicht gewährleisten konnten: So war die Erosion bei jedem Schuß der Waffe sehr stark und das zwischen Verschluß und Lauf ausweichende Gas gefährdete den Schützen. Der Karabiner hat einen einfachen Nußbaumkolben ohne Vorderschaft und eine Gesamtlänge von 98,5 cm.

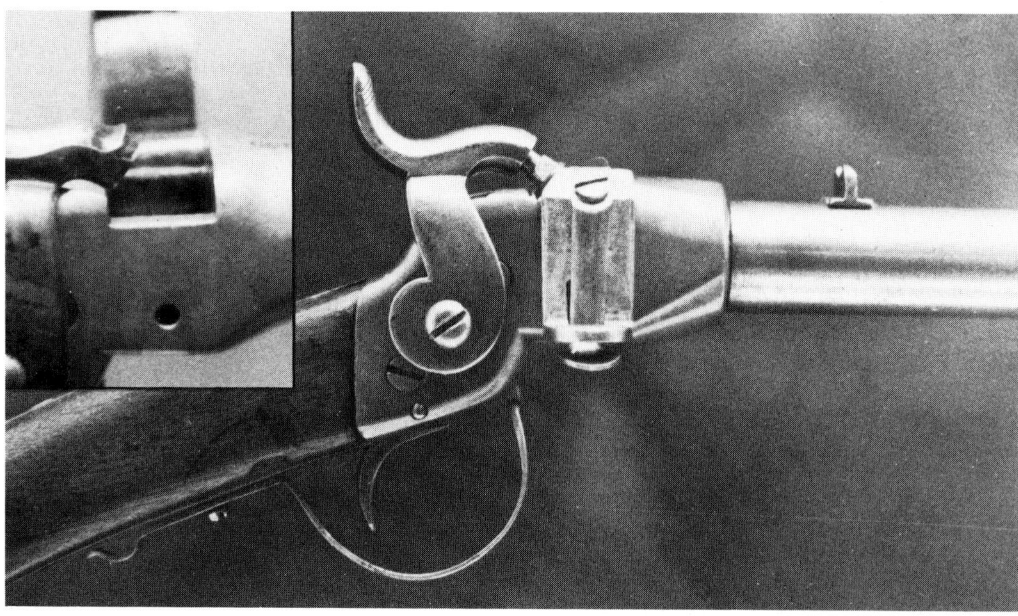

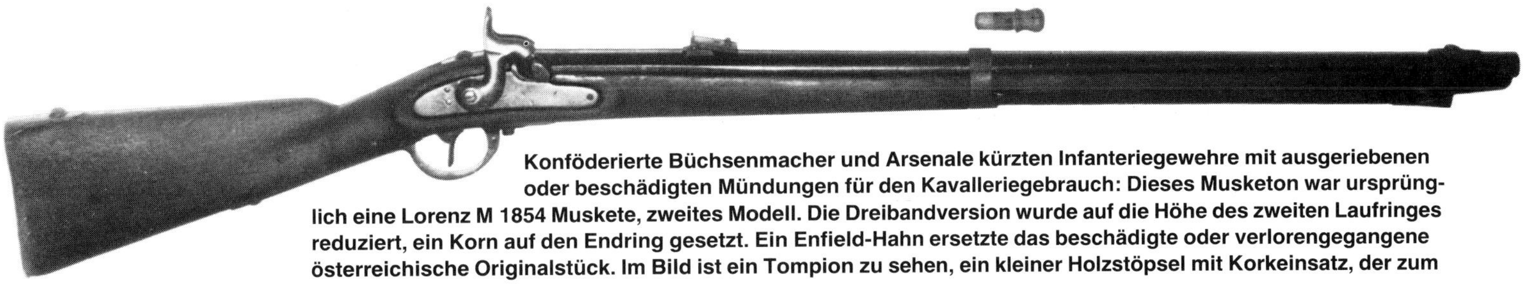

Konföderierte Büchsenmacher und Arsenale kürzten Infanteriegewehre mit ausgeriebenen oder beschädigten Mündungen für den Kavalleriegebrauch: Dieses Musketon war ursprünglich eine Lorenz M 1854 Muskete, zweites Modell. Die Dreibandversion wurde auf die Höhe des zweiten Laufringes reduziert, ein Korn auf den Endring gesetzt. Ein Enfield-Hahn ersetzte das beschädigte oder verlorengegangene österreichische Originalstück. Im Bild ist ein Tompion zu sehen, ein kleiner Holzstöpsel mit Korkeinsatz, der zum Verschließen der Laufmündung diente.

Robinson Sharps-Karabiner Seriennummer 955, hergestellt 1862.

macherfirma J. & F. Garret & Co. Nur einige Hundert dieser Karabiner sind mit gewissen Abweichungen angefertigt worden.
Das ambitionierteste Unternehmen dieser Art war der Versuch, den Sharps-Hinterlader als ›Raubkopie‹ in Richmond nachzubauen. Samuel C. *Robinson* begann mit dieser Arbeit im Herbst 1862 und fertigte etwa 1900 Kopien des Modells 1859 als Kaliber .52-Karabiner an, denen nur die Zündpillenvorrichtung fehlte. Die Waffen sind sofort an ihrem breiten Laufband aus Messing zu erkennen und haben außerdem eine einfache Blockkimme anstelle des Lawrence-Visiers des Originals. Auf Schloß und Lauf findet sich die Herstellermarke ›S.C. ROBINSON ARMS MANUFACTORY. RICHMOND, VA. 1862‹. Im März 1863 übernahm die Regierung die Herstellung dieses Karabiners in eigener Regie und ließ bis zum Kriegsende etwa 3000 Stück anfertigen. Die einzige Markierung dieser Exemplare ist auf dem Lauf mit ›RICHMOND,

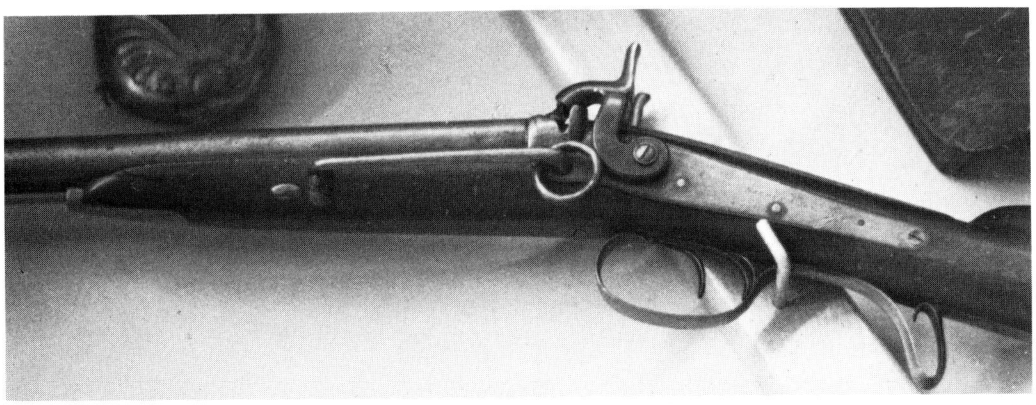

Durch Anbringen einer Reitstange und Kürzen des Laufpaares wurde aus dieser Jagdflinte eines Plantagenbesitzers eine gefürchtete Kavalleriewaffe der Konföderierten. Solche Aptierungen sind von Stuart und Forrest empfohlen worden – aber Sammler sollten sich vor Fälschungen hüten!

Ein erbeutetes Henry-Gewehr wurde noch am 22. April 1865 einem Oberst Martin von Stabsoffizieren von Jefferson Davis »für die Verteidigung des Präsidenten« überreicht, wie die Inschrift dieser Henry im Museum von Richmond verkündet. Die Konföderierten konnten die erbeuteten Repetierer wenig nutzen, weil es an der Nachfertigung der Munition für Spencer und Henry mangelte.

VA.‹. Nach Gorgas war die Qualität dieser Waffen, besonders ihre Gasabdichtung unbefriedigend.
Angesichts dieser geringen, in der Konföderation hergestellten Waffenmengen mußte der beste Nachschub der Johnny Rebs aus den Arsenalen der Union kommen – und obwohl die Verwendung erbeuteter Karabiner den Süden vor das schwierige Problem der Munitionsbeschaffung stellte, rüsteten sich flinke Konföderierte mit Waffen und Ausrüstung der Nordstaaten-Kavallerie zu einem Grade aus, daß George Baylor von der 12. Virginia in seinen Erinnerungen (»Bull Run to Bull Run or Four Years in the Army of Northern Virginia«) später schrieb: »Onkel Sam versorgte uns netterweise sehr bald mit den besten Pistolen, Sätteln, Säbeln und Zaumzeug . . . Alles außer uns selbst war mit U.S. gebrandmarkt.« Und Mosby beschwerte sich einmal bei dem Kommandeur eines Regimentes, dessen Vorposten er gerade überfallen hatte, per durch Gefangenen überbrachten Brief, daß es sich kaum noch lohnen würde, die Unionskavallerie anzugreifen, wenn ihre Ausrüstung nicht besser werde!

Lanzen

Auf beiden Seiten der Mason-Dixon-Linie wurde mit dem Gedanken kokettiert, die Schlagkraft der Kavallerie durch die Bewaffnung mit Lanzen zu verstärken. Neben dem europäischen Vorbild gab es das Beispiel mexikanischer Lanzenreiter, das die Gedanken der amerikanischen Offiziere beflügelte. Besonders McClellan, der die europäischen Ulanen bei seinen Reisen kennengelernt hatte, rief seine ausländischen Stabsoffiziere um Rat an und ließ nach den Vorschlägen des Majors von Hammerstein und der beiden französischen Prinzen einen neun Fuß langen Kiefernschaft anfertigen, auf dem die elf Zoll lange Dreikantklinge saß. Zusammen mit dem scharlachroten Wimpel, dem Schaftfuß und der Wickelung wog das Ganze fast 2,2 kg. Die Sechste Pennsylvania, Colonel Richard ›Rush's Lancers‹, wurden mit dem Führen dieser neuen Waffen beauftragt. Allerdings schien niemand bedacht zu haben, daß zur taktischen Anwendung der Lanze auch eine entsprechende Ausbildung in ihrem Gebrauch gehörte. Nach Heros von Borckes Kriegserinnerungen traf StuartsKavallerie am 6. Juni 1862 auf die Lanzenreiter des Obersten Rush, die zur Kavalleriebedeckung des Halbinselfeldzuges gehörten, und trieben sie in die Flucht. Die Regimentsgeschichte der Sechsten Pennsylvania weist jedenfalls keinen erfolgreichen Einsatz ihrer Lanzen auf und ein Jahr später wurden die Waffen zurückgelassen.
Damit endete dieser Versuch genauso kläglich wie ein Experiment des 2. Dragoner vor dem Mexikanischen Krieg, die nach wenigen Monaten Truppenversuch sehr froh waren, die unhandlichen Instrumente abzulegen.
Auch im Süden versuchte man sich mit dieser ach so ritterlichen Waffe. Ein Regiment in Missouri bekam auf Initiative General John Magruders »klobige und unhandliche Lanzen, mehr gefährlich für Pferde und Hintermann als dem Feind gegenüber«, wie es ein Augenzeuge ausdrückte. Die Ausstattung mit dieser Waffe war im Süden auch durch den Mangel an geeigneten Schuß- und Blankwaffen begründet und einige neu aufgestellte Einheiten sollten Anfang 1862 als Ulanen ausgestattet werden.
Nach den Memoiren von Oberst Thomas L. Rosser von der 5. Virginia hatte wenigstens eine Kompanie seines Regiments solche Waffen bis zum August des Jahres. Während der Teilnahme an Stuarts Streifzug gegen das Hauptquartier General Popes kämpfte die Fünfte bei Catletts Station am 22. und 23. August und entledigte sich danach ihrer zehn Fuß langen Lanzen, die mit dreißig Zentimeter langen Klingen bewehrt waren. Auch eine Abteilung Texas Kavallerie soll 1862 noch mit Lanzen bewehrt gewesen sein, aber auch im Süden hinterließen diese Stangenwaffen keinen bleibenden Eindruck.

Keine Lanzen, aber Piken für die Infanterie sollten den Waffenmangel bei der Heimwehrmiliz im Süden beheben. Gouverneur John Brown von Georgia ließ Tausende für seine Miliz anfertigen. Die hier gezeigte Pike mit der eingestanzten Nummer 32 fand sich in einer Straße Gettysburgs kurz nach der Schlacht.

Ein Paar Navy-Sixes am Sattel ... – Faustfeuerwaffen

»Jeder einzelne von Mosbys Männer war mit zwei Colt Army Revolvern vom Kaliber .44 bewaffnet. Sie wurden im Gürtelholster getragen. Einige wenige, die es sich leisten konnten, oder denen es geglückt war, ein extra Paar zu erbeuten oder die irgendeine Eitelkeit befriedigen wollten, trugen ein extra Paar in ihren Sattelholstern oder in ihre Stiefelschäfte gesteckt. Diese Waffen waren außerordentlich tödlich und in den Nahkämpfen wirksam, an denen sich unsere Männer erfreuten. Lange und häufige Übung hatte jeden Mann in unserem Kommando zu einem guten Schützen werden lassen und jeder war so sicher mit seinem Revolver wie jeder cowboy es mit seinem Sechsschüsser ist. Für gewöhnlich waren unsere richtigen Kämpfe rasend und wütend und schnell vorbei. Die eine oder andere Seite zog sich in vollem Galopp zurück, wenn die Revolver leer waren . . .«

John Munson, »Reminiscences of a Mosby Guerrilla«, Boston, 1906

John Singleton Mosby, Rechtsanwalt und Partisanenführer. Er hielt Säbel für nutzlose Museumsrelikte und ließ seine Männer mit Revolvern angreifen. Seinen Guerillas ging der Ruf voraus, sie wären so mit dem Schießen beschäftigt, daß sie keine Zeit zum Laden hätten und deshalb zwei oder mehr Revolver trugen.

Beeinflußt durch die Hollywood-Filme und durch die Replika-Produktion möchte mancher Sammler und Civil-War-Interessierte heute annehmen, daß Colts und Remingtons Revolver eine schlachtentscheidende Rolle in dem Konflikt zwischen den Staaten gespielt haben. Dies war nicht der Fall, die primäre Waffe auf den Schlachtfeldern Virginias, Tennesses und entlang des Mississippi war die .58 Rifle Musket und ihr englisches Pendant. Bei der Kavallerie kam dem Karabiner eine viel größere Bedeutung zu. Bei Kriegsbeginn herrschten noch Illusionen über die Schlachtfeldwirklichkeit und viele Infanteristen trugen an ihrem Gürtel ein oder zwei Revolver oder Pistolen. Sie steckten sich kleine Taschenwaffen und ›Derringers‹, Bündelrevolver und einschüssige ›boot-pistols‹ ein, um im Nahkampf ein zweites As im Ärmel zu haben. General Lee, der zu Kriegsbeginn ein so bis in die Stiefel bewaffnetes Regiment besichtigte, soll gesagt haben: »Gentlemen, sie werden bald herausfinden, daß eine Muskete, ein Bajonett und eine Patronentasche alles ist, was man noch bequem tragen kann . . .« Sehr schnell verschwanden diese martialischen Accessoires. Nach den Worten von Carlton McCarthy von den Richmond Howitzers waren Revolver »nutzloses und schweres Gerümpel« für einen einfachen Soldaten und wurden wieder nach Hause geschickt, um Frauen und Kindern eine Waffe zu geben, mit der sie sich in diesen harten Zeiten vor Marodeuren, Räubern und aufständischen Negern schützen konnten. In anderen Einheiten wurden die Faustfeuerwaffen von Zeugamtsoffizieren eingesammelt und an die Kavallerie übergeben, der es in den ersten Kriegsjahren an allem mangelte. Viele der kleinen Pistolen, die dem eifrigen Kriegsfreiwilligen beim Auszug noch zum Stolz gereicht hatten, wurden im Zuge der langen, schweren Märsche oder bei der ersten Schlacht schnell als hinderlich mit kurzem Schwung ins Gebüsch geworfen. Mancher heutige Schlachtfeldbummler, der auf den Spuren von Johnny Reb und Billy Yank mit einem Metallsuchgerät wandelt, findet so an den Rändern von Vormarschstraßen und an Lagerplätzen die verrosteten Reste von Taschenpistolen und ›Pepperboxes‹ – oft noch geladen.

Auf der anderen Seite hatte der Revolver bei der Kavallerie beider

Seiten eine Bedeutung, die bei weitem den Gebrauch der Faustfeuerwaffe in der europäischen Reiterei übertraf. Noch im Kriege 1870/71 waren deutsche und französische Kavalleristen mit einschüssigen Perkussionspistolen ausgerüstet, die selten zu mehr als zum Alarmschuß eines Vorpostens oder zum Plänkeln gebraucht wurden. Im Vergleich dazu *kämpften* ›Rebs‹ und ›Yankees‹ tatsächlich mit ihren Revolvern. Die ›Army-‹ und ›Navy-Sixes‹ (wie die Revolver aufgrund ihrer sechsschüssigen Eigenschaft genannt wurden) ersetzten oft den Säbel, der bei der europäischen Kavallerie noch die Primärwaffe war. Zahlreiche Erinnerungen und Augenzeugenberichte bestätigen den Gebrauch von Revolvern – die zeitgenössisch oft undifferenziert ›pistols‹ genannt wurden – in der Attacke wie im Reitergefecht Mann-gegen-Mann, dem ›melee‹. Die Bedeutung dieses Vorgangs entging den europäischen Beobachtern wie dem deutschen Hauptmann Justus Scheibert bei der konföderierten Armee von Virginia. Sie waren zumeist zu sehr auf ihr traditionelles Verständnis von der ›arme blanche‹ als Kavalleriewaffe fixiert.

Im Gegensatz dazu waren viele Offiziere der Meinung, daß der mehrschüssige Revolver den Säbel als Reiterwaffe ersetzt hatte. Für Wilson war der Säbel »genauso veraltet für die Kavallerie in einem Land wie unserem, wie das Kurzschwert des Römersoldaten es für die Infanterie wäre. Er ist im Wege und im Kampf ohne irgendeinen Wert«. Reiterführer wie der Guerilla Mosby sahen den Säbel gar ins Museum verbannt – natürlich, denn die Feuerkapazität der Revolver war die Grundlage, auf der die Partisan-Ranger ihre überfallartigen Taktiken aufbauten. Selbst kleine Detachments konnten in den engen Wegen der Wälder Virginias und der Berge um das Shenandoah-Tal größere Unionsabteilungen angreifen, deren Stärke oft das Vierfache der Guerrillas betrug. Wurde der Revolver geschickt benutzt, wirkte die Verbindung von Feuerkraft und schnellen Pferden wie ein Wirbelsturm in den Reihen von Infanterie oder Kavallerie, die die Nachschubkolonnen der Unionsarmee beschützen sollten. Hatte der Reiter sein Pferd unter Kontrolle, so konnte er auf Entfernungen bis fünfzehn, zwanzig Meter einen Fußsoldaten oder Reiter zusammenschießen, wenn er im einhändigen Gebrauch der Faustfeuerwaffe geübt war. Der einzige Nachteil der damaligen Perkussionsrevolver lag in ihrem umständlichen Nachladeprozeß, der wohl kaum in der Hitze des Gefechts auf einem Pferderücken durchzuführen war – obwohl auch das laut Dienstvorschrift zum Ausbildungsprogramm der Unionskavallerie gehörte. Aber es bestand ein sehr weiter Unterschied zwischen der theoretischen Anweisung, einen Revolver im Sattel sitzend und bei leichter Gangart des Pferdes zu laden, und der Gefechtswirklichkeit, bei der der Reiter alle Mühe hatte, sein durch Blutgeruch, Schüsse, Lärm und dem allgemeinen Wirrwarr scheues Pferd unter Kontrolle zu halten und sich noch seiner Haut zu wehren. Konföderierte Reiteroffiziere erkannten diesen Nachteil sehr schnell, mancher Südstaatler trug wie Mosbys Raiders nicht nur ein oder zwei Revolver am Gürtel, sondern noch zwei weitere vorn im Sattelholster, was ihm eine initiäre Kapazität von bis zu 24 Schuß gab – mehr als die Spencer – oder selbst die Henry-Repetierer! War nach dem Verbrauch dieser ›ersten Ration‹ das Reitergefecht nicht beendet, so konnte der Mann – sofern vorhanden – immer noch auf Säbel oder Karabiner zurückgreifen. Aber ein Melee, ein Zusammenstoß zwischen Kavallerie und Kavallerie oder gegen Infanterie, war immer eine recht kurzzeitige Affäre. Nach dem ersten Schlagabtausch war die Sache zumeist entschieden und der Unterlegene suchte sein Heil in der Flucht.

Allgemein kann gesagt werden, daß die konföderierte Kavallerie wesentlich mehr dem berittenen Gefecht und damit dem Revolver, den Vorzug gab, während die Union ihren Schwerpunkt auf die Wirkung ihrer Karabiner legte. Beim Reitergefecht mußten die Yankees allerdings erkennen – wie z. B. Custers Michigan-Regimenter –, daß der Karabiner auf kurze Entfernung der Feuerkraft und Wendigkeit eines Revolverschützen eindeutig unterlegen war. Aber diese taktischen Überlegungen standen in unüberbrückbarem Widerspruch zu jenen Traditionalisten in Heeresführung und Offizierskorps, die mit James Stevenson von der Ersten New Yorker (Lincoln-)Freiwilligen Kavallerie darauf bestanden, daß »ein schnelles Pferd, ein gutes Paar Sporen und ein scharfer Säbel die Hauptwaffen des Reiters seien. Pistolen und Karabiner sind nichts anderes als Nebenumstände«.*

---

* So in seinen Erinnerungen »Boots and Saddles«: »A History of the First Volunteer Cavalry of the War, Known as the First New York (Lincoln) Cavalry«, Harrisburg, Pa., 1879.

Die Sattelholster für die Reiterpistolen wurden im Krieg auch für Revolver benutzt. Die M 1855-Pistole steckte in einem Holsterfach, der Schaft kam auf die andere Seite. Unter der Klappe hatte das Sattelholster sechs Schlaufen mit Blechröhren für sechs Patronen.

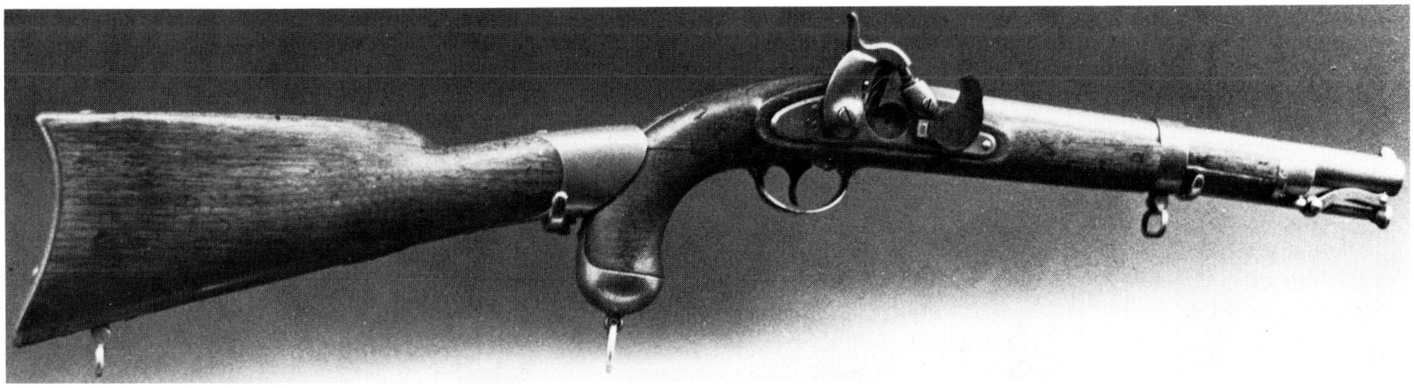

M 1855 Percussion Pistol-Carbine, Gesamtlänge mit Schaft: 72 cm, Pistole allein: 45 cm. Klappenvisier mit Maximalstellung 400 Yards.

Am Anfang nur antiquierte Holsterpistolen

In der U.S. Kavallerie war der Revolver bereits Anfang der fünfziger Jahre akzeptiert worden. Der Amerikanisch-Mexikanische Krieg hatte für Samuel Colt und den von ihm patentierten ›Sixshooter‹ eine sehr große Werbewirksamkeit. Bereits im Dezember 1849 erhielten die 1. und 2. Dragoner den Colt-Revolver Modell 1848 im Kaliber .44 als Standardausstattung. Das Regiment ›Mounted Riflemen‹ bekam in der zweiten Hälfte der fünfziger Jahre ebenfalls eine Anzahl von ›Dragoon‹-Revolver. 1858 erwarb die U.S. Regierung genau 942 Stück dieses Typs, Exemplare des 3. oder ›verbesserten‹ Modells, das mit einem kleinen Klappenvisier und Anschlagschaft ausgerüstet war. Diese Waffen gingen an die Dragoner und Mounted Riflemen zur Truppenerprobung. Der Anschlagschaft, der aus der Faustfeuerwaffe einen kurzläufigen Karabiner machte, entstand in Anlehnung an die 1855 entworfene, einschüssige Holsterpistole Kaliber .58 Minié, die einen bewaffnungsmäßigen Rückschritt darstellte. Bei Schießvergleichstests erwies sich der Colt Dragoon als genauer und war bei der Truppe beliebter. Trotzdem erhielten jeweils zwei Kompanien der 1855 aufgestellten 1. und 2. U.S. Kavallerie-Regimenter den Pistolenkarabiner M 1855, der anstelle eines Karabiners im Sattelholster getragen wurde. Sehr beliebt soll die Waffe nicht gewesen sein. Ohne Anschlagschaft versetzte die klobige .58-Pistole mit ihrem zwölf Zoll langen Lauf dem Schützen einen kräftigen Rückstoß, denn schließlich steckte hinter dem 450 grains-Geschoß eine 40 grs.-Pulverladung. Jeder Besitzer einer von Zoli hergestellten Replika kann dieses Gefühl nachempfinden. Zusammen mit dem Schaft aber schoß sich der M 1855 Pistol-Carbine sehr angenehm. Angeblich soll die Trefferlage beim Schießen mit Schaft anders als beim Gebrauch als Pistole gewesen sein. Die Waffe wurde in der Springfield Armoury von 1855 bis 1857 in einer Anzahl von 4021 Stück hergestellt und hatte natürlich den für die M 1855-Waffenfamilie typischen Maynard-Bandzünder, wobei das Magazin der Pistole nur ein Band mit 25 Zündpillen anstelle der üblichen 50 aufnahm. Ein kleine Anzahl dieser Waffen wurde auch in Harpers Ferry hergestellt. Hier erbeuteten die Konföderierten bei ihrem Überfall Waffenteile und Maschinen, die dann zur Produktion von ›Raubkopien‹ dienten.

Glattläufige aptierte M 1819: Diese Steinschloßpistole von Simeon North, Middletown, Conn., ist in einer Anzahl von 20 400 Stück in die amerikanischen Streitkräfte eingeführt worden. Auf Perkussion in den fünfziger Jahren umgeändert, wurde die Waffe noch in den Anfangszeiten des Sezessionskrieges genutzt.

Die als M 1836 von Asa Waters, Millbury, Mass., und Robert Johnson, Middletown, Connecticut, gefertigte Steinschloßpistole erlebte eine Auflagenhöhe von insgesamt 41 000 und wurde bei Heer und Marine eingeführt. Der 21,6 cm lange Lauf ist glatt, vom Kaliber .54 und wie das Modell 1819 mit einem angelenkten Ladestock versehen. In den Fünfzigern erfolgte die Aptierung auf Perkussion, wobei verschiedene Formen zur Anwendung kamen, hier die einfachste. In jüngster Zeit ist beobachtet worden, daß re-aptierte Modelle auf dem Sammlermarkt kamen, da die Steinschloßausführung höhere Preise bringt.

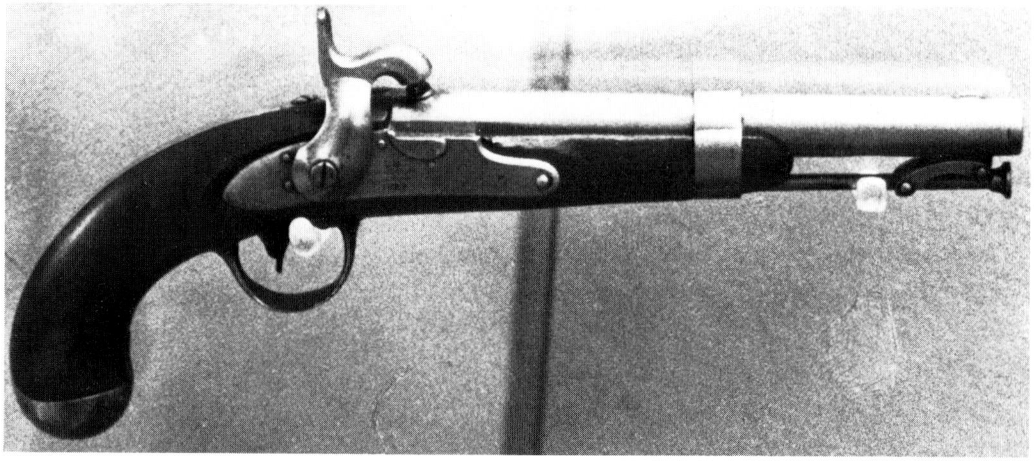

Von Henry Deringer hergestellte M 1842 Navy-Pistole, Kaliber .54.

In der Fayetteville Armory, North Carolina, wurden bis 1862 etwa 300 Pistolenkarabiner zusammengesetzt, die durch das Fehlen der Maynard-Magazinausfräsung kenntlich sind. Wie die in Richmond hergestellten Musketen hat die Schloßplatte aber den hohen ›Bukkel‹. Auch hier sei vor Fälschungen gewarnt!

Die eindeutigen Vorteile des Perkussionsrevolvers, der in der zeitgenössischen Literatur und in den Patentschriften immer noch als ›repeating pistol‹ bezeichnet wurde, ließ natürlich den Perkussionspistolen keine Chance. Jeder Kavallerist, der etwas auf sich hielt, zog mit einem ›Army-‹ oder ›Navy-Revolver‹ von Colt, Remington oder Starr ins Feld – wenn es nur genügend Revolver gegeben hätte. In Nord und Süd haperte es am Nachschub! Bei Kriegsbeginn hatte sich General Winfield Scott gegen die Aufstellung von Freiwilligen-Reiter-Regimenter gesträubt. Das Zeugamt – so freigiebig in der Verteilung von Aufträgen über .58-Gewehre – geizte bei der Bestellung von Revolvern. Selbst Samuel Colt, dessen Firma bereits einen Fuß in der Tür des Zeugamtes hatte, konnte 1861 kaum seine Revolver an den Mann (sprich die U.S. Regierung) bringen, sondern begnügte sich mit den Aufträgen für die Lizenz-Springfield. Nach der Katastrophe von Manassas/Bull Run wurden Kavallerieregimenter genehmigt – aber nun fehlte es an Ausrüstung. Schuyler bekam den Auftrag, sofort in Europa nach Säbeln, Revolvern und Karabinern Ausschau zu halten. In Belgien und Frankreich konnte er jeweils zehntausend Karabiner und Revolver der unterschiedlichsten Macharten für den relativ geringen Preis zwischen sechs und zwölfeinhalb Dollar kaufen, aber viele dieser Waffen – wie z. B. die Lefaucheux-Modelle – waren von zweifelhaftem Wert und benutzten eine Munition, die Nachschubprobleme heraufbeschwor. Dafür waren in Europa billig gute Säbel zu bekommen. In Solingen konnte Georg Schuyler 21 000 Stück für einen Durchschnittspreis von weniger als vier Dollar erhalten. Trotzdem herrschten chaotische Zustände bei den Regimentern, die im Herbst 1861 eilig aus ihren Rekrutierungslagern heraus in die Wälder Virginias geworfen wurden, um dort frierend eine schützende Vorpostenkette um die Bundeshauptstadt aufbauten.

Die Hälfte der Dritten Indiana und alle Kompanien der Vierten Iowa bekamen ›horse-pistols‹, die seit dem Mexikanischen Krieg ein stiefmütterliches Dasein in irgendeinem Arsenal gefristet hatten. Diese Pistolen, von denen auch nicht genug vorhanden waren, um jedem Mann das vorschriftsmäßige Paar zu geben, gehörten der

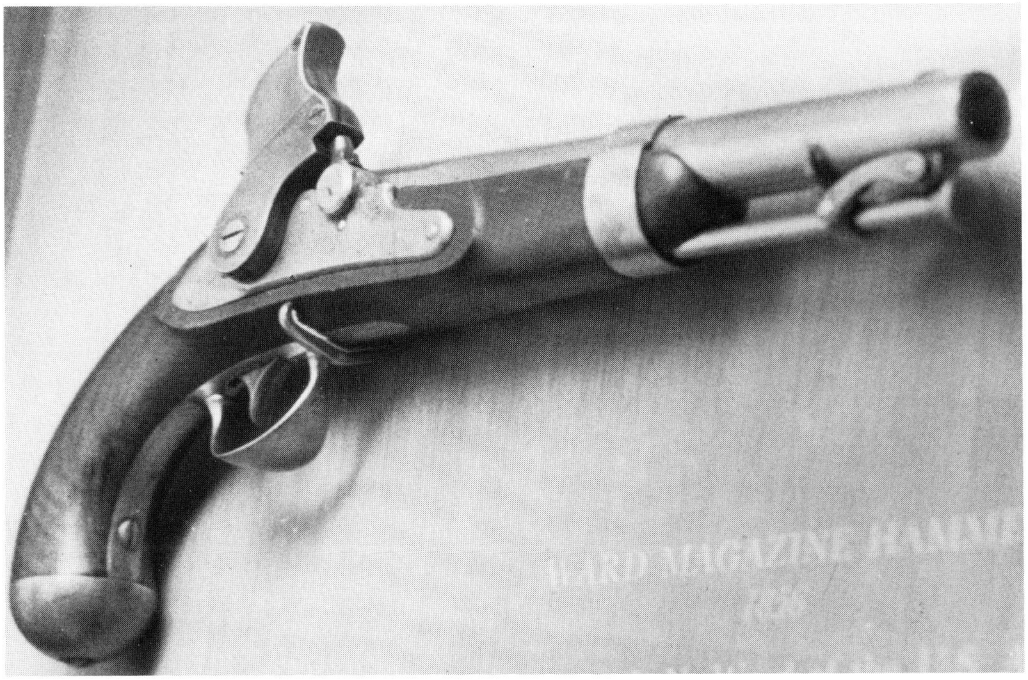

M 1836, die mit dem 1856 von Armeeleutnant J.N. Ward patentierten Magazinhahn für Bandzünder aptiert wurde. Die aptierten Reiterpistolen des Modell 1836 wurden noch lange Zeit auf beiden Seiten der Front geführt. Ein Kavallerist aus South Carolina beschrieb in seinen Briefen wie er mit seiner ›horse pistol‹ Schießübungen durchführt und daß sich vor allem eine ›buck'n ball‹-Ladung im Gefecht bewährt habe.

Gruppe von glattläufigen Vorderladermodellen an, die mit dem Modell 1816 begannen und deren ›modernste‹ Vertreter die Perkussionsausführungen M 1842 und M 1843 (›Navy box lock‹) waren. Alte Steinschloßmodelle wurden hastig auf Perkussionszündung aptiert, sehr oft mit dem Notbehelf, daß der Piston direkt in den Lauf eingeschraubt wurde. Andere waren bereits in den fünfziger Jahren auf die neue Standardzündweise umgebaut worden. Im Süden war es ähnlich – hier rückten einige Reiter sogar mit Steinschloßpistolen aus, die nach dem Harpers-Ferry-Muster in den Jahren 1812 bis 1815 in der Virginia State Armory, Richmond, hergestellt worden waren und seitdem dort im Arsenal gelagert hatten. Glücklich war da der Kavallerist, der sich im Besitz eines M 1855-Pistolenkarabiners wußte. Er konnte wenigstens bewaffnet auf Posten ziehen, ohne vorher eine Betteltour in seinem oder dem Nachbarregiment unternehmen zu müssen. Es gab noch Schlimmeres. Im Oktober 1861 hatte McClellan in der ihm unterstehenden Potomac-Armee 3163 Reiter, die nur teilweise, und 4268, die überhaupt nicht bewaffnet waren. Die Potomac-Armee wußte sich noch aufgrund ihrer Nähe zur Bundeshauptstadt begünstigt. Sie hatte den ersten Zugriff auf Waffenlieferungen, aber was sollten die Regimenter ›draußen im Westen‹ sagen? Im November 1861 war Don Carlos Buell kommandierender General des Ohio-Departments geworden, vier Monate später berichtete er, daß lediglich zwei Kompanien Kavallerie in seinem Kommando vorschriftsmäßig ausgerüstet waren – aber neun Regimenter keine Schußwaffen hätten!

Es spricht für die Geschäftstüchtigkeit Samuel Colts auf der einen Seite und für das Durcheinander im Kriegsministerium andererseits, daß Colt zu Beginn des Krieges seinen ›New Model Army M 1860‹ für den Preis des alten Walker-Modells an die Regierung verkaufen konnte: $ 25,–. Entsprechend waren seine Profite, wenn man bedenkt, daß der M 1860 auf dem zivilen Markt mit $ 14,50 gehandelt wurde. Erst im Juni 1862 wurde ein neuer Preis zwischen dem Zeugamtsleiter Ripley und der Colt-Fabrik ausgehandelt, der mit $ 14,50 dem normalen Marktwert entsprach. Über 32 500 dieser ›dragoon pistols‹ waren bis zum April 1862 ausgeliefert worden – während Remington, die eine gleichwertige Waffe für nur $ 15,– anboten, nicht in der Lage gewesen waren, einen Regierungsauftrag über mehr als 5000 Stück zu erhalten. Die näheren Umstände dieser Beschaffungspolitik schmeckten dann doch zu sehr nach Korruption. Als Stanton im Januar 1862 Kriegsminister Cameron in seinem Amt ablöste, gehörte der überhöhte Colt-Preis natürlich zu den Untersuchungsobjekten der von Edward Stanton eingesetzten Holt-Owen-Kommission. Remington zog die Aufmerksamkeit des neuen Kriegsministers auf das ungleiche Verhältnis, und Elisha King Root, langjähriger Partner Samuel Colts und nach dessen Tode im Januar 1862 der neue Präsident der Firma, beeilte sich, der Regierung einen niedrigeren Preis einzuräumen, der sogar einen halben Dollar unter dem Angebot Remingtons lag.

Das Revolvergeschäft des Bürgerkriegs war die Domäne der beiden Großen auf diesem Markt, Colt und Remington. Der dritte Hersteller, dessen Absatz eine Bedeutung im großen amerikanischen Nord-Süd-Konflikt hatte, war Starr. Aber die 47 454 Starrs, welche die U.S. Regierung kaufte, nehmen sich recht gering aus, neben den 127 156 Colt ›New Army‹ und den 119 714 Remington ›Army‹ und ›Navy‹. Die Lieferungen von Eli Whitney, der Savage Arms Co. oder von Rogers & Spencer sind sich angesichts dieser fast monopolartigen Stellung von Colt und Remington fast genauso unbedeutend, wie es die geringen Stückzahlen der konföderierten Revolverhersteller waren.

Die vier Jahre des Bürgerkriegs aber stellten den militärtechnischen Durchbruch des Revolvers dar. Der Wert der ›Repetierpistole‹ war durch die zahlreichen Gefechte, bei denen die Reiter lieber zum Revolver als zur Blankwaffe griffen, bewiesen. Für die sich an den Sezessionskrieg anschließende Erschließung des Westens und die Indianerkriege wurde der Revolver zum unerläßlichen taktischen Element.
In den Streitkräften der USA dominierte dieser Waffentyp bis zur Einführung der Colt .45 ACP-Selbstladepistole Modell 1911, die meisten europäischen Staaten wandten sich in der Dekade nach dem Abschluß des amerikanischen Binnenkonflikts einer ordonnanzmäßige Einführung des Revolvers zu. Entscheidend wurde hierbei auch die schnelle Nachlademöglichkeit durch Metallpatronen, wie sie von Smith & Wesson vervollkommnet wurde. Viele der Brügerkriegsrevolver wurden in den Jahren nach 1864 nachträglich auf Patronenladung aptiert.

Colt

Colt, Remington und Starr versorgten die U.S. Regierung mit 85% ihres Bedarfs an Faustfeuerwaffen und waren darüber hinaus mit Tausenden von Revolvern am Konflikt beteiligt, die in Nord und Süd über den Privatmarkt, als Beutewaffen oder Vorkriegserwerbung an den Mann kamen. Die Bedeutung der Firma Samuel Colts für die Kriegsanstrengungen der Union ist nicht zu unterschätzen – auf ihrem Sektor liegt sie auf der gleichen Ebene wie die der Hersteller des Sharps oder Spencers.
Die Geschichte Samuel Colts und seiner Feuerwaffen ist an anderer Stelle bereits so ausführlich dargestellt worden*, daß sich eine detaillierte Behandlung hier verbietet. Die nachstehende Auflistung soll nur als Wegweiser durch die im Bürgerkrieg ordonnanzmäßig genutzten Modelle dienen. Im Prinzip sind privat alle Colt-Revolver, wie auch die anderer Hersteller, irgendwo und von irgendwem als Bewaffnung im Nord-Süd-Konflikt getragen worden. Der Colt M 1855 Sidehammer, bekannt als ›Root-Modell‹, erscheint z. B. auf einigen zeitgenössischen Fotografien und ist in mehreren Schlachtfeldmuseen vorhanden, aber er wurde nie von der Regierung offiziell gekauft oder an die Truppe ausgegeben.
Colt erhielt das erste U.S. Patent 1836 und begann im folgenden

* So u. a. Bearn Keating »Sam Colt und seine Revolver«, Motorbuch Verlag Stuttgart 1980, der sehr anschaulich die verschiedenen Entwicklungsstufen des Erfinderschicksals erzählt.

Colt Holster Model Paterson (No. 5) oder ›Texas Paterson‹, der erste erfolgreiche Colt-Revolver, der militärischen Verwendungswert besaß. Mit Ladeflasche und Zubehör, fünfschüssig Kaliber .36.

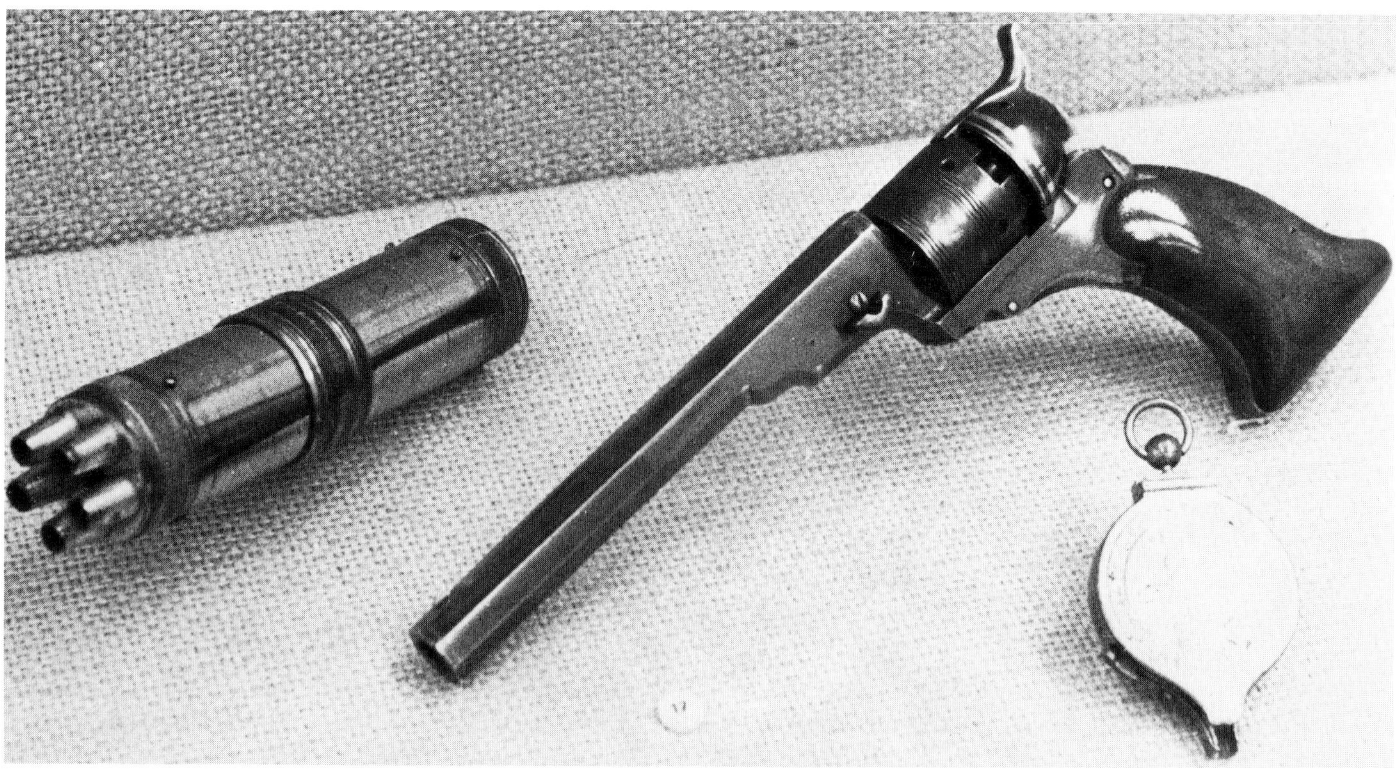

Jahr, das ›Pocket Model‹ in Paterson, New Jersey, herzustellen, dem die ›Belt‹-Modelle folgten. Diese ersten, fünfschüssigen Exemplare mit Klappabzug hatten sehr kleine Kaliber von .28 und .31 Zoll. Est mit dem ›Holster Model Paterson (No. 5)‹ oder ›Texas Paterson‹ der Jahre 1838 bis 1840 begann der Eintritt in eine Kalibergruppe, der man einen taktischen Wert beimessen konnte: .36 inch. Diese Waffe, die mit den Texas Rangers in Zusammenhang gebracht wird, existierte auch in einer Ausführung mit angelenktem Ladehebel. Für Samuel Colts verschiedene technische Unternehmungen, die von wenig kaufmännischem Erfolg gekrönt waren, wurde der Krieg gegen Mexiko zum rettenden Ereignis. Regierungsaufträge für die Paterson-Revolvermodelle waren ausgeblieben, auch seine Revolvergewehre, von deren Produktion er sich zwischen 1837 und 1841 größere Erfolge erhoffte, blieben mit wenig offizieller Anerkennung bedacht. In den Kämpfen gegen die Seminolen hatten sich Colts ›Drehpistolen‹ zwar als sehr gut erwiesen, aber die Herren im Washingtoner Kriegsministerium waren von den neuen mehrschüssigen Waffen nicht zu überzeugen. Im Westen aber, wo Scouts und Siedler mit den Indianern zusammenstießen, die sich verzweifelt der ›weißen Brandung‹ entgegenwarfen, wurden die ›Colts‹ zu begehrten Begleitern. Zur gleichen Zeit traf die Ausdehnung der Vereinigten Staaten im Süden auf Widerstand: 1841 brach der Konflikt mit Mexiko um die Republik Texas aus. Zuerst kam es nur zu kleinen Scharmützeln zwischen amerikanischen Abenteurern und den mexikanischen Grenzwachen. Dann wurden berittene Freischärlerkommandos aufgestellt, die ›Texas Rangers‹, von denen viele mit Colts Revolvern und Gewehren ausgestattet waren. Im April 1846 begann der Krieg zwischen den USA und Mexiko offiziell. Zu den Freiwilligentruppen, welche die reguläre U.S. Armee unterstützten, gehörten die Texas Ranger, die in drei Regimentern zusammengeschlossen waren. In den anfänglichen Kämpfen bewehrten sich zwei Führer des dritten Regiments, John Hays und Samuel Walker, die zur Auszeichnung Offizierspatente für das neue reguläre Regiment der ›Mounted Rifles‹ erhielten. Samuel Colt nahm Kontakt mit dem frischgebackenen U.S. Kavalleriehauptmann Walker auf und schlug ihm vor, eigens zur Bewaffnung des neuen Regimentes reitender Schützen einen neuen Revolver zu entwickeln. Nach anfänglichen Verzögerungen erhielt Colt im Dezember 1846 endlich den langersehnten Regierungsauftrag zur Lieferung von 1000 Waffen des neuen Musters, das in Zusammenarbeit zwischen Colt und Walker entworfen wurde. Damit war Colt die Rückkehr ins Waffengeschäft gelungen, nachdem die Fabrik in Paterson und die damit verbundene ›Patent Arms Company‹ im Herbst 1842 endgültig bankrott gegangen war.

DER ›WALKER COLT‹, DER ERSTE MAGNUM-REVOLVER

Die neue Faustfeuerwaffe hatte alle Merkmale jener großkalibrigen Reiterpistolen, die bei der Kavallerie in Futteralen am Sattel getragen wurden. Anders als die frühen Gürtelmodelle der Paterson-Herstellung sollte das Ergebnis von Colts Erfindergenie und Walkers taktischen Erfahrungen nicht am Gürtel, sondern als Paar in einem Sattelholster geführt werden. Entsprechend war die Waffe dimensioniert, die nach Walkers Wünschen ein Kaliber hatte, von dem »fünfzig Rundkugeln auf ein Pfund Blei« gingen, wie die zeitgenössische Klassifizierung lautete. So kam es, daß Colts neuer Armeerevolver ein Kaliber von .44 inch hatte. Bei einer Lauflänge von

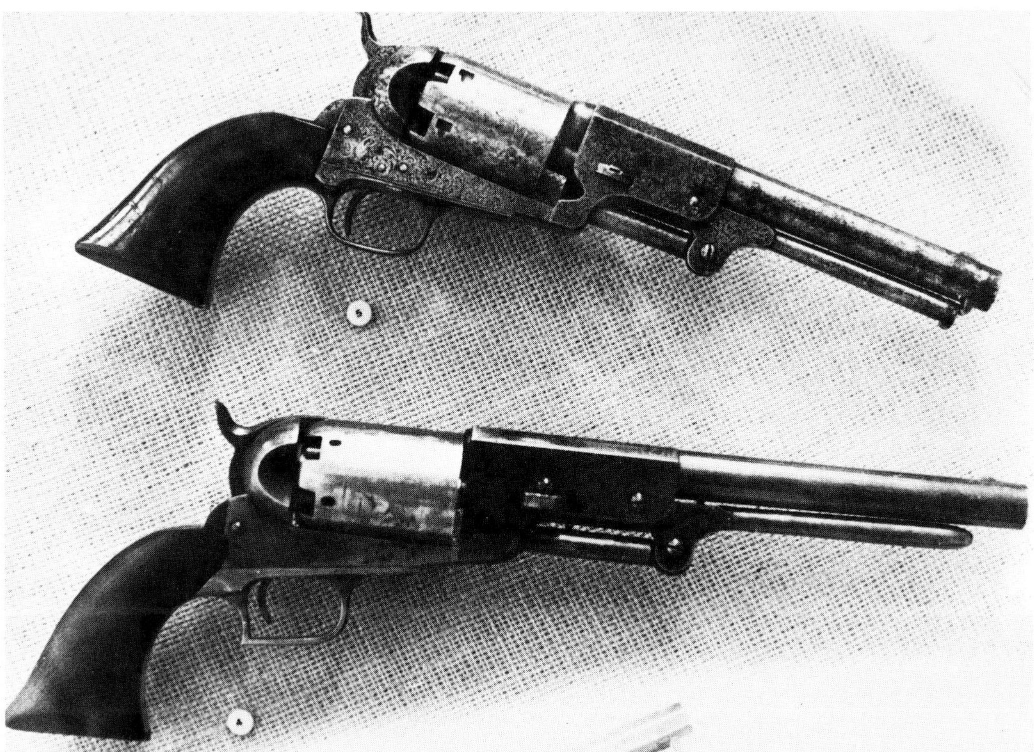

Der kleinere Dragoon, 3. Modell, im Vergleich zum Walker. Beide Waffen sind Originale aus der Colt-Sammlung des Werkes.

neun Zoll, einer sechsschüssigen Trommel, die bis zu 60 grains Pulver pro Kammer aufnehmen konnte, und einem entsprechend stark gebauten Waffenrahmen aus bestem Gußstahl mit Ladepresse und Abzugsbügel wog der ›Walker‹ vier Pfund und neun Unzen (2,07 kg)! Rund eintausend Stück wurden von diesem Modell an die Regierung geliefert, zum Stückpreis von $ 25,–. Die Fertigung erfolgte 1847 im ›Whitneyville Arsenal‹ des Büchsenmachers Eli Whitney Jr. Als Aufschrift trugen sie neben ›US 1847‹ ›ADDRESS SAM' COLT NEW-YORK CITY‹, weil Colt aus den Tagen der Patent Arms Co. in dieser Stadt noch ein Verkaufsbüro unterhielt, das nun ungeachtet des Herstellungsortes zur Kennzeichnung der Colt-Produkte dienen sollte. Da die Waffen direkt an Walkers Regiment geliefert werden sollten, trugen sie Seriennummern von 1 bis 220 mit dem Buchstaben der Kompanien A, B, C, D und E. Etwa einhundert weitere Walker mit Nummern zwischen 1001 und 1100 wurden für den zivilen Markt hergestellt. Diese Waffen tragen keine Inspektormarken. Nur ein Zehntel dieser ersten ›Magnumrevolver‹ sind heute im Original erhalten, und selbst Museumsstücke zeigen die Spuren des harten Gebrauchs, denen diese Waffen im Mexikanischen Krieg und den Jahren danach unterworfen waren. Für den normalen Sammler ist ein Original fast unerschwinglich. In den USA werden fünfstellige Summen für gut erhaltene Stücke geboten, in Europa müßte man einen Preis in dem Bereich von 50 000 Mark auf den Tisch legen – wenn es überhaupt Walker zu kaufen gäbe! Die Seriennummern der bekannten existierenden Modelle sind registriert: Von der A-Kompanie sind 39 Stück erhalten, von der B Co. 27, C Co. 37, D Co. 26 und E Co. 18. Aus der zivilen Serie blieben nur 16 Waffen erhalten. Entsprechend begrenzt ist auch eine 1847 hergestellte Serie mit siebeneinhalb Zoll langen Läufen, die als ›Übergangsmodell‹ oder ›Whitneyville Hartford Dragoon‹ bekannt sind. Von etwa 240 hergestellten Revolvern sind nur zwanzig ›Überlebende‹ registriert. Der Wert dieser Waffen reizt natürlich zu Fälschungen und bei einem solchen Angebot sollte ein potentieller Käufer den lateinischen Handelsgrundsatz ›caveat emptor‹ bedenken. Der gewöhnliche Sterbliche muß sich mit den Replikas aus italienischen Werkstätten begnügen, die aber sehr viel Freude machen können.

Der Replikaschütze wird sehr schnell erkennen, daß Walkers berittene Schützen ganze Kerle gewesen sein müssen, um solch einen Revolver vom Pferderücken aus mit einer Hand zu schießen: Nicht nur, daß die Waffe selbst mehr als eine Handvoll darstellt, auch die beim Schuß freiwerdenden Kräfte sind erheblich und tragen mit vollem Recht die Bezeichnung ›Rückstoß‹:

Nach der eigentümlichen Kaliberbezeichnung von 50 Kugeln auf ein Pfund lag das Geschoßgewicht der Rundkugel im Original bei rund neun Gramm oder 140 grains. Zur gleichen Zeit experimentierte die Armee mit einem Spitzgeschoß, von dem 32 auf ein Pfund gingen, d. h. also ein 218 grains-Geschoßgewicht (14,15 Gramm). Bei der Verwendung moderner .457-Rundkugeln von Speer (144 grains) und der vollen Ladung von 60 grains FFFg Schwarzpulver erreicht man Mündungsgeschwindigkeiten, die knapp unter 410 m/s liegen und eine Energie von 79 mkp austeilen! Die Verbindung von sechsschüssiger Feuerkraft und diesen erheblichen ballistischen Werten stellten in der Mitte des vorigen Jahrhunderts eine revolutionäre Leistung dar. Auch im Vergleich mit modernen Feuerwaffen braucht der Walker des Samuel Colt sich nicht zu schämen, er setzte die Maßstäbe, nach denen sich nun die Faustfeuerwaffenmodelle richten mußten.

DRAGOON-MODELLE AUS HARTFORD, CONNECTICUT

Das Walker-Geschäft hatte Samuel Colt zu Anerkennung und ersten Regierungsaufträgen verholfen, obwohl das Heereszeugamt seinen Erfindungen immer noch sehr skeptisch gegenüberstand. Bei den amtlichen Überprüfungen barsten Trommeln und Läufe. Colt sah sich sogar gezwungen, 300 Ersatzwaffen für im Dienst oder bei Truppentests beschädigte Walker zu liefern. Diese ›Replacement Dragoons‹, die mit dem 1. ›Dragoon-‹Modell den kürzeren Lauf von 7,5 Zoll gemeinsam hatten, waren die ersten Waffen, welche Samuel Colt in seiner neuen Werkstatt in Hartford, Connecticut, aus überzähligen Walkerteilen zusammensetzen ließ. Zu diesem Zeitpunkt – 1848 – aber beschäftigte er sich bereits mit einer neuen Waffe, die als verbessertes Modell die Nachfolge der Walker antreten sollte. Einen Auftrag über ein zweites Tausend ›Holsterpistolen‹ hatte Colt durch fleißiges Antichambrieren aus dem Kriegsministerium herauspressen können. Der Siegeszug von Colts ›repeating pistols‹ begann.

Der nächste Colt, der als Dragoner-Modell in die Geschichte eingehen und noch in verhältnismäßig großen Stückzahlen am Bürgerkrieg teilnehmen sollte, korrigierte einige Schwachpunkte des Walker-Entwurfs. Wie beim Übergangsmodell war der Lauf auf 19,05 cm verkürzt. Der Hebel der Ladepresse wurde nun vorn unter dem Lauf arretiert, wodurch ein wesentliches Problem der Walker gelöst war – durch den Rückstoß konnte die Ladepresse herunterklappen und die Umdrehung der Trommel behindern. Das ›Improved Holster Model‹ hatte außerdem eine um einen halben Zoll kürzere Trommel als der Walker und eine progressive Drallführung, wobei die Drallänge von 22 Zoll im letzten Laufdrittel auf 16 Zoll verstärkt wurde. Rund 7000 dieses ersten Modells wurden bis 1850 gefertigt. Einige Verbesserungen kennzeichnen die rund 2700 Exemplare des 2. Modells, das 1850 bis 1851 die Fabrik verließ. Die Dragoon-Modelle wurden in kleineren Mengen an die Dragonerregimenter 1 und 2 und an die Mounted Rifles geliefert, mehrere Tausend konnten über den zivilen Markt abgesetzt werden, wo Colts schwere Sechsschüsser immer noch mehr Enthusiasmus als in militärischen Kreisen erweckten. Mit dem zweiten Modell gelang es Colt zum ersten Mal, Lieferungen an die Milizen von New Hampshire und Massachusetts (Kennzeichnung auf der Trommel ›MS‹) zu erreichen. 1851 begann die Fertigung des dritten Modells, dessen äußeres Kennzeichen der abgerundete Abzugsbügel war. Insgesamt etwa 10 500 Exemplare dieses Typs wurden bis 1860 gefertigt,

ihre Seriennummern rangieren zwischen 10 200 und 20 900 und überschneiden sich mit denen des Vormodells. Mit der Einführung des M 1855-Pistolenkarabiners versuchte Samuel Colt, das Kriegsministerium für eine entsprechende Version seines 3rd Model Dragoon mit abnehmbarem Schaft zu interessieren. Die dafür vorgesehenen Stücke (es wurden maximal 1500 davon hergestellt) erhielten ein kleines Klappenvisier mit Blättern für 100, 200 und 300 Yards. Einige der Anschlagschäfte wurden sogar ausgehöhlt und mit einem Feldflascheneinsatz versehen. 1859 wurde diese Waffenkombination der Armee von einer Prüfungskommission empfohlen, wobei vorgeschlagen wurde, daß jeder Reiter einen Revolver rechts am Koppel in einem verschließbaren Holster, Griff nach vorn, zu tragen hatte. Der zweite Revolver sollte im Sattelholster auf der einen Seite, der Schaft auf der anderen Seite geführt werden. Ab 1858 wurden fünf Kompanien der Zweiten Dragoner und einige Kompanien der Mounted Rifles mit dem Dritten Modell und Anschlagschäften versuchsweise ausgerüstet. Die meisten dieser Ausführungen wurden mit Acht-Zoll-Läufen geliefert. Mit vier Pfund und zwei Unzen fielen die Dragoon-Modelle zwar etwas hinter dem Walker-Trumm zurück, waren aber mit ihrem 1,87 kg Leergewicht immer noch schwer genug, um im Nahkampf auch als Keule eingesetzt zu werden. Mit 40 bis 50 grains Pulver waren sie fast genauso stark geladen wie mancher Bürgerkriegskarabiner und konnten Mündungsgeschwindigkeiten über 325 m/s leicht erreichen.
Auch die Hartford Dragoons sind heute schon gesuchte und sehr teure Sammlerstücke, die je nach Zustand zwischen DM 3000,– bis 15 000,– kosten. Auch hier muß der normale Sammler auf Replikas zurückgreifen. Seit 1975 sind auch ›Neubauten‹ des Originalherstellers Colt erhältlich, deren Seriennummern bei 20901 einsetzen. Originale Dragoons tauchen mitunter noch im Handel auf, der Käufer sollte aber trotzdem Vorsicht walten lassen. Oft sind Teile ersetzt, überarbeitet oder aus Replikateilen ›ergänzt‹. Nicht nur der moderne Sammler muß sich mit Fälschungen herumschlagen, auch Samuel Colt kämpfte seinerzeit gegen Patentverstöße, Nachbauten und Fälschungen! Ein Mittel, seine Originalcolts zu kennzeichnen, waren die Trommelgravuren, die tief in den Zylinder eingepreßt waren. Die darauf abgebildeten Szenen bezogen sich auf Schilderungen aus den Indianerkämpfen und den Konflikt um Texas. Der Dragoon zeigt z. B. Mounted Riflemen bei der Verfolgung von fliehenden Indianern, wobei Walker auf dem schwarzen Pferd und sein Kampfgefährte, der ex-Texas Ranger Hays, auf dem weißen Pferd im Vordergrund dargestellt wurden.

Ein Dragoon, 3. Modell, mit Anschlagsschaft

Samuel Colts Erfolg in den USA verleitete ihn in den fünfziger Jahren zum Aufbau einer Fabrik in Pimlico, England, wo u. a. auch 700 Dragoon-Revolver mit der Aufschrift ›COLn COLT LONDON‹ hergestellt wurden, von denen einige hundert bei Beginn des Bürgerkrieges ihren Weg zurück nach Amerika fanden. England, das in den fünfziger Jahren auf der Krim und in den Kolonien in eine Reihe bewaffneter Auseinandersetzungen verwickelt war, sollte sich als dankbarer Abnehmer für die Revolver des ›Colonel‹ Colt erweisen. Den Offizierstitel erhielt er, nachdem er Thomas Seymour bei seiner Wahl zum Gouverneur von Connecticut unterstützt hatte und aus Dank zum Adjutanten ernannt wurde.

COLT NAVY – MODELL 1851 UND 1861

Nur jemand, der als Opfer der Heeresbekleidungsvorschrift keine andere Wahl hatte, würde einen Dragoon-Revolver in einer Gürteltasche tragen. Für den durchschnittlichen Zivilisten, für Offiziere und andere Benutzer von Faustfeuerwaffen war der Dragonerrevolver einfach zu schwer, um ständig am Gürtel getragen zu werden. Auch Kaliber und Ladung übertrafen bei weitem das, was ein Dandy auf den Mississippi-Flußdampfern, ein Goldwäscher in Kalifornien oder ein Siedler im Westen bei Fällen von ›sozialen Konflikten‹ einem Gegner anzutragen gedachte. In Anlehnung an die früheren Paterson-Varianten begann Colt daher ab 1847, einen fünfschüssigen ›Baby Dragoon‹, Kaliber .31 zu vermarkten. Ihm folgte 1850 das ›Model 1849 Pocket‹ im gleichen Kaliber mit abgerundeten Abzugsbügel und wahlweise fünf- oder sechsschüssigen Zylindern. Bis 1873 wurden 325 000 Pockets in den USA und weitere 11 000 in England hergestellt. Lauflängen waren in Vier-, Fünf- und Sechs-Zoll-Ausführungen erhältlich, ein Wells Fargo Modell sogar als Dreizöller ohne Ladepresse. Ähnlich hatte es Colt mit seinem Baby Dragoon gehalten, und der Verkaufserfolg sollte ihm Recht geben. In noch kleinere Dimensionen stieß Colt 1855

Samuel Colt versuchte den Absatz seiner Produkte durch das Verschenken besonderer Präsentationsstücke an hochgestellte Persönlichkeiten zu fördern. Zu den schönsten Beispielen dieser Art gehören diese drei 1854 dem Zar Nikolaus I. überreichte Revolver. Sie sind von Gustave Young graviert worden und heute im Besitz der Sowjetunion: Ein drittes Modell Dragoon, M 1851 Navy und ein M 1849 Pocket, Kaliber .31.

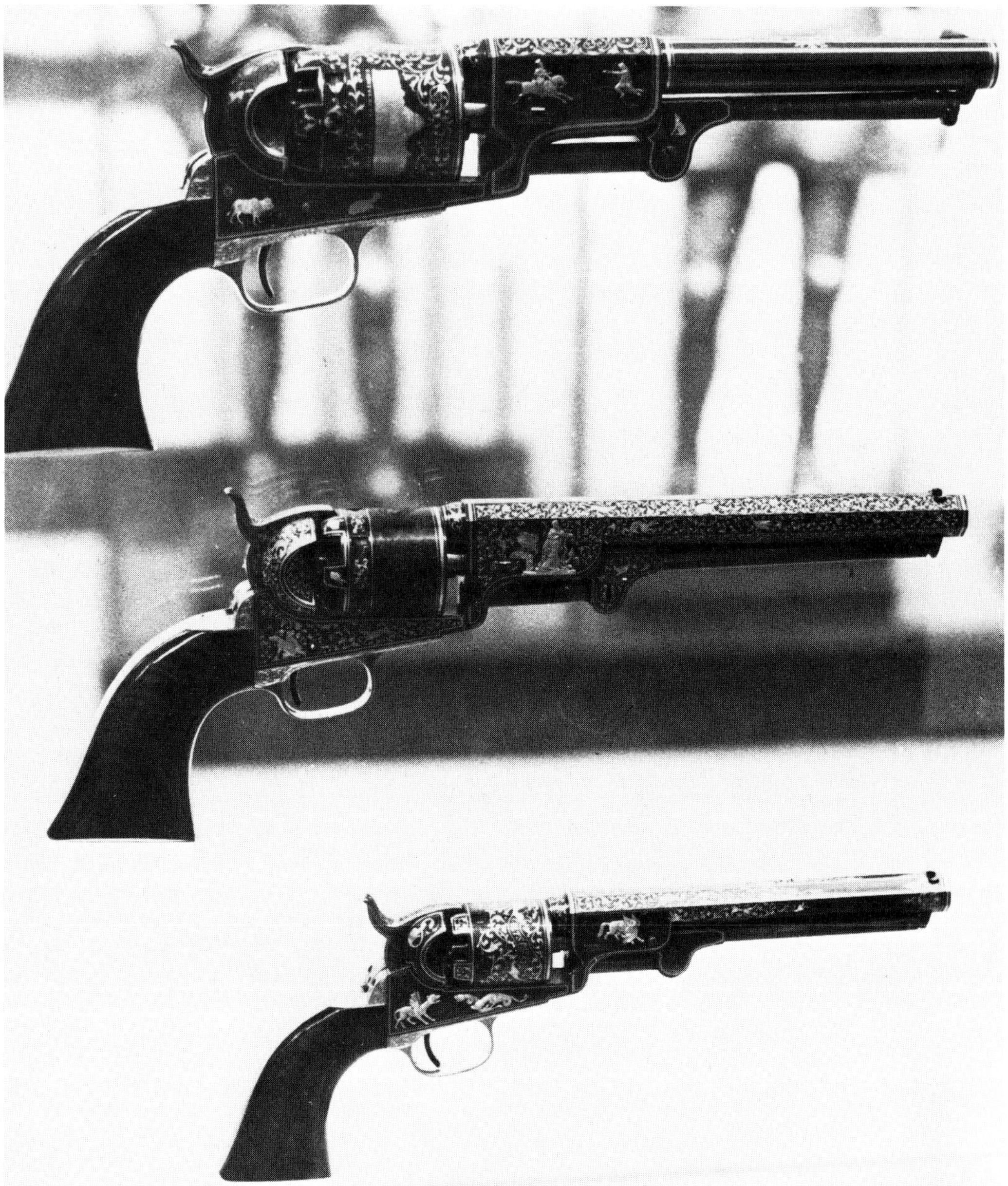

mit seinem Taschenrevolver mit Seitenhammer vor, an dessen Entwicklung Elisha King Root, der Chefkonstrukteur seiner Fabrik in Hartford, beteiligt war. Die ›Root-Revolver‹ hatten dreieinhalb und viereinhalb Zoll lange Läufe und Kaliber von .28 und .31 inch. Im Schwarzpulverzeitalter konnte man mit solchen kleinen Kalibern natürlich wenig Ansprüche auf gefechtstaktische Wirkung oder mannstoppende Aufhaltekraft geltend machen. Stets um den Absatz im militärischen Bereich bemüht, entwickelte Colt 1850 während des Umzugs seiner Fabrik in die Grove Street in Hartford, Connecticut, ein neues Revolvermodell im Kaliber .36 mit Sechs-Schuß-Trommel und siebeneinhalb Zoll langen Lauf. Der Zylinder trug eine Gravur, die einen Sieg von zwei Schiffen der Texanischen Flotte über ein Mexikanisches Geschwader im Mai 1843 darstellte. Wie alle anderen Trommelgravuren war auch dieser Entwurf von Ormbsy ausgeführt worden. Die meisten Experten glauben, daß die spätere Bezeichnung dieses Modells 1851 als ›Navy‹ auf die Trommelgravur zurückgeht, denn der neue Revolver war keine von der Marine in Auftrag gegebene Waffe. Tatsächlich kaufte die U.S. Navy erst im Juni 1852 die ersten 50 M 1851 neben 25 M 1849 Pokkets und 25 Vierundvierzigern. Erst 1857 wurden weitere 2000 Colt ›Navy‹ bestellt. In England, wo in Pimlico ca. 42 000 Navy hergestellt wurden, erwarb das britische Heereszeugamt 1855 runde 14 000 M 1851 und die Admiralität ihrer Majestät 9500 im Jahr 1854.

Aber der neue, nur 1,18 kg schwere Revolvertyp brauchte nicht die Aufträge der amerikanischen Marine, um sich durchzusetzen. Die

Matrosen auf dem Kanonenboot ›U.S.S. Mendota‹, einem Seitenschaufeldampfer, bei der Bedienung eines 9-Zoll-Dahlgren-Geschützes auf Schwenklafette. Auf dem 1864 entstandenen Foto ist die Trageweise von Entersäbel, Patronentasche und Navy-Revolver an einem Hüftgurt zu sehen. Die aufgespannten Netze sollten bei der Abwehr von Enterversuchen helfen. Links ein Heeresartillerist mit Bummerscap und Kreuzriemen.

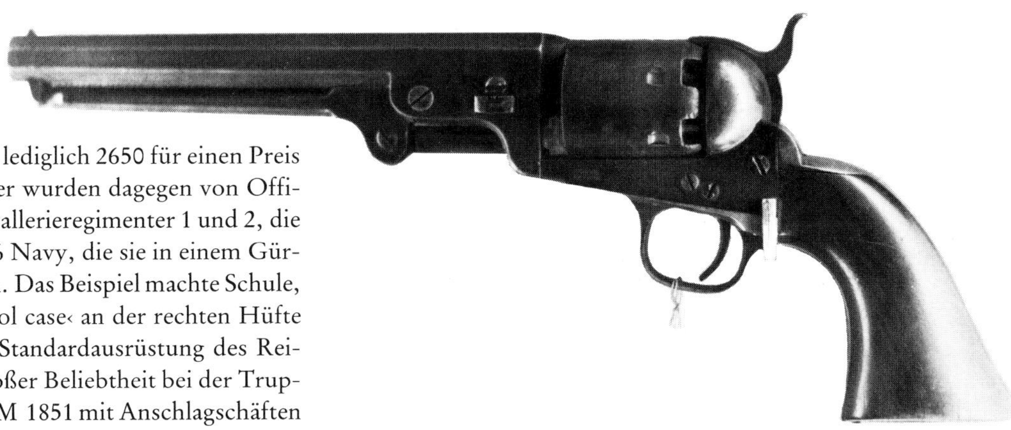

Bei Gettysburg erbeuteter M 1851 Navy.

Navy kaufte bis zum Kriegsausbruch lediglich 2650 für einen Preis von $ 18–$ 20,–. Colt Navy-Revolver wurden dagegen von Offizieren und Zivilisten gekauft; die Kavallerieregimenter 1 und 2, die 1855 aufgestellt wurden, erhielten .36 Navy, die sie in einem Gürtelholster an der rechten Hüfte trugen. Das Beispiel machte Schule, und im Bürgerkrieg gehörte ein ›pistol case‹ an der rechten Hüfte mit dem Waffengriff nach vorn zur Standardausrüstung des Reiters. Der Navy erfreute sich recht großer Beliebtheit bei der Truppe, so daß später auch versuchsweise M 1851 mit Anschlagschäften hergestellt wurden. Von 1851 bis 1873 wurden 215 348 ›Navy‹ gemacht, und es kann angenommen werden, daß ein großer Teil dieser Waffen an den Kriegshandlungen teilgenommen hat. Schon vor dem Krieg spielten die Colt Navy eine Rolle bei den Zusammenstö-

Der M 1861 Navy ist auf den ersten Blick an dem fehlenden Absatz auf der Trommelwand vom Army-Modell zu unterscheiden.

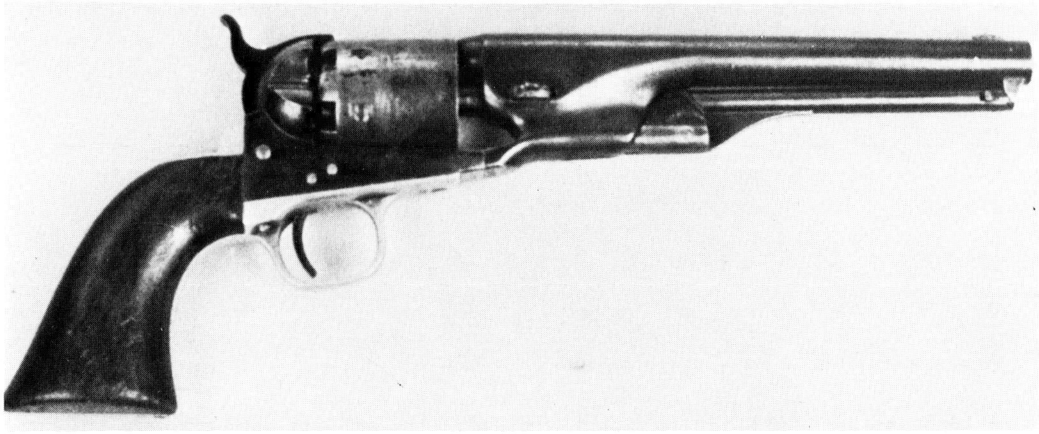

ßen zwischen Anhängern und Gegnern der Sklaverei in Kansas, wie auch bei den Zusammenstößen mit den Indianern an der sich stets nach Westen ausdehnenden Siedlungsgrenze. Auch John Brown trug zwei Jahre lang einen Colt Navy, den er als Geschenk von einem Bewunderer, William Arny, erhalten hatte. Die Waffe mit der Seriennummer 51 010 ist heute im Besitz des Kansas State Historical Society.

Während des Krieges kaufte die U.S. Regierung vom zivilen Markt 285 Navy mit Anschlagschaft und 11 410 Colt Navy Modell 1851 auf, um die Truppen zu bewaffnen. 1861, als die Produktion des ›New Model Army‹ auf vollen Touren lief, wurde eine überarbeitete Version des M 1851 von der Firma Colt herausgegeben, die im wesentlichen die Laufgruppe mit dem ›kriechenden‹ Ladehebel des großkalibrigen Army-Modells hatte. Dem ›Model 1861 Navy‹ fehlte damit der schöne achtkantige Lauf der alten Ausführung, aber die Waffe hatte nichts an Eleganz eingebüßt. 100 von den insgesamt 38 843 neuen Navy-Modellen wurden mit Anschlagschaft ausgeliefert. 2363 wurden vom U.S. Kriegsministerium erworben, 3524 wurden von den U.S. Navy gekauft. Nur noch wenige dieser mit ›USN‹ auf dem Griff gestempelten Waffen sind erhalten geblieben.

COLTS ›MODEL 1860 ARMY‹ – DER ERFOLGREICHSTE REVOLVER DES BÜRGERKRIEGS

Samuel Colt gelangte in den fünfziger Jahren zu Wohlstand und Ruhm, seine Fabrik in Hartford war ein technisches Wunderwerk. Über 500 Arbeiter waren mit der Herstellung von Revolvern und Revolvergewehren beschäftigt und ein Tagesausstoß von 200 Stück galt bei Colt als ›normal‹. Zwar kämpfte der Colonel gegen eine scharfe Konkurrenz, die das Auslaufen seiner Patentrechte ausnutzen wollte, aber seine Revolver genossen internationale Anerkennung und gehörten zu den Geschenken, die man den Herrschern Europas, des Zarenreiches, der Türkei und Japans überreichte. Was Colt fehlte, um seinen ersehnten Erfolg und Wohlstand auszunützen, war Gesundheit: Gicht und Rheuma machten ihm zu schaffen und führten seinen frühen Tod im Alter von 47 Jahren herbei. Sein letztes Revolvermodell sollte gleichzeitig sein erfolgreichstes Ordonnanzstück und Gegenstand jener umfangreichen Regierungsaufträge werden, um die sich der ›Connecticut-Yankee‹ Zeit seines Lebens bemüht hatte.

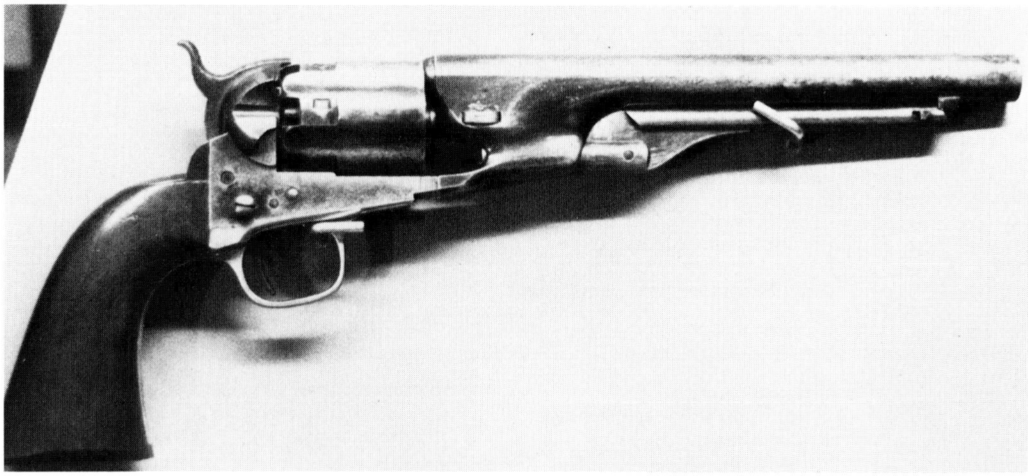

Frühes Modell des M 1860 Army mit gefluteter Trommel: Dieser Revolver, Nr. 2252, wurde von Samuel Colt vor dem Krieg dem späteren Südstaatengeneral Joseph E. Johnston geschenkt. Angeblich soll die Idee der Trommelausfräsungen von Johnston ausgegangen sein.

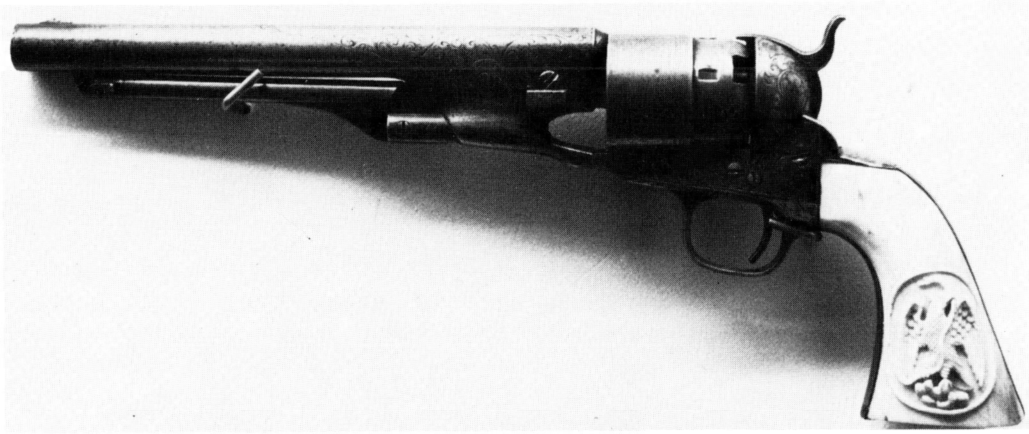

Gravierter M 1860 Army mit Bein-Griffschalen aus einem Paar, das von John Hunt Morgan, konföderierter Reiterführer und Streifkorpskommandeur, getragen wurde.

Wie Colt unschwer erkennen konnte, bewegte sich die Union bereits in den letzten zwei Jahren des sechsten Jahrzehnts lawinenartig auf eine große Auseinandersetzung zwischen den Sklavenhalterstaaten und den Abolitionisten zu. Die gewaltätigen Auseinandersetzungen in Kansas und schließlich der Überfall John Browns auf das Arsenal in Harpers Ferry ließen die Verkaufsziffern seiner Revolver in die Höhe schnellen. Besonders im Süden der Vereinigten Staaten schien sich jedermann mit Colts Repetierpistolen ausrüsten zu wollen. Zu seinen Kunden, die ein Revolvergewehr kauften, gehörte auch ein Leutnant J.E.B. Stuart vom 1. Kavallerieregiment, der zusammen mit Oberst Robert E. Lee der Geiselnahme Browns im Spritzenhaus des Arsenals ein Ende bereitet hatte. Die Milizen, die im Süden überall neuen Zulauf erhielten, waren potentielle Kunden für Colts Erzeugnisse, und der Colonel stand mit verschiedenen Stellen in Verhandlungen über die Errichtung einer Waffenfabrik in einem der südlichen, industriell noch wenig erschlossenen Staaten.

Zur gleichen Zeit tauchte die Frage der Neubewaffnung der fünf regulären Reiterregimenter der U.S. Armee auf, deren Ausstattung bisher keineswegs einheitlich, sondern mehr experimenteller Art gewesen war. Wollte Samuel Colt diesen begehrten Regierungsauftrag erhalten, so mußte er seinen Konkurrenten wenigstens um eine Nasenlänge voraus sein, denn um 1860 waren andere Firmen mit Revolvern auf dem Markt erschienen, die zum Teil den Modellen aus Hartford in nichts nachstanden. Die Antwort lag in einer Waffe, welche das große Kaliber der Dragoon-Modelle mit der Eleganz und Handlichkeit des Navy verbinden konnte.

Colt schätzte die Tendenz richtig ein, die sich bei den beiden Kavallerieregimentern mit der Trageweise des Colt Navy abgezeichnet hatte. Die großen Holsterwaffen waren passé, die Zukunft gehörte einer großkalibrigen Waffe mit gemäßigter Ladung, welche der Reiter am Gürtel tragen konnte. Für das abgesessene Gefecht war der Hinterladekarabiner entwickelt worden, der die hohen ballistischen Werte des Dragoons überflüssig machte. Wenn man aber die Pulverladung hinter der .44er Kugel drastisch halbierte und den Rahmen und Lauf des Navy-Modells verstärkte, gelangte man zu einem führigen Revolver, der auf kurze und mittlere Entfernungen sehr gute Ergebnisse versprach.

Elisha K. Root und Samuel Colt konnten bereits im Mai 1860 ihren neuen Revolvertyp einer Untersuchungskommission der Armee vorlegen, die das neue Modell (›New Model Army‹) überschwenglich lobte und seine Einführung als Standardwaffe aller Kavallerieverbände empfahl. Mit diesem positiven Ergebnis in der Tasche konnten in Hartford die Maschinen für die Serienproduktion der

Bei diesem im Bürgerkrieg benutzten M 1860 Army ist nichts mehr von der Trommelgravur übriggeblieben. Die Waffe weist typische Beschädigungen um den Laufhaltekeil auf, die auf unsachgemäße Handhabung hinweisen.

neuen Waffe anlaufen, der Verkaufserfolg würde sich schon einstellen.
Bei gleichem Kaliber wie der Dragoon (.44, mit einer .455-Kugel geladen), war das Modell 1860 nur zwei Pfund und 11 Unzen schwer, knapp 1,22 kg. Die Lauflänge von acht Zoll entsprach den Armeewünschen, und mit einer Gesamtlänge von 14 Zoll war die Waffe nur 2,5 cm länger und kaum 30 Gramm schwerer als der Navy. Wie frühere Modelle wurde der New Model Army im Laufe seiner Produktion geringfügig variiert. Frühe Modelle tauchen mit Stahlgriffrahmen und ›gefluteten‹ Zylindern auf; die vierte Schraube, die zum Ansetzen des Anschlagschaftes rückstoßdämpfend dienen konnte, wurde aus Kostengründen mitten in der Produktion (zw. den Nummern 30 000–50 000) ausgelassen; das ab 1864 gefertigte ›zivile‹ Modell hatte nur drei Schrauben in der Schloßplatte. Die Gesamtzahl der M 1860 betrug etwa 200 500.
Am 4. Mai 1861 erhielt Colt den ersten Regierungsauftrag über 500 ›new model army pistols‹, danach orderte James Ripley: »Liefern Sie wöchentlich bis auf weiteres so viele von ihren Pistolen, neuer Holster-Typ, wie sie machen können.« Colt lieferte: 127 156 Stück. Über 2500 wurden zusätzlich auf dem offenen Markt aufgekauft, darunter eintausend mit Anschlagschaft, den Colt ab Werk mit einem Preis von sechs Dollar belegte. Diese Aufträge hatten einen Gesamtwert von fast zwei Millionen Dollar. Mehr als 150 000 Colt M 1860 hatten das Werk verlassen, als die Produktion im Februar 1864 durch ein Feuer in dem als ›old armory‹ bekannten, 1855 erbauten Fabriktrakt unterbrochen wurde. Sabotage wurde vermutet, konnte aber nie bewiesen werden. Tatsache ist, daß der letzte Regierungsauftrag über Revolver vom 14. November des Vorjahres datierte und bereits ausgeliefert war, weitere Revolveraufträge standen aus, die Fabrik produzierte Gewehre der M 1861 Contract-Version. Wenige Monate nach dem Brand erschien die zivile Version des M 1860, parallel dazu wurde die Militärausführung mit den Aussparungen für den Schaft weiter hergestellt.
Bei der Truppe war der Revolver auf beiden Seiten der Fronten beliebt. Viele M 1860 hatten noch vor Kriegsausbruch ihren Weg in den Süden gefunden, denn der geschäftstüchtige Colonel ließ die Lieferungen dorthin erst vier Tage nach Fort Sumter einstellen, als der offene Krieg unvermeidlich wurde. Anzeichen sprechen dafür, daß selbst im zweiten und dritten Kriegsjahr noch beträchtliche Mengen von Colt-Waffen durch Sympathisanten im Norden aufgekauft und auf abenteuerlichen Wegen in die Konföderation geschmuggelt wurden. Die Zeitungen jener Zeit sind voll mit Berichten über abgefangene ›Kontrabande‹, zu denen auch Colt-Revolver, Munition und Gewehre gehörten.
Während die Vorschrift von 1861 noch vorsah, daß der Reiter zum Laden die Papierhülse der Patrone aufbiß und das Pulver in die Trommel schüttete, setzten sich im Krieg die werksmäßig abgepackten Patronen mit selbstverbrennender (combustible) Papierhülsen durch. Die Ladungen der verschiedenen Munitionsfabriken unterschieden sich beträchtlich. Die offiziellen Angaben des Heereszeugamtes bezogen sich auf 30 grains Pulver und ein konisches Flachbodengeschoß mit Fettrille von 216 grains und .46 Zoll. Je nach Hersteller variierte das Geschoß von 207 bis 260 grains, die Pulverladung von 17 bis 36 grs.! Die .36er Munition sollte laut U.S. Ordnance Department 17 grains Pulverladung für ein .375-Geschoß von 145 grains sein und schwankte zwischen 139 bis 155 grs. Geschoßgewicht und 12 bis 21 grains Ladung. Es spricht für die Qualität der von Colt hergestellten Waffen, daß sie diese Ladungen anstandslos verdauten. Die vorgeschriebenen Ladungen in der Südstaatenarmee richteten sich an den Vorschriften des Unionszeugamtes aus. Patronen wurden u. a. im Richmond Laboratory gefertigt und in Packungen zu sechs Stück ausgeliefert.
Die fabrikmäßig hergestellten Patronen waren zumeist mit imprägnierten Hülsen ›wasserdicht‹ und hatten Aufschriften, die so manchen Reiter daran zweifeln ließen, ob die Munition auch in seinen Revolver passen würde: Während Colt seine Munition mit ›44–100 inch‹ bezeichnete, nannte z. B. die Firma Elam O. Potter, New York, ihre Munition ›For Colt's Army Pistol Cal. 46–100‹!

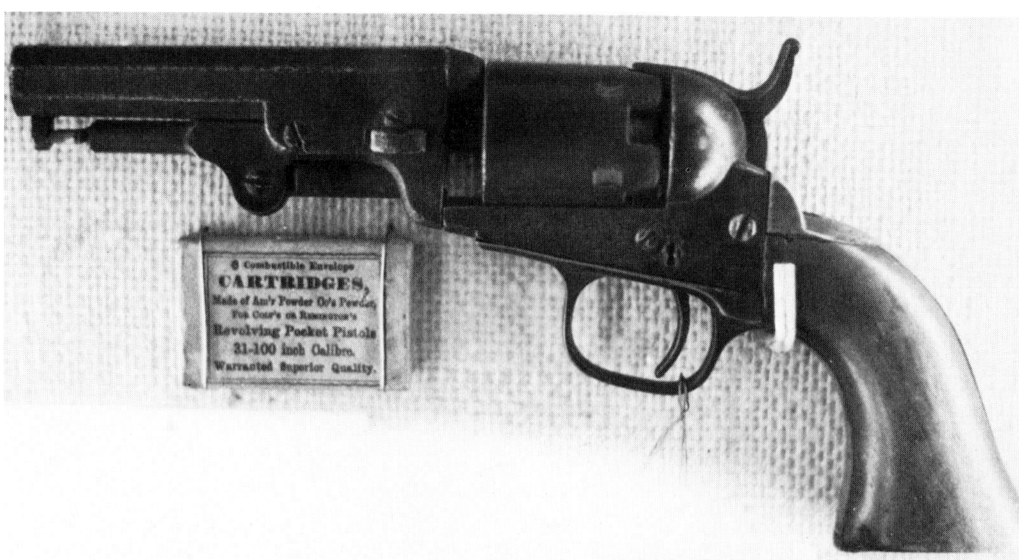

Kurzläufiger M 1849 Pocket, wie er als Eigentumsstück von Offizieren und Mannschaften geführt wurde. Dieses Exemplar ist ein Schlachtfeldfund aus Gettysburg. Daneben eine Original Sechserpackung-Patronen für die .31 Waffe.

Remingtons ›Army Revolver‹

Bereits am Anfang seiner Waffenbaukarriere war sich Samuel Colt bewußt, daß er nicht lange das Monopol auf die Herstellung und Verbreitung seines grundsätzlichen Musters einer ›repeating pistol‹ bewahren konnte. Schon in den vierziger Jahren prozessierte Colt gegen vermeintliche und tatsächliche Patentbrecher. Gleichzeitig war er ›Raubkopien‹ ausgesetzt, die in Mexiko, aber auch in Belgien gefertigt wurden. Der harte Konkurrenzkampf auf dem Revolvermarkt aber würde – und dessen war der Colonel Colt sich sicher – in den fünfziger Jahren einsetzen, wenn der gesetzliche Schutz für seine Patente erlöschen mußte. Die Versuche, eine Verlängerung der Patentfristen zu erlangen, blieben wenig erfolgreich. Im Staat New York formierte sich mit der Büchsenmacherfamilie des Eliphalet Remington die schärfste Herausforderung, die den Colt-Revolver entstehen sollte.

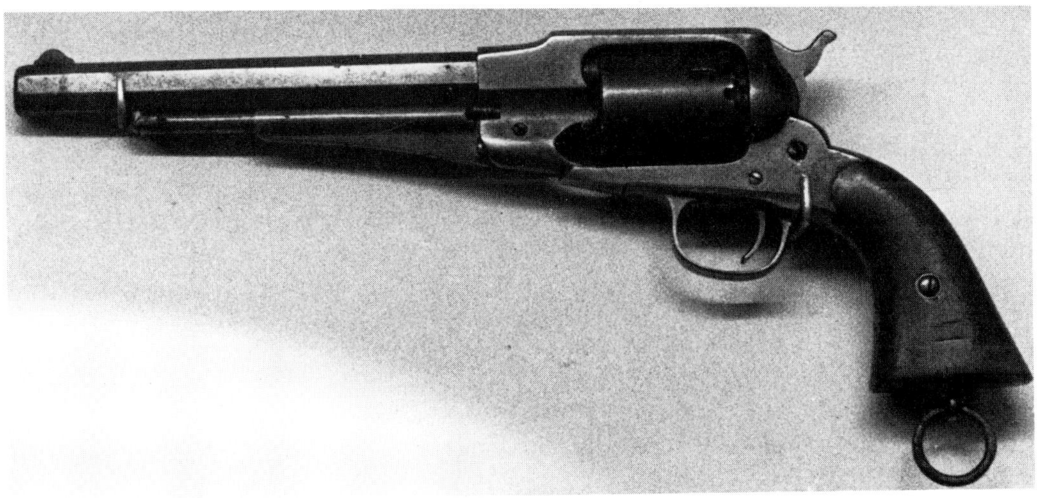

Remington M 1863 ›New Model Army‹ mit nachträglich angebrachtem Ring für eine Fangschnur.

Die Firma Remington hatte sich 1828 in Ilion am Erie-Kanal etabliert, wo der Vater und Begründer der Waffenbaudynastie für seinen Sohn Eliphalet Remington (II.) eine Werkstatt eingerichtet hatte. Vater und Sohn produzierten zuerst nur Sport- und Jagdwaffen und belieferten andere Büchsenmacher mit Läufen. Mit der Ausweitung der Herstellung wurde eine neue Fabrikationsstätte am Kanal errichtet, und 1845 übernahm Remington Junior, dem nun bereits sein Sohn Philo zur Seite stand, zum ersten Mal einen Regierungsauftrag über die Lizenzfertigung von 5000 M 1841-Büchsen. Andere Aufträge folgten, ›Remington & Sons‹ von Ilion Forge, New York, wurde zum bekannten Markenzeichen an der Ostküste. Aus der Schmiede war eine Fabrik geworden, in der mehr und mehr auch die anderen zwei Söhne Remingtons, Samuel und Eliphalet III., hineinwuchsen. 1857 stieß die Firma mit einem ersten Taschenrevolver Kaliber .31 auch auf den prosperierenden Faustfeuerwaffen-Markt vor. Die kleine, fünfschüssige Waffe hatte im Gegensatz zu vielen anderen Konkurrenzmodellen einen geschlossenen Rahmen (ähnlich wie Colts Root-Modelle 1855) und war das Ergebnis der Zusammenarbeit mit Fordyce Beals, dessen Patentrechte sich auf die nach vorn zu entfernende Zylinderachse bezog) und ihren Ursprung auf den 24. Juni 1845 zurückdatierte. Beals war seit 1846 bei Remington beschäftigt gewesen und ein Schüler von Eli Whitney Jr., dessen Rahmenkonzept er benutzte. Seine Erfahrungen mit den Taschenrevolvern mündeten in den Entwurf einer militärgerechten Faustfeuerwaffe, die einige Schwachpunkte der Colt-Waffen ausglich und billiger und einfacher herzustellen war.

Der neue Revolvertyp kam zur rechten Zeit und die New Yorker Waffenschmiede verkaufte 1860 noch eintausend Stück an den Staat South-Carolina. Die Spannungen zwischen Nord und Süd verhießen einen Boom auf dem Militärwaffenmarkt. Trotzdem gelang es Remington zuerst nicht, vergleichbar große Regierungsaufträge wie Colt für die Army Revolver zu erlangen – obwohl der Stückpreis um zehn Dollar unter dem des geschäftstüchtigen Samuel Colt lag! Insgesamt aber konnte die Firma im Zuge des Krieges über 129 700 Revolver an die U.S. Regierung verkaufen und mehrere tausend über den offenen Markt absetzen. Damit lag sie zahlenmäßig kurz hinter Colt und deckte rund 35 Prozent des Bedarfs der Nordstaaten.

Remingtons Beitrag zu den Kriegsanstrengungen des Nordens bestand neben seinen Gewehrlieferungen in der Fertigung von sechs Revolvermodellen in zwei Kalibergruppen, dem gängigen ›Army‹-Kaliber .44 und dem ›Navy‹-Kaliber .36, wobei die Bezeichnung nichts über den endgültigen Verwendungszweck der Waffen aussagt:

BEALS ARMY MODEL, Kaliber .44

Von 1860 bis 1862 wurden maximal etwa dreitausend dieser sechsschüssigen Holsterwaffen gebaut, von denen die U.S. Regierung nur wenige hundert über den zivilen Markt, d. i. von Zwischenhändlern und Ausstatterfirmen, erwarb. Wie alle späteren Remington-Militärrevolver zeichnete sich der Beals bereits durch den geschlossenen Rahmen und Achtkant-Lauf aus. Die Rahmenoberseite hat eine Visierrinne, der Lauf ist mit ›BEALS PATENT SEPT. 14, 1858/MANUFACTURED BY REMINGTON'S ILION, NEW YORK‹ gekennzeichnet.

BEALS NAVY MODEL, Kaliber .36
Rund 15 000 Stück dieser Version sind bis 1862 vom Werk ausgeliefert worden. Rein äußerlich unterschied sich die Navy-Version lediglich in ihren etwas geringeren Ausmaßen vom Armee-Modell. So ist der Lauf um einen halben Zoll kürzer als der acht Zoll lange Lauf der großkalibrigen Ausführung. Die ›Beals‹-Bezeichnung beider Modelle geht auf die Laufinschrift dieser ersten Remington-Revolver zurück.

MODEL 1861 ARMY (oder ›OLD MODEL ARMY‹), Kaliber .44
Beim Beals-Remington wurde der Zylinderstift des Revolvers vom Ende des Ladehebels in seiner Position arretiert; zur Herausnahme der Trommel mußte erst der Ladehebel nach unten geklappt werden, um die Zylinderachse herauszuziehen. Bei Remington glaubte man, diesen Teil verbessern zu können und folgte 1861 einem Patent William H. Elliots, wonach dieser Stift dank einer Auskehlung des Ladehebels auch bei eingelegtem Hebel nach vorn gezogen werden konnte. Der Vorteil war offensichtlich – ein Schütze konnte die leere Trommel mit wenigen Handgriffen durch eine volle ersetzen, womit man sich besonders bei der Kavallerie einen guten Absatzmarkt erhoffte. Zwischen 9000 bis 12 000 wurden 1862 angefertigt und gingen fast ausnahmslos im Rahmen von Regierungsaufträgen an die Truppe.

MODEL 1861 NAVY, Kaliber .36
Natürlich wurde von der Elliot-Version auch eine Ausgabe im kleineren Navy-Kaliber hergestellt, deren Rahmen, Zylinder und Lauf (7 3/4 Zoll) entsprechend kleiner dimensioniert war. Auch diese Version tritt fast nur mit militärischen Abnahmestempeln auf und die etwas achttausend gefertigten Exemplare wurden anscheinend nur im direkten Auftrag von Washington gebaut. Auch bei fehlendem oder falsch ersetztem Ladehebel sind diese Elliot-Varianten von den Vorgängern auf den ersten Blick zu unterscheiden. Der vordere Teil des Rahmens ist derart ausgeformt, daß man beim Old Model, wie auch beim späteren Model 1863, an der Seite das Gewinde des Laufes sehen kann.

MODEL 1863 ARMY, ›NEW MODEL ARMY‹, Kaliber .44
Auf der Höhe des Krieges unternahm Sam Remington eine erneute Veränderung des Armee-Revolvers und kehrte zu der von Beals benutzten Zylinderverriegelung zurück. Gleichzeitig führte er Sicherheitsrasten zwischen den Pistons am Zylinder ein. Der Vorteil des schnellen Trommelwechsels hatte nicht die potentiellen Nachteile der Elliot-Version aufwiegen können. Beim Schießen bestand die Gefahr, daß der Zylinderstift nach vorn rutschte und die Trommel beim Weitertransportieren durch ungenügende Fügung verklemmen konnte. Im Extremfall konnte ein Revolver in stark benutztem und entsprechend ausgeleiertem Zustand seiner Trommel verlustig werden, was besonders bei der Reiterei zu einer prekären Situation führen mußte. Der New Model Army erhielt auch einige fertigungsmäßig bedingten Änderungen, die die Herstellung vereinfachten. So war das Korn ein eingeschraubter Metallstift, dessen Seiten abgefräst waren. Anstatt der Beals-Aufschrift erhielt die erste Zeile der Laufinschrift lediglich die Information ›PATENTED SEPT. 14, 1858‹ und die zweite Zeile lautete ›E. REMINGTON & SONS, ILION, NEW YORK, U.S.A.‹. Darunter war mitunter ›NEW MODEL‹ gesetzt. Diese Aufschrift fehlt aber einigen eindeutig als M 1863 identifizierten Versionen auch. Die Seriennummern dieser Modellreihe beginnen bei ca. 15 000, und bis 1875 wurden rund 132 000 hergestellt. Die U.S. Armee nahm von diesen Waffen direkt ab Werk 1863 31 808 Stück, 1864 58 003 und im letzten Kriegsjahr noch 20 000 Revolver ab.

MODEL 1863 NAVY, ›NEW MODEL NAVY‹, Kaliber .36
Von 1863 bis 1875 wurden etwa 22 000 dieser verkleinerten Version gebaut, aber nur ein geringer Teil ist laut Unterlagen an Armee und Marine ausgeliefert worden. Die Marine kaufte 4344 Exemplare des New Model Navy, die Armee rund 1500 Stück. Diese Beschaffungen wurden über den zivilen Markt getätigt und nicht ab Fabrik. Die Seriennummern des New Model Navy beginnen etwa bei 23 000, als die Numerierung der 1861er Serie auslief.

Alle Remington-Militärrevolver hatten ab Werk eine gebläute Oberfläche, Nußbaumholzgriff und einen buntgehärteten Abzug. Vernickelte, gravierte und andere Sonderanfertigungungen dieser Modellreihen 1860, 1862 und 1863 sind bekannt. Dabei handelt es sich um privat erworbene Exemplare. Ab 1863 begann in Ilion Forge zusätzlich die Fertigung von ›Belt‹-, ›Police‹- und ›Pocket‹-Re-

Revolverholster nach amerikanischem Vorbild, das aber in England gefertigt und in die Konföderation exportiert wurde – es unterscheidet sich durch die Anordnung der Verschlußlasche.

volvern, die sich im äußeren Erscheinungsbild an den New Model Army anlehnten, aber nur in den Kalibern .31 und .36 und mit kürzeren Läufen herausgegeben wurden. Dazu gehört auch der New Model SA Belt-Revolver und eine Double-Action-Version dieses sechsschüssigen .36er Modells, der mitunter mit dem New Model Army verwechselt wird. Die Lauflänge von sechseinhalb Zoll aber ist ein eindeutiges Unterscheidungsmerkmal dieser zivilen Ausführung, die eine korrekte Einordnung erleichtert.
Bei der Truppe waren die Remington-Revolver sehr beliebt; mit einer Gesamtlänge von 35 cm und einem Gewicht von 1,3 kg ungeladen entsprach der Remington Armee-Revolver dem Colt M 1860. Durch den geschlossenen Rahmen aber war die Grundkonstruktion stärker und ein prekärer Fehler des Colts wurde vermieden: auch heutige Vorderladerschützen erleben mitunter eine ›Ladehemmung‹ des Colt, die durch eine konstruktionsbedingte Schwäche des offenen Rahmens ausgelöst wird – abgeschossene Zündhütchen, oder deren Reste, fallen beim Spannen des Hahnes in dessen Rinne im hinteren Rahmenblock. Sie können den ganzen Mechanismus verklemmen, was im Bürgerkrieg dazu führte, daß der Kavallerist plötzlich einen zwar geladenen, aber völlig blockierten Revolver in der Hand hielt.
Insgesamt erwarb die U.S. Regierung von 1861 bis 1865 1100 Remington-Beals .36 und 13 101 M 1861 und M 1863 Kaliber .36-Revolver sowie 115 563 Remington-Ausführungen im Kaliber .44, wovon die überwiegende Mehrzahl aus der Modellserie des New Model stammten. Colt- und Remington-Revolver wurden gleichzeitig miteinander in der gleichen Einheit benutzt, aber der Siegeszug des Remington New Model Army begann relativ spät im Krieg. Im Juni 1863 – also noch bevor die überwiegende Menge der Remington-Erzeugnisse zur Auslieferung gekommen war – trugen nur verhältnismäßig wenig Unionsreiter den Remington-Revolver. In dem bei Gettysburg eingesetzten Kavallerie-Korps des Generalmajors Pleasonton existierten in nur zehn von sechsunddreißig Regimentern Remington-Revolver, und diese Regimenter waren nur zum Teil mit Remington ausgestattet und hatten daneben Colt .44-Waffen. Remington Navy-Modelle wurden in der 17. Pennsylvania, der 3. West Virginia, der 8. Pennsylvania und der als Bewachung des Hauptquartiers eingesetzten 1. Ohio Freiwilligen-Kavallerie geführt. Remington Army-Modelle gehörten zur Ausrüstung folgender Freiwilligen-Regimenter: 1. Massachusetts, 6. Ohio, 16. Pennsylvania und 1. Vermont. Gegen Ende des Krieges erhielten auch die regulären U.S. Kavallerieregimenter Nr. 1 bis 6 Remington-Revolver, die sie auch nach dem Krieg weiterführten – zusammen mit den neugeschaffenen U.S. Regimentern 7 bis 10. Der Remington-Revolver konnte problemlos mit den fabrikmäßigen Patronen geladen werden, die laut Packungsaufschrift für ›Colt's revolving pistol‹ bestimmt waren.
Von Zeitgenossen und heutigen Kennern der Materie wird der Remington-Revolver der Army- und Navy-Serien als die beste Waffe seiner Gattung zur Zeit des Bürgerkriegs eingeschätzt. Major P. V. Hagner vom Herreszeugamtsbüro in New York, der den Remington inspizierte, urteilte vorbehaltslos: »Ich habe keinen Revolver gesehen, den ich so sehr mochte . . .«
Trotz ihres verhältnismäßig späten Eintritts in den Krieg wurden die Remington-Revolver viel genutzt. Davon zeugen auch die Munitionskäufe der U.S. Regierung. An Patronen vom Kaliber .44 und .36 erwarb die Regierung in der Zeit vom 1. 1. 1861 bis zum Abschluß des Rechnungsjahres am 30. Juni 1866 26 225 930 Stück für die Faustfeuerwaffen in ihrem Dienst. Zusätzlich wurden in regierungseigenen Arsenalen 64 385 403 Patronen hergestellt. Etwa ein Viertel davon dürfte für die Träger der Remington-Revolver bestimmt gewesen sein!

Der Dritte im Bunde: Starr

Ebenezer T. Starr erhielt am 15. Januar 1856 sein erstes waffentechnisches Patent, das sich auf eine neue Abzugskonstruktion für Faustfeuerwaffen bezog. Der Spannabzug bestand aus zwei Elementen, wobei der als Abzug ausgeformte Teil eigentlich nur ein Spannhebel ist, der Hahn und Trommel bewegt, und das Auslösen des Schusses durch einen kleinen Aufsatz an der hinteren Wölbung des Abzugs durchgeführt wurde. Der eigentliche Auslöser saß hinter dem Abzug im Bügel und wurde durch den Aufsatz des Spannhebels berührt. Dieser Aufsatz konnte verstellt werden, so daß die Waffe einmal über den Spannabzug in einer durchgehenden Bewegung ausgelöst werden konnte, zum anderen aber auch in einer zweiphasigen Art, die eher dem SA-Schießen gleichkam. Mit einem zweiten Entwurf, im Dezember 1860 patentiert, vervollkommnete der New Yorker Waffenbauer seine Abzugskonzeption, indem er sie in einen sechsschüssigen Revolver mit geschlossenen Rahmen einplante. Bis zum Sommer 1861 wurden etwa 1500 Revolver dieser Art gebaut, wobei rund 1000 Waffen Gegenstand eines Regierungsvertrages über die Lieferung von Kaliber .36 ›Navy‹-Revolver waren. Vertragspartner war eine von New Yorker Geschäftsleuten gegründete Starr Arms Co., in der Ebenezer Townsend Starr seine Patente eingebracht hatte und als Angestellter fungierte.
Die Starr-Revolver hatten ein eigenartiges, klobiges Aussehen, einen verhältnismäßig kurzen Lauf von sechs Zoll, Nußbaumgriffschalen und waren tiefgebläut. Hammer, Abzug und Ladehebel waren buntgehärtet. Mit 1,44 kg war der Starr selbst im ungeladenen Zustand um etwas weniger als ein Pfund schwerer als die vergleichbaren Colt .36- und .44-Modelle. Der Rahmen, mit Schrauben zusammengehalten, öffnet sich ähnlich wie ein moderner Kipplaufrevolver, wenn die Schraube rechts oben am Hahn gelöst wird. Die Trommel kann dann entnommen werden. Von der .36 Navy-Ausführung wurden etwa 3000 hergestellt, und die meisten haben ›Bürgerkriegserfahrung‹, wenn man auch selten einen Starr

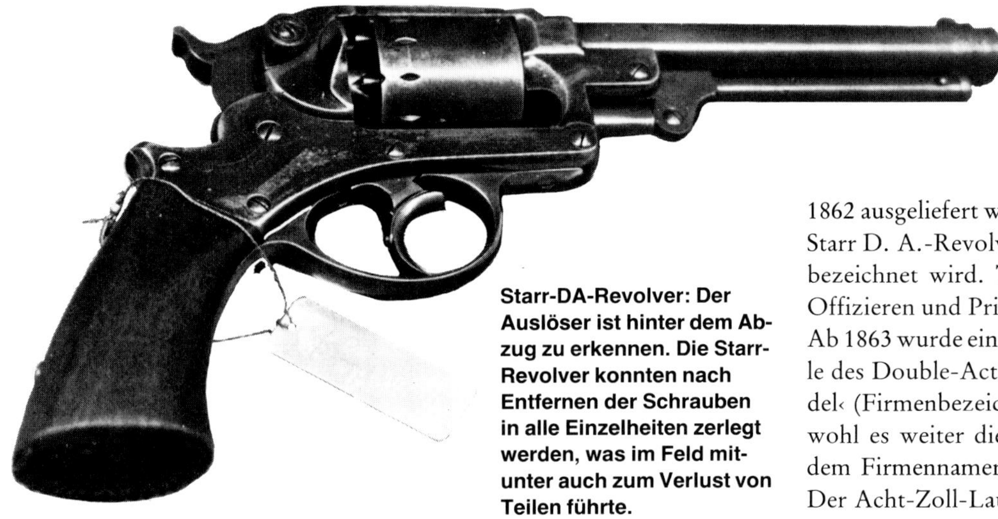

Starr-DA-Revolver: Der Auslöser ist hinter dem Abzug zu erkennen. Die Starr-Revolver konnten nach Entfernen der Schrauben in alle Einzelheiten zerlegt werden, was im Feld mitunter auch zum Verlust von Teilen führte.

›Navy‹ mit Inspektormarken antrifft. Laut Regierungsunterlagen wurden 1402 Stück über den Handel erworben. Im gleichen Jahr 1858, da der Starr Navy sein Debut hatte, wurde eine Army-Version im Kaliber .44 gebaut, die sich vom ersten Modell nur durch die längere Trommel unterscheidet, deshalb auch etwas länger (29,5 mm) und natürlich schwerer ist: 1,7 kg. Seriennummern rangieren von 1 bis 23 000. Im Sommer 1861 erhielt die Starr Arms Company einen Auftrag über 12 000 Waffen dieses Typs zum Stückpreis von $ 25,– mit Zubehör (Kugelzange, Schraubenzieher und Pistonschlüssel). Dreitausend wurden bis zum März 1862 ausgeliefert, eintausend Navy-Modelle wurden an den Zeugamtsoffizier in New York für $ 20,– verkauft und 250 ›Navy‹ gingen an den Staat Ohio für den gleichen Preis. Die vom neuen Minister Stanton eingesetzte Regierungskommission überprüfte auch Starrs Liefervertrag und handelte einen neuen Stückpreis von $ 20,– aus, für den ab Juni 1862 ausgeliefert wurde. Insgesamt kaufte die U.S. Regierung 4950 Starr D. A.-Revolver, Kaliber .44, der auch als ›Old Model Army‹ bezeichnet wird. Tausende andere wurden von Staatsvertretern, Offizieren und Privatpersonen gekauft.

Ab 1863 wurde ein vereinfachtes Modell des .44er Army an die Stelle des Double-Action-Version gesetzt. Das ›Improved Army Model‹ (Firmenbezeichnung) hatte einen einfachen SA-Abzug – obwohl es weiter die Starr-Patentaufschrift ›JAN. 15, 1856‹ neben dem Firmennamen ›STARR. ARMS. CO., NEW YORK‹ trug. Der Acht-Zoll-Lauf dieses .44-Revolvers resultierte in der stattlichen Länge von 35 cm, aber das Gewicht war auf 1,36 kg reduziert. Der Preis dieser neuen Waffe lag mit $ 12,– erheblich unter dem des DA-Modells, und bis zum Ende des Jahres 1864 hatte die New Yorker Waffenschmiede 25 000 Stück ihres Revolvers an die Regierung liefern können. Insgesamt wurden etwa 32 000 SA-Revolver gebaut und ein erheblicher Teil dieser Revolver wurde nach dem Bürgerkrieg aus Armee-Surplusbeständen nach Frankreich und Belgien verkauft, als dort 1870 der Krieg mit Deutschland einen neuen Waffenmarkt eröffnete. Kaufverträge der Regierung beweisen, daß während des Bürgerkrieges Starr-Revolver in einer Größenordnung von 47 952 Stück bezogen wurden. Ohne Zweifel stand dieser Waffentyp an drittwichtigster Stelle nach Colt und Remington. In Zuverlässigkeit und Robustheit standen diese Waffen den beiden Großen in nichts nach, wie Dauerversuche der Marine bewiesen, in der u. a. ein Starr DA .44er Modell 1858 über 6000 Schuß ohne Reinigung und ohne Ladehemmung abgab!

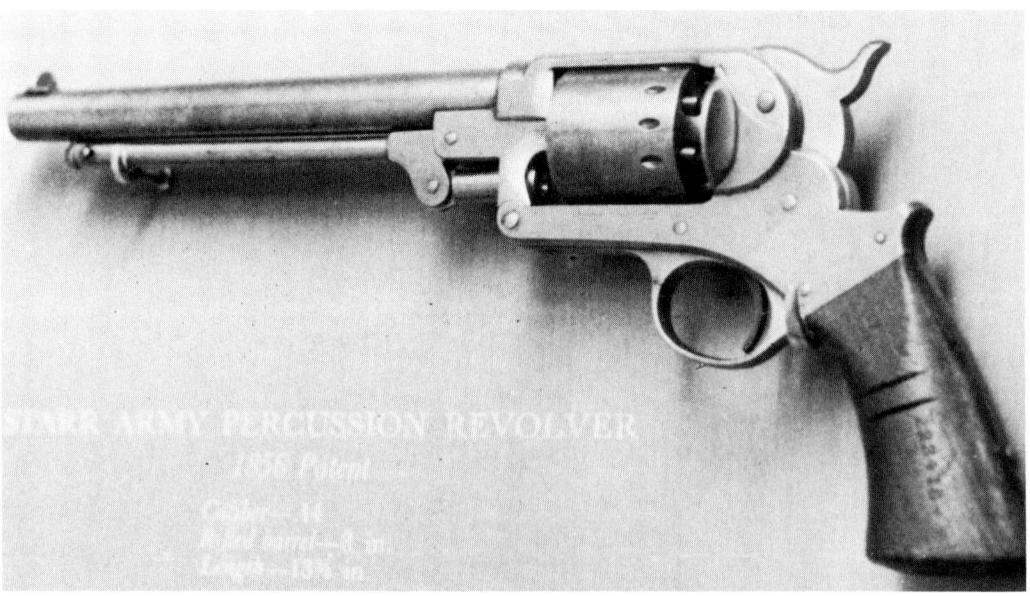

Die Starr-SA-Ausführung von 1863.

Unter ›ferner liefen . . .‹

Die Unterlagen in Washington führen über 313 975 Faustfeuerwaffen statistisch auf, die von der Regierung im Züge direkter Verträge mit den Herstellern erworben wurden. Rund 60 000 Pistolen und Revolver wurden von Beamten des Zeugamtes oder Agenten der Staatsregierungen auf dem offenen Markt gekauft und von der U.S. Regierung bezahlt. Colt, Remington und Starr bilden den überwiegenden Anteil in der ersten Gruppe und sind auch im zweiten Posten sehr stark vertreten, aber zu den ordonnanzmäßigen (»goverment issue« – G.I.) Faustfeuerwaffen, die an die Armee geliefert wurden, gehören noch die Namen Rogers & Spencer, Savage und Eli Whitney. Von diesen Herstellern wurden 24 002 Revolver gekauft.

Nur 640 Stück dieses ›Army Model Revolver‹ von Jesse Butterfield aus Philadelphia wurden von der Armee akzeptiert. Kaliber .41, fünfschüssig, Lauflänge 7 Zoll. Rahmen aus Messing. Vor dem Abzugsbügel befindet sich ein Zündpillenmagazin, das ähnlich wie das von Lawrence funktionierte.

ROGERS & SPENCER

Im Dezember des denkwürdigen Jahres 1861, als der Bundesregierung das Wasser sprichwörtlich bis zum Halse und die konföderierte Armee vor den Toren stand, bestellte Zeugamtsleiter Ripley bei der New Yorker Firma Rogers & Spencer 5000 Revolver des Typs Pettengill ›army size‹, d. h. vom Kaliber .44 – nachdem ihm ein Vertreter der Firma ein Paar dieser Revolver ›belt size‹, d. h. im Kaliber .34, vorgeführt hatte. Der Preis der georderten Ware, pro Exemplar $ 20,– mit Zubehör, war gemessen an Colts Revolver moderat. Den Ausschlag für die Erteilung des Auftrages dürfte der Umstand gegeben haben, daß Rogers & Spencer die ersten tausend Waffen bereits innerhalb der nächsten 90 Tage zu liefern versprachen – eine etwas optimistische Einschätzung der eigenen Fabrikationskapazitäten. Die beiden Geschäftspartner hatten gerade erst ihre Werkstatt in Willowvalle, New York, eingerichtet, um das von 1856 datierende Patent des New Havener Bürgers Pettengill zu realisieren. Die Maschinen waren auf die Herstellung kleinerer Taschen- und Gürtelpistolen eingerichtet, und wie viele andere Geschäftsleute jener Zeit fielen sie hinter den Zeittermin ihres Auftrages zurück. Als die Produktion endlich anlief, stoppte die Regierung jede Annahme der Waffen, weil das erste Probeexemplar des .44er Pettengills beim Testschießen schwere Fehlleistungen aufwies.

Pettengills Revolverpatent bezog sich auf einen innenliegenden Hahn und einen Spannabzug-Mechanismus. Der DA-Abzug bewegte die Trommel und löste den Schuß aus, wobei der Abzug einen entsprechend langen Weg zurückgezogen werden mußte. Nach Abgabe mehrerer Schüsse aber setzten sich derartig starke Pulverrückstände zwischen Trommel, Rahmen und Zylinderachse fest, daß die Kraftübertragung des Abzuges kaum noch den Widerstand überwinden konnte. In vieler Hinsicht erinnerten Griff- und

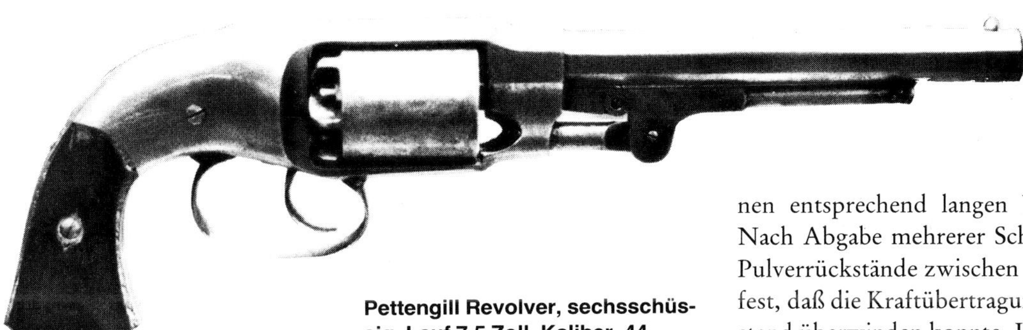

Pettengill Revolver, sechsschüssig, Lauf 7,5 Zoll, Kaliber .44.

Freeman-Revolver, Kaliber .44, sechs Schuß, Lauflänge 7,5 Zoll.

Rahmenform des Pettengill an die ›Pepperbox‹-Bündelrevolver jener Zeit, die sich in den vierziger und fünfziger Jahren einer gewissen Popularität erfreut hatten. Anstelle des Laufbündels aber war hier die Trommel und ein mit Ladepresse ausgestatteter achtkantiger Lauf mit einer Länge von 7,5 Zoll getreten. Das ursprüngliche Konzept war zwei Jahre später von Raymond und Robitaille verbessert und schließlich von Henry Rogers modernisiert worden.
Schließlich – nach langem Hin und Her zwischen der von Kriegsminister Stanton eingesetzten Prüfungskommisson, dem Zeugamt und den Inhabern von Rogers & Spencer – wurden doch noch Pettengill-Revolver ausgeliefert. Die ersten Waffen wurden in der zweiten Oktoberhälfte 1862 vom Zeugamt abgenommen und die letzte Lieferung im Januar des folgenden Jahres, insgesamt 2001 Stück mit Zubehör. Die Mehrzahl der Pettengill ging an den westlichen Kriegsschauplatz und wurde der Kavallerie der Mississippi-Armee zugeteilt. Beliebt waren die drei Pfund schweren über 35 cm langen Revolver mit dem kleinen und seltsam geformten Walnußgriff nicht. Rogers & Spencer fertigten insgesamt etwa 3400 Pettengill .44 und rund 1300 Exemplare der kleineren Kaliber .31- und .34-Revolver.

Zwei Jahre später versuchten sich die Teilhaber der Firma, Amos Rogers, Julius Spencer und George Tallman, an einem neuen Revolvermodell, für das sie einträgliche Regierungsaufträge erhofften. Der neue Revolver vereinigte die Erfahrungen, welche Rogers & Spencer mit dem Pettengill gemacht hatten, mit dem Konzept eines SA-Revolvers, der auf der Basis eines Patents des New Yorkers Austin T. *Freeman* vom Dezember 1862 durch die Waffenschmiede des Charles B. Hoard in Watertown, New York gebaut worden war. Etwa 2000 dieser Waffen waren von der ›Watertown Armory‹ in Umlauf gebracht, aber nicht direkt an die U.S. Armee geliefert worden. Trotzdem ist zu vermuten, daß diese Revolver zu einem Teil Frontdienst im Bürgerkrieg – entweder als privat beschaffte Seitenwaffe oder auf dem Umweg über einen Bundesstaat – erfahren haben. Die Waffe ähnelt äußerlich dem zweiten Starrmodell und ist mit ›HOARD'S ARMORY WATERTOWN, N.Y.‹ und der Patentinschrift gekennzeichnet. Rogers & Spencer erwarben die Patentnutzungsrechte von Hoard und verwandten die Ideen Freemans beim Entwurf ihres neuen .44-Armeerevolvers.
Alexander B. Dyer hatte als Hauptmann des Ordnance Departments in der Springfield Armoury 1862 den Pettengill getestet und

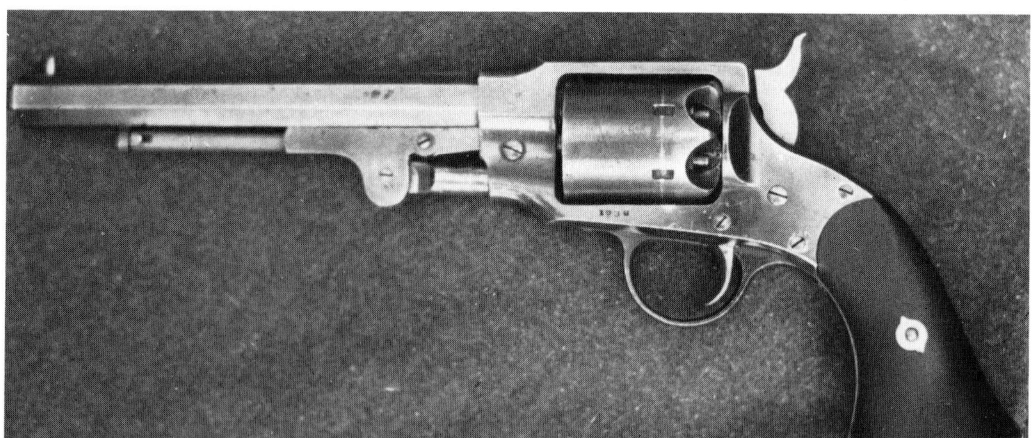

Rogers & Spencers letztes Revolvermodell, die Inspektormarke ›RPB‹, ist auf der linken Griffseite zu erkennen.

ihn in Grund und Boden verdammt; als Chef der Zeugamtsbehörde und Brigadegeneral prüfte er im Herbst 1864 ein Exemplar des neuen Rogers & Spencer und bestellte 5000 Stück. Diese Waffen wurden zwar hergestellt und vom Inspektor Robert P. Barry abgenommen, aber ihre Auslieferung vom Januar bis zum September 1865 fiel bereits in eine Periode, in der sie nicht mehr benötigt wurden.
Keiner der Rogers & Spencer hat an den Kampfhandlungen teilgenommen und die heute im Umlauf befindlichen Originalwaffen zeugen mit ihrem guten Zustand von der Tatsache, daß diese 5000 Waffen ihr Dasein bis zum Beginn des 20. Jahrhunderts wohlgeölt in einem Depot verbrachten. 1865 hatten sie das Finanzministerium in Washington über 60 000 Dollar gekostet, das Stück zu $ 12,–. Die Surplus-Firma Bannermann bot diese Perkussionsrevolver in ihrem Katalog zu $ 2,85 an, nachdem sie die Waffen nach der Jahrhundertwende für 25 Cents aufgekauft hatte. Heute sind Rogers & Spencer gesuchte Stücke und gelten als ›Bürgerkriegswaffen‹, obwohl sie nie einen Schuß auf einen ›Grayback‹ abgeben mußten. Das Replikamodell ist für seine ausgewogene Handlage bekannt und ein beliebter Revolver für die Pistolendisziplin im Schwarzpulverschießen, nicht zuletzt wegen der herausragenden Gestaltung des Griffes.

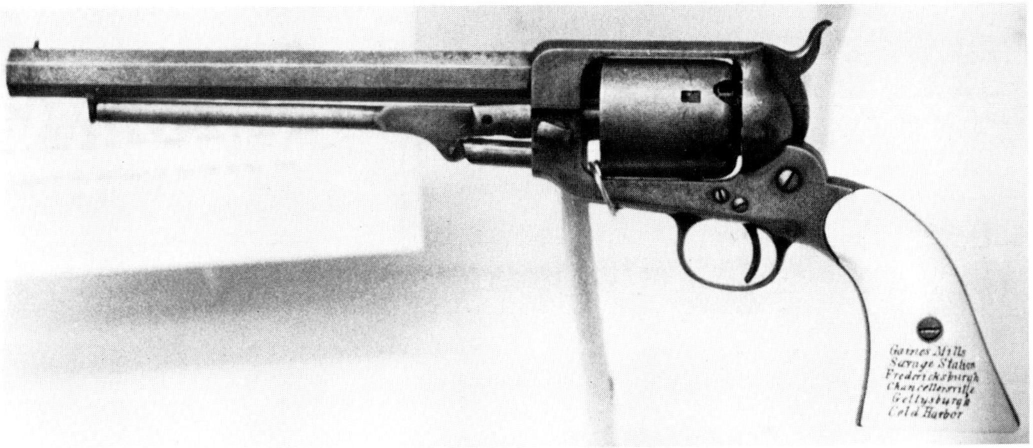

Der Whitney-Revolver von U.S.A. Captain Julius W. Adams, in dessen Griffschalen die Namen der Schlachten eingraviert sind, an denen Adams teilnahm. Er selbst starb im November 1865 an den Folgen seiner Verletzungen.

ELI WHITNEY'S NAVY

Eli Whitney Junior, bekannt für seine Gewehre, versuchte sich seit Beginn der fünfziger Jahre auch auf dem Faustfeuerwaffensektor. Kleinkalibrige Taschen- und Gürtelrevolver von eigenartiger Form waren das Resultat. Gegen Ende der fünfziger Jahre tauche ein sechsschüssiger Perkussionsrevolver mit geschlossenem Rahmen im Kaliber .36 auf, der mit ›EAGLE CO.‹ markiert war. Diese Waffen stammten aus der New Havener Fabrik Whitneys und waren aus irgendwelchen verkaufspolitischen Gründen nicht mit dem richtigen Herstellernamen versehen. Von dem ersten Modell dieser Waffe, von der insgesamt etwa 1500 das Werk verließen, existieren vier unterschiedliche Ausführungen, die auf kleine, fertigungsbedingte Änderungen in Herstellung und Formgebung zurückzuführen sind. Das zweite Modell, welches bei Beginn des Bürgerkrieges auftrat und in einer Größenordnung von dreißigtausend in den Handel gebracht wurde, durchlief sechs typenmäßig festzustellende Veränderungen, die sich auf die Anzahl der Züge, auf die Form des Abzugsbügels und der Ladepresse bezogen. Die Ähnlichkeit zwischen dem Whitney Navy und dem Remington geht auf die enge Verbindung zurück, die Fordyce Beals und die Firma Eli Whitneys hatten, bevor Beals zu Remington kam. Bei Kriegsausbruch war der Whitney .36 Navy-Revolver mit seinem 19 cm langen Oktagonlauf, dem Abzugsbürgel aus Messing und einem robusten SA-Mechanismus frei im Handel erhältlich und – er entsprach den Vorstellungen der Armee, wie ein Dienstrevolver auszusehen hatte. Ein weiteres Plus konnte der Whitney für sich verbuchen: Sein Preis, wie er bei Ausstattungsfirmen wie Schuyler, Hartley & Graham gehandelt wurde ($ 17,–), lag unter dem der Colt-Erzeugnisse. Beauftragte des Heereszeugamtes, der Staatsregierungen und der Freiwilligenregimenter kauften in den ersten Monaten des Krieges Tausende Whitneys. Die U.S. Regierung bezahlte allein 3585 Stück, bevor sie sich entschied, den direkten Weg zu gehen und 1862/1863 direkt beim Hersteller 7002 Waffen zu einem Vertragspreis von $ 10,– zu kaufen. Anhaltspunkte für den Endverbrauch zahlreicher Whitneys ergeben sich aus den auf einigen Waffen eingeschlagenen Buchstaben ›NJ‹ – für New Jersey – und einem Anker auf der anderen. Ob es sich dabei tatsächlich um Ordonnanzexemplare der Marine handelt, ist nicht eindeutig, denn das Ankersymbol findet sich mitunter auch auf amerikanischen Waffen, die eindeutig nicht bei der Marine genutzt wurden. New Jersey bezog genau 792 Waffen. Eli Whitney hatte bereits im Juni 1855 versucht, die Navy für einen von ihm nach Beals Patent angefertigten Revolver zu interessieren, der sich durch einen ringförmigen Abzug auszeichnete. 1859 lieferte er erneut einen .36er Revolver an die Versuchsanstalt der Navy in Washington. Der von Commodore Dahlgren unterzeichnete Testbericht sagte aus, daß die Waffe den

Anforderungen nicht entsprochen hätte und nach dem 84. Schuß blockiert war. Mehr Glück hatte er 1863, als sechs von ihm vorgelegte Waffen die Tests bestanden. Eine Waffe wurde dabei einem Dauerbeschuß von 500 Schuß unterworfen, bei dem nur einmal ein Zündhütchenversager auftrat. Von da an bezog die U.S. Marine Whitney-Revolver für einen Preis von $ 12,– pro Stück und $ 1,25 für je 100 Patronen. Bis zum April 1865 wurden so insgesamt 5726 Whitney Navy-Revolver von der Marine gekauft, deren Seriennummern zwischen 17 500 und 28 800 fallen.

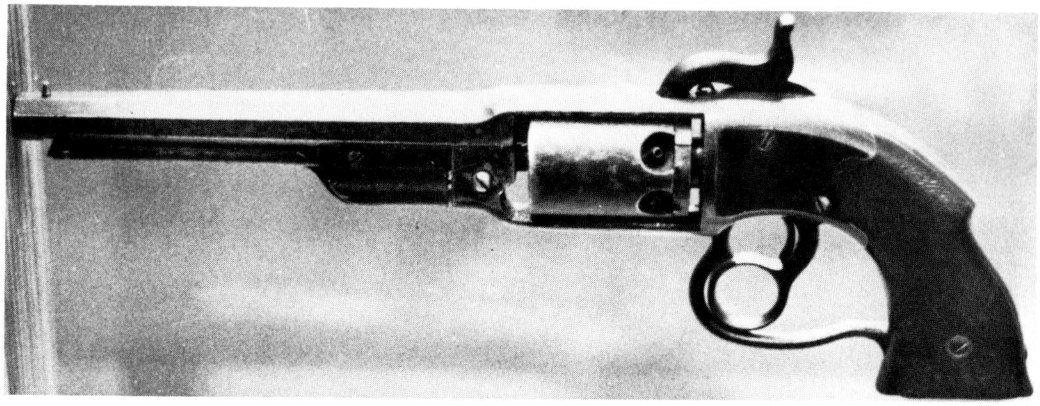

Savage M 1860-Revolver, Kaliber .36, sechsschüssig, Lauflänge 7 1/8 Zoll.

Die Marine gehörte auch zu den ersten Abnehmern für einen der seltsamsten Revolver, die in den fünfziger Jahren hergestellt wurden, dem *Savage .36 Navy,* der wahrscheinlich auch als Vorlage zum Pettengill gedient hatte. Edward Savage trat das Erbe der von Simeon North und Josiah Savage gegründeten Firma North & Savage an. Partner war Henry S. North, mit dem zusammen er Mitte der fünfziger Jahre einen Revolver mit Abzug und separatem Spannhebel herausbrachte, dessen Trommel zur Gasdichtung auf der Zylinderachse nach vorn gegen den Lauf gepreßt wurde. Ein erster Armee-Testversuch vom Juni 1856 erwähnt einen Savage-North-Revolver mit glattem Lauf und einem Kaliber von »90 Kugeln auf das Pfund«. Im Januar 1858 testete die Marine den Revolver, wobei man sich über den Vorteil des Spannhebels für den Mittelfinger nicht ganz sicher war. Im Sommer 1858 erhielt die Firma einen Marineauftrag über 300 Waffen (zum Stückpreis von $ 20,–) und 500 Revolver für die Armee. Eine pünktliche Lieferung blieb aus. Die Marine erhielt ihre Exemplare erst im Winter 1860!

Aber die ›Savage Revolving Firearms Company‹, wie die in Middletown, Conn., ansässige Gesellschaft ab 1860 hieß, war im Geschäft und gehörte zu den Ansprechpartnern, bei denen die Streitkräfte im Sommer 1861 vorstellig wurden, um ihren plötzlich entstehenden Bedarf an neuen Waffen zu decken. Bis zum September 1861 konnte Edward Savage noch 700 seiner Revolver ›an den Matrosen‹ bringen. Die Armee bestellte 1861 in Middletown 2000 und im darauffolgenden Jahr weitere 8000 Savage .36-Revolver. Mehrere hundert dieser eigentümlichen Waffen, die ihre Abstammung von der Pepperbox nicht verleugnen können, wurden auf dem zivilen Markt von Zwischenhändlern erworben, so daß die Gesamtzahl der für Navy und Army gekauften Savage-Revolver bei 11 984 lag, was dem Hersteller über 225 000 Dollar einbrachte. Insgesamt wurden rund 20 000 dieser Revolver hergestellt; von den drei Vormodellen der Jahre 1856–1860, die an dem als ›8‹ geformten Abzug zu erkennen sind, sind wahrscheinlich nicht mehr als 750–900 hergestellt worden, wobei auch einige dieser Waffen als Regierungsaufträge mit Inspektormarken versehen wurden.

Bei einer Länge von 36 cm und einem Lauf von 19 cm war der Savage alles andere als handlich. Das Gewicht der ungeladenen Waffe betrug 1,55 kg, und auch der unförmige Abzugsbügel trug nicht sehr zur guten Handlage bei. Der Vorgang beim Abziehen erforderte vom Schützen einige Konzentration. Der Mittelfinger-Ring transportierte die Trommel und spannte den Hahn. Beim Vorwärtsziehen dieses Spannhebels wurde der Zylinder auf den Lauf in einer gasdichten Art geschoben, wie sie ein halbes Jahrhundert später von dem Belgier Nagant beim russischen Armeerevolver angewendet wurde. Unachtsamkeit beim Durchführen der Fingerbewegung beim Betätigen des eigentlichen Abzugs konnte in einem fatalen Versager münden. Drückte der Mittelfinger gleichzeitig oder etwas früher auf den Spannhebel, konnte die Trommel bewegt werden, wobei der Hammer nicht mehr auf das Zündhütchen traf. Entsprechende Beschädigungen an Savage-Revolvern wurde bei längerem Dienstgebrauch festgestellt und ein späterer Bericht eines Kapitänleutnants Mitchell an Admiral Dahlgren erklärte die Waffe »unfit for Naval Service«.

Stiftfeuerrevolver und andere ›Exoten‹

Die Dekade vor Ausbruch des ›Krieges zwischen den Staaten‹ (wie der Bürgerkrieg mitunter genannt wird) sah die Entstehung Dutzender kleiner und größerer Firmen, die sich in der Entwicklung der Drehpistole versuchten. Viele dieser Hersteller, wie z. B. die Metropolitan Arms Co. aus New York City, die Nepperhan Firearms Co. in Yonkers oder W. W. Marston, New York, stellten einige tausend Revolver her, die eindeutige Kopien der Navy- und Taschenrevolver von Samuel Colt waren. Die Metropolitan sind den Colts sogar so ähnlich, daß erst eine genaue Beachtung der Einzelheiten und noch vorhandener Inschriften die wahre Herkunft der Waffen aufzeigen können. Andere Firmen, wie z. B. die Massachusetts Arms Company aus Chicopee Falls oder die Springfield Arms Co. (nicht zu verwechseln mit der Springfield Armoury !), bauten eigenwillig aussehende Revolver mit außenliegendem Hahn, die wie ein Mittelding zwischen Revolver, Pepperbox und Perkussionspistole erscheinen, weil sie von allen drei Waffentypen Bauelemente entlehnten. Sehr viel Erfolg war diesen Waffen nicht beschieden, obwohl zeitgenössische Fotographien und Schlachtfeldfunde belegen, daß die eine oder andere Waffe im Privatbesitz von Kriegsteilnehmern war.

Eine Ausnahme in diesen ›oddballs‹ stellte die in New York City ansässige Manhattan Firearms Company dar, die 1859 ihre Werkstätten nach Newark in New Jersey verlegte. Zwar war die Firma – ein Zusammenschluß New Yorker Geschäftsleute – 1856 in New York ins Handelsregister eingetragen worden, aber die ersten Herstellungsstätten lagen in Connecticut, wo einläufige Taschenpistolen und Bündelrevolver gebaut wurden. Mit dem Erlöschen des Patentschutzes für Colts Revolverkonzept begann Manhattan Firearms 1858 mit der Herstellung von Taschenmodellen Kaliber .31, die den Erzeugnissen Colts aufs Haar glichen. In ähnlicher Weise kopierten sie auch die Kipplaufwaffen, die Smith & Wesson für ihre .22 Randfeuerpatrone herstellten. Insgesamt wurden bis zum Ende der Gesellschaft im Jahre 1868 rund 150 000 Waffen hergestellt und auf dem zivilen Markt abgesetzt. Den größten Erfolg hatte die Fir-

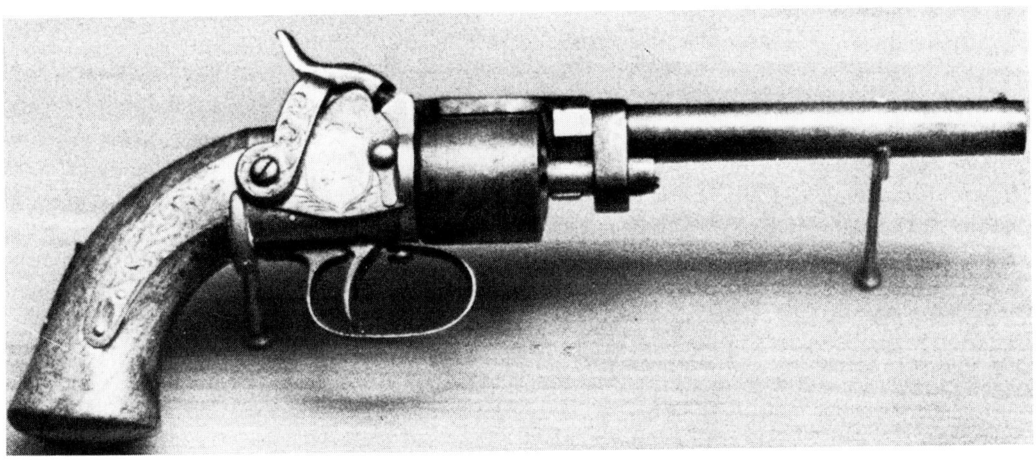

Revolver Kaliber .31 der Massachusetts Arms Co. mit Maynard-Bandzünder, eins von vielen wenig erfolgreichen Modellen aus den fünfziger Jahren.

Ein zehnschüssiger Revolver Kaliber .31 der Firma John Walch New York, der ähnlich wie Lindsays Gewehr über zwei Ladungen pro Kammer verfügte. Auch der Hahn hatte zwei Teile. Wenigstens eine Kompanie des 9. Michigan-Infanterieregiments war mit diesen Revolvern ausgerüstet und zufrieden – dem Schreiben eines Leutnants Hornbeck zufolge. Aber die kleinen Ladungen dieser Taschenrevolver und ihr kleinkalibriges Geschoß konnte auf dem Schlachtfeld wenig ausrichten.

Ein von Lefaucheux in Paris hergestellter 12 mm-Revolver, wie er zu Tausenden im Amerikanischen Bürgerkrieg benutzt wurde.

ma mit ihrem ›Navy‹-Modell Kaliber .36, der in fünf Versionen eine Auflagehöhe von 78 000 erreichte. Verschiedene Lauflängen von fünf bis siebeneinhalb Zoll und unterschiedliche Trommelkapazitäten (fünf u. sechs Schuß) wurden nacheinander erprobt. Vorbild dieser Waffe war der Colt Navy und das Pocket-Modell. Während des Krieges verließen etwa 60 000 dieser .36er Revolver die Newarker Fabrik und wurden von vielen Soldaten und Truppenteilen auf eigene Rechnung verkauft. Ein Regiment aus Illinois überreichte sogar einen solchen Manhattan Navy dem Armeegeneral Ulysses Grant als Abschiedsgeschenk.

So bot der Bürgerkrieg findigen Geschäftsleuten auch außerhalb der Regierungsaufträge interessante Einnahmequellen. Obwohl nordamerikanische Hersteller mit den Schüssen auf Fort Sumter ihre Chancen erkannten und die Maschinen auf Hochtouren liefen, kam das Zeugamt nicht umhin, in den ersten Kriegsmonaten auch ausländische Faustfeuerwaffen anzukaufen. Dazu gehörten belgische Colt-Kopien und englische Perkussionsrevolver, genauso wie französische Stiftfeuer-Revolver, die in diesem Exportbereich den Löwenanteil mit 11 833 Waffen darstellten. Der französische Lefaucheux-Revolver ist normalerweise keine Waffe, die mit dem amerikanischen Bürgerkrieg in Verbindung gebracht wird, aber sie kann trotzdem den Anspruch erheben, eine gewisse Rolle gespielt zu haben.

Lefaucheuxs Metallpatrone mit eigenem Zündstift und die von ihm in den fünfziger Jahren entwickelten Armeerevolver waren bereits vor dem Krieg in den USA bekannt und erst vor kurzer Zeit konnte der Verfasser einen 12 mm-Revolver in London begutachten, der im Ante-Bellum New Orleans hergestellt worden war. Beide Seiten importierten bei Kriegsbeginn offensichtlich diese Waffen in den unterschiedlichsten Kalibergrößen. In den fünfziger Jahren hatte die französische Marine einen 12 mm-Lefaucheux als Ordonnanzwaffe eingeführt und Waffen dieser Art sind in den amerikani-

Der Revolver von ›Stonewall‹ Jackson, der am 10. Mai 1863 an den Folgen einer Verwundung starb, die er bei einem Erkundungsritt vor Chancellorsville durch eigene Truppen erhielt.

schen Sammlungen aufgetaucht. Belgische und französische Fabriken stellten Lefaucheux-Revolver in Taschen- und Holsterformat mit Kalibern von 7 bis 11 mm her und auch einige dieser Typen sind in USA benutzt worden. Der amerikanische Botschafter in Belgien, Sanford, schickte 25 Lefaucheux-Revolver nebst Munition in die Staaten, Schuyler kaufte auf einen Schlag 10 000 Stück zum Preis von $ 12,50 in Paris nebst 200 000 Patronen. Noch im Dezember 1861 bemühte sich Major Hagner vom New Yorker Zeugamt im Auftrage Ripleys um die Lieferung weiterer Lefaucheux-Revolver. Sein Geschäftspartner war der französische Waffenhändler Alexis Godillot in Paris, der schließlich im Mai 1862 neben anderen Waffen 1500 Lefaucheux mit je 50 Patronen zum Stückpreis von $ 17,– auslieferte. Aus der gleichen Quelle stammten 550 Perrin-Revolver, die die U.S. Regierung 20 Dollar das Stück kosteten. Die Archivunterlagen sagen nichts über Kaliber, Hersteller oder genaue Modellbezeichnungen der Waffen aus, so daß nur angenommen werden kann, daß es sich bei den Stiftfeuerwaffen um die ordonnanzmäßigen 12 mm-Revolver handelt. Die Lefaucheux wurden aufgrund ihrer Form in den USA oft als ›französische Tranter‹ bezeichnet und Edwards führt in seinem Buch* die Erzählung des Artilleristen Augustus Buell an, der in seinen biographischen Kriegserinnerungen ausdrücklich erwähnt, wie er mit seinem Lefaucheux-Revolver in der Schlacht von Cedar Creek einen konföderierten Leutnant anschießt: »Er war so nah, daß mein Mündungsfeuer seine Wimpern ansengte und seine linke Wange voll von Pulverschmauch war, als ich schoß.« Buell berichtet, daß er die Patronen für seinen Revolver zum Preis von zehn Cents das Stück selbst kaufen mußte, weil die Regierung sie nicht lieferte. Der von ihm benützte Stiftfeuerrevolver entstammte einem Handel mit einem Corporal der Zehnten New Yorker Kavallerie, der die Waffe kurz vorher bei Brandy Station erbeutet und sie dem Artilleristen Buell nun für fünf Dollar überlassen hatte.

Ein anderer, weitaus prominenterer Besitzer eines Lefaucheux-Revolvers war der konföderierte General ›Stonewall‹ Jackson, der ihn von seinen Offizieren geschenkt bekam. Die sehr schön gravierte, französische Waffe trägt auf dem Lauf die Widmung: ›Presented to Major-General Thomas J. Jackson by his officers, camp near Richmond‹ und befindet sich heute im Museum der Konföderation in Richmond, Virginia. Das Kaliber der sechsschüssigen Waffe ist 7 mm.

Konföderierte Revolver

Hauptquelle für konföderierte Faustfeuerwaffen war der Norden der USA. Die Freiwilligen der ersten Stunde, die 1861 zu den Kavallerieregimentern in Virginia einrückten, brachten von daheim ihre Revolver und Pistolen mit. Samuel Colt hatte vor dem Krieg in den Südstaaten einen guten Markt für seine Revolver gefunden. Jeder wohlhabende Farmer, jeder Pflanzer besaß seine eigenen Waffen und der durchschnittliche Besitzstand an Faustfeuerwaffen war im Süden ungleich höher als in den Städten und Farmgegenden des Nordens. Nicht zuletzt, weil die Weißen der Sklavenhalterstaaten immer für die Eventualität eines Negeraufstandes gewappnet sein wollten, gab es in den meisten Haushalten Pistolen und Revolver. In den Jahren – und besonders den letzten Monaten – vor Fort Sumter gehörten Südstaatler zu den besten Kunden der New Yorker Waffenhäuser wie Schuyler, Graham & Hartley. Nach Kriegsausbruch holte man sich die Revolver beim Gegner oder erwarb eine jener zahlreichen Waffen, die aus dem Norden geschmuggelt wurden. Besonders im Westen, in Kentucky und den anderen Grenzstaaten entlang der Mason-Dixon-Linie herrschte ein regelrechter Schwarzmarkt, auf dem skrupellose Händler an jeden Waffen aller Art verkauften, der mit harten U.S. Dollars – ›greenbacks‹ – zahlen konnte.

Während Remington sich bereits im November 1860 jeglicher Lieferungen in die Südstaaten enthielt, weil alle Anzeichen für einen offenen Konflikt sprachen, nahm Colt noch jede Möglichkeit wahr, schnelles Geld mit Waffenlieferungen an Adressen südlich der Mason-Dixon-Linie zu machen. Da die Verkaufsunterlagen aus jenen Zeiten zu einem großen Teil noch in der Hartforder Niederlassung der modernen Colt Industries vorhanden sind, läßt sich der Weg von Colt-Revolvern von der Fabrik bis zum Abnehmer nachverfolgen. Die Autoren Hill und Anthony haben dankbarerweise eine Auflistung von Coltlieferungen vom 27. 12. 1860 bis zum 19. 4. 1861 veröffentlicht, aus denen hervorgeht, daß aus Hartford in dieser Zeit beweisbar mindestens 752 Colt Navy M 1851 und 2230 der neuen Army M 1860 in die Südstaaten verkauft wurden. Am 12. April wurde der erste Schuß auf Fort Sumter abgegeben, am 14. ergab sich die Bundesfestung den Aufständischen von Charleston. Am folgenden Tag ging eine Lieferung von 500 Colt M 1860 an die Adressen von Händlern in Richmond, Virginia. Ein Tag später wurden 120 Revolver Kaliber .44 nach San Antonio, Texas, geliefert, und noch eine Woche nach dem Angriff im Hafen von Charleston, am 19. April 1861, sandte die Verkaufsabteilung in Hartford 1100 .44er Revolver nach New Orleans!

Der Süden war für diese neutrale und doch nur profitorientierte Verkaufspolitik des Colonel Samuel Colt recht dankbar, der seine Firmenleitung in den spannungsreichen Wochen vor Kriegsausbruch angewiesen hatte, ›Heu zu machen, solange die Sonne scheint‹. Heutige Sammler sind natürlich dem skrupellosen Geschäftsmann dankbar, dessen genaue Buchführung die Möglichkeit bietet, sonst gewöhnlichen Serienwaffen eine historische Bedeutung nachzuweisen, die dem Stück eine ganz besondere historische Würze gibt. Die Seriennummern von Colt-Waffen, die in den kriegsschwangeren Monaten vor Fort Sumter ausgeliefert wurden,

* Edwards ›Civil War Guns‹, Harrisburg 1962, S. 289

steht fest. Es bedarf nur einer Nachfrage bei der Firearms Division (150 Huyshope Avenue, Hartford, Ct. 06102) der Colt Industries, um festzustellen, ob diese oder jene Waffen in den Süden geliefert wurde und an wen. In Frage kommende Waffen lagen in den Nummernbereichen* von

180 000–190 000 für Colt Pocket, Cal. .31
94 000–102 000 für Colt Navy M 1851, Cal. .36
1– 4 000 für Colt Army M 1860, Cal. .44

Aber die Konföderation fertigte auch ihre eigenen Revolver, um eine zusätzliche Quelle neben den aus Europa importierten Waffen zu haben. Allerdings war die Herstellungsmenge von Faustfeuerwaffen minimal verglichen mit der viel wichtigeren Produktion von Langwaffen. Konföderierte Revolver gehören daher heute zu den gesuchtesten und seltensten Ordonnanzwaffen der Welt. Ihre Preise haben astronomische Höhen erreicht und Fälschungen sind zahlreich. Im Süden der heutigen USA existiert eine zahlungskräftige Gruppe von Sammlern in den Kreisen der ölreichen Texaner, die jederzeit bereit sind, Unsummen für C.S. Revolver und andere Waffen zu zahlen. Der europäische Sammler kann kaum mitbieten und äußerste Vorsicht ist geboten, sofern hierzulande eine C.S. Waffe – besonders ein Revolver – angeboten werden sollte. Notgedrungen muß man hier auf Replikas und Nachbauten zurückgreifen, wenn man z. B. als Mitglied einer Schwarzpulvergruppe oder eines Traditionsvereins einen Südstaaten-Kavalleristen darstellen möchte.

Der Mann, der die meisten Revolver für die Kavallerie der C.S.A. fertigte und dessen Geschick den Rebellen zu einer beachtenswerten ›hauseigenen‹ Faustfeuerwaffenfabrik verhalf, war – ein Yankee aus Connecticut! Samuel Griswold besaß in Griswoldville, Georgia, eine Fabrik zur Herstellung und Reparatur von Baumwollmaschinen. Auf Geheiß von Gouverneur Brown hatten Griswold und sein Partner A. W. Gunnison ihren Eintritt in die Rüstungsproduktion mit der Herstellung von Piken getätigt, mit denen Brown die Heimwehr-Miliz des Staates auszurüsten gedachte. Im August 1862 erhielt die Firma einen Auftrag der konföderierten Regierung, so viel Revolver zu liefern, wie sie herstellen konnte. Bis zum November 1864 wurden ca. 3700 Revolver in Griswoldville gefertigt, dann kamen die Reiter von Kilpatricks Kavalleriedivison, die an Shermans ›March to the Sea‹ teilnahmen, und brannten die Fabrik nieder.

Die ›*Griswold & Gunnison*‹-Revolver waren Nachbauten des Colt Navy im Kaliber .36. Ihr hervorstechendes Merkmal ist der Messingrahmen und der etwas viereckig gestaltete Abzugsbügel. Als einzige Markierung weisen die Waffen eine Seriennummer und mitunter auch ein Inspektorzeichen auf. Anders als beim Colt M 1851 Navy ist der ›G & G‹ mit einem runden Lauf ausgestattet (sechs Züge, Rechtsdrall). Bei der ersten Hälfte der Produktion war der vordere Rahmenteil noch abgerundet, etwa ab Nr. 1500 wurde dieser Teil kastenförmig belassen. Der Keil, der den vorderen Rahmen mit der Zylinderachse verbindet, ist ein einfaches Metallstück ohne eingesetzte Feder. Nach dem Tode Griswolds übernahm dessen Schwiegersohn, Oberst E.C. Grier, die Leitung des Werkes, früher wurden die ›G & G‹ deshalb auch oft als Griswold & Grier bezeichnet.

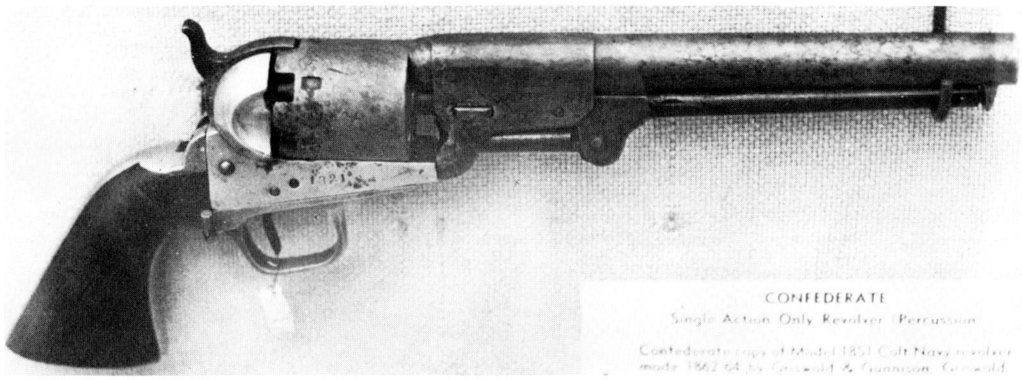

Griswold & Gunnison .36-Kopie des Colt Navy M 1851. Gewicht 1250 g, Seriennr. der Waffe 1321, Messingrahmen, Lauflänge 7,5 Zoll.

Eine andere Kopie des Colt Navy, aber ohne Verwendung des für die Konföderation so wichtigen und raren Messingmaterials für den Rahmen, war der von Charles H. Rigdon und Thomas Leech gefertigte ›*Leech & Rigdon*‹ .36er. Rigdon hatte seine industrielle Karriere als Mitbesitzer in einer kleinen Werkstatt für die Fabrikation von Waagen begonnen. Nach Meinung von William H. Albaugh, Autor und Kenner amerikanischer Sammlerwaffen, soll Rigdon die Werkzeugmaschinen für einen gewissen William A. Shawk gebaut haben, der 1858 in Carondelet bei St. Louis, Missouri, für kurze Zeit die Fertigung eines .36er Revolvers mit geschlossenem Rahmen unternommen hatte. Der ›Shawk & McLanahan‹ war offensichtlich eine Anlehnung an den Whitney Navy und existierte nur in einer Größenordnung von etwa 100 Stück. Shawk war ursprünglich ein Kleinunternehmer, der sich in der Produktion von Schlössern und Feuerspritzen versuchte. Rigdon, wie Shawk Einwohner von St. Louis, verließ die Stadt bei Ausbruch der Feindseligkeiten

* Angaben nach Hill/Anthony, »Confederate Longarms and Pistols«, Charlotte, N.C., 1978, S. 276

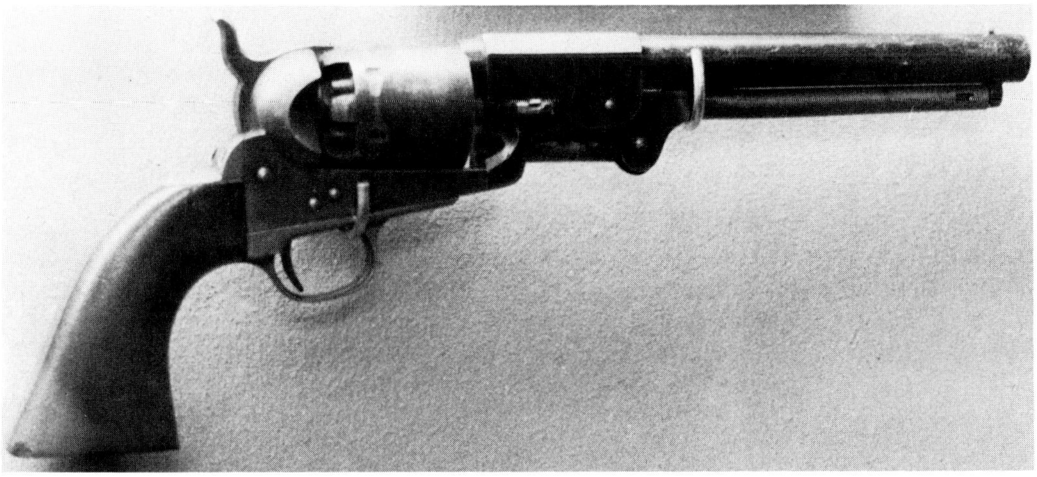

Leech & Rigdon aus der Fertigung in Greensboro, Ga.

und begann eine Partnerschaft mit Thomas Leech in Memphis, aus der im Mai 1862 eine Waffenfirma entstand, die zuerst Blankwaffen verkaufte. Die vorrückenden Unionstruppen zwangen Leech und Rigdon, ihr Unternehmen zuerst nach Columbus und im Dezember 1862 nach Greensboro in Georgia zu verlegen. Im März des folgenden Jahres erhielt die Firma einen Auftrag des Kriegsministeriums, Revolver für die konföderierte Armee herzustellen. Erste ›L & R‹-Revolver, die noch vor dieser Zeit gefertigt worden sind, haben zwar den Namen der Hersteller auf dem Markt, aber nicht die Inschrift ›CSA‹; die überwiegende Mehrzahl führt ›LEECH & RIGDON CSA‹ auf dem 7,5 Zoll langen runden Lauf; einige Exemplare sind bekannt, die lediglich ›CSA‹ aufgeprägt hatten. Die ›L & R‹-Revolver sind hervorragende Kopien des Colt Navy, bei denen – wie bei dem Vorbild – lediglich Abzugsbügel und Griffrahmen aus Messing hergestellt wurden.

Die Zusammenarbeit mit Leech endete im Dezember 1863. Rigdon ging – unter Mitnahme von Maschinen und etwa 500 noch nicht völlig fertiggestellten Revolvern – nach Augusta. Hier wurde Anfang 1864 die Firma *›Rigdon, Ansley and Company‹* gegründet – Geschäftspartner waren Jesse A. Ansley, A. J. Smythe und C. R. Keen. Zusammen mit Leech hatte Rigdon 1500 Revolver produziert, die Seriennummern der Ridgon, Ansley & Company setzen bei 1500 an und laufen bis 2500. Die ersten zweihundert Stück tragen die Aufschrift ›AUGUSTA, GA. C.S.A.‹, spätere Exemplare sind nur noch mit ›C.S.A.‹ gekennzeichnet worden. Als weitere Markierungen tauchen nur die Seriennummern der Waffe auf Lauf, Rahmen, Abzugsbügel und Trommel auf. Das kennzeichnende Unterscheidungsmerkmal dieser ›Ridgon & Ansley‹-Revolver von ihren Vorgängern aus der Produktion in Columbus sind die zwölf Arretierungsnuten des Zylinders, eine Idee, die Ridgon wahrscheinlich von den Revolvern der Manhattan Firearms Company übernommen hatte. Obwohl solch eine Anordnung ein excellentes Timing des fertiggestellten Revolvers verlangte, stellte die Verdoppelung der Zylindernuten einen Vorteil dar: Colt hatte bei seinen Revolvern zwischen den Pistons je einen Pin, auf dem der Hammer mit einer entsprechenden Aussparung seiner Aufschlagfläche zu liegen kam. Die doppelte Rast sollte einen solchen Sicherheitsfaktor ersetzen.

Auch die Fabrikation der Rigdon & Ansley-Revolver fand durch die Ausweitung des Krieges nach Georgia hinein ihr Ende. Irgendwann zwischen Januar und März 1865 stellte Charles H. Rigdon seine Produktion ein.

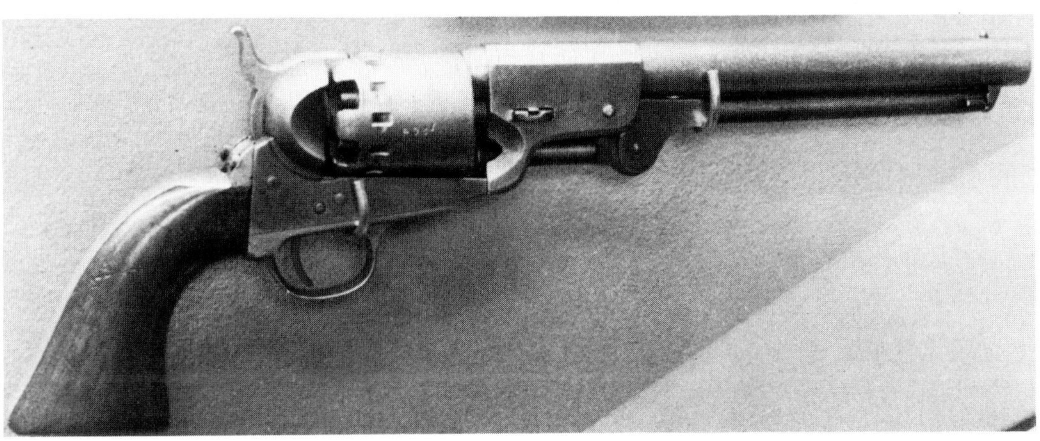

Rigdon & Ansley-Revolver mit den typischen 12 Trommelnuten. Die Waffe trägt die Inspektorenmarke ›W.H.‹ von Hauptmann Wescom Hudgins.

Spiller & Burr-Revolver mit Messingrahmen, dessen Ähnlichkeit zu den Navy-Waffen von Whitney nicht zu verkennen ist.

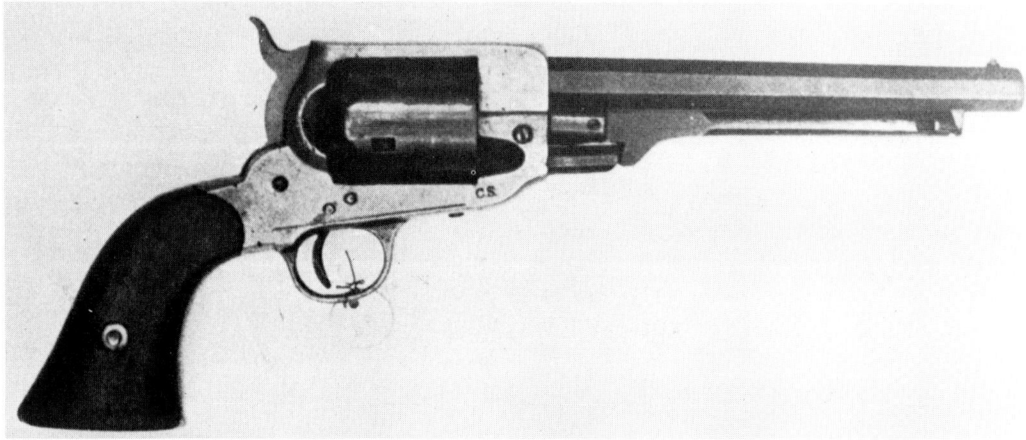

Die dritte Firma, die einen Regierungsauftrag zur Lieferung von Revolvern hatte, war ›*Spiller & Burr*‹. Edward Spiller und David Burr besaßen eine kleine Fabrik in Richmond, die unter Mithilfe von Zeugamtsoffizier James H. Burton für die Produktion von Revolvern eingerichtet wurde. Als Vorbild diente zuerst der Colt Navy, den Burton und Zeugamtsleiter Gorgas als Raubkopie in Richmond herstellen wollten. Wegen der unmittelbaren Frontnähe Richmonds wurde die Produktion Mitte 1862 nach Atlanta verlegt, wo ein Prototyp des Revolvers entstand, für den Spiller & Burr einen Auftrag über die Lieferung von 15 000 Stück in den Händen hielten. Am Ende begannen Spiller & Burr im Frühjahr 1863 mit der Auslieferung von 600 Revolvern, die eine Kopie des Whitney Navy darstellten. Kernstück der Waffe war ein aus Messing gegossener Rahmen und ein Achtkantlauf von 17,5 cm Länge. Bemerkenswert ist der fehlende Freiraum, den der Spiller & Burr-Zylinder von den Rahmeninnenseiten hat. Dies konnte leicht zu Ladehemmungen führen, wenn sich hier Blei- und Pulverreste ansammelten. Der Name der Hersteller findet sich auf dem Lauf, der Hinweis ›C.S.‹ auf der rechten Rahmenseite. Etwa 700 Stück wurden bis zum Februar 1864 hergestellt, dann verlor Burton und mit ihm das Zeugamt die Geduld. Spiller und Burr wurden ausbezahlt, die nun staatseigenen Maschinen, Werkzeuge und Teile wurden nach Macon, Georgia, geschafft und dort im Arsenal aufgestellt. Oberst Burton ließ hier noch 689 Revolver herstellen, bevor der Krieg auch diesen Ort eingeholt hatte. Beim Versuch, Maschinen, Werkzeuge und Waffenteile der Macon Armoury vor den anrükkenden U.S. Truppen in Sicherheit zu bringen, gingen auch die Produktionsmittel des Spiller & Burr-Revolvers verloren. Urspünglich sah der Evakuierungsplan Burtons vor, die regierungseigenen Werkstätten von Macon nach Columbus in South Carolina per Eisenbahn zu transportieren. Dort, im tiefen Süden, dem Herzen der Sezession, sollte die Herstellung wieder aufgenommen werden. Allerdings war es zu diesem Zeitpunkt schon schlecht um die Konföderation bestellt. Shermans Truppen hatten eine Furche verbrannter Erde quer durch Georgia gezogen, seine Kavallerie kontrollierte die Eisenbahnverbindungen, zerstörte Schienenstränge und rollendes Material – wobei auch der Güterzug aus Macon ein unrühmliches Ende erfuhr. Aber auch wenn die Maschinen nach Columbus gelangt wären, bliebe es fraglich, ob Burton je wieder die Produktion aufgenommen hätte. Bereits 1864 machte sich die Blockade in dem Maße bemerkbar, daß zur Herstellung wichtige Rohmaterialien – Messing und Eisen – fehlten. Entsprechende Lieferungen aus England waren nicht in Macon eingetroffen. Gleichzeitig forderte der laufende Krieg seinen Zoll – immer mehr Fachkräfte wurden aus den Fabriken abgezogen und zum Wehrdienst verpflichtet.

Der Spiller & Burr repräsentiert eine interessante Episode in der kurzen Geschichte der Konföderation. Die Vertragsunterlagen zwischen dem C.S. Ordnance Department, den Herren Edward N. Spiller und David J. Burr und dem Zeugamtsoffizier Burton – der als stiller Teilhaber an der Revolverproduktion beteiligt war – sind erhalten geblieben. Sie geben ein farbiges Bild von den Hoffnungen und Anstrengungen der Sezessionsregierung. 15 000 Waffen hätte Spiller & Burr bis zum 1. Juni 1864 laut Vertrag liefern sollen, 60 000 Dollar in konföderierter Währung wurden seitens der Regierung als Vorschuß und Starthilfe gezahlt. Ein Stückpreis von $ 40,– für die ersten fünftausend und $ 25,– für die folgenden zehntausend war im Vertrag festgelegt worden. Aus all dem wurde relativ wenig. Nicht mehr als 1400 bis 1450 Revolver sind in Atlanta und Macon schließlich gefertigt worden. Bei allem Einsatz hat die Regierung in Richmond recht wenig für ihr Geld erhalten . . .

Wo und wann die Spiller & Burr eingesetzt wurden und mit welchem Erfolg, ist im Dunst der Vergangenheit verschwunden. Nachvollziehbar ist lediglich die Geschichte der Nummer 763. Dieses Exemplar – heute im Museum von Richmond aufbewahrt – wurde von Burton an Oberst George W. Rains verschenkt. Rains war urspünglich im Heereszeugamt für die Beschaffung von Pulver zuständig gewesen und wurde im April 1862 der Direktor der staatlichen Rüstungsbetriebe in Augusta. Rains führte diesen ›S & B‹ auch im Herbst 1864 bei der Verteidigung von Augusta gegen die vorrückende Armee Shermans. Er überlebte den Krieg, schrieb ein Werk über die Pulverfabriken der Konföderation und lehrte an der Medizinischen Fakultät von Georgia, deren Dekan er schließlich wurde.

Das neubelebte Interesse am Schießen mit Schwarzpulverwaffen führte auch zu einer Wiedergeburt der drei berühmtesten Revolver. Amerikanische Firmen bemühten sich um Nachbauten. In Italien ließ man den Griswold & Gunnison, den Leech & Rigdon und Spiller & Burr kopieren. Diese Nachbauten sind mehr oder weniger originalgetreu. So ist z. B. die Halteschraube der Ladepresse beim Spiller & Burr in der Replika-Ausführung zu groß; die Originalwaffe hatte sieben Züge, während der Nachbau nur sechs aufweist. Aber vielleicht sind diese auffälligen Abweichungen nur zu gut – irgendwo wird jemand versuchen, eine künstlich gealterte und überarbeitete Replika einem enthusiastischen, zahlungskräftigen Käufer als ›vor kurzem auf dem Boden eines Hauses in Alabama gefunden‹ anbieten. Caveat Emptor!

Im Nachhinein ist es erstaunlich, daß trotz der extrem schwierigen Material- und Facharbeiterlage der Konföderation kleine Werkstätten und Büchsenmacher in Eigeninitiative Revolver herstellten, um den bedrängten Südstaaten den Rücken zu stärken. Einige dieser Hersteller hatten sich schon vor dem Krieg in Nachbauten von Colt versuch. *George Todd,* zum Beispiel, begann 1856 in Austin Texas mit dem Nachbau des Colt Navy, als Colts Patentrechte erloschen waren. Nur eine Handvoll solcher mit seinem Namen signierter Revolver sind bekannt. 1862 sollte er bei *Tucker, Sherrard & Co.* die technische Leitung der Revolverherstellung übernehmen, nachdem diese Firma von der Staatsregierung von Texas einen Lieferauftrag für Waffen im Kaliber .36 und .44 bekommen hatte. Je 1500 Revolver sollten gefertigt werden, aber nur Teile für 400 Kopien des Colt Dragoon, 1. Modell im Kaliber .44, konnten hergestellt werden, bevor die Fabrikarbeiter zu den Waffen gerufen wurden. Die 400 existierenden Exemplare sind 1867 zusammengesetzt und verkauft worden. Todd konnte sich mit der Firmenleitung nicht einigen und arbeitete während des Krieges in der Alabama Armory.

William *Schneider* und Frederick *Glassick* waren in Memphis, Tennessee, bereits vor dem Krieg als Büchsenmacher bekannt. Heute existieren drei Exemplare einer Colt-Navy-Kopie mit Messingrahmen, mit der Aufschrift ›SCHNEIDER & GLASSICK, MEMPHIS, TENNESSEE‹. Am 8. Dezember 1861 erschien in der Tageszeitung von Memphis, ›Daily Appeal‹ ein kleiner Artikel, der auf die Firma Schneider & Glassick, ansässig in der Jefferson Street, und ihren »six-shooter Navy pistol of their own manufacture« hinwies. Der anonyme Schreiber überschlug sich im Lob: »Es ist eine schöne Waffe, die dem Colt-Produkt in nichts nachsteht. Das Finish im Ganzen, die Genauigkeit der Teile und das excellente Spiel des Mechanismus sind bewundernswert. Eisen, Messing-Verarbeitung und Holz-Arbeit sind alle Beispiele des Könnens. Wir sind stolz, daß Memphis solch herrliches Handwerk hervorbringt.« Außer diesem Artikel und wenigen Exemplaren ist von dem gerühmten Werk der beiden Bürger von Memphis nichts übriggeblieben. Die Stadt wurde bereits am 15. März 1862 von der Union eingenommen, und sonst ist wenig über die beiden Büchsenmacher bekannt. Edwards spekuliert, daß selbst die vorhandenen Stücke der ›S & G‹ nicht aus Memphis stammen, sondern von einem gewissen Bitterlich in Nashville gefertigt wurden oder von Rigdon zumindest als Teile geliefert wurden. Ein vorhandenes Exemplar trägt die Seriennummer ›25‹, und allgemein wird angenommen, daß nicht mehr als fünfzig solcher Revolver die Werkstatt in der Jefferson Straße verlassen haben können.

Im Vergleich dazu waren die Gebrüder *Dance* schon erfolgreicher. James Henry führte die Firma, zu der seine Brüder James P., David und Claudius gehörten. Zusätzlich nahmen sie noch die Gebrüder Anderson und Jesse Parks auf, so daß der Name ›Dance & Parks‹ mitunter genannt wird. Die kleine Fabrik war in Columbia, Texas, ansässig und begann 1862 mit der Herstellung eines .44-Revolvers, der in Anlehnung an Colts Dragoon-Modell, dritte Ausführung, entstand. Außer den Seriennummern tragen die Waffen keine Aufschrift, sind aber sofort erkennbar. Dem hinteren Rahmenteil fehlen die schildartigen Backen, so daß die ganze Waffe mit Ausnahme der Trommel die gleiche Breite hat. Schätzungen der Produktionsmengen belaufen sich zwischen 225 bis 350 Revolver dieses Typs. Maximal 225 sind wahrscheinlich nur von der kleineren Dance &

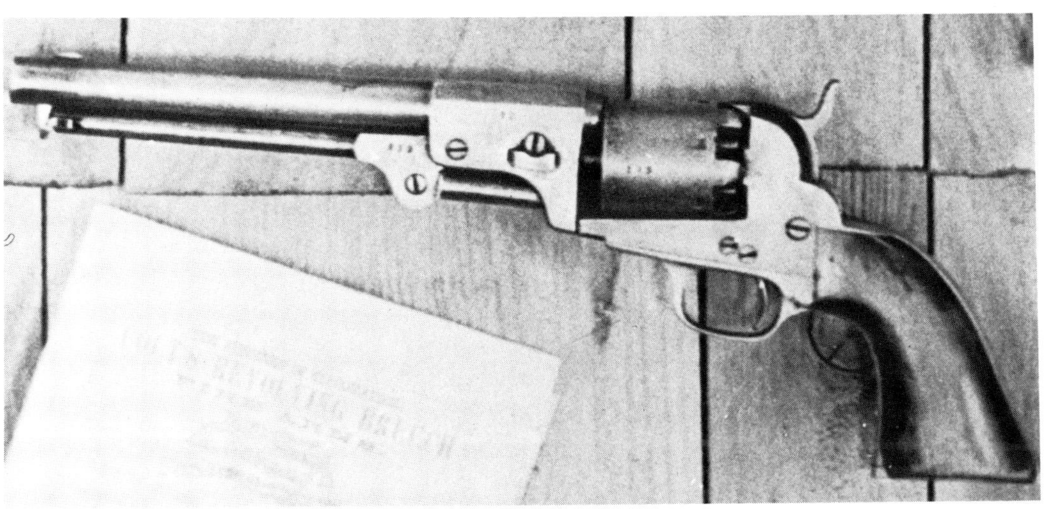

Dance Brothers Revolver mit acht Zoll langem Lauf.

Brothers-Version entstanden, einer Kopie des Colt Navy im Kaliber .36. 1863 wurde die Herstellung in die Nähe von Anderson, Grimes County, verlegt, weil Kanonenboote der U.S. Marine in bedrohliche Nähe der Stadt Columbia gelangt waren. Danach verliert sich jede Spur.

Nur von begrenztem Erfolg waren auch die Unternehmungen von Louis und Elias *Haiman,* die in Georgia die ›Columbus Firearms Manufacturing Company‹ gründeten und von der Regierung einen Auftrag über die Lieferung von 10 000 Nachbauten des Colt Navy bekamen. Nur rund 100 Stück wurden 1863 gebaut, die Mehrzahl davon als sechsschüssige Navy-Modelle mit 7,5 Zoll langem Lauf. Aber auch kleinere Pocket-Modelle mit fünfschüssiger Trommel im Kaliber .36 sind bekannt. Anfang 1864 kaufte die Regierung die Firma auf, um sie den eigenen Werkstätten einzuverleiben.

Eigenwillig, aber wenig erfolgreich war auch die Konstruktion von Thomas W. *Cofer,* dessen Whitney-Nachbau mit Messingrahmen im August 1861 ein Patent der konföderierten Regierung erhielt. Kernstück seiner Erfindung war eine Messing-Hülse mit Piston, die zur Aufnahme von Pulver und Geschoß diente, wiederverwendbar war und wie eine moderne Patrone geladen wurde. Später baute Cofer konventionelle Perkussionsrevolver. Seine Werkstatt lag in Portsmouth, Virginia, und diese Ortsbezeichnung plus die Inschrift ›T. W. COFER'S PATENT‹ finden sich in den Patronen- wie in den Perkussionsrevolvern. Nicht viel mehr als zehn existierende Modelle sind bekannt und die Gesamtzahl der verschiedenen Cofer-Revolver wird auf max. 150 geschätzt.

DR. LEMATS SCHROTSPRITZE

Der herausragende Revolver der Konföderation und eine der interessantesten waffentechnischen Eigentümlichkeiten in der Faustfeuerwaffengeschichte ist der Schrot- und Kugel-Revolver des Dr. Jean Alexander François LeMat, Arzt in New Orleans. Seine Erfindung wurde 1856 in den USA und 1859 in London patentiert. Zu Beginn des Krieges bot LeMat der Konföderation seine Dienste an und wurde mit einem Auftrag zur Lieferung von 5000 seiner Revolver bedacht. Ein Jahr später führte bereits das C.S. Armeehandbuch (Field Manual) den LeMat-Revolver als Dienstwaffe auf:

»Grapeshot pistol (etwa: Schrotpistole) – diese Pistole wird von Herrn LeMat in Paris hergestellt. Sie hat einen Zylinder, der sich dreht, neun Kammern, einen gezogenen Lauf und einen glatten Lauf. Der letztere nimmt eine Ladung Rehposten auf und wird durch eine kleine Veränderung im Hammer abgefeuert.«

Der hier beschriebene LeMat hatte einen Schrotlauf Kaliber .63 und einen Kugellauf Kaliber .42 mit normaler Perkussionszündung (in Frankreich wurden auch Stiftfeuerversionen vertrieben, die nach dem Krieg entstanden).

LeMat – der wie Samuel Colt einen Oberst-Titel vor seinem Namen führte, weil er einmal als Ehrenmitglied des Stabes beim Gouverneur fungiert hatte – wollte ursprünglich seinen Revolver innerhalb des Staatsgeländes der Konföderation herstellen und nahm deshalb mit einigen Fabriken Kontakt auf. Einige Prototypen sind tatsächlich in den USA vor Kriegsbeginn gemacht worden, aber im Süden fehlte es an Facharbeitern, Material und Muße, um sich dem komplizierten Modell des Doktors aus New Orleans zuzuwenden. LeMat reiste deshalb nach Paris, wo sich ein alter Freund, C. Girard, mit seinem Sohn etabliert hatte, um in dessen Fabrik seinen Revolver bauen zu lassen. Als geschichtliche Fußnote ist noch zu erwähnen, daß Dr. LeMat auf dem gleichen englischen Postschiff über den Atlantik fuhr, auf dem auch die konföderierten Gesandten Mason und Slidell reisten. die ›Trent‹ wurde auf hoher See von der U.S. Marine gestoppt, ein Prisenkommando kam an Bord und nahm die beiden ›Rebellen‹ gegen den Protest des britischen Kapitäns fest. Die Trent-Affäre führte zu einer gefährlichen Krise zwischen London und Washington.

Zwei verschiedene Grundtypen des LeMat-Revolvers sind be-

LeMat-Revolver, 2. Modell, Navy-Ausführungen ohne Sporn am Abzugsbügel.

Das LeMat-Reitergewehr: Auch hier bildet der Schrotlauf die Trommelachse.

kannt: mit abgerundetem Abzugsbügel für die C.S. Navy und mit Fingerhaken für die Armee. Während der Produktion der 2500 Waffen im Auftrag der C.S. Regierung wurden einige fertigungstechnische Veränderungen eingeführt, die eine Unterscheidung der beiden Modelle in je zwei Herstellungsmuster erlauben. Die Seriennummern sind durchlaufend von 1 bis 2500, aber nicht alle diese Waffen erreichten den umkämpften Süden der USA. LeMat hatte erhebliche Probleme mit der Abnahmekontrolle seiner Waffen durch Inspekteure in London und Paris. Die Arretierung der Trommelbewegung war unzuverlässig, der Wechselmechanismus im Hammer ließ mitunter eine unbeabsichtigte Abgabe des Schrotschusses zu. Der Abstand zwischen Zylinder und Lauf war erheblich und Rahmen wie Hämmer waren aus minderwertigem Gußeisen gefertigt. Auch die Tatsache, daß der LeMat-Schrotrevolver die normale Munition jener Zeit nicht aufnehmen konnte, sondern eine Spezialmunition brauchte, war seiner Sache abträglich. Charles Girad setzte die Herstellung ungeachtet aller Schwierigkeiten fort und LeMat ließ seine Revolver über Handelspartner in der Konföderation auf dem Privatmarkt anbieten. Sie fanden reißenden Absatz. An die Regierung lieferten sie etwa 900 Armee- und 600 Marinemodelle. Eine dritte Version, der ›Baby LeMat‹, von dem Richmond 2000 bestellte, aber nur 100 erhielt, war eine verkleinerte Variante im Kaliber .32 für den Kugellauf und .41 für den Schrotlauf. Auch diese Waffe war zehnschüssig und wurde zusammen mit Munitionspäckchen geliefert, die zehn Zündhütchen, neun Kugelpatronen und eine Schrotladung enthielten. Die Waffen werden mit unterschiedlichen Beschriftungen angetroffen, britische Bschußzeichen (›V‹, Krone und ›P‹) finden sich auf LeMat mit ›LEMAT & GIRARD'S PATENT LONDON‹. Andere Waffen sind mit dem Namen LeMats und der Bemerkung ›S.G.D.G. Paris‹ (›ohne Garantie der Regierung‹) anzutreffen.

Im Kaliber der Armee-Ausführung wurde auch ein Gewehr mit 20 Zoll langen Läufen gefertigt, das von Sammlern als konföderierte Waffe angesehen wird, obwohl die Herstellungs- oder Lieferzahl dieser seltenen Waffe nicht bekannt ist. Die Waffe hat einen glatten Flintenschaft, keine Vorderschäftung und ist für die Pistolenmunition eingerichtet. Einige Karabiner sind in französischen und amerikanischen Sammlungen.

Der LeMat gelangte nicht zuletzt zu Ruhm, weil er von zwei berühmten Südstaatengenerälen geführt wurde. Nr. 427 wurde von P.G.T. Beauregard getragen, der angeblich LeMat in seinen Unternehmungen betreffend der Erfindung und Verwertung unterstützt haben soll. Nr. 115 war im Besitz von J.E.B. Stuart, dem Reiterführer der Konföderation. Beide Waffen sind heute im Richmonder Museum. Auch Hauptmann Henry Wirz, der Kommandant des berüchtigten Kriegsgefangenenlagers von Andersonville, soll einen LeMat besessen haben. Wirz ist nach dem Krieg als Kriegsverbrecher hingerichtet worden, eine juristische Entscheidung, die noch heute umstritten ist.

Importrevolver

Addiert man die vorstehend genannten Produktionsziffern der heimischen Wirtschaft, so wird man schwerlich verkennen, daß die konföderierten Revolver nur einen Tropfen auf dem heißen Stein darstellten. Alles in allem sind im Süden nicht mehr als 7500 Waffen dieser Art gebaut worden, der übrige Bedarf der Reiterei und des Offizierskorps mußte aus Beutebeständen und Vorkriegsmitteln gedeckt werden. Das ›Field Manual‹ des Heereszeugamts aus dem Jahre 1862 stellte unumwunden fest, daß »eine Repetierpistole an die Kavallerie ausgegeben wird«. Aus den übrigen Unterlagen dieses Handbuches geht hervor, daß der Colt-Revolver als Standard angesehen wurde, nach dem sich das Heer zu richten hatte. Für ihn wurde Munition in den Richmonder Fabriken hergestellt, er war das Muster, nach dem sich die lokale Industrie richtete. Bemerkenswert ist der Umstand, daß nicht die 1860 auf dem Markt erscheinende .44er Version, sondern der Colt Navy mit seinem Kaliber .36 die Richtschnur bildet.

Wie der Norden, so importierte auch die Konföderation Faustfeuerwaffen. Ähnlich wie bei den Langwaffen orientierten sich beide Seiten an den gleichen Mustern und bezogen ihre Ware aus den gleichen Quellen. Die nachstehend genannten Revolver wurden zum Teil auch innerhalb der Union benützt. Die Massachusetts Arms Company von Chicopee Falls kopierte bis 1861 sogar den englischen Adams-Revolver, und etwa 600 des ›Navy‹-Modells mit fünfschüssiger Trommel (Kaliber .36) und Sechs-Zoll-Lauf wurden in den ersten Kriegsmonaten gekauft. Neben den Stiftfeuerwaffen und den in wenigen Stückzahlen gekauften französischen Revolvern der Marke Devisme, Raphael oder Perrin sind drei britische Modelle ausschlaggebend für den Waffenimport gewesen.

ROBERT ADAMS – DER BRITISCHE KONKURRENT DES SAMUEL COLT

Colts Versuch, in England eine Revolverfabrik einzurichten, war auch deshalb von so wenig Erfolg begleitet, weil die heimische Industrie bereits 1851 in Robert Adams einen Waffenerfinder hervorgebracht hatte, dessen im August dieses Jahres patentierter Revolver durchaus mit dem amerikanischen Gegenstück konkurrieren konnte. Auf der gleichen Weltausstellung in London, bei der Colts Produkte ausgezeichnet wurden, stellte die Londoner Firma George & John Deane (umbenannt in Deane, Adams & Deane) ihren eigenen Revolver vor, der mit einer Goldmedaille honoriert wurde. Colt dagegen erhielt nur eine ›lobende Erwähnung‹!

Adams hatte einen Revolver mit Spannabzug und geschlossenem Rahmen entwickelt, der nichts an Robustheit zu wünschen ließ. Bereits in den fünfziger Jahren wurden Adams-Revolver in die USA importiert. Da sie auf dem zivilen Markt Käufer fanden und für etwa zwei Drittel des Colt-Preises gehandelt wurden, interessierte sich sehr bald auch das Zeugamt dafür. Die britische Armee begann ihre Tests 1851, führte aber den Adams erst ab 1855 in ihren Reihen ein, nachdem einige Verbesserungen verwirklicht waren. In diesem Jahr hatte Robert Adams den Verbesserungsvorschlag eines Leutnants Fredericks B.E. Beaumont aufgegriffen, der anstelle des einfachen Spannabzuges (mit spornlosem Hahn) einen Abzugsmechanismus vorgeschlagen hatte, mit dem wahlweise nach dem DA- oder SA-Verfahren geschossen werden konnte. Der Spannabzug hatte seine unbestrittenen Vorteile im Nahkampf, besonders in Bezug auf die Feuergeschwindigkeit, aber für einen gezielten Schuß auf mittlere und größere Entfernungen war es einfacher, den Hahn vorzuspannen. Auch die britische Armee war von den Vorteilen des Beaumont-Abzuges überzeugt und akzeptierte den ›Adams-Beaumont‹ für den Dienstgebrauch – bereits bei einem Vergleich im September 1851 zwischen Deane-Adams und Colt Dragoon war das Ergebnis ein glattes Unentschieden zwischen dem fünfschüssigen englischen und dem sechsschüssigen amerikanischen Revolver. Nun, da Adams einige Schwachpunkte seiner Konstruktion bereinigt hatte und anstelle seines eigenwilligen Ladehebels an der linken Rahmenseite den Kerr-Patent-Hebel links vom Lauf plaziert hatte, war ihm der Erfolg in England sicher.

Die ›London Armoury Company‹ übernahm die Produktion des Armeemodells – kein Wunder, denn Robert Adams war ihr Hauptaktionär. Andere Teilhaber: Beaumont, John Deane, William Harding und James Kerr – bekannte Namen der britischen Büchsenma-

Ein Adams-Revolver, der während des Bürgerkrieges von USN-Maat John T. Mason geführt wurde.

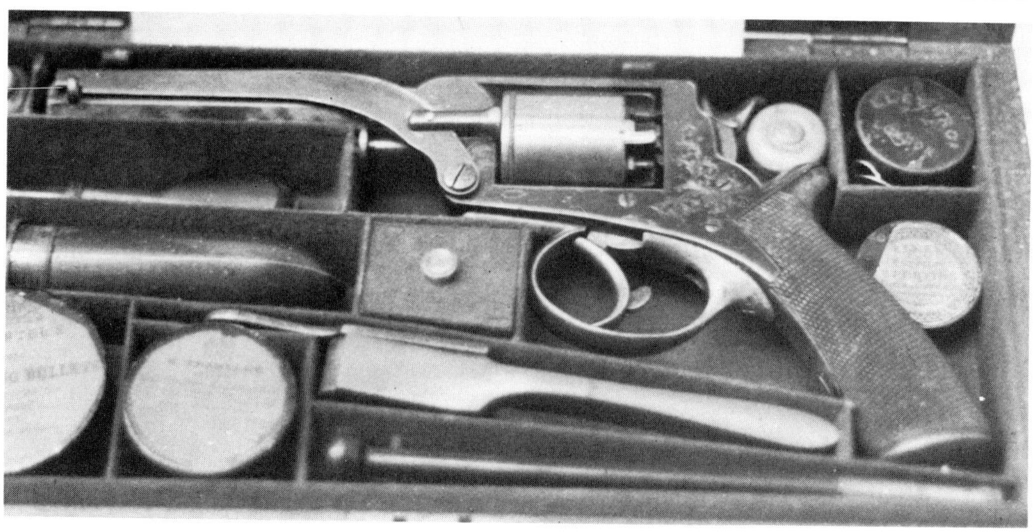

Beaumont-Adams-Revolver im Kasten mit Zubehör und Kerr-Ladepresse. Wie bei anderen Revolvern dieser Periode war der Abzug lediglich ein Spannhebel für Trommel und Hahn. Die Auslösung erfolgt durch die hinter dem Abzug gelegene ›Nase‹, die einen Hebel im Abzugsbügel berührte.

cherbranche. Adams, der seine Zusammenarbeit mit den Gebrüdern Deane in deren Firma 1856 beendet hatte, blieb drei Jahre bei der L.A.C., die bis 1866 existierte und so eine entscheidende Rüstungshilfe im amerikanischen Binnenkonflikt darstellen sollte. Die L.A.C. produzierte eine Vielzahl von verschiedenen Adams-Revolvermodellen, die durch unterschiedliche Lauflängen und Kaliber den Ansprüchen ziviler und militärischer Käuferkreise zu entsprechen versuchten: Deane, Adams & Deane hatten bis 1854 Adams-Revolver in den Kalibern .50, .450 und als Taschenversion gefertigt (wobei die englische Kaliberbezeichnung 38, 54 oder 120 sich auf die Anzahl Kugeln pro Pfund Blei bezogen – der Colt Navy wurde als 84 ›bore‹ bezeichnet). Die Gesamtproduktion zwischen 1851 und 1854 belief sich auf etwa 11 000 Revolver, die Übergangsmodelle des Jahres 1854 erreichten eine Auflage von 8000. Bei der L.A.C. wurden ca. 19 000 Stück der Militärkaliber 38 und 54 bore gefertigt, weiterhin rund 3000 Beaumont-Adams in zivilem Taschenformat. In den USA baute die Massachusetts Arms Company den Adams in Lizenz. Diese Waffen können als ›Bürgerkriegswaffen‹ angesehen werden, bei den in England hergestellten Stücken existieren keine genauen Angaben, wieviele dieser Revolver in die USA vor dem Krieg bzw. nach Nord und Süd während des Krieges gingen. Allerdings waren Deane-Adams und Beaumont-Adams bereits vor dem Krieg an der Ostküste recht gefragt, und nicht wenige Pflanzerfamilien besaßen die von New Yorker Händlern importierten Revolver, welche einzeln oder paarweise in Kästen mit Zubehör und Werkzeug wie klassische Duellpistolen verkauft wurden. Zahlreiche Einzelstücke mit Besitzernachweis belegen die Tatsache, daß der Londoner Rivale des Oberst Samuel Colt auch auf den Schlachtfeldern von Gettysburg und Chickamauga vertreten war.

Neben diesen Privatwaffen tauchen in den Unterlagen der U.S. Regierung Kaufbelege für ›Adams selfcocking-pistol‹ in einer Höhe von 1049 Stück zu Preise von $ 18,– pro Stück mit Zubehör auf. Das Heeresamt kaufte diese Waffen in kleinen Mengen von Importeuren wie Schuyler, Hartley & Graham in New York. Auch 26 ›Beaumont‹ werden für je $ 19,– aufgeführt, neben einigen ›Kerr's Patent‹-Revolvern, die für den Preis der Adams zu haben waren.

William Harding war ein Londoner Büchsenmacher, dessen Revolver in Zusammenarbeit mit der Firma Deane & Deane 1855 realisiert wurde, bevor er sich mit Tranter, Adams und anderen zur L.A.C. zusammenschloß. Auch einige seiner Revolver – äußerlich sehr ähnlich dem Beaumont-Adams – fanden den Weg nach Amerika. Wichtiger aber war der von James Kerr entworfene Perkussionsrevolver, der mit seinem außenliegenden Hahn etwas an den Colt-Root Pocket erinnert. Trotz ihres weit vorn liegenden Abzugs waren die Kerr-Revolver mit SA-Mechanismen ausgestattet. Die lange Schloßplatte mit dem seitlich außenliegenden Hahn erscheint heute wie ein technischer Rückschritt zu den Perkussionspistolen. Wie die Tranter und Adams waren die Kerr-Revolver in den britischen Kalibern 54 und 80 bore gebaut, die oft fälschlich als .44 und .36 Zoll angegeben werden – genauer ist die Bezeichnung .450 und .38! Auch der Kerr war bei aller Größe und Umfang nur fünfschüssig. Über zehntausend Stück dieser Waffen wurden in London bei der L.A.C., einige mehr in Belgien unter Lizenz gebaut. Es wird angenommen, daß Caleb Huse während des Krieges eine Art Exklusivvertrag mit der L.A.C. über die Lieferung von Kerr-Revolvern hatte. Die genaue Anzahl der durch die Blockade gelangten Waffen ist nicht bekannt.

Auch die von William Tranter gebauten Revolver, die im Mechanismus den Entwürfen von Adams folgen, sind in Amerika verbreitet worden. Diese Waffen sind sechsschüssig in den Kalibern .50, .450, .38 und .32 gebaut worden.

Kerr-Revolver der London Armoury Company, wie er in die Konföderation importiert wurde.

Unionsartillerie an der Cemetry Ridge während der Schlacht von Gettysburg. Darstellung des Philippoteaux-Cycloramas von 1881.

Artillerie

In der zeitgenössischen Militärtheorie des 19. Jahrhunderts, die weitgehend von Napoleon Bonaparte beeinflußt war, wurde die Artillerie als die ›Königin des Schlachtfeldes‹ bezeichnet. Geschütze waren ›ultima ratio regis‹ und ein Treffen zwischen zwei Armeen war ohne den massiven Gebrauch von Geschützfeuer zur Vorbereitung und Einleitung des Kampfes undenkbar. Im Amerikanischen Bürgerkrieg wurde Artillerie zwar von beiden Seiten eingesetzt, aber ihre Bedeutung und ihre Wirkung für den Gefechtsverlauf waren durch einige Umstände begrenzt. Im Gegensatz zu heutigen Kriegen, wo oft mehr als zwei Drittel aller Ausfälle das Resultat von Geschützfeuer sind, konnten die Kanoniere des Krieges von 1861–65 nur wenig ausrichten. Der Bürgerkrieg war in erster Linie ›a rifleman's war‹, und in vielen Schlachten betrug der Anteil der Verwundeten und Toten durch Granat- oder Schrapnellfeuer nur ein Zehntel oder weniger. Gemessen an den enormen Zuwachsraten, die andere Waffengattungen im Verlauf der vier Kriegsjahre erfuhren, verhält sich die Zahl der Geschützrohre relativ bescheiden. Die Nordstaatenarmeen erhielten bis zum Ende des Krieges genau 7892 Geschütze, was sich zu den rund 4 Millionen Faustfeuerwaffen, Karabinern und Musketen mager ausnimmt, die vom Norden ins Feld geführt werden.*

Das Terrain war einer der Hauptgründe, warum die Artillerie ihre Wirkung nicht voll entfalten konnte. Viele der Schlachtfelder lagen in hügeligem, stark bewaldeten Regionen, in denen die Geschütze oft nur auf mittlere und kurze Entfernungen Ziele unter Feuer nehmen konnten. Dabei kamen sie selbst sehr bald in den Wirkungsbereich des feindlichen Gewehrfeuers und drohten in die Hände des Angreifers zu fallen, wenn sie nicht durch genügend eigene Infanterie gedeckt waren. Auf beiden Seiten fehlte es an erfahrenen Artillerie-Offizieren zur Bedienung, Ausbildung und Führung der Geschütze. Auch die Generäle beider Seiten hatten oft nur fragmentarische Kenntnisse von den Einsatzmöglichkeiten ihrer stärksten Waffengattung und zeigten sich selten in der Lage, deren Kapazitäten bis zur äußersten Wirkungsgrenze auszunützen.

Wie sehr den Geschützen nur eine flankierende Aufgabe zuteil wurde, zeigt der Umstand, daß in den ersten beiden Kriegsjahren jede Infanteriebrigade eine Geschützbatterie zugeteilt bekam. Dies splitterte die Feuerkraft auf und vernachlässigte einen wichtigen Faktor: die taktische und psychologische Wirkung, welche von einer aus mehreren Batterien bestehende Massierung von Artillerie auf dem Schlachtfeld ausging. Besonders die Konföderierten ›klekkerten‹ mit ihren Batterien, statt sie gemeinsam einzusetzen. Im Norden begann man in der zweiten Hälfte des Krieges Gruppierungen zusammenzustellen: Vier Batterien je Division, und bei der Zusammenlegung von Divisionen zu Armeekorps wurden ein Teil der Geschütze als Korpsreserve massiert. Mit einem derartig zusammengelegten Artilleriepark griff General Henry J. Hunt in die Schlacht von Malvern Hill im Juli 1864 ein. Die von ihm organisierte Artilleriereserve der Potomac-Armee von 60 Rohren schlug jeden konföderierten Angriff zurück und zerstörte die gegnerischen Geschützbatterien, als diese nacheinander aufgefahren wurden, um das Duell mit Hunts Artillerie aufzunehmen.

Hunt, der den Krieg als Batteriekommandeur bei der Schlacht von Manassas/Bull Run begonnen hatte, war bereits bei Fredericksburg Chef der Artillerie. Als die Armee Burnsides am Übergang über den Rappahanock gehindert wurde, zog er 147 Geschütze der verschiedensten Klassen zu einer ›Grand Battery‹ zusammen, mit der er die Stellungen der konföderierten Scharfschützen am anderen Ufer – und damit einen Teil der Stadt – in Schutt und Asche legte. Bei Gettysburg kommandierte er die Artillerie General Meades. Er zog einen Teil der Geschütze im Zentrum zusammen und plazierte sie auf der Cemetry Ridge, die in der entscheidenden Phase der Schlacht zum Ziel des berühmt gewordenen Sturmangriffs von Pikkett wurde. Als Einleitung zu diesem Angriff fand das größte Artillerieduell des Krieges statt, in dem die 247 Geschütze Lees die 320 Rohre der Potomac-Armee zum Schweigen bringen wollten. Im entscheidenden Abschnitt der Front standen 176 Rohre des Südens 103 Rohre des Nordens gegenüber. Die Washington-Artillery – eine der elitärsten Milizvereinigungen aus New Orleans – eröffnete das Feuer. Bei Beginn der Kanonade standen auf dem Hügelrücken von Cemetry Ridge und an dem vor ihm gelegenen Steinwall 31 U.S. Geschütze. Eine dieser Batterien, befehligt von Captain Rorty, hatte innerhalb weniger Minuten nur noch zwei ihrer sechs Ge-

* Zahlenangaben über Waffenkäufe der U.S. Regierung in »Official Records, Series III, Volume 5«, S. 1042

schütze übrig, die Nachbar-Batterie von Leutnant Cushing besaß nur noch drei feuerbereite Geschütze. In Rortys Batterie hatten nur zwei Kanoniere den ersten Feuersturm unbeschadet überlebt. Hunt hielt seine Geschütze weitgehend von einer Erwiderung des Feuers ab, auch wenn dabei die Gefahr bestand, daß die Unionssoldaten, die in ihren Linien hinter der Steinmauer auf dem Boden lagen, von der massiven Kannonade demoralisiert würden. So entstand auf konföderierter Seite der Eindruck, daß die Unionsartillerie zerstört oder zurückgetrieben und nur noch Infanterie anzugreifen wäre. Die Entscheidung fiel, General Pickett die Stellung des II. Korps der Potomac-Armee unter Hancock angreifen zu lassen. Auf einer Länge von über einer Meile entfalteten sich am 3. Juli gegen 13.45 Uhr zehn konföderierte Brigaden. Etwa 15 000 Mann gingen zum Angriff über – um die Steinmauer zu erreichen, waren 1760 Yards offene, freie Fläche zu überqueren. Die Unionsartillerie schwieg. Die konföderierte Artillerie hatte nach einer Stunde und fünfundvierzig Minuten ihr Feuer wegen Munitionsmangel eingestellt. Hunt hatte seine Munition aufgespart, und entlang der gesamten Front von Gettysburg wurden die Geschütze jetzt gegen das offene Feld gerichtet, auf dem Picketts und Longstreets Regimenter in geschlossener Ordnung vorgingen . . .

Hunts Taktik rettete den Tag für die Union und entschied die Schlacht von Gettysburg. Der Steinwall am Fuß von Cemetry Ridge wurde zur ›Hochwassermarke der Konföderation‹, denn nach dieser Niederlage mußte sich Lee aus Pennsylvania zurückziehen. Das Kriegsglück aber wandte sich von nun an dem Norden zu. Hunt befehligte später die Belagerung von Petersburg. Bei Kriegsende war er Generalmajor und 46 Jahre alt. Als Gegenstück zu Hunt könnte vielleicht John Pelham genannt werden, 24jährig, Major der Artillerie nach seiner Teilnahme an den Schlachten von Bull Run, Williamsburg, Gaines Mill und 2. Bull Run. Er nahm als Batterieführer beim Vorstoß nach Antietam und Stuarts Raid teil. Er entwickelte für die Kavallerie Stuarts eine neue Doktrin für den Gebrauch der berittenen Artillerie und bewies sie in zahlreichen Scharmützeln mit seinen vier Geschützen. Bei Fredericksburg unterstützte seine Batterie die Stellung bei Marye's Heights. Seinem mutigen Einsatz fällt ein großer Anteil in der Abwehr der Angriffe Burnsides zu. Berühmt wurde auch sein Erfolg bei Frauen. Er fiel im März 1863 bei Kelly's Ford.

Die Südstaaten-Artillerie war im Laufe ihrer Existenz immer durch den Mangel an Rohstoffen zur Herstellung der Geschütze und an Munition behindert. Ab 1862 trafen die von Caleb Huse gekauften 129 Geschütze ein, die Hälfte davon waren 6-Pfünder, aber einige gehörten auch zu den moderneren Klassen. Auch auf diesem Sektor schuf die kurzlebige Konföderation Unglaubliches. Trotz erheblicher Schwierigkeiten wurden eigene Geschützgießereien eingerichtet, für die General Beauregard einen Aufruf zur Spende von Glokken im März 1862 erließ. Die Unterlagen des Zeugamtes in Richmond weisen 341 Belagerungs- und 1306 Feldgeschütze nebst Zubehör, Protzenwagen und Munition auf, die vom 1. Juli 1861 bis zum 1. Januar 1865 ausgegeben wurden. Die Mehrzahl dieser Artilleriestücke stammte aus der Fertigung der Tredegar-Eisenwerke. Dutzende von Kanonen aller Art wurden auf dem Schlachtfeld erbeutet, so daß eine zeitgenössische Anekdote von einem gefangenen Johnny Reb erzählt, der mit staunenden Augen die Masse der Unionsgeschütze mit dem Aufdruck ›U.S.‹ beobachtet und sich dann zu seinen Wächtern umdreht und sagt: »Ihr habt fast genausoviel von diesen U.S. Kanonen wie die Unsern!«

28 Kanonen wurden in der ersten Schlacht von Manassas/Bull Run erbeutet. Im folgenden Jahr fielen über 250 Feldgeschütze in die Hände der Johnny Rebs und wurden sofort gegen ihre früheren Besitzer verwendet. Dann begann die eigene Produktion Ergebnisse zu zeigen – obwohl viele der ersten Geschütze recht unzuverlässig und gefährlich waren, weil es den Gießern in Richmond noch an Erfahrung in der Herstellung fehlte. General D. H. Hill, der gegen McClellan die Front bei Yorktown während des Halbinsel-Feldzuges befehligte, hatte so schlechte Erfahrungen mit den Kanonen aus Richmond gemacht, daß er überzeugt war »etwas wäre sehr faul im Zeugamt. Es ist ganz und gar ein Yankee-Unternehmen, und ich war schon lange über das faule Spiel dort besorgt. Unsere Granaten krepieren an der Mündung der Kanone oder explodieren überhaupt nicht. Das Metall, aus dem die neuen Geschütze gemacht sind, ist von der sprödesten und brüchigsten Art, und der Guß ist sehr schlecht.«.

Hill tat dem Zeugamt Unrecht, es mußte von der Pike auf eine Geschützfabrik ohne ausreichende Facharbeiter, ohne Rohmaterialien und ohne Erfahrungen in diesem Gewerbe aufbauen – und unter diesen Umständen sind die Beschwerden der Feldoffiziere verständlich. General Magruder berichtete, daß einige der Geschütze aus ihren Lafetten gesprungen wären, was angesichts des Fehlens von gut abgelagertem Holz nur zu erklärlich ist.

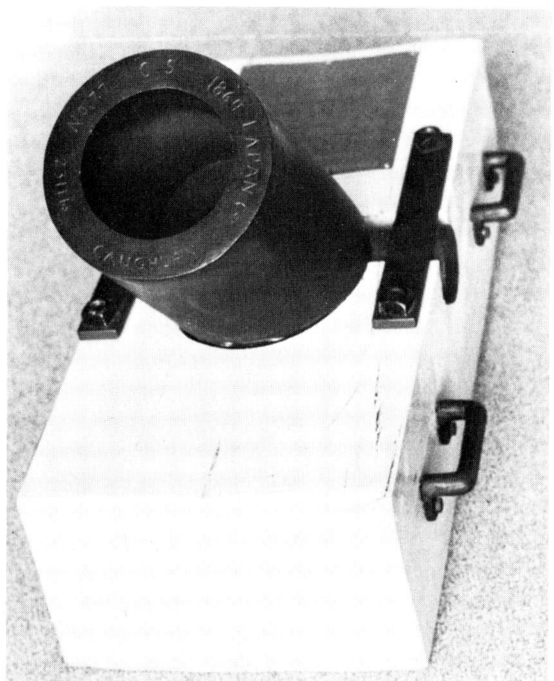

Ein in der Konföderation hergestellter ›Coehorn‹-Grabenmörser aus Eisen, 23-Pfünder.

Columbiad-8-Zoll-Küstengeschütz M 1861 auf Barbette-Lafette, auch als ›Rodman‹ bekannt. Rohrgewicht 6970 kg, Gewicht des Projektils 116 Pfund, Pulverladung 16,3 Pfund plus 3 Pfund Zündladung, Schußweite bei 5° Lauferhöhung 1814 Yards.

Übersicht der Geschützklassen

Geschütze wurden nicht nur nach Kalibern und Größe, sondern auch nach ihrer taktischen Anwendung unterschieden: Feldartillerie, Belagerungs- und Festungs- oder Küstenartillerie. Eine weitere Klasse außerhalb des Rahmens dieses Buches waren die verschiedenen Marinegeschütze. Während des Bürgerkrieges wurden drei Arten Geschütze gemäß ihrer Bau- und Feuerweise benutzt:

- Die *Kanone* (gun): ein langrohriges Geschütz, glatt oder gezogen (smoothbore/rifled) zum Verschießen von Kugeln, Granaten oder Kartätschen auf größere Entfernung im direkten Schuß mit flacher Flugbahn.
- *Mörser* (mortar): kurzläufige, großkalibrige Waffe mit glattem Rohr zum indirekten Beschuß in der oberen Winkelgruppe (Steilfeuer). Im Gegensatz zu Kanonen ist ihre Treibladung trotz großer Kaliber geringer, da sie die schwerkraftbedingte Fallgeschwindigkeit ausnutzen. Zumeist im Beschuß fester Stellungen und verteidigter Städte angewandt.
- Die *Haubitze* (howitzer): liegt klassenmäßig zwischen den beiden vorgenannten Rohrwaffen, hat einen kürzeren Lauf als die Kanone und ist in der Lage, einen größeren Winkelbereich auszunutzen. Traditionell hatten Haubitzen auch eine Pulverkammer mit kleinerem Durchmesser als das Rohr. Sie waren leichter als Kanonen. Die berühmte 12-Pfünder ›Napoleon‹ M 1857 war in der Diktion jener Zeit eine Haubitzkanone, (›gun-howitzer‹).

Bei Beginn der Feindseligkeiten hatte die Union 4167 Geschütze in ihren Arsenalen und Festungen, zu denen aber lediglich 163 in die Klasse der beweglichen, offensiven Feldgeschütze zu rechnen waren. Mit der Rebellion übernahmen die Südstaaten zwar eine Reihe Arsenale und Festungen der Bundesregierung und kamen in den Besitz einer beträchtlichen Anzahl von schwerer Festungs- und Küstenartillerie, hatten aber lediglich 35 Feldgeschütze. In den Anfangsmonaten griffen die Milizkompanien und Freiwilligenverbände daher auf zahlreiche antiquierte Geschütze aus den Zeiten vor 1815 zurück, die im Süden noch vorhanden waren. Später wurden diese eingeschmolzen, um in den hastig errichteten Kanonengießereien der Richmond Tredegar Werke neuere Typen herzustellen. Beide Seiten führten aus Europa, fast ausnahmslos aus Österreich und England, eine begrenzte Anzahl Geschütze ein. Der größte Teil der Bürgerkriegskanonen verharrte während der gesamten Zeit als Festungsartillerie in Stellung, ohne einen Schuß abzugeben. Washington war z. B. von einem Ring von Erdwerken und Außenforts geschützt, in denen über 800 Kanonen und fast einhundert Mörser plaziert waren. Alle größeren Häfen waren mit steinernen Forts bewehrt, die auch zum Schutz von Flußmündungen und Buchten eine Rolle spielten, aber sehr selten mit ihren Geschützen tatsächlich auf die gegnerische Marine schossen. Ausnahmen waren Fort Pulaski, an der Mündung des Savannah, Fort Sumter, die Befestigungen um Charleston, New Orleans und Atlanta. Festungs- und Belagerungsartillerie spielten natürlich auch eine Rolle in den Kämpfen um Petersburg und bei den Vorstößen auf Richmond. Mitunter wurden die schweren Belagerungsgeschütze aus dem Troß einer Armee auch in Feldschlachten eingesetzt, so bei Fredericksburg, Shiloh und Malvern Hill.

24-Pfünder Belagerungs- und Festungsmörser M 1841, Bronze, auch als ›Coehorn‹ bekannt. Tragbarer Grabenmörser, dessen Gewicht bei 74 kg liegt. Das 16 Pfund schwere Geschoß konnte 1200 Yards weit geschleudert werden.

13 inch-Mörser des 1. Connecticut Schweren Artillerie-Regiments, mit dem Petersburg aus zwei Meilen Entfernung bombardiert wurde.

8-Zoll-Belagerungs- und Festungsmörser M 1861: Das 40-Pfund-Geschoß wurde bei 45° Lauferhöhung 1200 Yards weit geschossen. Als Ladung dienten 3,4 Pfund Schwarzpulver mit 900 Gramm Zünderladung.

Im Westen und Süden hatten die mit Raddampfern versehenen Flußflotillen einen großen Anteil an dem Sieg über die Konföderation: Hier die ›U.S.S. Commodore Perry‹ mit einer 9-Zoll-Dahlgren (links) und einem 100-Pfünder-Parrott-Geschütz auf dem Heck. Im Gefecht konnten Stahlplatten an der Bordwand hochgeklappt werden, um die Besatzung zu schützen.

Küstenartillerie kannte kaum eine Begrenzung durch Gewicht. Das schwerste Geschütz, das glattläufige Rodman, Kaliber 20 Zoll, hate ein Rohrgewicht von 53 000 kg und verschoß ein Projektil von 490 kg auf 3,5 Meilen. Die 80-Pfünder Whitworth hatten mit ihren Projektilen sogar eine effektive Reichweite von über 13 km. Die kleinste Geschützklasse für Festungen außerhalb der Mörser waren die 32-Pfünder, welche auch die Grenze zur Belagerungsartillerie darstellten. Deren Waffengattung führte neben den 8-, 10- und 13-Zoll-Mörsern mit ihren schweren eisernen Blocklafetten, gezogene 24-, 32- und 42-Pfünder-Geschütze mit gezogenen Rohren auf. Diese verschossen James-Projektile, welche das doppelte Gewicht der Rohrklasse aufwiesen und das als uneinnehmbar geltende Fort Pulaski innerhalb von zwei Tagen sturmreif schossen.
Zur Belagerungsartillerie gehörten auch glattläufige 8- und 10-Zoll-Haubitzen, die Vollkugeln mit einem Gewicht von 68 und 128 Pfund über zwei Kilometer bei sechs Grad Lauferhöhung schossen.
Die Feld- oder leichte Artillerie trug die Hauptlast der Gefechtshandlungen mit drei verschiedenen Geschützmodellen: Insgesamt existierten auf beiden Seiten sechs verschiedene glattläufige Kanonen und Haubitzen und vierzehn gezogene Modelle, wovon drei Armstrong und Whitworth – Hinterlader waren. Zahlenmäßig stark vertreten waren aber nur die Sechspfünder-Feldgeschütze der Modellreihe 1841/1844, die 10-Pfünder-Parrott, die 3-Inch-›Ordnance‹ oder Rodman und die 12-Pfünder Napoleon. Die Sechspfünder wurden besonders in den ersten Kriegsjahren im Süden benutzt, aber auch dort ab Anfang 1863 zugunsten der Napoleon M 1857 eingeschmolzen. Die drei anderen Kanonen sollen hier stellvertretend für die Vielzahl der übrigen Modelle näher erläutert werden.
Sie waren das Rückgrat der Artillerie beider Seiten, die 12-Pfünder-Haubitzen oder die 20-Pfünder-Parrott wurden zwar in erheblichen Mengen genutzt, aber ihre Bedeutung ging ab 1863 zugunsten der ›Großen Drei‹ zurück. Von den Whitworth- oder Armstrong-Hinterladern, die aus England eingeführt wurden, existierten einfach nicht genügend Batterien, um schlachtfeldentscheidend aufzutreten. Hinterlader standen am Anfang ihrer militärischen Karriere, und selbst den gezogenen Rohrwaffen wurde noch erhebliches Mißtrauen seitens eines großen Kreises der Artilleristen entgegengebracht. Allgemein war man der Meinung, daß die Genauigkeit des gezogenen Geschützes nicht seine Nachteile bezüglich des langsameren und umständlichen Ladevorganges aufwiegen konnte.

DIE ›12 POUNDER NAPOLEON GUN-HOWITZER MODEL 1857‹

Dies war das klassiche Geschütz des Bürgerkrieges, die Feldartillerie par excellence, dem die meisten Offiziere Wunderdinge zutrauten. So hat Major Pelhalm, C.S.A., (der ›Gallant Pelhalm‹, nach dem Urteil seiner Mitstreiter) bei Fredericksburg mit einer solchen glattläufigen Waffe auf 800 Yards mit dem ersten Schuß den Fahnenträger eines Unionsregimentes getroffen.
Diese Haubitzkanone ging auf eine Entwicklung der französischen Artillerie unter Napoleon III. zurück und wurde 1857 in die U.S. Armee eingeführt. Technisch ersetzte die Napoleon das ältere Modell 1841 des gleichen Kalibers. Es war 240 kg leichter als sein Vorgänger und kürzer. Das Kaliber der Zwölfpfünder betrug 4,62 Zoll oder 11,75 cm, das 168 cm lange Rohr war ursprünglich aus Bronze gegossen und wog ca. 556 kg. Im Süden wurde die Bronze im Kriegsverlauf auch durch Eisen ersetzt, wobei das Rohr dann im hinteren Teil durch einen Ring aus gedrehtem Eisen verstärkt werden mußte. Als maximale Schußentfernung wurde 2000 Yards angesehen (Lauferhöhung etwa 6–7 Grad), als Kampfentfernung für die Vollrundkugel (solid shot) wies die Geschütztafel bei 5° die Entfernung von 1680 Yards auf, wobei eine Ladung von 2,5 Pfund Pulver benutzt wurde. Die Flugbahnerhöhung betrug dabei zwölf Fuß auf 1200 Yards. Die Hauptkampfentfernung lag bei 1000 Yards.
Das Modell 1857 war u. a. dafür berühmt, daß es nicht explodierte! Krepierende Rohre waren keine Seltenheit im 19. Jahrhundert und die Napoleon-Kanone galt als extrem sicher und robust gebaut. Zeugamtsleiter Ramsay bestätigte im July 1864, daß ihm kein Fall bekannt wäre, bei dem ein solcher Zwölfpfünder ausgeschossen oder geplatzt wäre.

12-Pfünder Napoleon und die Vorrichtung zum Einsetzen des Rohres in die Feldlafette.

Der Vorgänger der M 1857, die M 1841-Kanonenhaubitze in Originallafette mit Werkzeug.

THREE INCH RIFLE, ORDNANCE MODEL 1861

In den Memoiren einiger Artilleristen fällt das hohe Lob auf, das die erfahrenen Frontsoldaten der 3-Zoll-Kanone geben. Diese extrem schlanken Rohre gehen auf eine Fertigungsweise zurück, die der New Yorker John Griffen Mitte der fünfziger Jahre entwickelte. Metallstreifen aus gedrehtem Eisen wurden um einen Eisenkern gewickelt. Fünf Lagen wurden gegeneinander spiralförmig aufgelegt, dann wurde das Metall erhitzt und das Rohr gepreßt und auf eine Länge von sieben Fuß ausgerollt, wobei es eine extreme Festigkeit erhielt. Hergestellt wurde diese Kanone zuerst im Jahre 1855 in der Phoenix Iron Company in Phoenixville, Pennsylvania, getestet und ein Jahr später von der U.S. Armee angenommen. Aber die ersten

Zwei 3-Zoll-Geschütze vor dem Eingang des Gettysburg-Friedhofs, neben der vorderen Kanone liegt ein Stapel Geschosse mit angesetztem Hohlboden aus Kupfer.

Die Mündung einer M 1861-3-inch Rifle.

Aufträge sollten sich nur als Folge des Kriegsausbruchs einstellen. Bereits im Juni 1861 bestellte Cameron 300 Stück, 200 gezogen und 100 glatte Rohre – was für den experimentellen Charakter spricht, den dieses Geschütz im Sommer 1861 noch hatte. Im Laufe des Krieges wurden weitere 1100 Stück in Phoenixville hergestellt – natürlich gezogen. Das Rohrgewicht betrug zwischen 810–820 englische Pfund, die Länge 1,75 m. Mit fünf Grad Lauferhöhung schoß die Ladung von einem Pfund (= 453 Gramm) die 9,5 Pfund schwere Granate 1830 Yards weit. Verschiedene Geschoßmodelle existierten: Schenkl, Absterdam, Reed, Parrott usw. Ähnlich wie beim Minié-Geschoß war der Gasdruck für die Ausdehnung des Geschoßbodens unerläßlich, damit die Granate eine genaue Führung im Rohr erhielt.

Der gezogene Geschützlauf war technisches Neuland und mußte noch von der Mündung geladen werden – mit allen Schwierigkeiten, die das implizierte. Die Drei-Zoll-Schenkl-Granaten hatten z. B. einen Treibspiegel (sabot) aus Pappmaché, der sich gut in die Züge einpaßte und bei Verlassen des Rohres in kleine Fetzen zerfiel. Bei feuchtem Wetter oder langer Lagerung konnte der Sabot anschwellen oder sich vom Projektilkörper lösen. Absterdam fertigte seine Granaten mit einem hohlen Geschoßboden aus Blei und zwei Ringen um den Körper aus dem gleichen Material, die auf den Feldern im Rohr aufsaßen und Metallabrieb verhinderten. Parrott und Reed benützten Hohlböden aus Blei oder Kupfer, die sich beim Schuß ausdehnen konnten.

TEN POUNDER PARROTT RIFLE CANNON

Robert Parker Parrott gehörte der West Point-Absolventenklasse des Jahres 1824 an. Er ging zur Artillerie, lehrte eine Zeit an der Militärakademie und wurde nach Überwechseln zum Heereszeugamt 1834 Inspektor für Geschütze. Zwei Jahre später verließ er die Armee mit dem Rang eines Hauptmanns und wurde Leiter der West Point Foundry, einer privaten Gießerei in Cold Spring, New York. Parrott begann sehr früh, mit verschiedenen Herstellungsweisen für gezogene Geschützrohre zu experimentieren und konnte bereits 1860 ein nach seinem Patent hergestelltes Kanonenrohr vorstellen.

Ziel der Geschützentwicklung in der Mitte des 19. Jahrhunderts war es, das Eigengewicht der gezogenen Geschützrohre zu vermindern, ohne an Stärke oder Robustheit Einbußen hinzunehmen. Je leichter die Feldgeschütze waren, desto mobiler konnten sie auf dem Gefechtsfeld sein und sich besonders den Bedürfnissen der Kavallerie und ihren reitenden Artillerie-Abteilungen anpassen. Gußeisen war ein billiges und leicht zu verarbeitendes Material, aber ein lediglich aus Gußeisen gefertigtes Rohr hätte eine zu hohe Stärke und ein Gewicht haben müssen, das diesen Anforderungen nicht entspräche. Man versuchte daher Gußeisenrohre, deren Bereich um die Brennkammer mit einem Verstärkungsring aus gedrehtem Eisen versehen war. Dieses Band wurde im erhitzten Zustand um das Rohr gelegt und schrumpfte sich dann im Zuge des Abkühlens fest. Parrott erkannte die Schwächen, welche ein ungleichmäßiges Ankühlen des Verstärkungsbandes mit sich brachte und ließ sein eigenes Verfahren entwickeln, bei dem das Geschützrohr beim Aufschieben des Ringes rotierte und mit Wasser von innen gekühlt wurde. So kühlte und schrumpfte das Band langsamer und gleichmäßiger um das Rohrende.

Im Sommer 1860 erregte sein neues 3-Zoll-Geschütz, das als Zehnpfünder klassifiziert wurde, erhebliches Aufsehen. Thomas J. Jackson ließ im Juli dieses Jahres ein Parrott-Geschütz an der Virginia Military Academy testen und war so beeindruckt, daß er den Gouverneur des Staates beeinflußte, eine Anzahl weiterer Exemplare zu kaufen. Andere Staaten, wie z. B. New York, gehörten gleichfalls zu den frühen Kunden der West Point-Gießerei. Während des Krieges kaufte die U.S. Regierung dann mehr als 1700 Parrott-Geschütze der verschiedensten Kaliber. Mit Ausbruch der Kampfhandlungen hatte Robert P. Parrott das von ihm benutzte Fertigungsverfahren auch auf Rohre mit größerem Kaliber angewandt. Dem Zehnpfünder folgte ein 20-Pounder, Kaliber 3,67 Inch, der allerdings nicht sehr beliebt war. Als Feldgeschütz war dieses Rohr bereits zu schwer (790 kg im Vergleich zu den 405 kg des 10-Pfünders!), als Belagerungsgeschütz fehlte dem Modell 1861 Treffergenauigkeit und Durchschlagskraft. 1862 folgte ein 30-Pounder, Kaliber 4,2 Zoll, der bei Armee und Marine eingeführt wurde. Die größeren Parrotts – und es sollten 100-, 200- und 300-Pfünder bis

Artilleristen beim Drill an einer 3,67-Zoll (10-Pfünder)-Parrott.

zum Kriegsende gebaut werden – waren nicht so zuverlässig wie die kleineren Feldgeschütze. Bereits bei den 30-Pfündern zeigte sich, daß die Verstärkungsbänder bei anhaltendem Feuern spröde wurden und rissen. Ein solches krepierendes Geschützrohr stellte eine erhebliche Gefährdung für die Bedienungsmannschaft dar. Trotz allem aber hatten die Parrotts einen großen Anteil am Kampfgeschehen, sie hielten auch eine erhebliche Belastung aus. Als Beispiel sei hier aus dem Bericht über das Explodieren eines 30-Pfünders bei der Beschießung von Charleston zitiert. Im Laufe von 69 Tagen wurde das Geschütz Nr. 193 genau 4606mal abgefeuert. In Intervallen von fünf Minuten für die ersten 2164 Granaten, maximal 237 Schuß pro 24 Stunden. Die letzten 2442 Schuß wurden mit Intervallen von mindestens 15 Minuten geschossen, maximal 157 Schuß pro Tag! In dieser Zeit wurde dem Rohr die vorschriftsmäßige Pflege zuteil, alle Projektile waren geprüft und geölt, das Rohr wurde nach jedem Schuß zuerst mit Wasser, dann mit einem geölten Wischer ausgewischt. Beim 4606. Schuß zerbarst das Rohr in sieben Teile. In diesem Zusammenhang ist noch zu erwähnen, daß die U.S. Regierung insgesamt über 3 Millionen Geschosse für Parrott-Kanonen aller Kaliber kaufte.

Der Zehnpfünder hatte eine Rohrlänge von 198 cm und ein Gewicht von 890 engl. Pfund gemäß der Zeugamtsvorschrift. Das Projektil (das tatsächliche Geschoßgewicht variierte je nach Art) wurde mit einer einpfündigen Ladung verschossen und erreicht bei 5° eine Reichweite von 1900 Yards, bei 10° über 3 km. Es war damit dreimal so weittragend wie die glatten Napoleon. Die Parrott-Geschütze wurden auch in der Konföderation kopiert, und zwar in den Kalibern 2,9, 3,67 und 4,2 Zoll.

Zeitgenössische Darstellung des Legens einer Telegraphenleitung.

Smoothbore versus Rifle

Während des Krieges herrschten unterschiedliche Auffassungen über die Vorteile der gezogenen Geschütze in der Feldartillerie. Die gezogenen Vorderlader mußten aufgrund ihrer Geschoßformen getrennt geladen werden, d. h. Geschoß und Treibladung wurde getrennt aufbewahrt und separat ins Rohr geschoben. Die glatten 12-Pfünder hatten verbundene Ladungen (›fixed ammunition‹) und konnten daher schneller geladen werden. Das gezogene Geschütz hatte zwar eine größere Treffergenauigkeit und Reichweite, aber seine flache Flugbahn und seine längliche Projektilform brachten auch Nachteile. Fiel das Projektil zu kurz, so bohrte es sich oft harmlos in den Boden oder prallte unberechenbar ab. Dagegen ›rikochetierten‹ die Rundkugeln der glattrohrigen 12-Pfünder in der vorgesehenen Weise und konnten sich so bei Kurzschüssen einen Weg durch angreifende Kolonnen bahnen. Mißtrauen wurde auch den Kartätschen (›canister‹) entgegengebracht, die aus gezogenen Rohren abgefeuert wurden. Da das Kaliber relativ klein war, mußte die aus 48 1,3-Zoll-Bleikugeln bestehende Ladung in einer länglichen Röhre untergebracht werden. Die Entfaltung dieser Schrotladung soll aus den großkalibrigen Zwölfpfündern besser gewesen sein. Die Reichweite der gezogenen Geschütze konnte selten ausgenutzt werden, da bei der Feldartillerie zumeist direkt über das Rohr auf einen sichtbaren Feind geschossen wurde.

Der Bürgerkrieg war aber schon der Schauplatz indirekter Beschießungen mit ›vorgeschobenen Beobachtern‹. Das *U.S. Signal Corps* war am 21. Juni 1860 unter Major A. J. Myer gegründet worden, der auch die militärische Anwendung des Telegraphen, der Signal-

Whitworth 2,75-Zoll gezogenes Hinterladergeschütz, ein Zwölfpfünder, der von den Konföderierten u. a. bei Gettysburg eingesetzt wurde. Die Reichweite bei 5° Rohrwinkel betrug 2800 Yards, die Ladung 790 Gramm.

6-Pfünder-Bronzekanone mit glattem Rohr, nachträglich gezogen für James-Projektile, Modell 1841, mit Protzenwagen in Fahrstellung: Dies war eines der verbreitetsten Geschütze bei Kriegsanfang.

Konföderierte Infanterie und Geschütze versuchen sich im Abschießen eines Beobachtungsballons – Luftkrieg und Fla-Feuer erleben ihre geschichtliche Premiere.

flaggen und des Signalcodes entwickelte, jedoch in Konkurrenz zum *Military Telegraph System* stand. Kompetenzgerangel und personelle Unstimmigkeiten sowie Meinungsverschiedenheiten über Gebrauch und Zukunft der Drahtkommunikation behinderten lange Jahre die Entwicklung des militärischen Nachrichtenübermittlungswesens. Das Signal Corps wuchs im Norden auf 300 Offiziere und 2500 Mann an, die – im Gegensatz zu zeitgenössischen Vorurteilen – einen harten und gefährlichen Frontdienst auf ihren Türmen und Beobachtungsstellen hatten: Am Ende des Krieges konnte das Signal Corps doppelt so hohe Verlustraten wie ein durchschnittliches Infanterie- oder Kavallerieregiment aufweisen. Im Süden stand die Entwicklung der Signaltruppe unter dem Einfluß von E. P. Alexander, der seine Karriere als Pionieroffizier begonnen hatte und später in der C.S. Armee von Northern Virginia Chef der Artillerie wurde. Bei Manassas/Bull Run war es seinen Beobachtern und Signal-Meldern zu verdanken, daß ein Umgehungsversuch der Unionsarmee erkannt und rechtzeitig gemeldet wurde. Obwohl beide Seiten noch im Anfangsstadium waren, wurde versucht, die Möglichkeit der visuellen und drahtgeleiteten Kommunikation für die Leitung des Artilleriefeuers zu nutzen. Der interessanteste Versuch in diesem Zusammenhang waren die Experimente des Professors Thaddeus Lowe, der ein *Balloon Corps* einrichtete, das bereits im Januar 1862 mit sieben Hydrogen-Ballons auf der Halbinsel vor Richmond operierte, die gegnerischen Stellungen beobachtete und per Telegraphendraht meldete. Auch das eigene Artilleriefeuer und seine Wirkung sollte auf diese Art beobachtet werden. Ein anderes Debut steht auch in diesem Zusammenhang: Am 3. August 1861 stieg der New Yorker Ballonist John La Mountain, der von General Ben Butler engagiert worden war, zum ersten Mal mit einem Ballon von einem Kriegsschiff, dem Kanonenboot Fanny, auf – um konföderierte Batterien in der Hampton-Durchfahrt des James-Flusses aus der Nähe zu beobachten. Die Fanny wurde so zum ersten ›Flugzeugträger‹ der Weltgeschichte! Die Ballon-Abteilung kam 1863 unter die Regie des Signal Corps und wurde wegen fehlender Mittel vernachlässigt. Sie wurde schließlich auf Veranlassung von General ›Fighting Joe‹ Hooker aufgelöst.

Munition

Die verschiedenen Geschoßformen und -arten des Bürgerkrieges ergeben einen so vielfältigen und eigenständigen Bereich, daß sich in den USA heute ein besonderes Sammelgebiet daraus entwickelt hat – zwar nicht ungefährlich, aber trotzdem mit wachsender Beliebtheit. Metallsuchgeräte und eine ausführliche Fachliteratur haben das Ihrige zum Anwachsen dieses Hobbys getan. Der allgemeine Rahmen des vorliegenden Buches erlaubt es nicht, näher auf die verschiedenen Projektilformen einzugehen; es sei hier auf das grundlegende Werk von Warren Ripley verwiesen, dessen »Artillery and Ammunition of the Civil War«, New York 1970, die ›Bibel‹ auf diesem Kenntnisbereich darstellt.

Die Feldartillerie beider Parteien verschoß die gleichen Munitionsarten, die hier nur als Übersicht erwähnt werden sollen:

- *›solid shot‹*: eine Vollkugel oder Vollgeschoß aus Gußeisen, deren Durchmesser etwas weniger als das Kaliber des Rohres betrug und das mit Bändern aus Blech an einem Treibspiegel aus Holz befestigt war. Dieses Geschoß diente zum Beschießen von Gebäuden und Stellungen und wirkte einfach durch seine Wucht. Als solches wurde es auch gegen Infanteriekolonnen und Geschütze in großer Entfernung eingesetzt.
- *›shell‹*: Granate, ein hohles Gußeisengeschoß, dessen Innenfläche mitunter auf konföderierter Seite mit Sollbruchstellen gegossen wurde. Der Hohlraum war mit Schwarzpulver gefüllt, das über einen Zeitzünder zur Explosion gebracht wurde.
- *›spherical case‹*: eine Granate, die statt mit Pulver mit einer Anzahl Musketenkugeln aus Blei, Kaliber .69, gefüllt war. Eine Sprengladung von etwa 125 gr. wurde über einen 5-Sekunden-Zünder aktiviert. Bei der Explosion zersprang die äußere Hülle, die Kugeln wurden in alle Richtungen geschleudert.

△ **Eine Granate mit den in ihr enthaltenen Shrapnell-Kugeln.**

Eine Zwölfpfünder ›grape‹-Ladung mit angesetztem Treibspiegel. ▷

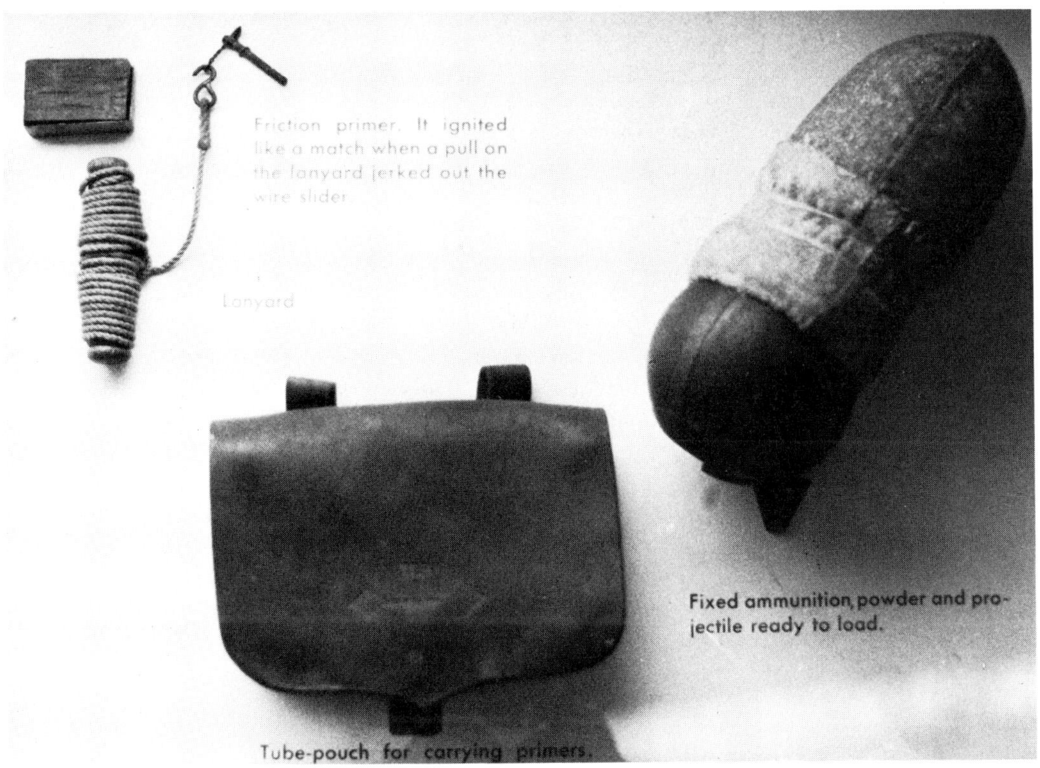

◁ **Reißleine und Reibungszünder neben einer Artilleriezündertasche und einer Zwölfpfünderladung mit Vollrundkugel und leinernem Pulversack.**

Das 12-Pfünder-Geschoß enthielt 78 Kugeln und mußte, um Wirkung zu zeigen, über den Köpfen der feindlichen Stellung oder Truppe gezündet werden. Max. Entfernung: 1200 Yards. Die Erfindung ging auf General Henry Shrapnell (1761–1842) zurück, der diese Geschoßart für die britische Armee während der Napoleonischen Kriege entwickelte. Die Südstaatler experimentierten mit Eisenkugeln und kleineren Musketengeschossen. ›Case‹ oder ›Shrapnell‹ konnte auch von Mörsern verschossen werden und wurde bei Armee und Marine gleichermaßen benutzt.

- ›*grapeshot*‹: wurde vereinzelt für Belagerungsoperationen gebraucht, neun Eisenkugeln von je zwei Zoll (beim 12-Pfünder) Durchmesser wurden mittels Platten, zweier Ringe und einer Schraubenachse zusammengehalten. Oft wurde auch Segeltuch benutzt, um die Ladung zusammenzubinden. Grape konnte bis 600 Yards eingesetzt werden.
- ›*canister*‹: Kartätsche, eine Blechbüchse wurde mit gußeisernen Kugeln gefüllt, die in vier Lagen zu je sieben Stück, mit Sägemehl dazwischen, doppelstöckig lagen. Eine einfache Ladung hatte 48 Kugeln, zur Abwehr eines Infanterieangriffes im Nahkampf wurde doppelt geladen. Ein Schuß verteilte dann 96 Kugeln von 1,08 Zoll auf eine Entfernung bis 300 Yards. Die Wirkung war wie bei einem Schrotschuß und konnte sich bei korrektem Abstand verheerend auswirken.

Drei verschiedene Geschosse für gezogene Rohre: Links ein Archer C.S.A., Treibspiegel fehlt; Mitte U.S. Dyer; rechts Hotchkiss-Granate, C.S.A. Treibring fehlt.

Gegen Stellungen gab es auch ›Carcassen‹, mit gelbem Schwefel gefüllte Hohlkörper mit Löchern, die beim Abschuß einen langen, rauchigen Schweif hinter sich herzogen und als Brandbombe eingesetzt wurden. Wegen ihrer giftigen Dämpfe wurden sie auch als Rauchkugeln oder Stickbomben bezeichnet. Ihr Gebrauch wurde von den meisten Generälen als unnötig und unmenschlich abgelehnt. Bei Belagerungen wurden stattdessen – ähnlich wie bei der Marine – Geschosse im Ofen zum Glühen gebracht.

Die Bedienung einer Feldbatterie

Zum Geschütz gehörte die Protze (›limber‹), ein zweirädiger Karren mit Haken, in die der Lafettenschwanz eingehoben wurde. Auf dem Protzenwagen befand sich eine breite Kiste, in der Werkzeug und andere zum Schießen notwendige Instrumente aufbewahrt wurden. Ramm- und Wischstock wurden in Ösen und Riemen unter die Lafettenachse gehängt, wo auch der Eimer zum Auswischen hing. Zur Bespannung des Geschützes gehörten vorschriftsmäßig sechs Pferde mit drei ›Fahrern‹ – obwohl Verluste und der Mangel an gesunden Tieren hier oft Improvisationen erforderten.
Der Süden hatte in den letzten Kriegsmonaten erhebliche Schwierigkeiten, Pferde oder selbst Maultiere zum Transport seiner Artillerie aufzutreiben. Von sechs Pferden gezogen wurden auch die Munitionswagen (›caisson‹), zweiteilige Wagen, deren Vorderteil wie die Protze gebaut war und auch als Ersatz für diese dienen konnte.
Der hintere Teil besaß eine Plattform mit zwei Munitionskisten. Über der Achse des vorderen ›limber‹ stand eine dritte Kiste. Je nach Kaliber enthielt die Kiste (›ammo chest‹) 50 (für 6-Pfünder), 32 (12-Pfünder) oder 23 (24-Pfünder-Haubitze) Ladungen. Das Verhältnis für die Kanone M 1857 betrug z. B. 20 shot, 8 case und 4 canister. Wurden auf Protze und Caisson die Kisten vollständig mit Munition gefüllt, führte eine Geschützmannschaft der Napoleon 128 Ladungen mit sich ins Gefecht.

Die Batterie bestand aus vier bis sechs Geschützen. Die Dienstvorschrift zu Kriegsbeginn sah eine Idealbatterie von vier 6-Pfünder und zwei 12-Pfünder-Haubitzen vor. Zur Batterie gehörten noch ein Batteriewagen, eine Art rollende Werkstatt mit Ersatzteilen für die Geschütze, die Wagen und Ausrüstung und eine Feldschmiede zur Versorgung der vierbeinigen Batterie-Mitglieder. Eine ›schwere‹ Batterie führte noch die doppelte Anzahl Munitionswagen pro Geschütz mit sich und verfügte damit über 20 Gespanne à sechs Pferde!
Die 12-Pfünder-Batterie, welche sich mit dem Wegfall der 6-Pfünder-Geschütze mehr und mehr durchsetzte, bestand entweder aus vier bis sechs kalibergleichen Geschützen oder aus vier 12-Pfünder- und zwei 24-Pfünder-Haubitzen.
Bei der reitenden Artillerie waren alle Angehörigen der Batterie mit Reitpferden versehen, bei der normalen Feldartillerie ritten nur die Offiziere und die drei Fahrer jedes Gespanns. Je drei Mann saßen auf den Kisten der Protze und des Munitionswagens, obwohl diese Art zu ›reisen‹ nur im Schritt bequem war. Beim Trab oder Galopp waren diese Sitzplätze auf den ungefederten Wagen eine harte und gefährliche Angelegenheit. Mancher Artillerist wurde beim schnellen Stellungswechsel vom Bock geworfen und kam unter die Hufe oder Räder. Je nach Batterie wurden sieben bis zehn Pferde als Ersatz mitgeführt.

Rauchentwicklung beim Abschuß einer Zwölfpfünder Kanonenhaubitze, bei einer Vorführung im Nationalpark von Antietam.

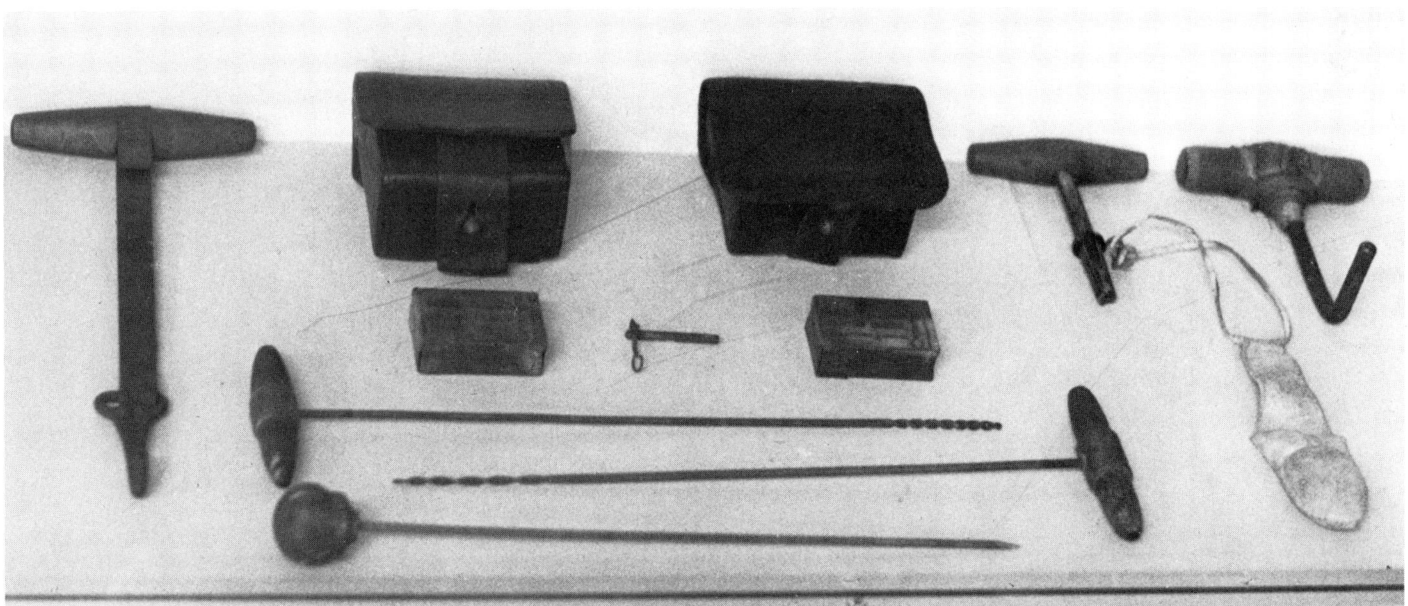

Werkzeug der Kanoniere, Gürteltasche für Zünder, Dorne zum Durchstechen der Ladungssäcke und Daumenschutz, drei verschiedene Griffe für die Reißleine.

Der Munitionswagen jedes Geschützes mit den drei Kästen und Reserverad

Die Batterie wurde geführt von einem Hauptmann oder Major. Je zwei Geschützzüge bildeten eine Sektion (›section‹) und unterstanden einem Leutnant. Der Geschützzug (›platoon‹) wurde von einem Feldwebel kommandiert und setzte sich aus dem Geschütz, dem Protzenwagen und dem Munitionswagen zusammen. Je ein Korporal war für den Munitionswagen und das Gespann mit dem Geschütz verantwortlich. Zur Bedienung des Geschützes gehörten nach Vorschrift neun Mann. Ein vierter Leutnant übernahm in der Stellung und auf dem Marsch das Kommando über den Troß und die Munitionswagen. Zur Batterie gehörten auch ein Schmied, vier Handwerker, zwei Trompeter und ein berittener Fahnenträger (›guidon-bearer‹). Nach diesem Wimpel richtete sich die Batterie beim In-Stellung-Gehen aus.

Ein Geschütz der Feldartillerie konnte im Normalzustand zwei Schuß pro Minute abgeben, wobei die meiste Zeit mit dem Verrollen der Kanone und dem Wiederausrichten nach dem Schuß ver-

Vorführung des Ladedrills durch eine konföderierte Geschützmannschaft: Nr. 4 ist bereit, die von Nr. 5 überbrachte Ladung zu übernehmen. Nr. 1 neben dem Rohr mit Ramm- und Wischstock, mit dem Körper seitlich von der Mündung, um sich vor einer eventuellen vorzeitigen Explosion der Ladung zu schützen.

ging. Im Nahkampf, wo Kartätschen ohne großes Zielen eingesetzt werden konnten, war es möglich, daß die Schußfolge sich auf drei bis vier in der Minute erhöhte. Der Gefechtsdrill bestand daher in einem streng mechanisch und nach Nummern geregelten Ablauf, der alle Schritte des Schießens und Ladens beinhaltete und jeden Schritt der Kanoniere vorschrieb:

- *Nummer 1* steht rechts neben der Rohrmündung mit Ramm- und Wischstock. Nach jedem Schuß führt er zusammen mit *Nummer 2*, links neben der Mündung steht, den Wischstock in das Rohr ein. Der Stock wird dreimal dem Uhrzeigersinn und dreimal dagegen gedreht, bevor er herausgezogen wird. In dieser Zeit hält *Nummer 3* (rechts hinter dem Rad) seinen Daumen mit dem Lederbesatz auf das Zündloch, um ein Glimmen der Kartuschreste zu vermeiden.
- *Nr. 5* läuft zurück zum Protzenwagen, um eine Kartusche zu empfangen, er trägt diese in einem Kasten oder einer ledernen Tasche, um sie vor Funken und Geschoßeinwirkung zu schützen. Die Kartusche wird *Nr. 4* übergeben, der links neben der Lafette steht. Nr. 5 geht zurück zur Protze, um ein Geschoß zu holen. Sobald 1 und 2 ausgewischt haben, zieht 1 den Stock heraus und dreht ihn um. Nr. 2 übernimmt die Kartusche von 4 oder 5 (je nach Feuergeschwindigkeit) und schiebt sie in die Mündung ein. 1 rammt die Ladung bis zum Rohrende.
- Nr. 3 hat nun seinen Daumen vom Zündloch genommen und stößt einen Dorn in dieses, um den Kartuschbeutel für den Zünder zu öffnen. Nr. 3 setzt einen Zünder in das Zündloch. 4 hängt die Reißleine in die Öse des Zünders und entrollt die Leine (›laynard‹). In dieser Zeit haben 2 und 1 die Granate in das Rohr geführt. Nr. 1 schlägt mit dem Stock gegen das Rohr, um mit diesem deutlich hörbaren Ton den Abschluß des Ladevorganges zu melden. 1 und 2 treten von der Mündung weg und zur Seite.
- Der Geschützführer hat in dieser Zeit das Rohr wieder gerichtet und das Ziel anvisiert. Die Kanoniere treten vom Geschütz weg, auf den Befehl ›Feuer‹ zieht Nr. 4 die Leine mit einem energischen Zug und zündet die Ladung.
- Nr. 6 und 7 stehen am Protzenwagen und bereiten die Ladung vor, stellen den Zünder ein und übergeben die Ladungen an Nr. 5. Der Feldwebel überwacht den Ablauf und gibt die nötigen Anweisungen zur Zielerfassung und Zünderwahl. Er beobachtet die Wirkung des Schusses.

Die Fußartillerie sollte sich mit dem Kurzschwert M 1833 verteidigen, das auch dem französischen Vorbild entsprach und eine Länge von 64 cm hat. Wie bei anderen Blankwaffen jener Zeit war das Gefäß aus Messing.

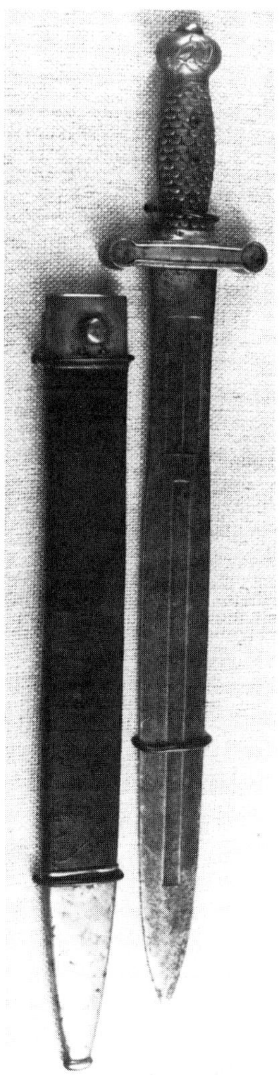

Ein konföderiertes Artillerieschwert nach Vorbild des M 1833.

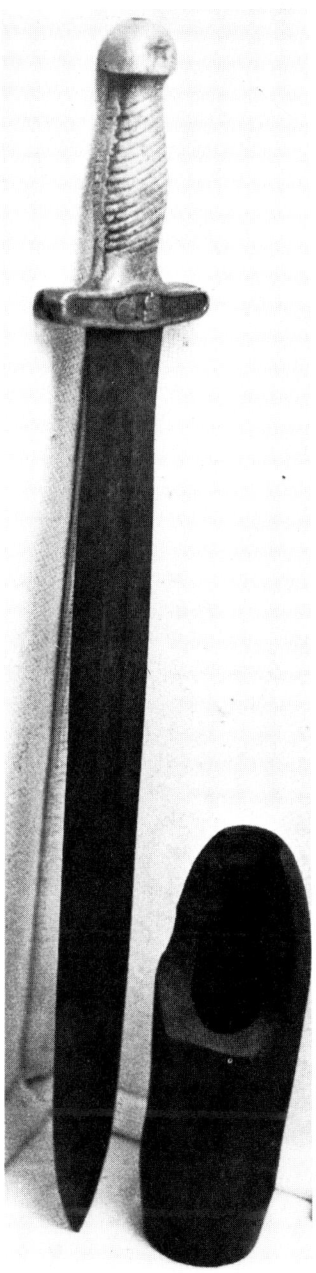

Die Dienstvorschrift sah auch eine Ablauffolge mit weniger Mannschaft vor und entsprechende Übungen gehörten zur Ausbildung. Zwei Kanoniere reichten zur behelfsmäßigen Bedienung des Geschützes aus. Helfer konnten aus den Reihen der Fahrer, aus anderen Geschützmannschaften oder aus der Infanteriebedeckung entliehen werden. Das Auswischen war ein sehr wichtiger Vorgang zum Abkühlen des Rohres und Auslöschens glimmender Kartuschreste. Nicht selten kam es vor, daß dieser Vorgang in der Eile nicht genügend beherzigt und Nr. 1 und 2 beim Laden durch die vorzeitig explodierende Kartusche zerrissen wurden. Wurde naß ausgewischt, entstand nach wenigen Schüssen eine dicke, klebrige Masse, die den weiteren Ladevorgang behindern konnte. Die Batterie führte deshalb mehrere Eimer und genügend Wasser mit sich, um das Rohr zur Not auszuspülen. Zum Entfernen einer festsitzenden Ladung oder größerer Kartuschteile diente der ›Wurm‹, von dem jede Batterie mindestens einen mitführte.

Zur Selbstverteidigung diente dem Kanonier sein Geschütz, als persönliche Waffe hatte er nur sein Kurzschwert oder, als Berittener, den Artilleriesäbel, der aber zumeist am Wagen hing oder gänzlich wegfiel. Offiziere und Unteroffiziere trugen Revolver, viele der Mannschaften hatten Privatwaffen, aber eine Schußwaffe war für die Bedienung nicht vorgesehen. Im Süden wurde der Artillerie das Tragen privater Waffen sogar verboten.

Artilleristen gegen Infanterie

Wie ein solcher Kampf einer Geschützmannschaft gegen angreifende konföderierte Infanterie aussah, hat Augustus Buell in seinen Erinnerungen beschrieben. Buells Batterie gehörte der 1. Division des I. Korps der Potomac-Armee an und hielt am 1. Juli 1863 eine Stellung gegenüber des Willoughby-Bachs, über den die Konföderierten in immer neuen Wellen angriffen. Die Batterie mußte sich nach zwei Seiten gegen Heth's Division verteidigen, deren Kolonnen Salve auf Salve gegen die Kanoniere abfeuerten, während diese mit doppelter ›canister‹-Ladung keine Antwort schuldig blieben.

»Dann, für die sieben oder acht Minuten, folgte der wahrscheinlich verzweifelteste Kampf, der je zwischen Artillerie und Infanterie geführt wurde, ohne daß auf jeder Seite auch nur ein Stückchen Dekkung gewesen wäre . . .
. . . an unserer Kanone waren gegen Ende nur noch der Korporal, Nr. 1 und Nr. 3 mit zwei Fahrern, die Munition holten. Das Wasser in Pat's Eimer war wie Tinte. Sein Gesicht und seine Hände waren über und über mit verbranntem Pulver beschmiert. Das Daumenschutzstück von Nr. 3 war von dem heißen Zündloch zu einem knusprigen Fetzen verbrannt. Mit dem Schwarz des verbrannten Pulvers und den dunkelroten Linien von seinem blutigen Kopf sah Pakkard wie ein Dämon aus der Hölle aus. Von einem Ende der Linie zum anderen schwankten Männer und fielen, flogen Splitter von Wagenrädern und Achsen, wo die Kugeln getroffen hatten; hinten rissen und scheuten die Pferde, verrückt von Wunden und Angst, Fahrer schrien, Granaten explodierten, Kugeln pfiffen über den Köpfen, heulten um unsere Ohren oder warfen große Staubwolken auf, wo sie trafen, Heulen und Pfeifen überall, Geschütze brüllen auf, krachen aufeinander, Rauch, Staub, Splitter, Blut, Unheil und Zerstörung unbeschreibbar; aber die Messingrohre der alten B bellen und nicht ein Mann oder ein Junge zuckt und weicht aus. Das Hemd jeden Mannes naß mit Schweiß und viele tropften von dem Blut der Wunden, die nicht schwer genug waren, um diese Bulldoggen abzuhalten – barhäuptig, die Ärmel hochgerollt, die Gesichter geschwärzt . . .
Vor uns ein sich wellenförmig bewegendes Feld, das, soweit das Auge reicht, mit einer langen, niedrigen grauen Linie gefüllt ist, die langsam auf uns zukriecht und die von Feuer umrandet ist. Für ein paar Momente schien die ganze Rebellenlinie zu wanken, bis hinunter zur Fairfield Straße, und wir dachten vielleicht, wir könnten sie zurückschlagen, allein wie wir waren. . . . aber ihre zweite Linie kam stetig weiter, und weil Davison jetzt seinen Wunden erlegen war, riß Oberfeldwebel Mitchell das Kommando an sich und gab den Befehl, aufzuprotzen und zurückzugehen . . .«
Aus: »The Canoneer«, Recollections of Service in the Army of the Potomac, New York 1890

Eine Unionsbatterie verteidigt sich gegen angreifende Kavallerie. CSA-General Nathan Bedford Forrest äußerte sich einmal zum Thema des Reiterangriffs auf Geschützbatterien: »That ain't no good way to take a battery!« – Das ist kein guter Weg, eine Batterie zu erobern! Kein Wunder, denn die Reitermasse brauchte Anlauf und Gelände, um sich zu entfalten, und bot ein großes Ziel für grape- und canister-Ladungen.

Künstlerische Darstellung des ersten U-Bootes: Am Bug befindet sich der Speer, an dem der Torpedo befestigt werden sollte.

U-Boote, Torpedos, Wasserminen, Maschinengewehre – der Krieg wird technisiert.

Der Bürgerkrieg kann für sich in Anspruch nehmen, den Schauplatz für den ersten Auftritt der verschiedensten technischen und militärischen Neuheiten geboten zu haben. Darunter fällt der erste Einsatz eines U-Bootes, die ›C.S.S. H.L. Hunley‹: Als Mittel gegen die Blockade sollte ein von privaten Geschäftsleuten gebautes, zigarrenähnliches Gebilde feindliche Kriegsschiffe versenken. Das erste Modell wurde 1861 in New Orleans gebaut, ein 19 Fuß (5,8 m) langer Kessel mit einem einfachen Schnorchel. Hauptbetreiber und Geldgeber war ein Hauptmann Hunley aus Tennessee, der von der ersten praktikablen Erfindung eines Unterwasserbootes durch David Bushnell aus Connecticut im Jahre 1775 und den Zeichnungen eines Leonardo Da Vinci fasziniert war. Durch die Eroberung von New Orleans fiel das Projekt ›ins Wasser‹ – um zu verhindern, daß die Yankees den Prototyp des U-Bootes fanden, wurde es in die sumpfigen Bayous außerhalb der Stadt geschafft. Dort wurde es Jahrzehnte später wiedergefunden. Ein zweites Boot, die ›Hunley‹, wurde in Mobile, Alabama, gebaut. Es war 7,6 m lang, anderthalb Meter breit und 1,8 m hoch. Bei dem ersten praktischen Versuch, es in die Mobile-Bucht zu ziehen, lief es voll Wasser und versank. Auch die weiteren Tauchversuche waren von Tragik überschattet. Ein neues Boot wurde nach Verlust von Hunley gebaut, zehn Meter lang, mit Ballasttanks an beiden Enden, die über Handpumpen gefüllt und geleert werden konnten. Antrieb erhielt das Boot über eine Schraube, die auf Handbetrieb lief. Alle Mann der Besatzung, mit Ausnahme des Offiziers, der vorn unter dem Ausstieg das Steuer übernahm, arbeiteten für den Antrieb. Flossen an beiden Seiten,

›spar-torpedo‹-Rammladung, die an einem Mastbaum von Dampfbooten und der ›Hunley‹ gegen feindliche Schiffsrümpfe getrieben werden sollten.

Konföderierte Treibmine.

eine Quecksilbersäule zur Tiefenbestimmung und Ballastgewichte am Boden vervollkommneten das Schiff. Zwei Ausstiege, vorn und hinten, hatten Bullaugen. Eine Luftkammer aus Gußeisen saß oben auf der Röhre. Als Bewaffnung sollte ein 90-Pfund-Sprengkörper mit Kontaktzündung dienen, ähnlich den Wasserminen-Fässern, die überall im Süden zur Blockierung von Häfen und Flüssen dienten. Diese schwimmenden Minen, Torpedos genannt, sollten auch hinter der Hunley an einem Tau hinterhergezogen werden. Das U-Boot würde unter dem U.S. Schiff hinwegtauchen und der an der Oberfläche gezogene Torpedo gegen die Bordwand treiben! Das Äußere dieses Sprengkörpers war mit Kupferplatten beschlagen und hatte zylindrische Form.
Zwei Offiziere und acht Mann gehörten zur Besatzung. Der Luftvorrat im Boot diente als einzige Atemquelle, eine Kerze als Beleuchtung und Anzeige, wann der Sauerstoff im Boot verbraucht war. Bei einer Probefahrt blieb die Hunley zwei Stunden und 35 Minuten unter Wasser! Das Schiff wurde nach Charleston mit der Eisenbahn gebracht und in diesem größten Hafen South Carolinas ausprobiert. Erster Kommandant war Seeleutnant John Payne von der Confederate States Navy (CSN). Bei den ersten beiden Tauchversuchen ertranken acht und sechs Matrosen. Payne gab auf. Hunley unternahm dann selbst einige erfolgreiche Testfahrten. Schließlich versank aufgrund technischen Versagens das Boot im Hafen von Charleston und zog seine gesamte Besatzung einschließlich des Erbauers mit in den Tod. Ein Leutnant Dixon und der Ingenieur W. A. Alexander, die an der Konstruktion der ›Hunley‹ beteiligt waren, hoben den Kahn und brachten eine neue Mannschaft aus Freiwilligen zusammen. Neue Tauchversuche wurden vom Kommandeur Charlestons, General Beauregard, nur unter der Bedingung gestattet, daß alle Beteiligten von den bisherigen Unfällen erfuhren!
Am 17. Februar 1864, nach zahlreichen erfolgreichen Tauchversuchen und Testfahrten im Fluß von Charleston, griff Dixon das vor der Hafenmole liegende U.S. Kanonendampfschiff ›Housatonic‹ (1240 BRT) an. Obwohl ein Deckoffizier des Blockadeschiffes die an der Oberfläche fahrende ›Hunley‹ erblickte und mit einem Aus-

Der Kampf zwischen ›Monitor‹ und ›Merrimac‹, zwei Panzerschiffen, eröffnete eine neue Epoche in der Marinekriegsführung. Stundenlang kreiste die ›Monitor‹ der USN um die ›Merrimac‹ am 9. 3. 1862. Beide Schiffe waren nicht in der Lage, den Gegner auszuschalten, aber der rechtzeitige Einsatz der ›Monitor‹ wehrte eine erhebliche Bedrohung der Unionsflotte vor der Virginia-Halbinsel ab.

weichmanöver begann, tauchte das U-Boot. Eine Explosion riß ein drei Meter großes Loch in die Steuerbordseite und die ›Housatonic‹ sank. Mit ihr versank auch die ›Hunley‹.

Dies war das – vorläufige – Ende des U-Bootkrieges. Erfolgreicher als die ›Hunley‹ waren die Torpedoboote: flache, kleine Schaluppen und Dampfboote, die an ihrem Bug eine lange Stange befestigt hatten. An der Spitze saß ein Sprengkörper, der per Reißleine vom Boot oder bei Berührung mit dem angegriffenen Schiff gezündet wurde. Mit einem solchen Torpedoboot wurde das konföderierte Rammschiff ›Albemarle‹ von U.S.N. Leutnant Cushing versenkt.

Die konföderierte Marine baute flache, zigarrenähnliche Torpedoboote, die mit Dampf angetrieben wurden so flach auf dem Wasser lagen, daß nur wenig ihrer Oberfläche, die Ausstiegsluken und der Schornstein, herausragten. Diese ›David‹-Boote werden heute oft mit der ›Hunley‹ zusammen als U-Boote bezeichnet, waren aber Rammschiffe für die Oberflächenfahrt. Ein David beschädigte die ›U.S.S. Minnesota‹, ein anderes griff die ›New Ironsides‹ mit wenig Erfolg in der Mole vor Charleston an. Zur Verteidigung von Charleston dienten auch treibende Seeminen, fest installiert, elektronisch ferngezündet und Kontaktminen.

Schnellfeuer-Kanonen

Als Versuch, den Krieg durch Einsatz neuer technischer Errungenschaften zu ›revolutionieren‹, wurden auch zahlreiche mehr oder weniger erfolglose Artilleriegeschütze angekündigt. 1861 bauten Sympathisanten der konföderierten Sache in Baltimore, Maryland, eine Dampfkanone, die dem Harper's Weehly Bericht zufolge wie ein Zwischending von Schneepflug und Traktor aussah. Das Ding, als ›Winans‹ oder ›Baltimore Dampfkanone‹ bezeichnet, sollte angeblich in der Lage sein, 300 Schuß pro Minute abzugeben. Die Reichweite der 65 g schweren Kugeln betrug aber nur 100 Meter. Die Winanskanone blieb nur eine Kuriosität und verschwand genauso schnell aus den Schlagzeilen, wie ähnliche Entwürfe anderer Erfinder jener Zeit.

Große Hoffnungen setzten Patrioten aus Georgia auch auf die Erfindung eines Mitchell Gilleland, der eine doppelläufige Kanone gießen ließ, bei der zwei Rohre im Kaliber 3,13 Zoll nebeneinanderlagen. Das Geschütz ist noch heute in Athens, Georgia, zu sehen, wo es gegossen wurde. Es sollte zwei Vollrundkugeln gleichzeitig abfeuern, die, mit einer Kette verbunden, feindliche Kolonnen wie eine Sense zerschnitten hätten. Die Betonung liegt auf ›sollte‹, denn praktisch war es unmöglich, eine wirklich gleichzeitige Zündung beider Ladungen zu erwirken, wie sich auch beim ersten Schuß herausstellte – ein zeitgenössischer Bericht:

»Sie tat eine Art Drehbewegung, pflügte einen Morgen Land um, riß ein Kornfeld auf, mähte Pflänzlinge um, die Kette brach, die beiden Kugeln gingen in gegensätzlichen Richtungen ab. Eine der Kugeln tötete eine Kuh auf einem entfernten Feld, während die andere den Schornstein von einer Blockhütte herunterschlug.«

Ein anderer Vierpfünder mit dem Kaliber 3,13 Zoll steht heute im Keller des Museums von Petersburg. Es ist der Versuch, das Revolverprinzip auf ein Geschütz zu übertragen. Eine überdimensionale Trommel mit fünf Kammern, von vorn zu laden, sitzt in einem Rahmen, der mit dem Rohr verbunden ist. Eine Kurbel preßt die Trommel gegen den Lauf, um eine Gasdichtung herzustellen. Das

Die Williams 1-Pfünder Schnellfeuerkanone, Kaliber 1,57 Zoll, hatte eine Reichweite von 2000 Yards und eine Feuergeschwindigkeit von 65 Schuß in der Minute. Die Papierpatronen wurden mit der Hand geladen. Auch diese Geheimwaffe der Konföderation erbrachte nicht den Sieg. Nur wenige Geschütze wurden gebaut, und bei schneller Schußfolge dehnte sich der Verschluß aus und klemmte.

Der hintere Teil der Tappey & Lumsden-Revolverkanone.

ganze Gebilde sitzt auf einer recht wackeligen Eisenlafette. Im Mai 1861 ließ ein gewisser Henry Clay Pate zwei dieser Kanonen in der Gießerei Tappey & Lumsden bauen. Beim ersten Probeschießen zerbarst eine Kanone, womit man die Versuche einstellte und das zweite Geschütz in einer Lagerhalle deponierte.

Die Idee, mehrere Projektile hintereinander aus einem Geschütz abzufeuern, war 1861 nicht neu; bereits Da Vinci hat solche Geschütze in seinen Skizzenbüchern niedergelegt, das Mittelalter kannte Orgelgeschütze und mehrläufige Kastenbüchsen. Aber der Bürgerkrieg sah die erste Realisierung von Reihenfeuerwaffen, die als die Vorläufer oder Urahnen des modernen Maschinengewehrs angesehen werden. Mehrere unterschiedliche Ansätze in der Verwirklichung solcher Maschinenwaffen wurden gemacht, aber sie alle hatten drei Aspekte gemeinsam: sie wurden durch äußere Krafteinwirkung (Drehen der Kurbel) am Feuern gehalten, ihr Einsatz erfolgte mehr als Artillerie und in defensiver Form denn als Infanteriewaffe zur Unterstützung des Angriffs, und ihr Gebrauch lag eher im experimentellen, vereinzelten Rahmen. Die konservativen Vorstellungen der Generäle und Zeugamtsoffiziere ließen keine wirkliche Ausnutzung des Schnellfeuer-Prinzips zu, das in diesen Waffen bereits beinhaltet war – und das die spätere Kriegsführung umwälzend verändern würde.

Die erste Maschinenkanone dieser Art wurde Präsident Lincoln im Juni 1861 von J. D. Mills, Vertreter aus New York, vorgeführt. Lincoln war vom Mechanismus fasziniert und soll der Namensspender für die neue Waffe gewesen sein: ›coffee mill gun‹, Kaffeemühlen-Kanone. Das Schnellfeuergeschütz, das diesen Namen erhielt (und nicht etwa Gatlings Revolverkanone), war eine Erfindung des Mechanikers Wilson Ager. Es glich auch einer Kaffeemühle. Eine oben offene Schütte nahm die Patronen auf. Deren Stahlhülsen waren wiederladbar und hatten an ihrem Ende einen Piston, auf dem das Zündhütchen saß. Die Hülsen wurden als ›Kammern‹ bezeichnet und kosteten 87,5 Cents. In geladenem Zustand kamen sie in Messingkisten, welche oben auf die Schütte aufgesetzt wurden. Diese ›MG-Kästen‹ saßen in zwei Munitionskisten auf der Lafettenachse. 16 Stück gehörten zu jeder Waffe. Das Betätigen und Abfeuern geschah mittels einer Kurbel, die eine Nabenachse unterhalb der Schütte drehte und einen Hammermechanismus spannte. Jede Stahlhülse fiel in eine Aussparung der Achse, wurde vor dem Lauf arretiert, abgefeuert und weitertransportiert. Das Kaliber der Waffe betrug .58 Zoll, so daß die Standard-Minié-Geschosse benutzt werden konnten. Die Feuergeschwindigkeit des handgetriebenen Mechanismus war so hoch, daß die Hersteller, Carr & Avery in New York, befürchteten, der Stahllauf könnte bei schneller Erwärmung ausgebrannt werden. Ein zweiter Lauf wurde jedem Geschütz beigegeben und war mit wenigen Handgriffen einzusetzen.

Ripley stemmte sich gegen die Anschaffung von so neumodischem Kram, aber Lincoln überstimmte ihn und veranlaßte im November die Lieferung von zehn Ager-Kaffeemühlen zum Preis von je $ 1300,–. Zwei Tage später waren die Waffen bezahlt und wahrscheinlich auch ausgeliefert. Ende November wurden zwei weitere gekauft, und noch ein Paar wurde für je $ 1500,– im Juni 1862 erworben. Verkäufer dieser 14 Ager war die New Yorker Handelsfirma Woodword & Cox. Im Dezember 1861 wurden mit Unterstützung Lincolns weitere fünfzig Ager-Kanonen gekauft, diesmal aber direkt von der Fabrik und für einen revidierten Preis von $ 735,– für Waffe und Zubehör.

Zum ersten Mal gefechtsmäßig eingesetzt wurden Ager-Kaffeemühlen bei der Verteidigung von Unionsstellungen am Potomac gegen Streifpatrouillen der Südstaatler. Colonel John Geary und seine 28th Pennsylvania Volunteer Infantry hielten eine dünne Linie von rund 24 Meilen und waren daher über jede Feuerunterstützung froh, die das Regiment verstärkte. Nach vier Monaten aber schickte Geary am 28. April 1862 sein Versuchspaar an das Zeugamt nach Washington mit der Bemerkung zurück, daß die Ager »unwirksam und unsicher für die Operateure« wären. Anders ein Hauptmann Bartlett, der von einem Gefecht mit konföderierter Reiterei in der Nähe von Middleburg, Virginia, am 29. März des Jahres berichtete. Die Ager-Schnellfeuerwaffen hätten das Feuer

Ager-Kaffeemühle auf Originallafette.

Requa-Billinghurst – Reihenfeuerkanone auf Radlafette.

auf 800 Yards eröffnet, dem Feind schwere Verluste zugefügt und die Überlebenden zur Flucht gezwungen. Andere Berichte zeugen von der Benutzung dieser Waffen während des Halbinsel-Feldzuges McClellans gegen Richmond. Im April 1862 setzte die 56. New Yorker Infanterie unter Oberst Van Wyck ein halbes Dutzend ein und ein New Yorker Reporter war vom Kugelregen entsprechend beeindruckt. Beim Vorstoß auf Richmond schoß die 49. Pennsylvania mit Ager-Kanonen. In der Regimentsgeschichte wird vermerkt, daß ein gewisser George Wills von der Kompanie D bei der Bedienung dieser Waffe vom Feind in die Hüfte getroffen wurde – der erste ›MG-Schütze‹ der Geschichte, der urkundlich erwähnt ist! General John C. Frémont war von seinen Versuchsergebnissen mit der Kaffeemühle begeistert und wollte sechzehn weitere vom Zeugamt. Ripley winkte ab, er hätte keine mehr, wüßte auch nicht, ob weitere bestellt wären.

Trotzdem taucht in einem Bericht einer Richmonder Zeitung vom Sieg Stonewall Jacksons im Shenandoah-Tal über die Streitkräfte Frémonts im Juni 1862 die Erwähnung von »17 Revolverkanonen« auf, die man den Nordstaatlern abgenommen hätte. Bei Ream's Station am 25. August 1864 im Zuge des Petersburg-Feldzuges taucht eine dieser ›Revolverkanonen‹ auf konföderierter Seite wieder auf – als das erste Fliegerabwehrgeschütz der Kriegsgeschichte; die Johnnies nahmen damit einen Beobachtungsballon der Union unter Feuer, protzten aber schnell wieder auf und verschwanden.

Im Norden verschwanden die Ager sang- und klanglos, obwohl auch die Marine einige Tests durchführte und sehr zufrieden schien. Im Juli 1862 berichtet die Zeitschrift ›Scientific American‹, daß diese Waffen »keinerlei praktischen Wert für die Potomac-Armee bewiesen haben und nun in einem Lagerhaus in Washington deponiert sind«.

Wenig Eindruck in den Annalen der Militärgeschichte hinterließ auch die von Erfinder Requa und Büchsenmacher Billinghurst im Kaliber .58 gefertigte ›Reihenfeuer-Kanone‹. Die Requa hatte 25 nebeneinander auf einer Lafettenachse angeordnete, gezogene Gewehrläufe. Diese wurden von hinten über einen länglichen Ladestreifen mit 25 Aussparungen für je eine Metallpatrone gefüllt. Die Patronenhülsen hatten in ihrem Boden eine kleine Bohrung, über die der Funke der durch den Streifen längsseitig geführten Pulverstrecke überspringen konnte. Diese Zündladung selbst wurde durch ein im Zentrum der Batterie angebrachtes Perkussionsschloß abgefeuert. Der mittlere Lauf schoß sofort, dann entluden sich mit geringer Verzögerung paarweise die Läufe je rechts und links. Bei einer Vorführung im Herbst 1861 in New York wurde eine Feuergeschwindigkeit von sieben Ladestreifen in der Minute, oder 175 Schuß, erreicht. Nur wenige wurden hergestellt und für etwa $ 1000 bis 1100,– verkauft; lediglich ein Einsatz von fünf Requa-Geschützen bei der Belagerung eines Außenwerks des Charlestoner Hafens ist dokumentiert: Die Reihenfeuer-Lagen machten wenig Eindruck auf die Verteidiger.

Gatling-Modell 1862, rechts die Trichteröffnung zum Einfüllen der Stahlhülsen.

Ein Arzt aus Indianapolis, der auf einer Farm in North Carolina geboren und aufgewachsen war, sollte die Maschinenkanone erfinden, die als das einzige wirklich erfolgreiche Konzept nicht nur am Bürgerkrieg teilnehmen, sondern auch als erstes Schnellfeuergeschütz (oder MG) 1866 offiziell in den Dienst der U.S. Army gestellt wurde. Heute noch wird Richard J. Gatlings Prinzip der rotierenden Laufbündel in den ›Vulcan‹-Fla-Kanonen und Flieger-MKs mit großem Erfolg angewandt. Angeblich hatte Gatling seine Waffe nur entworfen, damit die furchtbare Wirkung der von Hand angekurbelten Schnellfeuer-Kanone große Armeen überflüssig machen würde. Nur noch wenige Männer würden auf beiden Seiten dem Krieg und den Seuchen ausgesetzt sein, wenn ein Mann mit einer Gatling die Arbeit von hundert machen könnte.

Gatlings erstes Modell von 1862 benutzte Stahlhülsen mit Pistons und Perkussionszündhütchen und verschoß Minié-Projektile Kaliber .58 aus sechs Rohren, die sich um eine Achse drehten. Jeder Lauf nahm linksseitig eine Patrone von oben auf, die über eine Schütte zugeführt wurde. Bei der nächsten Sechsteldrehung des Bündels wurde die Ladung gezündet. Beim weiteren Rotieren zog der Mechanismus die leere Hülse aus dem Rohr und warf sie nach links aus. Eine Überhitzung der Läufe war kaum möglich, da immer nur ein Lauf schoß und die Rotation für etwas Abkühlung sorgte. In einem Brief an Präsident Lincoln pries Dr. Gatling seine Waffe als »gerade die richtige Sache, um die gegenwärtige Rebellion zu zerschmettern« an und hob hervor, daß seine Erfindung mit der Kaffeemühlen-Kanone Agers nichts gemeinsam habe. Die ersten sechs Waffen fielen einem Brand in der Fabrik von Miles Greenwood in Cincinnati, Ohio, zum Opfer. Einige weitere ließ Gatling auf eigene Rechnung in einer Gießerei in der Stadt anfertigen und nach Baltimore bringen.

Ripley lehnte die Waffen ab, nach Aussage Gatlings mit der Bemerkung, er hielte Steinschloßmusketen ohnehin für die besten Waffen für die derzeitige Kriegsführung. Allerdings konnte Gatling seine fertiggestellten Waffen nach einer Vorführung für $ 12 000,– an General ›Ben‹ Butler absetzen, der sie bei seinem Feldzug gegen Petersburg einsetzte. Mit welchem Erfolg aber, ist unbekannt. Während der New Yorker Unruhen waren einige Gatlings im Hause der ›New York Tribune‹ und verhinderten, daß der Mob die Redaktionsräume stürmte. Weitere Einzelheiten über den tatsächlichen Gebrauch von Gatlings Revolverkanonen sind nicht bekannt, in der Literatur werden sie sehr oft mit Agers ›Union‹-Geschützen verwechselt. Admiral Dahlgren ließ die Gatling im Washingtoner Navy Yard testen und befürwortete nach den positiven Ergebnissen die Beschaffung solcher Waffen für die Schiffe. Einige Anforderungen trafen auch bei Gatling ein, aber erst kurz vor Kriegsende erhielt der Arzt aus Indianapolis endlich einen Regierungsauftrag über die Lieferung eines neuen Modells im Ein-Zoll-Kaliber als Festungsbestückung. Erst nach dem Kriege konnten ›Gatling Guns‹ ihren Siegeszug antreten und wurden in den verschiedensten Kalibern von .45 bis Einpfünder gebaut. 1866 bestellte die U.S. Armee die ersten Gatlings im Kaliber .50 für $ 1500,–, die bereits mit Randfeuerpatronen arbeiteten.

Auch der Süden versuchte sich im Bau von Schnellfeuerwaffen und erwarb wenigstens ein Exemplar der in London gebaute Vandenberg-Bündelkanone, die über 85 Läufe vom Kaliber .54 verfügte. Die Kavallerie der Union erbeutete eine solche Waffe in North Carolina und schickte sie nach West Point, wo sie heute im Museum der Militärakademie zu sehen ist. Der Bürgerkrieg sah zwar das Debut der ersten ›Maschinengewehre‹ der Kriegsgeschichte, aber ihre furchtbare Wirkung sollte späteren Konflikten vorbehalten sein. Aber auch ohne diese Massenvernichtungsmittel war der Bürgerkrieg schon blutig genug . . .

Sabotage und psychologische Kriegsführung

Der Konflikt zwischen Nord und Süd wurde auf verschiedenen Ebenen geführt, auf dem Schlachtfeld, von Guerillas im Hinterland und an der Heimatfront. Zu den ›Premieren‹ der Jahre 1861–65 gehörten die Nebelwand, welche der Kapitän des Blockadebrechers ›R. E. Lee‹ künstlich erzeugte, um dem ihn verfolgenden U.S. Schiff ›Iroquois‹ zu entkommen, ein gepanzerter Eisenbahnzug mit Geschützen, Hospitalzüge und Leuchtsterne, die Major Edge von den Berdan Sharpshooters abfeuern ließ, um seinen Schützen das Gefechtsfeld nachts aufzuhellen.

In den Gräben vor Petersburg wurden Periskope eingesetzt, gepanzerte Schiffe erlebten ihr Debut, genauso wie Repetiergewehre und Schützengräben als großangelegtes Verteidigungsmittel.

Aber auch Minenfelder und Landminen wurden zum ersten Mal im Bürgerkrieg eingesetzt – und von den Nordstaatlern als hinterhältig und gegen alle Gesetze des Krieges und der Menschlichkeit gerichtet verurteilt.

Lincoln verfügte mit dem Detektiv Pinkerton und seinen Männern über den ersten organisierten Geheimdienst der Welt, aus der der U.S. Secret Service geboren wurde, aber nicht verhindern konnte, daß Abraham Lincoln zum ersten Präsidenten der USA wurde, der dem Anschlag eines Attentäters zum Opfer fiel. Eine geheimdienstlich arbeitende Spionage und Spionageabwehr war notwendig in diesem Konflikt, denn im Norden gab es nicht nur eine Vereinigung der Kriegsgegner, nach einer gefährlichen Schlange als ›Copperheads‹ bezeichnet, sondern auch Sympathisanten des Südens, welche die Sache der Konföderation aktiv unterstützten. Für solche Agenten waren die Sprengkörper gedacht, die wie Kohlestücke aussahen und einfach in die Bunker der Dampfschiffe gelegt wurden. Irgendwann langte ein solches Sabotagemittel dann in den Feuerraum eines Schiffes und führte eine Kesselexplosion herbei. In mindestens einem Fall, der Versenkung des U.S. Transportschiffes ›Greyhound‹, ist der Grund ein ›Kohletorpedo‹ gewesen. Zu

den Operationen tief im Hinterland des Feindes, die eine bedrängte Konföderation einsetzte, um die Union zu zwingen, Truppen von der Front abzuziehen, gehörte auch die Serie von Brandstiftungen, welche eine Feuersbrunst in der Innenstadt von New York City zur Folge haben sollten. Einige Offiziere wurden durch die Frontlinien nach Norden geschleust, trafen sich in New York und mieteten in mehreren Hotels Räume. Am 25. November 1864 gegen halb acht Uhr legten sie in den Hotelzimmern Feuer mit Hilfe selbstzündender Flüssigkeiten in Flaschen (›greek fire‹ nannte sie der Agent Headley in seinen Memoiren). Danach wurden einige Flaschen gegen Schiffe und Hafenanlagen geworfen. Außer einer Panik und mehreren schnell gelöschten Feuern richteten die Saboteure wenig aus. Ähnlich begrenzt verlief auch ein Kommandounternehmen von Südstaatlern, die, aus Kanada kommend, den Grenzort St. Albans in Vermont überfielen. Hollywood machte einen Film daraus.
An der finanziellen Front waren die ungeheuren Kosten des langjährigen Krieges der Grund für die erste Erhebung von Einkommens-, Tabak- und Zigarettensteuern in Nordamerika. Aber auch wirtschaftlich sollte die Konföderation angegriffen werden. Lincoln ließ Banknoten drucken, um die Inflation des Südens durch eine Überflutung mit gefälschtem Papiergeld zu beschleunigen. Beide Seiten bedienten sich Propaganda-Briefen und Flugblättern; Lincoln's Erklärung über die Freilassung aller Sklaven wurde durch Drachen hinter den gegnerischen Linien abgeworfen, jedoch die im Norden immer wieder erhofften Sklavenaufstände blieben aus.
Die wirksamste psychologische Waffe des Südens aber war nach Augenzeugeberichten der schrille, kaum zu beschreibende Kriegsschrei, den die Rebellen bei ihren Angriffen anstimmten. Er wurde zum ersten Mal bei Manassas gehört und führte mehrmals dazu, daß die Moral der Unionssoldaten erschüttert wurde und Panik ausbrach. Das Gegenstück dazu setzten die 18. New Hampshire Freiwilligen bei den verzweifelten Kämpfen entlang eines Hohlweges auf dem Schlachtfeld von Antietam ein, der den Namen ›Bloody Lane‹ erhielt. Als die Südstaatler erneut zum Angriff auf das Regiment ansetzten, das sich im Hohlweg verschanzt hatte, rief der Oberst der Achtzehnten »Legt die Kriegsbemalung an« – die Männer rieben sich das Schwarzpulver aus den aufgerissenen Patronen ins Gesicht und stießen einen Indianerschrei aus.

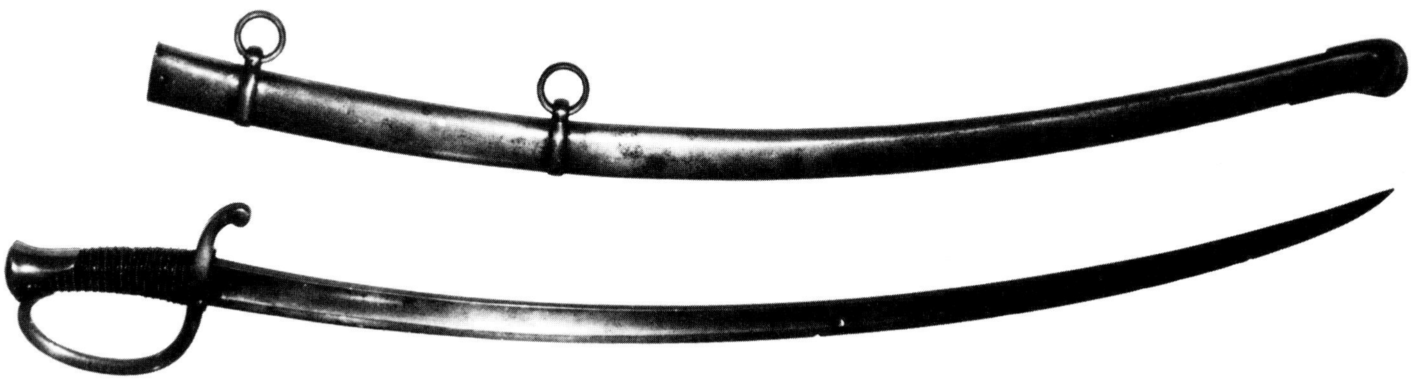

Die berittene Artillerie führte einen stark gekrümmten Säbel nach französischem Vorbild (Mle 1829), der als ›Light Artillery Sabre M 1840‹ bezeichnet wird. Gesamtlänge 94,5 cm, Messinggefäß.

Bepackt wie Maultiere – Die Mannausrüstung von Nord und Süd

»Jeder Soldat hatte genügend Decken, Hemden, Hosen und alte Stiefel, um es ein Jahr lang auszuhalten, und die leeren Flaschen und Krüge hätten für einen erstklassigen Gemischtwarenladen ausgereicht. Zusätzlich hatte jeder von uns ein Gewehr und die Patronentasche, Rucksack und drei Tage Verpflegung, eine Pistole an jeder Seite und ein langes Bowie-Messer, das wir von William Wood aus Columbia, Tennessee, geschenkt bekommen hatten.«

Sam Watkins, CSA, 1st Tennessee Rgt.

»Dann erhielten wir unsere Uniformen und das meiste von unserer Ausrüstung, was auch alte Enfield-Gewehre einschloß. Das waren unmögliche Stücke, die uralt aussahen. Wir trugen diese Gewehre für einige Wochen mit uns herum, aber bevor wir in den aktiven Dienst gingen, wurden sie gegen Springfield Musketen ausgetauscht, eine weitaus bessere Waffe. Mit unserer Ausrüstung erhielten wir unsere Tornister, in die wir unser gesamtes Gepäck und unsere Habseligkeiten packen sollten. Eines der Rätsel, dem wir uns gegenüber sahen: Wie sollten wir in dem begrenzten Platz alle die guten Sachen unterbringen, die uns Freunde mit den besten Absichten gegeben hatten? Eine Liste der Sachen, die mir geschickt wurden, hätte eine ganz schöne Inventarliste abgegeben, und hätte ich es einpacken können, hätte es zum Tragen eines Samson bedurft. Es war unmöglich, auch nur die Hälfte davon in meinem Tornister zu stopfen, und nach dem Aussortieren und Wegwerfen . . . schickte ich schließlich ein größeres Bündel nach Hause, als ich selbst mitnahm. Selbst so beulte sich mein Tornister nach allen Seiten aus und wäre für einen alten Soldaten das Ziel des Gespötts gewesen. Später lehrte uns die Erfahrung, wie wenig tatsächlich notwendig war.«

Rice C. Bull, USA, 123rd N. Y. Volunteers

Die Uniform macht den Mann . . .

Die Milizen und Freiwilligen-Regimenter, die im Juli 1861 von Norden und Süden her auf den Eisenbahnknotenpunkt von Manassas Junction zu marschierten, waren noch in die farbenprächtigen Uniformen der Vorkriegszeit gekleidet. Aber die Anzüge waren alles andere als uniform – im Gegenteil, mit Ausnahme der regulären U.S. Regimenter hatte jeder Staat, jedes Regiment seine eigene Dienstkleidung, die erheblich von der mehr schlichten Vorschrift der Berufsarmee abwich. Neben den hohen Hardee-Hüten konnte man Wollmützen und die türkischen Feze der Zouaven sehen, Schlapphüte, Turbane, ›Ofenrohr‹-Tschakos nach britischem Vorbild, weiche, eingeknautschte Kepis nach französischem Muster. Die zahlreichen Schaulustigen, die aus Washington mit Picknickkörben und Sonnenschirmen angereist waren, um das Drama der ersten Schlacht gegen die Rebellen mitzuerleben, mußte sehr schnell ihre Meinung revidieren. Die Südstaatler waren kein zusammengewürfelter Haufen, der beim ersten Schuß davonrennen würde, und die Nordstaatler boten kaum das Bild einer einheitlichen, geschlossenen Armee in blauen Uniformen. Kaum jemand konnte sich die unterschiedlichen Uniformierungen merken; einige Regimenter – wie z. B. die 7th New York State Militia – waren sogar in graue Uniformen gekleidet, ein Umstand, der im Gefecht noch zu fatalen Verwechslungen führen sollte.

Erst in der zweiten Kriegshälfte sollte sich das Uniformbild im Norden einigermaßen vereinheitlichen und sich auf die dunkelblauen ›shell‹-Jacken und die hellblaue Hosen reduzieren, die wir heute mit Unionstruppen assoziieren. Die Uniform-Kommission

Dieser Freiwillige eines New Yorker Regimentes trägt noch die modische, aber knappe Uniformierung der Vorkriegszeit aus grauem Wollstoff mit blauen Aufschlägen, einen ledernen Brotbeutel, Tornister und steife, weißlederne Kreuz- und Trageriemen. Derart behangen und in der Atmung eingeengt, dürfte jeder Marsch eine Qual gewesen sein.

des Quartiermeister-Generals und ihre Uniformvorschriften* griffen erst in der zweiten Hälfte des Jahres 1862 in den Bekleidungswirrwarr der Nordstaatler ein. Vorher hatte selbst das Kriegsministerium noch zu der Vielzahl der Miliz- und Staatsuniformen das seine hinzugefügt, indem es eine Bestellung von 10 000 Uniformen nach dem Muster der französischen ›chasseurs à pied‹ bei dem Pariser Ausrüstungs- und Waffenhändler M. Alexis Godillot bestellt. Zu allem Überdruß waren die so gekauften, aus hervorragendem Material und mit elegantem Schnitt angefertigten Uniformen für die amerikanischen Soldaten zu klein. Im Frühjahr 1862 sandte der Staat von Missouri eine Ladung an die Quartiermeister-Abteilung zurück; den Bauernjungs aus dem Westen paßten einfach die Jakken und Hosen nicht, die man nach französischen Größen zugeschnitten hatte. . .

Wie bei der Bewaffnung, so stellte auch die Bekleidung der Massenarmeen, die im Norden nach Manassas aufgestellt wurden, in den Jahren 1861 und 1862 einen chaotischen Engpaß dar. Die damalige Form der Industrialisierung bot sich für eine schnelle Erhöhung der Produktionsziffern innerhalb kurzer Zeit nicht an; die schieren Mengen, welche die Union brauchte und verbrauchte, konnten angesichts einer nur beschränkten Anzahl von Fabriken und ausgebildeter Facharbeiter nur zögernd beschafft werden. Selbst im Jahr 1863, als sich die Versorgungslage der Armeen einigermaßen einge-

Feldwebel einer Festungsartillerie-Einheit der regulären Armee in der Uniformierung von 1860. Er trägt den M 1858-Hut zum Dienstanzug, der als ›Jeff Davis-‹ oder ›Hardee-Hut‹ in die Geschichte einging.

* Eine genaue Aufgliederung der Uniformierung beider Seiten würde den Rahmen dieses Buches sprengen, zumal das Thema in deutscher Sprache sehr gut bei dem im Motorbuch Verlag erschienenen Buch von Windrow und Embleton »Die Uniformen von Nordamerika« und im Heyne Verlag mit dem Buch von Haythornwhite »Uniformen des Amerikanischen Bürgerkrieges« behandelt wurde.

pendelt hatte, wurden vom Quartermaster Department 3 Millionen Hosen, 5 Millionen Hemden und 7 Millionen Paar Strümpfe gekauft, ferner 325 000 Eßgeschirre, 207 000 Töpfe und 13 000 Trommeln neben 14 830 Querflöten.*

Zusätzlich zu den Produktionsschwierigkeiten wurde die Versorgungslage noch durch andere Faktoren verschlimmert: Korruption und schlechte Fabrikation. Vor Manassas, als Lincoln die Staaten zur Sendung von 75 000 Freiwilligen aufforderte, war die Ausrüstung und Bekleidung relativ einfach gewesen. Nach den Vorschriften des Milizgesetzes, unter dem die Aushebung erfolgte, rüsteten die Staatsgouverneure die von ihnen gestellten Truppen selbst aus und präsentierten dem Kriegsministerium die Rechnung. Lokale Hersteller wurden mit dem Nähen der Uniformen beauftragt, Frauengruppen strickten Strümpfe, Spender besorgten den Rest, Freiwillige statteten sich selbst aus. Solange nur ein oder zwei Regimenter pro Staat aufgerufen waren, reichten die vorhandenen Resourcen aus. Als aber jeden Monat Zehntausende zu den Fahnen eilten – oder gerufen wurden – reichten die örtlichen Initiativen, die Spendierfreudigkeit prominenter Bürger oder die Arbeit der Wohlfahrtsausschüsse nicht mehr. Noch im zweiten Kriegswinter fehlte es allerorts an Decken und den schweren Übermänteln. Angesichts dieser Beschaffungsprobleme bleibt die Verteilung des Nachschubs noch unverständlicher. Man hatte nicht genug von allem, und die ungenügenden Mengen erreichten noch nicht einmal in geordneter Form die Truppe. Die Truppen an der Ostküste waren nah an der Quelle, aber der Transport der Ausrüstung für die Regimenter im Westen erwies sich als Glücksspiel. Auch wenn die Partisan Raiders der Konföderation nicht in den Ablauf des Bahnverkehrs eingriffen, konnte es passieren, wie bei der Ersten Iowa-Infanterie, daß der Ersatz für die Lumpen des Regiments zwar nach Missouri auf den Weg geschickt, aber irgendwo unterwegs aufgehalten wurde. Im Falle der Ersten Iowa blieb der Transport in Quincy, Illinois, auf irgendeinem Nebengleis liegen. Bei anderen Regimentern kam der Nachschub zwar an, aber die Einheiten mußten selbst die Frachtkosten tragen. Und selbst wenn die Uniformen glücklich die jeweiligen Brigaden oder Regimenter erreicht hatten, war das keine Gewähr, daß die Bedürftigen einen Ersatz für ihre verschlissene oder verlorene Kleidung erhielten. Ein Nachschubsystem bestand nur in groben Umrissen, niemand führte Listen, niemand schrieb Anforderungen oder Aufstellungen über den Bedarf. Kam eine Ladung an, wurde sie in ein Depot verfrachtet oder auf einen Appellplatz hingeworfen und die Kompanien aufgefordert, geschlossen dorthin zu marschieren, sich zu nehmen, was sie brauchten und ohne Quittung oder Vermerk der nächsten Einheit Platz zu machen! Bei einem solchen Durcheinander wird verständlich, daß die Soldaten zugriffen, wenn etwas im Überfluß vorhanden war, und es sehr schnell wegwarfen, wenn sie sich beim Marsch durch das Gewicht belastet fühlten.

Die kurze Jacke der Kavallerie und reitenden Artillerie, shelljacket genannt. Die Metall-Epauletten verschwanden im Zuge des Krieges sehr bald.

Die Bekleidungsschwierigkeiten wurden noch durch die Korruption multipliziert, die es gestattete, daß Uniformen, Decken und Schuhe die Inspektionen der Staats- und Regierungskontrolleure passierten, welche kaum den Anforderungen des Kriegsdienstes entsprachen. Der Stoff für Decken oder Uniformen war zu dünn, die Webqualität so großmaschig, daß sie kaum diesen Namen verdiente, Nähte rissen, Decken zerfaserten nach dem ersten Regen, Jacken lösten sich in ihre Bestandteile auf. Das 3. Wisconsin Infanterieregiment erhielt bei der Einberufung brandneue Uniformen; zehn Tage später mußte ein neuer Satz Hemden und Hosen ausgeteilt werden, weil sich die Erstausstattung bereits zerschlissen hatte. Das 1. Iowa Regiment hatte nach kurzer Zeit nur noch Lumpen und bot einen so unanständig nackten Anblick, daß dem Regimentshistoriker zufolge die Truppe vor lauter Scham nicht vor Feinden noch Frauen den Rücken zur Flucht gekehrt hätte. Selbst

* Diese aufschlußreichen Zahlen nennt Charles Anderson Dana, der 1863–64 Assistent Secretary of War (etwa Staatsminister im Kriegsministerium) war, in seinem Buch »Recollections of Civil War«, New York, 1898. S. 162

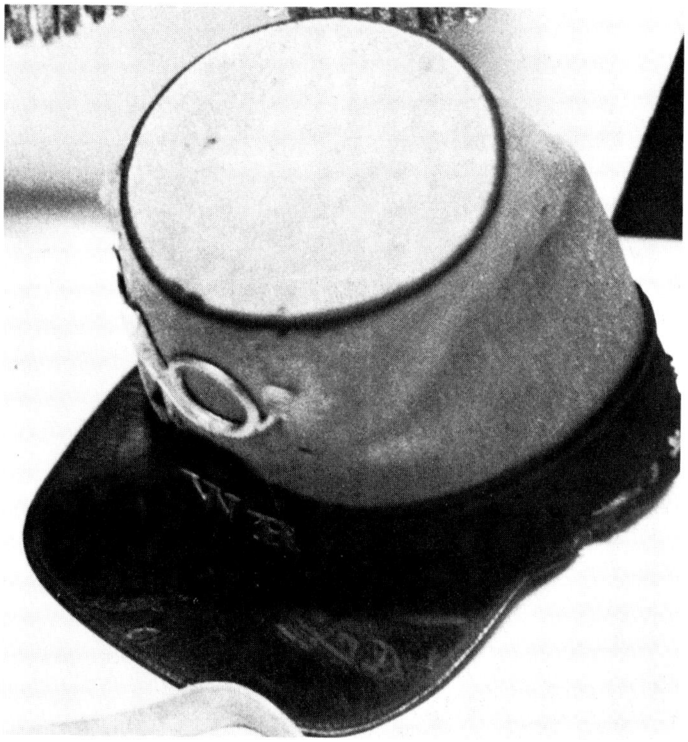

Modell 1851 Tschako mit steifen, pappverstärktem Zylinder nach europäischem Vorbild, hieraus entstand die ›bummer's cap‹ oder Arbeitsmütze des Sezessionskrieges, ein Kepi, dessen Zylinderaufbau nach vorn fällt.

Das Kepi, wie es im Bürgerkrieg getragen wurde, auf der Krone der Kompaniebuchstabe und das Jägerhorn-Symbol der Infanterie nebst Regimentsnummer. Zwei kleine Messingknöpfe mit Adlerprägung halten den Kinnriemen.

die Kinder Israels, so der Erzähler, hätten nach vierzig Jahren in der Wüste nicht halb so zerrissen ausgesehen, wie die Erste Iowa bei ihrem Feldzug in Missouri. Auch Cyril Upham berichtet von einem anderen Iowa-Regiment, das sich Schürzen aus Mehlsäcken machte, um ihre durchgesessenen Hosenböden zu bedecken.
Wenn sich dieser Versorgungszustand nur auf die Moral der Soldaten auswirkte, so hatte ein anderer Mangel direkten Einfluß auf die Kampffähigkeit der Truppe – Schuhe. Die Armeelieferanten, welche bereits bei der Bekleidung minderwertiges Material zu ihrem finanziellen Nutzen vertrieben hatten, scheuten sich auch nicht, schlechtes Schuhwerk auszugeben. Im Westen gingen die Schuhe einiger Regimenter bereits am ersten Tag nach Erhalt auseinander. Lackierter Stoff war an die Stelle von Leder, Holz für Absätze und Sohlen gesetzt! In der Potomac-Armee schätzten Beobachter die durchschnittliche Lebensdauer der gelieferten Stiefel auf 20 bis 30 Tage. In einigen Regimentern im Westen waren ganze Kompanien zeitweise barfuß; von zahlreichen Märschen wird berichtet, daß die Soldaten sich Lumpen oder Rohhautleder um die Füße wickelten. Andere zogen es vor, barfuß zu marschieren, anstatt ihre Füße in dem von der Armee gelieferten Schuhwerk wundreiben zu lassen – aber eine solche Praxis war wetterabhängig und selbst der abgehärteste Bauernjunge konnte im Winterschlamm von Virginia oder im Schnee auf die Dauer nicht ohne gute Schuhe und Strümpfe marschieren.

Gemessen an den zwanzig bis fünfundvierzig Dollar, die ein Gewehr oder Karabiner die U.S. Regierung kostete, waren die Ausgaben für die Bekleidung des Soldaten gering. Nach den offiziellen

Kepi nach französischem ›Chasseur‹-Muster, wie es besonders bei Stabsoffizieren beliebt war. Dies ist die Mütze von C.S.A. General Morgan.

In Amerika sind Bodenfunde eine Sammlerleidenschaft für sich. Hier einige Beispiele: (v.l.) Adlerknopf von Jacke oder Mantel aus Messing, darunter Hemdenknopf aus Porzellan, US-Messingschild mit Bleifüllung von der Patronentasche; sehr brüchig: Messingschnalle vom Gürtel. Daneben Spitze von einer Bajonettscheide und Holzstück mit Minié-Geschoß der Schlacht von Picket's Mill, Ga., 2. Reihe links: Rundschild vom Schulterriemen, Messing mit Bleifüllung, Gürtelhaken für Säbelgehänge, Haken von Gewehrriemen, Enfield-Hahn, Granatsplitter (Fredericksburg) und Geschoßfund im Baum.

Statistiken rangierten Schuhe oder Stiefel während des Krieges im Preis zwischen $ 1,45 bis $ 4,83, ein Hemd kostete zwischen einem halben bis drei Dollar, Hosen von $ 2,05 bis 5,89, das Kepi, ›brummer's cap‹ genannt, von 35 cents bis $ 1,04 (der heutige Sammlerwert eines Originalkepis in Bestzustand liegt zwischen 350 und 500 Dollar). Der U.S. Freiwillige erhielt eine Kostenpauschale von $ 42,– für das ganze Jahr, mit der seine Ersatzkleidung angerechnet wurde.

Während sich im Norden die Zustände ab 1862 merklich besserten, was nicht zuletzt auf die Ausbildung und Eingliederung von Offizieren und Unteroffizieren des Quartermaster Departments in Brigaden und Regimenter zurückging, veränderte sich die Bekleidungslage der Konföderation von ›mittelprächtig‹ bis ›miserabel‹.

Ende Mai 1861 veröffentlichte das Kriegsministerium der Konföderation die Vorschriften über die Uniformierung und Rangabzeichen aller Waffengattungen. Als Grundfarbe wurde das ›Kadettengrau‹ genommen und die Musterentwürfe für den Schnitt sahen eine halblange Jacke oder Rock mit Stehkragen und Saum und Rang in der Waffenfarbe vor, angelehnt an die alten U.S. Vorschriften – rot für Artillerie, gelb für Kavallerie, blau für Infanterie und grün für leichte Truppen, Jäger. Der Schnitt der Uniform und besonders die Doppelreihe von je sieben Knöpfen soll auf den deutschen Einwanderer Nicola Marschall zurückgehen, der diesen ersten Entwurf von der Uniform österreichischer Feldjäger kopierte.

Zwar dienten die Vorschriften als Maßgabe für die Rangabzeichen, die Knopfinsignien – allein die verschiedenen Knöpfe stellen ein Sammelgebiet dar – und die Farbe der Waffengattungen, aber darüber hinaus hatten sie wenig Einfluß auf die von Johnny Reb getragene Montur. 1861 gab es kaum ein Regiment mit einer einheitlichen Uniform. Fast jede Kompanie und Miliztruppe hatte ihren eigenen Stil, ihre eigenen Farben. Wie im Norden gab es zahlreiche Variationen des Zouaven-Themas und mancher Veteran der algerischen Rif-Feldzüge hätte sich im Grabe umgedreht, wenn er die phantastischen Bekleidungsstücke gesehen hätte, welche in Amerika als ›Chasseurs d'Afrique‹- oder ›Zouaven‹-Montur ausgegeben wurden. Dunkelblau war eine verhältnismäßig schwierig zu gebrauchende und teuere Stoffeinfärbung, grau dagegen billig und auch im zivilen Leben gebräuchlich. Traditionell war die graue Uniformfarbe das Kennzeichen freiwilliger Milizen, die den Träger von der regulären Armee und der normalen (Pflicht-)Staatsmiliz

abhob. Es war auch die Farbe der Kadettenanstalten, jener Eliteschulen von West Point, Annapolis und Lexington. Obwohl grau als Einheitsfarbe für Mantel, Jacke, Hose und Überrock vorgeschrieben war, tauchten zahlreiche hellblaue Hosen im Süden auf – zumeist aus Beutebeständen. Solche Hosen stellten einen guten Kontrast zu den stahlgrauen Jacken dar, die ab 1862 gewöhnlich anstelle von Mantel oder Rock getragen wurden. Die Hosen waren auch ein Beutestück, welches ohne Gefahr des Spionagevorwurfs getragen werden konnten. Soldaten, die sich auch einen blauen Mantel oder eine Jacke aneigneten, weil sie nichts bessere der Witterung entgegenzusetzen hatten, liefen Gefahr, bei Gefangennahme als Spione behandelt und erschossen zu werden. Einige solcher Fälle sind bekannt.
Verantwortlich für die Uniformierung war A. C. Mayers, Oberst und amtierender Quartiermeister-General des Kriegsministeriums in Richmond. Bereits Anfang Juni 1861 erkannte Mayers die erhebliche Diskrepanz, welche zwischen den Vorstellungen der Dienst- und Bekleidungsvorschriften, den realen Gegebenheiten bei der Truppe und dem menschenmöglich Erreichbaren unter den gegebenen Zwangsumständen lag. Mantel und Rock waren kaum in den notwendigen Mengen herzustellen, die kurze Jacke, die bis zu den Hüftknochen reichte, konnte den Anforderungen der Infanterie genauso gut genügen wie bei der Kavallerie. Weniger Stoff wurde dafür gebraucht, und die zweireihigen Knopfleisten waren ohnehin Luxus, zu dem man zurückkehren konnte, wenn sich die Konföderierten Staaten im Krieg behauptet und ihre Unabhängigkeit errungen hatten.

Die Freiwilligen der ersten Stunde, die im Sommer 1861 einrückten, waren zum Teil in den Uniformen ihrer Milizen und Freiwilligenvereine eingekleidet. Einzelne Personen, wie Hampton, N. B. Forrest oder B. F. Terry, gründeten ihre eigenen Einheiten auf Erlaubnis der Staatsgouverneure und rüsteten sie selbst aus. Aber viele Südstaatler bevorzugten ihre Privatkleidung gegenüber den öffentlich ausgegebenen Uniformen, die aus schlechterem Stoff waren und selten richtig paßten. Oberstleutnant A. J. L. Fremantle von den britischen Coldstream Guards nahm als Beobachter im Süden am Krieg teil. Sein Tagebuch, 1954 in New York zuletzt veröffentlicht, enthält eine Fülle von interessanten Details über die Rebellenarmeen, ihre Ausstattung und Gefechtsweise: *»Mir wurde gesagt, daß selbst ein Regiment, welches in der vorgeschriebenen Uniform von der Regierung eingekleidet wird, innerhalb einer Woche wieder viele Farben annehmen würde, da die Soldaten die festen, hausgewebten Jacken und Hosen vorziehen, welche von ihren Müttern und Schwestern daheim genäht wurden. Die Generäle sind so weise, die Soldaten in dieser Beziehung nach ihrem Sinn verfahren zu lassen und bestehen nur darauf, daß Waffen und Ausrüstung in gutem Zustand gehalten werden.«*

Diese Beschreibung Fremantles bezieht sich auf das Jahr 1863. Die beste Beschreibung über die Veränderung, welche auf konföderierter Seite vor sich ging, entstammt den Erinnerungen des Soldaten Carlton McCarthy von den Richmond Howitzers. Diese Artillerietruppe war eine Eliteeinheit, die aus den Söhnen der besten Familien Virginias zusammengestellt und entsprechend prächtig ausgestattet war. McCarthy beschreibt, wie die Richmond Howitzers und andere ähnliche Milizvereine 1861 mit 25 Pfund schweren Tornistern, in gut anzusehenden, engsitzenden Uniformen, modisch kleinen, steifen Kappen und hohen, glänzenden Schaftstiefeln in den Kampf zogen.
»Die Erfahrung zeigte uns, daß Stiefel nicht sehr angenehm auf einem langen Marsch waren. Sie waren schwer und ermüdend, und sobald die Hacken etwas abgetreten nach einer Seite waren, stellte der Träger fest, daß sein Knöchel bei jeder Unebenheit der Straße fast aus dem Gelenk gedreht wurde. Wenn richtig naß, war es ein arbeitsreiches Unterfangen, sie auszuziehen und, schlimmer noch, sie rechtzeitig zum Morgenappell wieder anzukriegen. Und so traten gute, starke Feldschuhe oder ›brogans‹ mit breiten Sohlen und großen, flachen Absätzen die Nachfolge der Stiefel an . . .
*Eine kurze und einreihige Jacke trat an die Stelle des langschößigen Rockes und wurde allumfassend. Der Feind bemerkte diese Besonderheit und nannte die Konföderierten Graujacken, und dieser Name wurde sofort auf jene lebhaften Tierchen übertragen, die die ständigen Bewunderer und untrennbaren Gefährten der Jungs in blau und grau waren.**

* Gemeint sind natürlich die Läuse, ›gray jackets‹ genannt. Aus »Detailed Minutiae of Soldier Life in the Army of Northern Virginia, 1861–1865«, Richmond 1882, S. 17f.

Stiefel eines Unionssoldaten und Brotbeutel (haversack) aus Leinen.

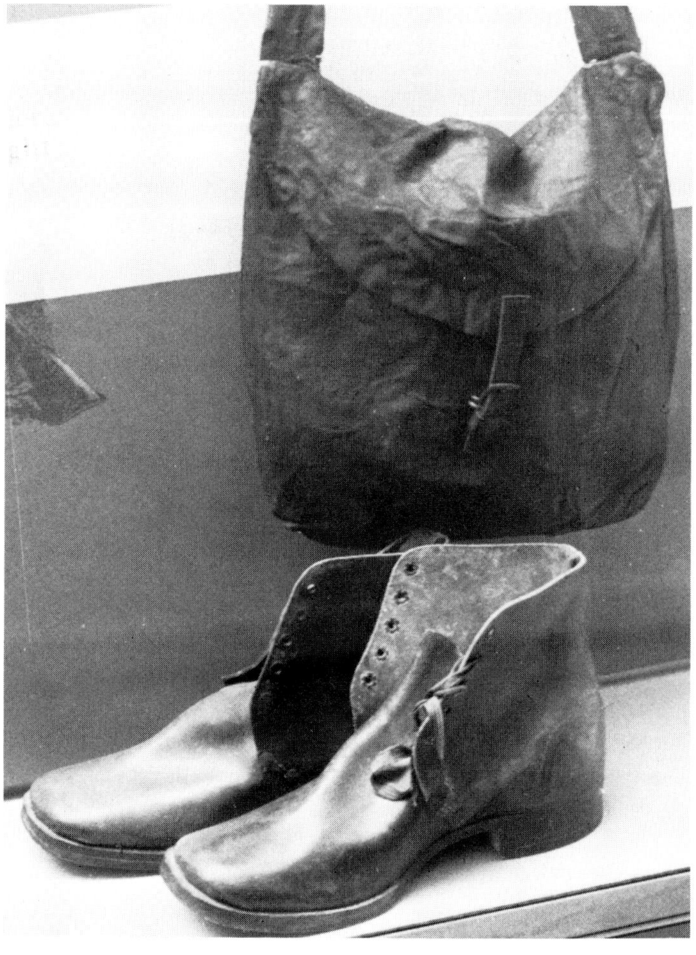

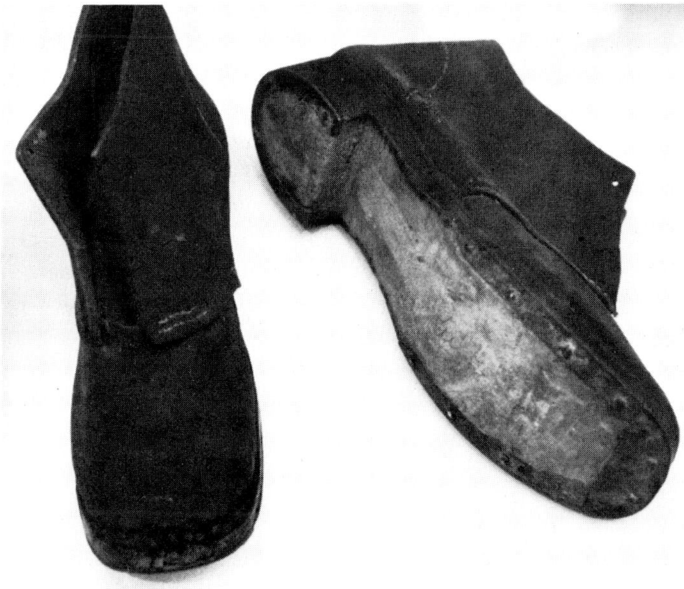

Konföderierte Stiefel aus minderwertigem Oberleder mit Holzsohlen.

Kepis hatten das Schicksal, länger zu halten als manch andere unbequeme Kleidung, aber am Ende verschwanden sie angesichts der Anforderungen an Komfort und gesundem Menschenverstand, und ein guter, weicher Filzhut wurde stattdessen getragen. Ein Mann, der nie ein Soldat gewesen ist, weiß nicht, noch kann er es wissen, welche Fülle an Wohlbefinden in einem guten, weichen Hut im Feldlager ist und wie absolut unbrauchbar eine ›Soldatenmütze‹ ist, wie sie allgemein gemacht wird. Warum die Preußen, bei all ihrer Erfahrung, ihre schweren unnachgiebigen Helme und die Franzosen ihre kleinen Kappen tragen, bleibt ein Geheimnis für einen Konföderierten, der die Wohltaten eines alten Schlapphutes genossen hat . . .«

Grundmaterial der damaligen Bekleidungsindustrie war Wolle und Baumwolle, mit all den Nachteilen, welche diese Stoffe in dicken Geweben mit sich brachten. Das Material war schwer, zog sich bei Nässe zusammen, wobei oft die Nähte platzten oder Knöpfe absprangen, und saugte den Schweiß auf. Besonders im Sommer waren die hochgeschlossenen Jacken und Überröcke alles andere als bequem und wurden daher gewöhnlich auch offengelassen. Es ist gut, daß uns zwar Waffen und Ausrüstung, auch Schuhe und Bekleidung erhalten blieb, aber nicht der Geruch, der einem Regiment jener Zeit anhaftete, wenn es einige Tage im Felde gelebt hatte!

Die Beschaffung des Nachschubs in den konföderierten Streitkräften war in Hinsicht auf Bekleidung und Schuhwerk ein Mosaik, das fast chaotisch zu nennen ist. Zwar richtete die Quartiermeisterei in den Bundesstaaten zentrale Depots ein, die Spenden und im Auftrag gefertigte Sachen einsammelten. Die von Fabriken und Werkstätten gewebten Stoffballen und gegerbten Lederhäute wurden hier eingelagert und von dort an Frauengruppen und Fabrikationsstätten geliefert, welche mit der Endproduktion beauftragt waren. Neben diesen Anstrengungen des Kriegsministeriums stand die Verantwortlichkeit der einzelnen Staaten, ihre Regimenter einzukleiden und auszurüsten. In diesem System offenbarte sich die große Schwäche der Konföderation, die gleichzeitig ihre Stärke war, der Lokalpatriotismus. North Carolina hatte z. B. vierzig Textilfabriken, halb so viel wie alle anderen Staaten der Konföderation zusammen, aber obwohl sie Rohmaterialien aus den Nachbarstaaten bezogen, hielt Gouverneur Vance daran fest, daß North Carolina nur seine eigenen Regimenter mit dem Ertrag belieferte. Die Rechte der einzelnen Bundesstaaten wurden ins Absurde verkehrt, und während Lees Armee im Winter 1864 auf 1865 in Lumpen und ohne Schuhwerk durchleiden mußte, stapelten sich zur gleichen Zeit in den Warenhäusern North Carolinas über 92 000 Uniformen, Leder, Decken und die Truppen dieses Staates waren komfortabel ausgerüstet.

Als dritte Quelle diente Europa. Vor allem Schuhe und anderes Lederwerk – Gürtel, Holster, Patronentaschen, Sättel und Zaumzeug – wurden durch die Blockade geschleust. Wiederum war Großbritannien das primäre Kaufhaus, aus dem sich die Konföderierten – aber auch der Norden! – ausstattete.

Aber Oberst Myers hatte mit zahlreichen Problemen zu kämpfen, die nicht nur mit der knappen Rohstofflage oder der Blockade zusammenhingen. Sein Quartermaster Department war nur eine Abteilung im Kriegsministerium, und höhere Prioritäten wurden für die Zeugamtsbedürfnisse des Ordnance Departments angesiedelt, in dessen Verwaltungsbereich die Ausstattung der Truppe mit Zaumzeug, Sätteln und Patronentaschen fiel, während Myers die Besorgung von Schuhwerk, Gürtel, Tornister und Zaumzeug für die rund 60 000 Maultiere der Transportkolonnen verantwortete. Ständiges Kompetenzgerangel – auch mit dem Commissary Dept., dem Versorgungsamt – waren die Folge. Finanzmittel waren gering, und Myers Vorschlag, Baumwollballen für Decken einzuhandeln, wurde vom Präsidenten abschlägig beschieden. Trotz allem machte das Quartiermeister-Amt Unmögliches möglich. Ende 1864, als die allgemeine Versorgungslage der Konföderation immer problematischer wurde, konnte Myer die folgenden Waren als an die Truppen Lees ausgegeben, auflisten: 104 199 Jacken, 140 578 Hosen, 167 862 Paar Schuhe. Für die Armee in Tennessee wurden in der zweiten Hälfte des Jahres 45 421 Jacken, 102 864 Hosen und 102 558 Paar Schuhe ausgeliefert*!

Die Heimatfront unterstützte ihre Soldaten nach bestem Vermögen – in keinem Krieg mußten Soldaten soviel eigene Ausrüstung beisteuern wie die Konföderierten im Bürgerkrieg: Mütter und Schwestern sandten Hemden, Socken, Hosen und nähten Jacken. Viele Johnnys brachten von zuhause ihre eigenen Decken mit, die oft farbenprächtig waren. Andere hatten Decken und Brotbeutel aus Teppichstoff. Fehlte es an Ponchos oder Mänteln, so wurde ein Loch für den Kopf in eine Stepp- oder Wolldecke geschnitten und

* »Official Records«, Series IV, Vol. 3, S. 1039 ff.

der Gürtel außen herumgeschnürt. Was im Norden das Ergebnis von Korruption war, war im Süden bitteres Resultat des Rohstoffmangels. Holz wurde für Sohlen genommen. Soldaten fertigten sich Stiefel aus Rohhaut, aber ein solches ›Do-it-yourself‹-Verfahren ohne richtiges Werkzeug und ohne Erfahrung blieb zweifelhaft. Ein Johnny Reb berichtet in seinem Brief nach Haus:

*»Ich machte mir selbst ein Paar(. . .) und machte einen netten Job daraus, sie sitzen hervorragend. Aber ach, nach zwei, drei Tagen Trocknen am Lagerfeuer war sie hinten zwei Zoll zu kurz.« Ein anderer benützte Rohhautleder, das sich aber ausweitete und über den Hacken hing: ». . . sie peitschen mich fast tot, sie flappen hoch und runter, sie stinken sehr schlecht und ich muß einen Busch in der Hand behalten, um die Fliegen abzuhalten.«**

Schuhe, oder eher deren Fehlen, waren eine Plage der konföderierten Armeen, die ihre Kampfkraft erheblich schwächte. Tausende Südstaatler fehlten bei der Schlacht von Antietam im September 1862, in der Lees erster Vorstoß nach Norden abgeschlagen wurde. Sie konnten nicht mit ihren Kameraden Schritt halten, weil der Armee von Nord-Virginia Zehntausende Paar Schuhe fehlten. Selbst nachdem im Oktober des Jahres über zehntausend Paar für Lees Soldaten eintrafen, fehlten allein in Longstreet Korps immer noch 6000 Paar! Im Januar 1864 fehlten immer noch überall Schuhe, obwohl der Kongreß in Richmond alle Anstrengungen unternahm, die barfüßigen Soldaten zu versorgen. Halbe Kompanien waren ohne Schuhe, teilweise für Wochen, und Männer marschierten in Regen und Schlamm oder über frostdurchsetzte Böden, barfuß oder mit Lumpen um ihre Füße gewickelt.
Unvorstellbar sind die Leiden jener Soldaten gewesen, die im Winter 1864 an dem Feldzug Hoods in Tennessee teilnahmen. In manchen Brigaden war ein Viertel ohne Schuhe und auf den Straßen von Franklin nach Nashville schleppten sich Hunderte durch Eis und Schnee und hinterließen blutige Streifen. Hutfilz wurde um die Füße gewickelt, Jackenärmel abgeschnitten und als Schuhersatz genommen; jene, die Rinderhäute vom Troß der Versorgungsabteilung ergattern konnten, schätzten sich glücklich.
Ersatzstoffe sollten an die Stelle von Leder treten, um den Bedarf an Schuhen und anderem Lederwerk zu decken. Patronentaschen wurden aus starkem Segeltuch gefertigt, dessen Oberfläche mit einem teerhaltigen Farbanstrich verstärkt und wasserundurchlässig gemacht wurde. Gewachster Filz wurde als Oberleder für Armeestiefel verarbeitet, eine Fabrik in North Carolina verwandte das Holz von Gummibäumen und Pappeln als Sohlen, in Florida wurde die Faser eines dort wachsenden Unkrauts verwandt, deren Gewebe angeblich den Vergleich mit bestem Leder standhalten konnte.
Auch die Farbe der konföderierten Truppe, ›stahlgrau‹, wich immer mehr einem Ersatzstoff, der mit ›butternuß‹ oder ›nußbraun‹ bezeichnet wurde. Woll- und Baumwollstoffe wurden im Süden nach einem alten Bauernrezept eingefärbt. Walnußschalen und Vitriol dienten als Grundelemente der Beize, die dem Stoff je nach Konzentration einen dunkel- bis hellbraunen Charakter gab. In der zweiten Kriegshälfte war ›butternuß‹ viel eher die nationale Farbe der Konföderierten als ›grey‹.
Als letzte und vielleicht wichtigste Bezugsquelle galt der Feind. Die Union versorgte wahrscheinlich die Hälfte der konföderierten Truppen ungewollt durch die Beutebestände, welche besonders in den ersten zwei Kriegsjahren noch reichlich waren. Auch auf die Gefahr hin, bei Gefangennahme als Spione behandelt zu werden – entsprechende Befehle wurden Anfang 1863 im Norden erlassen – zogen Südstaatler immer wieder Beutekleidung der Union an. Bei manchen Regimentern galt es sogar als Zeichen des grünen Rekrutentums, wenn ein Mann mit einer konföderierten Feldflasche angetroffen wurde. Veteranen hatten sich längst mit dem besseren nördlichen Produkt versehen. Besonders Schuhe und Hosen waren gesuchtes Beutegut, so sehr, daß der Satz »Ein Yankee ist nur seine Schuhe wert!« bei den Johnny Rebs zum geflügelten Wort wurde. Die Kavallerie war in einer hervorragenden Lage, sich durch Überfälle auf Züge und Wagenkolonnen neu auszustatten. Es ist daher keine Übertreibung, wenn ein Soldat aus Mississippi Weihnachten 1862 seiner Mutter von einer sechstausend Mann starken Reitertruppe schrieb, die von Kopf bis Fuß mit Yankee-Uniformen eingekleidet waren. Solche Beutepraktiken führten immer wieder dazu, daß konföderierte Truppen aufeinander schossen, weil sie sich angesichts der vielen blauen Uniformen verwechselten. Stellenweise orderten Armeekommandeure Erkennungszeichen an, wie um den Arm gewickelte Tücher. Kennzeichnend für den Materialmangel im Süden ist der Grund, warum Gettysburg zum Schlachtfeld wurde: in diesem kleinen Straßenknotenpunkt befand sich ein Schuhdepot!
Das Erscheinungsbild des konföderierten Veteranen wurde auch von dem Umstand geprägt, daß die Bürgerkriegsepoche noch keine Armeewäschereien oder Regimentsfriseure kannten. Soldaten mußte sich die Haare und Bärte selbst schneiden, Scheren aber waren gesuchte Raritäten. Seife – so beklagten sich einige Briefschreiber – schien es in der ganzen Konföderation nicht mehr zu geben. Wäschewaschen war auch meist mit dem unangenehmen Umstand verbunden, daß der auf Reinlichkeit bedachte Soldat nur selten einen Satz Uniformkleider zum Wechseln hatte und nun halb- oder ganz nackt auf das Trocknen seiner Sachen warten mußte. Einige Briefe geben daher auch beredtes Zeugnis von der Tatsache, daß erhebliche Zeitabstände zwischen dem Wechseln der Wäsche oder auch nur dem Ausziehen lagen. In einem Regiment aus Georgia gab es einige Kameraden, die sich zwei Monate nicht auszogen, und ein Texaner berichtete, nach dem Winter von 1865 hätte die Hälfte seiner Truppe seit vier oder fünf Monaten nicht mehr die Hemden gewechselt! Drei oder vier Wochen ohne Kleidungswechsel oder Umziehen war keine Seltenheit, und die folgende Beschreibung eines typischen Veteranen dürfte für die konföderierten Verteidiger der Heimat recht gut zutreffen. Sie stammt von einem einfachen Kriegsteilnehmer:

* zit. n. Bell Irwin Wiley, »The Life of Johnny Reb«, Baton Rouge, 1978, S. 121

Drei Johnny Rebs aus Georgia, Haar- und Barttracht entspricht der damaligen Mode. Alle drei tragen Hemden mit vorn aufgesetztem Latz, wie sie in Deutschland durch John-Wayne-Filme populär wurden. Die damalige Bezeichnung lautete ›front-bib-shirts‹ oder Feuerwehrhemd!

»Um die obere Gesichtshälfte ist ein Rand ungekämmtes Haar und darüber ist ein alter Wollhut, getragen und wettergegerbt, und die schlaffe Krempe davon fällt müde nach hinten über die Schultern und vorn gegen die verlängerte und zerknautschte Spitze zurückgebogen. Über ein beschmutztes Hemd, am Kragen aufgeknöpft, ist eine zerlumpte, graue Jacke, die nicht bis zu den Hüften reicht, mit Ärmeln, die einige Zoll zu kurz sind. Darunter sind Hosen von undefinierbarer Farbe, ohne Form und Verzierung, zusammengehalten von einem Ledergurt, daran ist eine Patronentasche, die hinter der rechten Hüfte zu liegen kommt, und die Bajonettscheide, die links hängt.

Knapp über jedem Knöchel ist das Hosenbein eng zusammengebunden und dahinter verschwinden Reste von schmutzigen Strümpfen in einem Paar schwer benutzter und komisch verformter Schuhe. Zwischen Jacke und Hosenbund oder dem Gürtel erscheint ein beuteliges Schaustück von Baumwollhemd, das sich bei jeder Anstrengung des Johnnys, die Hosen an ihrem Platz zu halten, weiter herausarbeitet. Über seinem Körper hängt quer von seiner linken Schulter eine fadenscheinige Decke; die Enden, zusammengebunden, liegen oder fallen an der rechten Hüfte herunter. Das ist Johnnys Bett.

In dieser Rolle ist ein Hemd, sein einziger zusätzlicher Bekleidungsartikel.«

»Seit meinem letzten Schreiben an Dich war ich auf einem langen Marsch, habe etwas vom Soldatenleben gesehen . . . Wir marschierten ungefähr 175 Meilen. Ich habe es wie ein Felsen durchgehalten. Die Jungs haben gemeint, ich könnte es nicht länger als zwei Tage aushalten, aber ich marschierte jedes Stück des Weges und trug meine ganze Ausrüstung, rund 40 Pfund. Du kannst beurteilen, wie schwer der Marsch war, wenn ich Dir sage, daß von den 60 Mann, mit denen wir anfingen, am Ende des Marsches nicht mehr als 30 dienstfähig waren. Einige hatten Stiefelbeschwerden und andere waren völlig erschöpft. Nach dem dritten Tag fielen jeden Tag welche aus, aber ich marschierte weiter. Am dritten Tag habe ich meine Füße wundgelaufen, beide Hacken voll Blasen und die Oberseite meiner Zehen durchgescheuert. Aber das war nichts für einen Soldaten. An einem Tag geriet auch ich in die Nähe des Aufgebens, wir marschierten vom Sonnenaufgang bis nach Mitternacht und den letzten Teil des Weges in einem Regensturm. Viele von uns gaben an diesen Tag auf . . .«

»Letters of a Maine Soldier« by Norman C. Delaney, Civil War History, Quarterly State University of Iowa Vol. V, 1959.

Die Ausrüstung (engl. accoutrements, equipment)

Auf beiden Seiten des Bürgerkrieges waren die Kriegsteilnehmer ähnlich schwer mit Waffen und Ausrüstung beladen. Das Gesamtgewicht von Muskete, Bajonett, Gurtzeug und Patronentasche, Feldflasche, Brotbeutel (haversack) und Tornister mit Inhalt betrug über vierzig Pfund. Dieses Gewicht mußte der Infanterist nicht nur auf dem Marsch mit sich führen, sondern auch in der Schlacht, auf Rücken, Schultern und Hüften verteilt, ertragen. Etwas besser hatten es die Männer der Kavallerie und Artillerie, die lediglich Gurtzeug, Waffen und Munition am Mann führten. Eine Infanteriekolonne dagegen glich einem Zug von Packeseln, der sich unter dem Gewicht von Nützlichem und Überflüssigen in einer Wolke von Staub – oder im Winter im knöcheltiefen Schlamm aufgewühlter Straßen – dahinschleppte.

Die Marschstrecke war daher nicht selten durch eine Spur von weggeworfenen Gegenständen gekennzeichnet, deren sich die ermüdeten Soldaten entledigt hatten. Sehr schnell begriffen neue Soldaten, daß sie einen Teil ihrer persönlichen Mitbringsel und Utensilien während ihres Soldatenlebens entbehren konnten. Veteranen dagegen waren an der unorthodoxen Art ihrer Ausrüstung zu erkennen – sie hatten die Last auf ein Minimum reduziert und sich an die Entbehrungen gewöhnt, die ein Leben im Felde mit sich brachte. Im Gegensatz zu seinem Gegner im Norden hatte der Südstaatensoldat von Anfang an weniger Decken, Ersatzkleidungsstücke, Camputensilien und Munition zu tragen. Der Regierung in Richmond fehlte das Geld und die Rohstoffe, um jeden Soldaten standesgemäß auszurüsten. Viele Regimenter erhielten nie eine vollständige Uniform, sondern zogen mit der Kleidung in den Krieg die sie von zuhause mitgebracht hatten. Ähnlich verhielt es sich mit Zeltplanen, Feldflaschen oder Tornistern. Der beste Nachschub für Johnny Reb bestand während der vier Kriegsjahre im Erbeuten feindlicher Ausrüstung. Die ersten Regimenter der Südstaaten bei Kriegsbeginn waren noch wie Fürsten ausgestattet und entsprachen der vorstehenden Beschreibung von Sam. R. Watkins, aber nach dem ersten Kriegsjahr hatten die Blockade und die Abnützung der Kampfhandlungen ihre Wirkung nicht verfehlt. Und die Realität des Krieges hatte dafür gesorgt, daß im Norden und Süden jene Picknickstimmung verklungen war, mit der die Freiwilligen der ersten Wochen bepackt wie zu einem Wochenendausflug losgezogen waren. Der Infanterist von 1864 war ein hagerer Veteran mit Flicken auf Jacke und Hose, zerrissenen Schuhen, aber einer gefüllten Patronentasche und einem sauberen Gewehr.

Ein Beispiel für diesen gesunden Schrumpfungsprozeß stellten die Baggagewagen der Infanterie dar, von denen jede Kompanie einen mit sich führte. Auf ihm wurden neben dem Zeltmaterial und Gepäck der Offiziere Reservemunition und die Feldlagerkisten der Truppe geführt. Diese Kisten enthielten die Kochausrüstung für je fünf bis zehn Mann, die eine ›Messe‹ bildeten: Pfannen, Kaffeekanne, Becher, Teller, Besteck, Gewürze, Kaffee, Mehl usw. Eine Kompanie hatte acht bis zehn Kisten dieser Art, die den Troßwagen mehr als überfüllten. Innerhalb weniger Monate waren diese Kisten aus dem Gepäck verschwunden. Je mehr die Kompanie an Erfahrung gewann, desto geringer wurde ihre Ausrüstung. In den Südstaatenregimentern, in denen der Mangel an Zugtieren und Nachschubwagen eigene Gesetze erforderte, sorgte Mitte 1863 ein Befehl General Lees dafür, daß der ›Schwanz‹ der Abteilungen sich erheblich reduzierte. Nur noch ein Baggagewagen pro 300 Mann war erlaubt.

Zu den Kampfmitteln der Infanterie gehörten auch Handgranaten: Hier die ›Ketchum‹-Einpfundversion mit Holzschwanz, der gewährleisten sollte, daß die Granate auf die Spitze fiel, deren Bolzen einem innenliegenden Zündhütchen einen Schlag erteilte. Zwei, drei und fünf Pfund schwere Versionen gehörten zu den rund 90 000 Ketchums, welche die U.S. Regierung ankaufte. Hersteller war William F. Ketchum in Buffalo, New York.

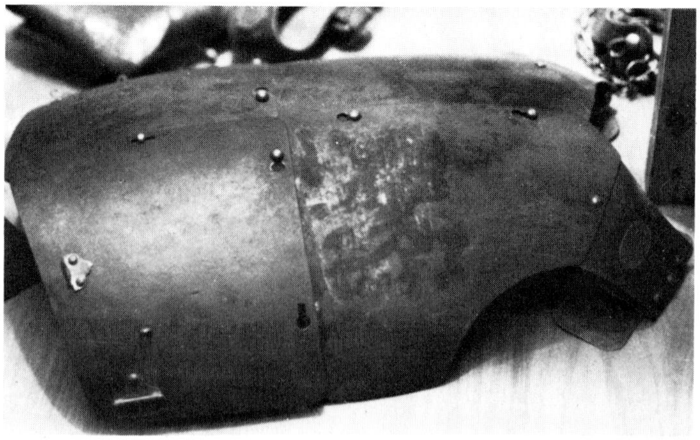

Findige Händler boten auch ›bullet-proof vests‹ an, aber diese eisernen Unterhemden, mit denen sich mancher Freiwillige ausrüstete, waren unbequem, wenig zuverlässig und riefen den Spott der Kameraden hervor.

Leichtes, gefedertes Stabsgefährt, eine ähnliche Form hatten auch die von zwei Tieren gezogenen Ambulanzen, über die jedes Regiment verfügte und die in Ruhezeiten auch als Transportmittel für Offiziere dienten.

Standardbaggagewagen der U.S. Armee in den Jahren von 1850–1880, er wurde meistens von einem Maultiergespann aus vier bis sechs Tieren gezogen.

»Die Unionssoldaten wurden geschult, so schnell wie möglich zu laden und zu schießen, drei oder viermal in der Minute, sie machen sich mit aller Gewalt an dieses Geschäft, jeder Mann im Wettstreit mit seinem Nachbarn, wieviel Patronen er mehr in seine Waffe rammen und rausspucken kann. Der Rauch steigt in ein oder zwei Minuten auf, und du kannst nicht sehen, wohin du zielst. Nach und nach überhitzen sich die Gewehre und gehen nicht mehr los, und die Patronen gehen aus. In der Zwischenzeit liegen die Rebellen ruhig ein- oder zweihundert Yards vor uns, hocken am Boden oder hinter Bäumen und beantworten unser Feuer gemächlich, wenn sie eine Chance für einen guten Schuß sehen (etwa ein Schuß für je 300 von uns); sie treffen dabei genausoviel wie wir und warten, daß dieser kleine Tornado aus Munition über ihre Köpfe hinweggeht, und wenn unser Ausbruch des Kämpfens schon so gut wie vorbei ist, haben sie erst angefangen. Wenn ich das Kommando über ein Regiment oder eine Brigade hätte, würde ich jeden Mann in den Bau werfen, dem nachgewiesen werden könnte, daß er mehr als zwanzig Schuß in einer Schlacht verschossen hat. Ich würde sie nicht mehr als eine Patronentasche voll (40 Schuß) tragen lassen.«

Hauptmann Samuel Fiske, 14th Connecticut Rgt., II. Corps, Gen. Hancock. Gefallen in der Wildnisschlacht, Mai 1864

Wenig erstaunlich, daß es nach einem zeitgenössischen Spruch das Gegengewicht eines Mannes in Blei benötigte, um ihn zu töten. Einem hohen Unionsoffiziers zufolge sogar noch mehr: 240 Pfund Blei und 900 Pfund Pulver für jeden getöteten Rebellen! Wenn diese Äußerungen auch etwas übertrieben waren und die Diskrepanz zwischen Munitionsherstellung und Verbrauch sowie den Schwund durch falsche Nachschubregelung beleuchteten, so zeigen Berechnungen einzelner Schlachten, daß das alte Soldatenwort »Nicht jede Kugel trifft!« auch im Sezessionskrieg seine Berechtigung hatte. In der zweitägigen Schlacht von Murfreesboro gab es auf der konföderierten Seite genau 11 796 Verluste. Der Munitionsverbrauch pro getroffenem Rebellensoldaten: 145 Schuß oder 27 Kanonenkugeln! Aber es gab auch andere Statistiken. Die Konföderierten waren für ihre Schießkünste gefürchtet und konnten einen erheblichen Blutzoll ihrem Feinde abverlangen, besonders wenn sie sich verschanzt hatten. De Forest berichtet von der Schlacht bei Cedar Creek, daß seine Truppen doppelt soviel Munition verschossen wie die Südstaatler, aber daß der Feind nur 1800 Tote und Verwundete im Vergleich zu über 4000 Nordstaatlern hatte. Bei diesem Gefecht, in dem der Norden den Sieg so teuer erkauft hatte, waren die Unionstruppen in zweifacher Übermacht angetreten. Ähnlich verhielt es sich auch bei einer der schlimmsten Metzeleien des Bürgerkriegs während Shermans Feldzug gegen Atlanta. Sam Watkins vom 1. Tennessee Rgt. nahm an der Schlacht von ›Dead Angle‹ nahe Marietta, Georgia, teil, wo sich die Konföderierten entlang der Kennesaw-Linie in Hügelstellungen eingegraben hatten. Am 27. Juni 1864 griffen die Bundestruppen hier wie eine ›solide Linie blauer Röcke‹ in geschlossenen Brigadekolonnen die Kammstellungen an:

»Ich habe Männer sagen gehört, daß, wenn sie je einen Yankee getötet hatten, sie sich dessen nicht bewußt waren . . . an diesem erinnerungswürdigen Tag hat jeder Mann in unserem Regiment je zwanzig bis einhundert Männer getötet. Alles, was dazu nötig blieb, war zu laden und zu schießen. Tatsache ist, daß der eigentliche Grund, warum sie unsere Stellungen nicht eroberten, in der Unmöglichkeit lag, daß ihre lebenden Männer über die Körper der Toten hinwegsteigen konnten. Der Boden war mit einer festen Masse toter und verwundeter Yankees bedeckt. Ich hörte später von den Begräbniskommandos, daß sie an einigen Stellen wie Klafter Holz gestapelt waren, zwölf Glieder tief . . .

Trotz der Tatsache, daß der überwiegende Teil der Bürgerkriegssoldaten mit Vorderladern ausgerüstet war, nahm der Munitionsverbrauch in einzelnen Schlachten millionenfache Dimensionen an. In der Schlacht von Gettysburg hatte die Potomac-Armee des Generalmajors George G. Meade eine Stärke von 72 000 Mann, die in Vorbereitung zur Schlacht eine Munitionsausteilung von durchschnittlich 60 Schuß pro Mann erhielten, sechs verschnürte Päck-

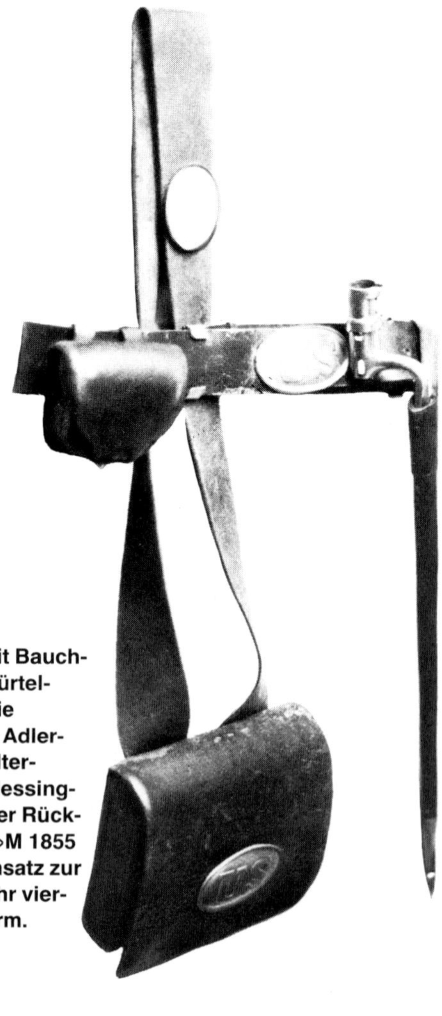

Infanterie-Ausrüstung mit Bauchriemen, ovaler Messinggürtelschnalle und Bajonett. Die U.S.-Schnalle ist wie das Adlerabzeichen auf dem Schulterriemen der Tasche aus Messingblech gestanzt und auf der Rückseite mit Blei gefüllt. Die ›M 1855 ammo-box‹ hat im Gegensatz zur früheren M 1842 eine mehr viereckige, nicht so hohe Form.

chen zu zehn Papierpatronen. Jedes Päckchen enthielt außerdem zwölf Zündhütchen. Rein rechnerisch wurden also über 4,3 Millionen Schuß seitens der Unionsarmee in die dreitägige Schlacht getragen. Zusätzlich zu dieser Menge verfügten die Regimenter über eine Reserve, die in besonderen Munitionswagen mitgeführt wurde. Pro Mann sollten die Regimenter nach gängiger Nachschubkalkulation der Zeit über 120–150 Patronen verfügen, von denen vor den Kämpfen in der Regel 40 Schuß für die Patronentasche und 20 Reservepatronen für den Tornister ausgegeben wurden. Somit verfügten Meades Truppen wahrscheinlich über mehr als 5 Millionen Schuß Reservemunition auf Baggagewagen, die als einzige Troßwagen – zusammen mit den Ambulanzen – bis in das Kampfgebiet vorfuhren. Entsprechend einem Rundschreiben Meades nach der Schlacht muß die Truppe ihre am Mann getragene Munition bereits verbraucht haben, denn die Korpskommandeure wurden angehalten, sparsam zu sein: ». . . *wir versorgen uns zur Zeit aus unseren Troßreserven, und es ist von äußerster Wichtigkeit, daß keine Munition vergeudet wird, ohne daß Grund zur Annahme besteht, daß ihr Verbrauch eine entscheidende Wirkung auf den Feind haben wird.*«*

Das heißt, daß über fünf Millionen Schuß seitens der Nordstaatensoldaten verschossen, weggeworfen oder verloren wurden, was auch durch die Angaben einzelner Truppenteile über ihren Verbrauch bestätigt wird. An einzelnen Stellen des Schlachtfeldes mußten die Kämpfer sogar auf den Inhalt der Patronentaschen ihrer eigenen Gefallenen und Verwundeten – oder sogar die des Gegners zurückgreifen, um ihr Feuer aufrechtzuerhalten. Glücklicherweise traf nicht jede dieser Kugeln, aber viele richteten Verheerungen an, die anderer Art waren. Jahrelang verkauften Anwohner von Antietam Zaunlatten, die von mehreren – oft bis zu zwanzig Schüssen – durchschlagen waren. Ganze Bäume wurden von dem Feuer geschlossener Formationen gefällt.

* Unterlagen in »Official Records of the War of the Rebellion«, Vol. XXVII, 3 hier zit. n. Dean S. Thomas »Ready, Aim, Fire! Small Arms Ammunition in the Battle of Gettysburg«, Arendstville, 1981

Patronentaschen (engl. cartridge box)

Die Munition, welche die Männer in Blau und Grau verschossen, kam fabrikmäßig in verschraubten Holzkisten zu 1000 Patronen für Musketen und 600 Schuß für Pistolen. Die leeren Holzkisten wurden – wie zu allen Zeiten – von den Soldaten für vielfältige Zwecke verwendet, sie dienten als sandgefüllte Deckungen, als Tische und Bänke. Viele der Kistenbretter markierten als behelfsmäßige Grabsteine die Ruhestätten, in denen die Opfer ihres todbringenden Inhalts verscharrt wurden.

Patronentasche Model 1842 der ›Maryland National Guard‹ für Patronen des Kaliber .69 mit zwei Blecheinsätzen. Die Hinterseite hat zwei schmale Schlaufen zum Durchführen des Schulterriemens, der an Schnallen an der Unterseite befestigt wird.

Aus diesen Kisten wurde vor der Schlacht noch Munition zusätzlich ausgeteilt. Die normale Ration eines jeden Infanteristen betrug 40 Patronen, die er in der Ledertasche an der rechten Hüfte aufbewahrte. Standen Auseinandersetzungen bevor, erhielt er meist weitere zwanzig Schuß, die er in den Taschen von Rock und Hose oder im Tornister zu tragen hatte. Die Tatsache, daß wir heute noch auf den Schlachtfeldern oder an Lagerstätten sehr viele Geschosse finden, die nachweislich nie abgefeuert worden sind, geht auf den Umstand zurück, daß sich nicht wenige Soldaten dieser zusätzlichen Last entledigt hatten. Vielen gingen auch Patronen aus den Rocktaschen verloren, andere verscharrten ganze Hände voll, die sie nicht zu benötigen glaubten. So kam es, daß immer wieder ganze Abteilungen nach wenigen Salven über Munitionsmangel klagten.
Die Patronentasche, die zur Grundausrüstung des Soldaten gehörte, wurde gewöhnlich an einem breiten Schulterriemen getragen, über den der Bauchgurt mit Bajonettscheide und Zündhütchentasche (›cap pouch‹) geschnallt war. Rund ein Dutzend verschiedener Patronentaschen war während des Krieges in Verwendung; die Gebräuchlichste hatte ein Format von 17 × 18 cm und eine große Klappe, auf der entweder das Emblem ›US‹ oder ein Staatsemblem aufgesetzt war. Das Gewicht dieses aus Messing geprägten und mit Blei ausgefüllten ovalen Zeichens sorgte im Gefecht dafür, daß die Taschenklappe auch dann die Öffnung verschlossen hielt, wenn der Schütze die Halteschlaufe geöffnet hatte. Darunter befand sich oft noch eine zusätzliche Klappe, welche die eigentliche Öffnung der Tasche bedeckte. An der Frontseite war ein Fach für das Werkzeug oder den Kugelkrätzer (Geschoßauszieher). Die Tasche selbst hatte zwei Blechschachteln, welche die Patronen aufnahmen und vor Beschädigung schützen sollten.

›Cap-Pouch‹, Gürteltasche für Zündhütchen. Innen war ein Stück Schafsfell angeklebt, dessen Haare verhindern sollten, daß die Zündhütchen beim Öffnen der Tasche herausfallen. Taschen mit aufgeprägtem Emblem ›U.S.‹ oder ›CS‹, aber auch mit Messingabzeichen von Miliz- und Staatsregimentern sind bekannt.

Zwei konföderierte Schnallen für Offiziersgürtel, Bodenfund aus Messing, oben ›CSA‹, unten Virginia-Staatsemblem. Gürtelschnallen stellen aufgrund ihrer Vielfalt ein eigenes Sammelgebiet, ähnlich wie Rangabzeichen oder Knöpfe, dar.

Pulverflaschen wurden von einigen Soldaten im Süden auch noch im Sezessionskrieg getragen. Hier die 1848 eingeführte ›Friedensflasche‹ der U.S. Armee, Hersteller Batty, Inspektormarkierung ›JPO‹.

Der Eindruck, der sich bei vielen Bürgerkriegsinteressierten durchgesetzt hat, daß die Lederausrüstung der Konföderierten aus hellem, ungefärbtem Material im Gegensatz zum schwarzen Gurtzeug

Bauchriemen eines Offiziers oder Kavalleristen mit Säbelriemen und Patronentasche in sehr guter Ausführung.

George C. Lambdin 1865, »Die Weihung 1861« – das Schwert gehörte in dieses romantische Zeitalter. Gezeigt wird das Stabsoffiziersmodell für Angehörige des Generalstabs.

der Union bestand, ist falsch. Die überwiegende Mehrheit des auf beiden Seiten benutzten Lederzeugs war schwarz eingefärbt, nur einige Miliztruppen hatten helle (oder sogar weiße) Gurte und Taschen, weil es besser zu ihren Paradeuniformen paßte. Mitunter blieb auch örtlich hergestellte Ausrüstung ungefärbt, weil es an der dafür notwendigen Lederbeize im Süden fehlte. Aber in der Regel waren Gurte, Riemen und Taschen schwarz. Dies trifft auch für die großen Mengen an Patronentaschen und andere Lederwaren zu, die von der Konföderation aus England importiert wurden. Die Abkürzung ›CS‹ oder ›CSA‹ wurde auf Zündhütchen- und Patronentaschenklappen eingeprägt, aber nicht wenige Taschen waren auf beiden Seiten in Gebrauch, die keinerlei Embleme oder Prägestempel trugen. Die Abwesenheit solcher Zeichen ist kein eindeutiges Beleg, daß es sich bei einem solchen Ausrüstungsstück um die seltenere und teuere Südstaatenversion handelt. Ungefärbte oder braune Ledertaschen ohne Zeichnung wurden u. a. von der Firma ›E. Gaylord‹ in Chicopee, Massachussetts *im Norden* vertrieben. Bei gut erhaltenen Taschen ist oft noch die Herstellermarkierung im Innern zu erkennen, seltener – und von ernsthaften Sammlern gesucht – sind Stücke mit Inspektormarken.

Blankwaffen

Neben dem Bajonett trugen in Nord und Süd viele Bürgerkriegsteilnehmer andere Blankwaffen ins Feld. Besonders im Süden war es bei Kriegsbeginn in Mode gekommen, der eigenen Mannhaftigkeit durch besonders martialisch anmutende ›Bowie-Messer‹ Ausdruck zu geben. Mit dem ursprünglichen Bowie-Messer hatten diese Gebilde, die oft genug von Dorfschmieden aus Wagenfedern oder Feilen zusammengeschustert waren, wenig gemeinsam.
Darüber hinaus sah die Bekleidungsvorschrift der U.S. Armee aus den fünfziger Jahren das Führen von Degen als Rangabzeichen für Unteroffiziere und Offiziere vor. In einigen Einheiten wurden diese Degen bis zum Schluß getragen, in anderen entledigte man sich der unbequemen und wenig gefährlichen Instrumente sehr bald. Feldwebel taten besser daran, selbst ein Gewehr mit Bajonett zu tragen, und Offiziere vertrauten eher dem Verteidigungswert eines Revolvers als der dünnen Klinge des ›Foot Officer Sword Model 1850‹. Bei der Marine wurden neben dem Revolver oder der Deringer-Pistole M 1842 Entersäbel von Matrosen an Bord, bei Prisenkommandos oder im Landeinsatz getragen. Im Handgemenge

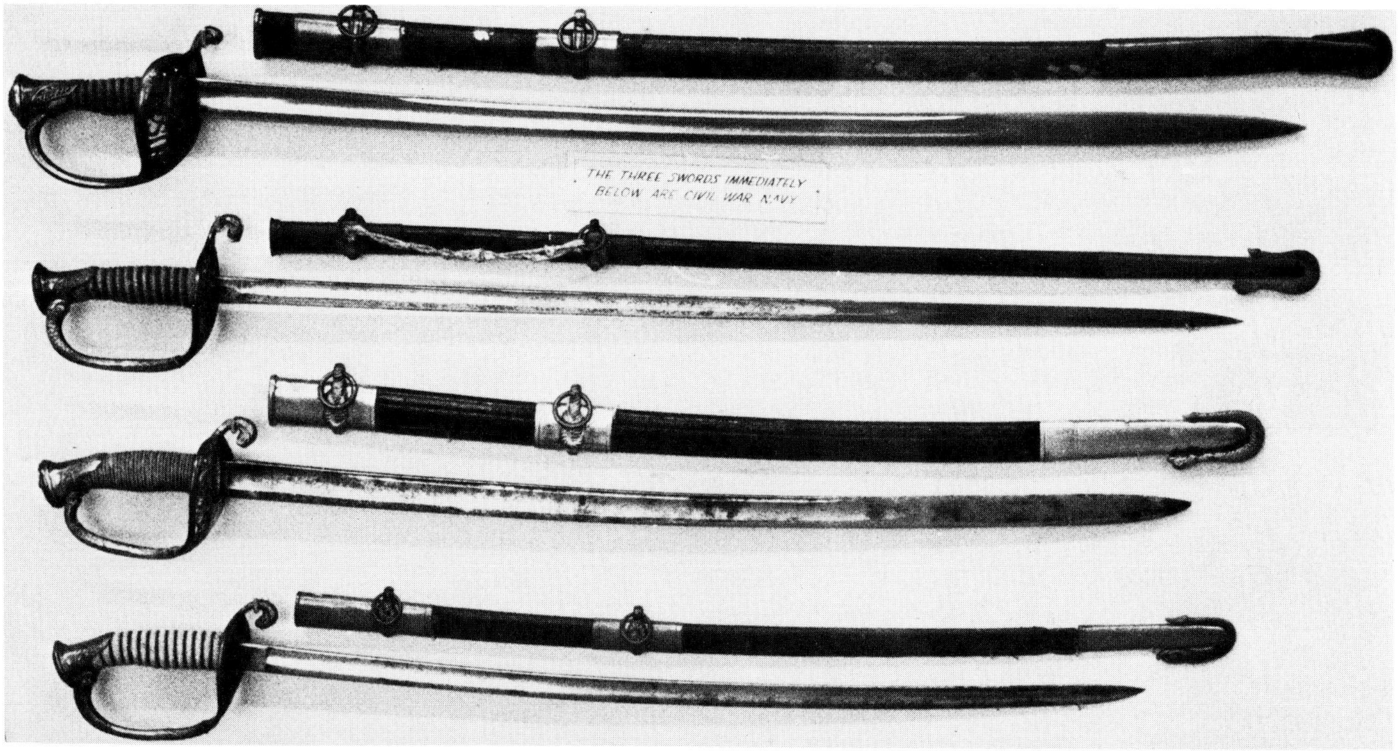

Drei Marinedegen des Modells 1852 unter einem Stabsoffiziersdegen M 1850. Die Navy-Ausführungen hatten helle Haifischhautgriffe, Messinggefäße und Lederscheiden mit Messinggarnituren. Das M 1850-Stabsoffiziersmodell unterscheidet sich vom M 1850 ›Foot Officer Sword‹ nur duch das breitere Gefäß mit ›U.S.‹-Dekor.

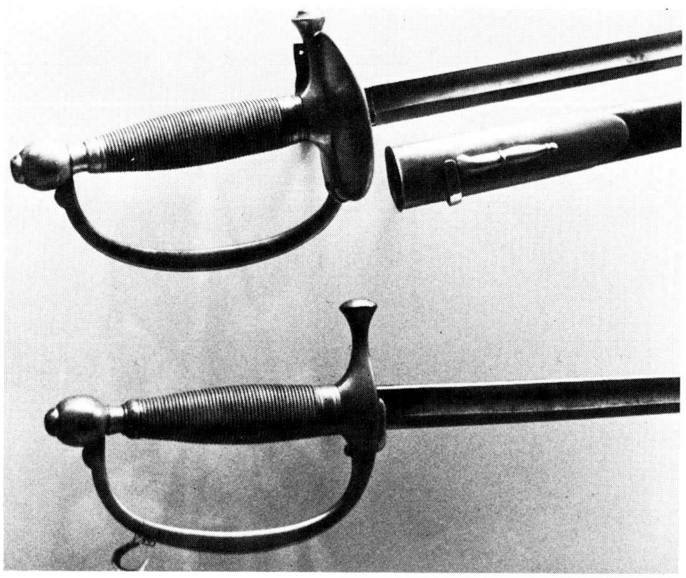

1840 erhielten Unteroffiziere den oben gezeigten Degen mit schmaler Klinge und Messinggefäß als Rangabzeichen. Er wurde auch in den Jahren 1861–65 geführt, aber oft als nutzlos ›verloren‹. Gesamtlänge 95–98 cm, Klingenbreite am Gefäß 22 mm. Das Musikerschwert unten war sieben bis zehn Zentimeter kürzer und hatte nicht das beidseitige Stichblatt. Herstellermarkierung zumeist von Ames oder C. Roby neben Jahr und Inspektormarke.

Konföderiertes Bowie-Messer mit Scheide und Bauchriemen, Länge 45 cm.

konnten diese kurzen, wuchtigen Säbel durchaus nützlich sein. Gleichzeitig hoben sich dadurch die ›Teerjacken‹ der Marine von den Landratten und anderen einfachen Soldaten ab.

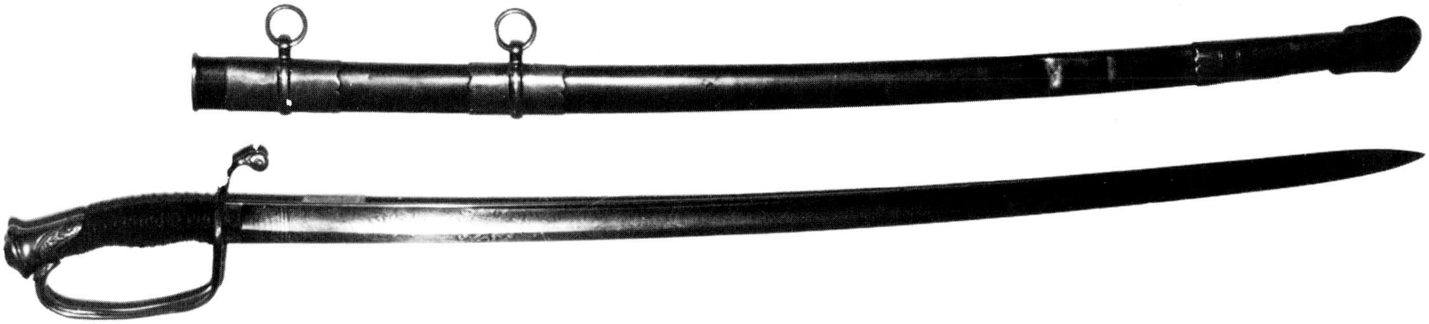

M 1850 Offiziersdegen Solinger Fertigung mit Metallscheide und leichter Klingenätzung: US, Adler, Trophäendekor. Das Vorbild für diesen Blankwaffenentwurf war der französische Infanteriedegen.

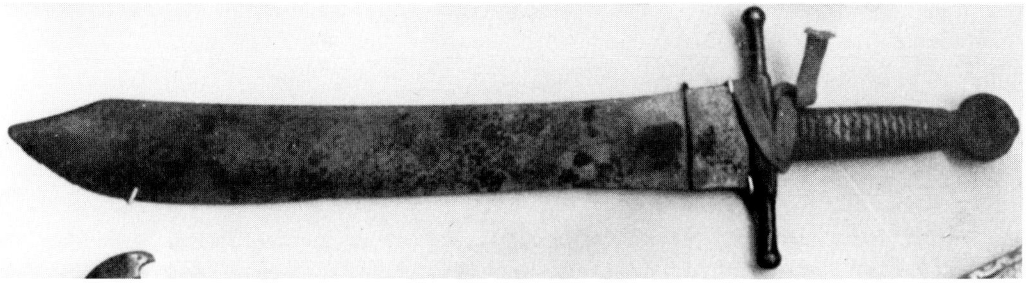

Ein anderes Beispiel für die martialischen Kurzschwerter, mit denen Johnny Rebs in den Krieg zogen: Länge 53 cm.

U.S. Navy Entersäbel (›cutlass‹) M 1860 in der Halterung an Bord des Kriegsschiffes ›U.S.S. Constitution‹. Vorbild für diese amerikanische Waffe war der französische ›Suppenlöffel‹ Mle 1833.

Nahkampf

Die zeitgenössischen Beschreibungen des Bürgerkrieges sind angefüllt mit Berichten von heroischen Bajonettangriffen; trotzdem weisen die offiziellen Statistiken wenig Verletzte durch Bajonettstiche aus. Dies hat bei einigen Fachleuten zu dem voreiligen Schluß geführt, daß alle Erwähnungen von Bajonettangriffen und Mann-zu-Mann-Kämpfen heroisierende Übertreibungen wären, und daß dem Bajonett im Bürgerkrieg keine taktische Bedeutung mehr zugekommen sei. Die Wahrheit liegt in der Mitte: Bajonettverletzte tauchen in kaum einer Statistik auf, weil die gebräuchlichen Dreikant- und Yataganklingen schwere Gewebezerstörungen hervorriefen, die meist zur sofortigen Verblutung führten. Zum andern war das Angreifen mit aufgepflanztem Bajonett zwar allgemein üblich, aber zu einem wirklichen Kreuzen der Klingen mit dem Gegner kam es nur in Ausnahmefällen. Entweder die gegenüberstehenden Truppen hielten in kurzer Entfernung voneinander und beschossen sich, oder eine der beiden Seiten kehrte sich angesichts des entschlossenen Vordringens und der blitzenden Bajonettspitzen der anderen zur Flucht. Der Fluchtinstinkt gewann nur dann nicht die Oberhand, wenn aufgrund räumlicher Gegebenheiten ein Zurückweichen außer Frage stand oder vertrautes Territorium verteidigt wurde – Beispiele hierfür bietet der Steinwall an der Cemetry

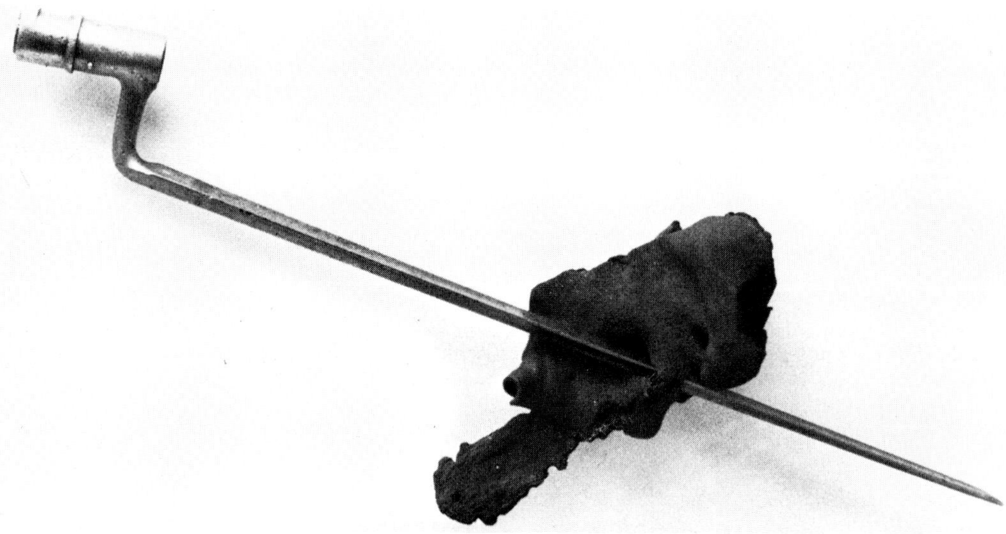

Als dieses Bajonett gefunden wurde, steckte es in einem Mittelfußknochen, der noch vom Schuhleder umgeben war.

Ridge von Gettysburg und die Gräben am ›Bloody Angle‹ in den Wilderness-Schlachten des Virginia-Feldzuges vom Mai 1864. Hier fanden die erbittertsten und grausamsten Nahkämpfe des Bürgerkriegs statt, in denen mit Bajonetten, Gewehrkolben und mit Äxten gekämpft wurde.

Aus einer anderen Schlacht, der von Cedar Creek im Shenandoah-Tal im Oktober 1864, berichtet Hauptmann S. E. Howard, USA: *»Männer kämpften im engen Handgemenge, Schädel wurden mit Gewehrkolben zerschmettert, Bajonette tropften mit Blut. Männer rangen tatsächlich miteinander und rollten am Boden in dem verzweifelten Kampf um die Fahnen. Drei Fahnenträger wurden getötet und mit einer Ausnahme wurde jedes Mitglied der Fahnenwache getötet oder verwundet . . . Die Zeit kam, wo jeder Mut und jede Verpflichtung sich als vergeblich erwies. In einem Moment, ohne Vorwarnung und wie im gleichzeitigen Einvernehmen, wurden wir zurückgeschwemmt, jeder Mann auf sich allein gestellt und der Feind auf den Fersen. Ich hatte zwei ernste Wunden erhalten, war zwar nicht völlig kampfunfähig, konnte aber kaum schnell laufen; ich blickte mit Neid auf Hauptmann Ford, der vor mir wie ein Hirsch rannte. Im nächsten Moment stolperte er und fiel über den Haufen . . . später traf ich ihn im Hospital und drückte mein Unbehagen über seine Tolpatschigkeit unter solchen Umständen aus, zu dem er entgegnete: ›Ich glaube, Sie würden auch hinfallen, wenn sie beide Beine durchschossen bekämen.‹ Soldat Robert Sturgeon aus meiner eigenen Kompanie war wenige Meter vor mir und hielt ein gutes Tempo. Im nächsten Moment tauchte ein großer, bärtiger Bursche in Grau aus dem Nebel auf . . . und befahl ihm zu halten. Sie waren keine zwanzig Fuß auseinander. Sturgeons Gewehr war leer und sein Bajonett verloren. Er warf einen überraschten Blick über die Schulter und rannte in größter Geschwindigkeit davon. Die langen Beine des Konföderierten griffen in riesigen Schritten aus – er sprang vorwärts und machte einen bösartigen Ausfall mit seinem Bajonett. Sturgeon drehte sich in diesem Augenblick, aber der Stahl verfing sich unter seinem linken Arm und ging durch das Cape seines Mantels, durch den Mantel selbst, durch Bluse und Hemd und zwischen Hemd und Haut durch. Es blieb eine deutliche Markierung entlang der Seite, die das Bajonett angekratzt hatte, aber die Haut war nicht durchstoßen. Sturgeon stoppte, warf seine Hände hoch und ließ das Gewehr fallen. Der Riese in grau langte hin, als wollte er ihn am Kragen pakken, als einer in blau kaum eine Sekunde in seiner heißen Flucht anhielt und seine Gewehrmündung kaum einen Fuß weit auf den Kopf des Konföderierten anlegte, feuerte, und seinen Kopf in Stück blies. Sturgeon hob sein Gewehr wie ein guter Soldat wieder auf und rannte wie ein Reh weiter.«*

Zit. n. H. S. Commager: »The Blue and the Gray«, Indianapolis, 1950, 1982

Die Feldflasche – U.S. Regulation Tin Canteen Model 1855

Eines der ersten Ausrüstungsstücke, die der Rekrut bei seiner Einkleidung erhielt, war die Feldflasche. Es war auch eines der wichtigsten. Die Wasserversorgung einer Armee in der Mitte des 19. Jahrhunderts war nicht zu vergleichen mit den heutigen logistischen Kunststücken, bei denen geschulte Nachschuboffiziere den Bedarf einer ganzen Division vorausberechnen und mit Tankwagen, Pipelines oder Kanistern anliefern können. Die Trinkwasserversorgung der blauen oder grauen Kolonnen beruhte auf Bächen, Flüssen, Quellen und Brunnen in der Nähe des Feldlagers oder der Vormarschstraßen. Für die Teilnehmer des Krieges war Durst daher ein ständiger Begleiter. Gemessen an den Sommertemperaturen der südlichen Gegenden der Vereinigten Staaten und den bei

Marsch und Gefechten auftretenden Strapazen der in Wolltuch gekleideten Soldaten war der Inhalt der Feldflasche lediglich der sprichwörtliche Tropfen auf den heißen Stein. Die meisten Soldaten tranken ihre Flaschen bereits in den ersten Stunden eines Marsches leer – auch, um sich des Gewichts der am Riemen baumelnden Flasche zu entledigen. Andere meinten, überhaupt auf die Flasche

Links: Zwei konföderierte Flaschen mit einfachen Korkverschlüssen vom Gettysburger Schlachtfeld.
Rechts oben: Unionsflasche vom ›Bull's eye‹-Typ, der Überzug aus Wollstoff fehlt.
Rechts unten: Feldflasche mit eingebautem Filter, Bartholomae-Patent. Solche Spezialausrüstung wurde von Firmen wie Schuyler, Hartley & Graham verkauft.

Kochgeschirr, dessen Teile ineinandergepackt waren. Diese Teile wurden nicht von der Armee ausgegeben, sondern von einzelnen Soldaten erworben. Die meisten begnügten sich mit einem Blechbecher einfachster Art.

verzichten zu können, sie trugen nur einen Metallbecher, mit dem sie Wasser aus einem Bach oder Brunnen schöpfen konnten. Eine durchgreifende Disziplin, welche die Kontrolle der Ausrüstung, namentlich der gefüllten Wasserflasche, oder eine Einteilung des Wassers auf dem Marsch zum Gegenstand hatte, gab es in den Bürger-Armeen von 1861 nicht. Und wenige Offiziere verstanden den Zusammenhang von Hygiene, Wasserversorgung und körperlicher Konstitution.

Die Standardfeldflasche der U.S. Armee bestand gemäß einer Vorschrift des U.S. Quartiermeister-Korps aus zwei gewölbten Blechhälften, die an der Naht verlötet waren. Größe und Form waren genau festgelegt: Der Durchmesser betrug acht Zoll (20,5 cm), die flache Form hatte an den Rändern eine Stärke von einem viertel Zoll und eine mittlere Breite von 2,75 Zoll. Drei Bügel hielten den Trageriemen aus Leinen. Die Öffnung bestand aus einem korkverschlossenen Hals, dessen Flaschenmund einen Durchmesser von einem Zoll hatte. Der Korken saß auswechselbar auf einem Metallstöpsel, der mit einer Kette vor Verlust gesichert war. Außen war die Flasche mit einem grauen oder blauen Wolltuch umnäht, auf dem oft die Einheit als Buchstabe für die Kompanie oder Zahl für das Regiment mit Schablone aufgetragen wurde. Sie konnte zwischen 2,75 und 3 Pint, rund 1,25 Liter, aufnehmen. Die ›Regulation Canteen‹ wurde von der überwiegenden Mehrzahl der Nordstaatler geführt. Sie war entweder aus glattem Blech oder hatte konzentrische Ringe wie auf einer Schießscheibe eingeprägt; dieser zweite Typ ist daher als ›bull's eye‹-Modell bekannt. Außerdem wurden von Nord und Süd verschiedene Flaschenmodelle privater Hersteller und Firmen getragen. Die Armeeflasche der Konföderierten ähnelte in Form und Größe dem Vorbild aus der ›alten Armee‹ der Vorkriegszeit. Sie war etwas größer und nahm mehr Flüssigkeit als das Unionsmodell auf, das anderthalb Liter aufnahm. Der Hals der CS-Flasche war aus Blech, während das US-Modell eine Zinn-Tülle hatte.

Im Süden griff man auf die runden Holzbehälter zurück, die bereits im Unabhängigkeitskrieg getragen wurden. Diese Art Feldflasche war in der Mitte des 19. Jahrhunderts in vielen ländlichen Gegenden verbreitet und wurde von Bauern bei der Farmarbeit wie bei der Jagd benutzt.

Die regulären Blechflaschen waren bei Freund und Feind beliebt und ihr Gebrauch beschränkte sich nicht nur auf die Aufbewahrung von Wasser (oder anderen – auch schärferen – Getränken). Beschädigte oder erbeutete Stücke wurden weiteren Verwendungszwekken zugeführt: Die Lötnaht der beiden Flaschenhälften ließ sich am Lagerfeuer auftrennen und eine Hälfte nahm im Brotbeutel oder im Rucksack wenig Platz weg. Der Soldat hatte damit ein handliches Vielzweckgerät, das als Waschbasin zum Waschen und Rasieren, als formgerechte Pfanne zum Kochen und Backen und zum Rösten von Kaffeebohnen herhalten konnte. Noch wichtiger aber war die Schale als Werkzeug: Zwar wurden bei einigen Regimentern Schaufeln und Hacken zum Schanzen im Troß mitgeführt, aber sie reichten nicht für alle. Mit der Flaschenhälfte konnte der Schütze im Gefecht eine Deckungsmulde in den Boden kratzen, die zum Erdloch vertieft wurde, sobald sich die Möglichkeit dazu bot. Zeitgenössische Bilder und Berichte zeigen diese Anwendung von Tellern, Bechern, Messern und Feldflaschen unter Beschuß.

Bodenfunde in Feldlagern zeugen von der Improvisationstüchtigkeit der Kriegsteilnehmer, deren Küchenutensilien, Pfannen und Töpfe – sofern bei Kriegsbeginn vorhanden – Opfer des Feldzuges geworden waren. U. a. wurden die Hälften mit dem Bajonett durchlöchert und waren so ein Sieb oder Reibebrett. Kurz gesagt – die Feldflasche wurde zu Zwecken gebraucht, von denen der Quartiermeister-General nie zu träumen gewagt hätte, als er die Anordnung über Größe und Form der ›U.S. Regulation Canteen‹ unterschrieb.

Camping im Bürgerkrieg: Mit Tornister, Zelt und Decken

Zu der umfangreichen Ausrüstung jedes Soldaten der Nordstaaten (und einiger Südstaatenregimenter) gehörten Decken (zwei bis drei pro Mann), eine gummierte Decke (engl. ›gum blanket‹ oder ›rubber bl.‹) oder ein Poncho und zusätzlich eine Zeltbahn. Dieser Stapel allein hätte ausgereicht, um den Mann vollständig zu beladen. Das Gewicht jedes einzelnen Stückes war beträchtlich, zusammengenommen wog dieses ›Camping material‹ zu viel, als daß der Soldat nicht versucht gewesen wäre, sich in der warmen Jahreszeit dieser Last durch ›Verlieren‹ zu entledigen:

Die *Decke* war aus schwerer, rauher Wolle und hatte laut Order des Quartermaster-Generals die Länge von sieben Fuß, eine Breite von fünfeinhalb Fuß (ca. 2,15 × 1,7 m) und wog fünf Pfund! Die ›U.S. regulation blanket‹ war grau und hatte in der Mitte die Buchstaben ›US‹ in schwarzen, zehn Zentimeter hohen Lettern aufgeprägt. Die rasche Rekrutierung der Bürgerkriegsheere überforderte natürlich die Hersteller und Versorgungsdepots – viele Soldaten auf beiden Seiten zogen mit zivilen Decken in den Krieg, die sie von daheim mitbrachten oder von Mitbürgern gestiftet bekamen. Diese zivilen Stücke waren zumeist besserer Qualität und bei der Truppe beliebter als die Armee-eigenen Stücke, welche eher Pferdedecken ähnelten. Verständlich auch, daß der Soldat sich angesichts dreier Decken von je fünf Pfund etwas überfordert fühlte und sie bis auf eine in der Regel ›verlor‹, verschenkte oder bei Farmern gegen Kornschnaps eintauschte. Da die meisten Soldaten im Feld fast völlig angezogen schliefen und zusätzlich zu ihren Decken auch einen dicken Armeemantel ausgehändigt bekamen, reichte eine Decke in der Regel zum Schlafen aus – und kein Soldat scherte sich im Sommer darum, womit er sich im Winter zudecken würde! Nicht selten wurden Decken auch durchgeschnitten, um einen bedürftigen Kameraden auszuhelfen. Üblich war auch das Abschneiden von Streifen oder größeren Teilen der Decke, um die Kleidung oder andere Ausrüstungsstück mit dem so gewonnenen ›Rohstoff‹ auszubessern – zudem verminderte sich dadurch das erhebliche Gewicht der einzelnen Decke.

Tornister eines Unionssoldaten, Leder mit Holz verstärkt.

Ein Stück, von dem sich kein Soldat trennen wollte, sobald er etwas Felderfahrung hatte, war die *gummierte Decke:* Diese ›gum blanket‹ war ein größeres Stück Wolldecke, dessen eine Seite mit vulkanisiertem Kautschuk bedeckt war – das Patent hierzu war Charles Goodyear zum ersten Mal 1844 erteilt worden. Gummidecken wurden während des Krieges in großer Anzahl von verschiedenen Firmen hergestellt. Sie tragen zumeist neben dem Herstellernamen auch ein aufgeklebtes Firmenschild des Zwischenhändlers. Die Größen der Decken unterschiedlicher Hersteller variieren, liegen aber etwa in dem Bereich von 175 × 115 cm mit einem Gewicht von drei bis vier Pfund. Diese ›gum blankets‹ sind nicht zu verwechseln mit dem ›poncho‹ – obwohl Tagebücher und Schilderungen der Veteranen zeigen, daß auch diese sich der Unterschiede nicht voll bewußt waren. Der Poncho, der anstelle der Gummidecke ausgegeben wurde, bestand aus gummiertem Segeltuch oder Leinwand, hatte Metallösen an den Rändern und einen länglichen Schnitt in der Mitte, durch den der Kopf gesteckt wurde. Er sollte als Regenumhang dienen und reichte angezogen an den Seiten bis zu den Oberschenkeln herunter. Seine Form war rechteckig, ca. 115 × 200 cm. Zwei Ponchos zusammengesetzt konnten als einfaches Zelt genutzt werden, einer allein als Schlafunterlage im Feld, als behelfsmäßige Trage für Verwundete usw. Poncho oder Gummidecke waren die wichtigsten, weil vielseitigsten Campingutensilien der Bürgerkriegssoldaten – und sehr gesuchte Beutestücke von konföderierter Seite!

Je länger der Krieg dauerte – und je mehr Feldzugserfahrung die Teilnehmer hatten – desto seltener wurden die kastenförmigen *Tornister,* die bei Kriegsanfang noch von beiden Seiten getragen wurden. Die Soldaten verspotteten die unförmigen und unbequemen Segeltuch-Vierecke als ›bureaus‹ – weil die Gebilde eine gewisse Ähnlichkeit mit den damals üblichen aufklappbaren Schreibtischkästen hatten. Der ›knapsack‹, ein Holzrahmen, mit gummiertem Segeltuch bezogen, an dessen Außenseite neben den Trageriemen auch noch Halterungen für Kochgeschirr, Deckenrollen usw. angebracht waren, wog vollgepackt etwa zwischen 25 bis 35 Pfund! Während des Krieges wurden im Norden viele Patente für verbesserte Tornister erteilt, wobei einige dieser Konstruktionen wohl das Gelächter der Feldsoldaten geerntet hätten – wie z. B. das unförmige Gebilde eines Leichtmetallrahmens, das ein Jacob Weber erfand, welches aufgeklappt gleichzeitig Zelt und Feldbett darstellte!

Der Soldat beider Seiten entschied sich – sobald es Ernst wurde – die hinderlichen, vollbepackten Ungetüme vom Rücken zu streifen. Untersuchungen der Unionsarmeen zu diesem Thema zeigen die erheblichen Verlustraten an Ausrüstung während und nach jeder Schlacht. Verschiedene Armeekorps meldeten mehr als ein Viertel aller Tornister, manche sogar bis zu 50%, als verloren. Auch im Norden folgte man allgemein den aus der Not geborenen Improvisationen der Südstaatler. Die Feldzugsveteranen beider Seiten reduzierten im zweiten Kriegsjahr die von ihnen getragene Ausrüstung auf ein absolutes Minimum. Feldwebel Rice trug lediglich ein Hemd, ein Satz Unterkleidung (die Overall-ähnlichen ›drawers‹) zwei Paar Socken und drei Taschentücher als Reserve mit sich. Diese Ersatzgarnitur wurde mit den anderen Habseligkeiten in eine Decke eingewickelt und außen herum kam (je nach Besitzstand) die Zeltbahn, der Poncho oder die Gummidecke. Das Ganze bildete eine längliche, an beiden Seiten zugeschnürte Wurst, die nun als ›blanket roll‹ über die linke Schulter geworfen und an der rechten Hüfte zusammengebunden wurde. Auf der rechten Schulter trug der Soldat das Gewehr – so war er gleichmäßig ausgelastet und in seiner Beweglichkeit weitaus weniger eingeschränkt, als mit den Schulter- und Brustriemen des Tornisters.

Zur Grundausrüstung von Billy Yank und Johnny Reb, sofern er zu den Glücklichen in einem begüterten Regiment zählte, gehörte die Zeltbahn, von denen im ersten Kriegsjahr von der Unionsregierung über 300 000 Stück ausgegeben wurden. Aus mehr oder weniger starkem Baumwolltuch gefertigt, oder aus geöltem Segeltuch, waren diese Bahnen etwa 1,6 × 1,4 m groß, hatten Ösen und Knöpfe an den Breitseiten und Laschen zum Festmachen an den Heringen. Mit fortschreitender Kriegsdauer wurde diese Zeltbahngröße durch das Versorgungsamt heraufgesetzt: 1864 sollte sie standardmäßig etwa 1,7 × 1,65 m umfassen. Hinzu kamen Stangen, Zeltpflöcke und Schnur, um die verknüpften Bahnen zweier oder dreier Soldaten zu einem kleinen Zelt aufzustellen. Zeitgenössische Illustrationen weisen darauf hin, daß diese Stangen offenbar zu den entbehrlichen Utensilien gehörten: Als Stangen wurden Musketen genutzt, die mit dem aufgepflanztem Bajonett in den Boden gerammt wurden. Eine Querstange oder ein Seil wurde durch die Abzugsbügel gezogen, um den Zeltfirst hochzuhalten. Die so entstandene kleine Behausung wurde von den Soldaten ironisch als ›Hundehütte‹ (engl. ›dog tent‹ oder ›pup tent‹, etwa ›Welpenzelt‹) bezeichnet. In den Unionsstreitkräften stellten diese für zwei oder drei Mann reichenden Zelte die Basis für das Leben im Felde dar – im Süden mußten die ›Johnnies‹ meist ohne diesen Luxus auskommen.

Nur in Basislagern, bei Belagerungen oder im Winterquartier gab es größere Zelte, wie die nach ihrer Form benannten ›A‹-Zelte oder das Tipi-ähnliche Sibley-Modell. Auf beiden Seiten aber begnügte sich die Mehrzahl der Soldaten nicht mit dem Aufstellen eines solchen großen Armeezeltes, sondern suchte vor den Unbilden des Wetters auf andere Art Schutz. Holzhütten ähnlich der ›log-huts‹

Sibley-Zelt mit Bodenverstärkung aus Holzstämmen, rechts davon die einfacheren A-Zelte. Vor dem Krieg von Henry H. Sibley, U.S. Major, erfunden, konnte es zwölf Mann mit Ausrüstung aufnehmen und war beheizbar: Ein entsprechender Metallofen gehörte zum Armeenachschub.

oder Blockhütten der ersten Pioniere wurden errichtet und oben mit Ponchos, Zeltbahnen oder Brettern abgedeckt. Zelte wurden durch den Einbau eines einfachen Steinkamins und durch eine kniehohe Seitenwand aus Baumstämmen, Brettern oder Felsen winterfest gemacht. Es galt vor allem, den schweren Regenstürmen etwas entgegenzusetzen, und die palisadenartigen Seitenwände hielten den Wasserfluß draußen. In einer solchen Hütte (oder befestigtem Zelt) lebten zwischen sechs und zehn Soldaten. Ein derart eingerichtetes Winterlager wirkte wie eine ungeordnete Ansammlung von Lehm- und Holzhütten, mehr ein Slum als ein ordentliches Heerlager – mit einer Vielzahl verschiedener Bauten, die Aufschluß über das handwerkliche Geschick und die Improvisationsgabe der Bewohner geben konnten.
Sergeant Rice C. Bull über die ›dog tents‹:

»Gewöhnlich benützten drei Mann ein Zelt aus drei Zeltbahnen . . . Diese Zelte dienten hauptsächlich zum Schlafen, da man kaum aufrecht an der höchsten Stelle in der Mitte sitzen konnte. Sie waren weit davon entfernt, komfortable Quartiere zu sein, aber sie waren die einzige Form von Wetterschutz, die wir im Felde für die Dauer unserer Dienstzeit haben sollten. Drei Jahre lang war dieser dünne Stoff unsere einzige Deckung vor Wind, Sturm und Kälte. Die Zelte wurden durch je eine Stange aufrechtgehalten, die wir an beiden Ecken in den Boden rammten, die Pfosten standen etwa drei Fuß über dem Boden und sechs Fuß voneinander. Oben wurden sie durch eine dünne Stange verbunden, über die zwei Zeltbahnen zusammengeknüpft und so weit wie möglich nach beiden Seiten gespannt wurden. Die dritte Zeltbahn bedeckte das eine Ende des Zeltes. Das Kopfende unseres Bettes war hinten, wo wir unsere Tornister als Kopfkissen hatten. Als Betten haben wir unsere Gummidekken ausgebreitet, worauf eine Wolldecke kam, als Bedeckung benutzten wir die anderen beiden Decken. Bei gutem Wetter ließen wir die Gewehre draußen in den Lagerstraßen aufgestellt, aber sobald es stürmisch wurde, nahmen wir sie mit ins Zelt, um sie trocken zu halten. Solange das Wetter trocken und warm blieb, waren unsere Zelte komfortable Unterkünfte, aber in nassen, kalten Tagen waren sie alles andere als ausreichend. Sie würden den Regen abhalten, solange er ruhig fiel, aber wenn der Regensturm schwere Ausmaße hatte, kam das Wasser durch – erst wie feuchter Dunst, und war der Stoff durchgeweicht, liefen dicke Tropfen herunter wie bei einem lecken Dach. Bei Regenwetter mußten wir entweder draußen stehen und es voll aushalten oder naß in unseren Zelten liegen . . .«

Pup-Tents aus Zeltbahnhälften auf dem Schlachtfeld von Antietam. Das Monument im Hintergrund markiert die Stellung der Konföderierten an der ›Bloody Lane‹, einer alten Straße, an der die Toten nach der Schlacht vier Glieder tief lagen. Das Denkmal erinnert an das hier angreifende 132. Pennsylvania-Infanterieregiment.

Die Verpflegung

Rice C. Bull, 123. N.Y. Volunteers, über die Verpflegung in einem Lager bei Washington und die Konservierung von Schweinefleisch:

»Das Schweinefleisch wurde aus dem Faß gezogen; augenscheinlich war es Monate vorher in irgendeiner Verpackungsfabrik gekocht, in das Faß eingelegt und mit dem Fett vom Kochen überdeckt worden. Das Fleisch war in langen Stücken und wurde mit einem Fleischhaken herausgezogen. Das Schmatzen, das es von sich gab, wenn es durch die Fettschicht gezogen wurde, hörte sich wie das Geräusch an, wenn man seine Füße aus dem Schlamm Virginias zog. Die Fettschmiere wurde dann mit einem Messer abgekratzt und das Schweinefleisch, das fett und dick war, wurde in Scheiben geschnitten und zwischen Brotscheiben oder Zwiebackstücke gelegt. Wenn man den Magen dazu hatte und wollte, konnte man zwei Stücke bekommen. Ich konnte nicht mal eins aushalten . . .«

Eine Armee ist so gut wie sie ißt – dieses Diktum schien Mitte des vorigen Jahrhunderts noch unbekannt zu sein. Die Männer in Grau und Blau jedenfalls waren alles andere als gut versorgt und dieser Umstand trug zur hohen Krankheitsrate der Truppe entschieden bei. Verantwortlich für die Versorgung von Mensch und Tier war auf beiden Seiten der Front eine Unterabteilung des Kriegsministeriums, das ›Commissary Department‹ (Versorgungsamt). Die offizielle, von der Armeevorschrift festgesetzte Ration an Lebensmitteln war reichlicher bemessen als in der britischen, französischen oder preußischen Armee jener Zeit, aber es war ein seltener Feiertag, an dem die Truppen das volle Maß der ihnen zustehenden Eßwaren erhielten. Im Norden waren mangelhafte Verwaltung und Korruption, vom Feind zerstörte Depots und Nachschublinien der Grund, wenn die Soldaten im Feld hungern mußten. Im Süden, der in einem Anfall von grenzenlosem Optimismus die U.S. Dienstvorschriften auch in bezug auf die Rationenmenge übernahm, wurden die Verpflegungssätze mehr und mehr gekürzt, aber selbst diese gekürzten Portionen erreichten selten die Truppen. Lebensmittel verkamen, weil es an Wagen, Maultieren, Eisenbahnen oder intakten Schienensträngen mangelte.

Die Armeediät auf beiden Seiten bestand hauptsächlich aus drei Elementen: Kaffee, Schinken oder Pökelfleisch und Zwieback. Der letztere trug den bezeichnenden Namen ›hardtack‹ (etwa ›harter Nagel‹) im Soldatenjargon, kam in Kisten mit der Aufschrift ›B.C.‹ für Brigade Commissary, was die Truppen allerdings mit ›Before Christ‹ (vor Christus) interpretierten, war hart, trocken und absolut geschmacklos, sofern man nicht gerade auf einen Wurm biß. Der Hardtack-Zwieback war Gegenstand ständiger Späße, ständigen Fluchens und Ursache für manchen Witz. Nach unbestätigten Berichten soll er sogar in der Lage gewesen sein, Kugeln aufzuhalten. Neun oder zehn Stück entsprachen einer Tagesration. Der Zwieback selbst war viereckig mit Löchern, etwa 7 × 8 cm groß und kann von jedem Bürgerkriegsenthusiasten nach folgendem Rezept nachgebacken werden:

Mehl, Wasser und Salz werden zu einem Teig vermischt, der auf einen halben Zentimeter Dicke ausgerollt, nach Formen geschnitten, mit Löchern versehen und auf einem Blech in den Ofen geschoben wird.

Zum Essen wurde der Zwieback oft in Kaffee oder Wasser getunkt, weil er trocken kaum zu ertragen war. Manche zerrieben ihn mit Wasser und brieten das Ganze in Fleischsoße oder Bratenfett. Zusammen mit Kaffee stellten Hardtacks das Hauptnahrungsmittel der Truppen auf dem Feldzug dar. Mitunter wurde auch Mehl an die Kompanien ausgeteilt, und unter dem Kommando von General Joe Hooker stellten Brigadebäckereien normales, weiches Brot her. Kaffee war das Öl, mit dem die Maschinerie des Heeres lief. Die Soldaten erhielten ihre Kaffeerationen entweder als geröstete oder grüne Bohnen (zehn oder acht Pfund pro hundert Mann täglich) und bereiteten sich selbst ein schwarzes, starkes und mit viel Zukker – so vorhanden – gesüßtes Gebräu, das nur im Entfernten an unseren heutigen Kaffee erinnert. In der Unionsarmee wurde versuchsweise sogar Instantkaffee eingeführt, eine Paste aus fertiggekochtem Kaffee, Zucker und kondensierter Milch, die in heißem Wasser aufzurühren war. Mitunter wurde Kaffeepulver auch in kleinen Säcken, zusammen mit ähnlichen Beuteln mit Zucker und Dosen kondensierter Milch, ausgeteilt.*

Die Konservierungsmethoden der damaligen Zeit waren recht primitiv und bei Fleisch bestanden sie hauptsächlich im Räuchern, Lufttrocknen oder Pökeln. Gesalzenes Rindfleisch oder Schinken waren daher die Hauptzugabe, welche die Kämpfer im Lager und auf dem Feldzug erhielten.

Natürlich war solch eine Menüzusammenstellung nicht dazu angetan, die Kräfte zu regenerieren und den Körper gegen Krankheiten widerstandsfähig zu machen. Im Gegenteil, der Mangel an Vitaminen und die Einseitigkeit der Armeekost ließ immer wieder Skorbutanfälle auftreten und unterstützte die ständigen Darmtrakterkrankungen der Truppe.

Das Versorgungsamt versuchte dem mit der Austeilung von getrockenten Äpfeln und dehydriertem Gemüse beizukommen. Das so vorm Verfaulen gehinderte Trockengemüse sollte in Wasser aufgekocht eine Suppe bilden, aber wurde von den Soldaten herzhaft abgelehnt. Bohnen waren eine andere Armeemahlzeit, bei deren Erhalt sich die Soldaten glücklich schätzten, wenn genügend Zeit und Muße vorhanden war, diese lange zu kochen.

Pakete von zuhaus oder der Marketender mußten die oft dürftige

* Nach Meinung eines Veteranen hatte die in Blechbüchsen verpackte offiziell als ›Kaffee-Essenz‹ bezeichnete Masse das Aussehen von Wagenschmiere und schmeckte so scheußlich, daß selbst die fanatischsten Kaffeeanhänger es nicht trinken konnten.

Blechbecher mit Maiskörnern – Tagesration eines Konföderierten auf dem Rückzug von Richmond.

Ration der Regierungslieferungen aufbessern. Auf dem Feldzug war das Stehlen und Plündern von Farmen alltäglich. Mehr als einmal erfuhren die Truppen, was wirklicher Hunger war. Unionsregimenter im Westen lebten wochenlang von halben Rationen, besonders nach den Streifzügen konföderierter Kavallerie gegen ihre Nachschublinien. Aber auch in Virginia, während Burnsides Feldzug bei Fredericksburg, kam der Nachschub oft nicht nach. Mitunter mußte die Armee Wachen aufstellen, daß die Soldaten sich nicht am Futtermais der Pferde und Maultiere vergriffen.
Eine solche Situation war im Süden in fast allen Feldzügen ›normal‹. Tagelang existierten konföderierte Soldaten 1862 von Maiskolben, weil die Versorgung der vorrückenden Truppe nicht genug organisiert und obendrein durch die verschlammten Wege Virginias behindert war. Oft genug war der Mais unreif und die Soldaten bedienten sich der grünen Äpfel, von denen es überall im Osten reichlich an den Bäumen gab – mit der entsprechenden Wirkung für die Verdauung. Reis wurde meist ungehülst ausgeteilt und mußte von den Johnnys zubereitet werden. Bei der Belagerung von Vicksburg, die nach 47 Tagen mit der Kapitulation der Südstaatler endete, wurde ›Brot‹ aus geriebenen Erbsen und Mehl, später nur noch aus Erbsmehl, ausgeteilt. Die Versorgungstabellen registrierten bald danach die Schlachtung von Maultieren, während Soldaten auf eigene Faust Jagd auf Hunde und Ratten machten.
Für die Südstaatler waren erbeutete Hardtacks ›gute Yankee-Kekse‹, und mancher Angriff verlor mitten in der Schlacht sein Momentum, weil die ausgehungerten Sieger sich über den Troß der Unionstruppen hermachten. Ersatzkaffee und Ersatztee machte bald in der Konföderation die Runde, die erstere wurde aus gerösteten Erdnüssen, Kartoffeln, Erbsen oder Äpfeln gebraut. Tee sollte aus Maiskleie und Kräutern gewonnen werden.
Maisbrot trat an die Stelle von Weizenbrot, aber oft genug war auch das nicht zu haben. Anfang 1865 ernährten sich die Truppen kaum noch regelmäßig aus Versorgungsbeständen, es gab keine. Obwohl Fleisch, Korn und Gemüse in den Zentren des Versorgungsamtes von Virginia und Georgia abgeliefert wurden, konnte kaum noch etwas transportiert werden. Neben den eigentlichen Transportmitteln fehlte es auch an Kisten, Säcken, Büchsen und Salz zur Konservierung. Die Offiziere des Versorgungsamtes hatten nie genügend Zahlungsmittel zur Hand, um Lieferanten zu entlöhnen oder Speditionen zu bezahlen. Das ganze Elend der Armee von Northern Virginia wird in dem schuldbewußten Geständnis eines Stabsoffiziers klar, der seinem Pferd eine Handvoll Futtermais wegnimmt, ihn zwischen zwei Felssteinen zerrieb und zu kauen versuchte: »Das Kauen des Mais war harte Arbeit«, schreibt Henry Kyd Douglas in seinen Memoiren, »es ließ den Kiefer schmerzen und machte das Zahnfleisch so wund, daß es fast unausstehliche Schmerzen verursachte.«

Die Opfer

Der Tod hatte viele Gesichter, und er kam nicht immer auf dem Schlachtfeld, sondern suchte seine Beute in den Feldlagern, Unterständen und Schützengräben, den Hospitälern und Gefangenencamps. Etwa doppelt so viel Kriegsteilnehmer starben durch Krankheiten und Seuchen wie durch direkte Feindeinwirkungen. Zählt man die Todesfälle in den Kriegsgefangenenlagern und die Verwundeten, die mangels besserer medizinischer Möglichkeiten an Wundkomplikationen starben, so verschiebt sich dieses Verhältnis noch. Einem Drittel der Schlachtfeldtoten stehen zwei Drittel von Verstorbenen gegenüber. Gemessen an der Zahl der Beteiligten erhalten die Statistiken der Toten, Verwundeten und Kranken eine neue, schrecklichere Dimension.
Nach Thomas Livermore »Number and Losses in the Civil War« dienten etwa 1 556 000 Soldaten in den Unionsarmeen im Westen

Verwundete werden vor dem Feuer in den Wäldern um Chancellorsville weggetragen. Der Wald war während der Schlacht in Brand geraten und viele Verwundete kamen in den Flammen um. Zahlreiche Soldaten begingen lieber Selbstmord als zu verbrennen, andere kamen durch die Explosion ihrer Patronentaschen um.

und Osten (insgesamt weisen die Statistiken etwa 2,9 Millionen Dienstverpflichtungen für die Dauer von drei Monaten, drei Jahren oder die Gesamtzeit des Krieges auf; in dieser Zahl sind zahlreiche Männer enthalten, die sich mehr als einmal neuverpflichteten und etwa 230 000, die nicht ihren Dienst antraten).

Nach den gleichen Gesichtspunkten schätzt Livermore die Zahl der konföderierten Soldaten auf insgesamt ca. 1 082 100. Dem stehen eine geschätzte Anzahl von 618 000 Toten beider Seiten gegenüber – etwa 360 000 Nordstaatler und 258 000 Konföderierte! Bedenkt man, daß die Statistiken des Südens weitaus ungenauer und unvollständiger als die des Nordens sind und daß besonders die Zahl der durch Krankheiten Dahingerafften von 164 000 allem Anschein nach eine sehr niedrige Schätzung ist, kommt man zu dem Schluß, daß von je vier Teilnehmern einer nicht aus dem Krieg zurückgekehrt ist. Amerika verlor in den vier Jahren des internen Zwistes mehr Menschen als in allen anderen Kriegen, die seit der Unabhängigkeit geführt wurden, den II. Weltkrieg einbezogen.

Es war nicht Kartätsch- oder Musketenfeuer, das die meisten Opfer forderte, sondern das Krankenbett. Eine Analyse der vom Army Medical Department geführten Listen spricht eine deutliche Sprache. Während des Krieges gab es im Schnitt pro 1000 Unionssoldaten 2500 Krankheitsfälle. Davon endeten über 50 Prozent tödlich. Bei farbigen Regimentern grassierten Seuchen und Krankheiten noch schrecklicher. Auf je 1000 Mann kamen 3299 Krankheitsfälle, die Sterblichkeitsrate lag bei über zwei Dritteln des Krankenbestandes!

Für den Süden existieren keine umfassenden Unterlagen, aber anhand einzelner Regimentsberichte zeichnet sich ein noch schlimmeres Bild ab. Im Schnitt war jeder konföderierte Soldat während des Krieges fünfmal krank und einmal verwundet. Für jeden auf dem Schlachtfeld Gefallenen starben drei an Krankheiten.

Mehrere Gründe standen für diese erheblichen Krankheitsraten. Die Jungen, die 1861, wie es in einem Lied jener Zeit hieß, »bereit zum Sterben« und »mit einer Stimmung, als ginge es zum Ball« einrückten, unterlagen nur einer sehr oberflächlichen Musterung. Wenn überhaupt eine medizinische Begutachtung der Freiwilligen stattfand – und im Süden wurde erst im Herbst 1862 eine entsprechende Vorschrift erlassen – versäumte sie es, die Anfälligen und Schwachen auszusondern. Im April 1861 wurde nach britischem Vorbild von Frauen- und Wohlfahrtsausschüssen die U.S. Sanitary Commission in New York gegründet, die sich um die Hygienezustände, die Pflege der Verwundeten und Kranken bemühte und sich schließlich als zivile Organisation für viele Kranke als rettender Engel erwies. Dieser Sanitätsdienst griff da ein, wo Armee und Regierung versagten. Ein Bericht dieser Kommission vom Herbst 1861 belegt, daß von 200 Regimentern lediglich 42% der Soldaten bei der Musterung medizinisch untersucht wurden. Tausende von Freiwilligen kamen in die Armee mit Leistenbrüchen, Krampfadern und anderen Gebrechen, aber auch mit ansteckenden Krankheiten wie Tuberkulose und Syphilis. Obwohl 1861 die Möglichkeit der Pockenschutzimpfung bereits bekannt war, wurde kaum eine Immunisierung dieser Art durchgeführt.

Das Zusammenkommen vieler Menschen auf begrenztem Raum führte unter den Umständen des Bürgerkriegs fast unweigerlich zu Epidemien. Die erste dieser Art waren zumeist Masern, da die Rekruten aus den ländlichen Regionen des Westens oder den Farmgegenden im Süden mit dieser Kinderkrankheit nicht in Berührung gekommen waren. Die unhaltbaren Zustände in den Zeltlagern auf beiden Seiten der Front taten das ihre, um die Seuchengefahr zu potenzieren: Zelte wurden zu nah beieinander aufgeschlagen, Lager in der Nähe von Sümpfen und Niederungen angelegt. Als Trinkwasserquelle dienten Flüsse und Bäche, oft genug aber auch Teiche, deren Wasser ohne Filterung oder Abkochen genutzt wurde. Zwar stand irgendwo in den Armeevorschriften etwas von der Notwendigkeit, Wasser abzukochen oder zu filtern, aber kaum ein Regiment hielt sich daran. Durchfallerkrankungen waren die ständigen Begleiterscheinungen der Feldzüge. Die gleichen Wasserläufe wurden als Waschgelegenheit für Pferde und Gerät, als Abort und oft genug als Abfallort genutzt. Fast alle Lager waren haarsträubend schmutzig: Abfall, Essensreste und Kot säumte die Lagerwege, die offiziellen Abfallhaufen lagen, wenn sie überhaupt eingeteilt wurden, innerhalb der Lagergrenzen. Latrinen waren zu klein, in ungenügender Zahl und blieben zu lange unbedeckt. Eine Mehrzahl der ländlichen Rekruten lehnte diese Einrichtungen überhaupt ab. Ungeziefer, Ratten und Fliegen waren die Folge und leisteten ihren Anteil an der Verbreitung der Krankheitskeime – über deren Existenz die damalige Medizin sich kaum im klaren war.

Eine Feldapotheke mit Chinin und anderen Medikamenten.

Die persönliche Sauberkeit der so Lebenden ließ natürlich zu wünschen und stellte auch einen ständigen Verstoß gegen die Heeresvorschriften dar. Aber welcher Soldat wusch sich schon täglich Hände und Gesicht? Welcher Hauptmann kontrollierte, ob seine Männer zweimal in der Woche die Stiefel auszogen und sich die Füße wuschen? Und angesichts des Mangels an Seife, an Handtüchern, den oft widrigen Wetterverhältnissen wird kaum eine Truppe ein- bis zweimal in der Woche zum Vollbad angetreten sein. Der Mangel an warmer Oberbekleidung, Decken und Regenumhängen förderte grippale Infekte und Lungenentzündungen. Die Armeekost mit ihrem Mangel an Vitaminen konnte kaum Widerstandskräfte liefern. Inkompetente Offiziere und ein bei Kriegsbeginn viel zu kleiner Stab an Ärzten und Sanitätspersonal tat ein übriges.

Im Norden verbesserte sich die Lage im Verlauf des Krieges schrittweise, nachdem im April 1862 William A. Hammond als Generalstabsarzt an die Spitze der Medizinischen Abteilung im Innenministerium kam. Sie verbesserte sich, war aber angesichts der vielen Probleme nie ›gut‹ zu nennen. Im Süden dagegen förderten Nachschubprobleme und der Mangel an Arzneien, deren Lieferung auch durch die Blockade behindert wurde, die Sterblichkeitsrate. Halbe Regimenter fielen durch Krankheiten aus. Die meisten Regimenter waren durch und durch verlaust und Malaria-Epedemien grassierten in South Carolina und Florida. Typhus und Gelbsucht traten wiederholt in der Armee von Northern Virginia auf.

Auf beiden Seiten der Mason-Dixon-Linie stellten Geschlechtskrankheiten mit der Fortdauer des Krieges ein immer größeres Problem dar. Besonders wenn die Armeen in der Nähe großer Städte lagerten, häuften sich die Meldungen der Regimenter über neue Fälle von Tripper und Syphilis. Die Unionsärzte meldeten während des Krieges 182 779 Fälle, die bei 168 Männern tödlich endeten. Vergleichbare Angaben für die konföderierten Truppen fehlen, aber einzelne Regimentsstatistiken sind überliefert. Die Zehnte Alabama kam im Sommer 1861 nach Richmond und meldete für den Monat Juli bei einer Mannschaftsstärke von 1063 Mann 62 neue Fälle von Tripper und 6 Syphilis-Ansteckungen. Andere Einheiten könnten ähnliche ›Monatsrekorde‹ aufweisen, sobald sie in die Nähe von Charleston, New Orleans oder Richmond gelangten.

»Kanonenkugeln haben keine Meinung,
ob einer freundlich, ob nett ist,
sie kümmern sich nicht um die,
die zurückbleiben . . .

Aus einem Bürgerkriegslied

Auf dem Schlachtfeld getötet oder verwundet zu werden . . . jeder Soldat in Nord und Süd machte sich über diese innerste Angst Gedanken, einige faßten ihre Furcht in Briefen an daheim zusammen, andere reflektierten sie in ihren Memoiren. Fast jedes dieser Schriftstücke spricht von den grausam entstellten menschlichen Überresten, die ein Schlachtfeld bedeckten. Der Tod in den Jahren 1861–1865 erschien nicht als kleines, sauberes Loch im Körper wie in den heutigen Filmen, oder als heroisches Ersterben im siegrei-

Notbesteck eines Regimentsarztes. Operationsbestecke wurden in stoffgefütterten Kästen aufbewahrt, die ihrerseits eine Brutstätte von Bakterien und Wundstarrkrampferregern waren. Ein Abkochen der Instrumente war noch nicht üblich.

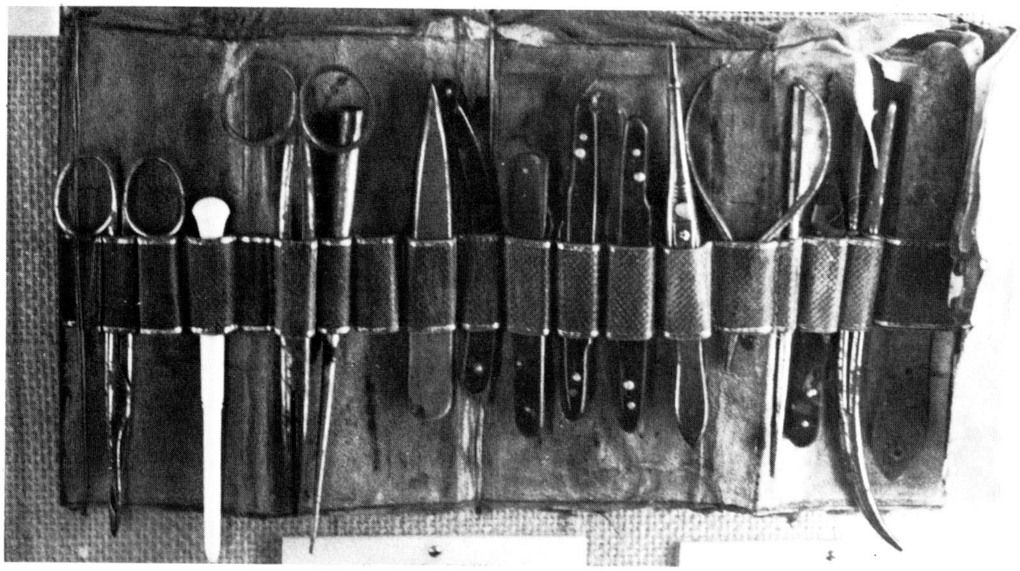

chen Angriff mit der Fahne in der Hand – wie sich das mancher Junge in seiner patriotischen Begeisterung vorgestellt hatte. Die Wunden, welche von den langsam dahinfliegenden Minié-Bleibatzen oder den zackigen Splittern der Granaten gerissen wurden, zerfetzten das Gewebe, sie ließen Knochen in kleine Teile aufsplittern, trugen Kleidungsstoffe und Dreck in den Körper hinein. Wundstarrkrampf und Wundbrand setzten ein und das hauptsächliche Behandlungsmittel der Regimentsärzte bestand im Amputieren von Gliedmaßen. Bajonettwunden waren nicht so häufig, wie die Berichte von Bajonettangriffen vermuten ließen, aber auch sie endeten zumeist tödlich, weil die Dreikantklingen und Yatagans klaffende Wunden zurückließen, die sich nicht schlossen. Männer wurden von Ladestöcken getroffen, die Soldaten in der Hitze des Gefechts beim Laden im Lauf vergessen hatten, Artilleristen erhielten gefährliche Verletzungen von Holzsplittern, welche bei Treffern auf die Geschützlafette oder Protze durch die Umgebung geschleudert wurden. General Hancock, der bei der Verteidigung von Cemetry Ridge, Gettysburg, gegen den Angriff der Brigaden Picketts und Longstreets schwer verwundet wurde, setzte noch vom Ambulanzwagen die Depesche über seine Aktionen an Meade ab, die mit den Worten endeten: *»Der Feind muß knapp an Munition sein, denn ich wurde mit einem Zehn-Pfennig-Nagel angeschossen.«*

Von dem Schlachtfeld bei Williamsburg, Va., berichtete Hauptmann Henry Blake von der 11. Massachusetts Infanterie, daß die Konföderierten in vielen Patronen statt einer Kugel zwölf Rehposten gehabt hätten:

»Viele Hände krallten mit den festen Fingern des Todes Rammstock, Gewehr oder Patrone, in jeder Bewegung des Ladens oder Feuerns erstarrt. Ich stellte fest, daß eine Anzahl Toter der Unionsarmee durch Bowiemesser verstümmelt war; aus langen, rauhen Feilen gemacht, trugen viele Rebellen diese in einer Scheide am Gürtel, und klaffende Wunden entstellten Köpfe und Gesichter. Die kurze Erfahrung eines einzigen Gefechts überzeugte Männer von der Nutzlosigkeit von Revolvern und Dolchen (dirks) für die Anwendung im Krieg und sie verschwanden aus beiden Armeen. Fast einhundert Feinde wurden in einem Teil des Waldes getötet, während sie am Boden lagen; die Kugeln waren in ihrer Stirn eingeschlagen. Einige, die noch einige Stunden lebten, nachdem sie verwundet wurden, klammerten sich an Photos und Briefe . . .«

Verwundete erwartete ein qualvolles Los. Zwar existierten Träger und Ambulancen in jedem Regiment, aber das rudimentäre Bergungssystem war bei den Tausenden von Verlusten sehr schnell überfordert. Viele Soldaten lagen tagelang auf dem Schlachtfeld oder hinter den Linien, ohne irgendwie versorgt zu werden. Sie versanken im Schlamm, waren einbrechenden Regengüssen hilfslos ausgesetzt, litten Hunger und Durst. Rice Bull von den 123. New Yorker Freiwilligen wurde in Virginia verwundet und mit Hunderten anderer zu einer kleinen Hütte am Rande eines Maisfeldes geschleppt. Erst nach drei Tagen trafen zwei Unionschirurgen ein, die sofort an die Behandlung der aussichtsreichsten Fälle gingen. Aber über eine Woche lang mußten die Verwundeten ohne Decken, Zeltbahnen, Lebensmittel, Verbände oder Medizin bei Regen und Sonnenschein im Freien liegen, bis sie ausgetauscht wurden. Die Feldlazarette waren ein Vorzimmer der Hölle. Meterhoch – so beschrieben viele Augenzeugen – stapelten sich die abgeschnittenen Gliedmaßen, während total überforderte und oft schlecht ausgebildete Ärzte in einem Zelt, manchmal im Freien, oder in einer Scheune sägten und schnitten. Antispetische Reinigung der Hände oder Instrumente war so gut wie unbekannt, die Chirurgen hatten das Blut der Verwundeten bis zu ihren Ellenbogen und trockneten sich lediglich von Zeit zu Zeit ihre Hände an einer Schürze oder einem Handtuch ab, damit sie nicht zu glitschig wurden. Äther und Chloroform als Betäubungsmittel existierten bereits, aber viele Ärzte schreckten vor einer Benutzung zurück, weil sie die richtige Dosierung nicht kannten. Als einziges schmerzstillendes Mittel gab es Opium, aber daran mangelte es zumeist. Den Patienten wurde

Whiskey oder Branntwein gereicht, und Samuel Preston Moore, der C.S.A. Generalstabsarzt, erwarb sogar zwei Destillerien, um den Nachschub für seine Medizinische Abteilung zu gewährleisten. Whiskey diente auch der Stärkung von Sanitätern und Ärzten, die sich bei ihrer Arbeit die Sinne betäuben mußten, um nicht vor all dem Elend zusammenzubrechen. Die von vielen Patienten beschreibene Kaltherzigkeit gegenüber den Leidenden kann nur als Schutzfunktion jener wenigen tausend Mediziner auf beiden Seiten gewertet werden, denen eine unmenschliche, nicht zu bewältigende Aufgabe aufgebürdet wurde.

So versuchte man, die hoffnungsvollen Fälle zu retten, d. h. behandelt wurden nur an den Extremitäten Getroffene. Bauch- und Brustschüsse waren aussichtslos, Kopfschüsse legten die Träger zum Sterben zur Seite. Wenn jemand mit einer solchen Verwundung überlebte, war es nur seiner Konstitution und himmlischer Hilfe zu verdanken – nicht den Ärzten, deren damalige Heilkunst in bezug auf chirurgische Eingriffe in Thorax, Unterleib oder Schädel in den Kinderschuhen steckte.

Auch wem ein Bein oder Arm abgesägt wurde, konnte von Glück sagen, wenn er überlebte. Verwundete wurden oft in Ställe und Scheunen untergebracht, deren Boden eine Brutstätte von Bakterien war und – wie wir heute wissen – den Erreger des Wundstarrkrampfs enthält. Gasbrand erforderte mitunter wiederholte Amputationen, und nicht selten entdeckte der Verwundete unter seinem Verband Maden »wie einen Schwarm Bienen« wimmeln.* Einige überlebten den Schock der Amputation oder den Blutverlust nicht und viele Bürgerkriegsveteranen hatten mehr Angst vor den Feldärzten als vor dem Feind. Allgemein herrschte die Ansicht, daß die Chirurgen mehr Soldaten als die Musketen des Feindes töteten.

Nahe der Stelle eines Feldhospitals wurde dieses Geschoß links gefunden, ein .69 Minié-Projektil mit Zahneindrücken: Bei Operationen schob man den Verwundeten Kugeln oder Holzstücke zwischen die Zähne, wenn man keine Betäubungsmittel hatte.

Der Krieg brachte für die Medizin erhebliche Erkenntnisse und im Norden wurde schrittweise die Versorgung und Methodik verbessert, mit der die Verletzten von der Front in die großen Hospitäler im Hinterland gebracht wurden. Jede Einheit erhielt ab 1862 vierrädrige Ambulanzwagen; McClellans Halbinsel-Feldzug sah den ersten Einsatz von Hospitalschiffen im großen Stil, und Eisenbahnwaggons wurden für den Transport von Tragbahren eingerichtet. Unter McClellans Einfluß wurde ein Ambulance Corps eingerichtet, das nun nicht mehr dem Quartiermeisteramt unterstellt war. Ein Medizinischer Troß der Division mit 18 Pferdewagen, 22 Zelten und Materialien für die Versorgung von 7000 bis 8000 Verwundeten trat an die Stelle der Regimentslazarette, aber auch diese Schritte wurden oft von der Realität des Massensterbens überwältigt. Bei Antietam betrug die Verlustziffer eines Tages 26 134 Soldaten beider Seiten, an den drei Tagen von Gettysburg wurden 51 112 getötet, verwundet oder vermißt. Regimenter mit einer Verlustrate von 65 bis 82 Prozent innerhalb einer Schlacht waren keine Seltenheit.

Tausende wurden in jeder Schlacht vermißt. Viele Gräber galten Unbekannten, weil eine genaue Identifizierung der Toten nicht möglich war. ›Hundemarken‹ wurden von der Armee nicht ausgegeben und konnten nur privat besorgt werden. Eine offizielle Gräberregistrierung erfolgte erst später. Tote wurden an Ort und Stelle verscharrt, auf vielen Schlachtfeldern erst nach Monaten und Jahren. Als der amerikanische Bundespark-Dienst, dem die Pflege der Schlachtfelder übertragen wurde, in den 30iger Jahren mit der Restaurierung dieser historischen Stätten begann, wurden Tausende von Gebeinen gefunden. Heute noch stoßen Sammler mit Metallsuchgeräten bei der Jagd nach Kugeln, Geschossen und anderen ›relics‹ auf Gräber, die verschollen waren.

Das U.S. Heereszeugamt verbrauchte in den Jahren 1861–1865 90 Millionen Pfund Blei, 13 Millionen Pfund Artilleriegeschosse und über 26 Millionen Pfund Pulver . . .

---

* Bei der Wundreinigung konnten Maden sogar hilfreich sein: Einige Jahrzehnte zuvor war der heilende Gebrauch von Maden zur Entfernung toten Fleisches benutzt worden. 1861 stand die überwiegende Ärzteschaft dagegen.

Appomatox und danach . . .

Richmond und Petersburg waren gefallen, die Regierung der Konföderation befand sich auf der Flucht. Nach dem mißlungenen Gegenangriff der Südstaatler gegen Fort Steadman am 25. März 1865, der den Belagerungsring um Petersburg aufbrechen sollte, zog sich Lee aus der Stadt zurück, um sich mit Johnstons Truppen zu vereinigen, die sich vor Sherman in North Carolina zurückzogen. Grant ließ sofort nachsetzen. Bei Five Forks griff Sheridans Kavallerie an; fünf Tage später, am 6. April, wurde Lees Nachhut bei Sayler's Creek gestellt. Die Reste ergaben sich nach verzweifeltem Widerstand. Am 8. April gelang Grant eine weiträumige Umfassung der Armee von Northern Virginia. General Custer überraschte zwei C.S.A. Divisionen bei Appomatox Station und verhinderte, daß General Lee sich dort mit dringend benötigtem Nachschub versorgen konnte. Am nächsten Morgen waren der Rest der einstmals so wichtigen Südstaatenarmee bei Appomatox Courthouse, einem kleinen Dorf, eingekreist. Mit knapp 50 000 Mann hatte sich Lee aus Petersburg abgesetzt und in den Nachhutgefechten waren über 13 000 Soldaten in Gefangenschaft geraten und mehrere Tausend gefallen. Um fünf Uhr früh versuchten 1600 Infanteristen unter General Gordon und die Kavallerie von Fitz Lee noch einen Ausbruch, mußten sich aber nach anfänglichen Erfolgen angesichts bedrohter Flanken zurückziehen. Gegen acht Uhr wurde Longstreets Nachhut attackiert; Lee – ohne Reserven und eingekreist – nahm die Kapitulationsaufforderung an. Mit Ausnahme der 2400 Kavalleristen, die bei Appomatox entkamen, ergaben sich 26 765 Mann. Fünf Tage später forderte Johnston einen Waffenstillstand, um sich Instruktionen von der konföderierten Regierung einzuholen. Präsident Jefferson Davis war am 2. April aus Richmond geflohen. Am 11. erreichte der Eisenbahnzug North Carolina und passierte Greensboro, wobei er nur knapp der verfolgenden Kavallerie unter General Stoneman entging. Jefferson Davis hoffte den Mississippi zu überqueren, um im dortigen Armee-Department mit den Kräften unter General Kirby Smith und Richard Taylor den Widerstand fortzusetzen. Am 26. des Monats ergab sich Johnston, am 4. Mai Taylor mit den letzten Truppen östlich des Mississippi. Alle Hoffnungen endeten am 10. Mai, als Jefferson Davis von einem Kavalleriekommando General Wilsons gefangengenommen wurde. Kirby Smith kapitulierte am 26. Mai 1865, die Tage der Konföderation waren zu Ende. In den Bergen Virginias hielten die letzten Partisan Ranger noch Wochen nach Appomatox aus, und weigerten sich, die Aufgabe Lees anzuerkennen; ohne offizielles Waffenniederlegen lösten sich die Guerrillas auf und kehrten still in ihre Heimatorte zurück.

Der Krieg war beendet, die Nation – jedenfalls offiziell – wiedervereinigt. Der Süden würde nie wieder wie vorher sein, verarmt, ausgehungert, gebrandschatzt und geplündert. Hunderttausende waren tot. Jede Hoffnung auf eine Aussöhnung ging mit dem Schuß des Schauspielers William Booth am Abend des 14. April verloren. Lincolns Ermordung zerstörte auch den Plan dieses großen Mannes, mit einer Politik der gemäßigten Schritte eine Wiedereingliederung der Sezessionsstaaten zu erleichtern.

Die schließlich von Lincolns Nachfolger bis 1877 durchgeführte Rekonstruktionspolitik unterwarf die besiegten Südstaaten einer militärischen Besatzungspolitik, deren Begleiterscheinungen an Ungerechtigkeiten und Korruption die Kluft zwischen Nord und Süd offenhielt und die Atmosphäre auf Jahrzehnte vergiftete. Tiefer politischer Haß, Ressentiments und Enttäuschung waren die Folge jener Nordstaatler, die nach der Kapitulation im Süden Verwaltungsposten und Kontrollfunktionen auf Kommunal- und Staatsebene übernahmen, nur um sich persönlich zu bereichern. Zusammen mit opportunistischen Politikern des Südens stießen diese ›carpetbaggers‹ (so vom Volksmund nach ihren bei Abreise wohlgefüllten Koffern aus Teppichstoff genannt) die Bevölkerung noch tiefer in Chaos und Schulden. Die Rekonstruktionspolitik der harten Kontrollen kam einer legitimierten Ausplünderung des Südens gleich, Ergebnis der Politik jener ›Radikalen Republikaner‹, die bereits in Opposition zu Lincolns gemäßigten Ansätzen gestanden hatten. Nach der Ermordung des Präsidenten gewannen sie freie Hand, ihre Politik stellte ein Verbrechen an der Zukunft der Nation dar und sollte bis in die Gegenwart Nachwirkungen zeigen. Die Vorherrschaft der Demokratischen Partei im Süden ist bis heute als Reaktion auf die unnachgiebige Politik der Republikaner nach 1865 zu betrachten. Deshalb ist Winston S. Churchills Feststellung am Ende seines Buches über den amerikanischen Bürgerkrieg zutreffend: »Die Kugel des Attentäters brachte mehr Unheil über die Vereinigten Staaten als alle konföderierten Kanonaden zusammen.«

So, als hätten die Menschen im Süden die Unwiederbringlichkeit der alten Gesellschaft mit ihren Bällen, ihren Glanz und ihrer Aristokratie vorausgeahnt, waren die letzten Monate vor Appomatox noch einmal mit Festen und Hochzeiten angefüllt. Der Süden zeigte sich seinen Verteidigern im Winter 1865 noch einmal in seiner alten Pracht. Henry Kyd Douglas, Stabsoffizier unter Jackson und später der Kommandeur jener auf 600 Mann geschrumpften ›Leichten Brigade‹, die bei Appomatox den letzten Schuß abfeuerte, über jene letzten Wochen, da sich in den Schützengräben um Richmond und Petersburg bereits das Ende abzeichnete:

»Winter kam über uns, und für eine Zeit schwieg der Puls der Kriegstrommeln . . . Soziale Vergnügungen gab es im Überfluß, und während die Dauer des Lebens so unsicher blieb, waren Unterhaltungen, Tanzveranstaltungen und Hochzeiten zahlreich. Das Geräusch der Salonmusik und der ›Tänzer, die im Rhythmus tanzen‹ konnte in Reichweite der Kanonenkugeln gehört werden. Es war nicht ungewöhnlich, in einen Salon zu einem Besuch oder Walzer mit Sporen und Säbel zu gehen, während Ordonnanzen draußen die Pferde hielten, um beim ersten Alarm aufzusitzen. Es war kein Gegenstand für Kommentare, die eine Hälfte der Nacht im

Truppen von Ewells Korps ergeben sich bei Sayler's Creek.

Sattel zu verbringen, um die andere Hälfte in einer gesellschaftlichen Träumerei zu verbringen . . .«

Es war der letzte Höhepunkt vor dem großen Finale; die Konföderation begann an ihren Rissen auseinanderzubrechen. Der Postverkehr war längst eingestellt, die Zugverbindungen wurden ständig durch die Streifkommandos der Unionskavallerie unterbrochen. In South Carolina brachen Streifen aus Milizsoldaten und Ortspolizisten die letzten Schnapsbrennereien auseinander, um das Kupfer der Rohre und Kessel für Zündhütchen einzuschmelzen. In Atlanta und Chattanooga strichen zerlumpte Zivilisten mit ausgehungerten Gesichtern über die Schlachtfelder und sammelten Geschosse, die sie bei den Bleischmelzen des Zeugamtes gegen Lebensmittel eintauschten. In Richmond tagte der Kongreß der Konförderierten Staaten von Amerika in fast pausenlosen, erhitzten Debatten, in denen Beschlüsse gefällt wurden, die kaum noch ein Schreiber protokollierte, weil es an Papier fehlte. Resolutionen wurden erlassen zum Bau von 20 Panzerschiffen – aber es gab auf dem Restgebiet der Südstaaten keine Werft mehr. 200 000 Negersoldaten sollten aus den Sklaven der Plantagen ausgehoben, ausgerüstet und an die Front geworfen werden – aber selbst den dezimierten Truppen Lees fehlte es an Musketen, Munition und Kleidung. Die Delegierten flüchteten sich in eine gegenstandslose Traumwelt, in der über Texas und Louisiana abgestimmt wurde, obwohl seit dem Fall von Vicksburg der ganze Mississippi von den Kanonenbooten der U.S. Navy River Flotilla beherrscht war und keine Verbindung mit dem Militärdepartment Trans-Mississippi bestand.

Schlimmer noch, vor den Toren der Hauptstadt standen Grants Soldaten, und die Armee von Northern Virginia hungerte, obwohl in Georgia und Richmond Millionen von Fleisch- und Brotrationen verfaulten, weil es kaum noch Eisenbahnen, kaum noch Maultiergespanne für die Transportwagen gab.

Die Armeen des Nordens hatten den Geschmack des Sieges gekostet, die von Gewaltmärschen abgehärteten Veteranen Shermans oder die Reiter Kilpatricks waren unbesiegbar. Nichts konnte sie aufhalten: Schlammige, grundlose Vormarschstraßen wurden von den Pionieren mit Knüppeldämmen befestigt – ganze Wälder fielen den Äxten über Nacht zum Opfer, Stamm wurde an Stamm gelegt und mit Sand überschüttet. Auf diesen ›corduroy‹-(Kord-)Straßen zogen die Ambulanzen und Maultiergespanne mit Planwagen voll Munition und Zwieback hinter den vormarschierenden Truppen her. Fackeln zeigten nachts den Weg, kein Fluß, kein Sumpf hielt den Heerwurm in Blau auf. Die Vorausabteilungen hängten sich ihre Gürtel und Patronentaschen um den Hals, hielten ihre Gewehre hoch und durchwateten die Bäche und Marschen der Carolinas. Die fünfzehn Kanäle des Salkehatchie waren wie fünfzehn Hürden auf Shermans Marschroute durch South Carolina, die Pioniere hatten innerhalb von einem Tag fünfzehn Brücken gebaut, schneller als der Feind die alten zerstören konnte. Der Edisto-Fluß ist über 700 m breit, die Pontonbrücken standen innerhalb von vier Stunden. Columbia brannte auf die Grundmauern nieder, alle Eisenbahnstränge nach Charleston waren unbrauchbar. Die Kavallerie hatte die Schwellen übereinandergetürmt und die Schienen auf den riesigen Feuerhaufen gelegt. Die rotglühenden Streben wurden dann um Baumstämme gewickelt – Shermans Krawatten. Und am

Horizont kündete roter Feuerschein von den brennenden Baumwollballen und Mühlen, das Ende von ›King Cotton‹, auf dessen Wirtschaftsmonopol die Konföderation ihre Hoffnungen gesetzt hatte. Shermans Armee wurde von einem stetig anwachsenden Troß begleitet; Schwarze, die bei Herannahen der blauen Kolonnen ihre Plantagenhäuser mit Kindern und Großeltern verlassen hatten, und die nun mit Gospelgesängen den Weg in die verheißene Freiheit antraten, in das Paradies, den Garten Eden, als dessen Vorboten ihnen die Yankee-Soldaten in ihren vom Regen ausgewaschenen Uniformen und zerknautschten Kepis wie die Heerscharen des Himmels vorkamen . . .

Appomatox Court House, die Kapitulationen, der Zusammenbruch der alten Ordnung bedeutete für viele nicht das erhoffte Ende des Krieges und der Not. Die da auf dem Weg ihre Musketen zusammenstellten und ihre Fahnen einrollten, um zum letzten Mal in geschlossener Kolonne zu marschieren, gingen nicht in die Gefangenschaft, ihnen blieb das grausame Schicksal der Lager erspart. Über Nacht hatte man zehntausende von Handzetteln drucken lassen, kaum 8× 22 cm groß, ›paroled prisoner's pass‹, ein Entlassungsschein für Gefangene der Armee von Norther Virginia, die »Erlaubnis nach Hause zu gehen und dort ungestört zu bleiben«, datiert vom 10. April 1865. Selbst ihre Pferde konnten sie mitnehmen, für die Frühjahrsaussaat – dies hatte General Lee dem Nordstaatengeneral als Kompromiß abringen können. Am Ende wurde selbst Ulysses S. Grant seinem Beinamen ›Unconditionell Surrender Grant‹ nicht ganz gerecht. Dem besiegten Feind wurden letzte Ehren zuteil. Offiziere behielten ihre Seitenwaffen, die Mannschaften gaben nicht ihre Musketen ab, sondern stellten sie selbst zu Pyramiden zusammen, bevor sie in eine ungewisse Zukunft entlassen wurden.

Nicht alle kehrten ruhig in ein Zivilleben zurück, viele fanden ihr Heim als Ruine, ihre Felder verwüstet, ihre Stadt in Schutt und Asche vor und besaßen nicht mehr den Mut, neu anzufangen. Entlassene Truppen revoltierten in Missouri, plünderten Regierungsdepots und richteten Verwüstungen an, die denen des Krieges kaum nachstanden. Nach vier Jahren Krieg waren Tausende entwurzelt und unfähig, sich in ein ruhiges Leben wiedereinzufinden. Manche gingen den Pfad der Gesetzlosen: Jesse und Frank James sowie die meisten anderen Mitglieder der Younger-James-Bande hatten als konföderierte Guerillas unter Quantrill gedient, einige waren an dem berüchtigten Überfall auf die Stadt Lawrence im Grenzstaat Kansas beteiligt gewesen. Andere gingen nach Westen, um ihr Glück als Händler, Goldsucher oder Cowboys zu machen. Viele trafen ihre ehemaligen Gegner aus dem Norden in den Reihen jener Schienenleger-Kolonnen wieder, die den Westen erschlossen. Die Arbeiter der Union Pacific, der Northern Pacific und der Central Pacific Railroad-Gesellschaften waren nicht nur Arbeiter, sie führten ihre Gewehre und Revolver ständig mit sich, um vor Indianerüberfällen sicher zu sein. Während ein Teil an dem stetig nach Westen wachsenden Schienenstrang arbeitete, stießen andere schon weiter vor, vermaßen die Strecke, suchten Pässe und Wasserquellen. William Bill Cody, der spätere ›Buffalo Bill‹, hatte sich – laut eigener Aussage – nach einem Trinkgelage am anderen Tag als Rekrut in einem Kansas Kavallerieregiment wiedergefunden. Nun ritt er für die Eisenbahn und versorgte die Bautruppen mit Büffelfleisch.

Und was wurde aus den Waffen?

Der Waffenboom war vorüber. Dutzende von Firmen, die sich auf die lukrativen Regierungsaufträge verlegt hatten, mußten nun ihre Hoffnungen auf schnellen Reichtum aufgeben. 1864 war noch ein ertragreiches Jahr gewesen. Allein für die Kavallerie hatte die Regierung 154 400 Pferde und 150 000 Sätze Zaumzeug und Sättel beschafft, ferner wurden 93 000 Karabiner ersetzt, 71 000 Revolver gekauft und 90 000 Säbel geliefert – das alles bei einer Mannschaftsstärke von weniger als 150 000 Mann, die allerdings der Regierung an Sold, Verpflegung, Futter, Kleidung und Ausrüstung die stattliche Summe von über 125 Millionen Dollar in diesem Rechnungsjahr kostete. Von diesem Dollarregen war 1865 kaum etwas übrig. Das Zeugamt beglich zwar noch die ausstehenden Rechnungen und honorierte laufende Lieferungen, bestellte aber nach Appomatox keine neuen Waffen mehr. Zusammen mit dem Beutegut verfügte die Regierung in Washington auf ihrem Territorium über die weltgrößte Ansammlung von Kriegsmaterial. Zwar wurden noch einige Regimenter, besonders die der Kavallerie, monatelang als Besatzungstruppen im Süden festgehalten, aber die Massenheere der Union sahen einer baldigen Entlassung entgegen. Am 23. und 24. Mai paradierte die Potomac-Armee noch einmal durch die Straßen Washingtons, um den berechtigten Dank der Bevölkerung entgegenzunehmen, dann begann die Abmusterung.

In den Monaten Juni, Juli, August gaben Regiment auf Regiment, bzw. oft nur noch deren dezimierte Reste, ihre Waffen und Uniformen in den Lagerhäusern ab. Das Zeugamt und die Quartiermeister-Abteilung sah sich vor einem Gebirge von Waffen und Ausrüstungsgegenständen, für das es keinen Verwendungszweck gab. Die besseren Repetiergewehre und Karabiner wurden in Arsenalen eingemottet, mit ihnen auch die neueren Springfieldmodelle aber für die zahlreichen Importmusketen mit abweichenden Kalibern war jeder Lagerraum zu schade. Bereits 1865 konnten Soldaten und Zivilisten diese Musketen für den Preis von zwei oder drei Dollar kaufen; für fünf bis sieben Dollar war eine Spencer, für zwölf eine Henry zu erhalten. Auch die Hersteller konnten mit diesen Schleuderpreisen der Armee nicht konkurrieren, und nach den fetten Jahren des Kriegs brachen nun die mageren Jahre an, in denen zahlreiche renommierte Firmen ihre Tore schließen mußten. Es war die Zeit der schnellen Händler, der gewieften Ein- und Verkäufer mit Übersee-Verbindungen. Der belgische Waffenhandel griff die Möglichkeit auf und kaufte für Spottpreise bessere Gewehre und Karabiner aus Amerika zurück, als in den ersten Kriegsjahren für das fünf- bis zehnfache Geld dorthin verkauft wurden. Deutsche und amerikanische Musketen der Kaliber .69 bis .75 durchliefen eine seltsame Wandlung. Handelsfirmen auf beiden Seiten des Atlantiks ließen die Vorderschäfte bis auf einen Ring verkürzen und boten die Flinten als Jagdgewehre an. Österreichische Karabiner und Jägerstutzen wurden zum zweiten- oder drittenmal aptiert, indem ihnen nun statt der Perkussionszündung Steinschloßhahn und Batterie verpaßt wurden, um sie in Afrika und Südamerika den Eingeborenen zu verkaufen. Mit dem Krieg in Europa begann auch der Waffenhandel wieder zu florieren. 1870 waren die langen Spannungen zwischen dem von Preußen dominierten Deutschland und dem französischen Kaiserreich einmal mehr in einen Krieg eskaliert. Die ›Erbfeinde‹ waren sich wieder gegenseitig an der Kehle und Frankreich benötigte nach anfänglichen Verlusten bei Sedan und Wörth Ersatz an Munition und Gewehren. Amerikanische Firmen lieferten, allen voran Marcellus Hartley von Hartley, Graham & Schuyler, New York, und die Firma Remington. Allein 35 000 Spencer-Karabiner und zwei Drittel der von der Regierung während des Bürgerkrieges angekauften Patronen wurden auf öffentlichen Auktionen der U.S. Army Surplus-Bestände erworben und an Frankreich verkauft, das nach der Abdankung des dritten Napoleon nun wieder Republik war und sich den ›boches‹ durch eine ›levee en masse‹ entgegenstemmte. Säbel, Revolver, Sättel, Munition – aber auch über 100 000 Kaliber .58 Springfield-Musketen mit Bajonett und Zubehör – gingen nach Frankreich für zwei Drittel ihres Neupreises. Einige zehntausend Enfield Dreiband- und Zweibandmodelle folgten. Remington blieb im Geschäft, weil die neuen ›Rolling-Block‹-Gewehre in Frankreich Spitzensummen erzielten, sie aber gleichzeitig auch jede gewünschte Menge gezogener Vorderlader liefern konnte.

Zehntausende von wertvollen und heute gesuchten Sammlerwaffen verließen so den amerikanischen Kontinent und verschwanden in europäischen Arsenalen. Remingtons ›Zouave Rifle‹, das Modell 1863, ging an belgische Händler, welche die völlig ungebrauchten Waffen zu Flinten aufbohrten und sie nach Indien und Afrika verschifften. Die Preußen erbeuteten über 100 000 Springfields und verkauften sie für etwa einen Dollar das Stück an die türkische Armee. Und mancher Sammler, der heute vierstellige Summen für diese Musketen und frühen Hinterlader zu zahlen bereits ist, verbringt mit feuchtglänzenden Augen manche Stunde über den alten Katalogen von Bannerman, Alfa oder ähnlichen Versandhäusern, die noch vor dem I. Weltkrieg jeden nur erdenklichen Artikel aus den Bürgerkriegsarmeen liefern konnten.

Auswahlbibliographie

Der Sammler und sonst wie Bürgerkriegsinteressierte, der nur der deutschen Sprache mächtig ist, hat leider wenig Zugang zu der Fülle von Quellen, Materialien und Büchern über diese interessante Periode. Die englischsprachige Literatur zu den vier, fünf Jahren jenes unheilvollen Sezessionskrieges füllt inzwischen ganze Bibliotheken und Panzerschränke voll Mikrofilmen.

Neben den bereits im Text erwähnten Werken hier nur noch einige Hinweise. Deutschsprachige Sammler seien vor allem auf das Deutsche Waffen-Journal und das Schweizer Waffen Magazin verwiesen. Im DWJ hat sich besonders Martin Behrens um die Geschichte amerikanischer Karabiner in zahlreichen Artikeln bemüht und die Waffen in einer detaillierten Art ›bis in die Schraube‹ dargestellt, die den Rahmen des vorliegenden Buches gesprengt hätte. Eine allgemeine, kurzgefaßte Geschichte des Bürgerkrieges ist mit Günter Schomakers »Der Amerikanische Bürgerkrieg« aus dem Amerikanischen übersetzt worden. Auch in der DTV-Serie »Augenzeugenberichte« ist ein Band (Nr. 964) zu diesem Thema erschienen. In einigen Stadtbibliotheken finden sich noch die Berichte preußischer und sächsischer Offiziere, die als Beobachter und Abenteurer an jenem Konflikt teilhatten. In der zweiten Hälfte des vorigen Jahrhunderts sind erstaunlich viele deutsche Bücher über den Bürgerkrieg in Nordamerika erschienen – vor allem Wilhelm Kaufmanns »Die Deutschen im Amerikanischen Bürgerkrieg«, 1886, das trotz seiner betont nationalistischen und einseitigen Sichtweise einen für uns sehr interessanten Aspekt jenes Kampfes beschreibt.

Aus der Fülle des englischen Materials hier einige lesenswerte Bücher:

Boatner, Mark M.: »The Civil War Dictionary«, New York, 1959 u. Neuauflagen: Ein sehr wichtiges Nachschlagewerk mit über 4000 Eintragungen zu Personen, Schlachten, Einheiten und Materialien, mit Skizzen und Statistiken.

Catton, Bruce: Mehrere Bücher zu verschiedenen Aspekten des Krieges und zu seiner Geschichte. Catton ist der bekannteste und fähigste Historiker des Konflikts. ›Pocket Books, New York‹ hat fünf seiner Werke als Taschenbuch herausgegeben.

Commager, Henry S.: »The Blue and the Gray«: Eine Sammlung von Memoiren, Briefen und Beiträgen der Zeitgenossen über alle Aspekte des ›Krieges gegen die Aggression des Nordens‹, wurde 1982 nach dem Original von 1950 wiederaufgelegt.

Coggins, Jack: »Arms and Equipment of the Civil War«: Eine sehr gute und kurzgefaßte Übersicht über die Waffen und Ausrüstung aller Teilstreitkräfte mit hervorragenden Zeichnungen.

Davis, Burke: »Our Incredible Civil War«: Ein Taschenbuch mit interessanten und amüsanten Einzelheiten zum Konflikt. New York, Ballantine Books, 1960, 1974, 1977.

Edwards, William B.: »Civil War Guns«: Die umfassendste engl. Bearbeitung der Sammlerwaffen jener Periode, leider eine Aneinanderreihung von Aufsätzen, die recht unübersichtlich ist. Das Bildmaterial könnte besser sein, aber mit einer Fülle wertvoller Informationen.

Lord, Francis A.: »Civil War Collector's Encyclopedia«. Drei Bände mit einer bebilderten Übersicht über Waffen, Ausrüstung und Dinge des täglichen Gebrauchs, die heute als Sammelgegenstände neuen Wert darstellen. Ferner: »Uniforms of the Civil War«, London, N.Y., 1970

Pratt, Fletcher: »A Short History of the Civil War / Ordeal by Fire.« Eine der besten einbändigen Geschichten des Krieges, 1935 erstmals verlegt.

Starr, Stephan Z.: »The Union Cavalry in the Civil War«. Drei Bände, London, Baton Rouge, 1981 u. f. – Hervorragende und sehr detaillierte Arbeit über die Kavallerie in blau.

Sylvia & O'Donnell: »The Illustrated History of American Civil War Relics«: Eines der schönsten und bestgeschriebenen Bücher, die zum Thema Militaria-Sammeln bisher veröffentlicht wurden. 1978, Orange, Virginia.

Wiley, Bell Irvin: »The Life of Johnny Reb«, Baton Rouge – London, 1978. – »The Life of Billy Yank«, s. o. 1971:
Zwei Paperbacks mit einer Lebensbeschreibung jener Epoche, aus Tagebüchern und Briefen zusammengestellt.

Zwei Bücher sollte jeder Sammler besitzen, auch wenn er nicht der englischen Sprache mächtig ist:

– »Flayderman's Guide to Antique American Firearms and their values«, DBI-Books, Illinois: Dieses broschürte Buch gibt auf über 600 Seiten zahlreiche Informationen über Waffen und ihren Sammlerwert (wenn auch diese Preise sehr nach unten gestapelt sind). Erscheint von Zeit zu Zeit neu.

Turner Kirklands »Dixie Gun Works, Inc.« haben dafür gesorgt, daß Union City, Tennessee, in ganz Amerika und in Europa bekannt ist. Dieses ›Kaff‹ fernab von jeder wichtigen amerikanischen Autobahn ist heute eine der wichtigsten Quellen für Replikas, Originale und Ersatzteile alter und neuer Art, ferner Bücher, Zubehör usw. Der jedes Jahr neu erscheinende Katalog wird für drei Dollar überall hingesandt, hat über 520 Seiten und führt neben dem Warenangebot der Firma alle möglichen Informationen für den Sammler und Schwarzpulverschützen auf: Inspektormarken (weshalb der Leser in diesem Buch auch keine solche Aufstellung findet!), Seriennummern und Herstellungsdaten, Lademaß, Geschoßgewichte usw. Also hinschreiben, schicken lassen: Dixie Gun Works, Union City Tennessee, 38261, USA

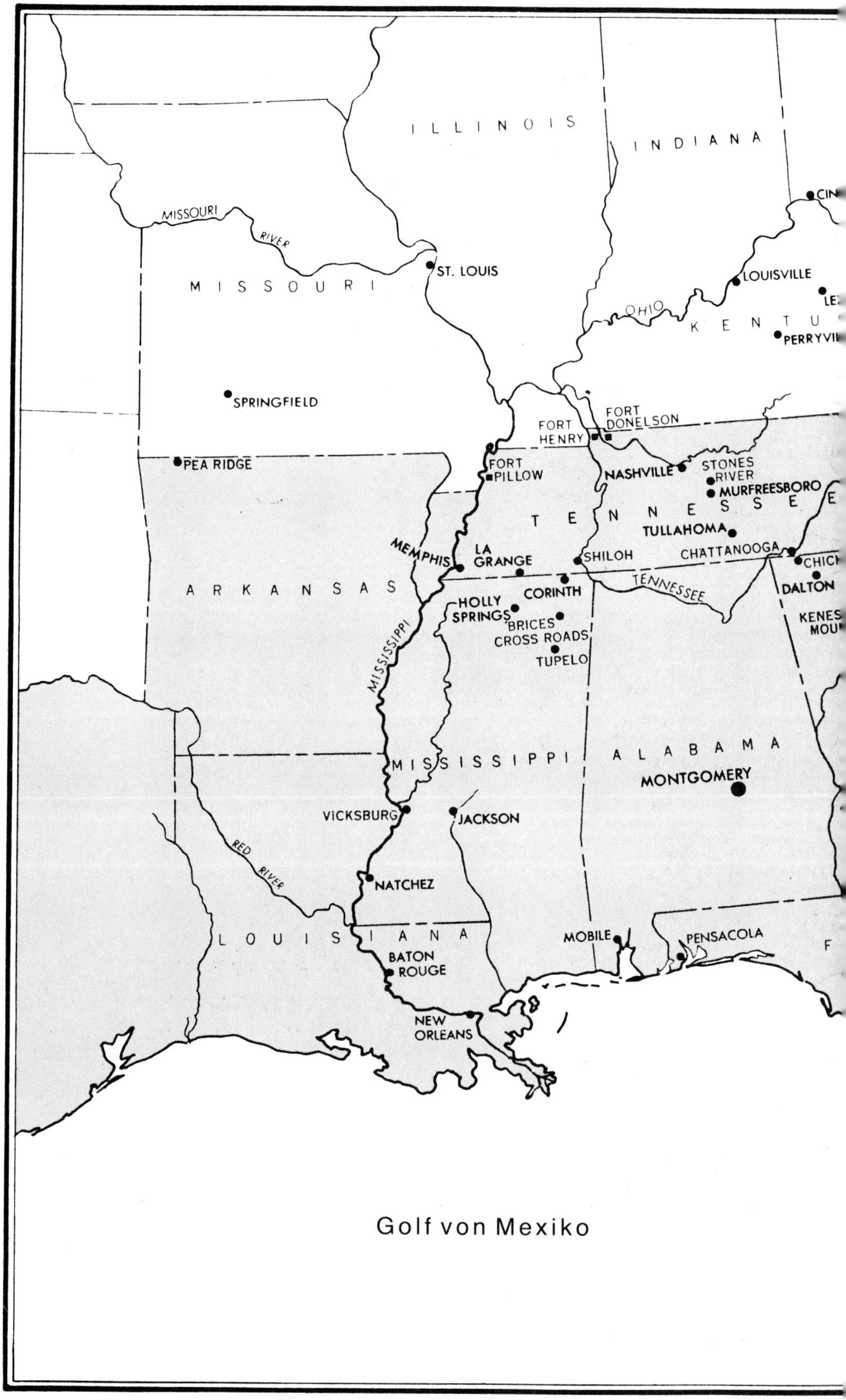
ILLINOIS
INDIANA
MISSOURI RIVER
ST. LOUIS
MISSOURI
LOUISVILLE
OHIO
KENTU
PERRYVI
SPRINGFIELD
FORT HENRY
FORT DONELSON
PEA RIDGE
FORT PILLOW
NASHVILLE
STONES RIVER
MURFREESBORO
TENNESSEE
TULLAHOMA
MEMPHIS
LA GRANGE
SHILOH
CHATTANOOGA
CHICK
ARKANSAS
CORINTH
TENNESSEE
DALTON
HOLLY SPRINGS
BRICES CROSS ROADS
TUPELO
KENES MOU
MISSISSIPPI
ALABAMA
MISSISSIPPI
MONTGOMERY
VICKSBURG
JACKSON
RED RIVER
NATCHEZ
LOUISIANA
MOBILE
PENSACOLA
F
BATON ROUGE
NEW ORLEANS
Golf von Mexiko